洞头年鉴

2024

DONGTOU YEARBOOK

温州市洞头区委史志编纂委员会
温州市洞头区地方志研究室 编

方志出版社
Publishing House of Local Records

图书在版编目（CIP）数据

洞头年鉴 .2024/ 温州市洞头区委史志编纂委员会，温州市洞头区地方志研究室编 .-- 北京：方志出版社，2024.12.--ISBN 978-7-5144-6389-7

I.Z525.54

中国国家版本馆 CIP 数据核字第 2024TU0705 号

责任编辑：刘方圆
责任校对：张玉霞
责任印制：梅中英
出 版 者：方志出版社
地　　址：北京市朝阳区潘家园东里 9 号（国家方志馆 4 层）
邮　　编：100021
网　　址：http://www.zgfzcb.cn
发　　行：方志出版社图书营销中心（010-67110500）
印　　刷：温州市北大方印务有限公司
开　　本：889 毫米 ×1194 毫米 1/16
印　　张：28.25
字　　数：1044 千字
版　　次：2024 年 12 月第 1 版
印　　次：2024 年 12 月第 1 次印刷
定　　价：320.00 元

温州市洞头区委史志编纂委员会

主　　任　林　铁

副 主 任　楼　扬

成　　员　方均坦　陈春飞　柯受志　蔡志文

梁海滨　季晓瀚　苏友山　邱亚顿

郭显玉　郑祥飞　林海志　张茂海

陈志华　郭海辉　陈声伟　杨思腾

黄建敏　郑元永　杨小军　张　杰

陈永胜　梁友谊　林　敏　许生星

办公室主任　郑祥飞

办公室副主任　曾焕定

《洞头年鉴》编辑部

主　　编　郑祥飞

执行主编　曾焕定

责任编辑　曾焕定　谢海燕　唐舒影

校　　对　谢海燕　唐舒影

‖编辑说明‖

一、《洞头年鉴》由中共温州市洞头区委、温州市洞头区人民政府主办，温州市洞头区委史志编纂委员会、温州市洞头区地方志研究室负责编纂，于 1991 年起开始编纂，2015 年起正式出版。《洞头年鉴（2024）》为第 34 卷。

二、《洞头年鉴（2024）》以马克思列宁主义、毛泽东思想、邓小平理论、“三个代表”重要思想、科学发展观、习近平新时代中国特色社会主义思想为指导，坚持辩证唯物主义和历史唯物主义的立场、观点和方法，实事求是记载 2023 年度洞头自然、政治、经济、文化、社会、生态环境等方面基本概貌和发展状况，以记述为主，务求真实性、实用性。

三、《洞头年鉴（2024）》记述时限为 2023 年 1 月 1 日至 12 月 31 日，个别资料时间有延溯。记述范围为 2023 年的洞头区境。其中，“附录”中的报告不受时间限制。

四、《洞头年鉴（2024）》采用分类编辑法，全书主体内容设类目、分目、条目为基本记述层次。卷首设特载、专记、大事记等，主体部分设中共洞头区委等 27 个栏目，卷尾设附录，全书约 104 万字。《洞头年鉴（2024）》框架结构设计基本延续上年。

五、《洞头年鉴（2024）》照片多由相关部门、单位提供，部分照片由区融媒体中心、区档案馆等提供，部分资料照片因历史等原因无法署名摄影者。

六、《洞头年鉴（2024）》采用记述体。数字用法、标点符号用法分别采用国家标准《出版物上数字用法》（GB/T 15835—2011）、《标点符号用法》（GB/T 15834—2011），计量单位采用国家技术监督局 1993 年 12 月发布的《量和单位》系列国家标准，农田土地单位沿用“亩”。作者署名在条目文尾，一个分目下连续多个条目均为同一作者的，署名于最后条目文尾。

七、《洞头年鉴（2024）》行文中首次出现当地部门、单位均用全称，其他采用规范简称。文中未标明党派的“区委”均指“中共温州市洞头区委”，“党员”均为“中共党员”。

八、《洞头年鉴（2024）》各项资料均由洞头区各有关部门、单位提供，正式引用时以《2023 年洞头区国民经济与社会发展统计公报》《洞头统计年鉴（2023）》为准。部分数据、表格，均在文尾注明资料来源。因统计口径、范围不同，经济管理篇目中的数据均为不含区海洋经济开发区（简称海经区），含海经区的数据均在相关数据后面括号标注。部分数据因四舍五入原因，导致分项数与合计数不一致，不再一一说明。

九、《洞头年鉴（2024）》文前设总目、目录，文后设索引。

洞头区行政区划图

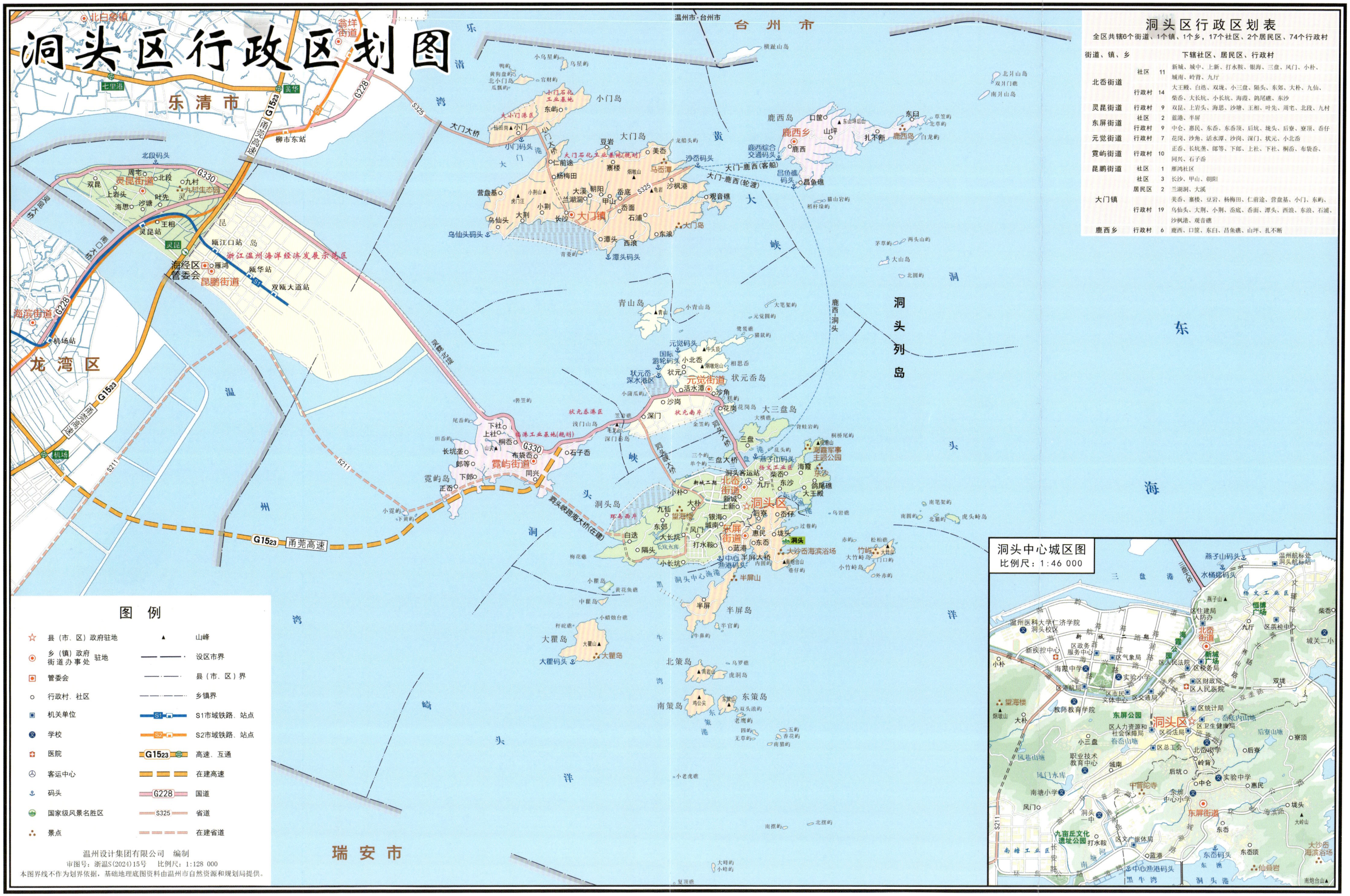

洞头区行政区划表

全区共辖6个街道、1个镇、1个乡，17个社区、2个居民区、74个行政村

街道、镇、乡	下辖社区、居民区、行政村		
北岙街道	社区	11	新城、城中、上新、打水鞍、银海、三盘、风门、小朴、城南、岭背、九厅
	行政村	14	大王殿、白迭、双垅、小三盘、隔头、东郊、大朴、九仙、柴岙、大长坑、小长坑、海霞、鸽尾礁、东沙
灵昆街道	行政村	9	双昆、上岩头、海思、沙塘、王相、叶先、周宅、北段、九村
东屏街道	社区	2	蓝港、半屏
	行政村	9	中仑、惠民、东岙、东岙顶、后坑、垅头、后寮、寮顶、岙仔
元觉街道	行政村	7	花岗、沙角、活水潭、沙岗、深门、状元、小北岙
霓屿街道	行政村	10	正岙、长坑垄、郎等、下郎、上社、下社、桐岙、布袋岙、同兴、石子岙
昆鹏街道	社区	1	雁鸿社区
大门镇	社区	3	长沙、甲山、朝阳
	居民区	2	兰湖洞、大溪
	行政村	19	美岙、寨楼、豆岩、杨梅田、仁前途、营盘基、小门、东屿、乌仙头、大荆、小荆、岙底、岙面、潭头、西浪、东浪、石浦、沙枫港、观音礁
鹿西乡	行政村	6	鹿西、口筐、东臼、昌鱼礁、山坪、扎不断

温州设计集团有限公司　编制
审图号：浙温S(2024)15号　比例尺：1:128 000
本图界线不作为划界依据，基础地理底图资料由温州市自然资源和规划局提供。

洞头海岛荣誉

- 中国羊栖菜之乡（2003）
- 全国双拥模范县（2007/2012）
- 国家计划生育优质服务示范县（2009）
- 全国海钓基地（2009）
- 中国十大摄影发烧风景区（2009）
- 中国最佳海岸摄影地（2009）
- 国家AAAA级旅游景区（2009）
- 国家卫生县城（2010）
- 国家级海洋公园（2012）
- 全国平安建设先进县（2013）
- 国家海洋生态文明建设示范区（2013）
- 国家义务教育发展基本均衡县(市、区)（2013）
- 平安中国建设示范县(市、区、旗)（2013/2021）
- 中国七夕文化之乡（2014）
- 国家生态文明建设示范区(国家生态县)（2014）
- 国家级生态保护与建设示范区（2015）
- 中国“十大美丽海岛”（2015）
- 国家海洋牧场示范区（2017）
- 全国十大美丽国家海洋保护区（2017）
- 全国“两山”实践创新基地（2018）
- 国家海洋经济发展示范区（2018）
- 中国诗歌之岛（2019）
- 全国信访工作“三无”县(市、区)（2020）
- 国家慢性病综合防控示范区（2020）
- 中国(洞头)渔民画之乡（2020）
- 全国平安建设最高荣誉“长安杯”（2021）
- 中国紫菜之乡（2021）
- 中国生态大黄鱼之乡（2021）
- 全国先进基层党组织（2021）
- 全国妇女爱国主义教育基地（2021）
- 全国文旅融合特色创新示范区（2022）
- 全国平安渔业示范县（2023）
- 全国“和美海岛”（2023）
- 全国村庄清洁行动先进县（2023）

- 浙江省重点风景名胜区（1991）
- 浙江省文明县城（2007）
- 浙江省最值得去的五十个景区之一（2007）
- 浙江省森林城市（2012）
- 浙江省美丽乡村先进县（2014）
- 浙江省园林城市（2015）
- 浙江省教育基本现代化县(区)（2016）
- 浙江省首批生态文明建设示范县(区)（2017）
- 浙江省美丽乡村示范县（2017）
- 浙江省首批一星“平安金鼎”（2017）
- 浙江省食品安全区（2018）
- 浙江省全域旅游示范区（2019）
- 部省共建乡村振兴示范省先行创建单位（2019）
- 浙江省旅游发展十佳县(市、区)（2020）
- 浙江文化和旅游产业融合发展十佳县区（2020）
- 浙江省第一批生态文明建设实践体验地（2022）
- 浙江省第一批高质量发展建设共同富裕示范区最佳实践(生态文明建设先行示范)（2022）
- 浙江省首批二星平安金鼎（2023）
- 浙江省2022年度“无违建区”（2023）

习近平新时代中国特色社会主义思想主题教育

2023年9月开始，洞头区进一步强化政治机关意识、立足“围绕中心、建设队伍、服务群众”职责定位，高站位高标准高质量开展主题教育，提振宣传思想文化干部精气神，切实承担起“举旗帜、聚民心、育新人、兴文化、展形象”的使命任务，推动以高质量党建引领高质量发展，为推进高质量建设共同富裕海上花园提供坚强的思想保证和强大精神力量，开展学习贯彻习近平新时代中国特色社会主义思想主题教育。确定列入主题教育的单位共79家，覆盖全区518个党组织，其中，包括67个农村党组织、34个社区党组织、199个机关事业党组、163个两新党组织、55个其他党组织，共涉及7697名党员。

2023年9月15日，洞头区学习贯彻习近平新时代中国特色社会主义思想主题教育动员部署会召开（区融媒体中心提供）

2023年9月17日，区委书记郭云强（前排正中）深入相关村社调研主题教育“循迹溯源学思想促践行”工作（区融媒体中心提供）

2023年，洞头区牢牢把握青年干部主题教育总体要求，着力构建“青春学堂”平台，强化“学、廉、践”淬火历练，推动青年干部“明德守法、自我完善”（区融媒体中心提供）

2023年10月，街道领导班子、村社党员“循迹溯源”现场学习
（区委组织部提供）

2023年10月，主题教育青年读书班举办（区委组织部提供）

2023年11月，“两新”组织党员“循迹溯源”活动现场（区委组织部提供）

2023年6月8日，区委书记郭云强（左二）带队深入企业、项目建设一线开展“大走访大调研大服务大解题”活动
（区委组织部提供）

2023年1月12日，区委副书记、区长何莉平（右二）前往大门镇开展“大走访大调研大服务大解题”活动
（区委组织部提供）

洞头践行“八八战略”二十周年，建设“海上花园”二十周年

2003年5月8日，时任浙江省委书记习近平同志到洞头调研，面对五岛相连之后的洞头，提出“真正把洞头建设成为名副其实的海上花园”的要求。殷殷嘱托，让洞头坚定了“海上花园”的定位。一张蓝图绘到底、一以贯之抓落实，如今，“海上花园”的宏伟构想，正渐渐在东海上浮现。“盆景”变“风景”的梦想，也一步步走进现实。

洞头羊栖菜养殖　　（区档案馆提供）

2003年11月12日，洞头被授予“中国羊栖菜之乡”荣誉称号，2021年2月5日，又获“中国紫菜之乡”和“中国生态大黄鱼之乡”国家级名片。至此，全区形成以大黄鱼、羊栖菜及紫菜养殖为主体的海水养殖生产格局。

洞头紫菜养殖　　（区档案馆提供）

2022年11月16日，温州市首个围栏式海洋牧场——洞头鹿西白龙屿生态海洋牧场项目堤坝工程通过交工验收

（区档案馆提供）

产业聚变

坚定不移走海洋经济发展之路，系统迭代海洋强区和旅游兴区战略，在产业集聚发展中把量质并举、新旧并重、调转并行作为推进产业高质量发展的关键招法，努力走出洞头特色的海洋经济发展模式，成为温州海洋经济重要增长极。

2008年8月29日，温州港状元岙深水港试开港 （区档案馆提供）

2008年8月29日，温州港状元岙深水港试开港，并于2014年2月获国务院批复同意扩大开放。开港以来，相继开辟日本、俄罗斯、东南亚等10条国际外贸航线，建成5万吨级泊位4个。国际邮轮港开港运行，进一步拓宽了“温州制造”从家门口走向世界的新通道。洞头海运企业运力规模连续8年稳居全市第一。

2017年12月9日，温州国际邮轮港开港暨首航仪式，地中海“抒情号”邮轮执行首航前往日本长崎 （区档案馆提供）

2004年8月16日，杨文工业区二期围垦工程开工建设；2014年4月，洞头县电子科技产业园开工建设。此后，洞头大力推进企业园区建设，不断推动海洋经济发展。

2004年8月16日，杨文工业区二期围垦工程开工建设　　（区档案馆提供）

2017年11月16日，洞头区南塘工业区建筑总部启用　　（区档案馆提供）

2021年5月13日，洞头区建设发展总部园正式启用 （区档案馆提供）

2022年，洞头区海洋食品产业园投用 （区档案馆提供）

2017年3月15日，浙江诚意药业（股票代码603811）在上交所主板上市，成为洞头首家主板上市企业，温州医药业第一股由此诞生。此后，洞头加快培育壮大以海洋新兴产业为核心的现代海洋产业集群，加快海上风电、浙能LNG等一批重大项目落地，以产业聚变助力产业振兴。

2017年3月15日，浙江诚意药业股份有限公司在上交所主板上市　（区档案馆提供）

2017年12月，诚意健康产业园（一期）开工建设，2019年6月完工　（区档案馆提供）

2020年9月23日，超百亿新能源项目——华峰集团温州华港液化天然气储运调峰中心一期项目在洞头区状元岙港区正式开工　（区档案馆提供）

2022年9月9日，运达股份温州洞头高端储能装备制造与示范应用一体化项目开工奠基　（区档案馆提供）

2022年4月28日，温州市新能源产业重大项目集中签约。洞头区超百亿级重大新能源产业项目“温州洞头风电零碳产业园项目”和“温州深远海海上风电海工装备制造及服务基地项目”签约落户　（区档案馆提供）

2022年12月底，浙能温州液化天然气(LNG)项目——温州液化天然气码头建成　（区档案馆提供）

2009年10月29日，洞头景区被正式批准为国家AAAA级旅游景区，是全国唯一以县域命名的国家AAAA级旅游景区。2021年12月，洞头区创成浙江省AAAA级景区城。同时各项赛事的举办，推动洞头全域旅游蓬勃发展，旅游对外知名度、美誉度不断提升，旅游业已成为洞头战略性支柱产业和富民产业。

2007年6月，望海楼竣工并对外开放。到2012年6月，主楼海洋文化展厅提升工程完成，景区初具规模（区档案馆提供）

2008年10月8—10日，首届中国·洞头国际矶钓名人邀请赛举行　（区档案馆提供）

2011年11月，开元度假酒店正式开业　　（区档案馆提供）

2020年10月20日，南洋国际大酒店投入营业　（区档案馆提供）

2015年12月4日，温州岩海山居民宿运营后，洞头涌现出一批高端民宿品牌
（区档案馆提供）

2021年5月16日，温州历史上首个帆船赛事——2021嘉信游艇·瓯江杯帆船邀请赛在洞头举行（区档案馆提供）

2018年11月30日，第十一届中国·洞头海钓邀请赛在洞头举行（区档案馆提供）

2018年10月14日，2018国际铁三赛暨O2长距离铁人三项系列赛测试赛在洞头举行（区档案馆提供）

2017年4月11日，全国公路自行车冠军赛（温州站）在洞头举行（区档案馆提供）

2017年6月18日，第三届国际瑜伽日——2017中国·温州(洞头)千人国际瑜伽盛会暨功夫瑜伽活动在洞头举行（区档案馆提供）

城市蝶变

通过实施精建精美，实现城市蝶变，为建设共同富裕海上花园提供宜居宜业、活力涌动的滨海城市新场景。加快补齐水、电、路、气、港等重大基础设施短板，把提升城市发展能级、推动城市有机更新和提升城市幸福指数作为蝶变重点。

2003年12月，打水鞍村改造工程动工，标志着洞头首个旧村改造工程正式启动。2007年12月，历时4年的旧村改造工程完成。随后，洞头首个农房集聚项目——蓝港花苑正式开工，极大改善了渔农民的生产生活条件　（区档案馆提供）

洞头新城区建设俯瞰图　（区档案馆提供）

蓝港花苑　（区档案馆提供）

2012年，洞头在新城一期基础上，开工建设新城二期，规划面积4500多亩。洞头新城区融行政、商务、居住、旅游、科教等功能为一体，初步彰显海上花园城市品位和形象　　（区档案馆提供）

2006年4月29日，温州(洞头)半岛工程建成通车，海岛人民实现了陆岛相连的千年梦想，洞头从此翻开了天堑变通途的发展新篇章。此后，相继投用了大门大桥、330国道洞头段、南口大桥、北口大桥、甬台温复线灵昆段，S1线与S2线在灵昆交会，228国道、325省道、211省道洞头段相继开工建设，实现了国道、高速、轻轨“从无到有”的重大跨越。

2006年4月29日，温州（洞头）半岛工程建成通车　（区档案馆提供）

2016年1月，大门大桥顺利通车，大门岛作为孤岛的历史宣告结束，大小门岛片区开发建设开启了新的篇章（区档案馆提供）

2018年2月7日，330国道洞头段通车（区档案馆提供）

2019年9月28日，温州轨道交通S1线全线贯通运营。图为灵昆站　　　　（王建成 摄）

2021年10月15日，S211安吉至洞头公路洞头霓屿至北岙段工程开工。图为大桥效果图（区档案馆提供）

2021年12月30日，北口大桥主桥合龙（灵昆街道提供）

2020年12 月 29 日，灵霓大堤破堤通海工程建成投用（区档案馆提供）

2013年12月18日，洞头110千伏输变电工程建成投用，随后110千伏输变电工程第二回路投入运营、220千伏大门输变电建成、第二座110千伏智能变电站——110千伏深水输变电站投运，进一步提高了海岛供电可靠性。

洞头区电力设施建设　（叶凌志 摄）

2021年4月25日，洞头110千伏深水输变电工程投运　（林小芳 摄）

2009年6月26日，温州（洞头）陆域引（供）水工程正式通水，海岛群众靠天吃水成为历史。此后，洞头陆续实现供水管网“村村通”“户户通”，2022年4月26日，洞头区陆域引调水工程开工，离岛鹿西打通了供水第一通道。

2009年6月26日，洞头（温州）陆域引（供）水工程完工并正式通水　　（区档案馆提供）

2022年4月26日，洞头区陆域引调水工程一期开工　　（区档案馆提供）

洞头区坚决贯彻落实中央、省市关于实施乡村振兴战略的决策部署，实施海岛振兴“526”行动计划，致力打造全国乡村振兴海岛样板。建成美丽乡村风景线10条、花园村庄70个，入选省级未来乡村建设试点村5个，获评全市首个省新时代美丽乡村示范区。

2022年4月，北岙街道海霞片区入选第二批省级未来乡村建设试点村　（区档案馆提供）

2022年4月，北岙街道南塘片区入选第二批省级未来乡村建设试点村　（区档案馆提供）

2022年2月，半屏社区入选浙江省第一批未来乡村建设试点村 （区档案馆提供）

2021年5月，北岙街道沙岙石头房改为伴·精选民宿 （区档案馆提供）

2022年4月，霓屿街道上下社片区入选第二批省级未来乡村建设试点村 （区档案馆提供）

2017年，洞头区蓝色海湾整治项目正式启动，逐步实现“水蓝、滩美、湾净、岸秀、物丰”的海洋生态文明建设目标。蓝色海湾整治成为全国绿色发展样板，“黄沙变黄金”的美丽蝶变在央视《新闻联播》《焦点访谈》等栏目上相继报道。2021年，成为浙江唯一入选的生态环境部“美丽海湾”提名案例。

2017年7月，东岙沙滩修复工程完工。入选“伟大历程 辉煌成就——庆祝中华人民共和国成立70周年大型成就展”，在北京展览馆亮相

（区档案馆提供）

2019年8月，半屏韭菜岙沙滩整治修复工程完工

（区档案馆提供）

2020年，整治后的海滨河　　（区档案馆提供）

2003 年 8 月，农业部批准洞头渔港按中心渔港标准进行建设。洞头渔港成为农业部批准的第一批国家一级渔港。同时，加强东沙渔港和鹿西渔港的建设。

2017年1月10 日，温州洞头中心渔港建设项目通过竣工验收（区档案馆提供）

2019年8 月，东沙渔港疏浚治理建成投入使用（区档案馆提供）

2016年，鹿西渔港工程完工 （区档案馆提供）

2020年12月，南塘湾公园建成 （叶凌志 摄）

2019年4月，洞头海上花园俯瞰图（叶凌志 摄）

幸福跃变

洞头区坚定以人民为中心的发展理念，通过打造未来单元实现幸福跃变。通过改革创新、政策引领，让老百姓对幸福指数提升真切可感。

洞头区实验小学　　（区档案馆提供）

洞头区乐成寄宿中学
（区档案馆提供）

2015年12月24日，洞头区教育幼儿园（新城园区）正式开园
（区档案馆提供）

2013年，洞头成为全国首批义务教育发展基本均衡县，各项均衡系数均在全市乃至全省前列，建成投用和改扩建学校多所。率先全面实施教师“区管校聘”管理改革试点工作。2018年9月，温州医科大学仁济学院（滨海校区）正式投用。2022年4月，洞头区入选教育部公布的义务教育优质均衡先行创建县（市、区、旗）名单。

洞头区职业技术教育中心　（区档案馆提供）

温州医科大学仁济学院迁建工程鸟瞰图　（区档案馆提供）

2004年5月，洞头剧院全面竣工交付使用。次年，洞头县委作出建设“文化洞头”的战略决策，坚持以海霞精神建设提振群众思想，以海洋历史文化的传承、挖掘、提升释放岛城活力，以推进公共文化服务体系建设保障群众基本文化权益，不断提高文化软实力。

2004年5月，洞头剧院全面竣工交付使用

（区档案馆提供）

2017年6月，洞头区市民文体中心投入使用

（区档案馆提供）

2011年10月13日，洞头县市民活动中心开馆。洞头县图书馆迁入新馆　（区档案馆提供）

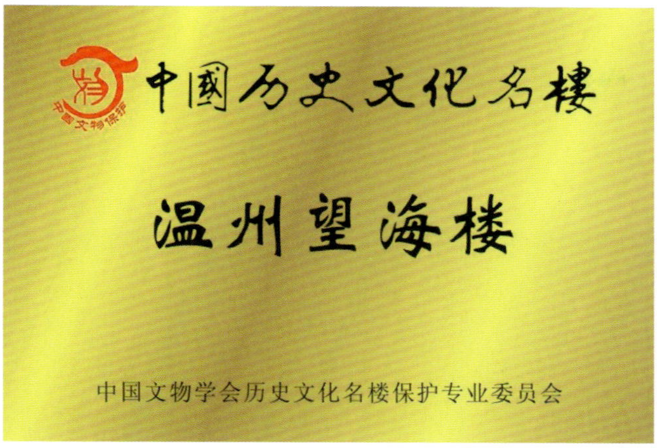

2012年11月，温州望海楼获评中国历史文化名楼
（区档案馆提供）

2020年9月，获评中国（洞头）渔民画之乡
（区档案馆提供）

2014年8月1日，中国民间文艺家协会授予洞头“中国七夕文化之乡”称号
（区档案馆提供）

2017年12月14日，中国诗歌之岛落户洞头
（区档案馆提供）

2014年8月7日，洞头县全民健身活动启动仪式暨“文明洞头，千人排舞”全民健身展示活动在新城广场举行　（陈海山 摄）

2003年5月，洞头人民医院动工建设；2015年2月，人民医院住院综合楼正式启用。之后，多家卫生院建成投用。2020年11月，洞头区人民医院改扩建工程暨公共卫生服务中心建设工程开工建设。实施医疗卫生“山海”提升合作等，“医共体”改革获省政府督查激励，创成了国家慢性病综合防控示范区。

2006年8月，洞头人民医院完成整体搬迁 （区档案馆提供）

2020年4月21日，洞头区中医院（大门镇中心卫生院）一期建设工程通过验收 （区档案馆提供）

2020年11月，洞头区人民医院改扩建工程暨公共卫生服务中心建设工程开工建设。2023年12月底，公共卫生服务中心建成使用 （区档案馆提供）

2015年7月23日，国务院批复洞头撤县设区，9月2日上午，温州市洞头区成立挂牌。以原洞头县和龙湾区灵昆街道的行政区域为洞头区的行政区域。

2015年9月1日，温州市委、市政府在市人民大会堂举行温州市洞头撤县设区动员大会暨授牌仪式　（区档案馆提供）

2015年9月2日，温州市洞头区成立挂牌揭幕仪式举行　（区档案馆提供）

2010年1月开始，洞头实施城乡居民社会养老保险。随后，全面实施城乡居民基本医疗保障政策，基本形成了一个人人享有养老、医疗保障的社会保障体系。

2022年6月，温州市社会福利养老院正式建成　　（区档案馆提供）

2022年9月28日，霓屿街道下社村一老一幼综合服务中心老年食堂正式开张　　（区档案馆提供）

2004年，洞头全面启动平安创建活动，实现省级平安区十七连创，捧回全省首批“一星平安金鼎”、全市唯一的平安中国建设最高荣誉“长安杯”，实现了平安中国建设示范区三连创，成为全国最具安全感的地方之一。“海上枫桥”落地生根，实现省级“无信访积案区”四连创，两度被授予全国信访工作“三无区”称号，社会秩序保持平稳。

2020年4月14日，洞头区获评省首批一星“平安金鼎”。图为区长林霞（前排左一）参加授鼎仪式
（区委政法委提供）

2021年12月15日，在平安中国建设表彰大会上，洞头区获授温州市唯一的“长安杯”（区档案馆提供）

2003年5月开始，洞头坚持以“爱岛尚武、励志奉献”的海霞精神建设提振群众思想。海霞精神薪火相传，女子连纪念馆被列为国家级国防教育基地、全国爱国主义教育示范基地、全国红色旅游经典景区，入选全国妇女爱国主义教育基地，连队党支部获评全国先进基层党组织。海霞精神植根海岛，深入人心，激励着海岛军民联防联建，洞头两次被命名为全国“双拥模范县”。2021年，海霞精神被纳入浙江红色精神谱系。

2020年6月20日，纪念洞头先锋女子民兵连建连60周年暨全面打造新时代民兵建设重要窗口会议在洞头召开（区档案馆提供）

2021年6月28日，洞头先锋女子民兵连党支部被中共中央评为全国先进基层党组织　（洞头先锋女子民兵连提供）

2021年11月22日，温州市洞头区海霞培训中心落成启用　　（区档案馆提供）

年度要事掠影

产业聚变：2023年，新能源新材料两大项目取得重大突破，落地新能源电池材料产业园项目，运达海上风电总装基地一期项目开工纳统，运达首个高端储能装备制造项目试生产，洞头2号海上风电场项目获批核准。浙能LNG项目码头建成投运，华港LNG项目罐体落成。

2023年6月，洞头海洋生物科技示范孵化基地投用　（区科技局提供）

2023年，温州状元岙港新开通4条近洋航线、外贸航线增至15条，新增进口水果、肉类及危化品三大外贸资质，拓展二手车、锂电池等出口新业态　（区交通运输局提供）

2023 年 12 月 31 日，状元岙港区二期码头工程 5 号、6 号泊位，实现全面联通

（区交通运输局提供）

2023年4月13日，温州液化天然气（LNG）接收站项目配套码头工程通过交工验收，标志着浙南地区最大吨位码头顺利建成投用

（区融媒体中心提供）

2023年6月30日，西屋港能控股有限公司的年产10万台（套）新能源储能与智能电气装备制造项目奠基仪式举行　（霓屿街道提供）

2023年8月31日，2023年温州市新能源产业重大项目签约活动举行，洞头区2个新能源产业项目参加集中签约
（区投资促进中心提供）

2023年6月5日，年产5万吨碳酸锂材料基地项目签约仪式举行，标志着温州新能源电池材料产业园正式启动建设
（区融媒体中心提供）

城市蝶变：2023年，坚持规划优先，发布国际生态旅游岛规划。开工新城核心商圈、大门长沙商务综合体，建成30千米迎宾主线、50千米环岛绿道、15个口袋公园，城乡环境获各方好评。入选全省首批城市更新试点、共富基本单元试点，连续两年获评全省新时代富春山居图风貌样板区，创成省级引领型未来社区。

2023年3月，《洞头国际生态旅游岛规划》通过评审（区融媒体中心提供）

2023年，新城核心商圈规划范围效果图 （洞头发布图）

2023年11月，洞头峡（S211）跨海大桥白迭侧实现全桥贯通　　（区融媒体中心提供）

2023年11月16日，洞头区陆域引调水第二通道鹿西通水仪式在鹿西鲳鱼礁码头举行　　（区融媒体中心提供）

霓屿迎宾公园　　（郭卫民 摄）

南塘口袋公园
（郭卫民 摄）

幸福跃变：2023年，洞头区入选“四好农村路”全国示范县；持续优化公共服务，揭牌投用大门新城实验学校，区人民医院通过二甲等级评审；投用市福利养老院、区中心敬老院、区助联体。筑牢生态安全屏障，开展各类文化体育等交流活动，群众可触可感民生成果不断增加。

2023年9月6日，温州市洞头区大门新城实验学校揭牌仪式举行。图为学校俯瞰图　　（区融媒体中心提供）

2023年12月28日，洞头区城市岛屿暨零工市场正式建成投用　　（区融媒体中心提供）

2023年12月，洞头区中心敬老院暨残疾人抚养中心完工　（区融媒体中心提供）

2023年7月1日，洞头区助联体一期启用　（区融媒体中心提供）

2023年9月，海霞村的海霞之家场馆正式对外开放　　（区海霞文化发展中心提供）

2023年12月4日，海悦城创成浙江省第四批引领型未来社区　　（北岙街道提供）

2023年1月15日，洞头区高标准建成市级友好试点单元——南塘湾儿童友好公园　　（区融媒体中心提供）

2023年7月14日，最美青春遇见幸福温州“城市青年·向海向未来”暨青年人才集体婚礼活动在洞头举行（区融媒体中心提供）

2023年10月22日，2023年中国·温州长距离铁人三项国际公开赛在洞头开赛　　（区融媒体中心提供）

2023年6月29日，2023年绿水青山中国休闲运动挑战赛（温州洞头站）开赛　　（区融媒体中心提供）

2023年3月24日，“千年商港 瑰宝贝雕”2023年“东亚文化之都”温州螺钿漆器文化研讨会召开（区融媒体中心提供）

2023年12月，洞头区原创广场舞作品《红圆红》荣获省赛金奖　　（区文化馆提供）

2023年10月25日，洞头诸湾亮相全国“美丽河湖美丽海湾”优秀案例研讨会（市生态环境局洞头分局提供）

2023年5月25日，浙江省生态环境导向的开发（EOD）模式推进会在洞头召开（区融媒体中心提供）

2023年4月，洞头区获评省级“无废城市”清源杯

2023年3月30日，全省建设平安浙江工作会议在杭州召开，洞头区被评为全省首批“平安二星金鼎”（前排左五为洞头区委书记郭云强）（省级媒体提供）

2023年12月22日，洞头区举行2023年冬季平安大巡防启动仪式（洞头区公安分局提供）

总　目

目　录

特　载

专　记

大事记

区情概览

中共洞头区委

洞头区人民代表大会

洞头区人民政府

政协洞头区委员会

中共洞头区纪委 洞头区监委

群众团体

法　治

军　事

农业　水利

海洋与渔业

经济管理

工业 信息化

交　通

城乡建设

商　贸

旅游业

金融业

生态建设

教　育

科学技术

文　化

卫生健康

体 育

社会生活

人物和荣誉

街道　乡镇

附　录

索　引

中共温州市洞头区委关于全面学习贯彻落实党的二十大精神坚定扛起“两个先行”使命担当 在中国式现代化进程中书写共同富裕海上花园新篇章的决定

中国共产党温州市洞头区委员会二届三次全体会议，深入学习贯彻党的二十大精神，根据中央和省市委的部署，就动员全区上下高举中国特色社会主义旗帜，全面贯彻习近平新时代中国特色社会主义思想，忠诚拥护“两个确立”、坚决做到“两个维护”，紧跟总书记、奋进新征程、建功新时代，坚定扛起“两个先行”使命担当，在中国式现代化进程中书写共同富裕海上花园新篇章，作出如下决定。

一、深刻学习领会党的二十大精神，切实把思想和行动统一到党中央决策部署上来

（一）充分认识党的二十大的重大里程碑意义。党的二十大是迈上全面建设社会主义现代化国家新征程、向第二个百年奋斗目标进军的关键时刻召开的一次十分重要的大会。大会明确宣示我们党在新征程上举什么旗、走什么路、以什么样的精神状态、朝着什么样的目标继续前进，深刻阐释新时代坚持和发展中国特色社会主义的一系列重大理论和实践问题，科学擘画全面建设社会主义现代化国家、全面推进中华民族伟大复兴的宏伟蓝图，审议通过了《中国共产党章程（修正案）》，选举产生了以习近平同志为核心的新一届中央领导集体，在政治上、理论上、实践上取得了一系列彪炳史册的重大成果，对凝聚和激励全党全军全国各族人民高举中国特色社会主义伟大旗帜、为全面建设社会主义现代化国家团结奋斗具有十分重要的政治意义、理论意义、战略意义、实践意义。

（二）深入学习领会党的二十大精神核心要义。党的二十大深刻阐释了新时代坚持和发展中国特色社会主义的一系列重大理论和实践问题，描绘了全面建设社会主义现代化国家、全面推进中华民族伟大复兴的宏伟蓝图。必须坚持把学习宣传贯彻党的二十大精神作为当前和今后一个时期的首要政治任务，下足功夫做到全面学习、全面把握、全面落实。要准确把握过去5年的工作和新时代10年的伟大变革的深刻内涵和重大意义，深入领会取得伟大成就的根本原因在于有习近平总书记作为党中央的核心、全党的核心掌舵领航。深入领会习近平新时代中国特色社会主义思想的核心要义、丰富内涵、实践要求，深入领会中国式现代化的中国特色和本质要求，深入领会党的二十大作出的各项战略部署，深入领会坚持党的全面领导和全面从严治党，以伟大的自我革命引领伟大社会革命，要把党的二十大精神转化为武装头脑、指导实践、推动工作的精神力量。

（三）忠诚拥护“两个确立”、坚决做到“两个维护”。“两个确立”是党在新时代取得的最重大的政治成果、最重要的历史经验，是新时代引领党和国家事业从胜利走向新的胜利的最根本政治保证，是战胜一切艰难险阻、应对一切不确定性的最大确定、最大底气、最大保证。要深刻把握“两个确立”的理论逻辑、历史逻辑、实践逻辑，把对“两个确立”的深刻领悟转化为坚决做到“两个维护”的高度自觉和实际行动，将忠诚拥护“两个确立”、坚决做到“两个维护”作为最高政治原则和根本政治责任。坚定不移维护党中央权威和集中统一领导，坚定不移在思想上政治上行动上同以习近平同志为核心的党中央保持高度一致。要进一步学懂弄通做实习近平新时代中国特色社会主义思想，牢牢把握蕴含其中的世界观和方法论，深刻认识这一思想的理论意义和实践意义，坚持理论和实践相统一，在实践中发挥作为思想武器和行动指南的强大力量。

（四）坚定不移沿着“八八战略”指引的道路奋勇前进。把学懂弄通做实习近平新时代中国特色社会主义思想与一以贯之忠实践行的“八八战略”结合起来，汲取精神力量、增强战略定力，领悟创新精神，提高实践本领。坚持好、运用好“八八战略”蕴含的政治立场、人民立场、现代化观、发展观、治理观、系统论、重点论、优势论，健全忠实践行“八八战略”的理论创新体系、战略执行体系，完善体系化、全贯通、可衡量、闭环式的“八八战略”抓落实长效机制。贯彻落实省市委要求，创新书写“两个先行”洞头篇章，努力向海图强，打造全省海洋经济新增长极，为丰富“八八战略”地方实践提供更多样板经验。

（五）牢记习近平总书记“真正建设成为名副其实的海上花园”的殷殷嘱托。习近平总书记在浙江工作期间和近几年来对洞头工作2次实地调研、2次发来贺信、1次口头勉励，殷切嘱托洞头要“大力弘扬海霞精神”“加快发展海洋经济”“真正建设成为名副其实的海上花园”。习近平总书记作出的重要指示精神，体现了理论创新与具体实践、目标导向与问题导向、顶层指导与基层探索、全局发展与局部突破的高度统一，蕴含着科学的实践观、发展观和认识论、系统论、方法论，是洞头做好各项工作、推动长远发展必须悉心领悟并长期坚持的重要遵循。要把贯彻落实习近平总书记寄予洞头“建设名副其实海上花园”殷殷嘱托和对洞头工作的重要指示精神，作为忠诚拥护“两个确立”、坚决做到“两个维护”最直接、最具体、最生动的体现，深化抓落实对标对表行动，确保每一个重要指示、重要任务、重要要求不折不扣落到实处，切实做到“总书记有号令、中央有部署、省市有要求，洞头见行动走在前”。要秉持不断“克服困难、奋力拼搏、不甘落后、迎难而上、抓住机遇、乘势而上”的行动自觉，以习近平总书记寄予洞头“建设名副其实海上花园”殷殷嘱托20周年为新起点，把习近平总书记的关怀厚爱转化为奋进新征程的强大动力，以清醒坚定有为的姿态走好新的赶考路。

二、坚持以党的二十大精神引航定向，在中国式现代化进程中书写共同富裕海上花园新篇章

（六）总体要求。高举中国特色社会主义伟大旗帜，全面贯彻习近平新时代中国特色社会主义思想，全面落实党的二十大战略部署，深刻领悟“两个确立”的决定性意义，增强“四个意识”、坚定“四个自信”、做到“两个维护”，紧扣省委忠实践行“八八战略”、努力打造“重要窗口”主题主线和推进“两个先行”目标任务，落实市委“在中国式现代化进程中续写温州创新史”的总体部署，把洞头工作放到中国式现代化的宏大场景中谋划推进，以学懂弄通做实习近平总书记对洞头的殷殷嘱托为方向指引，大力弘扬海霞精神，以产业聚变、城市蝶变、幸福跃变为战略路径，以国际生态旅游岛为海上花园的窗口标识，以共同富裕为海上花园的内涵支撑，昂扬极限拼搏、专业作战、务实苦干的奋进姿态，在中国式现代化进程中书写共同富裕海上花园新篇章。

（七）奋斗目标。根据党的二十大关于全面建成社会主义现代化强国总的战略安排分两步走精神，按照省市委的部署，结合洞头区第二次党代会提出的奋斗目标、区第十四个五年规划纲要和区发展实际，区现代化建设总的目标安排：从二〇二〇年到二〇三五年，在高质量发展中实现中国特色社会主义共同富裕先行和现代化先行，高水平完成基本实现社会主义现代化的目标，基本实现共同富裕；从二〇三五年到本世纪中叶，全面建成社会主义现代化强区，全面建设共同富裕美好社会，真正建设成为名副其实的海上花园。

到二〇三五年的总体目标：高质量全面建成海洋经济全国示范、海岛旅游国际影响、生态人居全球典范的海上花园，经济实力、创新水平、综合竞争力大幅跃升，地区生产总值、人均生产总值、居民人均可支配收入比二〇二〇年“翻一番”以上；城市综合承载能力和人口集聚水平大幅提升，全区人民共同富裕迈出更加坚实步伐；治理体系和治理能力现代化水平走在全省前列；高水平公共服务体系更加完备，岛际区域发展差距显著缩小；文化软实力和竞争力显著增强，市民素质和社会文明达到新高度；生态文明理念更加深入人心，城乡生态环境水平全国一流；党的领导高效执行体系全面形成，全面从严治党持续深入推进，清廉洞头全面建成，政治生态更加山清水秀。

未来五年的主要目标任务：全面落实党中央、省市委确定的各项目标任务，推进具有“海上花园”辨识度的现代化建设取得更大的成效。综合实力实现更大跃升。到二〇二七年，地区生产总值突破250亿元，成为温州市区经济发展最快区；一般公共预算收入突破24亿元，规上工业增加值突破18亿元，旅游产业增加值突破24亿元，固定资产投资突破95亿元，共同富裕的经济基础更加扎实。区域统筹实现更大作为。深度融入长三角一体化发展、粤闽浙沿海城市群，市区一体化、乐瓯洞一体化取得实质性进展，城市首位度和集聚辐射力大幅增强，全方位融入大都市区发展取得重大突破，浙南对外开放桥头堡、甬台温临港产业示范基地、温州都市区东拓主平台、国际生态旅游岛的四大定位更加彰显。城乡建设实现更大突破。以人为核心的新型城镇化提质推进，现代化基础设施体系加快构建，城市综合承载力全面提升，未来社区、未来乡村加快铺开，和美乡村全域呈现，城乡风貌和谐统一，打造有颜值有气质有内涵的美丽城乡升级版。民生福祉实现更大增进。居民收入水平提升与经济发展保持同步，地区差距、城乡差距、收入差距逐步缩小，中等收入群体规模实现倍增。社会事业全面优质发展，公共文化服务体系和文化产业体系更加健全，民生质量明显改善，人民群众日益增长的美好生活需要得到更好满足。生态文明实现更大进步。高质量绿色发展格局全面构建，生态环境基础设施加快建设，优质生态产品供给丰富，蓝色海湾成为重要展示窗口，生态环境质量持续稳居全省前列，绿色发展方式在环境治理型基础上迭代为以“双碳”为核心的“生态经济化、经济生态化”模式。治理效能实现更大提升。治理体系和治理能力现代化不断推进，平安洞头、法治洞头、清廉洞头建设取得显著成效，常态化保持全省平安建设第一梯队，共建共治共享社会治理格局基本形成。本质安全水平全面提升，防范化解重大风险隐患体制机制更加健全，发展安全保障更加有力。

三、在新征程上扛好新使命谱写新篇章，奋力推进中国式现代化洞头新实践

（八）奋力推进产业聚变跃升，打造国家经略海洋实践先行区。党的二十大报告强调，高质量发展是全面建设社会主义现代化国家的首要任务，发展是党执政兴国的第一要务；建设现代化产业体系；发展海洋经济，加快建设海洋强国。要完整、准确、全面贯彻新发展理念，推动高质量发展，构建新发展格局，始终坚定海洋为本、实干为要，通过新旧产业集聚发展产生聚变式的乘数效应，为建设共同富裕海上花园增强做大蛋糕、持续发展的内驱动能。坚定不移走海洋经济发展之路，系统迭代海洋强区和旅游兴区战略，在产业集聚发展中把量质并举、新旧并重、调转并行作为推进产业高质量发展的关键招法，努力走出洞头特色的海洋经济发展模式，成为温州海洋经济重要增长极。坚持陆海统筹、错位发展，做优一产、做强二产、做活三产，聚焦新能源、新材料、海洋生物医药、海工装备等赛道，加快构建以温州海洋经济发展示范区为主平台、以培育壮大海洋新兴产业为核心的现代海洋产业集群。

（九）切实提升城乡建设品质，打造主客共享的海上会客厅。党的二十大报告强调，提高城市规划、建设、治理水平，加强城市基础设施建设，打造宜居、韧性、智慧城市；坚持农业农村优先发展，坚持城乡融合发展，畅通城乡要素流动；建设宜居宜业和美乡村。要始终坚定经营城市理念，通过实施精建精美实现城市蝶变，为建设共同富裕海上花园提供宜居宜业、活力涌动的滨海城市新场景。坚持城市化和美丽城镇双轮驱动，全力补齐城市形态、城市功能、城市配套短板，聚焦水、电、路、气、港等，推进洞头进岛第二通道甬莞高速洞头支线建设，彻底改变海岛群众吃水现状，推动市区公用设施一体化，把提升城市发展能级、推动城市有机更新和提升城市幸福指数作为蝶变重点，扮靓城市名片，打造近悦远来、主客共享的“温州海上会客厅”。加快融入温州大都市区发展，提升承接大都市区辐射水平，不断提高城市竞争力吸引力。

（十）加快推进改革创新进程，打造更高水平发展的活力洞头。党的二十大报告强调，坚持深化改革开放，深入推进改革创新，坚定不移扩大开放，着力破解深层次体制机制障碍。要坚持社会主义市场经济改革方向，坚定不移扩大开放，不断增强发展的动力和活力。依托中国（温州）华商华侨综合发展先行区、综合保税区、跨境电商综试区、自贸区联动创新区等国家级开放平台，积极承接国家和省市重大生产力布局、重大改革试点、区域协作联动等辐射效应。聚力攻坚牵一发动全身重大改革，努力打造具有海岛辨识度的标志性成果，聚焦企业、群众急难愁盼问题，持续推出一批让百姓天天有感的微改革。深入实施创新首位战略，完善海洋科技研发体系、转化体系、服务体系，建设一批高能级海洋科创平台，把科研活力转化为生产力。深化要素市场化改革，建立要素争取赛比机制，争当海岛地区要素市场化配置改革等领域先行示范。深化国资国企改革，充分发挥城发、旅发、开发等国资平台战略支撑作用，盘活国有资产、健全运营机制、提升经营能力。深化海岛普惠金融改革，做大产业引导基金。激活海岛创新发展新动能，深化"才聚百岛、智汇洞头"等人才引育工程，深化海外及新乡贤工作，推动内外洞头人互动发展。

（十一）全面深化民主法治建设，打造全过程人民民主实践高地。党的二十大报告强调，必须更好发挥法治固根本、稳预期、利长远的保障作用；全过程人民民主是社会主义民主政治的本质属性。要坚持党的领导、人民当家作主、依法治国有机统一，充分发扬人民民主，坚持人民主体地位，充分体现人民意志，打造全过程人民民主海岛样板。加强和改进新时代地方人大工作，支持和保证人大及其常委会依法行使职权、开展工作，迭代升级人大代表联络站，打造"线上＋线下"的全过程人民民主基层单元，推动人民代表大会制度在洞头的生动实践。有效发挥工会、共青团、妇联等群团组织纽带作用，高度重视青年工作，推进青年发展型城市建设。发挥人民政协作为专门协商机构作用，完善人民政协民主监督和委员联系界别群众制度机制，建好用好"请你来协商""民生议事堂""协商驿站""数字政协"等平台，打造协商民主洞头样板。积极发展基层民主，健全基层党组织领导的基层群众自治机制。完善大统战工作格局，进一步促进政党关系、民族关系、宗教关系、阶层关系、海内外同胞关系和谐，加快打造全省对台交流基地样板示范，争取列入海峡两岸交流基地（国家级）培育名单。全面推进科学立法、严格执法、公正司法、全民守法，抓实法治建设"八大抓手"，全力创建法治浙江示范区。深化"大综合一体化"行政执法改革，全面推进镇街法治化综合改革，完善行政争议多元化解机制。深化司法体制综合配套改革，强化法治监督，推进构建"法治大监督"格局，加强检察机关法律监督工作。全面落实"八五"普法规划，深入实施公民法治素养提升行动，开展"民主法治示范村（社区）"创建，推动建成"一村一特色"法治文化阵地。

（十二）扎实推动文化繁荣发展，打造海霞精神领航的文化洞头。党的二十大报告强调，必须坚持中国特色社会主义文化发展道路，增强文化自信。要围绕举旗帜、聚民心、育新人、兴文化、展形象，进一步弘扬海霞精神，加快推进新时代文化洞头建设。充分发挥社会主义核心价值观引领作用，挖掘用好红色资源，发挥"8090"海霞青年宣讲团等特色宣讲队伍作用，推进理想信念教育常态化制度化。深化新时代文明实践工作，构建更常态化长效化的文明创建体系，深入实施公民道德建设工程，健全志愿服务相关制度，着力提升全社会文明程度。大力实施文艺作品提升工程，深入实施文化惠民工程，推进重大公共文化工程和名家美术馆、燕子山公园艺术群落文化项目建设，全面打造"15分钟品质文化生活圈"。系统挖掘闽瓯文化、海洋文化、海霞文化等内涵价值，加快形成一批标志性文化成果，深入探源洞头文脉，实施望海楼、女子连纪念馆提升工程。加大文化产业招引和扶持力度，推动海霞、贝雕、海陶、渔民画等乡村文创产品产业化发展，打造海岛文创区。深化文旅融合发展，推动文化、旅游、康养等产业融合发展，加快推进海霞营地、东沙渔港旅游开发项目、海峡两岸同心小镇等一批文旅平台建设。全力打造海上花园城市品牌、知识产权形象及标识体系，加强"海霞故乡""中国诗歌之岛""中国（洞头）渔民画之乡""中国摄影之岛"等文化金名片建设，持续扩大洞头文化影响力。

（十三）着力提升民生福祉水平，打造高质量发展建设共同富裕示范区海岛样板。党的二十大报告强调，要实现好、维护好、发展好最广大人民根本利益，着力解决好人民群众急难愁盼问题，增强均衡性和可及性，扎实推进共同富裕。要大力迭代升级强村富民、共富工坊等共富实招，深入推进"扩中""提低"行动，强化就业优先政策，聚力推进农村转移人口、高校毕业生、退役军人等重点群体就业增收，鼓励创业带动就业，支持和规范发展新就业形态，探索建立终身职业技能培训制度，落实技能人才培养"展翅行动"，强化困难群体兜底性保障，构建"大户带小户、户户强合作"低收入家庭综合帮扶体系。持续深化收入分配制度改革，推动构建形成橄榄形的分配结构。健全完善多层次社会保障体系，扩大社会保险覆盖面，健全基本养老、基本医疗保险筹资和待遇调整机制，健全分层分类的社会救助体系。强化妇女儿童权益保障，完善残疾人社会保障制度和关爱服务体系。推进教育优质均衡发展，用好省市优质学校结对等支持政策，加快教学质量"拔尖扩中提低"，开展校网优化及基础提升工程，创成全国义务教育优质均衡发展区和全国学前教育普及普惠区。深化健康洞头建设，扩大"山海提升工程"成效，健全城乡医疗卫生服务体系，持续推进区人民医院综合能力提升，整合资源建设高端康复中心，加强重大疫情救治体系和应急能力建设。聚焦

"一老一小"，深化海岛"邻里式"等养老模式探索，加快社会适老化改造提升，完善落实积极生育措施，推进托育服务体系建设，推进老年友好城市、儿童友好城市建设。

（十四）深入推进生态文明建设，打造美丽中国的海岛实践。党的二十大报告强调，牢固树立和践行绿水青山就是金山银山的理念，自觉站在人与自然和谐共生的高度谋划发展。要深入贯彻落实习近平生态文明思想，加快发展方式绿色转型，争创全国生态文明建设示范区。加快引进新能源、新材料、海洋生物科技、绿色物流等新兴业态，构建绿色低碳循环发展的经济体系，倡导绿色消费，推动形成绿色低碳生活方式。全面抓好央督、省督和举一反三问题整改，深入打好污染防治攻坚战，深化"五水共治"，全面建设"无废城市"。坚持保护优先，开展生物多样性本底调查，加强生物栖息地、无人岛、鸟岛等保护，谋划建设生物多样性体验馆，打造生物多样性友好海岛。加快洞头诸湾美丽海湾建设，持续开展蓝色海湾整治修复、海湾专项清漂行动、陆海污染源综合治理，打造"水清滩净、鱼鸥翔集、人海和谐"的省级美丽海湾先行区。梯队实施海洋环境综合治理EOD（一种以生态导向的开发模式）项目，创新生态产品价值实现机制，探索海洋版"两山"合作社实践。全面落实碳达峰碳中和国家战略，深入开展"6+1"领域碳达峰行动，推进低（零）碳镇村试点建设，提升海湾碳储量和蓝碳价值运用，加快海洋蓝碳的碳中和示范区建设。

（十五）持续提高区域治理效能，打造全国平安建设的海岛样板。党的二十大报告强调，国家安全是民族复兴的根基，社会稳定是国家强盛的前提。要坚决维护国家安全和社会稳定，完善社会治理体系，提升区域治理体系和治理能力现代化建设水平。坚定维护国家政权安全、制度安全、意识形态安全，加强重点领域安全能力建设，提高防范化解重大风险能力，深入推进"反制""铸墙""净土""攻心"四大工程。全力做好省级"双拥模范城"创建工作，落实双拥工作机构编制，加强双拥工作统筹协调，进一步夯实社会基础。提高公共安全治理水平，深化消防安全、道路交通、涉海涉渔等重点领域专项整治，提高防灾减灾救灾和重大突发公共事件处置保障能力。坚持和发展新时代"枫桥经验"，打造一批多方参与、多元投入、多向发力的具有洞头海岛辨识度的社会治理成果。充分发挥网格作用，建设现代社区。完善矛盾纠纷多元化解机制，持续开展"无信访积案区"创建，常态化推进扫黑除恶，严厉打击电信网络诈骗、养老诈骗等违法犯罪，融合群体组织力量，积极做好军警民群防群治特色品牌，深化平安乡村、平安企业、平安校园、平安医院、平安家庭等系列创建工作，提升社会治理中心质效，建立健全功能集成、综合研判、扁平高效的综合指挥体系。

（十六）坚持推进全面从严治党，打造新时代党建高地和清廉高地。党的二十大报告强调，全面建设社会主义现代化国家、全面推进中华民族伟大复兴，关键在党。要全面推进党的自我净化、自我完善、自我革新、自我提高，加快打造新时代党建高地和清廉高地。加强党的全面领导，迭代升级以"七张问题清单"为牵引的党建统领工作机制，严格执行党内政治生活制度，严明政治纪律和政治规矩，强化"三重一大"决策制度、重大事项请示报告制度、政治家访制度等刚性落实，推动全区各级党组织和党员干部不断提高政治判断力、政治领悟力、政治执行力。全力支持国防和军队现代化建设，加强全民国防教育，加强国防动员和后备力量建设，巩固发展军政军民团结。坚持不懈用习近平新时代中国特色社会主义思想凝心铸魂，不断用党的创新理论武装全党。完善党的自我革命制度规范体系，健全党统一领导、全面覆盖、权威高效的监督体系，深化"四项监督"统筹衔接，增强对"一把手"和领导班子监督实效，加强巡视整改和成果运用，落实全面从严治党政治责任。建设奋发有为堪当重任的高素质干部队伍，全面落实选人用人"一体系三机制"，加快推进干部队伍系统性重塑，持续优化干部队伍梯次结构，做强青年思享汇等赋能平台，统筹用好女干部、少数民族干部和党外干部。强化"以事找人、人事贯通"导向，建立"全程积分指数"机制，构建多维度精准评价体系，完善容错免责、精准问责、回炉锻造等机制，畅通干部能上能下"双向通道"。坚持大抓基层的鲜明导向，深入实施"红色根脉强基工程"，推进"共享社·幸福里"建设，加强乡村和城市社区党建工作，深入全域党建联建，擦亮"海霞红"基层党建品牌。坚持严的主基调，锲而不舍落实中央八项规定精神，持续深化纠治"四风"，重点纠治形式主义、官僚主义，坚决破除特权思想和特权行为。坚持不敢腐、不能腐、不想腐一体推进，深化整治权力集中、资金密集、资源富集领域的腐败，坚决惩治群众身边的"蝇贪"，严肃查处领导干部配偶、子女及其配偶等亲属和身边工作人员利用影响力谋私贪腐问题，严厉惩治重点领域的新型腐败、隐性腐败。聚焦基层小微权力运行和群众急难愁盼化解，统筹推进清廉单元建设，常态化开展漠视侵害群众利益问题、损害营商环境问题等专项整治。

四、深入推进学习宣传贯彻体系化长效化，确保党的二十大精神落实落地见效

（十七）持续掀起学习宣传贯彻热潮。深化“六学六进六争先”学习实践活动，按照党中央和省市委的统一部署，精心谋划、周密部署、扎实组织，推动党的二十大精神学习常态化长效化。大抓深入学习培训，深入推进领导干部专题学、党员干部示范学、线上线下全员学、青年群体创新学、“追溯足迹”现场学、思想溯源研讨学，推动领导干部先学一步、学深一层。通过开办理论课堂、开设专题专栏，构建多形式、分层次、全覆盖的全员学习培训体系，引导全区党员干部群众准确把握党的二十大精神，确保学深悟透。组建区委党的二十大精神大宣讲团、基层宣讲团，开展“书记带头讲”“局长条线讲”“专家深入讲”等，形成多维度宣讲格局，开展全方位宣传、全媒体宣传，确保党的二十大精神传达到全区每个支部、每位党员。将党的二十大战略部署转化为全民自觉和共同行动，确保党的二十大精神传达到位、学习到位、宣传到位、贯彻到位，持续塑造学习热情，并将学习热情转化为推动经济社会高质量发展的具体行动，进一步把学习成果转化为建设共同富裕海上花园的强大动力。

（十八）着力构建闭环落实工作机制。把党的二十大战略部署同省第十五次党代会部署、同市第十三次党代会部署、同区第二次党代会目标任务贯通起来，全面承接，逐条逐项细化分解，项目化推进落实。健全清单化闭环管理、民呼我为、争先创优等共赢机制，持续激发创造性张力，形成层层放大滚雪球效率。坚持一张蓝图绘到底、一任接着一任干，脚踏实地、久久为功，不断打造中国式现代化海岛实践的标志性成果，努力创造经得住实践、人民和历史检验的工作业绩，为一域争光、为全局添彩、为百姓造福。

（十九）切实弘扬求真务实工作作风。各级党员干部要加强实践锻炼、专业训练，努力在中国式现代化进程中砥砺品质、增长才干，增强推动高质量发展本领、服务群众本领、防范化解风险本领。加强斗争精神和斗争本领养成，着力增强防风险、迎挑战、抗打压能力，带头担当作为。坚持求真务实、真抓实干，坚持极限拼搏、专业作战、务实苦干，以钉钉子精神做实做细做好各项工作。深入开展“一联八”“驻村连心”“周二下沉”，构建服务直通基层、解难直通一线、问需直达群众的畅循环，切实解决企业、群众急难愁盼问题。

（二十）积极营造团结奋斗浓厚氛围。大力弘扬伟大建党精神，增强历史自信，焕发历史自觉和主动精神，立先行之志，担先行之责，闯先行之路，成先行之势。牢牢把握团结奋斗的时代要求，团结一切可以团结的力量，调动一切可以调动的积极因素，最大限度凝聚起共同奋斗的力量，锚定目标不放松，心往一处想、劲往一处使。充分激发全体人民主动性积极性创造性，万众一心，勇毅前行，以更加昂扬的斗志、更加进取的精神、更加饱满的热情，不断开创事业发展新天地。

新征程催人奋进，新使命召唤担当。全区各级党组织和广大党员干部要更加紧密地团结在以习近平同志为核心的党中央周围，高举习近平新时代中国特色社会主义伟大旗帜，在省委、市委的坚强领导下，纵深推进三变战略，加速打造国际生态旅游岛，在中国式现代化进程中书写共同富裕海上花园新篇章，努力为全面建设社会主义现代化国家、全面推进中华民族伟大复兴贡献洞头力量、展现洞头作为。

中共温州市洞头区委关于加强新时代廉洁文化建设的实施意见

为深入贯彻落实中共中央办公厅《关于加强新时代廉洁文化建设的意见》（中办发〔2022〕3号）精神，把加强廉洁文化建设作为一体推进不敢腐、不能腐、不想腐向纵深发展的重要支撑，切实增强党员干部廉洁从政、廉洁用权、廉洁修身、廉洁齐家的思想自觉，现根据省委《关于加强新时代廉洁文化建设的实施意见》（浙委发〔2022〕24号）和市委《关于加强新时代廉洁文化建设的实施意见》（温委发〔2022〕29号）文件要求，结合洞头区实际，提出如下实施意见。

一、总体要求

（一）指导思想。以习近平新时代中国特色社会主义思想为指导，全面贯彻党的二十大精神，增强“四个意识”、坚定“四个自信”、做到“两个维护”，不忘初心、牢记使命，坚持思想建党与制度治党同向发力，教育引导和纪法约束有机结合，推动廉洁文化建设实起来、强起来，不断实现干部清正、政府清廉、政治清明、社会清朗，为纵深推进清廉洞头建设提供坚强的思想保障和文化支撑。

（二）总体目标。按照“一抓手、六工程、五成果”的“165”系统构架，即以“清廉洞头”建设为总抓手，全面推进“立心、铸魂、修身、润家、育风、塑韵”六廉工程，聚焦打响富有洞头特色的“清廉海霞”廉洁文化品牌，培育形成一批文化精品力作、廉洁教育课程、文化理论成果、文化活动品牌、文化传播阵地，进一步提升廉洁文化的引领力、传播力、感染力，为洞头在中国式现代化进程中建设共同富裕海上花园提供不竭动力。

二、固本立心，夯实清正廉洁思想根基

（一）强化党性理论武装。坚持把学习贯彻落实习近平新时代中国特色社会主义思想作为长期的重大政治任务，做到全面学习、全面把握、全面落实。坚持全面贯彻落实习近平总书记关于浙江温州工作的重要指示批示精神和关于洞头建设海上花园、弘扬海霞精神的指示精神，深入实施创新理论走心工程和主流舆论引领工程，引导党员干部不断提高政治判断力、政治领悟力、政治执行力。坚持将习近平总书记关于党风廉政建设、廉洁文化建设的重要论述，列入党委（党组）理论学习中心组、“周一夜学”学习计划，并提高其制度化、规范化水平。坚持加强理论宣传，用好“学习强国”、微型党课大赛、“青年大学习”等平台，深化“清廉海霞”纪法宣讲、“青年说”等宣讲品牌，把全面从严治党最新理论传递到基层最末梢。

（二）加强理想信念教育。强化理论武装，抓实党性教育，常态化推进“跟着总书记学”系列、“沿着总书记的足迹”学思想等活动。巩固拓展党史学习教育成果，统筹推进“四史”宣传教育，深化学习贯彻习近平新时代中国特色社会主义思想主题教育，坚持集中性教育和经常性教育相结合，运用专题读书班、专题党课、“周一夜学”、青年理论小组、青年大学堂等形式，推动党员干部增强历史自信，赓续红色血脉。把不忘初心、牢记使命作为加强党的建设永恒课题和全体党员干部教育学习终身课题，深入开展党的光荣传统和优良作风教育，引导党员干部正确对待党和人民赋予的权力，始终做到心存敬畏、用权为民。

（三）巩固形势政策教育。紧密结合党政重大决策部署和时事热点问题，采取形势报告、理论宣讲、政策解读等多种方式，宣传阐释全面从严治党重大原则、重大任务和历史性成就，引导党员干部始终保持反腐败斗争的清醒头脑和必胜决心。压紧压实学习教育责任，严格执行党委（党组）会议“第一议题”制度，深化落实党政主要负责人带头讲廉政党课，教育党员干部始终保持对“腐蚀”“围猎”的警觉，始终做政治信念坚定、遵规守纪的明白人。

三、强根铸魂，厚植克己奉公文化基础

（四）传承廉洁文化历史基因。从中华优秀传统文化和红色文化中汲取思想精华和精神动力，激励党员干部廉以律己、无私奉献。坚持用中华优秀传统文化涵养清廉自守的精神境界，深入挖掘海岛特色“闽瓯文化”中的廉洁思想，汲取海洋文化、移民文化、海防文化中敢于斗争、开放包容、甘于奉献的精神内核，刊发《浙江文史记忆丛书（洞头卷）》，发展优秀传统廉洁文化。实施红色基因传承工程，大力弘扬伟大建党精神为源头的精神谱系，继承发扬“海霞精神”公而忘私的价值理念，用好洞头先锋女子民兵连纪念馆、红色印迹馆、海霞军事文化园、洞头烈士陵园等红色资源，将革命先辈的廉洁事迹挖掘成果与清廉海霞“一带一路”建设深度融合，开展“沉浸式”红色文化教育和廉洁教育，在红色教育中丰富廉洁内容、传承廉洁基因。

（五）拓展廉洁文化时代价值。坚持用社会主义先进文化培育为政清廉、秉公用权的廉洁文化。强化教育引导和实践养成，结合新时代“四德”工程等载体，实施廉洁文化进机关、进村社、进学校、进医院、进企业、进行业、进家庭、进景区，不断创新方式手段，推动党员干部带头践行社会主义核心价值观，让廉洁为公的理念深入人心。总结提炼新时代全面从严治党的成功经验，选推廉洁文化建设精品、创新案例，做好坚持和发展新时代“海霞精神”结合文章，将廉洁文化建设与社会公德、职业道德、家庭美德、个人品德建设结合起来，发挥基层党组织作用，倡导把廉洁要求寓于村规民约和行业规范，形成廉荣贪耻、向上向善的社会氛围。

四、明纪修身，发挥廉洁教育引导作用

（六）强化党纪国法教育。将党规党纪教育纳入各级党组织全面从严治党主体责任内容，列入“三会一课”、主题党日、双重组织生活、新提任领导干部集体谈话、党员领导干部培训班次，探索开展领导干部任前党规党纪考试，全覆盖举行云上纪法知识测试，促进党内法规学习常态化制度化。完善国家工作人员学纪学法制度，将党规党纪融入普法宣传，开展宪法宣传月、“开学第一课”等活动，丰富拓展现场教学、云课堂、微党课等形式，不断增强党员干部法治意识、党规意识、制度意识、纪律意识，促进依法履职、廉洁从政。

（七）突出警示震慑教育。坚持警钟长鸣、以案为鉴，深化同级同类警示教育。每年召开警示教育会，发案单位按规定召开处分决定宣布会、专题民主生活会、组织生活会、警示教育学习会等，所在系统组织集体警示教育。深入推进“明纪律 正作风 树形象”警示教育月活动，创新警示教育方式，建立健全以案说德、以案说纪、以案说法、以案说责机制，加大典型案例通报曝光力度，按有关规定分级分类组织旁听职务犯罪案件庭审，放大震慑效应。挖掘警示教育资源，充分发挥忏悔录、警示教育片、警示教育基地的作用，让党员干部受警醒、明底线、知敬畏。

（八）严格日常管理监督。坚持把廉洁要求贯穿于干部日常教育管理监督之中，把严的要求体现到干部培养、选拔、管理、使用各环节。严格执行中央和省、市、区委关于加强对“一把手”和领导班子监督的意见，落实落细“八张责任清单”，推动“一把手”自觉接受监督、主动实施监督。紧盯党员干部入职、任免、轮岗、提拔等关键节点，开展廉洁教育和廉政风险提示，用好“基层政治生态数智”系统等大数据监督手段，抓早抓小、防微杜渐。加强年轻干部教育管理监督，深入实施“青廉工程”，引导年轻干部扣好廉洁从政“第一粒扣子”。

五、清风润家，筑牢拒腐防变家庭防线

（九）加强领导干部家风建设。把家风建设作为作风建设的重要内容，将领导干部家风建设情况纳入廉政谈话、日常监督等工作，引导领导干部做家风建设的表率。通过座谈、家访等方式，加大“八小时外”监督力度，探索家庭助廉促管、家属廉洁承诺等制度，推动廉洁教育融入家庭日常生活。督促领导干部从严管好亲属子女和身边工作人员，严格执行规范领导干部廉洁从政从业行为、防止利益冲突相关规定和个人有关事项报告等制度，规范领导干部配偶、子女及其配偶经商办企业行为。

（十）推动优良家风成风化人。以社会主义核心价值观引领家庭家教家风建设，引导党员干部筑牢反腐倡廉的家庭防线，始终做到廉洁修身、廉洁齐家。从优秀传统家训家规中汲取营养，讲好家风传承故事，大力弘扬以廉立身、以廉治家、以廉教子的优秀文化传统。结合红色家风传承、“最美家庭”寻访、“家庭文化节”等活动，把爱党、爱国、爱社会主义的情感融入家庭家教家风建设，深化以案为鉴，警醒党员干部汲取家风不正的教训，建设新时代优良家风。以“家庭助廉”为重点，结合文明家庭创建活动和儿童友好城市建设，开展家训推广、清廉家书征集等家风家教主题活动，以纯正家风涵养清朗党风政风社风。

六、正气育风，弘扬崇廉尚洁社会风尚

（十一）锤炼敬廉政治品德。把政德教育贯穿党内政治生活、教育培训中，优选教育主题和内容，建立完善课堂教学、现场体验相结合的立体教学模式，教育引导党员干部明大德、守公德、严私德，成为“浙江有礼·兰草馨香”的示范带头人。加强领导干部社会交往监督，教育引导党员干部保持高尚精神追求，培养健康生活情趣，节俭朴素、力戒奢靡，管好生活圈、交往圈。贯彻落实中央“新时期好干部标准”和省委“系统性重塑干部队伍干部工作”要求，打造政治过硬、堪当重任的干部队伍。

（十二）发展健康政治文化。扎实推进党风政风建设，培育健康党内政治文化。深入实施“红色根脉强基工程”，把廉洁教育融入主题党日、党支部活动等党内政治生活。坚持廉洁文化建设与构建亲清政商关系相结合，建好用好“亲清”沙龙、“青廉讲坛”等载体，严格落实“亲不逾矩、清不远疏、公正无私、有为有畏”要求，教育党员干部严格遵守党章，严格执行新形势下党内政治生活的若干准则，恪守政治纪律和政治规矩，保持清清爽爽的同志关系、规规矩矩的上下级关系、干干净净的政商关系，推动营造风清气正的良好政治生态。

（十三）培树勤廉先进典型。深入挖掘革命英雄事迹，发挥建设楷模和时代先锋的引领示范作用，大力弘扬求真务实、艰苦朴素、无私奉献、团结奋斗等时代新风，把榜样力量转化为忠诚干净担当的行动自觉。结合“最美洞头人”选树工程，“感动洞头”人物、道德模范、行业“最美”、洞头好人榜样寻访和“兰小草”爱心宣传日等活动，培树勤廉并重的先进典型，运用学习交流、宣讲报告、实践体验等方式，宣传勤廉并重、奉献社会、诚实守信等先进典型事迹，引导党员干部群众见贤思齐、崇廉尚德、奋发有为。

七、聚能塑韵，传播廉荣贪耻价值理念

（十四）丰富廉洁文化产品供给。加大廉洁文化传播力度，持续丰富廉洁文化优质产品供给。把廉洁文化建设融入党的宣传思想文化工作，利用重要时间节点、重要活动、重大事件，精心策划推出一批群众喜欢看、传得开的廉洁文化新媒体作品和栏目，统筹媒体资源打造廉洁文化传播矩阵，刊发廉洁文化专栏专题，推动廉洁理念在全社会广泛传播、有效传播。将“清廉海霞”文化建设融入新时代文化洞头建设，加强清廉文艺创作规划引导，把渔民画、贝雕、蟹壳画、海陶等具有洞头特色的廉洁文化作品列入重大文艺创作计划、文化艺术发展基金支持范围等，逐步建设廉洁文化作品库、资源库、人才库。开展具有洞头特色的廉洁文创作品展播，鼓励引导支持文艺院团、社会力量、文艺工作者积极创作一批兼具教育性、艺术性和观赏性的精品力作。

（十五）推进廉洁文化阵地建设。在公共文化服务整体规划中加大廉洁文化阵地建设比重，深化“全单位推进、全领域提升”的廉洁文化共进态势。把廉洁文化与机关文化、校园文化、广场文化等相融合，在美丽乡村、文明村镇建设过程中，充分考虑廉洁文化与新时代文明实践中心、文化馆、文化礼堂等基层公共文化机构和公共场所有机结合，提升廉洁文化阵地覆盖面。提炼宣传红色场馆、历史名胜、旅游景点中蕴含的廉洁资源，开展“一地一品、一乡一韵、一村一景”的廉洁文化阵地建设，扩充清廉海霞“一带一路”地图。提升清廉螺钿博物馆、全面从严治党主题公园等廉洁文化阵地，举办清廉文化研学活动，充分发挥教化功能。

八、组织保障

（一）强化组织领导。全区各单位要切实扛起廉洁文化建设的政治责任，把廉洁文化建设纳入全面从严治党总体部署统筹谋划，坚持做到与业务工作同部署、同推进、同落实。各牵头单位要细化具体举措和时间节点，实施清单化管理。各责任单位要按照既定要求抓好落实，结合本单位本领域实际，加强经费保障，确保廉洁文化建设取得实实在在成效。

（二）强化协同高效。坚持把廉洁文化建设融入全区党的宣传思想文化工作和社会精神文明建设总体布局，建立健全廉洁文化建设统筹协作机制，区纪委区监委要强化组织推动，区委组织部要把廉洁从政教育作为党员干部教育管理的重要内容，区委宣传部要加大宣传阐释力度、统筹廉洁文化精品创作，教育、文化和旅游、团委、妇联等单位要各司其职抓好落实。

（三）推动责任落实。将廉洁文化建设纳入落实全面从严治党主体责任考核、意识形态工作责任制考核、精神文明建设及和美乡村建设等工作。区纪委区监委、区委组织部、区委宣传部要加大对廉洁文化建设情况的监督检查力度，对重视不够、推进不力或履责不到位、成效不明显的，及时督促整改、追究责任。同时，持续加强正面典型经验总结推广，推动新时代廉洁文化建设向纵深发展。

中共温州市洞头区委
关于全面支持检察工作高质量发展的意见

为贯彻落实最高人民检察院调研组到洞头调研督导指示精神，全力支持区检察院各项工作高质量发展，推进区检察院打赢脱薄争先攻坚战，开创法律监督工作新局面，现结合洞头区实际，提出以下意见。

一、加强党对检察工作的绝对领导

（一）加强对区检察院的政治领导。区委每半年至少 1 次听取区检察院党组工作汇报，加强对有关部门支持、配合法律监督工作的统筹协调。区委政法委要履行好领导和管理政法工作的职能，加强工作协调，指导、支持、督促检察机关依法开展法律监督工作，及时跟踪督导重点任务进展情况。

（二）提升区检察院党建工作水平。深入推进“最强党支部、最红排头兵”“海霞红引领检察蓝”的党建品牌建设，提升打造具有检察特色的党建文化长廊，推动形成以党建为统领，队伍建设和业务建设深融互促的良性局面。

（三）指导、支持区检察院建设“清廉机关”。对近三年区委机关工委反馈督办问题进行“回头看”，特别是反复整改、久久不解的问题加强分析研判，与区委机关工委加强业务沟通对接，查漏补缺，提炼特色亮点，把重点模块做精做细。区纪委区监委加强对区检察院建设四星级、五星级“清廉机关”的交流指导。

二、健全完善检察机关依法履职的部门间衔接配合机制

（四）深化刑事案件质量管控机制。各政法单位要全面正确把握宽严相济刑事政策，转变司法理念。区检察院、区公安分局应当落实刑事案件应急处置协调机制要求，共同做好依法办理、舆论引导和社会面稳控工作。区法院、区检察院、区公安分局要共同加强对刑事办案业务信息的研判，定期或不定期互相通报交流主要业务情况。

（五）健全完善行刑衔接机制。行政执法机关依法向区公安分局移送涉嫌犯罪案件并报区检察院备案。探索联席会议、同堂培训、联合发布典型案例等工作机制，增进检察干警与行政执法机关工作人员对行刑交叉领域的专业认知，发挥检察机关在信息共享、统一执法标准、规范业务流程等方面的引导作用，推进监督体系升级改造，打造更大范围的“法治共同体”。着重在海上执法、综合行政执法、安全生产、生态环境保护、自然资源和规划管理等领域，形成部门协同、多元履职、一体融合的行刑共治新格局。

（六）构建未成年人司法综合保护体系。建立预防和惩治侵害未成年人违法犯罪工作专班，定期会商研讨，形成共治合力。相关单位要研判侵害未成年人合法权益的线索性质，分级分类交民政、公安等部门处理，同步研判是否需启动心理辅导、帮扶帮教、司法救助等程序，形成一体化全流程服务机制。

（七）形成打击虚假诉讼合力。加强虚假诉讼监督，维护司法权威和社会诚信。区公安分局对区检察院移送的涉嫌虚假诉讼犯罪材料，应当在规定时限内作出决定，并予以反馈。区公安分局在工作中发现民事虚假诉讼线索，应当按照要求移送区检察院；区检察院因案件办理需要可以商请区公安分局协助调查。区法院对区检察院提出再审检察建议的虚假诉讼案件，应当依法及时进行审查。区司法局在工作中发现民事虚假诉讼或者利用虚假公证文书申请执行等线索，应当按照要求移送区检察院。区人力社保局在工作中发现利用虚假劳动仲裁裁决申请执行等线索，应当按照要求移送区检察院。

（八）建立府检联动机制。建立健全行政执法监督与法律监督衔接配合机制，每年至少召开 1 次联席会议，区检察院通报各行政单位落实检察建议工作情况，府检共同商讨破解行政执法监督工作重大疑难问题。区政府要督促行政机关支持检察机关法律监督工作，提供法律监督需要的相关信息，及时书面回复整改落实情况。区政府对工作中发现的普遍性、倾向性问题，可以交由区检察院开展专项法律监督，或者由区司法局会同区检察院开展专项执法监督。

（九）完善公益诉讼衔接机制。各行政执法机关要加强对区检察院开展公益诉讼工作的专业支持，配合做好公益诉讼案件线索移送、调查取证、应诉出庭、专家证人鉴定人出庭、判决执行等工作，并在装备共享、专业检测、鉴定评估、业务咨询、政策法规解读方面为检察机关提供专业支持。区法院、区检察院要加强公益诉讼案件证据规则、赔偿标准等方面的沟通协作。

（十）构建司法救助衔接机制。区检察院要按照司法救助相关规定，协同开展司法救助与社会救助，加大对低收入案件当事人全方位、多元化的综合救助工作力度。相关行政机关应综合运用社会救助、就学就业援助、教育支持、心理干预等形式，对司法救助对象开展延伸救助。

（十一）完善刑事执行监督衔接机制。区法院应当依法依规向区检察院提供刑事裁判涉财产部分案件以及刑事涉案财物处置案件移送、立案、执行以及被执行人的履行能力等信息。区公安分局应当依法依规向区检察院提供罪犯交付执行收监信息，切实杜绝“判实未执”问题发生。区司法局应当依法依规向区检察院提供在矫人员名册、社区矫正对象的报告登记、监督考核、教育帮扶等情况，规范社区矫正工作。

三、为区检察院依法履职提供有力保障

（十二）增强法律监督刚性。区政府将行政机关落实检察建议、支持配合检察机关开展法律监督工作情况纳入相关考核、督查内容；区委政法委将有关部门接受检察机关法律监督工作情况纳入平安综治考核，加大督查力度。区检察院在履职中有关部门党员干部和工作人员阻碍调查取证、拒不提供证据、在规定期限内经督促无正当理由不依法配合支持法律监督工作，情节严重或造成恶劣影响，符合问题线索移送条件的，应移交区纪委区监委处置，区纪委区监委应当依规依纪依法及时处置。被建议单位收到检察建议后 10 个工作日内，应主动与检察机关联系，并将检察建议回复、采纳情况纳入本单位绩效评价。

（十三）落实信息共享要求。除法律法规、上级规范性文件有限制的情形外，区检察院因法律监督工作需要调取受案、立案、审判、执行、执法的信息、相关材料、业务数据，各司法执法机关及相关部门可以即时提供的，应当即时提供；确有客观原因不能即时提供的，应当在原因消除后 5 个工作日内及时提供。

（十四）加强人员经费保障。选好配强区检察院领导班子，将检察干部纳入全区干部培养体系，实施检察干部与其他政法机关、党政机关干部的交流制度，打造高素质检察队伍。根据省委组织部等五部门联合印发的《关于全省检察机关司法雇员队伍建设的意见》（浙检发〔2017〕12 号）要求，足额配备司法雇员。健全法律监督工作保障机制，贯彻深化司法体制综合配套改革精神，优化配置待遇及绩效考核奖励制度，按规定标准全额保障区检察院司法雇员和劳务派遣人员经费，加强对法律监督重要项目、重点建设项目的经费保障。

学习贯彻习近平新时代中国特色社会主义思想主题教育

2023年9月，洞头区深入学习贯彻习近平新时代中国特色社会主义思想，进一步强化政治机关意识、立足“围绕中心、建设队伍、服务群众”职责定位，高站位高标准高质量开展主题教育，提振宣传思想文化干部精气神，切实承担起“举旗帜、聚民心、育新人、兴文化、展形象”的使命任务，推动以高质量党建引领高质量发展，为推进高质量建设共同富裕海上花园提供坚强的思想保证和强大精神力量，开展学习贯彻习近平新时代中国特色社会主义思想主题教育。确定列入主题教育的单位共79家，覆盖全区518个党组织，其中，包括67个农村党组织、34个社区党组织、199个机关事业党组、163个两新党组织、55个其他党组织，共涉及7697名党员。

一是深入开展“循迹溯源学思想促践行”，深刻感悟习近平总书记留下的足迹、印迹、心迹，引导党员干部深学细悟，做到真学真懂真信真用。沿足迹学思想。用好习近平总书记23次到温州考察指导以及5次关心支持勉励洞头留下的宝贵精神财富，高质量打造“海上花园”建设现场教学点，入选浙江省现场教学示范点，组织全体党员开展“海上花园循迹溯源体悟之行”。突出分层分类学习全覆盖，精准抓好机关、街道乡镇、两新等8个领域，青年党员、渔民党员等6类群体学习教育。如，针对两新党员统筹开展轮值式领学、联动式帮学等“五式联学”活动；针对渔民党员实施渔船停港“补学”机制等。追印迹悟真理。积极发挥领导干部示范领学作用，区委常委会以上率下推动各级党组织落实“第一议题”制度，对习近平总书记重要批示指示精神，通过召开区委常委会会议、全区领导干部大会等形式迅速传达落实。定期召开集中学习，高标准举办3期区委主题教育读书班，召开海上花园建设专题研讨会。持续推进“百场党课下基层”，组织科级以上领导干部、基层党组织书记等一线宣讲，开展“党课开讲啦”活动500多场次，引领全区党员干部凝聚海上花园再出发共识。循心迹促践行。扎实推进总书记重要讲话精神实践应用，引导全区党员结合“我为海上花园添光彩”大讨论，立足单位、立足岗位，开展短板大梳理、干事大谋划，聚焦交通、产业、重点项目等10个方面，制定“短板、干事”清单，共深挖短板问题350多项，谋定干事清单380多项，逐项整改、逐条推进、对账销号。如，坚决贯彻落实以人民为中心的发展思想，连续开展圈句号行动，稳妥化解沉淀多年的岙仔、霓屿料场爆破震损民房、九厅安置房办证等一批历史遗留问题。

二是深入践行“四下基层”，不断深化“大走访大调研大服务大解题”，推动党员干部直奔基层一线、直面矛盾困难、直接解决问题。精选课题务求实效。区领导瞄准海洋经济、海岛振兴、全域旅游等中心工作，围绕洞头党的建设的紧迫问题、改革发展中的重要问题、群众和企业急难愁盼问题及重大风险隐患等26个重大经济社会发展课题建立调研资源库，以“全域推行‘幸福要事’”与“民间呈会问题”为正反面典型开展解剖式调研。如区委书记郭云强以“一肩挑”干部这一“关键群体”为切入点，通过走访调研、解剖麻雀、分析村社干部队伍建设过程中存在的问题及原因。精准调研科学解题。以“一联八”挂钩联系走访、“周二下沉日”等制度为抓手，区领导带头以“四不两直”方式走遍全区6个街道（乡镇）、83个村社，推动深入一线调研399次。突出结果导向，健全“调研开路—科学决策—回应诉求—滚动解决”的解题链条，专项制定调研解题推进表，细化问题、责任、任务三张清单，实行领导包保责任制，提出问题化解措施144条。如，深入实施“优环境入万企破难题”专项行动，区领导以上率下带动“一组两员”走遍117家规上、重点企业，解决涉企难题51个。精心转化成果运用。做好调研成果转化“后半篇文章”，高质量召开调研成果交流会，每位区领导围绕调研课题和区级正反面案例展开深入研讨，按照“形成一批高质量调研报告、破解一批发展难题、办好一批民生实事、推介一批典型经验、完善一批制度措施”等“五个一”思路，撰写调研报告29份，建立成果转化运用清单150份，推动形成优秀民营企业家优享政策、基层干部尽职免责机制等一批破难实招，确保调研成果可比较、可考核、可检验。

三是全面深化“感恩奋进、实干争先”行动，切实把主题教育成果转化为高质量发展的实绩实效。基础补短推动城市发展提标拓面。努力克服海岛自然条件制约，加快推进一批海岛基础设施“补短板”工程建设，推动“水电气路港”全面提升。如，实施交通先导工程，甬莞高速洞头支线核准前置七大组件全部获批、创下省内高速前期工作最快纪录；实施陆域引调水二期工程，克服海域潮差大、管道重等施工难点，将主管通至鹿西，彻底解决离岛群众吃水难题；统筹利用EOD项目、专项债、蓝湾整治等资金，推进全域污水管网提升、核心景区提升、工业园区提升、海洋环境提升。组团赋能推动产业发展提档升级。聚焦重大项目推进、招商引强等十大工作重点，建立“一项工作、一个组团、一抓到底”的组团攻坚机制，精心遴选“85后”科级、“90后优质雏鹰”等57名年轻干部抱团攻坚。如，构建“谋划、招引、研判、落地、督查”全生命周期招引体系，推动“链”式招引，精准谋划重点招商引资清单项目40多个，总投资超千亿元，其中，洞头海洋食品产业园招引落地紫菜育苗基地、烘干厂、冷链物流中心等上下游配套企业超20家。党建惠民推动民生福祉提质增效。深入开展“党建惠民、为民解忧”活动，健全完善“幸福要事”常态办理机制，聚焦就业、教育、医疗等群众急难愁盼问题，开展问需问计、梳理建库。完善联建共建办件机制，建立“问题、整改、责任、进度”四张清单，实行书记领办、全员参与、限期解决办理。深化社会满意度测评，开展“两代表一委员”参会问效，捆绑评价结果与绩效考评，助推服务口碑提升。如精建“海霞说事”平台，完善“议、决、评”为一体的村事“公议制”；深化“渔小二”代办服务，实现离岛群众“办事不出岛、一次不用跑”。

四是严格按照“边学习、边对照、边检视、边整改”的要求，找准突出问题，深入检视分析，狠抓整改整治，以整改成果检验主题教育效果。刀刃向内查在“最深处”。突出问题导向，通过领导点题、部门选题、群众征题，全领域梳理漠视侵害群众利益突出问题、三个“一号工程”堵点难点等7个方面整改整治问题清单，通过联络组初审、区委主题教育办复审、市委主题教育办和省委督导组核审，逐一过筛、全面审核，对问题检视不深、整改措施不实、整改目标空泛的坚决退回，累计退回21次、纠偏纠正检视问题6个，确保问题清单全面精准有分量。多方协同督在“最严处”。成立整改落实组，联合8个派驻纪检监察组，构建“1+8”明察暗访监督网络，常态化开展“四不两直”调研，通过重点抽查、现场把脉，跟踪指导整改整治。系统召开3次整改整治组工作会议，强化“每周一抽查、半月一调度”等常态调度机制，制定《整改整治问题销号流程图》，根据问题性质和整改难度列出计划、分出步骤、压茬推进，并将整治整改和巡视反馈问题整改、党风廉政建设年终督导等一体结合、一起研究，合力督促问题整改走深走实。以效促优改在“最实处”。将专项整治情况作为评价各单位主题教育成效的重要依据，特别是将基层党建突出问题整治、村社民生小事等整改落实等情况作为街镇党（工）委基层党建述职评议考核的重要内容。建立整改责任单位、区委主题教育办、“两代表一委员”三方验收销号机制，实行“红黄绿”晾晒通报提醒、电视问政等媒体监督等倒逼机制，对不能完成预期目标或进度严重落后的单位“一把手”实行约谈，确保整改落实“件件有着落、事事有回音”。

五是持续推进专项行动走深走实，激发干部敢拼敢干的干事热情，营造敢闯敢为的良好发展环境。抓深领导干部政绩观教育。制定下发开展“持正确政绩观、建为民新业绩”行动工作提示19条，明确7项任务清单，组织“以进取心对待干事创业、以平常心对待职务变动”专题讨论74场次，开展区管领导班子和领导干部“五重五轻”检视剖析、政治建设暨政绩观调研分析，出台激励干部争先创优八条举措、完善容错纠错等机制，累计制定77条履职正负面清单。开辟“一把手谈落实”专栏，推出省、市担当作为系列干部事迹展播4期，掀起“学习榜样、争做榜样”的热潮。抓好青年干部成长成才。深入开展“明德守法、完善自我”专项行动，研究细化守根铸魂、承诺践诺、严管厚爱等10项举措，全域组建63个青年理论学习小组，组织青年干部开展专题讨论203次、警示教育169次，深化思想作风问题检视整改。深入实施“青年讲师”“青云计划”，挖掘33名各领域“青年标兵”，用好“8090”海霞青年宣讲团，推动青年说给青年听。建立“承诺—践诺—评诺”闭环跟踪管理机制，推动承诺践诺364次，持续引导青年干部在“海上花园”建设中展现新担当新作为。抓实基层提能关爱激励。深化“党建引领抓乡强村筑网”工程，引导党员力量下沉基层，设立党员示范岗1310个、党员责任区482个，7697名党员干部累计走访群众11521户，帮助解决问题2617件，推动完成“共享社·幸福里”31个重点单元建设，完成83个村社“届中体检”，整治4个“问题村居”。实施“瓯越先锋·头雁领航”计划，出台《加强村社年轻干部队伍提质赋能八条举措》，跟踪培育后备干部166人，建立结对帮带114人。健全人员编制、提拔晋升、评先评优等向基层“四个倾斜”机制，推动405项政府服务事项权限下放街镇，为基层减负松绑。抓细流动党员教育管理。持续深化查纳联管用全周期服务，建立健全“多重纳管、双向共管、数字智管”机制，积极推广应用“浙里流动先锋码”，实行流出、流入两地党组织书记每月沟通联系，流出地党组织委员与流动党员每月谈心谈话，压实双向共管责任。深入开展“有家有学有为”行动，跟进投递一份倡议书、开展一次实地（电话）问暖等“六个一”活动，及时掌握流动党员主题教育参与情况，引导流动党员兴业他乡、服务老乡、回报家乡。

六是强化质量意识、协作意识，建立健全上下联动、精准指导、预警防范机制，确保各单位主题教育有力有序推进。构建紧密联系的责任体系。强化主题教育办中枢功能，制定实施区委主题教育领导小组及办公室《工作规则》，创新推行专班人员“小模块负责制”运转模式，加强“一办五组”沟通协调，召开区委主题教育办全体人员会议、工作调度会，印发《工作提示》25期，引导全区各基层党组织对标对表、主动抓好落实。常态与市委主题办保持政策口径、工作安排、简报刊发等密切联系，及时贯彻上级要求、做好政策答复，确保方向不偏、焦点不散。健全从严从细的督导体系。组建主题教育6个联络组，构建“联络组—街镇组织委员、机关党建分管领导—党务工作者”指导分工链，建立“一表两单”工作周调度机制，动态掌握各单位主题教育开展进度，联动基层党建督导组、派驻纪检组力量，完成518个基层党组织主题教育工作方案、调研计划、问题清单过筛审查，调阅把关材料900多份。坚持全过程评估评价，共完成5轮实地指导、5轮电话调度，确保问题随时发现、成效随时检验。严密力戒虚功的防范体系。坚持网上网下一体、内宣外宣联动，开展为民解忧、助企纾困等系列报道，刊发部门、街镇主题教育简报13期。联合宣传、网信、公安等部门，深化问题监测、联动响应、快速处置机制，实施防范主题教育形式主义“三审核”工作模式，严格审核各单位自选动作、创新举措、特色载体等，前置过筛各类新闻稿件80多篇，提前预判、有效防范形式主义问题，坚决杜绝“低级红”“高级黑”现象。

（周闻博）

洞头获评全国“和美海岛”

2023年6月8日，“世界海洋日暨全国海洋宣传日”主场活动在广东汕头举行。现场，自然资源部公布“和美海岛”名单，全国33个海岛入选，洞头岛在列。洞头区遵循“绿水青山就是金山银山”理念，把握“碧海蓝天也是金山银山”的内涵，按照“生态美、生产美、生活美”的要求，深耕海洋生态保护，促进自然资源节约集约利用，海洋生态保护工作多次获得肯定。

一是生态保护修复效果显著。完成洞头国家级海洋公园生物多样性调查。持续6年累计投入9.27亿元，高质量完成两期蓝色海湾整治行动，全面改善了海岛海域生态环境，蓝湾整治成为全国样板。实施海湾清漂专项行动，加强入海污染源管控，入选生态环境部首批8个美丽海湾优秀案例。

二是资源利用效率明显提升。多举措推进海岛节水型社会建设，大力发展节水型产业，入选国家第三批节水型社会建设达标县（区）。持续深化“亩均论英雄”改革，开展低效用海、用地调查分析，实施落后产能淘汰攻坚行动，坚决遏制“两高”项目盲目发展。

三是人居环境不断改善。2022年洞头岛地表水水质达标率为100%，空气质量优良率97.5%，近岸海域水质达一类以上。高标准建设全域污水零直排区和“无废城市”。深化美丽乡村建设，获评浙江省新时代美丽乡村示范县。东岙顶村获评省美丽庭院特色村，白迭村获评省美丽宜居示范村。

四是绿色低碳发展能力不断增强。海上风电、新能源电池等绿色低碳项目顺利落地。推动减污降碳协同增效，大长坑村等3个村入选省级低（零）碳试点村（社区）。

推动蓝色碳汇经济建设，入选全省涉海地区 GEP 核算试点，创新推出“海洋碳汇贷”，助推蓝碳试点区域建设。

五是特色经济持续创新发展。洞头岛聚焦新能源新材料、港口经济、海洋生物医药和海岛旅游休闲四大板块，谋深谋实项目，推动产业融合发展。打造高质量发展建设共同富裕示范区海岛样板，精准制定富民惠民措施，2022 年洞头区人均可支配收入增长率达 7.17%。

六是海岛文化建设深入推进。洞头岛加快非遗保护与传承，深化文物安全数字化改革，服务闽瓯文化交融高地建设。打造海岛特色文化品牌，做足“海霞文章”，构建了由“海霞故乡”“中国诗歌之岛”等金名片组合的文化品牌体系。

七是资金和政策保障力度不断加大。2022 年洞头获得省自然资源专项资金 860 万元，用于开展海洋经济监测、海洋预警减灾等和美海岛相关工作。编制发布生态文明建设规划、“无废城市”建设工作实施方案、美丽海湾建设方案等文件，强化政策保障。

八是宣传工作持续开展。洞头区通过电视新闻、网络发布、社区现场宣传等多渠道多频次开展创建宣传活动，引导带动社会公众积极参与创建。洞头“蓝色海湾”整治行动、“两山”理论实践等和美海岛创建示范工作被央视《新闻联播》《焦点访谈》栏目、人民网媒体等多次报道，“洞头经验”走向全国。

（夏建伟）

洞头区获评全国村庄清洁行动先进县

2023 年 3 月 2 日，农业农村部、国家乡村振兴局发布《关于通报表扬 2022 年度全国村庄清洁行动先进县的通知》，洞头区作为全市唯一县市区名列其中。洞头区持续深化“千万工程”，全域建设“花园村庄”，先后荣获国家海洋公园、国家级海洋生态文明建设示范区、全国第二批“绿水青山就是金山银山”实践创新基地、全国“四好农村路”示范县等 20 多张国家级金名片，洞头诸湾入选全国 8 个美丽海湾案例之一。

一是“一根竿子”抓到底，实现“一处美”到“全域美”转变。构建区委区政府主要领导“总指挥”、街道乡镇主要负责人“一线指挥”、村党组织书记“第一责任人”的组织架构，组织群众自觉行动，主动投身清洁行动中。坚持立足本地自然资源禀赋，深入开展“三大革命”，实施岛上种树栽花、岸上蓝湾金滩、海上生态牧场等生态工程，创成“一村万树”6 个，修复沙滩岸线 26.37 万平方米，2022 年累计清理农村生活垃圾 1.9 万吨。推进花园公路、花园景区、花园渔港、花园公厕等十大花园细胞工程，花园村庄覆盖率达 86.2%，创成乡村振兴五星级示范村 10 个，建成 7 条省级美丽乡村风景线和 6 个美丽乡村示范乡镇，率温州市之先实现示范乡镇全域覆盖。

二是“一套制度”管到底，实现“一时美”到“持久美”转变。深化村貌整治“两最三比”活动，常态化开展一月一督查一评比、一季一通报一推优、脏乱差点清单交办三天整改、街村干部考核挂钩捆绑等工作机制，进一步巩固“花园村庄”建设成效。2022 年，共开展美丽乡村最美最脏系列评选 12 期，累计评比考核优秀村居 40 个，考核进步村居 15 个。创新用活“红色微网格”机制，党员引领助力开展垃圾分类、庭院建设、人居环境提升等活动 3.75 万次。推广农村“红黑榜”“园丁制”“党员挂钩包干制”等机制，形成全社会共治共享的良好氛围。

三是“一张蓝图”绘到底，实现“颜值美”到“内涵美”转变。牢固树立“绿水青山就是金山银山”理念，锚定“共同富裕海上花园”总目标，实践探索出“荒地变宝地”“石屋变金屋”“黄沙变金沙”等一批“美丽经济”海岛样板。如海霞村、沙角村充分利用景区带动作用，将荒地改建智能化停车场，实现村集体年增收 20 万元；金岙、小北岙、隔头等多个古村通过古渔村保护行动，形成精品民宿村落 15 个，激活闲置石头屋 185

2023年，洞头获评全国“和美海岛” （林军伟 摄）

幢，民宿村户均年收入超15万元；东岙、韭菜岙等村庄通过蓝湾整治激发渔村文旅发展新动能，带动1000多名渔农民创业就业，发展民宿498家、床位5306张。

（王晓倩）

洞头区打造高质量发展建设共同富裕示范区（2023年度）

2023年，洞头区持续深化海岛共富实践，以系统观念为引领，形成统一话语体系。对标抓好省、市任务承接落实，迭代更新共富系统架构图2.0版，印发实施年度共富工作要点，以打造18项标志性成果为引领，扎实推进60项重点工作和50项重大改革，出台《关于坚持农业农村现代化发展加快推进海岛共同富裕的若干意见》《洞头区低收入家庭共富服务包（试行）》等政策文件20多个，制定考评细则，以抓实绩、出亮点为出发点，开展指标推进情况研究、群众“四感”监测分析、工作进展情况通报，切实推进共同富裕各项决策部署和重点工作落实见效。以试点实践为抓手，总结一批共富典型。加大共富实践成果挖潜，滚动形成共同富裕试点、实践培育库。“四位一体”海区治理路径案例入选省级共富最佳实践名单，渔家厨娘、刑财查控一体两个案例入选市级共富最佳实践名单。蓝色海湾兴业富民获国家发改委《共同富裕动态》刊发，经验做法入选国家发改委共同富裕现场会汇编案例；智慧健康站家门口的医疗服务做法在4月全省共富推进例会上进行表扬晾晒。海岛渔村共同富裕工作向国家发改委作专题汇报，受邀参加全省循迹溯源学思想海岛县高质量发展共同富裕特色之路理论研讨会，海岛高质量发展在温州市打造高质量发展建设共同富裕示范区市域样板领导小组会议上作交流。推进海岛高质量发展，成功争取全省首批海岛县（区）高质量发展“一县一策”。以成果打造为导向，营造共建共享氛围。聚焦跑道，共富探索亮点纷呈。在经济高质量发展先行示范上，紧抓创新第一动力，成立浙江海洋大学——洞头海洋开发研究院，建成运行海洋科创中心，投用海洋生物科技示范孵化基地。加快培育“与海有关”的主导产业，新能源新材料两大百亿元项目取得重大突破，联手青山、新宙邦等头部企业，签约投资80亿元新能源电池材料产业园项目，其中投资26亿元的青山年产6万吨碳酸锂项目已摘地500亩；投资10亿元的运达海上风电总装基地项目开工纳统，运达首个高端储能装备制造项目已试生产；大门西海上光伏项目完成签约，洞头2号海上风电场项目获批核准。浙能LNG项目建成15万吨浙南最大吨位码头并顺利投运，华港LNG项目罐体落成。在城乡区域协调发展先行示范上，全面提升“水电气路”基础设施，唯一一个离岛乡正式告别“靠天吃水”的历史，220千伏常青变35千伏线路送出工程正式投运，投资2.62亿元的供电第二回路已获核准批复，S211项目标尾全桥实现贯通，进岛燃气管道加速前期工作，全国率先实现新能源汽车充电设施“村村通”。加快推动城乡一体化融合发展，全域铺开和美乡村建设，建成30公里迎宾主线、50公里环岛绿道、15个口袋公园，打造“52.0浪漫海岸线”，入选国家级沿海渔港经济区试点、省级“千万工程”试点、省美丽乡村示范区。城乡差距不断缩小，城乡居民人均可支配收入增速、城乡居民收入倍差居全市首位。在公共服务优质共享先行示范上，全力实施公共服务“七优享”工程，加快打造“15分钟公共服务圈”。公办幼儿园街镇全覆盖，大门新城实验学校完成揭牌，中高考成绩实现连续三年提升；创成浙江省健康促进区，人民医院通过二甲等级评审；老年助餐覆盖面近80%，老年食堂做法入选全国社会治理创新案例，社会救助全流程绩效管理应用场景获省十佳案例；建成12个儿童友好试点单元、20个特色化儿童研学基地；提升90个新时代文明实践中心（站所）、打造50个15分钟品质文化生活圈。在社会治理先行示范上，深入推进“枫桥经验”海岛实践，矛盾纠纷化解法治化工作获全省试点，“海霞妈妈”成为温州首个省级区域调解品牌，“海上枫桥”经验在全省建设平安浙江工作会议上作交流，捧回全省首批二星平安金鼎。在生态文明先行示范上，坚持全域美丽大花园建设，入选国家和美海岛，守护美丽海岸线做法获副省长胡伟批示肯定，“洞头诸湾·共富海上花园”作为全国首例海洋环境综合治理类EOD项目落地，经验做法在全省大会交流。以扩中提低改革为牵引，形成有洞头辨识度、有群众认同感的经验做法。积极拓展海岛群众增收致富路径，整合渔村、渔民、企业资源禀赋，逐步形成“一街一特色一品牌”的共富工坊模式。探索小型休闲船艇管理路径，促进休闲渔业健康发展，“海上导钓员”等一批新岗位应运而生，实现渔民禁渔期“休渔转休闲、洗脚不上岸”。培育“渔家厨娘”队伍，搭建“代厨”产业链，打造“共享厨娘+共享餐厅+共享平台”，带动800多名渔村妇女增收，月均最高增收超万元。开展“共富大篷车”送技下乡，提供60多项技能培训，为近千名群众解决了再就业问题，相关做法在《浙江信息》刊发，获时任温州市委书记刘小涛批示肯定。加大帮扶救助力度，城乡居民最低生活保障标准由每人每月1035元提高到1110元，推出低收入家庭共富服务包，办好400多件幸福要事。开通“线上助联体”，引导16家社会组织及社工机构入驻，累计发布救助帮扶项目34个，帮扶困难群众3300多人次。社会救助全流程绩效管理入选全省社会救助领域十大创新实践案例。深入推进共富大社保体系建设，开展“医保纾困·携手共富”行动，困难人员医疗救助追溯期在省级标准基础上再往前追溯6个月，完成高额化解名单清零，实现困难群众资助参保率、救助政策落实率、高额医疗费用化解率三个100%。持续推动长期护理保险制度提质增效，帮助缓解“一人失能、全家失衡”社会性困境。截至年底，全区长护险参保人数超11万人，完成年度目标数119.9%。增扩“温州益康保”群众普惠面，连续三年普惠版益康保参保率位于全市第一位。

（区发改局）

洞头区“我为海上花园添光彩”思想大讨论活动

2023年，洞头区开展“我为海上花园添光彩”思想大讨论活动，重点聚焦党的二十大精神贯彻落实、“八八战略”实施二十年成果、海上花园建设二十年变化和未来二十年谋划、党员干部如何立足本职岗位为“海上花园”建设增光添彩等方面，在全区开展广泛深入讨论活动，在思考中凝聚高度自觉，提振实干之志；在讨论中碰撞思想火花，汇聚众人之智；在落实中展现实施之能，激发担当之勇。各部门单位积极做好一次原文通读、一次短板讨论、一次我能讨论、一次任务清单交办活动，充分利用周一夜学、理论学习中心组、主题党日等，同时创新载体如检视拉练会，大调研、讲坛、专栏、沙龙、座谈会、分享会等，全面铺开大讨论活动。结合“八督八看”要求，推出撰写心得体会、线上答题等活动，共收集心得3000多篇，线上答题参与人数达5000多人；做好“两个清单收集”，督促各单位按照短板、我能讨论情况，梳理短板清单和干事清单，展示讨论结果，共收到350多条短板和举措，370多项任务清单。推出“一把手”谈体会专栏，首批邀请10多个各街道乡镇、重点单位“一把手”拍摄短视频，营造大讨论活动氛围。召开“我为海上花园添光彩”干事清单亮晒大会，各单位自陈工作短板，明确目标思路，形成干事清单。开展全区“我为海上花园添光彩”思想大讨论活动测试，4000多名干部参与测试，进一步加深习近平总书记在洞头调研讲话的学习。结合“八八战略”和海上花园主题，开展基层主题宣讲300多场，举办宣讲大赛暨微党课大赛，讲述“八八战略”在洞头的生动实践。围绕改革创新、开放合作、高质量发展、协调发展、绿色发展、海洋经济、营商环境、文化自信等方面，做好“八八战略”洞头实践20年案例集纳。

重点指标完成情况。共承担65项指标，其中56项已完成并得满分，3项工作排名全市前三，4项工作排名中游，文化产业和融媒指数2项指标排名靠后。铸魂溯源走心，在全区开展“我为海上花园添光彩”思想大讨论活动，形成350条短板清单、370份干事清单；完成区委理论学习中心组专题学习会19场，“海上花园·名家讲坛”2场，各类学习、宣讲活动超5000场。全力除险保安，围绕亚运会、亚残运会重要节点，打造“3个10、3个30”网络特战队，协助区委区政府成功处置化解2起重大舆情风险。助推城市形象，举办“在洞头·看见海上花园”媒体聚焦活动2期，推动历史遗留、急难愁盼问题整改22个，助力建设海上花园。紧贴中心工作，精心组织EOD推进会、开渔节、幸福要事等重点主题宣传，被人民日报刊发11篇，浙江日报80篇，头版5个，温州日报494篇、头版48个。争荣誉、争要素、争项目，扶持《红圆红》《擂鼓声声迎归帆》等一批文艺精品创作，获国家级15项、省级29项、市级26项共70个奖项；圆满举办由中宣、省宣主办的“学思想 建新功”全国（浙江）公益电影放映活动启动仪式；全省高质量发展共同富裕相关指标成绩名列全市第一、全省第五；《鸟瞰洞头》作品荣获全省对外传播微纪录片大赛三等奖；沙角村、东沙村和半屏文创中心分别入选“艺术乡建”特色示范村和创作基地。

“我为海上花园添光彩”干事清单主要成效。推动海霞文化发展突破，完成海霞之家、海霞电影馆建设并投入运营；完成海霞文创展厅打造；海霞营地研学满负荷运转，接待上万人次。圆满完成文化崛起专班工作，推进“3+5+2”重点工作任务，完成女子连纪念馆改造提升，获骏马事项表彰；完成望海楼、“海上花园”会客厅方案设计并开工建设。打响洞头宣传品牌，在中央、省市级主流媒体累计刊发涉洞报道超1.1万条，创历史新高；“温州发布”公众号和短视频采用超100篇（次），分列全市第二位和第一位；洞头幸福要事在《人民日报》“四下基层”专题中刊发和内部报送。

（区委宣传部）

大事记

1月

9日，洞头区举行庆祝第三个中国人民警察节暨致敬功模活动。区领导郭云强、何莉平、林铁等参加活动。

11日，洞头区召开全区村志文化编修工程启动会。

15日，洞头先锋女子民兵连党支部副书记、连长陈盈盈当选第十四届全国人民代表大会代表。

16日，浙江省人民政府公布第六批省级非物质文化遗产代表性项目名录，洞头脚擂鼓上榜。

17日，区委召开全区领导干部会议，传达学习省十四届人大一次会议精神和省政协十三届一次会议精神。

19日，洞头区举行“海燕领航·洞见未来”洞头籍学子返家乡交流会暨洞头区青年发展型城区创建启动仪式。区委书记郭云强出席并讲话，区领导林铁等参加会议。

30日，全区公安工作会议召开。

2月

2日，洞头区首批12家智慧健康站在6个街道（乡镇）同步上线启用。

同日，洞头区海霞文化发展中心获评“浙江省中小学研学实践教育基地”。

6日，洞头区召开“实干争先大比武海上花园再出发”动员大会。区委书记郭云强作动员讲话，区委副书记、区长何莉平作工作部署，刘素婷、汪慧平、林铁等区四套班子领导参加会议。会议表彰各类先进集体和先进个人。

7日，全区未成年人保护工作会议暨未成年人保护工作委员会第一次全体会议召开。

13日，全区领导干部会议召开，传达贯彻市两会精神。区委书记郭云强主持会议并讲话。区委副书记、区长何莉平传达市政府工作报告精神，区人大常委会主任刘素婷、区政协主席汪慧平分别传达市十四届人大三次会议和市政协十二届二次会议精神。区领导林铁等参加会议。

13日至15日，政协第九届温州市洞头区委员会第二次会议在洞头剧院召开。大会应出席委员180名，实到委员162名。汪慧平代表政协第九届温州市洞头区委员会常务委员会向大会报告工作。叶锦丽受政协第九届温州市洞头区委员会常务委员会委托向大会报告九届一次会议以来提案工作情况，并通过相关决议。选举政协第九届温州市洞头区委员会常务委员3名。大会期间，收到委员提案154件。

14日，教育部、中央军委政治工作部印发通知，认定洞头区海霞中学为第三批“全国中小学国防教育示范学校”。

14日至16日，温州市洞头区第十五届人民代表大会第二次会议在洞头剧院召开。大会应到代表186名，实到174名。大会听取和审议何莉平代表区人民政府向大会作政府工作报告和区人大常委会代主任刘素婷向大会所作的工作报告等，并通过相关决议。选举温州市洞头区第十五届人民代表大会常务委员会委员3名。大会期间，收到代表建议147件。

17日，区纪委二届三次全会召开。区委常委、区纪委书记、区监委主任吴肃锋主持会议并代表区纪委常委会作工作报告。区委书记郭云强出席会议并讲话，区领导刘素婷、汪慧平、林铁等出席会议。

同日，洞头区召开和美乡村“示范引领、全域整洁” 双月攻坚行动暨文明城市工作部署会。区领导林铁等参加会议。

20日，浙江迪特高强度螺栓有限公司通过国家知识产权贯标认证，获知识产权管理体系认证证书。

23日，共青团温州市洞头区第二次代表大会在海霞培训中心召开。大会选举产生共青团温州市洞头区第二届委员会，方雅靓当选为中国共产主义青年团温州市洞头区第二届委员会书记。

同日，洞头区新生代青年企业家联谊会第二届一次会员大会召开。会议选举产生洞头区新生代青年企业家联谊会第二届理事会、监事会及领导班子，温州洞头东海贝雕工艺品有限公司总经理陈灿渊当选会长。

26日，温州台协会员之家在洞头区东屏街道金岙片区揭牌成立。

27日，温州市洞头区第二次妇女代表大会召开。大会选举产生洞头区妇女联合会第二届执行委员会委员。区妇联二届执委一次全会选举吕海棠为主席。区委书记郭云强出席会议并讲话，市妇联党组书记、主席吴晓娟到会指导并致辞。

27日至28日，“2023我要游温州”全国百家旅行商温州文旅采购大会在“海上花园·百岛洞头”启幕。大会邀请260多人参会。市政府副市长王彩莲、区委书记郭云强等参加活动。

28日，市人大常委会副主任冯金考一行到洞头调研环境保护工作。

同日，大门—鹿西“海外桃源”县域风貌区试点建设方案入选浙江省2023年度城乡风貌样板区试点优秀建设方案名单。

3月

1日，省生态环境厅厅长郎文荣率队到洞头调研生态环境保护工作。

2日，洞头区入选2022年度全国村庄清洁行动先进县。

3日，洞头区城关小学上榜2022年度浙江省现代化学校名单。

5日，“迎亚运·讲文明·树新风”“3·5”学雷锋志愿服务月活动启动仪式在海霞广场举行。区委书记郭云强点燃志愿火炬，启动2023年学雷锋志愿服务月活动。

7日，“巾帼心向党奋进新征程”2023年洞头区纪念“三八”国际妇女节113周年暨妇女运动会启动仪式在海霞广场举行。

10日，洞头区沙枫港、仁前途、沙角3个村入选省第三批未来乡村创建名单。

14日，市人大常委会主任葛益平到洞头调研“海上花园”立法和人大工作。区人大常委会主任刘素婷、区委副书记林铁等参加调研。

同日，区政府第三次全体（扩大）会议暨廉政工作会议召开。区委副书记、区长何莉平出席会议并讲话。

15日，全区领导干部会议召开。区委副书记、区长何莉平传达全国两会和全市领导干部会议精神，区委书记郭云强主持会议并讲话，区领导刘素婷、林铁等参加会议。

16日，区科局级领导干部学习贯彻党的二十大精神专题研讨班在市委党校开班。全区400多名区管科级领导干部、退出领导岗位的在职干部、省市挂职干部参加。

同日，洞头区羊栖菜养殖共富保险入围由温州市保险行业协会、温州都市报联合主办的2022年度温州保险业“十大为民实事”。

17日，市政协副主席马永信到洞头督查全国文明城市创建工作。区人大常委会主任刘素婷陪同督查。

18日，以“春暖游浙里·温润山海城”为主题的2023鹿城洞头乐清（杭州）文旅周活动在浙江杭州举办。

20日，区政府在杭州组织召开《洞头国际生态旅游岛规划》评审会，经专家讨论，同意该规划通过评审。

21日，省工商联发布全省首批32个“万企兴万村”行动实验项目，洞头区木心合文化旅游发展有限公司结对东屏街道松柏园村的韭菜岙沙滩项目入选。

22日，洞头半屏山被列入国家级对台交流基地培育名单。

24日，全区双拥领导小组会议暨省级双拥模范区创建工作部署会议召开。区委副书记、区长何莉平出席会议并讲话。

同日，区文广旅体局选送的“宋意螺钿挂画松风草堂”获“浙派好礼”文创产品评选大赛观赏装饰类金奖。

24日至26日，由中国文物学会漆器珐琅器专业委员会、温州市文化广电旅游局、洞头区人民政府主办的“千年商港 瑰宝贝雕”2023年“东亚文化之都”温州螺钿漆器展示暨文化交流活动在洞头召开。

30日，区政府印发《洞头区生态文明建设规划（2021—2030年）》。

同日，洞头区被省委省政府命名为“平安区”。

同日，温州市洞头国有资源开发建设有限公司正式挂牌成立，开始实体化运作。

31日，农业农村部公示2023年国家级沿海渔港经济区试点名单，洞头区渔港经济区上榜。

同日，二届区委第三轮巡察工作动员部署会召开。

同日，洞头区实验小学校长朱扬华荣获“浙江省五一劳动奖章”。

同日，洞头区城发公司工程管理一部获“浙江省工人先锋号”称号。

4月

4日，省财政厅公布全省制造业高质量发展结对促共富示范创建、区域协调、绿色转化等三项财政专项激励资金竞争性分配入围名单，洞头区以海岛县（市、区）排名第一遴选入围。

7日，市委农村工作领导小组办公室发文表扬第五批和美乡村“示范引领、全域整洁”行动事迹突出集体和个人。洞头区北岙街道上榜。

9日，市政府副市长陈宽率队到洞头调研指导口岸工作。

11日，区委书记郭云强主持召开洞头国际生态旅游岛规划座谈会。区领导刘素婷、汪慧平等参加会议。

12日，洞头区召开“村社擂台·三比三看”暨村级集体经济发展项目谋划赛比会。

同日，温州医科大学仁济学院·洞头区融媒体中心“融媒体共建基地”揭牌暨学院新闻文化月启动仪式举行。

同日，“海上花园·百岛洞头”旅游直通车首发仪式在温州汽车南站举行。

13日，中央政法委宣传教育局一级巡视员侯召迅一行到洞头调研基层政法工作。中央政法委宣教局副局长吕艳利、区委书记郭云强、区领导林铁等参加调研。

同日，全国文学名家温州采风团一行到洞头采风，探寻海岛发展轨迹、挖掘百岛本土文化资源、见证洞头改革成果。区政协主席汪慧平陪同调研。

14日，2022年浙江省农村文化礼堂运动会健身排舞总决赛在洞头举行。

15日，洞头区举办2023年“阅读马拉松”挑战赛，来自全区16所中小学的96名青少年参加活动。

16日，洞头区举办首届“乘风破浪环岛健走”城市邀请赛。来自全省各地的500名健身爱好者参赛。

18日，省第四周期医院等级评审启动会在区人民医院举行，评审专家组对区人民医院开展二级甲等综合医院现场评审工作，区委书记郭云强出席会议。

20日，全区建设平安洞头工作会议暨区委政法工作会议暨迎亚运盛会全区三大提升行动动员会召开。区委书记郭云强出席会议并讲话。

同日，洞头区深入实施“八八战略”强力推进创新深化改革攻坚开放提升领导小组扩大会议召开。区委书记郭云强主持会议并讲话，区领导林铁等参加会议。

同日，“味美浙江”餐饮消费欢乐季启动仪式在杭州举行，现场发布“味美浙江”城市地标美食榜单，鹿西乡的黄鱼岛大黄鱼成功入选。

23日，省政协主席黄莉新到洞头区状元岙深水港码头开展助力提升沿海产业发展竞争力专题调研。

同日，省文化和旅游厅公布第一批省级“非遗工坊”名单，洞头区贝雕“非遗工坊”入选。

26日，洞头区召开2023年度总河长会议暨“五水共治”工作推进会。区委书记郭云强参加并讲话。

同日，洞头区召开海上花园绿化彩化美化委员会第一次全体会议暨2023年第一次区级总林长会议。区委书记郭云强出席会议并讲话。

同日，国家开发银行牵头六家金融机构银团与洞头区签订23亿元融资协议。“洞头诸湾·共富海上花园”生态环境导向的开发（EOD）项目，是全国首例海洋生态修复类EOD项目，是温州首例EOD项目。

同日，洞头区海上花园“共富工坊”“多联互促”试点启动暨新就业形态劳动者集中入会仪式举行。

27日，2023年洞头国际生态旅游岛推介会在区海霞培训中心召开，各县市区总工会代表、旅行商代表、乡贤代表、文旅企业代表、媒体记者等200多人参加活动。区委书记郭云强，区委副书记、区长何莉平等出席。

同日，洞头区纪念“五一”国际劳动节暨“迎亚运”职工系列文体活动启动仪式举行。区委书记郭云强出席并宣布活动启动，区委副书记、区长何莉平致辞，区领导林铁等参加活动。

28日，洞头区举办“两岸共富·万市大集”半屏闽市开市活动，招引台湾青年在半屏山海上月堤试营业台湾美食。

5月

5日，浙江省委副书记、省长王浩在市委副书记、市长张振丰和区委书记郭云强等陪同下，考察黄鱼岛集团的“智能软体渔场”“智能声波无网海洋牧场”等大黄鱼养殖基地。

6日，省人大常委会副主任暨军民带队到洞头调研人大工作。省人大常委会副秘书长倪永军、市人大常委会副主任陈永光，区委书记郭云强等陪同调研。

8日，区委理论学习中心组召开海上花园建设专题研讨会。区委书记郭云强作总结讲话。区领导何莉平、刘素婷、汪慧平、林铁等参加会议。

同日，市政协组织港澳华侨委员及代表人士到洞头开展专项视察活动，并召开座谈会。市政协主席陈作荣、市政协副主席王丽峰、市政协秘书长狄鸿鹄参加活动。

10日，高端邮轮“招商伊敦号”驶入温州洞头状元岙港泊位码头，标志着国内沿海航线高端游到访洞头的全新旅游模式正式上线。区委书记郭云强，区领导何莉平、刘素婷、汪慧平等到港口欢迎首航游客。

12日，由自然资源部东海局、国家海洋环境预报中心、国家海洋信息中心、自然资源部海洋减灾中心、省自然资源厅和温州市人民政府共同主办的全国海洋防灾减灾宣传主场活动在洞头举行。

同日，第十二届中国·洞头妈祖平安节在北岙街道东沙村妈祖广场开幕。

13日至14日，中国美术学院党委书记金一斌一行调研洞头。区委书记郭云强陪同调研并座谈商洽合作事宜，区领导林铁等陪同调研。

16日，“八八战略二十年海上花园谱新篇”洞头区2023年视觉艺术展在区政协书画院开展。

20日，“潮在洞头 爱在中屿”2023中国·洞头第二届婚旅节暨洞头区首个户外颁证基地启动仪式在洞头中屿景区开幕。

21日，洞头区开展第三十三个“全国助残日”暨“全区第三个助残日”活动。

23日，全国政协委员、台盟中央组织部部长陈子云率队到洞头调研考察对台工作。先后考察洞头先锋女子民兵连纪念馆、望海楼、半屏山景区等地。洞头区委副书记、区长何莉平，区政协主席汪慧平参加调研，副区长李正军陪同考察。

24日，省双拥模范城（县、区）创建第三考评组副组长姚永福率队到洞头开展省双拥模范区创建实地考评验收工作。区委副书记、区长何莉平主持洞头区创建全省双拥模范区工作汇报会。

25日，浙江省生态环境导向的开发（EOD）模式推进会在洞头召开。

26日，《温州市人民代表大会常务委员会关于促进和保障洞头海上花园建设的决定》经浙江省第十四届人民代表大会常务委员会第三次会议批准施行。

同日，2023年温州市“安全生产月”活动启动仪式在洞头区韭菜岙海上应急救援基地举行。

同日，洞头区召开社会矛盾纠纷排查化解大起底大整治大提升百日攻坚行动总结暨“强基提能”基层社会治理提升年行动推进会。区委副书记林铁参加会议。

31日，市政协副主席马永信一行到洞头开展“深化‘千万工程’建设美丽乡村”专项集体民主监督活动。

31日至6月1日，省慈善联合总会会长陈加元到洞头调研慈善工作。

6月

1日，省人大常委会党组成员、副主任刘忻一行到洞头区调研乡村振兴和渔农业发展工作。市人大常委会副主任王蛟虎、区委书记郭云强等陪同。

2日，农业农村部把洞头国家级沿海渔港经济区列入2023年国家级沿海渔港经济区建设试点名单。

5日，年产5万吨碳酸锂材料基地项目签约仪式举行。区政府与青山控股集团下属的浙江鼎森控股有限公司签订项目投资协议。区委副书记、区长何莉平等出席仪式。

8日，洞头区召开“共享社·幸福里”建设推进会。会议部署基层党建重点任务，区民政局、区住建局、北岙街道作交流发言。区委书记郭云强出席并讲话，区领导林铁等参加会议。

13日，洞头区举办“匠心筑梦·才助共富”技能大比武暨首届“渔家厨娘”中式烹饪大赛。

14日，区档案馆曾国团荣获2020—2021年度全国无偿献血奉献奖终身荣誉奖。

15日，“学思想建新功”全国（浙江）公益电影放映活动启动仪式在北岙街道海霞村举行。活动由中宣部电影数字节目管理中心、浙江省委宣传部、浙江省电影局、温州市委宣传部、洞头区委共同主办。

同日，市委副书记、政法委书记张加波到洞头调研和美乡村建设、督导平安护航亚运会工作并开展下访接访。区委书记郭云强陪同调研。

16日，洞头区入选全省深化“千村示范、万村整治”工程试点。

19日，2023年度洞头区村社党组织书记培训班开班仪式举行。

20日，市人大常委会副主任陈永光带队到洞头开展文明城市建设督查，并为北岙街道、元觉街道颁发“最优镇街”流动红旗。区人大常委会主任刘素婷陪同。

同日，区政协举行“请你来协商”活动，围绕“建设青年发展型城市 打造创意活力青春之岛”开展专题协商。区政协主席汪慧平主持会议，区委书记郭云强、区委副书记林铁参加会议。

同日，洞头区第三届“工会杯”五人制足球赛在东屏街道蓝港社区开赛。区委副书记林铁出席开幕式。

28日至29日，2023绿水青山中国休闲运动挑战赛（温州洞头站）举行。

29日，习近平生态文明思想研究中心副主任、生态环境部政研中心副主任俞海一行到洞头调研生态文明建设工作。

30日，洞头区上榜2022年度省级“无废城市”建设名单，荣膺浙江省“无废城市”清源杯。

7月

3日，市委常委王辉带队到洞头开展党员慰问和安全生产检查活动。区委副书记、区长何莉平参加活动。

5日，洞头区举行2023年“迎亚运·保平安”夏季治安大巡防启动仪式。区委书记郭云强宣布启动令，区领导林铁等参加仪式。

6日，省政协副主席张学伟率队到洞头围绕“完善委员履职评价激励机制”开展调研。市政协副主席陈胜峰、区委书记郭云强、区政协主席汪慧平等参加调研。

7日，全国妇联宣传部副部长王秀江一行到洞头调研全国妇女爱国主义教育基地与妇女思想引领阵地建设工作。区委副书记林铁参加调研活动。

9日至10日，2023全国台企联青委会第十三期青年精英特训营到洞头开展寻根之旅。全国台企联常务副会长、全国台企联青委会主委周代祥，温州市台办副主任李跃国等出席结营仪式。

12日，洞头区与清华大学新闻与传播学院签订共建乡村振兴教学实践基地框架协议并揭牌。区委书记郭云强和清华大学新闻与传播学院教授张小琴共同揭牌；清华大学新闻与传播学院教授雷建军与区委常委、组织部部长赵爽签署框架协议。

同日，省生态环境厅公布第一批生态文明建设实践体验地优秀案例名单，洞头区申报的“海霞村以红色土地铺就绿色发展之路”入选最佳实践案例。

14日，以“在洞头看见海上花园”为主题的洞头区首场电视问政活动举行。市人大常委会副主任、第四轮市联合督查组洞头组组长陈永光到会指导，区领导郭云强、何莉平、林铁等参加活动。

同日，最美青春遇见幸福温州“城市青年·向海向未来”暨青年人才集体婚礼活动在洞头举行。

同日，洞头区状元南片市政道路工程——77省道洞头复线建成。

16日至23日，区委书记郭云强率洞头代表团赴奥地利、希腊，与当地政府、企业、海外侨团、商会组织等开展文旅、经贸等学习交流和合作。代表团一行与希腊爱琴海国际旅游公司签订合作意向书，共同开发两地旅游资源。

17日，区关工委联合区文明办、区海霞培训中心开展“海霞好少年”重走“海上花园”调研之路活动，全区各学校的50多名“新时代海霞好少年”参加。

同日，由区文化馆和温州市中等幼儿师范学校共同选送的原创舞蹈《树》获“浙艺少年”首届浙江省青少年艺术普及舞蹈专场比赛初高中组金奖。

22日，全国人大常委会委员、华侨委副主任委员，全国台联会长，台盟中央副主席郑建闽率台湾省第十四届全国人大代表到洞头调研。

24日，区委印发《关于建立中共温州市洞头区昆鹏街道纪律检查工作委员会温州市洞头区监察委员会派出昆鹏街道监察办公室的通知》，派出监察办公室与街道纪工委合署办公，实行一套工作机构、两块牌子。派出监察办公室对区监察委员会负责，接受区监察委员会的领导和监督。

30日，状元岙港区临港产业园基础设施项目——深水港配套服务设施建设工程开工建设。

31日，区委二届四次全体（扩大）会议暨温州市洞头区政府第四次全体会议举行。区委常委会主持会议。区委书记郭云强代表区委常委会作工作报告。区委副书记何莉平、林铁出席会议。审议通过《忠实践行“八八战略”全面融入温州都市牢牢把握高质量发展首要任务和加快发展这个主题真正把洞头建设成为名副其实海上花园的决议》。

同日，区十五届人大常委会召开第十次会议。任命张伟为区人民政府副区长。

8月

1日，全市深入实施“八八战略”强力推进创新深化改革攻坚开放提升工作例会暨2023年第二次县（市、区）比看现场会举行。区委书记郭云强在温州主会场代表洞头作工作汇报。张振丰对洞头区工作作点评。

2日，区委政法委员会2023年第二次全体（扩大）会议召开。

4日，“四好农村路”全国示范县评估验收组一行到洞头评估验收“四好农村路”全国示范县创建工作。

同日，第十四届“手拉手·爱我中华”民族团结进步学生夏令营和拜城民族团结进步先锋训练营的学生到洞头参观学习。

7日，“为你写诗”第三届中国（洞头）海洋诗歌节开幕，来自国内50多位知名诗人参加。活动举行“中国诗歌之岛”研学中心授牌仪式。

同日，洞头区举办“海上花园·名家讲坛”，邀请中山大学副校长谢提，围绕海岛历史作专题讲座。区委书记郭云强，区领导何莉平、林铁等参加讲座。

10日，“我为NI狂”2023洞头第三届滩涂赶海节在霓屿正岙“童梦之境·滩涂乐园”开幕，全区各街道（乡镇）、机关单位、大学生及区内外游客共计15支队伍近1000名滩涂爱好者参赛。

13日至18日，2023年温州市

青少年（儿童）帆船帆板锦标赛在温州市水上中心举行。洞头区派出8名运动员参加帆板项目比赛，获3金2银3铜，位居该项目团体总分第一。

15日，洞头区召开庆祝第六个“中国医师节”大会。

同日，鹿西岛东臼村公共充电桩正式投运，洞头区完成辖区65个行政村的充电桩全覆盖，在全国率先实现县域充电基础设施“村村通”。

16日至17日，省妇联主席何杏仁率队到洞头调研妇女思想政治引领、基层妇女阵地打造以及儿童友好试点村建设等工作。市妇联主席吴晓娟陪同。

18日，洞头区召开“村社擂台·三比三看”暨“迎亚运、当先锋、作奉献”打造“千万工程”海岛升级版部署会。区委书记郭云强出席会议并讲话。区委副书记林铁主持会议。

21日，全国妇联宣传部副部长陈卫华率《人民日报》《光明日报》《中国妇女报》、新华网、“学习强国”学习平台等中央主流媒体记者组成的采风团到洞头开展“喜迎妇女十三大·巾帼奋进新征程”主题采访活动。

同日，浙江省文物局公布2023年度浙江省第二批乡村博物馆名单，霓屿紫菜馆作为洞头区唯一的代表单位通过验收。

同日，浙江省建设厅发布浙派民居建设典型案例（第一批），全省入选10个案例，东屏街道海霞云村金岙101项目入选。

同日，区委教育工作领导小组暨区委教育工作委员会第一次全体（扩大）会议召开。

22日，2023年“古厝浓情·洞见七夕”第十六届中国洞头七夕民俗风情节在东岙渔村举行。

同日，2023世界机器人大赛在北京落幕，由温州市第八高级中学、洞头区乐成寄宿中学五名学生组成的92979A参赛队荣获全国一等奖。

同日，省工商联发文认定第三批浙江省民营经济人士理想信念教育基地，洞头先锋女子民兵连纪念馆入选，为洞头区首家、温州市第3家获此称号的教育基地。10月25日，在洞头先锋女子民兵连纪念馆举行基地授牌仪式，省工商联秘书长宋立出席仪式并授牌。

23日，省委省政府健康浙江建设领导小组办公室通报2022年健康浙江建设考核结果，洞头区获健康浙江考核优秀等次，实现“健康浙江建设考核四连优”。

25日，省亲清政商关系乡镇（街道）建设研讨会在杭州召开，洞头区北岙街道作为12个乡镇（街道）代表之一，被授予浙江省亲清政商关系先行建设乡镇（街道）荣誉称号。

30日，区慈善总会第二次会员大会召开。会上，为洞头区海霞慈善基金揭牌并举行捐赠仪式。大会选举产生区慈善总会第二届理事会。市慈善总会会长仇杨均，区委书记郭云强，区领导何莉平、刘素婷、汪慧平等出席会议。

31日，运达全球海上风电总部及总装基地项目开工。该项目为省“152”工程，位于洞头区元觉街道，项目由浙江运达风电股份有限公司投资建设。

同日，温州市2023新能源产业重大项目签约活动举行，洞头区2个新能源产业项目参加集中签约，总投资约5亿元。温州洞头运瓴独立储能电站项目和新能源产业配套轴承生产供应项目。

同日，浙江省2023年度第一批共富风貌游线名单公布，洞头海岛海峡海悦共富风貌游线入选。

同日，洞头区完成老旧小区“瓶改管”天然气安装入户，新增管道燃气用户1200多户。

9月

1日，区委台办被国台办宣传局授予“对台宣传工作先进单位”称号。

1日至3日，第十三届中国旅游产业博览会在国家会展中心举行。浙江省组织宁波、温州近20家单位参展。其中，温州鹿城、洞头、平阳、泰顺四地，以亚运核心线路串联起海岛、氡泉、廊桥、“非遗”等具有差异化和独特性的文旅产品。

6日，浙江省选举产生的十四届全国人大代表第三小组到洞头开展专题调研。全国人大代表、温州市委副书记、市长张振丰参加调研。市、区领导葛益平、陈永光、刘峰、陈宏鸣、何莉平、刘素婷等陪同调研。

同日，洞头区第二中学与大门镇中心小学合并，正式更名为洞头区大门新城实验学校。

7日，省人大环境与资源保护委员会副主任委员陈浩带队到洞头开展湿地保护“一法一条例”执法检查。市人大常委会副主任王蛟虎、区人大常委会主任刘素婷陪同调研。

同日，二届区委第四轮巡察工作动员部署会召开。

8日至9日，温籍海外侨胞代表一行50多人到洞头开展“温籍海外侨胞家乡行”活动。

11日，区委副书记、区长何莉平走进市“12345”政务服务热线中心，现场接听市民来电，听取广大群众的意见和建议。

12日，2023年浙江省级乡村工匠名师名单公布，洞头区郑祥武、陈灿渊、郑根霖、俞鲁杭4位工匠人才上榜。

同日，温州市洞头区海霞培训中心更名为温州市洞头区海霞文化发展中心。

13日，“2023走进共同富裕现代化基本单元”媒体采风行到洞头采风。

14日，区政协举行“请你来协商”活动，围绕“建设海上休闲运动中心，推进体旅深度融合发展”开展专题协商。区委副书记、区长何莉平与区政协委员面对面交流。区政协主席汪慧平主持会议。

同日，洞头区首家机动车检测站——瓯灵机动车检测站正式投入试运营。

15日，杭州亚运会火炬传递温州站启动，洞头先锋女子民兵连连长陈盈盈、黄鱼岛海洋渔业集团有限公司总经理郑祥武、区文化馆工作人员王子震三人当选火炬手。

同日，全区学习贯彻习近平新时代中国特色社会主义思想主题教育动员部署会召开。区委书记郭云强主持会议并讲话。区领导何莉平、林铁等参加会议，省委主题教育第三巡回督导组派员参加。

同日，全区学习贯彻习近平新时代中国特色社会主义思想主题教育工作培训会召开。区领导赵爽出席会议并作培训讲话。区纪委区监委、区委组织部、区委宣传部作具体业务辅导。

同日，最海鲜·渔家厨娘海鲜代加工点暨共富工坊启用仪式在“最海鲜”集散中心举行。

15日至17日，温州市第二届新电商文化节暨温州（洞头）首届共富工坊直播电商大赛在洞头举办。

16日，第六届中国农民丰收节·洞头开渔节在东沙村举行。市政府副市长王振勇发布开渔令，区委书记郭云强出席活动并致辞，区领导何莉平、林铁等参加活动。活动表彰5名先进个人，并为全国劳动模范林忠民和12名编组船船老大授旗。

同日，洞头区举行亚运安保决战决胜暨全域快反体系启动仪式。区委书记郭云强宣布启动令，区领导何莉平、林铁等参加启动仪式。

19日，区委学习贯彻习近平新时代中国特色社会主义思想主题教育读书班开班。区委书记、区委主题教育领导小组组长郭云强作开班动员讲话。温州市委党校党史党建教研部副教授李春来作专题辅导报告。

同日，以“在洞头看见海上花园”为主题的洞头区第二期电视问政活动举行。

同日，洞头区供销社被国家发改委、财政部等授予全国“节约型机关”称号。

20日，省文化和旅游厅评选出100个全省首批重点培育文旅市集，其中，洞头区“东沙市集”入选。

21日，区委学习贯彻习近平新时代中国特色社会主义思想主题教育读书班召开研讨交流会。区委书记、区委主题教育领导小组组长郭云强主持会议并讲话。市委主题教育办、市委基层党建督导组有关人员到会指导。

22日，洞头区海霞青年营度假酒店获评“浙江省金鼎级特色文化主题饭店”。

23日，全国广场舞大赛山东片区赛在威海市举行。由洞头区文化馆、温州市中等幼儿师范学校表演的原创广场舞《寻着浪花来》代表浙江参赛。

25日，洞头区“贝雕”非遗百家坊入选2023年度温州市“瓯越非遗百家坊”，“海陶”非遗体验基地入选第五批温州市非物质文化遗产体验基地。

26日，2023年温州市民办博物馆（乡村博物馆）交流观摩活动在洞头区开展。

27日，区委召开全区领导干部会议。会议传达学习习近平总书记考察浙江重要讲话精神。区委书记郭云强主持会议并讲话，区委副书记、区长何莉平传达习近平总书记考察浙江指示精神及全省全市领导干部会议精神。区领导刘素婷、汪慧平、林铁等参加会议。

同日，区委网络安全和信息化委员会全体会议召开。区委书记郭云强主持会议并讲话。区领导何莉平、林铁等参加会议。

同日，全区组织工作会议召开。会议传达习近平总书记的重要指示精神以及全国、省、市组织工作会议精神。区委书记郭云强出席会议并讲话，区委副书记林铁等参加会议。

同日，区十五届人大常委会召开第十一次会议。会议表决通过《关于忠实践行“八八战略”全面融入温州都市牢牢把握高质量发展首要任务和加快发展重要主题真正把洞头建设成为名副其实的海上花园的决议》；区委书记郭云强出席会议并讲话。区人大常委会主任刘素婷主持会议。

同日，洞头区大门沙岙综合交通码头工程完成交工验收。

28日，洞头区举办2023年“青年思享汇”活动，邀请奋斗在“海上花园”建设各个领域的青年干部，交流分享工作感悟和成长故事。区领导郭云强、林铁等出席活动。

同日，区十五届人大常委会召开“大综合一体化”行政执法改革专题询问会。

同日，2023年全省博物馆文创大赛评选结果公布，洞头东海贝雕艺术博物馆的宋韵系列——贝嵌花梨木宋福宋钱茶杯垫套装获银奖，贝嵌花梨木宝相花纹手串盒获铜奖；海陶美术馆的海陶茶具·满载而归获乡村博物馆十佳文创产品称号。

29日，位于北岙街道海霞村的海霞之家、海霞电影馆两个场馆正式对外开放。

同日，参加杭州亚运会的尼泊尔代表团到海岛洞头游览，感受“海上花园”的风采。

10月

9日，市“八五”普法中期督导第三督查组到洞头督导“八五”普法中期工作开展情况。

同日，省文化和旅游厅公布第一批浙江省省级非遗体验基地（创建单位）名单，洞头区的东海贝雕艺术博物馆上榜。

10日，“百岛崇学·书韵共享——2023年委员走读和美乡村”读书活动在海霞营地举行。区政协主席汪慧平参加活动。

11日，区委学习贯彻习近平新时代中国特色社会主义思想主题教育第二期读书班开班，深入学习贯彻习近平总书记考察浙江重要讲话精神。

12日，区委主题教育第二期读书班召开座谈会。区领导刘素婷、赵爽、蔡国华、叶锦丽围绕“海上花园建设之‘变’”作交流发言。区领导郭云强、何莉平、刘素婷、汪慧平、林铁等参加现场学习和会议。

同日，区委召开学习贯彻习近平新时代中国特色社会主义思想主题教育第二期读书班研讨交流会暨区委理论学习中心组专题学习会。区委书记郭云强主持会议并讲话，区领导何莉平、刘素婷、汪慧平、林铁等作交流。

同日，洞头区档案馆获全市首批市级“社科之家”称号。

14日，“休闲发展与生态文明”专题对话暨2023年浙江省休闲学会年会在洞头召开。

同日，温州洞头的温州航标实训基地入选全国首批21家水上交通安全教育基地及航海科普教育基地名录。

同日，洞头区音乐家协会民族吹奏乐专业委员会成立。

15日，温州模式的休闲旅游IP在洞头发布，温州民宿集群、Citywalk、乡村社区、海岛休闲、音乐漫都等5个温州休闲旅游IP统一亮相。

同日，市农业农村局公布市级农民培训促富品牌名单，洞头区“聚焦‘百岛十二鲜’渔农民致富按下快进键”模式入选。

16日，“诗画江南·活力浙江”首届文化和旅游讲解员温州选拔赛举办。区文广旅体局推荐的3名讲解员获2023年度温州市金牌讲解员称号。

同日，2023温州市第二届新电商文化节暨温州市第二届短视频直播电商大赛在洞头区举行。省商务厅副厅长张钱江、市政府副市长陈宽、区委书记郭云强、淘天集团淘宝教育副总经理刘国峰等出席活动。

17日，生态环境部太湖东海局调研组一行到洞头开展美丽海湾优秀案例“回头看”。调研组一行先后到海霞村沿线、东沙渔港码头、半屏海洋生态廊道、东岙沙滩和中屿景区，实地调研洞头蓝色海湾整治、美丽海湾带动片区旅游发展情况及洞头EOD项目概况。

同日，区第37届老年人运动会在区老干部活动中心举行，全区6个街道（乡镇）的200多名老年运动员参加比赛。

同日，全省扩大有效投资重点建设2023年第二批“红旗”项目名单公布，浙能温州液化天然气（LNG）项目上榜。

18日，市政府发文为6位见义勇为英雄（追）记二等功。其中，洞头的郭丁先获表彰。

19日，区政府公布第六批洞头区非物质文化遗产代表性项目名录，传统技艺2项。分别为螺钿（温州螺钿）和大门夹粉包制作技艺。

20日，省工商联发布定向招工式“共富工坊”优秀实践案例，洞头区韭菜岙美食广场共富工坊上榜。

同日，市教育局公布2023学年“品质校园”创建培育校名单，洞头实验小学、霓屿义务教育学校入选。

22日，2023年中国·温州长距离铁人三项国际公开赛在洞头开赛。国内外376名运动员参赛。温州市副市长陈宽，中国铁人三项运动协会秘书长秦建秋，温州市体育局局长张志宏，温州市荣誉体育人埃里克（Eric），洞头区委书记郭云强等出席活动，区委副书记、区长何莉平主持开幕式。

23日，浙江文化和旅游赋能高质量发展建设共同富裕示范区第一批典型经验发布。洞头区的“贝雕”非遗工坊凭借非遗保护利用方面经验入选。

同日，洞头区召开2023年总河长工作会议。区委副书记、区长何莉平参加会议。

同日，温州市第二批“最美党群服务中心”名单公布，洞头区霓屿街道党群服务中心上榜。

24日，洞头区东屏街道东岙村获评省推进农民工返乡创业成绩突出单位。

同日，省工商联发布“2023浙江民营企业数字化转型弄潮榜”典型案例名单，浙江诚意药业股份有限公司以“数字化车间改变未来智能制造引领转型”上榜。

同日，由市总工会、市发改局、市重点建设领导小组组织开展的关于开展2023—2024年打造“千年港商 幸福温州”市重点建设项目立功竞赛活动评选结果公布，区城发公司报送的《洞头区人民医院改扩建工程暨区公共卫生服务中心建设工程二期工程总承包（EPC）》入选。

25日，以“携手同心共富‘洞’见美好未来”为主题的2023“双屏论坛”暨两岸一家亲·半屏山系列交流活动在洞头开幕。

同日，洞头区生态环境分局受邀参加由中国生态文明研究与促进会、山东省生态环境厅、淄博市人民政府，联合主办的美丽河湖美丽海湾优秀案例研讨会和海洋生态文明主题宣传活动，并就洞头诸湾美丽海湾建设工作作经验交流。

同日，省十四届人大代表温州中心组第二小组及部分市人大代表到洞头开展视察，并参与“文旅体验官”活动。省人大代表、区人大常委会主任刘素婷参加视察。

同日，省数字经济创新提质“一号发展工程”专班公布省2023年数字经济创新提质“一号发展工程”优秀案例，洞头区推荐的发展平台新经济推进文旅创新提升入选优秀案例名单。

同日，市公布2023年度市级“巾帼共富工坊”和“巾帼共富工坊”领航人名单，其中洞头5家“巾帼共富工坊”和2名“巾帼共富工坊”领航人上榜。

26日至27日，洞头参赛企业温州环境发展有限公司在垃圾处理领域的技术创新获2023年中国创新方法大赛浙江赛区决赛一等奖。

27日，区四套班子领导到温州市文化馆参观续写创新史——“八八战略”温州实践20周年大型主题展览。

同日，2023“智汇洞头·创赢未来”洞头区高层次人才创新创业大赛决赛举行。“腔镜手术AI导航系统”项目获一等奖，“非视觉智能高端光电产品”等项目荣获二等奖，“多陶瓷材料3D打印装备研发”等项目荣获三等奖。

28日，洞头区海霞文化发展中心（原海霞培训中心）获评浙江省产业工人思想政治教育基地。

30日，2023年温州市全民国防教育“宣传季”启动仪式在洞头先锋女子民兵连纪念馆广场举行。省委宣传部宣传教育处处长楚蓓蓓、市委宣传部副部长曾伟等参加活动。

同日，洞头先锋女子民兵连和新疆拜城县老虎台乡民兵骑兵连结对共建仪式在洞头区举行。区委副书记林铁，温州援疆指挥部指挥长、拜城县委副书记姚海等参加活动。

31日，文化和旅游部正式印发《关于公布国家级文化遗产代表性项目保护单位的公告》，洞头区“海洋动物故事”上榜。

同日，省建设厅、省城乡风貌整治提升工作专班办公室印发《关于公布浙江省2024年度城乡风貌样板区试点建设名单的通知》，洞头区“‘海城共栖·未来岛城’综合品质区”入选共富基本单元综合品质区类，“‘耕海牧渔·魅力东沙’特色产业风貌区”入选特色产业区类。

同日，2023温州民营企业家节活动现场公布温州市实力民企百强名单，浙江诚意药业股份有限公司、浙江立鹏建设有限公司2家企业上榜。

11月

1日，文化和旅游部公示第七次全国县级以上公共图书馆评估定级上等级馆名单，洞头区图书馆获评一级图书馆。

同日，半屏山学生综合实践学校海霞人防馆被认定为“大榕树·温思政”20家校外实践教学基地之一。

2日，洞头区北岙街道海霞村入选第三批全国乡村治理示范村。

同日，市人大常委会副主任王蛟虎带队到洞头调研农村供水保障情况并开展办实事解难题活动。区人大常委会主任刘素婷陪同调研。

同日，洞头区《创新海区治理路径筑牢海岛共富根基》实践案例入选浙江省高质量发展建设共同富裕示范区最佳实践（第三批）名单。

同日，洞头区社会科学界联合会第二次代表大会召开。大会选举产生区社会科学界联合会第二届理事会主席、副主席、秘书长、常务理事及理事。区委书记郭云强，市社科联主席潘晓勇出席开幕式并讲话。区领导林铁等参加会议。

3日，“相约后亚运，皖美游浙里”2023浙江（安徽）旅游交易会在合肥滨湖国际会展中心举行。洞头区参展包含洞头美景、非遗美食、海岛文创等。

同日，洞头区实验小学六（3）班陈宣妍获评浙江省优秀少先队员，城关小学六（2）中队（绿芽儿中队）获评浙江省优秀少先队集体。

6日，浙江省举办第四批省级重点进口平台授牌仪式，浙江中燃华电能源有限公司进口供应链平台入围。

7日，洞头区《羊栖菜品质育种、高效养殖及种质资源保存关键技术创新与应用》和《基于共同富裕的洞头海岛生态修复关键技术与应用》两个项目荣获2022年度浙江省科学技术进步奖三等奖。

同日，洞头峡跨海大桥顺利贯通。

同日，洞头县第一批文物保护单位“烈士墓”更名为“烈士陵园”。

8日，全市优质养老机构集体开园仪式在洞头区举行。活动现场分别签订阿尔茨海默病及老年疾病防治战略合作协议和认知症照护培训战略合作协议。

同日，2023年10月份温州市

中小学“双减”优秀实践案例名单公布，洞头2个案例入选。

同日，省市场监督管理局公布2023年“浙江标准”认定名单，浙江迪特高强度螺栓有限公司牵头制定的《高强度履带螺栓、螺母》（T/ZZB 0575—2018）入选。

9日，温州市儿童友好城市建设“三个十大”名单出炉，洞头区南塘湾儿童友好公园与“小海霞”儿童观察团上榜。

同日，“味美浙江·百县千碗”1000道风味美食名录公布，名录分为热菜、冷菜、小吃三大类，共30个小类。洞头8道美食上榜。

10日，2023年温州市三星级小微企业园名单公布，洞头区电子电器科技园上榜。

13日，四川省南充市仪陇县政协主席陈家喜率队到洞头考察调研民俗文化建设、乡村振兴等经验做法。区政协主席汪慧平等陪同调研。

14日，洞头区召开中小学“一校一策”评审会。全区八所中小学校长上台汇报“一校一策”提升方案。区委副书记、区长何莉平参加会议并讲话。

15日，2023浙江省群众广场舞大赛决赛在义乌市文化广场下沉广场举行。洞头区文化馆选送的原创广场舞《红圆红》作为温州市唯一的作品参加此次省级决赛。12月17日，大赛公布结果，洞头区文化馆选送的原创广场舞《红圆红》获金奖。

同日，第四批省级重点进口平台名单公布，浙江中燃华电能源有限公司入选。

15日至17日，浙江省“希望之光”专家团组织洞头企业实地考察福建省海洋水产加工产业。

16日，洞头区陆域引调水第二通道鹿西通水仪式在鹿西鲳鱼礁码头举行，标志着温州市区唯一的离岛乡正式告别“靠天吃水”的历史。

同日，洞头区的海陶美术馆入选浙江省首批三星级乡村博物馆。

同日，首批省中小学校示范性党组织和“双带头人”党组织书记典型选树名单公布，区海霞中学党支部和区实验小学党支部书记朱扬华入选。

同日，洞头区举行温州市第七个“兰小草”爱心宣传日暨第九届“最美洞头人·感动洞头十大人物”（第七届道德模范）颁奖仪式。市慈善总会会长仇杨均，区委书记郭云强，区委副书记、区长何莉平，市委宣传部副部长曾伟，区领导刘素婷、汪慧平、林上达等出席活动。

同日，“美好生活潮涌东方”潮新闻首届长三角美好生活节在杭州西湖文化广场开幕，“半屏畔海伴你行”洞头区海岛海峡海悦共富风貌游线受邀参展。

同日，“美好生活共同富裕”洞头区第四届视觉艺术展在区文化馆一楼展厅展出。

20日，省委改革办组织开展2023年度浙江省示范政务服务中心（便民服务中心）创建活动。其中，洞头区大门镇上榜。

21日，区委主题教育第三期读书班专题辅导会召开，会议邀请中央党校哲学教研部战略哲学教研室副教授古荒，以《习近平新时代中国特色社会主义思想的世界观和方法论》为题开展专题辅导。

同日，省建设厅公布2023年第一批浙江省节水型单位、居民小区名单，洞头区假日港湾、遂安花苑上榜。

同日，洞头区满天星电商直播式“共富工坊”入选省2023年第二批电商直播式“共富工坊”典型案例。

同日，洞头区原创舞蹈《寻着浪花来》获省首届农村文化礼堂“我们的村舞”暨第二届浙江乡村文化艺术节乡村舞蹈大赛排舞类一等奖。

22日，2023·台盟中央第十二次协商议政论坛在洞头区召开。20名青年盟员和盟务干部，围绕“两岸文化融合”主题发言。全国人大常委会委员、台盟中央常务副主席李钺锋，省委统战部副部长王利月，全国政协委员、台盟浙江省委会主委陈清莉，市委常委、统战部部长汪驰，区领导戴冕等出席论坛。

23日，福建省福鼎市委书记林青率党政代表团来洞头考察交流。

同日，第五届长三角地区市场监管执法协作会议在上海市召开。洞头1案例入选长三角市场监管联动执法典型案例。

同日，区供电公司在状元岙码头建设的800千伏安的低压大容量变频岸电系统运行，标志着温州市首套低压变频岸电系统正式投入使用。

25日，浙江省团校洞头分校揭牌仪式暨温州市青年人才学院第十九期开班典礼举行。区委书记郭云强出席活动并讲话，浙江省团校党委书记、校长陈豪，区委副书记林铁，温州各大高校青年人才、区基层团干部等100多人参加活动。

27日，全区清廉洞头建设推进会召开。

同日，省委政法委命名纠纷类警情调处“小脑＋手脚”工作法等100个创新工作法为全省新时代“枫桥式工作法”。其中，洞头“海霞妈妈”品牌调解工作法入选。

28日，区委主题教育专题党课暨“千万工程”工作推进会召开。区委书记郭云强围绕充分认识“千万工程”非凡意义，推动海岛实践走深走实形成更多标识成果作专题辅导，全区各街道（乡镇）村社干部百余人听取专题党课。区领导刘素婷、林铁等参加会议。

同日，以“国际生态旅游岛”为主题的洞头区第四届“民星秀”活动举行。活动现场，表彰5支本土星级乡村艺术团。北岙街道海之韵乡村艺术团选送的节目《骁》和北岙街道金秋乡村艺术团选送的节目《歌舞升平国泰民安》分别获一等奖。

29日，省风貌办常务副主任、省建设厅副厅长赵秋立带队到洞头开展城乡风貌整治提升工作调研。

同日，洞头区举办新录用公务员“入职第一课”及选调生到村任职座谈会。50名2023年到村任职市、区两级选调生及新录用公务员参加会议。

同日，洞头区举办以“践行‘八八战略’建功海上花园”为主题的青年综合演讲比赛。

12月

1日，2023年洞头国际生态旅游岛讲解员技能大赛决赛举办。16名选手参加决赛，最终洞头旅发公司的参赛选手沈雪军获特等奖。

同日，全市法院首个特约监督员联络站在洞头区人民法院挂牌成立。

2日，洞头区启动今冬明春安全生产百日攻坚行动暨“全国交通安全日”宣传活动。

4日，洞头区第三个“宪法与浙江”主题宣传月暨2023年“12·4”国家宪法日启动仪式在海霞文化发展中心举行。区委书记郭云强出席活动并讲话，区领导林铁等参加活动。

同日，洞头区欧美同学会成立大会召开。会议选举产生洞头区欧美同学会第一届理事会理事。恒博电气制造有限公司总经理郑恒哲当选为会长。

同日，2023年浙江省第三批制造业“云上企业”名单公布，浙江诚意药业股份有限公司上榜。

同日，洞头区北岙街道海悦城未来社区入选浙江省第四批引领型未来社区名单。

5日，洞头案例《洞头区探索海洋版EOD项目建设共同富裕海上花园》入选省第四批全省生态环境系统共同富裕最佳实践名单。

同日，中共温州市洞头区北岙街道溢香支部委员会获评全省“小个专”及新就业群体党建联建示范点。

6日，区委主题教育调研成果交流会召开。区委书记、区委主题教育领导小组组长郭云强主持会议并讲话。省委主题教育第三巡回督导组成员到会指导。

同日，洞头区举办“海上花园·名家讲坛”，邀请浙江日报报业集团原副总编辑、浙江省记协副主席、浙江省政府咨询委员、高级记者周咏南作题为《习近平与调查研究》的辅导报告。区委书记郭云强出席讲座并讲话，区领导刘素婷、汪慧平、林铁等参加讲座。

7日，全省人大代表与选举任免工作座谈会在洞头区召开。省人大常委会副主任暨军民出席会议并讲话。

同日，洞头区2023年全民阅读推广活动暨“中国诗歌之岛”童心文研季（第一季）诗歌诵读会举行。

同日，洞头黄鱼岛海洋渔业集团有限公司的“黄鱼岛—生态大黄鱼”“黄鱼岛—黄鱼鱼饼”，温州星贝海藻食品有限公司的海苔三明治、紫菜，浙江金海蕴生物股份有限公司的东海长寿菜荣获2023浙江农业博览会金奖。

同日，洞头区“两菜一鱼”行业“企检服务中心”授牌仪式在洞头检察院举行。

同日，洞头大门、鹿西“离岛慢城”县域风貌区获评省级风貌样板区。

7日至8日，青田县党政代表团来洞头考察调研。

8日，洞头区3家劳动者爱心驿站入选全国总工会发布的2023年“最美工会户外劳动者服务站点”名单。

同日，农业农村部公布2022—2023年度平安渔业创建示范名单，洞头区创成“全国平安渔业示范县”称号。

同日，中国（洞头）渔民画文创设计大赛优秀作品展在温州大学美术馆开幕，展览共展出优秀设计作品70件。

同日，洞头区非遗传承人陈灿渊入选温州市首批十大“非遗在社区”优秀传承人名单，洞头区海陶美术馆入选第五批温州市非物质文化遗产体验基地名单。

11日，区卫生健康局（老龄办）荣获第五次中国城乡老年人生活状况抽样调查工作中表现突出单位称号。

同日，洞头区下社村“有礼花园”、海霞供电营业厅、兰小草“有礼”道德地标、“百家信”诚信自治，分别入选“浙江有礼·四个一百”典型展示活动100个有礼单元、100个有礼窗口、100个有礼地标、100个有礼实践名单。

12日，区司法局获评第五批“浙江律师法律援助志愿服务行动”项目先进单位。

同日，省农合联执委会正式下发第二批五星级产业农合联名单，其中，洞头区渔业单拖产业农合联荣获“五星级产业农合联”称号，是温州市首个渔业类五星级产业农合联。

同日，省委省政府健康浙江建设领导小组办公室公布第二批累计三年获评健康浙江建设考核优秀单位名单（2018—2022年），洞头区上榜。

13日，省社科联公布浙江省优秀传统文化普及基地联盟成员单位名单，温州市洞头区望海楼社科普及基地、洞头东海贝雕艺术博物馆上榜。

13日至14日，由中华全国总工会研究室指导，中国劳动关系学院、浙江省总工会、温州市人民政府主办的“职工成长温州实践”2023年职工成长型社会试点建设全国研讨交流活动在温州举行。海经—洞头区昆鹏街道被列为示范街镇（园区）试点，温州金源新材料科技有限公司被列为示范单位试点。

13日至15日，区委书记郭云强率队到舟山市嵊泗县开展调研考察活动。嵊泗县委书记邬剑波陪同考察，区领导林铁等参加学习考察。

14日，以“海上花园·美绘渔乡”为主题的“洞头渔民画二十周年画作精品展”在浙江省文化馆西湖文化广场馆区开展。画展精选全区历年来优秀的渔民画作品70幅。

同日，省建设厅省美丽宜居办印发《关于全省美丽宜居示范村创建、传统村落风貌保护提升、村庄设计与农房设计落地试点2023年度验收结果（第二批）的通知》，洞头区元觉街道状元村入选合格名单。

同日，市农业农村局公布2023年温州市级乡村工匠名单，洞头区黄文强、甘世东、戴海滨、王安义、杨松苗、柯位火、詹海萍、张孚千、李小央9位工匠人才上榜。

15日，海霞公园入选2023年度浙江省城市“席地而坐”“客厅级”高品质保洁区（120个）名单。

同日，省工商联公布第四季度服务“两个健康”最佳实践案例评选结果，洞头区工商联《制定“企公益·幸福行”新菜单绘就海岛共富新篇章》上榜。

18日，洞头大门—鹿西“离岛慢城”入选全省新时代“富春山居图县域样板区”名单。

19日，省工商联发文认定2023年浙江省“四好”商会名单，北岙商会成功入选。

同日，洞头区元觉街道食安办、霓屿街道食安办、鹿西乡食安办获浙江省四星级乡镇（街道）食安办称号，洞头区北岙街道食安办获浙江省五星级乡镇（街道）食安办称号。

同日，洞头区东屏中心小学、城关第一小学、霓屿义务教育学校入选温州市第四批劳动教育示范学校。

同日，洞头区劳动保障服务大厅正式对外开放。

20日，洞头区融媒体中心洞头新闻综合高清频道正式开播，标志着洞头电视节目播出结束标清，进入高清化时代。

同日，洞头区灵昆国际大酒店参赛作品“咏白萝卜”荣获2023“味美浙江·百县千碗”全省萝卜类菜品“十佳”称号。

25日，洞头区黄鱼岛海洋渔业集团有限公司、温州鹿港海洋渔业有限公司、浙江东一海洋集团有限公司3家企业养殖主体产品获第二届温州大黄鱼品质评选“十佳品质奖”。

26日，诚意药业“寿胎丸临床前研究项目”获评省“尖兵领雁”重大科技攻关项目。

同日，洞头区羊栖菜被评为温州市级首批乡村“土特产”。

27日，区委二届五次全体（扩大）会议召开。区委常委会主持会议。区委书记郭云强代表区委常委会作工作报告。区委副书记何莉平、林铁等出席会议。全会听取和讨论郭云强受区委常委会委托作的工作报告，审议通过《区委关于深入学习贯彻习近平总书记考察浙江重要讲话精神在勇当先行者谱写新篇章中加快建设名副其实的海上花园的决定》。

同日，省美丽办公布2023年浙江省首批美丽海湾建成单元、培育单元评选结果，洞头诸湾入选。

同日，省农业农村厅公布2023年度乡村数智生活馆认定结果的通知，温州市洞头区下社村入选。

同日，省文旅厅公布全省第二批重点培育文旅市集名单，其中洞头区“韭菜岙同心市集”上榜。

28日，区委主题教育领导小组第三次会议暨全区基层党建“强基固本、争先攀高”推进会暨“村社擂台·三比三看”活动举行。区委书记、区委主题教育领导小组组长郭云强作讲话，区领导何莉平、刘素婷等参加会议。

同日，洞头区城市岛屿暨零工市场正式揭牌启用。

29日，洞头区知识产权保护联合执法中心链主企业情报研判站成立。

同日，洞头区东屏街道东岙七夕明月湾片区、元觉街道港岛之恋浪漫港湾片区、大门镇仁前途临港星光片区获评第三批省级未来乡村。

同日，由马婵娟和洞头区文化馆张海军老师共同作词，安建华作曲，洞头籍歌手张馨尹演唱的歌曲《一汪湛蓝》，入选浙江省2023年度十佳优秀歌曲。

同日，省中医药管理局公布第三批浙江省基层名中医名单，洞头区主任医师戴海东荣获“浙江省基层名中医”称号。

同日，洞头区北岙街道获2023年度浙江省和美乡村示范乡镇称号。

同日，洞头区明海渔家烧酒楼、牛牛海鲜馆2家餐饮店入选省级美食体验店。

同日，洞头区人才公寓（海润家园）项目正式通过竣工验收。

（《洞头年鉴》编辑部）

区情概览

自然地理

【位置面积】洞头区第三次全国国土调查面积（包括瓯江口）272.95平方千米。全区现辖北岙、东屏、元觉、霓屿、灵昆、昆鹏6个街道，大门镇和鹿西乡。洞头区介于北纬27°40′00″～28°5′00″，东经120°52′30″～121°30′00″，地处浙东南沿海瓯江出海口。南与瑞安市的北麂、北龙乡（大北列岛）隔海相望；西与龙湾永强相对；北望乐清、玉环两市。

【地形地貌】洞头区侵蚀丘陵地貌分布广泛，约占全区陆地面积的91%。其中，高丘陵（海拔250米以上）主要分布于大门岛以及鹿西、霓屿、状元岙等岛的中部和洞头岛的西部，山坡较陡，一般30°～40°，特别是边缘地带，常有大于40°的陡坡或陡崖出现；顶部较平缓，坡度一般15°～25°。最高山峰烟墩山位于大门岛，海拔391.8米。高丘陵以凸形坡及直线形坡为主，部分地段为复合型坡。低丘陵（海拔<250米）主要分布于洞头岛、半屏岛、三盘岛、小门岛以及鹿西、霓屿、状元岙等岛的边角部位，山顶部较平缓，为10°～25°，山坡坡度25°～35°，局部坡麓地带有超过35°的陡坡及陡崖。低丘陵的山坡地形以凸形坡和直线形坡为主，局部为阶梯状复合形坡。堆积地貌主要分布于大门、洞头两岛，面积小，分布零星。其中，洪积平原零星分布于大岛屿的沟谷及山麓地带，上游坡度10°～15°，下游坡度3°～10°。海积平原主要分布于洞头岛、大门岛及小门岛，在霓屿岛及半屏岛亦有小块分布，地势平坦。境内无大河发育，溪流多发源于山体中部，向四周呈辐射状独流入海，其特点是数量多、流域面积小，长度短，比降大，枯水期多断流。

【土地资源】根据2021年度最新变更调查数据，洞头区土地总面积27294.84公顷（含瓯江口、灵昆街道），其中湿地10528.04公顷，耕地1306.59公顷，园地297.53公顷，林地6075.20公顷，草地458.63公顷，城镇村及工矿用地4026.82公顷，交通运输用地1093.88公顷，水工建筑用地317.34公顷，水域

紫菜养殖（拍摄于2021年10月）　　（郭卫民 摄）

2493.40公顷，其他土地697.41公顷。此外，全区湿地（滩涂）总面积10524.65公顷。

【森林资源】2023年，洞头区林地总面积6173.82公顷（根据2021年浙江省林业空间管理平台年度监测数据），其中森林面积5774.2公顷，森林覆盖率22.92%（含灵昆街道）。全区活立木总蓄积11.22万立方米，国家级公益林面积1678.32公顷，省级公益林面积793.33公顷，其他公益林面积2357.64公顷。拥有1个国家级海洋公园、1个省湿地公园、1个省级地质公园、1个省级风景名胜区和1个省级海洋特别保护区。

【海洋资源（海域、海岛、海岸线）】2023年，洞头区管辖的海域总面积2708.7平方千米。共有海岛302个，其中有居民海岛14个，占海岛总数的4.64%，无居民海岛288个，占海岛总数的95.36%。海岛陆域总面积为153.84平方千米，陆域面积500平方米以上的海岛169个，占全区海岛总数的55.96%。全区除灵昆岛主要为泥沙淤积成岛外，其他均为基岩岛，岛陆植被类型包括阔叶林、草丛、草本栽培、灌丛、针叶林等。洞头区海岛岸线全长约42.53千米。其中，人工岸线长13.2千米，占比31.04%；自然岸线长29.33千米，占比68.96%；河口岸线长0.0027千米，占比不足0.01%。

【海洋生物资源】洞头海域渔业资源丰富，能捕捞的鱼类300多种，其中常见40多种。主要鱼类有小黄鱼、黄姑鱼、棘头梅童鱼、鲚鱼、鳓鱼、鮸鱼、鲳鱼、鲈鱼、魟鱼、黄鲫、龙头鱼、海鳗、带鱼、马鲛鱼、白姑鱼、石斑鱼、竹荚鱼、鲨鱼、鳎鱼、东方鲀、鲻鱼、鲥鱼、海鲫等。岩礁潮带生物159种，占总数的47.6%；泥质潮间带生物142种，占总数的42.5%；沙滩潮间带生物33种，占总数的9.9%。常见品种有泥蚶、缢蛏、泥螺、彩虹明樱蛤、青蛤、疣荔枝螺、瘤荔枝螺、锯缘青蟹、龟足、藤壶、弹涂鱼、粗腿厚纹蟹、棒锥螺、棘刺牡蛎、艾氏活额寄居蟹、痕掌沙蟹、海蟑螂、厚壳贻贝、石花菜、海萝、鼠尾藻、孔石莼、紫海胆、瓦氏马尾藻、紫菜、羊栖菜等。浮游植物81种，以近岸广温广盐种为主；浮游动物78种（类）（不包括鱼卵仔鱼），以近海暖水类群和近海暖温带类群为主；底栖生物45种，以沿岸广温低盐种和近岸广温广盐种为主。南北爿山省级海洋特别保护区珍稀鸟类51种，其中国家一级保护有黄嘴白鹭1种，国家二级保护有普通鵟、红隼、游隼和凤头鹰4种；省重点保护动物有中白鹭、夜鹭、棕背伯劳、红尾伯劳、褐翅燕鸥、大凤头燕鸥和黑枕黄鹂7种，历年繁殖期间高峰期，约有350只黄嘴白鹭、4000只黑尾鸥亲鸟筑巢、产卵。有维管植物67科、166属、199种，海域有游泳生物23种，其中鱼类14种，甲壳类9种。

【自然保护地】洞头区共设立省级以上自然保护地5处，分别为洞头国家级海洋公园、洞头风景名胜区（省级）、温州洞头南北爿山海洋特别保护区（省级）、洞头南塘湾省级湿地公园、洞头海岛省级地质公园。另设有省级以下自然保护小区2个；辖区无自然保护区。据统计，洞头区自然保护地总面积为3.73万公顷（含交叉重叠部分），其中，海洋公园及海洋特别保护区面积3.2万公顷；风景名胜区面积0.2万公顷；湿地公园面积0.0032万公顷；地质公园面积0.33万公顷。

【港口资源】洞头港口资源丰富，拥有状元岙、大小门岛等。状元岙港区以集装箱、邮轮为主，兼顾件杂货运输、LNG调峰的业务格局。深水岸线资源丰富，规划A区至G区七大功能片区，25个泊位，14千米岸线，2.5万亩陆域面积。港区总体由温州港集团经营开发，2023年完成港口货物吞吐量1129.38万吨，集装箱吞吐量66.9万标箱。A区已建一期工程8#、9#两个5万吨级（兼靠10万吨级）多用途泊位及其配套设施，是浙南地区第一个具备10万吨级靠泊能力的深水泊位。

状元岙港区

仙叠岩景区　（区文广旅体局提供）

大小门港区主要服务临港产业发展，以石油、化工品、液化气等液体散货运输为主，兼顾干散货和杂货运输。规划小门岛、大门岛东及大门岛西三大作业区38个泊位，岸线14.6千米，可形成年通过能力1.15亿吨，规划港口作业区7.8平方千米，规划港口临港石化产业用地25.8平方千米。2023年实现港口货物吞吐量184.39万吨。已建成中燃华电5万吨LPG泊位一个，5千吨以下液体化工泊位3个，常态运营至中东、美国等LPG航线；建成投用温州液化天然气（LNG）接收站项目。

【矿产资源】 洞头区境内已发现的矿种有饰面花岗岩、建筑石料和海砂等，具有找矿潜力的有地热等，可供开采地共30处，分别为饰面用花岗岩6处、建筑用石料22处、海砂1处、地热1处。花岗岩主要分布在大门、青山岛、隔头、北策、牛鼻孔、大爬山、大瞿等岩体，岩性包括钾长花岗岩、花岗岩、花岗斑岩等。花岗岩开采利用以大门钾长花岗岩为主，其次有隔头花岗岩。建筑用石料以凝灰岩和花岗岩为主，主要岛屿内均有分布。海砂主要分布于灵昆岛瓯江北口、南口和大门岛南侧、西侧海域。地热主要分布于北岙街道。

【旅游资源】 洞头素有“百岛之县”“东海明珠”的美称。洞头仙叠岩—半屏山（同心小镇）是国家AAAA级旅游景区，洞头是全国海钓基地、中国十大摄影发烧风景地、中国最佳海岸摄影地，是浙江省重点风景名胜区、浙江省最值得去的50个景区之一。

全区七大景区400多个景点，风光秀美，山海兼胜，人文荟萃，气候宜人，富有“岛奇、礁美、滩佳、鱼鲜、生态优”特色，融海上游览、海上运动、海上体验、海洋文化、渔乡风情于一体，与雁荡山、楠溪江构成温州“山—江—海”旅游金三角。

仙叠岩，位于洞头区城东南2.7千米处，景区巨石摩天，危石层叠，险峻多姿，蔚为奇观，是听涛、观海、赏石的绝佳去处。观音驯狮、海天独径、祭海石猪、金鹰迎客、蛤蟆欲仙、仙童戴帽、十二生肖等景观，栩栩如生，千姿百态。珍珠礁岩石错落有致，十八钓鱼台拾阶

半屏山景区

而上，可垂钓写生、捡螺拾贝。被誉为“中国岩雕第一人”的中国美院洪世清教授创作的30多处岩雕作品，加上名家书写的诗词作品摩崖，更增添赏石品画的雅趣。

大沙岙海滨浴场，呈半环抱形，沙滩平坦开阔，沙质属铁板砂，细柔而不松软，走在上面犹如踏在地毯上，舒适惬意。这里是晒日光浴、游泳冲浪的好地方，还可进行沙滩排球、自行车比赛，晚间可举行篝火晚会，放歌劲舞，尽情欢乐。沙滩四周奇礁兀立，有海豹回头、猛虎下岗、将军观天、龟石岩等景观。浴场边的南炮台山是东海海防要塞，可观鸥鸟、听松涛，一洗尘嚣，是赏海上日出的好去处。

半屏山景区，位于洞头区城南3千米处，民谣曰“半屏山，半屏山，一半在大陆，一半在台湾”，大陆半屏山即为此。景区东部沿岸断崖峭壁，犹如刀削斧劈，直立千仞。连绵数千米的海上天然岩雕长廊在全国堪称一绝，被誉为“神州海上第一屏”。有惟妙惟肖的迎风屏、赤象屏、鼓浪屏、孔雀屏、渔翁扬帆、黄金印、虾将岩、乌龙腾海等四屏十八景，荡舟观浪，听涛赏景，堪称奇绝。景区西部的大沙龙沙滩曲长宽阔，可捡螺、拾贝、戏耍、冲浪。

大瞿景区，位于洞头城区西南约9千米，与附近的双峰山、南摆屿、鸟岛等组成岛礁景区，面积约6.05平方千米，有“七十二胜景”。岛上山奇石巧、林密花香，被誉为“海上绿洲”，岛东南部石景荟萃，有千奇百怪的“千佛山”、生动传神的大卫岩，以及百鱼图、石佛观海、仙童击鼓、大象吸水等景观。大瞿山顶有明末抗清名将郑成功练兵的校场遗址。位于大瞿岛东南方的双峰山、北摆山、南摆山为鸥鸟、鹭鸶等候鸟的聚集地。

竹屿景区，位于洞头城区东侧约6.5千米海域处，面临浩瀚东海，

大竹屿草坪（拍摄于2021年） （区文广旅体局提供）

由大竹屿、小竹屿、虎头屿、北猫屿、笔架屿等数十座岛礁组成，景区面积约3.8平方千米。域内天蓝海碧，鸥鸟翔集。游人可观奇礁怪石，听海涛潮响，更能一览虎头屿国际灯塔雄姿。大竹屿有数千平方米的天然大草坪，被誉为东海第一大天然草坪，宜开展孤岛生存、探险野营、海上生态观光等活动。

大门景区，面积约4.5平方千米，以马岙潭度假区为核心，呈辐射状向大门岛东南延伸，包括石和尚、龟岩峰、舢舨岩、马岙潭沙滩、观音礁等十多个景点。这里候鸟翔集、沙滩平坦、山青水蓝、石奇滩佳，享有“温州夏威夷”美誉，是观看日出日落、避夏消暑、度假休闲，以及品尝生猛海鲜的好去处。

鹿西鸟岛，位于鹿西岛东北面，即北爿山屿、南爿山屿，合称南北鸟岛，岛上阳光充足，周边鱼类繁多，每年都有数以万计的海鸟在此安家筑巢，繁衍生息，形成极为罕见的鸟岛奇观。岛上鸟儿或戏波弄影，或恣意嬉戏，或翩翩起舞，鸟鸣处处，涛声阵阵，恰似一首和谐的百岛奏鸣曲，刹那间又万鸟齐飞，遮天蔽日，恢宏壮观，碧海蓝天，珍禽展翅，辉波荡漾，构成一幅大自然的精美画卷。

洞头先锋女子民兵连纪念馆，2000年（建连40周年）建造。初建于1976年，2010年、2015年、2020年三次修缮。展示了女子民兵连成长的不寻常历程。女子民兵连成立于20世纪60年代，是一支有着辉煌历史的连队，铸就了“爱岛尚武，励志奉献”的海霞精神，其事迹曾被写成长篇小说《海岛女民兵》，拍成电影《海霞》，载入《中国共产党历史》（第二卷）。获评全国爱国主义教育示范基地、国家国防教育基地、全国红色旅游经典景区、全国妇女爱国主义教育基地、全省干部党性教育基地、全省党史教育基地。

望海楼，始建于南朝元嘉十一年（434），距今已有1500多年历史。位于洞头本岛海拔227米的烟墩山，是洞头旅游标志性建筑。建有望海楼主楼、颜延之雕像、诗词碑廊、同辉亭、泓澄亭、心赏亭等景观。主楼设海洋民俗文化展厅和观景厅，是观赏百岛美景、领略渔村风情的窗口。楼内有启功、沈鹏、韩美林、李铎、朱关田等名家墨宝。作为洞头历史文化的窗口和百岛旅游第一景的望海楼，以其历史悠久、

望海楼雪景（拍摄于2010年12月）　　（叶凌志 摄）

建筑雄伟、海洋民俗文化气息浓郁，跻身国内名楼之列，被誉为“气吞吴越三千里，名贯东南第一楼”，2012年11月加入中国名楼协会。

海霞军事文化园，原海霞军事主题公园，是全国知名的以海防军事为教育背景的主题文化公园。地处洞头海霞村胜利岙岛，整体面积40万平方米。建有“海霞电影棚”“军事演练区”“华山险道”“丛林战道”“国防知识画廊”“军事器材展览室”等，还陈列着退役的战机、军舰、火炮，并有军事拓展等项目。海霞军事文化园以“传承红色海霞精神，推进强国强军强民”为主旋律，军事体验和运动休闲为导向，涵盖户外山地拓展、高空玻璃栈道体验、海陆空装备实景展示互动、爱国主义研学教育、红色文化传承多种功能定位，是海岛运动休闲文化的首选地。获评国防教育训练基地、爱国主义教育基地，并入选省级著名海防红色旅游线路。

中普陀寺，是集佛陀教育、文化旅游、慈善安养于一体的修炼经法圣地。寺院分弘法、修行及综合服务三个区，建筑整体格调体现唐代和明清建筑风格中的清、畅、哀、亮、微、妙、和、雅之韵，突出实用庄严。目前弘法区建有大雄宝殿、天王殿、钟楼、鼓楼、圆通殿、念佛堂、戒台、放生池等。大圆通殿内供奉着高9米、由13吨纯铜铸造而成的千手千眼观世音坐像，是众多普陀寺中之最。寺内观音圣像陈列馆，收藏的观音佛像、图片、字画等，在各地观音寺院中最为丰富。

大龙山永福寺，是仿明清建筑风格的佛教寺院，是释迦牟尼佛之道场，具有300多年历史。庄严肃穆的殿堂楼阁从翠山碧岭中拔地而起，325尊樟刻和石刻佛像、释迦牟尼佛和十八罗汉威仪端详，尽显海天佛国之风采，是领略海岛风光、感受佛教文化的绝佳去处。

白马古道，连接小朴村和望海楼，属于望海楼森林绿道的一部分，由清风圃、托楼廊、涵秀台和木栈道组成，全长1300米。沿道上下间，浓荫遮蔽；廊台高低处，岛礁入眼，是登山健体、观涛览胜的首选地。小朴村建有白马寺，传承马灯民俗活动。过去村民外出，这里是通道之一。

中屿景区，距温州市区约60千米，距洞头城区约8千米。景区面积约0.68平方千米，包含“中屿等到你”婚纱摄影基地、妈祖主题公园、烟墩山森林公园、花岗渔村等景点。其中，“中屿等到你”婚纱摄影基地坐落于中屿岛，又称“小洱海”，以石奇、礁美、洞幽而著称，坐拥洞头夏季最蓝的海域。

灵昆九村生态园，位于灵昆街道九村，占地面积13.33公顷。园区内分为科普教育区、亲子互动文化区、水上娱乐运动区、拓展培训区、林果采摘区、民俗文化区、欧陆风情街、野炊烧烤区、休闲垂钓区；3D油画区、真人CS区等20多个区域，可垂钓、采摘、划船、

中普陀寺　　（叶凌志 摄）

与小动物玩耍等。是一座以农业为主题的生态休闲园。

气候

【概况】洞头区属于亚热带海洋性季风气候区。冬无严寒，夏少酷暑，春季温暖，秋季干爽，四季分明；全年光照充足，雨水丰沛，温暖湿润。年平均气温 18.1℃，最冷月（1 月）平均气温 8.2℃，最热月（8 月）平均气温 27.8℃，年极端最高气温 34.9℃，出现在 2011 年 8 月，年极端最低气温 -3.3℃，出现在 2016 年 1 月。年平均降水量 1402.3 毫米，年平均雨日 190.8 天，降水量年际差异显著，最大年降水量 1913.1 毫米，出现在 2005 年，最小年降水量 785.8 毫米，出现在 2003 年；全年降水量分布不均匀，6 月最多，平均月降水量为 196.4 毫米；12 月降水量最少，平均月降水量为 58.7 毫米。5—9 月是本地区主汛期，降水量为 794.5 毫米，占全年降水量 56.7%，是全年主要降水期。年平均相对湿度 78.6%。年均总日照时数 1849.0 小时；年平均蒸发量 1437.8 毫米；年平均风速 3.7 米 / 秒，最多风向为北偏东北风。平均无霜期 348 天，最短无霜期 281 天，最长无霜期 366 天。主要气象灾害有热带气旋、暴雨、大雾、干旱、大风、强对流天气（雷暴、冰雹）等。台风影响盛期在 7—9 月，平均 2.2 个，台汛期间全区主要受 2023 年 05 号台风“杜苏芮”、2023 年 06 号台风“卡努”以及 2023 年 11 号台风“海葵”影响，强度中等，未受台风正面袭击。

【气温】2023 年，洞头区年平均气温偏高，总降水量偏少，全年降水强度分布不均匀，梅汛期降水较历年偏少，出梅后受西太平洋副热带高压影响出现大范围、持续性晴热天气，全区大部出现轻度以上气象干旱。全年平均气温 19.2℃，较常年（18.1℃）偏高 1.1℃，是连续第 11 个气温偏高年；逐月平均气温（1—11 月）较常年偏高，12 月较常年相同。其中，9 月偏高幅度最大，异常偏高 2.2℃。2023 年年极端最高温度为 34.3℃，出现在 8 月 5 日；年极端最低气温 -2.0℃，出现在 1 月 25 日。2023 年，洞头区高温日数 0 天，历史最多为 1 天，出现在 1978 年。入春时间为 3 月 3 日，较常年 3 月 5 日偏早 2 天；入夏时间为 5 月 28 日，较常年 6 月 1 日偏早 4 天；入秋时间为 10 月 9 日，较常年 10 月 13 日偏早 4 天；入冬时间为 12 月 19 日，较常年 12 月 27 日偏早 8 天。

【降水】2023 年，洞头区降水总量 966.4 毫米，较常年 (1402.7 毫米) 偏少，全年降水日数 157 天，较常年（190.8 天）偏少 17.7%。各月份雨量分布极不均匀，降雨量最少月份为 12 月，降雨量为 42.7 毫米，较常年同期雨量异常偏少 27.3%；降雨量最多月份为 8 月，降雨量为 171.5 毫米，较常年同期雨量异常偏少 10.8%。入汛到出汛期间全区平均降水 593.5 毫米，较常年 909.4 毫米偏少 34.6%。

【日照】2023 年，洞头区总日照时数 1777.5 小时，较常年（1849.0 小时）偏少 71.5 小时。全年内仅 3 月、5 月、9 月、11—12 月日照时数较常年同期略微偏多，其余月均较常年同期偏少。

【蒸发】2023 年，洞头区蒸发总量 1374.5 毫米，较常年（1446.1 毫米）偏少 5.0%。7—10 月蒸发量较为稳定且在一年最高水平，7 月和 12 月蒸发量都有跳跃式变化。

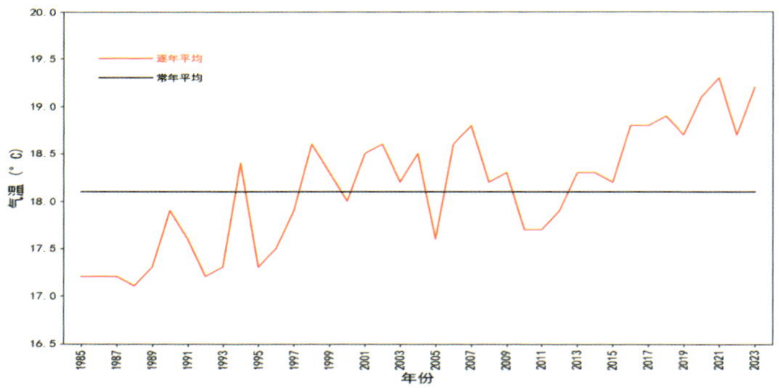

图1 1985—2023年洞头区历年平均气温演变图

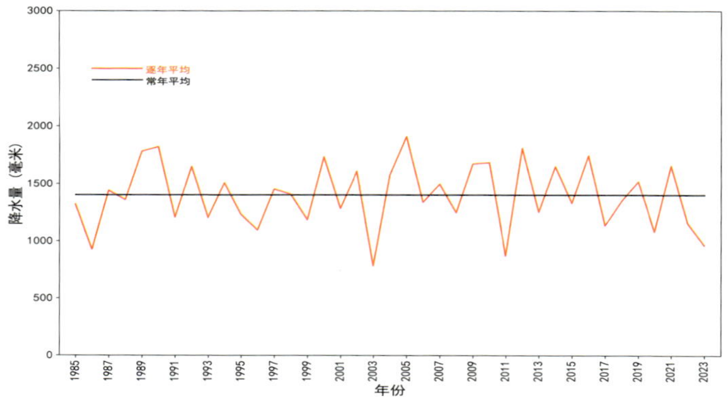

图2 1985—2023年洞头区历年总降水量演变图

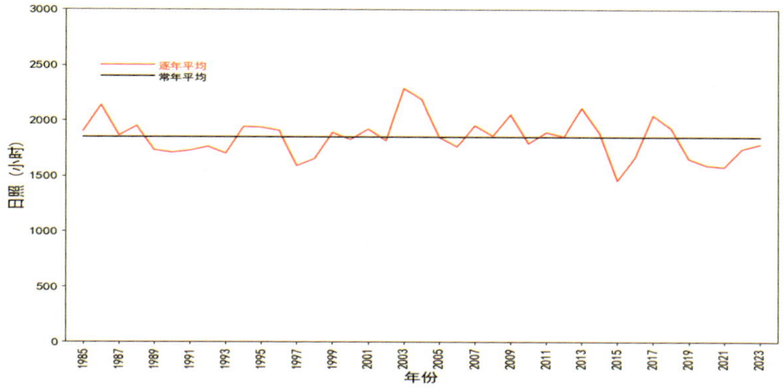

图3 1985—2023年洞头区历年总日照时数演变图

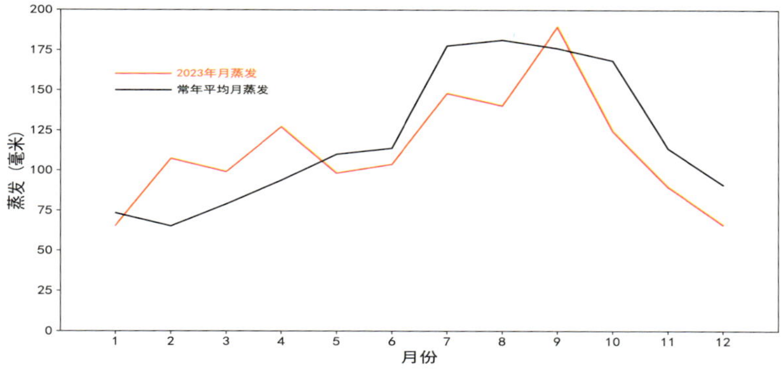

图4 2023年洞头区逐月蒸发量与常年同期平均曲线图

【梅雨】2023 年，洞头区梅雨季为 6 月 17 日至 7 月 10 日，梅汛期雨季持续 23 天，较常年偏少 7 天。梅汛期间，洞头本站累计降水量 62.1 毫米，较常年（127 毫米）偏少 51.1%。整个梅雨季节全区仅经历 6 月 20—25 日 1 轮降雨集中期，梅雨特征非典型，整体表现为“雨量少、雨期短”的枯梅特征。

【台风】2023 年，洞头区台风汛期为 7 月至 9 月，台风影响个数 3 个。7 月 24 日 20 时至 29 日 12 时受 2023 年 5 号台风“杜苏芮”影响，全区面雨量 72.7 毫米，最大降水量站点为大门寨楼 118.2 毫米，最大风力出现在大门观音礁 26.8 米 / 秒（10 级），其中，全区出现 10 级风的站点有 5 个，9 级风的站点有 11 个。8 月 2 日 8 时至 8 月 4 日 16 时受 2023 年 6 号台风“卡努”影响，全区出现 8—10 级大风，基本无降水，最大风力出现在东屏南炮台 25.5 米 / 秒（10 级），其中，全区出现 10 级风的站点有 2 个，9 级风的站点有 6 个。受 2023 第 11 号台风“海葵”外围云系影响，8 月 31 日 20 时至 9 月 4 日 8 时，全区最大风力出现在东屏香花屿 22.4 米 / 秒 9 级，全区过程面雨量 24.5 毫米，最大的为大门寨楼站 62.7 毫米。其中，全区出现 9 级风的站点有 2 个，8 级风的站点 4 个。三次台风过程全区范围内无灾情。

【霾】2023 年，全区霾日数 1 天，较 2022 年（4 天）偏少。2 月出现霾日数 1 天，空气质量较前些年转好。

（刘雄杰）

历史人文

【历史沿革】据九亩丘出土文物考证，早在 4000 多年前，洞头列岛就有人类活动。

春秋战国，为瓯越之地。秦，属闽中郡。

西汉始元二年（前 85），属回浦县，隶属会稽郡。

东汉建武元年至三年间（25—27），改回浦县为章安县。永和三年（138）析章安县东瓯乡置永宁县，遂为永宁县地，仍隶属会稽郡。

三国时期，属吴国永宁县地。太平二年（257），分会稽郡东部置临海郡，永宁县属之。

东晋太宁元年（323），分临海郡立永嘉郡，以永宁县为郡治。宁康二年（374）分永宁县置乐成县，今洞头区境遂为乐成县地。

隋开皇九年（589），改永宁县为永嘉县，隶处州，洞头境为永嘉县地。开皇十二年（592），改处州为括州。

唐武德五年（622），分括州置东嘉州，分永嘉县复置乐成县，洞头境又为乐成县地，隶东嘉州。武德七年（624），又撤乐成县并入永嘉县，洞头境地复为永嘉县地。贞观元年（627），废东嘉州，永嘉县隶括州。上元二年（675），分括州置温州，设州治于永嘉。载初元年（689），复置乐成县，隶温州，洞头境复为乐成县地。

五代十国时，乐成县属吴越国。后梁开平二年（908）改乐成为乐清，洞头境为乐清县地，仍属温州。南宋咸淳元年（1265）属瑞安府。元，属温州路。明，属温州府。

清雍正六年（1728），置玉环厅，隶温州府，今洞头区境划玉环厅第二十都。

民国元年（1912），改玉环厅为玉环县，隶瓯海道，今洞头区境为玉环县第四区。民国 22 年（1933），同属玉环，第四区的灵昆岛改属永嘉县。民国 25 年（1936），洞头境为玉环县三盘区。

1949 年 10 月 8 日，洞头境首次解放。

1952年1月15日，洞头全境最后解放，仍属玉环县。

1953年6月10日，中央人民政府批准洞头置县，隶浙江省温州地区。

1958年5月29日，国务院批准撤销洞头县建制，7月1日起，划归玉环县。

1959年1月7日，国务院决定撤销玉环县建制。4月1日，洞头划归温州市。

1964年10月31日，国务院批准恢复洞头县建制，隶温州地区。

1965年3月1日起，洞头县人民委员会正式对外办公。

1981年9月22日，温州地区和温州市合并，洞头改隶浙江省温州市。

2015年7月23日，国务院批准洞头撤销县建制，设为温州市洞头区，并将温州市龙湾区灵昆街道划归洞头区管辖。9月2日，温州市洞头区正式挂牌成立。

【行政区划】1953年7月，洞头置县后，下设3个区、1个镇、18个乡。此后，行政区划多次变更，至1990年底，全县设1个区、2个镇、11个乡、90个建制村、10个居民区。

1991年3月18日，北岙镇下街居民区析为创新居民区和赴学居民区。

1992年4月3日，大门乡尾岙村更名为大门乡美岙村。同年5月18日，经浙江省民政厅批准，撤销大门区公所；将大门乡、浪潭乡并入黄岙镇，同时更名为大门镇。至此，洞头县辖2个镇、9个乡、90个建制村、11个居民区。

1994年1月25日，元觉乡状中、状南、状北3个村合并为状元村。元觉乡改设为7个建制村。同年7月30日，双朴乡增设双兴村，双朴乡改设为14个建制村。至此，全县建制村89个。

1995年2月23日，鹿西乡烟墩岗村撤销，并入鹿西村；鹿西乡改设为6个建制村。至此，全县建制村88个。

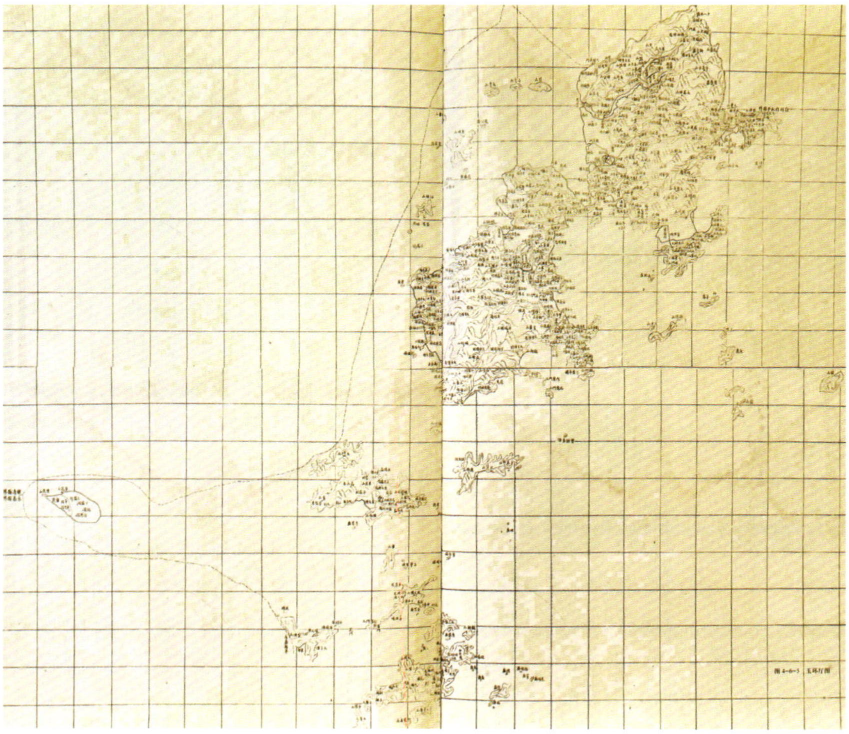

清光绪十九年（1893）玉环厅图

1996年8月17日，经浙江省民政厅批准，洞头乡改为建制镇，同时更名为东屏镇。至此，全县设3个镇、8个乡、88个建制村、11个居民区。

2001年11月16日，经浙江省人民政府批准：撤销双朴乡、三盘乡、北沙乡并入北岙镇；撤销半屏乡并入东屏镇；撤销霓南乡、霓北乡，合并为霓屿乡。至此，全县设3个镇、3个乡、88个建制村、11个居民区。

2002年4月30日，北岙镇的埭口村、苔岙村、双兴村撤销，合并为北岙镇城南社区。至此，洞头县设3个镇、3个乡、85个建制村、1个社区、11个居民区。同年11月2日，霓屿乡官财岙村改名为同兴村。

2003年4月29日，北岙镇的岭背、上街、新街、中街、后街、创新、赴学等7个居民区撤销，重新调整组建为岭背、上新、城中、银海等4个社区。北岙镇改设为23个建制村、5个社区。同时，东屏镇寮顶村更名为寮顶民族村。至此，全县设3个镇、3个乡、85个建制村、5个社区、4个居民区。

2004年6月，大门镇沙岩居民区撤销。同年7月14日，北岙镇新城社区成立。同年12月15日，东屏镇前坑寮村、惠头寮村合并，并更名为惠民村。至此，全县设3个镇、3个乡、84个建制村、6个社区、3个居民区。

2005年3月1日，北岙镇桐桥村更名为海霞村。截至2005年底，全县设3个镇、3个乡、84个建制村、6个社区、3个居民区。

2006年末，辖3个镇、3个乡：北岙镇、大门镇、东屏镇，元觉乡、霓屿乡、鹿西乡；84个行政村、7个社区、2个居民区（新增1个社区，减少1个居民区）。

2011年，经省政府批复：撤

销北岙镇建制，在原北岙镇行政区域内设立北岙街道；调整后，北岙街道辖6个社区、23个行政村；街道办事处驻镇前街1号。撤销东屏镇建制，在原东屏镇行政区域内设立东屏街道；调整后，东屏街道辖16个行政村；街道办事处驻府前路51号。撤销元觉乡建制，在原元觉乡行政区域内设立元觉街道；调整后，元觉街道辖7个行政村；街道办事处驻繁府路15号。撤销霓屿乡建制，在原霓屿乡行政区域内设立霓屿街道；调整后，霓屿街道辖10个行政村；街道办事处驻滨海北路2号。调整后，洞头县辖北岙、东屏、元觉、霓屿等4个街道和大门镇、鹿西乡。

2015年7月23日，国务院正式批复同意撤销洞头县，设立温州市洞头区，将温州市龙湾区灵昆街道划归洞头区管辖。以原洞头县和龙湾区灵昆街道的行政区域为洞头区的行政区域。洞头区辖北岙、灵昆、东屏、元觉、霓屿等5个街道，大门镇、鹿西乡。其中，灵昆街道辖9个行政村、4个社区。至此，全区辖93个行政村、7个社区。温州市洞头区人民政府驻北岙街道县前路12号。

2018年10月10日，区政府同意撤销北岙街道打水鞍村建制，设立打水鞍社区。至此，全区有8个社区、92个行政村、2个未改制居民区。

2019年4月，洞头区撤销北岙街道小朴村、风门村、九厅村建制，改设社区；撤销西山头村、大岙村、阜埠岙村、擂网岙村，下尾村建制，合并设立三盘社区。撤销大门镇甲山村、长沙村建制，改设社区；撤销沙岙村、枫树坑村建制，合并设立沙枫港村。撤销东屏街道洞头村、大瞿村、南策村建制，合并设立蓝港社区；撤销松柏园村、大北岙村、金岙村、外埕头村建制，合并设立半屏社区。至此，全区有16个城市社区、74个行政村、2个未改制居民区。

2020年12月30日，温州市政府批复同意在瓯江口产业集聚区范围内增设昆鹏街道，办事处设在灵蓉街66号。至此，洞头区下辖北岙、灵昆、东屏、元觉、霓屿、昆鹏等6个街道和大门1个镇、鹿西1个乡。

2022年10月28日，昆鹏街道增设雁鸿社区。至此，全区有74个行政村、17个城市社区、2个未改制居民区。

【方言】洞头区居民大多原是从闽浙沿海地区迁徙而来的，故以操闽南话和温州话两种方言为主。洞头区居民方言使用的分布特点，大致为南片岛屿居民大多数以操闽南话方言为主；西、北两片岛屿居民均操温州话方言；而中片岛屿居民两种方言交错夹杂。按行政区域分，北岙、东屏居民大多数操闽南话方言，灵昆、大门、鹿西居民均操温州话方言，而霓屿和元觉居民夹杂操闽南话方言、温州话方言。按常住人岛分，洞头岛、半屏岛、南策岛、大瞿岛、胜利岙岛、花岗岛、青山岛7个岛屿居民以操闽南话方言为主，灵昆岛、大门岛、鹿西岛、小门岛、大三盘岛、屿仔岛6个岛屿居民以操温州话方言为主，而霓屿岛、状元岙岛居民夹杂两种方言。闽南话方言使用范围约40平方千米，占全区陆地面积的30%左右，使用人口约占全区总人口的44%；而温州方言使用范围约100平方千米，占全区陆域面积的70%左右，使用人口约占全区总人口的56%。

【区树区花】区树，台湾相思，别名相思树、相思子，属于含羞草科金合欢属，常绿乔木，高达15米，喜光，根深材韧，抗风力强，花期在5月，花色金黄，花串硕大、艳丽芬芳，花期长达两个月左右。对土壤要求不严，耐干旱贫瘠，病虫害少，萌芽力强，是生态绿化、四旁植树的好树种。原产台湾、福建、广东、海南皆有栽培，树姿具有南国风味，洞头区自19世纪80年代开始引种栽植，现已广泛分布于各乡镇岛屿。

台湾相思树

区花，三角梅，别名叶子花、簕杜鹃，属紫茉莉科叶子花属，原产于南美巴西、秘鲁，其为热带植物，喜高温的气候环境，亦较耐干热，不耐寒冷，忌霜冻，对土壤肥力要求不高，树干多刺，常绿木质大藤本植物，枝条常呈拱形下垂，花多数为三朵聚生一处，花色多样，有淡红、大红、紫红、淡黄、乳白，一株多色，多用于庭园、宅旁。近年来洞头区在城市绿化美化中大量栽植。

三角梅

2007年1月24日，洞头县第十一届人大常委会第三十三次会议决定：台湾相思树、三角梅为洞头县县树、县花。

【历史文化】 洞头列岛早在3000多年前即有人类活动，北岙街道风门村的九亩丘遗址和大门岛的岙底等处，曾出土新石器晚期的石斧、石刀及石矛。据相关志书记载，古时洞头岛被称为“中界山”，大门岛名为“青岙山”。南北朝刘宋时，洞头隶属永嘉郡的永嘉县。南朝宋元嘉十一年（434），永嘉太守谢灵运卸任后由颜延之接替，乘船巡察到过大门岛，并在岛上筑“望海亭”以观海景，距今已有1580多年。唐代时洞头属乐成县。唐宝历元年（825），温州刺史张又新到洞头、大门等地，寻望海亭遗址，触景生情，作诗两首。从颜延之建亭到张又新寻亭，其间378年，人去亭毁，只见灵海翠峰，积水沧浪，诗人无比感慨。《全唐诗》收有张又新诗作17首，写洞头的占2首。清朝也有诗人对洞头的描写。如诗人王步霄的《三盘颂》，就是对洞头百岛的赞美。

颜延之塑像

【名人诗词】

望海亭

〔唐〕张又新

灵海泓澄匝翠峰，昔贤心赏已成空。
今朝亭馆无遗制，积水沧浪一望中。

三盘颂

〔清〕王步霄

苍江几度变桑田，海外桃源别有天。
云满碧山花满谷，此间少住亦神仙。

海蜇诗

〔清〕王步霄

美利东南甲玉川，贩夫坐贾各争先。
南商云集帆樯满，泊遍秋江海蜇船。

三盘山

〔清〕吕荣

见说三盘峻，沧溟一览收；
却愁行处险，聊作望中游。
雪浪云边叠，烟霞日下浮；
地遥身未历，心为境勾留。

渔船叹

〔清〕陆玉书

冲风冒雨趁来潮，猎食渔船拼力摇。
雾里帆樯云里棹，汗淋头面水淋腰。
直将性命争鱼蟹，能耐饥寒度莫朝。
举网不空喧妇子，竟忘辛苦说逍遥。

双昆

〔清〕张振夔

群山叠嶂夹江流，潮势东来地欲浮。
人拟关梁开外市，天教砥柱奠中州。
明知沧影终如电，不信桑田已有畴。
共目恬波清似镜，萑苻时事碍行舟。

【民间歌谣】

洞头岛屿歌[1]

温州对出洞头山，百个岛屿好名声。
先出朝凤又朝龙，无故也出君王城。
又出铜盘鼠头凤，连出双凤无正宫。
有鞍无马难得跑，大鞍出跑小南宁。
大小民府无官做，冬瓜虽大不爬藤[2]。
北麂给贼先霸占，土地宫帝无显灵。
铜钟无锤敲不响，壳菜无肉空挂名。
牛皮做鼓敲无声，畚箕没耳挑难成。
大小街鱼没上市，大巨校场没练兵。
东边也出一石佛，石佛拜潮明又明。
大小中鱼得着水，一年四季无鱼腥。
巴仑无肉煮不熟，白鹭无翅难飞行。
判官无庙难下海，柴梳无篦难梳成。
连出三策无巡按，将军骑马步难行。
泽国江山一字水，双排丞相分两边。
四将盘花战一将，五将盘花一条龙。
也出东洋斧头屿，此斧出战不伤人。
斧头内面一竹屿，篾刀劈开作两爿。
竹屿内面箬箩屿，万船过此提不能。
箬箩屿内仙叠石，仙人叠石真出神。
铁桶江山永不变，回头一看是半屏。
若问此诗啥人作，洞头渔岙路蛮人[3]。

①闽南话方言歌谣，每句中都包含地名。
②爬藤：抽藤。
③路蛮人：周鸣岐，民间艺人，后被日寇杀害。

大门山地名谣[4]

大门高，小门低，横岐东南是鹿西。
黄大岙无风打大暴，金鸡头金鸡不会叫。
浪潭岩头打大浪，无风也会兴浪杠。
观音礁观音不上天，沙岙凉床无人眠；
尾岙米桶吃不完，豆腐岩豆腐卖不焉[5]。
老鼠尾老鼠躲岩边，杨梅田唔有杨梅结。
洞桥头洞桥无人行，
唔有船儿渡人龙船坑。
百花庙龟岩对甲山，小门山嘴大篓岩。
营盘基营盘不扎兵，乌仙头仙人不上天。
大荆出王，小荆出将，
长沙山头出个石和尚，
兰湖洞背出个老幺娘。

④温州话方言歌谣，每句都含有地名。
⑤焉：臭。

人际社交[6]

一台戏大家唱，一只船大家撑。
瞒天瞒地，瞒不着隔壁邻舍。

千年亲戚，万年厝边。
落难全靠亲兄弟，驶船全靠四边风。
海水阔阔，总有一日会流拢。
人靠嘴水，船靠潮水。
唇和舌也会相碍。
亲兄弟，明账目。
⑥闽南话方言。

观象测潮⑦
初一十五，吃饱下涂。
月上山，潮涨滩；
月光正，潮涨平。
春分、秋分，日夜平分。
未吃端午粽，破衣破袄不愿放。
初八廿三“半晡”平。
清明谷雨，大小做母。
三月洋，海水当眠床。
初三“帝”⑧，
“帝”到无水洗脚白。
⑦闽南话方言。
⑧“帝”：退潮

【海岛习俗】温州（洞头）婚嫁习俗。洞头婚嫁礼仪随着社会的发展，人们生活水平的不断提高而发生着变化。旧时男女婚姻由“父母之命，媒妁之言”而定，从媒人上门说亲到结婚有很多礼节，共有十四个步骤：一是合婚，媒人说媒，测算男女双方的“生月”；二是定亲，择定吉日，男方准备“盘担”到女方家；三是送日，结婚前一个月，择取结婚佳期；四是纳彩，俗称“挑盘”，一般在结婚前1—3天进行；五是分汤圆，结婚前三天，新郎家挨家挨户分送汤圆；六是修面，通常在结婚前一天17—18时，为新娘开颜修面，俗称“摘面”；七是唱哭嫁歌，从新娘梳头开始，到跪拜祖宗牌位、辞别亲人、跨炉火、上花轿，一直到花轿上路一半止；八是娘舅礼，外甥结婚，娘舅送大礼；九是安床，迎娶前一晚，请两位属龙属虎的人到新房进行“安床”；十是迎娶；十一是新娘酒；十二是闹洞房与冬瓜诗，冬瓜诗是客人自由发挥的诗作，孩子们向新娘要糖果，俗称“讨冬瓜”；十三是“缘茶”与“拜公”，婚后第三天早晨，家人烧好“缘茶”，在厅桌摆上汤圆和糖果等，新娘新郎要祭拜祖宗，俗称“拜公”；十四是“三人返”，婚后第十四天早晨，女方家请新娘、新郎赴宴，也称“请女婿”或“回门”。

上梁。“上梁”是新宅落成的一个重要标志，“梁”是一根4米长的横木，用来连接房柱支撑屋顶，梁一上就意味着房子主体工程结束。过程虽简单，但对木匠师傅、新宅主人而言却是大事。对木匠师傅来说，中梁要计算准确，安放稳当。对主人家人而言，上梁意味着新房已建成，家宅平安，人财两旺。因此，上梁前必须选吉日良辰，“拜梁”抛红圆，梁上“钉八卦”、挂“五谷种”。安放“中梁”时，鞭炮一响木匠师傅的锤子随即敲响，主人在屋顶向四方抛红圆，口里念着吉祥语，这时新房四周大人和小孩开始抢红圆，场面十分热闹。上梁关系到房东一家人命运前程，寄托老百姓安居乐业美好愿望。

迎头鬃。“迎头鬃”大约始于清咸丰年间，其实质是对渔业生产先进的表彰仪式。“迎头鬃”活动在每年鱼汛结束时，评出海洋捕捞作业产量最高的渔船，获评者称“扛头鬃”。然后选定吉日举行“迎头鬃”仪式，届时，当地渔行主和乡绅们率领众人给“扛头鬃”渔船送去“头鬃旗”和“红包”，且端上用红布披盖着的大猪头，一路上敲锣打鼓燃放鞭炮，送到“扛 头鬃”渔船老大家中。船老大会举办酒席宴请大家，席间交谈往年生产经验和新年生产打算。然后在船上祭拜海神，再把“头鬃旗”升到桅上。渔民们都把“扛头鬃”视为极高荣誉。

送顺风。洞头“送顺风”习俗，过去是给新下山（第一次去捕鱼生产）小伙子送纸蓬包，内装红枣、桂圆、荔枝等。送顺风现已扩展到工厂、商店开张，姑娘出嫁、入学、参军等领域。传说财神赵公明运送银子，把船化成纸船，纸船恰巧被一小学童发现并拴住，不能航行。神仙托梦给学校先生，先生给学童送点礼品，放掉纸船，神仙驾船顺风顺水。“送顺风”习俗由此沿袭传承，给新入学的孩子送书包、文具盒、笔，给读大学、参军的人送

“迎头鬃”习俗

脸盆或旅行袋，给出嫁姑娘添妆等。

海岛祝寿礼俗。为五十岁以上的老人过生日称为“做寿”，在洞头流传有二三百年历史。旧时民间过生日有“度坎儿”说法，“坎儿”是指每个人在寿命上的关口。从五十岁起，每隔十年左右就有一个坎。在洞头，为老人做寿是家族中一件大事。祝寿中所有活动全都围绕着老人进行，如为其发送请帖、布置寿堂、举办寿宴、叩拜祝福等，或有请法师作敬、献三牲敬天公、请戏班唱祝寿戏餐。出嫁的女儿们要送上祝寿礼金，挑送礼盒笼，内侄送寿礼。祝寿时，寿星老坐厅堂正位，接受亲友和晚辈的祝福和叩拜，辈分不同，拜礼有别。来宾每人都向寿星老献一份祝寿礼金，仪式完毕，开始举行寿宴，回礼给左邻右舍和来贺寿的亲朋好友。

做祭。“做祭”是专门为去世的亲人而设的一种特别形式的民俗。最重要的一次是去世亲人的周年祭日，在其后每年祭日都要祭祀。每逢上辈人忌日，家里的儿子或孙子要祭拜，已出嫁的姐妹或姑母一家要回家参与祭拜，即使因各种原因不能亲自前来，也要由家人作代表，带上冥币、纸制手提袋等。中午要在自己家中逝世亲人木主牌或祖宗炉前摆上菜肴，点烛拈香祭拜，以示不忘上辈人养育之恩与骨肉亲情，略表做晚辈孝顺之心及怀念之情。祭祀对象一般上溯三代。在洞头民间，各家各户不论家庭经济状况如何，上辈人的“祭”一定要做，否则视作不孝，会受到亲戚、邻居指责。

拜天公。农历正月初九“拜天公”是海岛居民新年伊始最隆重、最神圣的祭祀活动。据说这一天是天公诞辰，所谓“天公”，指玉皇大帝，也泛指居住在九重天上的天神。经考证始于明末清初，闽南、瓯越一带沿海移民择居洞头列岛时始。一般在初八夜十二时过后，听到公鸡第一声报晓，各家各户当家人和参拜天公的家庭成员起床。大家穿戴整齐，洗脸净手后，打开大门，一家人十分虔诚地摆设“拜天公”的用具和供品。祭拜始，由当家人点亮大红蜡烛，点燃一大把香，分发给参拜的家庭各位成员，由当家人领头，一齐跪在地上，脸朝上天，参拜“天公”，祈求各自心愿或表示对天公的感恩。拜毕，把香插在香炉内，待香烛燃烧过半，开始烧化供奉“天公”用的神币大金和金元宝。烧化完毕，开始鸣鞭炮，宣告“拜天公”结束。“拜天公”有两种形式，一种是各家各户单独祭拜，另一种是左邻右舍或姓氏宗族共同结合进行“团祭”（天公会）。

（《洞头年鉴》编辑部）

【洞头特产】 洞头羊栖菜，俗名大麦菜，属褐藻门马尾藻科暖温带性海藻，生长在低潮带岩石上，多分布于沿海地区，其中浙江沿海居多。羊栖菜肉质肥厚多汁，营养丰富，既是食品，又是中药材，《名医别录》《本草纲要》都有以其入药的记载。据现代科学检测，羊栖菜含有丰富的钙及人体必需的矿物质、B族维生素、17种氨基酸等。研究发现，这些有效成分具有软化血管，降低血压、血脂，改善血糖值、增进大脑健康发育、抗肿瘤等多种功效。欧美日本等国称其为“现代饮食生活的理想食品”及长寿食品，是婴幼儿和老年人理想的天然佳品，有“海里人参”的美誉。洞头羊栖菜自1989年人工试养成功后，开始推广养殖，历经30多年发展，现已成为洞头区浅海藻类养殖主要品种之一。全区从事羊栖菜养殖有28个渔村、专业养殖户800多人，从事羊栖菜产品加工出口企业10家，羊栖菜食品加工企业9家，开发即食羊栖菜、羊栖菜茶、羊栖菜酱、羊栖菜饮料等系列产品10多个，2003年11月12日，洞头被中国优质农产品开发服务协会命名为“中国羊栖菜之乡”。

洞头紫菜，属红藻类，原野生于岩礁上。很早就被人们认识、利用。早在2000年前的汉代，就有关于紫菜食用记载；北宋年间，紫菜受到朝廷垂顾，成了进贡珍贵食品；明代李时珍《本草纲目》把紫菜入药，更是提高紫菜身价。当代医学科学揭示，紫菜营养丰富，含蛋白质、钙、铁、磷、锌等微量元素，有增强细胞免疫和体液免疫功能，可促进淋巴细胞转化，提高机体免疫力。1968年，洞头紫菜试养成功，并在全县推广，50多年来，洞头紫菜已成为区域优势特色渔农产业，养殖规模、产量、产值均居全省前列。养殖模式也更多样化，包括滩涂毛竹插杆、深水彩播插杆、玻璃钢、全浮翻转式养殖技术等。洞头紫菜实现规模化养殖的同时也加快了产品深加工领域发展，专业化合作社和企业相继创办而成。2021年2月5日，中国渔业协会授予洞头区“中国紫菜之乡”称号。

鹿西大黄鱼，又名黄鱼、大黄花鱼，俗称黄瓜鱼，硬骨鱼纲，鲈形目，为传统“四大海产”（大黄鱼、小黄鱼、带鱼、乌贼）之一，是中国近海主要经济鱼类。中国沿海大黄鱼主要分布于黄海南部至台湾海峡北部，包括吕泗洋、岱衢洋、嵊山渔场、猫头洋、洞头洋、福建的官井洋直至闽江口海域及珠江口以西至琼州海峡南海区。鹿西大黄鱼养殖历史悠久。鹿西岛大山屿海区、仰天岙海区、北山后海区及白龙屿海区，水深10—15米，无论是水质、水流、水温均适应养殖生态大黄鱼，自古就是东海大黄鱼栖息地，天然小鱼虾丰富、流急浪大，因而该地出产的黄鱼具有肉质呈蒜瓣状、色泽金黄、口感鲜美嫩滑等特点。鹿西是温州市菜篮子供应基地和洞头区渔业捕捞基地之一，鹿西岛海域是洞头渔业捕捞场地和野生大黄鱼传统产区，特别是二十世纪五六十年代达到产量高峰。随着钢质渔轮的发展，洞头渔场海洋生物资源日益枯竭，尤其是野生大黄鱼等名贵鱼种濒临绝种。2000年，浙江省提出依靠科技进步，发展海洋产业。2014年，浙江东一海洋经济发展有限公司开始在白龙屿养殖鹿西大黄鱼，养殖面积43.33公顷（650亩）。2016年，黄鱼岛海洋渔业有限公司引进抗风浪深水网箱44口，在鹿西岛东南方向7千米处大山屿和仰天岙海区开始养殖大黄鱼，养殖面积17.33公顷（260亩）。2017年，白龙屿生态海洋牧场被农业部授予“国家级海洋牧场示范区”称号。2018年，黄鱼岛海洋渔业有限公司被农业农村部、财政部联合授予“海水鱼产业技术体系示范基地”称号。2019年，黄鱼岛海洋渔业集团有限公司大黄鱼获得有机产品认证。2020年，浙江东一海洋集团有限公司大黄鱼获得有机产品认证。2021年6月，白龙屿大黄鱼被中国（福州）国际渔业博览会评为本届渔博会金奖产品。2021年2月5日，中国渔业协会授予洞头区“中国生态大黄鱼之乡”称号。

灵昆香瓜，又名甜瓜、白菊瓜、白啄瓜。是葫芦科黄瓜属一年生蔓性草本植物，叶心脏形。花单性，黄色，雌雄同株，或为两性花。瓜呈球、卵、椭圆或扁圆形，皮色黄、白、绿或杂有各种斑纹。原产热带，全国各地普遍栽培，为夏季的优良果品之一。灵昆岛属亚热带海洋性季风气候区，四季分明，冬暖夏凉，温暖湿润，雨量充沛，日照充足，土壤肥沃，适宜甜瓜生长。灵昆甜瓜为白皮甜瓜种，具有果皮脆薄、表面光滑、色泽白色，平均果重150千克，大果达250千克，果肉香甜，回味爽口。

（刘冠竹）

【民族】2023年，洞头区人口以汉族为主，占全区总人口的98%以上。少数民族有回族、蒙古族、苗族、彝族、壮族、布依族、朝鲜族、满族、锡伯族、侗族、瑶族、白族、土家族、黎族、畲族、土族、布朗族等，少数民族总人口3967人，其中回族3248人，占少数民族总人口的81.87%。

鹿西生态大黄鱼

人口变迁

【概况】2023年底，根据公安分局统计口径，洞头区户籍户数52875户，比上年增加328户；户籍总人口数153190人，比上年减少490人；平均每户2.9人，略低于上年，与全省持平。其中，男性78040人，比上年减少400人，占人口总数50.94%；女性75150人，比上年减少90人，占人口总数的49.06%。男女性比为103.85。全区城镇人口68371人，乡村人口84819人。

【年龄结构】2023年，全区总人口中，17岁以下人口24180人，占总人口15.78%，18—34岁人口26847人，占总人口17.53%，35—59岁人口67069人，占总人口43.78%，60岁以上人口35094人，占总人口22.91%。

【出生性别情况】2023年，洞头区出生724人（男379人，女345人），比上年少出生38人（男少13人，女少25人），出生率4.73‰；新生孩子男女性比为109.86。

【人口自然增长】2023年，洞头区死亡1198人（男723人，女475人），比上年多死亡249人（男多180人，女多69人），死亡率7.82‰，死亡人口男女性比例为152.21；人口自然增长率-3.09‰。出生率、自然增长率均低于上年，死亡率高于上年。

【人口迁移】2023年，洞头区迁出人口658人，比上年多迁出50人，其中迁往外省319人，比上年多30人，迁出率4.3‰，比上年高0.34个千分点。迁入洞头区人口808人，比上年增加168人，其中从外省迁入425人，比上年增加68人，迁入

表1　2023年洞头区户籍人口数量分布及人口变化情况一览表

地区	总户数（户）	总人口（人）	出生率（‰）	自然增长率（‰）	其中			
					城镇人口（人）	农村人口（人）	男（人）	女（人）
全　区	52875	153190	4.73	−3.09	68371	84819	78040	75150
北岙街道	17865	48431	4.93	−3.10	32374	16057	24462	23969
灵昆街道	5994	23382	5.82	−0.77	6144	17238	11815	11567
东屏街道	7848	20796	4.52	−5.48	15274	5522	10495	10301
元觉街道	3627	10715	4.11	−2.71	5288	5427	5376	5339
霓屿街道	4814	14387	4.94	−2.36	2223	12164	7369	7018
昆鹏街道	611	1361	11.02	10.29	1361	0	564	797
大门镇	9778	26370	3.64	−4.47	5707	20663	13806	12564
鹿西乡	2338	7748	3.74	−3.23	0	7748	4153	3595

（市公安局洞头区分局提供）

率5.27‰，比上年高2.95个千分点。

（邵菲菲）

2023年洞头区发展综述

【概况】2023年，洞头区贯彻落实中共中央总书记习近平考察浙江重要讲话精神，深入实施三个“一号工程”和“十项重大工程”，纵深推进产业聚变、城市蝶变、幸福跃变，加快建设名副其实的海上花园，经济社会发展呈现回稳向好态势。全年实现地区生产总值150.04亿元，同比增长5.5%；全区人均地区生产总值97787元，增长5.8%。城乡收入比缩小至1.52 ∶ 1。

【经济建设】2023年，洞头区农林牧渔业总产值18.51亿元，同比增长15.8%。全年渔业总产量22万吨，增长8.1%，其中捕捞产量14.4万吨，与上年持平；养殖产量7.6万吨，增长27.5%。实现渔业产值25.37亿元，增长14.57%。实现规模以上工业增加值30.52亿元，下降7.3%。其中，装备制造业增加值11.62亿元，下降21.1%；战略性新兴产业增加值7.46亿元，下降33.2%；数字经济核心产业增加值4.47亿元，增长9.8%；高端装备制造业增加值9.61亿元，增长9.2%。实现规模以上工业总产值164.63亿元，下降0.5%；销售产值163.59亿元，下降0.2%，其中出口交货值11.86亿元，下降12.6%。工业用电量1.84亿千瓦时，增长8.8%，其中制造业用电1.51亿千瓦时，增长6.9%。新增规上企业8家、限上企业13家。洞头区实现建筑业总产值84.8亿元，比上年增长24%。其中，省内建筑业产值75.25亿元，同比增长28.6%。全年完成社会消费品零售总额73.26亿元（不含海经区33.99亿元，下同），比上年增长19.4%（8.1%）；实现网络零售额22.7亿元。限额以上批发业27家，销售额133.53亿元，同比增长20.3%；限额以上零售业10家，营业额2.18亿元，同比增长24.3%；限额以上住宿业12家，营业额1.12亿元，同比增长17.1%；限额以上餐饮业20家，营业额9704.9万元，同比增长9.1%。规模以上服务业19家，营业收入11.33亿元。新增升规上限企业21家，规上工业企业8家，批零住餐企业13家，新增亿元企业2家。新增省专精特新企业3家，创新型中小企业8家，国家级专精特新“小巨人”企业1家。实现进出口总额26.62亿元，比上年增长12.1%，其中出口额13.96亿元，增长77.2%。累计完成25个省市海经重大项目投资32.35亿元，为年度计划的119.8%。共获省海洋（湾区）经济发展资金补助8008万元、市本级补助1318万元。全年财政总收入26.01亿元，其中一般公共预算收入16.42亿元，一般公共预算支出47.65亿元。全年城乡常住居民人均可支配收入分别为63785元、41881元。年末金融机构人民币存款余额213.20亿元，金融机构人民币贷款余额279.65亿元。

【政治建设】2023年，洞头区开展学习党的二十大精神系列活动，学深悟透中共中央总书记习近平考察浙江重要讲话精神以及“八八战略”实施20周年、“千万工程”、“科技特派员”等系列重要指示精神，召开理论学习中心组会议专题学习讨论总书记对洞头的殷殷嘱托，反复领悟省市主要领导关于海上花园建设的阐释，迭代形成“1315”海上花园建设工作体系。开展“我为海上花园添光彩”大讨论活动，全区各级各部门对标找短板、梳理年度干事清单并对账销号。高标准开展学习贯彻习近平新时代中国特色社会主义思想主题教育，深化“循迹溯源学思想促践行”，打造海上花园“循迹溯源”省级示范点，全区万名党员干部参与现场学习；深入开展“大走访大调研大服务大解题”等系列行动，集中解决一批群众和企业急难愁盼问题，获省委第三巡回督导组调研肯定。聚力改革攻坚促发展，经验做法被国家部委推介5项，改革举措得到省领导批示肯定5项，成功获批全省首批海岛县“一县一策”。实体化运作资源开发公司。政务服务增值化改革“五个一”建设加快推进，推出营商环境提升举措36条，工程档案全过程归集服务全省推广，“综合查一次”改革实质性推进，“海上一支队伍管执法”获评全市十佳标志性成果。坚持把抓好党建作为最大政绩，牢固树立和践行正确政绩观。牢牢掌握意识形态主动权，外宣工作“出圈”“出彩”，海上花园建设做法获《浙江日报》头版刊发。完善大统战工作格局，高质量推进对台交流、侨务、新乡贤、民宗等领域工作。省团校洞头分校正式揭牌。深化“以事找人、人事贯通”导向，创新构建综合考核体系，选派112名干部投身十大专班实践历练，通过岗位交流、青年思享汇等平台一线发现干部。年轻干部“雏鹰计划”练兵做法在中组部专项会议上作交流发言，社会救助尽职免责做法获中组部刊发。做深村社组织“届中体检”，完成“共享社·幸福里”31个星级单元建设。区人大依法作出关于深入实施“一号改革工程”打造一流营商环境的决定，开展数字经济发展、科技创新、国际生态旅游岛建设等专项监督，促进创新深化、改革攻坚、开放提升。统筹32项人大核心业务和70场次国家机关工作人员“双下沉”，探索实施“四见面”人大协商。区政协聚焦海岛社会治理、渔农产品电商发展等课题，深入基层一线走访调研53场次，扎实推进10个办实事解难题“1+1”项目落实落地，助推解决群众急难愁盼问题131个。组织委员跨界别、跨领域，围绕项目投资建设、生态成果转化、基层治理效能、人才招引储备等议题开展调研协商、界别协商、对口协商59场次，一批有见地、有价值的意见建议被相关部门转化为工作举措。深化“8+5+N”清廉洞头建设体系，健全“纪巡审”贯通协同机制，统筹推进区委第三、第四轮巡察，巡察版“海霞说事”、对村巡察“360”工作法等被中巡办、省巡办推广。率全市之先推出“亲清一点通”“智慧公章”等数智应用。出台尽职免责办法、村社干部管理监督举措，建立“暖心咨询”机制，常态推进“暖心回访”“政治家访”，稳妥开展澄清正名工作，营造勤廉并重、干净干事的浓厚氛围。

【文化建设】2023年，洞头区共有文化馆1个、乡镇文化站7个、图书馆1个，总藏书48.7万册，艺术表演320场，艺术表演观众50万人次，文化设施建筑面积6.61万平方米。国家级非物质文化遗产2个，省级非物质文化遗产13个；文化信息资源共享基层支中心1个，省文化强镇2个，省级文化示范村（社区）18个。举办“东亚文化之都”温州螺钿漆器展示及文化交流等活动，贝雕文创产品亮相国宴，获评国家级非遗工坊典型案例，海陶产品获省博物馆文创产品金奖、海陶美术馆创成省“三星”乡村博物馆，《脚擂鼓》入选第六批省非遗代表性项目名录，原创广场舞、排舞节目获全省金奖。全区共有体育场馆1个，体育场地设施面积53.65万平方米；现有篮球场40个，门球场14个，健身苑点214个，登山健步道8条。举办铁人三项世界杯、全国海钓邀请赛等33场赛事活动。全年区文化馆获各级群文活动大奖88项，精品创作68项，其中国家级奖项15项，省级奖项29项，市级奖项24项。其他市级以上荣誉20项。渔民画《大海的韵律》《丰收》《潮汛到》《朝朝满载》等4幅作品获“百业兴旺·中国农民画大展”银奖。原创广场舞《寻着浪花来》在全国广场舞大赛获优秀团队奖，并获省级排舞类金奖。原创广场舞《红圆红》获2023浙江省群众广场舞大赛金奖。原创音乐《遥远的春天有点香甜》获浙江省第二十二届群众音乐大赛声乐组银奖。摄影《石厝的变迁》获浙江省第八届群星视觉艺术综合大展银奖。洞头区图书馆获评一级图书馆。全区共有7家城市书房，藏书量70636册，共有百姓书屋8家，藏书量31439册。新建霓屿紫菜馆，共建成乡村博物馆4家。贝雕传承人陈灿渊等入选中国非遗人物百强，获“中泰交流艺术大使”、市级优秀传承人等称号；陈灿渊、郑根霖、杨松苗、王安义、柯位火等传承人入选省级、市级乡村工匠。贝雕《宋意螺钿挂画松风草堂》获2023“浙派好礼”文创产品评选金奖；《喜迎亚运之“好运连连”系列》荣获2023第十届温州国际时尚文化产业博览会文化创意金奖。洞头区东海贝雕艺术博物馆入选2022年度温州市“优秀民办博物馆”名单。洞头区海陶美术馆荣获省三星级乡村博物馆称号。

截至年底，全区拥有国家级非遗项目2个，省级非遗项目13个，市级非遗项目53个；国家级非遗代表性传承人2人，省级非遗代表性传承人9人，市级非遗代表性传承人32人，传承集体1个（洞头区民间文艺家协会）；省级非遗生产性保护基地1个，市级非遗传承基地12个，市级体验基地3个。

【社会建设】 2023年，洞头区迭代更新共富系统架构图2.0版，形成统一的推进体系。建成星级共富工坊30家，惠及群众2000多人。2023年，洞头区民生事业投入28.26亿元，城镇新增就业1487人。全区参加城镇基本养老保险人数49267人，比上年增加6806人。城镇最低生活保障人数39人，发放保障金49万元；农村最低生活保障人数1389人，发放保障金1463.6万元。城乡医疗救助4515人次，医疗救助资金支出802.9万元。下岗失业人员实现再就业232人，城镇登记失业人员635人。居家养老服务照料中心92家，民办养老机构7家，养老机构床位数597张。

全区有幼儿园21所，在园幼儿3540人，幼儿专任教师307人。小学9所，在校生5897人；初中4所，在校生3972人；义务教育中小学专任教师793人；完全中学1所，在校生1354人；中等职业教育学校（含技工学校）2所，在校生1209人，专任教师82人。

区人民医院完成二甲医院等级评审，区公共卫生大楼正式投用。健康浙江考核连续4年优秀。共有医疗卫生机构95个，其中医院4家，卫生院（社区卫生服务中心）7家，社区服务站15家，村卫生室27家，个体诊所医务室32家。医疗卫生机构床位数437张，平均每千人拥有床位2.82张。

【生态文明建设】 2023年，洞头区制定生态领域建设规划，由温州市人大出台《关于促进和保障洞头海上花园建设的决定》，以立法形式保护海岛生态环境，制定印发《洞头区生态文明建设规划（2021—2030年）》《洞头区国际生态旅游岛国土空间总体设计》，指导洞头“两山”实践创新基地和省级生态文明示范区建设。全年空气质量综合指数排名全省第八，$PM_{2.5}$为18微克/立方米，排名全市第一；集中式饮用水水源地水质达标率100%。生态环境公众满意度、“五水共治”幸福感排名分别为全省第17位、第16位，均为全市第二位。获得省级绿色转化激励资金1亿元；EOD项目与国开行牵头银团签订23亿元授信额度；承办省生态环境导向的开发（EOD）模式推进会并作典型经验介绍，《人民日报》等17家媒体争相报道；EOD经验做法入选全省第四批生态系统共同富裕优秀案例；获评全国村庄清洁行动先进县，入选全国“和美海岛”，获评省级三星级“无废城市”，荣膺浙江省“无废城市”清源杯；入选全省首批美丽海湾，受邀参加全国“海洋生态文明”宣传活动和“美丽海湾”研讨大会并作经验交流。海霞村入选省级首批生态文明建设实践体验地。空气质量有效监测天数344天，其中优良天数344天，优良率97.2%。累计建成国家级生态街道（乡镇）5个，省级生态街道（乡镇）1个，市级生态村65个，生态村覆盖率95.0%；国家级绿色学校1所，省级绿色学校10所，市级绿色学校8所；省级绿色社区3个，市级绿色社区5个。

（《洞头年鉴》编辑部）

洞头同心旅游小镇（陈益科 摄）

中共洞头区委

综述

【深化改革攻坚开放】 2023年，洞头区成立浙江海洋大学—洞头海洋开发研究院，投用海洋生物科技示范孵化基地，新增孵化面积1.6万平方米，入孵企业20家；新增国家高新技术企业3家、国家级专精特新“小巨人”企业1家、省科技型企业14家，建成博士创新站3家；发布人才新政16条，举办首届高层次人才创新创业大赛、青年人才集体婚礼等系列活动，创新开展“博士之家”“硕博村社”评选，新增技能人才1351人、引育大学生2065人。聚力改革攻坚促发展，5项经验做法被国家部委推介，5项改革举措得到省领导批示肯定，获批全省首批海岛县“一县一策”。实体化运作资源开发公司。政务服务增值化改革“五个一”建设加快推进，推出营商环境提升举措36条，工程档案全过程归集服务全省推广，“综合查一次”改革实质性推进，“海上一支队伍管执法”获评全市十佳标志性成果。聚力开放提升拓空间，状元岙港新开通4条近洋航线、外贸航线增至15条，新增进口水果、肉类及危化品三大外贸资质，拓展二手车、锂电池等出口新业态；举办“双屏论坛”，半屏山被列入国家级海峡两岸交流基地培育名单。

【“三变战略”部署加速落地生根】 2023年，洞头区新能源新材料两大项目取得重大突破，落地新能源电池材料产业园项目，其中投资26亿元的青山碳酸锂项目摘地；投资10亿元的运达海上风电总装基地一期项目开工纳统，运达首个高端储能装备制造项目试生产，洞头2号海上风电场项目获批核准。浙能LNG项目建成15万吨浙南最大吨位码头并顺利投运，华港LNG项目罐体落成。签约洛阳轴承、运瓴储能等亿元产业项目11个、开工5个，实际利用外资420万美元，创历年之最。新增省“152”工程2个、“千项万亿”项目5个，开工西屋港能等57个重点项目，建成诚意鱼油等20个重点项目。海域海岛发展战略规划、海上花园城市设计完成中间成果，发布国际生态旅游岛规划，获省长王浩批示肯定。开工新城核心商圈、大门长沙商务综合体，中心街焕新开街，建成30千米迎宾主线、50千米环岛绿道、15个口袋公园。入选全省首批城市更新试点、共富基本单元试点，连续两年获评全省新时代富春山居图风貌样板区，创成省级引领型未来社区。甬莞高速洞头支线核准前置七大组件全部获批，创下省内高速前期工作最快纪录，S211跨海大桥白迭侧实现全桥贯通，入选“四好农村路”全国示范县；陆域引调水工程主管通至鹿西，彻底解决离岛群众“靠天吃水”问题；220千伏常青变35千伏线路送出工程正式投运，常青至深水110千伏第二回路获核准批复；状元岙港5~6#泊位完成桩基施工；基本实现5G网络和千兆光宽带全覆盖。持续优化公共服务，揭牌投用大门新城实验学校，全区中高考成绩连续三年提升；区人民医院通过二甲等级评审，健康浙江考核夺取“四连优”；投用市福利养老院、区中心敬老院、区助联体；免费为80岁以上老人参保益康保。

【推动经济稳中提质】 2023年，洞头区深入实施三个“一号工程”和“十项重大工程”，纵深推进产业聚变、城市蝶变、幸福跃变，加快建设名副其实的海上花园，经济社会发展呈现回稳向好态势。加快现代渔业高效发展，入选国家级沿海渔港经济区试点，获上级补助2.6亿元。推进渔农业“双强”行动，建成省级大黄鱼原种场，东一大黄鱼数字渔场入选全省数字农业工厂，黄鱼岛入选全省未来渔场。海洋食品产业园投产企业30家，产值突破3亿元。创新“浪尖到舌尖”消费体验，“最海鲜”集散中心开市启用。深入开展制造业“腾笼换鸟、凤凰涅槃”攻坚行动，腾出低效工业用地102亩，增资扩产项目开竣工7个。海霞营地全面提升，东沙不夜港一期建成投用，三盘文旅街区、霓屿滩涂乐园、元觉露营基地等对外营业。状元岙港恢复邮轮业务，开通鹿西鸟岛跳岛游、“大巴游洞头”旅游直通车，举办铁三国际公开赛等33场高规格体育赛事，入选浙江文旅融合十佳县。加快民营经济高质量发展，全面落实省“8+4”政策体系，兑现资金2.44亿元，新设市场主体2216家，新增规上企业8家、限上企业12家。

【民生成果不断涌现】2023年，洞头区落地全国首例海洋环境综合治理类EOD项目，承办省级现场会，经验做法获生态环境部肯定推广。开工省级蓝湾项目，完成省级山水林田湖草生态修复试点。入选国家级“和美海岛”，相关做法被《人民日报》专题刊发。捧回省级“无废城市”清源杯。全域推进“一米菜园”“共享田园”“和美庭院”建设，打造海霞、东沙、东岙等共富片区。获评全国村庄清洁行动先进区，入选全省县域承载能力提升和深化“千万工程”试点。创新开展“在洞头看见海上花园”电视问政，推动渔具乱堆放等老大难问题销号。推进“扩中提低”，“渔家厨娘”“技能大篷车”等共富实招获上级领导批示推广，建成星级共富工坊29家，投用“城市岛屿”零工市场。办成855件“幸福要事”，做法获市委组织部发文推广。构建全龄友好社会，“青春市集”等活动释放“青创共富街区”活力，高标准建成市级儿童友好试点单元12个，“老年食堂”做法入选全国社会治理创新案例，共富“四感”评价居全省山区海岛县第一位。开展螺钿漆器展示等国际性文化交流活动，入选省级非遗助力共同富裕试点，贝雕文创产品亮相国宴，获评国家级非遗工坊典型案例，海陶文创产品获省级金奖，《脚擂鼓》入选省非遗代表性项目名录，原创广场舞、排舞节目在全省大赛中荣获金奖。

【统筹安全与发展走深走实】2023年，洞头区夯实平安稳定根基，扎实做好平安护航亚运工作，高标准开展平安基层基础提升年等行动，重点解决出租房、厂中厂消防隐患、涉海施工等问题，有效警情同比下降23.48%，实现省级平安区十八连创，捧回全省首批“二星平安金鼎”，创成全国平安渔业示范县。提升社会治理效能，开展社会矛盾纠纷百日攻坚等行动，深入实施“强基提能”八大工程，完善事故“三同步”处置机制，社会治理工作两次获中央政法委调研肯定。入选省级矛盾纠纷多元化解法治化工作试点，“海翼”智控平台获评省委政法委改革引领创新项目，“海霞妈妈”被纳入省人大《关于坚持和发展新时代“枫桥经验”的决定》，成为全市首个省级区域性调解品牌，创新海区治理模式入选全省共同富裕最佳实践。推进法治洞头建设，深化全过程人民民主实践，市人大通过的《关于促进和保障洞头海上花园建设的决定》成为温州首部法规性决定，“三下沉”助力海岛基层治理政协模式获省政协领导批示肯定；“刑财查控一件事”改革做法被最高院刊发，打造无讼海岛做法纳入全省百个“枫桥经验”案例。

【全面从严治党推动纵深发展】2023年，洞头区委坚持把抓好党建作为最大政绩，牢固树立和践行正确政绩观。牢牢掌握意识形态主动权，外宣工作“出圈”“出彩”，海上花园建设做法获《浙江日报》头版刊发。完善大统战工作格局，高质量推进对台交流、侨务、新乡贤、民宗等领域工作。省团校洞头分校正式揭牌。深化“以事找人、人事贯通”导向，创新构建综合考核体系，选派112名干部投身十大专班实践历练，通过岗位交流、青年思享汇等平台一线发现干部。年轻干部“雏鹰计划”练兵做法在中组部专项会议上作交流发言，社会救助尽职免责做法获中组部刊发。做深村社组织“届中体检”，完成“共享社·幸福里”31个星级单元建设。深化“8+5+N”清廉洞头建设体系，健全“纪巡审”贯通协同机制，统筹推进区委第三、第四轮巡察，巡察版“海霞说事”、对村巡察“360”工作法等被中巡办、省巡办推广。率全市之先推出“亲清一点通”“智慧公章”等数智应用。出台尽职免责办法、村社干部管理监督举措，建立“暖心咨询”机制，常态推进“暖心回访”“政治家访”，稳妥开展澄清正名工作，营造勤廉并重、干净干事的浓厚氛围。

（曾彬杰）

重要会议

【区委全委会议】2023年，洞头区委二届全体（扩大）会议召开2次。

7月31日，区委二届四次全体（扩大）会议暨区政府第四次全体会议召开，审议通过《忠实践行“八八战略”全面融入温州都市牢牢把握高质量发展首要任务和加快发展这个主题 真正把洞头建设成为名副其实海上花园的决议》，进一步动员全区上下以“八八战略”为指引，立足新发展阶段、贯彻新发展理念、融入新发展格局，牢牢把握高质量发展首要任务和加快发展这个主题，统筹推进“五位一体”总体布局下的中国式未来海岛建设，以“1315”（“1”即锚定一个总目标，“3”即深化三变战略路径，“1”即打造一个窗口标识，“5”即推进五港共富）工作体系推进海上花园建设“名副其实”。区委书记郭云强代表区委常委会作工作报告，区委副书记、区长何莉平作工作部署。

12 月 27 日，区委二届五次全体（扩大）会议召开，区委书记郭云强代表区委常委会作工作报告。会议审议通过《中共温州市洞头区委关于深入学习贯彻中共中央总书记习近平考察浙江重要讲话精神在勇当先行者谱写新篇章中加快建设名副其实的海上花园的决定》，推动全区上下坚持以习近平新时代中国特色社会主义思想为指导，深入学习贯彻中共中央总书记习近平考察浙江重要讲话精神，围绕全省“勇当先行者、谱写新篇章”，持续推动“八八战略”走深走实，坚定扛起“续写温州创新史”使命担当，以“1315”工作体系推进海上花园建设“名副其实”，奋力谱写中国式现代化洞头新篇章。

【区委常委会会议】2023 年，区委常委会共举行常委会会议 33 次。会议具体情况如下：

1 月 3 日，二届区委常委会举行第四十五次区委常委扩大会议。会议学习传达中央农村工作会议精神、省委书记易炼红调研温州及市委常委会会议有关精神、易炼红有关批示及陈奕君在全省党委系统办公室工作会议上的讲话精神、《关于县（市、区）委书记工作交流会重点发言事项专项审计调查情况的通报》以及《省纪委办公厅关于〈领导干部接到请托事项记录报备制度（试行）〉的解读》等，研究部署下步工作；审议《温州市洞头区青年发展型城市建设试点实施方案（送审稿）》《洞头区领导干部政治家访制度（送审稿）》以及 2022 年度全面从严治党主体责任考核结果；听取全区学习宣传贯彻党的二十大精神工作开展情况及下步工作思路汇报。会议还研究其他工作。

1 月 16 日，二届区委常委会举行第四十六次区委常委扩大会议。会议学习传达中共中央总书记习近平在二十届中央纪委二次全会上的重要讲话精神、《贯彻落实中央八项规定实施细则的办法》及中央、省市关于违反中央八项规定精神问题的通报精神、省委书记易炼红在省管主要领导干部学习贯彻党的二十大精神专题研讨班开班动员讲话精神、全市纪检监察系统提级巡察发现问题治理“六严六提”专项行动动员部署会和市委组织部提级巡视自查动员会议精神，并研究部署下步工作；听取《关于促进和保障洞头“海上花园”建设的决定》起草情况的汇报、关心关爱医务人员激励保障政策的汇报、《“面向未来”青年人才计划（送审稿）》和《洞头区“博士之家”“博士村社”“硕士村社”评选方案（送审稿）》的汇报；研究追加城发公司注册资本金相关事宜、市政协委员调整人选推荐建议名单、公务员职级晋升事宜。会议还研究其他工作。

1 月 17 日，二届区委常委会举行第四十七次区委常委扩大会议。会议学习传达省两会及全市领导干部会议精神，并研究部署下步工作；听取区两会方案和筹备工作情况、《区人大常务委员会工作报告（送审稿）》《区政协常务委员会工作报告（送审稿）》《区人民法院工作报告（送审稿）》《区人民检察院工作报告（送审稿）》起草情况、《政府工作报告（送审稿）》起草情况、2023 年民生实事候选项目情况、《洞头区 2022 年国民经济和社会发展计划执行情况与 2023 年国民经济和社会发展计划草案的报告（送审稿）》《2023 年重点建设项目计划（送审稿）》起草情况、《关于温州市洞头区 2022 年预算执行情况和 2023 年预算草案的报告（送审稿）》起草情况、关于深入打好污染防治攻坚战的实施意见等汇报以及 2022 年度机关党建工作汇报；研究区两会有关人选事宜。

2 月 2 日，二届区委常委会举行第四十八次区委常委扩大会议。会议学习传达中共中央总书记习近平在中共中央政治局第二次集体学习会上重要讲话精神、全国宣传部长会议及全省宣传思想工作会议精神、二十届中央纪委二次全会、省纪委十五届二次全会及市纪委十三届二次全会精神以及省委常委、组织部部长王成调研洞头讲话精神，并研究部署下步工作；审议《政府工作报告（送审稿）》《区人大常务委员会工作报告（送审稿）》《区政协常务委员会工作报告（送审稿）》《区人民法院工作报告（送审稿）》《区人民检察院工作报告（送审稿）》《关于温州市洞头区 2022 年国民经济和社会发展计划执行情况与 2023 年国民经济和社会发展计划草案的报告（送审稿）》《关于温州市洞头区 2022 年预算执行情况和 2023 年预算草案的报告（送审稿）》《全区“我为海上花园添光彩”思想大讨论活动方案（送审稿）》《区纪委二届三次全体（扩大）会议方案（送审稿）》《在区纪委二届三次全体（扩大）会议上的工作报告（送审稿）》《“实干争先大比武 海上花园再出发”动员大会方案（送审稿）》《2023年度区领导“一联八”挂钩联系方案（送审稿）》等；研究一季度经济社会发展工作、《实干争先强执行 干部激励十条举措（暂名）》、2022年度区本级考核结果事宜、2022年度表彰奖励事宜以及《2023年第一批向上争取要素清单（送审稿）》。会议还研究其他工作。

2月13日，二届区委常委会举行第四十九次区委常委扩大会议。会议传达学习市两会精神，并部署下步工作；听取三区三线划定工作汇报。

2月17日，二届区委常委会举行第五十次区委常委扩大会议。会议传达学习中共中央总书记习近平在学习贯彻党的二十大精神研讨班开班式上的重要讲话精神以及《中共中央国务院关于做好2023年全面推进乡村振兴重点工作的意见》，并部署下步工作；审议《关于构建“清风润商·暖心护企”亲清政商关系的若干意见（送审稿）》；听取粮食安全工作情况汇报、耕地保护工作情况汇报、国有自然资源资产保护监督和管理情况汇报、《洞头区2023年“十大领域”信访突出问题集中治理专项行动方案（送审稿）》有关情况汇报、《温州市洞头区2022年法治政府建设年度报告（送审稿）》有关情况汇报、大门镇村社组织“届中体检”工作情况汇报。会议还研究干部人事有关事宜。

3月4日，二届区委常委会举行第五十一次区委常委扩大会议。会议传达学习中共二十届二中全会精神、“把雷锋精神代代传承下去——纪念毛泽东等老一辈革命家为雷锋同志题词六十周年”座谈会精神、市委书记刘小涛调研洞头讲话精神，并部署下步工作。

3月6日，二届区委常委会举行第五十二次区委常委扩大会议。会议传达学习中共中央总书记习近平在中共中央政治局第三次集体学习会上重要讲话精神、全省组织部长会议精神、省委第四巡视组组长焦旭祥、市委书记刘小涛在省委第四巡视组巡视温州市工作动员会议上的讲话精神，并部署下步工作；听取“十大领域”信访突出问题集中治理专项行动包案办理情况汇报、洞头区国际生态旅游岛国土空间设计国际征集情况汇报、《温州市公用事业一体化改革合作协议（送审稿）》和《温州市公用事业一体化改革具体合作专项协议（送审稿）》有关情况汇报以及东屏街道村社组织“届中体检”工作情况汇报；审议《贯彻落实中央八项规定实施细则的办法（送审稿）》；研究区公安分局干部管理权限划转有关事宜、全区2023年3月重点工作。

3月20日，二届区委常委会举行第五十三次区委常委扩大会议。会议传达学习全国两会精神，中共中央总书记习近平在参加江苏代表团审议、联组会时的讲话精神，中共中央总书记习近平在中央党校建校90周年庆祝大会暨2023年春季学期开学典礼上的重要讲话精神以及全国、省、市统战部长会议及全市宗教工作责任制落实和2022年度述职汇报会精神，并部署下步工作；听取全国信访局长会议及省、市信访工作会议精神和2022年全区信访工作情况、2023年工作思路汇报，《温州市洞头区和美乡村“示范引领、全域整洁”行动方案（送审稿）》情况汇报，甬莞高速公路（G1523）洞头支线相关事宜的汇报，小门岛石子岙矿开发利用项目相关事项汇报，瓯洞一体化相关工作机制情况汇报，2022年度“七张问题清单”问题管控力指数及近期工作情况汇报，北岙街道村社组织“届中体检”工作情况汇报；审议《中共温州市洞头区委常委会2023年工作要点（送审稿）》；研究2022年度考核奖分配方案、2022年度领导干部全程积分考核定档事宜。会议还研究其他工作。

4月3日，二届区委常委会举行第五十四次区委常委扩大会议。会议传达学习《中共中央办公厅印发〈关于在全党大兴调查研究的工作方案〉的通知》精神、中共中央政治局会议有关精神（开展学习贯彻习近平新时代中国特色社会主义思想主题教育）、全市组织部长会议精神以及全市文化振兴工作推进会及全市宣传思想文化工作会议精神，并部署下步工作；听取关于市文明委（扩大）会议暨“迎亚运 享赛事 游温州”工作推进会精神及全区文明城市建设有关情况的汇报，“十大领域”信访突出问题集中治理专项行动包案办理情况汇报，全省2023年实施扩大有效投资“千项万亿”工程工作部署会议任务落实情况汇报、《支持洞头建设名副其实的海上花园的意见（送审稿）》起草情况汇报，元觉街道、霓屿街道、鹿西乡村社组织“届中体检”工作情况汇报等；审议《关于推进新时代军民融合深度发展的实施意见（送审稿）》；研究2023年全区事业单位和国有企业公开招聘计划调整事宜、全区2023年4月重点工作。会议还研究干部人事有关事宜。

4月21日，二届区委常委会举行第五十五次区委常委扩大会议。会议传达学习中共中央总书记习近平广东考察讲话精神、《关于在全党深入开展学习贯彻习近平新时代中国特色社会主义思想主题教育的意见》及习近平同志在二十届中央政治局第四次集体学习时的讲话精神、中共中央总书记习近平对统计工作的重要指示批示精神、全国及省市“扫黄打非”工作会议精神、全市安全生产和防汛防台工作会议精神以及省委常委、纪委书记、监委主任傅明先调研洞头精神，并部署下步工作；听取温州市洞头区2022年生态环境保护督察自查报告、《关于高质量建设老年友好城市 打造“海上花园 蓝色颐养”金名片的实施意见（送审稿）》起草情况汇报、珑头湾项目降容补偿等相关事宜汇报、洞头1号风电项目协议相关事宜汇报、国有资产划转相关事宜的汇报等；审议《以“八八战略”实施20周年为契机 坚定不移实施“八八战略”建设“海上花园”相关工作方案（送审稿）》《中共温州市洞头区委理论学习中心组2023年专题学习重点内容安排（送审稿）》《区委关于市委指导督导县（市、区）巡察工作情况反馈意见的整改方案（送审稿）》；研究随军家属安置事宜。会议还研究干部人事有关事宜。

4月21日，二届区委常委会举行第五十六次区委常委扩大会议。会议传达学习省政协主席黄莉新调研精神，并部署下步工作。

5月6日，二届区委常委会举行第五十七次区委常委扩大会议。会议传达学习省委副书记、省长王浩调研洞头情况和主要指示精神，并部署下步工作。

5月9日，二届区委常委会举行第五十八次区委常委扩大会议。会议传达学习中共中央政治局会议有关精神、第二十七次全省法院工作会议精神，研究部署全区贯彻落实意见；听取全区推进长三角一体化发展情况汇报、洞头区公用事业一体化改革资产移交有关事宜汇报；审议《〈关于大力弘扬海霞精神 全面打造新时代民兵建设重要窗口的决议〉落实情况及下步工作打算（送审稿）》；研究成立区委考核工作委员会事宜。会议还专题研究全面从严治党工作和其他工作。

5月25日，二届区委常委会举行第五十九次区委常委扩大会议。会议传达学习中共中央总书记习近平关于“千万工程”和“浦江经验”两个重要批示精神及省委书记易炼红有关批示讲话精神及在河北、陕西考察时重要讲话精神，2023年全市第一次县（市、区）比看现场会精神，研究部署全区贯彻落实意见；听取“十大领域”信访突出问题集中治理专项行动包案办理情况汇报、全区创新深化改革攻坚开放提升一季度指标情况及提升举措的汇报、《温州洞头风电零碳产业园全球海上风电总部及总装基地项目专项投资协议（送审稿）》起草情况汇报、《关于加快建设育儿友好城市促进人口长期均衡发展的实施方案（送审稿）》起草情况汇报；审议《2023年党风廉政建设和反腐败工作组织领导与责任分工（送审稿）》《温州市洞头区尽职免责办法（试行）（送审稿）》《洞头区2023年度万人评机关中层科室和基层站所活动实施方案（送审稿）》。会议还专题研究危旧房排查整治工作、考核工作和其他工作。

6月2日，二届区委常委会举行第六十次区委常委扩大会议。会议听取国家自然资源督察和卫片执法问题情况汇报、《年产5万吨碳酸锂材料基地项目投资协议书（送审稿）》起草情况汇报以及民族、宗教工作专项督查落实情况汇报；研究全区2023年6月重点工作。会议还研究干部人事有关事宜。

6月7日，二届区委常委会举行第六十一次区委常委扩大会议。会议传达学习省市有关领导近期安全生产相关批示及讲话精神，研究部署全区安全生产工作。

6月21日，二届区委常委会举行第六十二次区委常委扩大会议。会议传达学习中共中央总书记习近平重要讲话精神和批示指示精神、省委书记易炼红在温调研讲话精神、《省委办公厅关于干部队伍建设的若干意见》精神，研究部署全区贯彻落实意见；听取关于迎亚运三大提升行动工作有关情况的汇报、全区“五经普”工作情况的汇报、营商环境核心指标及改革成果有关情况汇报；审议《关于进一步规范重大事项请示报告工作的通知（送审稿）》。会议还研究干部人事有关事宜。

7月13日，二届区委常委会举行第六十三次区委常委扩大会议。会议传达学习省委十五届三次全会精神、中共中央总书记习近平重要讲话和批示指示精神，研究部署全区贯彻落实意见。会议还专题研究意识形态工作、全面从严治党工作和安全生产、防汛防台工作。

7月29日，二届区委常委会举行第六十四次区委常委扩大会议。会议传达学习中共中央总书记习近平重要讲话和批示指示精神、《浙江省推进领导干部能上能下实施细则》《浙江省深化落实“三个区分开来”要求健全容错纠错机制激励干部担当作为实施办法》精神、市委十三届四次全体会议精神、《关于在全省开展党员干部违规吃喝问题专项整治的工作方案》精神，研究部署全区贯彻落实意见；听取区人大常委会党组、区政协党组2023年上半年工作情况汇报，书面传达学习全省基层人大工作座谈会及全市各县（市、区）人大常委会第79次联席会议精神，2023年上半年公安、法院、检察工作情况汇报，2023年上半年宗教工作情况汇报、退役军士安排工作和义务兵安置政策有关事宜汇报、关于设立洞头区消防安全管理中心相关事宜的汇报、《洞头区2023年度专职社区工作者配置方案（送审稿）》起草情况汇报、《洞头国际生态旅游岛规划（送审稿）》起草情况汇报、全区统计有关工作情况汇报；研究全区综合考核事宜、全区2023年8月重点工作。会议还研究干部人事有关事宜。

8月7日，二届区委常委会举行第六十五次区委常委扩大会议。会议传达学习中共中央总书记习近平对防汛救灾工作重要指示精神，研究部署全区贯彻落实意见；审议《洞头区海峡两岸交流基地创建三年行动计划（2023—2025）（送审稿）》；听取三个“一号工程”推进及自我剖析情况汇报、2023年上半年全区非正常死亡复盘分析汇报。会议还专题研究7月重点（专班）工作推进情况和全区半年度经济社会形势并听取2023年第二次县（市、区）比看现场会精神贯彻落实意见的汇报。

8月24日，二届区委常委会举行第六十六次区委常委扩大会议。会议传达学习中共中央总书记习近平重要讲话和批示指示精神、《党政领导干部选拔任用工作条例》《干部选拔任用工作监督检查和责任追究办法》《关于进一步推动各级领导班子政治建设走深走实的若干意见》、全省组织工作会议精神、全省各级人大常委会主任暑期读书会和全省政协主席暑期读书会精神、市委书记刘小涛在市十四届人大常委会第十三次会议上的讲话精神，研究部署全区贯彻落实意见；听取长江经济带工作情况汇报、全区构建优质均衡的基本公共教育服务体系工作任务汇报、区一级纪检监察机构监察官等级确定工作汇报；研究公务员职级晋升及比照相关事宜。会议还专题研究巡视工作和其他工作。

9月15日，二届区委常委会举行第六十七次区委常委扩大会议。会议专题研究习近平新时代中国特色社会主义思想主题教育工作。会议还研究全区2023年9月重点工作。

9月18日，二届区委常委会举行第六十八次区委常委扩大会议。会议传达学习中共中央总书记习近平重要讲话和批示指示精神、全市统一战线读书会精神，研究部署全区贯彻落实意见；听取省市综合考核评估分析情况汇报、三个“一号工程”“十项重大工程”工作进展及考核评估情况汇报、“强基提能”基层社会治理提升年行动情况汇报、打防治理电信网络诈骗相关工作情况汇报、洞头区民间呈会处置工作情况汇报、《工业用地项目投资合同（洞头区大门镇小门A-24-1号地块）（送审稿）》起草情况汇报。会议还专题研究耕地保护和自然资源督察整改工作。

9月27日，二届区委常委会举行第六十九次区委常委扩大会议。会议传达学习中共中央总书记习近平重要讲话和批示指示精神，研究部署全区贯彻落实意见；研究区一级纪检监察机构监察官等级首次确定事宜。会议还研究干部人事有关事宜。

10月13日，二届区委常委会举行第七十次区委常委扩大会议。会议传达学习中共中央总书记习近平重要讲话和批示指示精神、省委书记易炼红在全省领导班子政治建设推进会暨省直单位工作交流会上的讲话精神，研究部署全区贯彻落实意见；听取文明城市建设工作情况汇报。会议专题研究全面从严治党工作和其他工作。

10月19日，二届区委常委会举行第七十一次区委常委扩大会议。会议传达学习中共中央总书记习近平重要讲话和批示指示精神，研究部署全区贯彻落实意见。

10月27日，二届区委常委会举行第七十二次区委常委扩大会议。会议传达学习中共中央总书记习近平重要讲话和批示指示精神、省委书记易炼红在温调研讲话精神、全省创改开会议精神以及《全省“乡村建设盲目‘造景’问题”排查整治工作方案》精神，研究部署全区贯彻落实意见；听取省市促进民营经济高质量发展若干措施落实情况汇报、中心街区改造提升工程进展情况汇报、全区“共享社·幸福里”建设情况汇报、国安工作情况汇报；研究三个“一号工程”“十项重大工程”推进情况，分析全区三季度经济社会形势。

11月10日，二届区委常委会举行第七十三次区委常委扩大会议。会议传达学习中共中央总书记习近平重要讲话和批示指示精神、省委十五届四次全会精神、2023年全市第三次县（市、区）比看现场会精神、省委办公厅 省政府办公厅关于减会工作有关制度精神、全国干部教育培训工作会议、《干部教育培训工作条例（新修订版）》和《全国干部教育培训规划（2023—2027年）》精神、全市乡镇合法性审查工作推进会暨信访事项依法有序导入行政复议试点工作部署会精神，研究部署全区贯彻落实意见；研究2024年温州市洞头区机关企事业单位公开招聘（招录）计划编报事宜、全区2023年11月重点工作。

11月23日，二届区委常委会举行第七十四次区委常委扩大会议。会议传达学习市委十三届五次全体（扩大）会议精神，部署全区贯彻落实意见。

12月1日，二届区委常委会举行第七十五次区委常委扩大会议。会议传达学习中共中央总书记习近平重要讲话和批示指示精神、《关于切实抓好当前林业资源保护发展工作的通知》精神、全省创新深化大会精神，部署全区贯彻落实意见；听取关于省委基层干部座谈会精神及全区贯彻落实意见的汇报、全区禁毒工作情况汇报、《关于促进文化体育旅游产业融合发展的若干政策意见（试行）（送审稿）》有关情况汇报、《洞头区推进政务服务增值化改革工作方案（送审稿）》有关情况汇报、2024洞商大会筹备情况汇报、关于基层减负相关文件精神及全区落实情况汇报；审议《关于深化“大党史+大党建”工作推进机制的意见（送审稿）》；研究部署推进全区今冬明春安全生产百日攻坚专项行动、全区经济工作和综合考核攻坚冲刺工作和全区2023年12月重点工作。

12月22日，二届区委常委会举行第七十六次区委常委扩大会议。会议传达学习习近平总书记重要讲话和批示指示精神、省长王浩在《关于王浩省长调研温州市洞头区重要指示精神贯彻落实进展情况的报告》上的批示精神、市委书记张振丰在《关于贯彻落实张振丰书记调研洞头区讲话精神加快建设海上花园的报告》上的批示精神，以及市委副书记、代市长张文杰调研洞头精神，部署全区贯彻落实意见；听取《海霞营地度假区实体化运作实施方案（送审稿）》有关情况汇报、大门镇B-24地块项目融资情况汇报、《温州市洞头区公务员职级晋升指导意见》修订完善情况汇报。会议还研究干部人事有关事宜。

12月25日，二届区委常委会举行第七十七次区委常委扩大会议。会议传达学习中共中央总书记习近平重要讲话和批示指示精神，部署全区贯彻落实意见；听取全区“根治欠薪”工作情况的汇报、《洞头区关于深化“大综合一体化”行政执法改革工作的实施方案（送审稿）》有关情况汇报、《洞头区深入实施“综合查一次”联合执法机制工作方案（送审稿）》有关情况汇报、区委二届五次全体（扩大）会议筹备工作汇报，审议《区委二届五次全体（扩大）会议方案（送审稿）》《区委二届五次全体（扩大）会议工作报告（送审稿）》《中共温州市洞头区委关于深入学习贯彻中共中央总书记习近平考察浙江重要讲话精神 在勇当先行者谱写新篇章中加快建设名副其实的海上花园的决定（送审稿）》。会议还专题研究意识形态工作、全面从严治党工作和其他工作。

【全区领导干部会议】2023年1月17日，洞头区领导干部会议召开，传达学习省十四届人大一次会议精神和省政协十三届一次会议精神，研究部署贯彻落实意见。区委书记郭云强讲话，区委副书记、区长何莉平主持会议。区人大常委会主任刘素婷、区政协主席汪慧平分别传达省两会精神。区委副书记林铁等参加会议。

2月13日，全区领导干部会议召开，传达贯彻市两会精神。区委书记郭云强主持会议并讲话。区委副书记、区长何莉平传达市政府工作报告精神，区人大常委会主任刘素婷、区政协主席汪慧平分别传达市十四届人大三次会议和市政协十二届二次会议精神。区领导林铁等参加会议。

3月15日，全区领导干部会议召开，传达学习全国两会精神和全市领导干部会议精神，研究部署贯彻落实意见。会上，区委副书记、区长何莉平传达了全国两会和全市领导干部会议精神，全国人大代表陈盈盈分享全国两会参会履职感受。区委书记郭云强主持会议并讲话，区领导何莉平、刘素婷、林铁等参加会议。

9月27日，全区领导干部大会召开，传达学习中共中央总书记习近平考察浙江重要讲话精神，按照全省全市领导干部会议部署要求，感恩奋进、实干争先，奋力谱写中国式现代化洞头新篇章。区委书记郭云强主持会议并讲话，区委副书记、区长何莉平传达中共中央总书记习近平考察浙江指示精神及全省全市领导干部会议精神。区领导刘素婷、汪慧平、林铁等参加会议。

【洞头区“实干争先大比武 海上花园再出发”动员大会】2023年2月6日，洞头区召开“实干争先大比武 海上花园再出发”动员大会。会议表彰先进、部署工作。观看“实干争先大比武 海上花园再出发”“幸福要事”等专题片；通报省级以上荣誉及有关表彰文件；颁发共同富裕海上花园建设突出贡献企业及企业家、极限拼搏标兵、专业作战能手、务实苦干黄牛、头鬃旗、年度考核优秀等奖项；举行重点工作专班作战“大落实”授旗仪式；宣读《争先创优八条举措》，8家单位作担当作为“大比武”表态发言。区委书记郭云强作动员讲话，区委副书记、区长何莉平作工作部署，刘素婷、汪慧平、林铁等区四套班子领导参加会议。

【区委农村工作会议暨全域和美乡村建设大会】2023年3月13日，区委农村工作会议暨全域和美乡村建设大会召开。会议观看宣传片，宣读2022年度农业农村线各级荣誉项目和乡贤助力和美乡村环境提升项目等有关通报文件，并表彰一批乡贤代表；区委农办（区农业农村局）等单位及企业代表作表态发言。区委书记郭云强出席会议并讲话，区领导林铁等参加会议。

【区委党建工作会议召开】2023年4月10日，区委党建工作会议召开。会议传达了上级有关会议精神，总结通报了2022年组织、宣传、统战工作情况，部署党建重点工作任务。北岙街道、东屏街道、区文联3家单位进行表态发言。区委书记郭云强出席并讲话，区领导林铁等参加会议。

【海上花园建设专题研讨会】2023年5月8日，区委理论学习中心组召开海上花园建设专题研讨会，聚焦“忠实践行八八战略 坚定不移建设海上花园”主题，进行学习研讨、集中交流。会议重温上级领导对洞头发展的指示精神；与会区领导依次围绕“忠实践行八八战略 坚定不移建设海上花园”这一主题，结合本职工作找短板、明目标、作发言。有关领导汇报外出考察学习情况。区委书记郭云强作总结讲话。区领导何莉平、刘素婷、汪慧平、林铁等参加会议。

【“我为海上花园添光彩”干事清单亮晒大会】2023年5月10日，洞头区召开2023年度第一次擂台比拼暨“我为海上花园添光彩”干事清单亮晒大会，通过同台比武、清单晾晒，全面听取各专班、街道（乡镇）、部门2023年度工作谋划情况。全区53个单位围绕“我为海上花园添光彩”主题，逐一登台自陈工作短板，明确目标思路，形成干事清单；与会人员现场进行评测。区委书记郭云强作总结讲话。区领导刘素婷、汪慧平、林铁等参加会议。

【全区学习贯彻习近平新时代中国特色社会主义思想主题教育动员部署会】2023年9月15日，全区学习贯彻习近平新时代中国特色社会主义思想主题教育动员部署会召开。区委书记、区委学习贯彻习近平新时代中国特色社会主义思想主题教育领导小组组长郭云强主持会议并讲话。区领导何莉平、林铁等参加会议，省委主题教育第三巡回督导组派员参加。郭云强代表区委常委会全体同志作出郑重承诺：坚定不移高举思想旗帜，在增强政治定力上作表率；坚定不移强化党性锤炼，在捍卫政治忠诚上作表率；坚定不移胸怀“国之大者”，在强化实干担当上作表率；坚定不移践行党的宗旨，在增进民生福祉上作表率；坚定不移恪守公仆本色，在保持清正廉洁上作表率。

（张玲玉）

2023年5月10日，洞头区召开2023年度第一次擂台比拼暨“我为海上花园添光彩”干事清单亮晒大会
（区融媒体中心提供）

全面深化改革

【概况】2023年，洞头区委召开全面深化改革委员会会议2次，研究审议改革工作12项，推进营商环境优化提升“一号改革工程”、10项重大改革攻坚行动和九大重点领域改革，获省级以上改革试点4个，其中国家级试点1个，取得标志性改革成果16项。改革工作信息在省级以上刊物刊发13次，获省级领导批示5次，省《竞跑者》《温州改革》刊发洞头区改革典型经验做法9期，老年食堂建设等5项经验做法被国家部委推介。推进海上花园全域生态改革行动，助力“双碳”变革，完成半屏社区、白迭社区低零碳创建市级评估，承办全市“低零碳活动日”；创新海洋版EOD治理模式，累计完成EOD项目投资1.32亿元。累计修复沙滩15万平方米，激活闲置农房190幢，带动社会资本2.2亿元，持续打通“两山”转化通道，举办全省生态环境导向的开发模式（EOD）现场会。深化国资国企改革攻坚行动，完成绿色停车场、水库、海塘、交通码头等资产资源盘活工作，涉及金额23.9亿元。优化国有资本战略布局，清理盘活53处行政办公用房，清理面积53026平方米，处置收入2234万元。清理盘活国企房产83处，盘活资金6595万元。推进“大综合一体化”行政执法改革，完善建立《洞头区涉海部门联合执法工作机制》等配套制度。深化海区治理综合集成改革，挂牌成立“海上联勤指挥中心”，成立全省首支区级海洋联合执法队，统筹调度海区执法，行使435项涉海执

法事项，培育“溢香”“猎豹”等10支社会应急救援队伍，全年参与处置海上险情47次，救助62人。推进强村富民乡村集成改革攻坚行动，全年村集体开竣工项目共27个，项目总投资3.7亿元，出台《洞头区关于推进强村公司健康发展的工作意见（试行）》，推行乡村职业经理人工作，成立13家强村公司，全年村级集体经济经营性收入11550.97万元，比上年增长12.07%，收入50万元以上的行政村达46个；做精“共富工坊”一街镇一特色一品牌，出台3亿元共富贷等专项扶持政策，制定星级评定办法，累计建成共富工坊75个，惠及群众2000多人。

【营商环境优化提升】2023年，洞头区推出晾晒比拼等6项工作机制，公布营商环境优化提升工作举措2批36项。全面推进政务服务增值化改革，推进企业综合服务中心等“五个一”任务，相关做法在省市刊物刊发。创新工程档案全过程归集服务改革，省建设厅发文推广改革做法，相关经验在市《探路者》刊发，时任省委常委、市委书记刘小涛批示肯定，并获评市级营商环境改革典型案例；投资项目审批相关做法在省《竞跑者》刊发。探索“两菜一鱼”产业合规体系建设，刑财查控一体模式在最高院信息简报刊发。率全市之先重塑特种设备合规延期全链条流程，为企业节约资金2亿余元。运用“科创指数”融资模式为全区39家科技型企业“无感授信”2.92亿元，发放科创指数贷7715.5万元，实现区内科技企业全覆盖。深化技能人才“展翅行动”，新增技能人才1345人、高技能人才526人。开发“亲清一点通”应用，实行线上事前备案1451件，组织调度“综合查一次”102次，压减执法数52.1%，“综合查一次”改革调研文章获时任市长张振丰批示肯定；推介区级企业家代表在全国“万企兴万村”行动（东部片区）座谈会作经验交流；北岙街道在全省亲清政商关系乡镇（街道）建设研讨会作交流发言。

【微改革微创新】2023年，洞头区深入开展“微改革 微创新”项目培育，综合评选出十佳案例和实践案例。营商环境优化提升方面，创新打造“亲清一点通”场景应用，畅通问题化解、执法监督、政企互动等渠道，强化市场主体诉求响应和营商环境监督。推进创业就业服务增值化改革，开展“送技下乡·共富乡村”大篷车系列活动，零距离提升就业服务，获时任省委常委、市委书记刘小涛批示肯定。公共服务方面，开展税务增值化服务，建成“海岛自助办税服务微厅”8个、“家门口”的税驿站104处、“1+N税小二”服务团队1支，累计办理涉税业务634次。建立区学生心理健康辅导中心，吸纳9名优秀心理健康教师组建心“洞”讲师团。推进离岛群众紧急救治转运“一件事”，建立乡镇指挥室—医院—社会治理中心“一键呼”联动机制，畅通离岛应急救治通道。基层治理方面，出台《洞头区摩托艇管理标准（试行）》，填补旅游新业态行业监管标准，获省市文旅深度融合工程工作专班的肯定。创新“快解纷”应用场景，构建全量矛盾纠纷数据库，为被反映人精准“画像”，第一时间获取化解矛盾纠纷的最佳方案，共受理各类矛盾纠纷事项2971件，矛盾调解涉及金额5494万元。

（吕冰晶）

政策研究

【概况】2023年，中共温州市洞头区委政策研究室牵头完成《关于深入学习贯彻中共中央总书记习近平考察浙江重要讲话精神 在勇当先行者谱写新篇章中加快建设名副其实的海上花园的决定》《2022年度洞头区“八八战略”实施综合评估报告》等区委重大文稿的起草工作。贯彻中央、省委、市委关于在全党大兴调查研究相关要求，研究制定《关于大兴调查研究进一步完善常态化调研工作机制的实施方案》，印发《关于认真贯彻中共中央总书记习近平重要批示精神 进一步加强和改进调查研究工作的通知》《关于以严实作风开展调查研究的通知》，促进全区广大党员干部深入实际、深入群众开展调查研究。聚焦区委区政府决策部署，刊发《洞头政研》28期，创设“洞察前沿”“洞见中国海岛”等特色专题。完成区委财经委会议召开，深化区委财经委员会会议年度整体谋划，印发《区委财经委员会会议制度》《区委财经委员会2023年工作要点》《区决策咨询委员会工作规则》等制度文件。

（陈莲芙）

【书写共同富裕海上花园新篇章】2023年1月10日，区委印发《关于深入学习贯彻中共中央总书记习近平考察浙江重要讲话精神 在勇当先行者谱写新篇章中加快建设名副其实的海上花园的决定》。深刻学习领会党的二十大精神，切实把思想和行动统一到党中央决策部署上来；坚持以党的二十大精神引航定向，在中国式现代化进程中书写共同富裕海上花园新篇章；在新征程上扛好新使命谱写新篇章，奋力推进中国式现代化洞头新实践；深入推进学习宣传贯彻体系化长效化，确保党的二十大精神落实落地见效等四大方面20项内容。要求全区各级党组织和广大党员干部要更加紧密地团结在以习近平同志为核心的党中央周围，高举习近平新时代中国特色社会主义伟大旗帜，在省委、市委的坚强领导下，纵深推进三变战略，加速打造国际生态旅游岛，在中国式现代化进程中书写共同富裕海上花园新篇章，努力为全面建设社会主义现代化国家、全面推进中华民族伟大复兴贡献洞头力量、展现洞头作为。该决定于 2022 年 12 月 30 日在中共温州市洞头区委二届三次全体（扩大）会议通过。

【关于推动巡察工作高质量发展的意见】 2023 年 5 月 17 日，为深入贯彻习近平总书记关于巡视巡察工作的重要论述，落实党的二十大报告提出的“健全党统一领导、全面覆盖、权威高效的监督体系”部署要求，进一步巩固省委巡视整改成果。区委印发《关于推动巡察工作高质量发展的意见》，包含建立健全巡察领导责任体系，推进巡察监督与其他监督融合，深化巡察整改成果联动运用，加强巡察机构和队伍建设等四大方面 18 项内容。

【洞头区重点工作（项目）专班运作】 2023 年 2 月 6 日，为深入学习贯彻中共二十大精神，全面推动中央、省市委重大决策部署和区第二次党代会、区委二届三次全会确定的各项工作落实，进一步优化兵团作战机制，全面实施重点工作(项目）专班攻坚行动，区委制定《洞头区 2023 年重点工作（项目）专班攻坚方案》。总体目标是聚焦区委“三变”战略纵深推进，以“专业作战、专班攻坚、专场练兵”之势，挂牌招才、赛马选才、亮绩择才，全力推动全年各项重点工作(项目）形成标志性、突破性、开创性成果，全面展示共同富裕海上花园建设新貌。专班架构是由区委区政府主要领导挂帅，在全区建立“一项工作、一个专班、一抓到底”的重点工作(项目）专班攻坚机制。区四套班子领导齐上阵，区分管领导举旗任专班组长，负责具体抓；在专班驻点牵头单位设立综合办，负责工作保障等；在区委办设立调度办，统筹安排专班月汇报点评、季比武亮绩等，主要包括大干交通专班、两大百亿项目专班、重点项目推进专班、招商专班、城市蝶变专班、国际生态旅游岛专班、环境美化专班、和美乡村人居环境督查专班、重大审批争取专班、文化崛起专班、督考专班。

【洞头区鼓励干部争先创优八条举措】 2023 年 2 月 17 日，为强力推进省委三大“一号工程”，高标准落实省、市、区委全会决策部署，引导广大干部以实干实效争先创优，奋力书写共同富裕海上花园建设新篇章，区委印发《洞头区鼓励干部争先创优八条举措》。抓人促事树导向。对标新时期好干部标准，深入贯彻落实省委“四个坚持、八个不”选人用人准则，鲜明选用忠诚、干净、担当的干部。考绩择才争进位。优化完善干部大考核体系，以省市对区考核贡献度、争土地资金荣誉等要素“三争”度、“我为海上花园添光彩”干事清单完成度、工作不力造成负面影响度、政策处理推进速度等为考核重点，综合各项工作的数量、质量、分量进行考绩挂钩。重点专班择骏马。根据集中抽调办公、定期柔性开会、专项工作外派三类专班需求，通过个人自荐、单位推荐、组织选派等方式确定专班人员。精兵强将赴一线。深入实施“学干一体、实战历练”计划，有针对性地选派新提任科级干部、雏鹰人才、“百岛菁英”等年轻干部到基层一线、项目一线、艰苦复杂村社、关键吃劲岗位压担锻炼。真心实意帮企业。落实落细“万名干部进万企”行动，选派一批优秀干部、退出领导岗位干部到企业担任助企服务员、党建指导师，深化“周一夜学练内功、周二下沉三服务、周三上浮争支持”工作理念，确保服务企业“跟得紧、帮得准、扶得实”。比拼亮晒见荣辱。每季度开展区级实干争先大比武，每月召开专班推进会形成协调事项清单，通过区政府月工作交流会协调化解问题，加快任务推进，确保专班运作精干、高效、灵活。实干导向育黄牛。培育选树务实苦干、默默无闻、爱岗敬业奉献的“黄牛型”干部，及时将长期在基层一线和艰苦岗位的“老黄牛”选出来、用到位，全力营造“实干者得实惠、奋斗者有奔头”的浓厚氛围。关爱激励强担当。持续开展“担当作为好干部”“人民满意公务员”等选树工作，营造比学赶超的浓厚氛围。

（张玲玉）

综合党务工作

【概况】 2023 年，中共温州市洞头区委员会履行好参谋助手、综合协调、督查考绩、服务保障、机要保密“五大职能”，保障 13 位省部级以上领导调研，服务党政班子外出考察 7 次、主题教育 18 次，迭代“会议、活动、考察、接待”4 项工作标准体系。统筹谋划全区重要会议活动，实施“年计划、月清单、周安排”。坚持精文减会，“周半无会”成效显著，“两类”文件数量下降 19.6%，纳管会议数量下降 37.4%。坚固国安保密防线，率全市之先建成指挥中心，专情处置获市委主要领导批示肯定。贯彻区委意图，谋深“1315”海上花园建设体系。30 天策划完成女子连纪念馆改造提升展陈方案；在上级调研、省市会议中展示思路成果 14 次；总结提炼 320 篇综合文稿，创新 EOD 模式、打造“海上枫桥”等 5 篇重要文稿在省市大会上作典型交流。完成“八八战略”20 周年工作评估。创设“一周选题”策划会，增设《出洞招商》等专题，省市录用信息310篇、省市领导批示28条次，创近年新高，15项做法获《浙江信息》刊发。稳妥处置130起紧急信息，2次得到市委主要领导正面批示肯定。推动21项全区指标进等升位。围绕十大重点工作，每月专班调度、每周“四不两直”、活用“三单”招法、“三天调度”攻坚，创设五张报表、区领导紧盯事项等载体，全覆盖95项任务、130个重点项目。组织开展各类学习200多次，赴海霞村、胜利岙、永嘉县屿北村现场学习。组建“幸福要事”小分队，赴海霞村为30多位老人拍摄生活照，并送照片上门；组织开展“我为老人送一餐”活动，解决特殊老年人用餐“最后一米”问题等；组建“前哨”志愿服务队，深入海霞村、城南社区、三盘社区等地开展垃圾分类文明城市志愿服务100多人次，入户宣传30多户。

（周彬彬）

【目标督查】2023年，区委办成立督考专班紧盯十大重点专班工作，每周开展针对性现场督查；开展月度“红黑”榜晾晒通报，提出“骏马”“蜗牛”建议事项及人选等工作，全年下沉实地督查150多次，发现十大专班存在痛点问题149个，精确删减与专班工作紧密度不高或无法实施的充数任务17个，编发专报44期，主要领导累计批示34期，通报晾晒滞后项目16期199个（次）、骏马项目8期31个（次）、蜗牛项目9期51个（次）。全年办理领导批示2700多期；印发督查通报48期，实现督查工作全年零失分。“七张问题清单”完善全区街道（乡镇）和区直部门全量库管理机制，实施全过程闭环管理；全年省级、市级清单问题总数112个，办结率74.11%；区级清单问题总数325个，办结率85.33%。开发上线“三服务”考核评价系统，全年收集问题424个，办结率91.03%；实行八必报日报告制度，关注区领导每日工作动态，共计刊发200多期。创新推出“五张报表”抓手，着力提升经济、社会各项指标，共计推出8期，修订出台《2023年度副科级以上干部积分考核制度》，将年度所有督考事项与副科级以上领导干部个人贯通绑定。

（汪振南）

【绩效考核】2023年，区委办对标对表省、市有关综合考核工作部署要求，以“三张考卷”为牵引，系统重塑综合考核体系，深化“以事找人、人事贯通”工作导向。制定出台“1+3+1+N”[“1”个综合考核办法，“3”个领域（街道乡镇、区直部门、区属国企）考核实施办法、“1”个年度实施意见、“N”个相关配套机制]制度办法，召开综合考核培训会，联合发改、统计等部门对省市区考核指标体系及规则进行解读。分专题调度满意度评价及加分事项进展，对可争取的加分事项进行分析研判，实现省级荣誉得分加满；联合宣传、文旅等部门，开展满意度评价集中攻坚提升行动。加强指标监测管理，每月通报部门、街镇重点指标完成情况，全年累计通报48期，同步录入领导干部全程积分系统500多条次，并进行大屏亮晒。完成“温州擂台·六比竞赛”活动各项任务，服务保障4个比看项目现场拍摄工作，其中，运达海上风电总装基地排名全市第六。举办“我为海上花园添光彩”干事清单亮晒大会，通过年初亮承诺、年终晒成绩，对79家单位干事清单及总体工作进行测评。制订重点指标“进等升位”攻坚行动方案，共梳理200多项重点指标，明确攻坚目标、攻坚机制及激励机制，并进行周动态评估；将指标完成情况点对点抄送各党政分管领导，并提出攻坚建议；开展综合考核冲刺攻坚动态双周专报，形成攻坚冲刺浓厚氛围，累计推动21项指标实现进等升位。

（宋铁蛋）

【保密工作】2023年，温州市洞头区国家保密局加强保密“三大管理”，宣传教育、检查监管、技术服务保障和党的建设，为全区保密工作提供坚强保障。全年组织全区涉密人员开展保密线上培训并取得培训证书共594人。常态化发送“周一保密提醒”信息，共计41次，累计宣教8500多人次。结合“4·15”全民国家安全教育日，开展“践行总体国家安全观、护航新时代新百年新征程”全域亮屏活动。协同海霞女子民兵连，入户分发讲解宣传册，覆盖人数约300人。组织开展保密宣传教育“六进”活动，覆盖全区80多家重点单位、6个街道乡镇、24家大中小学及幼儿园、1家军工企业，覆盖约3000人。先后开展自查自评工作，微信、浙政钉专项整治行动，督促全区单位完成终端自查3186台。全年实地检查重点单位39家，发现失泄密隐患点16项；借助数字化平台线上检查重点单位36家，覆盖1024台终端，整改失泄密隐患21项。全年查处典型案例4起，相关责任人受到提醒谈话处理2人，受到政务警告处分2人。配齐配强先进的保密技术检测设备，提高技术保障服务能力。全力服务保障省委、省政府重要涉密会议和省委领导同志到洞头调研考察等重要活动的环境安全。购置涉密载体销毁设备，建立涉密载体销毁中心，聚焦涉密载体全生命周期最后一环，堵牢“过期”文件失泄密风险隐患。

（郭雨柔）

表2　2023年洞头区委及其办公室制发的重要文件选目一览表

序号	文号	文件名称
1	洞委发〔2023〕1号	关于全面学习贯彻落实党的二十大精神 坚定扛起“两个先行”使命担当 在中国式现代化进程中书写共同富裕海上花园新篇章的决定
2	洞委发〔2023〕2号	关于表彰2022年度洞头区建设共同富裕海上花园集体和个人的通报
3	洞委发〔2023〕3号	关于2022年度全面从严治党主体责任考核结果的通报
4	洞委发〔2023〕4号	关于表扬2022年度高水平平安洞头建设突出贡献集体和个人的通报
5	洞委发〔2023〕5号	关于表扬2022年度洞头区重大产业项目建设突出贡献集体和个人的通报
6	洞委发〔2023〕6号	关于表扬2022年度整体智治建设突出贡献集体和个人的通报
7	洞委发〔2023〕7号	关于公布2022年度“极限拼搏专业作战务实苦干典型人典型事”的通报
8	洞委发〔2023〕8号	关于2022年度绩效考核结果的通报
9	洞委发〔2023〕11号	关于成立温州市洞头区决策咨询委员会的通知
10	洞委发〔2023〕12号	中共温州市洞头区委关于成立区委考核工作委员会的通知
11	洞委发〔2023〕14号	关于加强新时代廉洁文化建设的实施意见
12	洞委发〔2023〕15号	关于高质量建设老年友好城市打造“海上花园蓝色颐养”金名片的实施意见
13	洞委发〔2023〕16号	关于推动巡察工作高质量发展的意见
14	洞委发〔2023〕18号	关于加快建设育儿友好城市促进人口长期均衡发展的实施意见
15	洞委发〔2023〕19号	关于进一步规范重大事项请示报告工作的通知
16	洞委发〔2023〕20号	关于给予宋铁蛋等578名事业人员嘉奖的通报
17	洞委发〔2023〕21号	关于建立中共温州市洞头区昆鹏街道纪律检查工作委员会 温州市洞头区监察委员会派出昆鹏街道监察办公室的通知
18	洞委发〔2023〕22号	关于给予顾建军等262名优秀公务员奖励的通报
19	洞委发〔2023〕23号	关于印发《洞头区综合考核办法（试行）》的通知
20	洞委发〔2023〕24号	关于忠实践行“八八战略” 全面融入温州都市 牢牢把握高质量发展首要任务和加快发展重要主题 真正把洞头建设成为名副其实的海上花园的决议
21	洞委发〔2023〕25号	关于成立区委学习贯彻习近平新时代中国特色社会主义思想主题教育领导小组及组成人员任职的通知
22	洞委发〔2023〕27号	关于深入开展学习贯彻习近平新时代中国特色社会主义思想主题教育的实施方案
23	洞委发〔2023〕28号	关于全面支持检察工作高质量发展的意见
24	洞委发〔2023〕29号	关于2023年度万人评机关中层科室和基层站所活动结果的通报
25	洞委办发〔2023〕3号	关于印发《全区“我为海上花园添光彩”思想大讨论活动方案》的通知
26	洞委办发〔2023〕4号	关于印发《区委二届三次全会工作任务责任清单》的通知
27	洞委办发〔2023〕5号	关于开展2023年度区领导“一联八”挂钩联系工作的通知

续表2

序号	文号	文件名称
28	洞委办发〔2023〕6号	关于印发《洞头区2023年重点工作（项目）专班攻坚方案》的通知
29	洞委办发〔2023〕7号	关于印发《温州市洞头区青年发展型城市建设试点实施方案》的通知
30	洞委办发〔2023〕8号	关于印发《洞头区鼓励干部争先创优八条举措》的通知
31	洞委办发〔2023〕11号	关于印发《温州市洞头区和美乡村“示范引领、全域整洁”行动方案》的通知
32	洞委办发〔2023〕12号	关于成立洞头区深入实施“八八战略”强力推进创新深化改革攻坚开放提升领导小组的通知
33	洞委办发〔2023〕13号	关于调整区委办领导班子成员分工的通知
34	洞委办发〔2023〕14号	关于印发《中共温州市洞头区委2023年度政党协商（会议协商）计划》的通知
35	洞委办发〔2023〕15号	关于成立区委科技强区建设领导小组的通知
36	洞委办发〔2023〕17号	关于印发《洞头区深入实施“八八战略”强力推进创新深化改革攻坚开放提升工作总体方案》的通知
37	洞委办发〔2023〕18号	关于印发《洞头区“地瓜经济”提能升级“一号开放工程”实施方案》的通知
38	洞委办发〔2023〕19号	关于印发《洞头区数字经济创新提质“一号发展工程”实施方案》的通知
39	洞委办发〔2023〕20号	关于印发《关洞头区营商环境优化提升“一号改革工程”实施方案》的通知
40	洞委办发〔2023〕22号	关于印发《洞头区开展“强基提能”基层社会治理提升年行动的实施方案》的通知
41	洞委办发〔2023〕23号	关于印发《洞头区2023年度万人评机关中层科室和基层站所活动实施方案》的通知
42	洞委办发〔2023〕24号	关于印发《温州市洞头区尽职免责办法（试行）》的通知
43	洞委办发〔2023〕25号	关于印发《2023年党风廉政建设和反腐败工作组织领导与责任分工》的通知
44	洞委办发〔2023〕26号	2022年度优秀调研课题结果通报
45	洞委办发〔2023〕27号	关于印发《2023年洞头区督查检查计划》的通知
46	洞委办发〔2023〕28号	关于强力推进改革攻坚 加快形成“深化改革洞头先行”阵势的实施意见
47	洞委办发〔2023〕29号	关于印发《区委财经委员会会议制度》的通知
48	洞委办发〔2023〕30号	印发《关于加强单亲儿童、留守儿童关爱教育工作的实施方案》的通知
49	洞委办发〔2023〕31号	关于印发《洞头区深入践行“浦江经验”推动下半年领导干部下访接访工作的实施方案》的通知
50	洞委办发〔2023〕32号	关于印发《洞头区矛盾纠纷化解法治化试点工作方案》的通知
51	洞委办发〔2023〕33号	关于印发《街道（乡镇）综合考核实施办法》《洞头区区直部门单位综合考核实施办法》《洞头区区属国有企业综合考核实施办法》的通知
52	洞委办发〔2023〕34号	关于印发《洞头区海峡两岸交流基地创建三年行动计划（2023—2025）》的通知
53	洞委办发〔2023〕35号	关于印发《区委二届四次全会工作任务责任清单》的通知
54	洞委办发〔2023〕36号	关于调整区委办领导班子成员分工的通知

续表2

序号	文号	文件名称
55	洞委办发〔2023〕37号	印发《关于大兴调查研究进一步完善常态化调研工作机制的实施方案》的通知
56	洞委办发〔2023〕38号	关于印发《区委常委会深入开展学习贯彻习近平新时代中国特色社会主义思想主题教育工作方案》
57	洞委办发〔2023〕40号	关于评选2017—2023年度洞头区劳动模范和模范集体的通知
58	洞委办发〔2023〕41号	关于区党政领导班子成员听取分管联系单位落实全面从严治党主体责任和意识形态主体责任情况汇报的通知
59	洞委办发〔2023〕42号	关于命名洞头区北岙消防救援站为区级爱国主义教育基地的通知
60	洞委办发〔2023〕43号	关于印发《洞头区重点指标争先进位攻坚行动方案》的通知
61	洞委办发〔2023〕44号	关于深化“大党史+大党建”工作推进机制的通知

（区委办提供）

组织工作

【概况】2023年底，洞头区有基层党组织530个，党员7857名。其中，党委26个、党总支27个、党支部477个；非公有制经济单位党委1个、党总支2个、党支部47个、联合支部44个，企业党员652名。全区党员中，女性党员2503名、少数民族227名；45岁及以下3305名，大专及以上4404名。全年发展党员186人，其中女性党员80人，占43.01%；年龄在35岁以下的党员90人，占48.39%；具有大专以上文化程度143人，占76.88%。

洞头区持续推进村级集体经济发展，村级开竣工项目27个，总投资额3.65亿元。截至年底，全区村级集体经济总收入2.01亿元，同比增长9.64%，经营性收入1.16亿元，同比增长12.07%。

全年调配干部4批次143人次，其中新提任科级干部44人次（提任正科12人次，提任副科32人次），转任科级重要岗位4人次，提任区管党组成员6人次，平职交流89人次。截至年底，全区公务员1018名，参照公务员法管理机关事业单位工作人员166名。其中，综合管理类公务员534人，执法勤务205人、警务技术5人，法官检察官32人；男性854人，占72.13%，女性330人，占27.87%；35周岁以下398人，占33.6%，35周岁以上40周岁以下173人，占14.6%，40周岁以上50周岁以下339人，占28.6%，50周岁以上274人，占23.2%；全日制研究生学历共36人，占3%，全日制大学本科学历488人，占41.2%，全日制大专及以下学历660人，占55.8%。

【党建联建工作】2023年，洞头区出台党建联建工作规范，依托政、企、村三方合力，拓展联动高校资源，打破区域领域壁垒，走出一条资源共享、产业协作、信息互通、优势互补的跨界治理、共同富裕的党建联建路子。打造东沙渔港和鹿西渔港两个海上党群服务中心，构建15个“海上红网格”，吸纳100多艘“海霞先锋船”，实现500多艘渔船全部纳管，累计实施救助36起，救回52人。发挥浙江海洋大学、浙江省海洋水产养殖研究所等联建单位专业力量支持，推动养殖技术的迭代升级，大黄鱼成活率从80%提升至95%以上，实现黄鱼及其延伸产品年产值超8000万元。发挥“海洋、海岛、海鲜”等资源禀赋，推进“海上花园·共富工坊”建设，建成海岛特色共富工坊81家，带动就业3000多人，星级共富工坊29家，其中渔家厨娘共富工坊，累计带动就业1200多人，近70%为中低收入群体，相关做法获市委常委、组织部部长吕伯军批示推广，被新华社、浙江信息刊发，并入选全市第二批共同富裕最佳实践案例。

【党建统领抓乡强村筑网】2023年，洞头区、镇两级开展驻村过堂会审，完成83个村社，504名村社干部定档评级、备案管理，全面检视履职情况，确定优秀39名、称职438名、基本称职27名。实施村社干部学历提升工程，村社党支部书记大专及以上学历达75.3%，两委达57.4%，均同比上涨超10%。出台村社年轻干部八条举措，收录后备干部166人，其中53.6%后备干部提前入村履职。做好“驻村连心”工作，出台驻村管理办法，印发驻村指导手册，开展“入村大走访、问题大排查、为民大服务”

三大下基层行动，推动238名驻村干部下沉一线为民解忧。完成4个“问题村居”整治攻坚，完成“共享社·幸福里”31个重点单元建设，推动东屏街道获评省级“红色根脉”强基示范街道，海霞村、东岙村、蓝港社区、下社村等4个村社获评省级“红色根脉”强基示范村社。

【幸福要事】2023年，洞头区深入实施“幸福要事”载体，通过党员干部入户听声、支部书记动态领办、抽样现场核验、“两代表一委员”问效、社会公示晾晒、典型案例选树等方式，构建“幸福要事”流程闭环，动态办理基础设施类、群众活动类、公共服务类等七大类855件群众急难愁盼的身边要事，变群众上门为部门下沉，形成幸福要事典型案例24件，相关做法在浙江日报头版刊发。

【干部队伍建设】2023年，洞头区以“四优四强”为目标，强化领导班子调研分析，配合市级完成街道（乡镇）党政班子、年轻科级干部调研，结合区委主题教育开展领导班子政治建设暨政绩观调研。聚焦打造“高素质专业化”干部队伍，深化干部配备指标综合分析研判，从科级干部年龄、学历、专业等指标入手，设立预警线，形成全年预期指标，为配齐配强领导班子提供参考；围绕专业部门专业干部配备、事业干部晋升等现状开展专题分析，形成专项报告，为加强干部队伍建设提供参考建议。全年调配干部4批次143人次，其中新提任科级干部44人次（提任正科12人次，提任副科32人次），转任科级重要岗位4人次，提任区管党组成员6人次；市对区选人用人高质量发展指标位居各县（市、区）前列，其中区直单位和街镇年轻科级干部占比2项指标位居第二。

【干部考核机制】2023年，洞头区突出“以事找人”导向，深抓干部考核，重塑考评用人机制。成立区委考核委、设立区委考核办，构建区综合考核“1+3+1+N”制度体系，建立落实人事贯通、监测提醒、晾晒通报等“对标争先”闭环管理机制，累计召开调度会20多次，编发督查通报47期、专报43期。全时域开展积分考核，修订2023年度动态积分考核项目，实施“三单四评五法”一线考评，结合专班擂台比拼、“骏马、蜗牛”事项通报等情况，发布科级干部动态加减分3000多条，实现以考促干、以考识人。全年新提任干部来自基层攻坚一线的占2/3以上，干部获评省市“担当作为好干部”5名，因作风等问题被免去领导职务3名。

【中层干部队伍建设】2023年，洞头区深化“下抓一级、联动两级”机制，审核把关中层干部选拔使用234人次，全区30岁及以下中层占比由2022年底11.5%提升至15.3%、大学及以上学历由36.1%提升至44.5%。开展干部制度性交流2批次共50人，其中35岁及以下占比68%，全日制大学及以上占比78%，21名“人岗不匹配”专业干部交流至专业对口部门，集中交流带动37家单位近1/3干部交流轮岗，相关做法获《温州信息》、“学习强国”学习平台、人民网等刊发报道。

【干部教育培训】2023年，洞头区开展党的二十大精神轮训，综合采用“主课堂+分课堂+线上补学”方式，实现498名区管干部轮训全覆盖。挖掘“洞头味”教学资源，串联海霞村、东岙村、下社村等点位，创成省级学习贯彻习近平新时代中国特色社会主义思想现场教学示范点。举办“一把手”专业授课14期、受训3000多人次；举办“青年思享汇”3期，84名年轻干部登台亮相、互学互比；搭建实战历练平台，选派112名干部“上挂下派”，助推事业发展与干部成长。相关做法获《温州组工信息》、新华社、《光明日报》等刊发报道。

【干部监督管理】2023年，洞头区完善干部监督管理体系，印发《关于进一步规范因私出国（境）管理工作的通知》，修订完善《洞头区干部大监督工作机制信息沟通办法》《洞头区区直单位组织人事中层干部管理办法》等。完成选人用人突出问题集中整治攻坚行动、区委三轮巡察15家单位专项检查等工作，建立专项检查典型多发问题清单18类43个，举一反三抓整改，开展全区政工人事干部业务培训，提升选人用人规范化水平。完成省、市、区管领导干部个人有关事项报告475份，常态化收集研判个人有关事项及时报告190多条，落实经济责任审计、离任审计6人，推动“关键少数”监督走深走实。推进容错纠错、澄清正名机制基层应用，编入全市容错纠错典型案例2个、澄清正名典型案例3个，编报的社会救助尽职免责做法获中组部信息刊发。

【人才引育】2023年，洞头区推出“面向未来”人才计划，召开“才聚百岛·智创未来”引才发布会，发布“百岛菁英”引才计划20个岗位，吸引1044人报名，其中硕博788人，择优招引人才16名。持续攻坚“510+”计划，线上线下组织乡村巡回招聘、“千企万岗”云聘会等12场，“人才导游云探岗”等招才做法登上中国组织人事报。全年大学生招引数达3069人，指标完成率全市靠前。强化本土人才培育，谋划实施“才聚百岛”特支计划，突出技能人才培育，推出技能人才“展翅行动”行动，聚焦产业需求，精准培训技能人才，截至年底，累计培育技能人才1293人，培育省特级教师1人，浙江工艺美术大师1人，浙江工匠2人。创新推出关心关爱产业工人技能人才“暖心八条”，相关做法登上中国组织人事报、《温州信息》等平台，得到市委主要领导批示肯定。

【人才管理服务保障】2023年，洞头区推出人才助力共同富裕“十大行动”，以人才汇智助力共同富裕。推进产教融合工作，累计建成产教融合站点5个。发挥博士创新站聚才引智作用，年内建成宁波大学、温州大学和浙江海洋大学3个博士创新站，累计建成8个。用好“希望之光”组合式人才帮扶团队，成立科技特派员创新联盟，为“两菜一鱼”产业发展把方向、解难题、育人才。建立区领导“一联八”挂钩联系人才机制，推出“人才思享汇”专刊，创优人才展示宣传平台。做优青年人才联谊会，举办青年人才沙龙等活动10多场。推出“人才专属礼遇卡”，为人才“吃住行游购娱”提供一站式服务。做好人才认定工作，累计认定各类人才2500多名。深入调研谋划人才新政16条，推荐“伴·精选”成功获批院士专家疗休养基地，开展人才房配租配售工作，进一步打响“我在海边有间房”服务品牌。

（周闻博）

表3　2023年洞头区人才产教融合站点一览表

序号	企业名称	地址	注册时间	占地面积/厂房面积（平方米）	员工数量（人）	主要产品
1	浙江伟望汽车零部件有限公司	北岙街道南塘工业区机械汽配园G幢	2019年3月28日	9110	134	汽车塑料油杯
2	温州仕博电器科技有限公司	洞头区北岙街道燕山路495号	2006年9月6日	10905	96	直流电机
3	温州小岛特细纤维材料有限公司	洞头区北岙街道南塘路8号3号楼第一层(鑫朝金属制品有限公司内)	2011年2月11日	26000	80	吸音棉
4	温州市瑞泰紧固件有限公司	洞头区北岙街道杨文工业区文华路17号	2003年8月21日	14863.1	51	螺帽
5	浙江恒博电气制造有限公司	洞头区北岙街道燕山路488号	1989年	17165.08	188	静触头、接地开关

（区经信局提供）

表4　洞头区博士创新站建设情况一览表

序号	博士创新站点	合作院校	负责博士	建站时间	合作项目
1	温州佳海食品有限公司	温州大学	苏来金副教授	2022年1月	开发出羊栖菜即食零食
2	温州金源新亮水产种业有限公司	宁波大学	竺俊全教授	2022年1月	可口革囊星虫规模化人工繁育技术研究
3	温州市东启汽车零部件制造有限公司	温州大学	龙江启教授	2022年7月	新能源汽车的电控助力制动控制系统的研发
4	温州市震泽电子有限公司	哈尔滨工业大学	段建东副教授	2022年7月	MW级大功率脉冲电源研发
5	浙江石原金牛生物科技公司	浙大城市学院	原春晖博士	2022年7月	研发海藻酸肥用产品生产工艺

续表4

序号	博士创新站点	合作院校	负责博士	建站时间	合作项目
6	温州霖宝沣水产有限公司	宁波大学	苗亮副教授	2023年7月	大黄鱼苗种繁育，大黄鱼生态养殖、继代选育
7	浙江锦鸿农业科技有限公司	温州大学	陈锡安教授	2023年7月	环保新型海水养殖插杆
8	温州市洞头众益水产品专业合作社	浙江海洋大学	马庆保博士	2023年12月	紫菜烘干产业技术提升等事宜

（区科协提供）

宣传工作

【概况】2023年，洞头区委宣传部以习近平新时代中国特色社会主义思想为指导。推进海霞青年说等专题栏目，举办“‘八八战略’在身边”宣讲大赛暨第十一届微型党课大赛。提升文化礼堂效能指数，指导开展理论学习、传统节日、非遗文化、体育运动、文艺演出等活动1200多场。实行周一新闻重点选题策划例会制度，落实稿件“三审三校”制度，中央级、省市级主流媒体累计刊发涉洞头报道超1万条。举办两期“在洞头看见海上花园”系列电视问政活动，通过媒体聚焦时政问题，推动历史遗留急难愁盼问题整改22个。组建文化崛起专班，修订《2023—2024年度文体旅产业政策》，举办由中宣部电影数字节目管理中心、省委宣传部主办的“学思想 建新功”全国（浙江）公益电影放映活动启动仪式，开展“我们的中国梦”文化进万家、文化和自然遗产日等各类文化活动300多场。组织开展“书香洞头”全民阅读节暨“爱阅读”系列活动。

2023年7月14日晚，洞头区举办以“在洞头看见海上花园”为主题的洞头区首场电视问政活动　　（区融媒体中心提供）

【思想理论学习教育】2023年，洞头区完成区委理论学习中心组专题学习会19场。落实党委（党组）理论中心学习巡听旁听制度，指导全区各街道乡镇、各单位强化学习效能。持续深化“周一夜学”学习制度，拓展集中研讨、主题演讲、专题测试等形式，常态化开展学习活动3000多场。指导全区各街镇各单位以学习会、宣讲、讲坛等形式，开展好青年学习活动。做好“我为海上花园建设添光彩”思想大讨论活动，以“五个一”为载体，利用周一夜学、理论学习中心组、主题党日等，在全区开展深入讨论活动。开展党的二十大精神、习近平新时代中国特色社会主义思想、重大理论主题等“七进”活动700多场。

【重大主题宣讲】2023年，洞头区开展党的二十大精神、中共中央总书记习近平浙江考察重要讲话精神、“八八战略”等主题宣讲800多场。组织“‘八八战略’在身边”主题宣讲活动，以青年理论学习小组为载体，通过组织读书会、辩论会、学习沙龙等多种形式开展集中学习、互动分享，开展学习会30多场；举办“‘八八战略’在身边”理论宣讲训练营，组织海霞宣讲团成员、基层文化礼堂宣讲员代表通过举办专题讲座、现场调研、制作Vlog（视频博客）、宣讲PK等形式，提升宣讲能力；推出“‘八八战略’在身边”海霞青年说等专题栏目，举办“‘八八战略’在身边”宣讲大赛暨第十一届微型党课大赛。

【群众性宣教活动】2023年，洞头区聚焦主题教育、党的二十大精神、杭州亚运会等重大主题，通过理论学习、主题宣讲、图片展、知识竞赛、短视频征集、网络宣传、社会宣传等形式，面向群众广泛开展宣传教育活动。指导开展理论学习、传统节日、非遗文化、体育运动、文艺演出等活动1200多场。在大长坑村文化礼堂和朝阳社区文化礼堂打造“小剧场式”特色文化礼堂，通过每月举办一次剧场演出，推动文化礼堂“提档升级”。建立“好人好报·德者有得”关怀帮扶工作机制，为区级以上“感动”系列、“好人”系列、“道德模范”等90多人赠送“好人卡”，提供七大关怀优待和六大关怀救助。

【主流舆论传播】 2023年，洞头区建立常态化新闻宣传周报送、区领导新闻媒体采访、年度视频拍摄、外宣报道跟踪收集、标题提质讨论、信息通联转发等机制，进一步规范新闻报道和媒体接待事项，推进对外宣传工作。实行周一新闻重点选题策划例会制度，联动区外媒体，挖掘海洋经济、海霞精神、生态修复、城市蝶变等特色内容。落实稿件“三审三校”制度，加强内容导向和信息质量的审核管理。围绕学习宣传贯彻党的二十大精神、“续写创新史、走好共富路”、千年商港等主题主线，策划全国防灾减灾日、EOD项目、全国公益电影主题放映、和美海岛等重点主题宣传，《人民日报》专刊刊登《修复海洋生态、发展生态旅游，浙江温州洞头区——检核和美海岛 守护碧海蓝天》文章，央视新闻播出洞头全国防灾减灾活动，央视视频频道推出《生态好不好 鸟儿最知道》，聚焦展示洞头创新发展成果。全年，在《人民日报》、新华社、人民网、中国新闻网、《浙江日报》《温州日报》、温度新闻、温州发布等中央级、省市级主流媒体累计刊发涉洞报道超1.2万条。《海岛书声》纪录片在CGTN（中国国际电视台新闻频道）、海外发布、人民日报视界等多平台宣发。《可能》洞头版总阅读超30万人次，转发1.2万人次，总点赞超2.5万次。举办两期“在洞头看见海上花园”系列电视问政活动，推动历史遗留、急难愁盼问题整改22个。印发“八八战略”实施20周年系列活动方案。牵头推进“海上花园”会客厅建设，展示洞头“海上花园”建设20年来的沧桑巨变和发展构想。全区LED大屏统一循环滚动式播放亚运会宣传信息，全区重点道路设置亚运道旗、围挡等，营造“抬头可见、驻足可观”浓厚亚运氛围。

【文化阵地和项目建设】 2023年，洞头区组建文化崛起专班，集中攻坚望海楼、洞头先锋女子连纪念馆改造提升，谋划生物多样性馆、中华鲟鱼馆、海岛地质馆、海岛历史馆、海岛军事馆等五大馆建设项目，完成以“千年商港·渔商名埠”为主题的陈进宅改造项目。推进东海贝雕艺术博物馆内部及周边环境改造提升工作，协调解决2项历史遗留问题，形成传统贝雕作品、现代文创产品、游客研学产品三大系列百余个品种，完成各类螺钿文创产品定制300多套。贝雕团队参与中国—中亚峰会国宴国礼制作，并登上央视《文化十分》《走遍中国》等节目。贝雕、海陶研学培训等活动累计接待超2万人次，融入工会疗休养、暑期夏令营、青少年研学等项目。陈灿渊、郑根霖入选省级乡村工匠名师。修订《2023—2024年度文体旅产业政策》，温州市重点文化企业和成长型文化企业贷款贴息补助兑现9万元。对接省之江文化中心，推进贝雕作品展陈和“一城一品”合作。依托2023温州文博会平台，搭建“千年商港 海丝螺钿”洞头主题馆，推介贝雕等特色文创产品。推荐贝雕、海陶等文化企业参展深圳文博会、长三角文博会、苏州文博会等，吸引诸多文创产品定制、博物馆研学课程等合作意向。举办由中宣部电影数字节目管理中心、省委宣传部主办的“学思想建新功”全国（浙江）公益电影放映活动启动仪式，获中宣部、省委宣传部领导高度肯定。修订完善《洞头区文艺精品创作生产扶持奖励办法》，撬动舞台剧《红圆红》、群舞《擂鼓声声迎归帆》、广场舞《寻着浪花来》等一批文艺精品创作，浙江文化艺术发展基金资助项目新海霞电影《背水一战》亮相浙江青年电影周浙产新片发布会。在海霞村挂牌成立温州剧作中心“剧驻温州”文艺村，推进剧本原创、剧本IP储备、人才培养、项目孵化，建立“民间艺人”数据库185人。累计开展“我们的中国梦”文化进万家、文化和自然遗产日等各类文化活动300多场。组织开展“书香洞头”全民阅读节暨“爱阅读”系列活动，以94.6%民调成绩名列全市第一、全省第五。

（颜梦姞）

统一战线

【概况】 2023年，洞头区委统战部拓宽线上线下宣传渠道，结合民族宗教理论政策下基层、党外人士“双走访”、企业“进访助”、“安巢暖侨基层行”等载体，深入统战团体组织、宗教场所、民营企业等广泛传播党的创新理论，筑牢共同思想政治基础。充分发挥“四个带头”“六个纳入”机制作用，层层压实统一战线工作的主体责任，推动形成全党做统战工作的工作局面。全年洞头区委常委会会议专题研究统战领域相关工作10次，区委主要领导作出批示18次；中共温州市洞头区委统战部依托“周一夜学”、理论学习中心组学习、部务会议等载体，开展统一战线方针政策、重要会议精神等学习研究60多次，利用微信公众号等统战阵地发布各类教育、宣传信息120多条；制定《中共温州市洞头区委统一战线领导小组组织构架和运行机制》《中共温州市洞头区委统一战线工作领导小组成员单位工作职责（2023年修订版）》。

【统战干部队伍建设】2023年，洞头区做好党外代表人士素质提升工作，举办年度无党派人士、新阶层人士、党外知识分子等党外代表人士培训班，推荐副科级以上党外干部3名参加省市党外代表人士培训班。开展“统战干部能力素质提升年”系列活动，制定实施成员单位重大任务清单、统战系统重点工作任务清单，锚定全市统战“之江同心·三项赛”，推动统战工作争先创优。

【党外人士工作】2023年，洞头区先后组建知联百岛宣讲团，举办党外代表人士培训班，开展“五一口号”发布75周年红色主题实践教育、“海岛日志·光影洞头”短视频征集等活动，推进主题教育向党外群体延伸。制订年度政党协商计划、专项民主监督工作方案，先后召开全会报告意见征求会、国际生态旅游岛建设座谈会、经济形势分析通报会等，引导党外代表人士围绕中心大局建言献策，提交提案议案、建议80多条。促成市、区两级新联会与知联会帮扶结对4个村社，民革洞头支部与民革山西省直属文化厅支部缔结友好支部。建成东海贝雕新阶层实践创新基地。首次将党外知识分子统战工作延伸至高校和企业，搭建履职活力更强、专业能力更强的团体班子。新增认定无党派人士15名，吸纳民革支部党员5名。

【乡贤工作】2023年，洞头区强化对乡贤回归项目的配套服务，定期联系、主动牵头，对接总部经济回归意向企业1家，与回归乡贤签约新能源储能与智能电气装备制造亿级项目。助力“中屿等到你”乡贤助乡兴基地美食区、玩伴区建设，完善韭菜岙旅游综合项目，将海陶、贝雕等非遗体验融入“民宿+”旅游，将业态延伸至私人定制餐厅、七彩网红巷、转角小酒馆等，形成半屏蓝港经济带。围绕平安建设、基层民主等工作，组建基层治理新乡贤队伍，建立新乡贤调解室，发动新乡贤主动参与村社事务。持续拓展慈善募捐资源，有效对接慈善帮扶项目。全年开展助困助残、助孤助学等慰问活动11场次，走访230多人，新增乡贤慈善爱心公益基金2个，共募集300多万元，有效解决孤寡老人就餐、困难群众医保、贫困儿童就学等问题。激活区级、街道（乡镇）、村（社）三级新乡贤联谊会、新乡贤理事会等组织，联动部门单位，实时更新信息，挖掘资源。推出《百姓茶坊|海岛共富路上的乡贤力量》系列广播节目，利用企业宣传阵地创建文化氛围。

【洞头区欧美同学会成立】2023年12月4日，洞头区欧美同学会成立大会召开。市委统战部副部长周燕伟，区委常委、统战部部长戴冕出席大会。会议审议通过《洞头区欧美同学会第一届理事会选举办法（草案）》，选举产生洞头区欧美同学会第一届理事会理事以及领导班子成员。恒博电气制造有限公司总经理郑恒哲当选为会长；甘学伟等5人当选为副会长。洞头区欧美同学会首批会员55名，其中博士8名，硕士37名。成立大会期间，举行留学人员之江同心·共话“四个自信”——“岛屿家燕·青春逐梦”留学生创业创新主题沙龙，邀请区委组织部人才办讲解人才政策、3位学长代表分享自己的留学创业就业体悟。

【晋浙支部友好交流】2023年6月15日，为充分发挥资源优势，助力组织活跃发展，民革山西省直属文化厅支部与民革温州市洞头区支部在温州市委党校罗山学苑进行“共建凝心·文化聚力”晋浙支部友好交流活动。民革山西省委会社会服务部部长张建强，民革山西省直属文化厅支部委员、经济委员会副主任张小俊，民革温州市洞头区支部主委张辉星，区委统战部副部长金霞霞等参加会议。民革山西省委会常委、省直属文化厅支部主委、民革山西省经济委员会主任陈光华主持会议。双方主委各自从思想建设、组织建设、参政议政、社会服务及工作亮点等五个方面介绍支部的基本情况，双方党员结合本职工作和界别特色，就乡村振兴、特色文旅产业、康养产业等发展展开交流。陈光华与张辉星代表双方支部签订《友好支部合作意向书》，民革温州市洞头区支部向民革山西省直属文化厅支部赠送洞头非遗贝雕手作结对礼。

（周佳佳）

机构编制管理

【概况】2023年，洞头区实施乡镇（街道）机构编制资源统筹管理，健全区乡清单理事机制。深化“大综合一体化”改革，强化执法力量区属乡用，实现执法人员下沉比例75%，完善执法监管机制，厘清执法职责边界。持续推进监管事项清单梳理认领和行政检查全覆盖工作，共认领监管事项9655项，认领率100%。完成疾控体系改革、综合考核改革、大门岛分区管委会体制调整。印发《关于开展2023年洞头事业单位公益指数数据采集工作的通知》，完成教育、文化、医疗卫生领域18家试点事业单位公益指数线上数据采集工作。建立医共体成员单位编制专项“周转池”，全年共核准用编行政事业编制426名、编外用工223名、国有企业员工编制28名。印发《关于开展街镇机构编制质效评估工作的通知》，完成6个街道乡镇机构编制执行情况和使用效益评估工作。开发启用国有企业机构编制数智管理系统。强化事业单位登记管理，完成33家事业单位法人设立、变更登记及全区128家事业单位法人年度报告公示工作。

【基层管理体制建设】2023年，洞头区持续推进基层管理体制建设，出台《洞头区深化乡镇（街道）编制资源统筹管理实施方案》，对街道（乡镇）实施机构编制分类管理，探索街道（乡镇）机构编制激励性配置，实行街道（乡镇）中层职数总量管理，健全街道（乡镇）编制“周转池”，统筹倾斜街道（乡镇）事业编制50名。出台《温州市洞头区网格事项准入审查实施办法》，规范网格事项准入条件及退出情形，明确网格准入事项60项，推动“1612”体系（第一个“1”，即一体化智能化公共数据平台，“6”即党建统领整体智治、数字政府、数字经济、数字社会、数字文化、数字法治六大系统，第二个“1”，即基层智治系统，“2”即理论体系和制度体系）和“141”体系（县级以下社会治理领域数字化改革工作架构。第一个“1”指“一中心”，即县级社会治理中心；“4”指“四平台”，即街道乡镇基层治理四个平台，形成以监管执法、应急管理、综治工作、公共服务为主要内容的乡镇治理主体框架；第二个“1”指“一网格”，即村社网格，在村级以下划分社会治理单元，配备网格长、网格指导员等，协助开展政策宣传、信息采集、安全隐患排查、矛盾纠纷化解等便民服务工作）贯通落地。开展部门与街道（乡镇）签订“责任状”、考核评比和示范创建等事项的全面清理规范工作，共梳理涉及事项23项，清理缺少法律依据事项3项。健全区乡清单理事机制，厘清政务服务清单241项、属地管理清单75项、权责清单205项。梳理公布区基层治理“一件事”集成改革第一批事项17项，推进基层治理系统建设。

【“大综合一体化”改革】2023年，洞头区持续深化“大综合一体化”行政执法改革，召开派驻执法人员“区属乡用”落实协调会，确定派驻执法人员“区属乡用”执行落实口径，完成年度派驻执法人员下沉备案工作，下沉到位82名，下沉比例达75%，补充下沉派驻部门编外人员20名，推进街道（乡镇）“一支队伍管执法”。出台赋权街道（乡镇）联合执法工作机制，规范街道（乡镇）综合行政执法事项法治审核流程，提升行政执法效能。持续推进监管事项清单梳理认领和行政检查全覆盖工作，共认领监管事项9655项，认领率100%。梳理公布《洞头区综合行政执法事项职责边界清单》，共涉及25个领域事项1428项，厘清源头监管、后续监管和末端执法边界。

【机构职能优化】2023年，洞头区优化调整机构设置和职能配备，完成区卫生健康局加挂区疾病预防控制局牌子；完成区政务服务中心加挂区企业综合服务中心牌子；完成大门岛分区管委会机构编制调整，撤销大门岛分区管委会设置，职责工作由大门镇承接。理顺部门职能职责定位，完成区综合考核、区河长办工作职责调整；制定印发区大数据管理中心“三定”规定；制定印发区海洋经济科技服务中心“三定”规定；制定印发区工商联、区文联、区残联、区红十字会、区计生协会、区社科联、区供销社等7家群团机关“三定”规定印发。

【单位编制专项“周转池”】2023年，洞头区持续优化盘活机构编制资源，印发《关于建立区医共体成员单位编制专项“周转池”的通知》，建立医共体成员单位编制专项“周转池”，加强全区医共体成员单位人员统筹管理；严控管活周转编制池，收回使用期限到期周转编14名，核准事业单位周转编10名。出台《洞头区机构编制申请事项评估工作操作规程》，提升机构编制动议论证科学性。统筹用好编制存量，全年共核准用编行政事业编制426名、编外用工223名，保障全区中心工作、重点领域、紧缺人才用编。

【机构编制监督管理】2023年，洞头区印发《关于建立机构编制监督与审计监督联动工作机制的通知》，建立区级机构编制监督与审计监督联动工作机制，强化机构编制协作监督。加强编外用工规范管理，印发《关于开展全区机关事业单位编外用工情况核查工作的通知》，组织开展全区编外用工专项核查，督促整改问题24个；印发《关于进一步规范机关事业单位编外用工返聘退休人员工作的通知》，建立编外用工返聘退休人员管理机制，加强编外用工精细化管理。深化机构编制数智管理，出台《洞头区机构编制数智管理系统安全管理制度》，强化机构编制数智管理系统信息安全及应急管理；深化信息联动机制，依托“机关内跑”“数智管理系统”等平台，强化机构编制与组织、人社、财政等部门的信息互通和数据比对完善。

【国有企业机构编制管理】 2023年，洞头区加强区属国有企业机构编制管理，完成洞头国有资源开发建设有限公司、洞头城发矿业有限公司等2家国有企业机构编制设置。推进国有企业机构编制智治监管，印发《温州市洞头区国有企业管理职责分工》，完善国有资产监管体制机制；开发启用国有企业机构编制数智管理系统，实现编办、主管部门和国有企业数据共享，完成14家国有企业基础数据等信息入库。全年共核准国有企业员工用编28名，完成全区国有企业机构编制统计年报工作16家。

【事业单位登记管理】 2023年，洞头区持续提升事业单位常态监管，组织开展事业单位登记管理事中事后监督检查，全面核查机构改革后事业单位法人登记信息，组织开展事业单位法人公示信息“双随机、一公开”抽查工作，全年办理事业单位法人设立登记1家、变更登记32家、补换领登记23家，完成全区128家事业单位法人年度报告公示工作，公示率100%。

（陈美美）

对台事务

【概况】 2023年，洞头区贯彻落实上级对台工作决策部署，把海峡两岸同心工作融入海上花园建设。承接国台办重要专项交流任务，全省率先破冰线下交流。举办两岸半屏山春天诗会，承办全国台企联青年精英特训营活动，开展妈祖、七夕、开渔节等民俗文化交流，全年累计吸引两岸嘉宾842人次。“以台引台”拓展“台青看洞头”线上交流，总点击量超百万人次。办好2023“双屏论坛”，两岸嘉宾近500人参加交流。开展两岸青年创业思享汇、艺术家作品联展等活动，促成台湾食品产业园、台湾夜市美食广场等项目签约，央视4套、台湾东森电视台等两岸35家顶级媒体（刊）播。出台创建三年行动计划，谋划同心馆、乡愁墙等元素植入，打造全市首批对台交流示范点。与青田、义乌等台联会达成友好合作关系，招引温州台协会员之家、秀漾台青双创辅导中心落户，台湾省全国人大代表团，台盟中央、省台盟专题调研组等莅临指导，基地建设经验在省、市作典型发言。引导优质台商台企参与洞头发展建设，举办两岸乡村振兴、渔业产业发展等分享交流会，联合举办“两岸共富·万市大集”半屏闽市开市活动，招引台湾青年试营业台湾美食。全省率先推出台青创业伙伴计划，全年累计服务台商子女就学、台青创业帮扶等达103人次。半屏山率全市之先被列入国家级海峡两岸交流基地培育名单，对台工作获国台办主办的《两岸关系》和《台湾工作通讯》专刊报道。洞头区委台办被国台办宣传局授予“对台宣传工作先进单位”荣誉。

【洞头半屏山被列入海峡两岸交流基地培育名单】 2023年3月22日，浙江省台办发文《关于同意将洞头半屏山列为海峡两岸交流基地培育创建对象的通知》，洞头半屏山率温州市之先被列入国家级对台交流基地培育名单。近年来，洞头区以半屏山省级对台交流基地为载体，推进海峡两岸大健康产业园和“台青筑梦家园”重点平台建设，持续开展文化、旅游、经贸、青年、基层等多领域的对台交流合作，全年累计吸引两岸嘉宾842人次到洞头交流参访。

【2023“双屏论坛”暨两岸一家亲·半屏山系列交流活动开幕】 2023年10月25日，以“携手共同富裕‘洞’见美好未来”为主题的2023“双屏论坛”暨两岸一家

2023年10月25日，2023“双屏论坛”暨两岸一家亲·半屏山系列交流活动在洞头开幕
（区融媒体中心提供）

亲·半屏山系列交流活动在洞头开幕，来自海峡两岸政治界、文艺界、企业界、行业精英、专家学者等近500名嘉宾汇聚洞头交流。浙江省台办主任朱林森，省台办副主任章启忠，省政协副秘书长、台盟浙江省委会副主委陶骏，温州市委常委、统战部部长汪驰，市政协副主席诸葛启钏等出席活动，台湾旅行商业同业公会总会理事长萧博仁等台湾嘉宾参加活动。涵盖“创享新机遇·创响新时代”两岸青年创业思享汇、两岸嘉宾参访活动、两岸艺术家作品联展、两岸半屏山交流成果展等系列活动，促成台湾食品产业园、台湾夜市美食广场等项目签约，亮相央视4套、《人民日报》(海外版)、东森电视台等两岸35家主要媒体。两岸半屏山系列交流活动还包括妈祖平安节暨两岸民俗文化交流、“两岸共富·万市大集”半屏闽市、全国台企联青委会第十三期青年精英特训营洞头行、两岸（洞头）七夕民俗风情节、温台（洞头）渔业发展交流、两岸半屏山青年体验营、《台青看洞头》线上交流等七大专题活动。活动由浙江省台办指导，洞头区委区政府主办，洞头区台办承办。

【全国台企联青委会第十三期青年精英特训营】 2023年7月9日，2023全国台企联青委会第十三期青年精英特训营到洞头开展研学交流，百余名台商二代、台青学员体验洞头闽南风情。全国台企联青委会精英特训营活动以“交流、学习、成长、传承”为宗旨，旨在为台商二代、创业台青在陆共享资源、寻找商机、抱团扎根搭建平台。特训营学员们游览洞头网红夜景地海上月堤，听取两岸半屏山同心谣故事，参观洞头东海贝雕艺术博物馆，感受海上花园建设成果。7月10日晚，精英特训营在洞头结营，全国台企联常务副会长、全国台企联青委会主委周代祥，温州市台办副主任李跃国，洞头区委常委、统战部部长戴冕出席结营晚会。活动由国台办经济局指导，全国台企联主办，全国台企联青委会承办，温州市台协、洞头区人民政府共同协办。

【“乡村振兴 两岸共富”经验分享会】 2023年8月22日，台湾地区嘉宾组团来洞头参访，实地考察洞头蓝港、半屏等社区，以“乡村振兴 两岸共富”为主题，开展洞头台湾两地乡村振兴经验分享交流会。会上，洞头村社干部与参访团相互介绍村情概况，围绕乡村振兴、产业发展、妈祖文化传承等内容进行探讨。参访团成员还就如何发展村社，提出进一步做好网红景观打造、增设海上项目、创新乡村旅游产品等系列建议。参访期间，参访团一行参观洞头望海楼、半屏山对台交流基地、东海贝雕艺术博物馆、海窑艺术中心、中普陀文化园、鹿西白龙屿等地。

【温州台协会员之家落户洞头】 2023年2月26日，温州台协会员之家在区东屏街道金岙片区揭牌成立。温州市台办副主任李跃国，洞头区委常委、统战部部长戴冕出席揭牌仪式。会员之家的落成，为温州台协提供会员之间的全新交流平台，为洞头与台湾各界同胞全方位交流合作，构建新载体。温州台协全称为温州市台湾同胞投资企业协会，于2001年10月15日正式成立。该协会主要拥有咨询辅导、联谊公益、公共关系、紧急事务、经贸交流等五个功能委员会。

（罗丽丽）

区直机关党建

【概况】 2023年底，中共温州市洞头区委直属机关工作委员会服务管理党组织244个，下辖机关党组织135个、事业党组织52个、国企党组织16个、企业党组织11个、社会组织党组织22个、民办非企业党组织8个。其中，机关党委10个、机关党总支9个、机关党支部116个；事业党委1个、事业党总支2个、事业党支部49个；国企党委3个、国企党支部13个；企业党委1个、企业党总支1个、企业党支部9个；社会组织党委1

2023年2月26日，温州台协会员之家揭牌仪式在东屏街道金岙片区举办
（区融媒体中心提供）

个、社会组织党总支1个、社会组织党支部20个；民办非企业党支部8个。党员3016名，其中预备党员68名。全年发展机关党员68名，35周岁以下43名，本科以上学历64名，两新组织6名。

洞头区委机关工委坚持以“双建争先”为总牵引，持续抓基层夯基础、抓服务促中心，以高质量机关党建为建设“海上花园”提供坚强组织保障。“两地双评议”“幸福要事”等工作做法，多次在《光明日报》、人民网、新华社等中央和省市平台刊发。助力营商环境优化提升“一号改革工程”经验做法在省直机关工委“我为基层办实事”机关党建直通车活动展播。

【“双建争先”工程建设】2023年，洞头区聚焦“双建争先”工程，制定“双建争先·机关竞赛”一本账，构建比优评价体系，开展党建重点工作指标定期亮晒。将营商环境指标纳入清廉机关考评指标体系，牵头评估验收三星级清廉机关6家，参与评估验收四、五星级清廉机关15家。建立“最强支部”“模范机关”培育库，纳管51家单位党组织，对27家单位党组织开展实地走访，评估验收“模范机关”7个、“最强支部”10个。开展“双建争先”突出贡献集体和个人评选，结合部门绩效、党建工作成效等，由区委发文通报表扬“双建争先”突出贡献集体20个、个人30名，同步选树一批区级优秀机关党务干部。

【党建赋能营商环境优化】2023年，区委直属机关工委聚焦营商环境优化提升“一号改革工程”，实施“锋领营商”行动，组建机关党员“助企纾困服务队”、营商环境优化提升“改革体验官”队伍，收集涉企重点问题122件，到期化解率达100%。推行机关党建争先清单，实施书记领办营商环境项目55个，选树示范典型13个，其中获市级最佳成果1个、优秀成果2个。

【机关党员服务提质行动】2023年，区委直属机关工委深化机关党员“两地双评议”机制，发动1万余人次党员参与“两地”文明实践、基层治理、平安建设等服务，推动融入基层网格治理。创新搭建“两地双评议”数字化应用场景，置入2000多名机关党员“两地”报到数据，配置积分排名等功能，强化机关党员报到服务动态监管。健全部门与村社结对机制，激活海岛振兴党建联建动能，下沉党建资源助推现代社区建设、共同富裕，实施“破百难、助共富”项目60个，推出香溢助农等一批典型案例。

【深化青年干部教育】2023年，区委直属机关工委组建青年理论学习小组60个，培育青年学习教育特色载体，联合党委部门、群团组织等，举办“洞青·Talk秀”脱口秀、“‘八八战略’在身边”宣讲大赛、青春市集、青年综合演讲比赛等活动10多场。组织开展党建课题研究，形成调研文章46篇，其中调研成果在市级机关党建课题评选中有3篇获奖。

（金棉沁）

信访工作

【概况】2023年，洞头区委常委会研究信访工作会议8次，召开区委信访工作会议1次，签订《信访工作责任书》32份。区委区政府主要领导、分管领导、信访包案区领导专题研究积案化解、重点时段维稳等工作80多次；6个街道（乡镇）党委会专题研究信访工作29次。全年受理群众信、访、网、电16958件，同比下降6.59%，其中来信587件，同比上升582%；来访54批56人次，同比批次下降14.28%，人次下降30%；网上信访1570件，同比下降55.66%，其中国家信访局登记的网上信访167件，同比下降21.22%；来电14746件，同比上升1.93%。

【信访法治建设与宣传】2023年，洞头区坚持运用法治方式依法治访，保持依法打击违法信访行为高压态势。年内开展重复来信（网上信访）专项治理行动，通过复盘溯源、表单交办、跟踪督办等形成闭环管理机制。全年完成省级交办重复信访3件，复盘溯源率100%，化解率100%。围绕《信访工作条例》实施一周年，开展“护航亚运·共谱条例”主题宣传活动，区委理论学习中心组专题学习《信访工作条例》，宣传条例被纳入年度普法与依法治理工作要点、年度法治宣传教育责任清单，全区各街道（乡镇）、部门、村居结合“周一夜学”等召开条例专题学习会。通过现场活动集中宣传、进村入企送法上门、业务宣讲培训等系列活动，推动《信访工作条例》贯彻落实，累计发放宣传品、宣传资料2000多份。

【信访机制建设】2023年，洞头区健全完善信访工作联席会议工作制度，6个街道（乡镇）信访工作联席会议制度实现全覆盖。探索“信访信用+乡村治理”机制建设，引导洞头区83个村（居）将依法信访纳入村规民约。加强信访工作考核，将考核结果纳入街道（乡镇）、部门领导班子和领导干部动态积分考核评分项。

【初次信访办理】2023年，洞头区落实初次信访首办责任制，开展初信初访大提升行动，实施“日提醒、周督办、周通报”制度，强化闭环管理，加大回访力度，提升办件质量。通过《每日关注》《群众来信来访来电周报告》等，获区委区政府主要领导批示40多次。全年信访事项及时受理率、信访事项按期答复率、“12345”热线按期办结率、初次来信化解率、初次来访化解率均为100%，初次网上信访化解率96.25%、基层事项就地化解率97.22%，信访事项处理群众参评率93.22%，事权单位群众评价满意率98.64%。聚焦营商环境优化提升“一号改革工程”，结合“大走访大调研大服务大解题”活动，打通涉企信访“直通车”，营商环境事项一次性化解率100%。

【领导接访下访】2023年，洞头区落实“四下基层”制度，开展千名干部大接访活动，制定区级领导值守接访安排表，实施领导干部轮流坐班接访、包案下访、重点约访，形成信访问题销号式闭环管理。全年区领导接待来访群众30批68人次，化解问题10个；乡科级领导接待来访群众285批497人次，化解问题98件；村干部接待来访群众507批766人次，化解问题125件。6月15日，温州市委副书记、政法委书记张加波在温州洞头区调研信访工作，接待群众来访。

【信访积案化解】2023年，洞头区开展“十大领域”信访突出问题集中治理专项行动，采取“一联十、双包案”和“三定六包”机制，由区主要领导、区分管领导和责任单位三级领导揭榜挂帅，逐案成立工作专班，通过区委常委会“把脉会诊”、区分管领导“挂图作战”专案研究、部门乡镇“联合会审”、信访联席办“督查督办”等，实行挂账销号、挂图作战，全面攻坚化解。提前1个月完成“十大领域”省、市、区信访积案化解清零共38件；其中省级交办5件，市级交办7件，区级信访件26件，化解率均为100%，排名全市第一。

【重大信访问题清单】2023年，洞头区按照省、市重大信访问题清单工作机制要求，抓好省、市下达重大信访问题清单整改销号。全年省级交办清单问题4个、市级交办清单问题6个，全部按期整改销号。重大信访问题治理整改案例入选省级重大信访问题清单典型案例。

【人民建议征集】2023年，洞头区按照全省人民建议征集工作规范化标准，建成区级人民建议征集站1个、乡镇（街道）人民建议征集站6个、村居人民建议征集点83个，实现全区三级站（点）全覆盖。依托“浙智汇”线上扫码和线下专用邮筒收集社情民意，全年累计发布主题征集5项、专题征集17项、民意调查5项。

（蔡文静）

史志编研

【概况】2023年，洞头区紧扣党史三卷正本资料编写、地方综合年鉴编纂、村志文化编修工程和史志数字化等工作，深化《洞头区构建“大党史+大党建”工作格局任务清单》五大工作机制。完成浙江省平安建设二十年（洞头区）特色文章撰写和《浙江省七条红色资源保护传承带》丛书红色资源点（洞头先锋女子民兵连纪念馆）编辑。《洞头海上花园建设20年纪事》出版发行，编印《中共洞头县委文献选编（2014—2015）》《中共洞头县委文献选编（2022）》《2022洞头执政纪事》《中共洞头历史大事记（2022）》；《洞头年鉴（2023）》编纂印刷，编印《洞头档案史志年鉴（2023）》《洞头村居年鉴（2022）》。推出“洞头海上花园建设20年”宣传稿20期。洞头海上花园建设20年专记短信30期，共计8.82万条。召开全区村志文化工程启动会，确定鹿西乡作为全市首批村志编修单位。服务指导《洞头风景旅游志》完成初稿。按照浙里有志应用数据导入阶段性目标要求推进工作，共计上传史志书籍143本，视频15个。联合开展“八八战略”实施20周年暨“海上花园”建设20周年“20件‘海上花园’最具影响力事件”评选。改版《洞头史志》期刊为《洞头档案史志》。推进史志“七进”活动，累计赠送书籍1084本。协助完成洞头先锋女子民兵连纪念馆提升工程史料收集。制作上报浙江地方志短视频征集展播活动视频2个。

【洞头区常委会研究“大党史+大党建”工作推进机制】2023年12月1日，洞头区召开区委常务委员会会议，审议通过《关于深化“大党史+大党建”工作推进机制的意见（送审稿）》。要求深入推进“横向到边、纵向到底”的资料征编机制，“重点突出、跟进及时”的研究阐释机制，“固本培元、常态长效”的宣传教育机制，“传承优先、利用合理”的红色资源保护传承机制，以及“高效协调、形成合力”共建机制等。会议指出，洞头党史工作要全面落实省、市党史工作会议精神和新时代党史工作文件精神，合力构建“大党史+大党建”工作格局，持续弘扬海霞精神，做好红色党史胜迹保护和利用，不断打造“海霞”党建党史新品牌。要深入研究

“八八战略”在洞头生动实践，全面记录洞头“海上花园”建设发展历程。会议强调，各街道乡镇、部门单位要提高政治站位，充分认识构建“大党史＋大党建”工作格局的重要意义，要对标对表，认真抓好各项工作落实。

【洞头区党史三卷编写】2023年，史志编研科根据党史三卷审稿制度和党史三卷资料稿编写新计划，有序推进资料稿补充、完善和编辑，严格按照“一周一统计、一月一归档、一季一例会”审稿制度，集中开展审阅试改，注重全过程记录。全年召开党史三卷编写工作季度交流例会3次，交流党史试改、收集资料进度、问题，以及提出相关意见。至2023年底，完成党史三卷四编共计210目的试改补充和127目的复审。累计完成50万字初稿。

【《洞头海上花园建设20年纪事（2003—2022）》出版发行】2023年4月底，由洞头区档案馆、洞头区委党史研究室、洞头区地方志研究室编纂的《洞头海上花园建设20年纪事（2003—2022）》交中国友谊出版公司出版。《洞头海上花园建设20年纪事（2003—2022）》为庆祝“海上花园”建设20周年而作。20年来，历届洞头党委、政府遵循中共中央总书记习近平在浙江工作期间，并于2003年5月8日至9日到洞头调研时，提出“真正把洞头建设成为名副其实的‘海上花园’”的殷切期望，始终把建设“海上花园”作为长远发展定位。《洞头海上花园建设20年纪事（2003—2022）》记录2003年至2022年洞头党委、政府带领全区人民建设“海上花园”20年的历程、成就和经验，以大事记年月日的形式记载重要事件节点。本书编纂始于2018年底，从材料收集、整理、编写、修改到完稿，几易其稿，是献礼洞头海上花园建设20周年成果之一，为全面建成“海上花园”提供珍贵的资料。

【《2022洞头执政纪事》编印】2023年6月27日，由温州市洞头区档案馆、温州市洞头区史志研究室主编的《2022洞头执政纪事》印制发行。区史志研究室于3月启动2022年度区委执政纪事编写工作，从框架设置、内容收集和照片选取等方面召开专题讨论会确定，对确定后的执政纪事六大板块内容进行概况编写。《2022洞头执政纪事》分为要事掠影图片、2022年度洞头区委区政府执政纪事、2022年度洞头区获得市级及以上荣誉、2022年洞头区委区政府及其办公室制发的重要文件选目、上级领导调研纪实、主要领导在全委会和两会上的报告等8个栏目组成，刊发稿件7篇，8.13万字。全书详细记录2022年度洞头区委区政府创新书写建设共同富裕海上花园新篇章的历程，是2022年度区委区政府政令溯源的重要资料。

【《中国共产党温州市洞头区历史大事记（2022）》编印】2023年8月，由洞头区档案馆、洞头区委史志研究室编纂的《中国共产党温州市洞头区历史大事记（2022）》编印完成。大事记围绕洞头区委、区政府2022年度重点工作，记载洞头在经济、政治、文化、生态文明和党的建设等方面发生的重要变化和取得的重大成就，以及在全省乃至全国具有一定影响力的富有洞头特色的大事、要事、新事。大事记采取编年体方式。编者在广泛收集《浙江日报》《温州日报》《温州晚报》、洞头新闻网、《洞头政务信息》和区委、区政府及相关部门重要文件等资料的基础上，进行整理筛选、摘录编写、综合考证，确保书稿的全面性、真实性、科学性，为区委区政府科学决策、推进发展提供历史借鉴和资政参考。

【《中共洞头县委文件选编》（2014卷、2015卷）编印】2023年11月，《中共洞头县委文件选编》（2014卷、2015卷）编印完成。洞头区档案馆、洞头区史志研究室为做好洞头党史工作基础材料的整理编写，完成《中共洞头县委文件选编》（2014卷、2015卷）印刷。文件选编为第十辑、第十一辑。时间跨度为2014年1月至2015年12月。主要收录2014年至2015年的中共洞头县委、洞头县人民政府重要文件，以及上级有关洞头的指示、批复与下级报告、请示等文件。文件选编有较强的资政作用，有利于各部门借鉴历史工作经验，传承洞头精神，进行科学合理决策。同时也有助于社会各界更好地认识洞头、研究洞头、建设洞头。

【《洞头年鉴（2023）》编纂出版】2023年12月底，《洞头年鉴（2023）》编纂出版。年初，拟定《洞头年鉴（2023）》编纂工作方案，3月28日，召开洞头年鉴编写培训交流会，建立洞头年鉴编纂工作浙政钉群，指导各承编单位规范年鉴资料收集和编辑工作。9月底，《洞头年鉴（2023）》提交出版社。共含32个栏目、227个分目、1254个条目。卷首设特载、专记、大事记和区情概览等，主体内容设中共洞头区委等26个栏目，卷尾设附录和索引，全书约95万字。文中配图照177幅、表格66张。《洞头年鉴》自1991年开始编纂，《洞头年鉴(2023)》为第33卷。

【《洞头档案史志年鉴（2023）》编印】 2023年8月，由洞头区档案馆、洞头区史志研究室主编的《洞头档案史志年鉴（2023）》编印完成。区档案馆、区史志研究室于5月启动档案史志年鉴编写工作，从框架设置、部门分工和照片选取等方面召开专题讨论会确定，对确定后的框架内容，各部门进行资料搜集，经编辑小组审查及核实后，汇总成文。《洞头档案史志年鉴（2023）》是洞头区档案史志部门首部年鉴，该书以“记载历史、服务现实、资政育人、宣传洞头档案史志”为编纂宗旨，主要记载2022年1月1日至2022年12月31日洞头区档案史志部门工作基本情况。全书分为大事记、档案管理工作、档案保管利用、档案业务指导、档案信息化建设、史志编研、档案史志宣教工作、党建工作、人物与荣誉、文件选录、附录等11个栏目，全书近12万字，是2022年度洞头档案史志工作的重要资料。

【洞头区首部村居年鉴《洞头村居年鉴（2022）》编印】 2023年12月底，为贯彻落实省、市新时代地方志发展的实施意见，洞头区史志研究室对年鉴编纂工作进行拓展提升，于2022年启动《洞头村居年鉴（2022）》的编纂，历时1年多，于2023年12月完成。该年鉴是洞头区的首部乡村年鉴，主要记载洞头区92个村居（社）2021年1月1日至12月31日的基本概况、经济发展、社会事业、文体活动、基层治理、生态环境建设和基层党建等，记录乡村振兴战略实施过程。全书29.43万字、共243张照片。

【洞头区召开村志文化工程编修启动会】 为深入实施温州市委、市政府关于村（社区）志文化工程建设，促进乡村文化振兴。洞头区成立村志文化工程建设领导小组，并下发《温州市洞头区村志文化工程实施方案》。2023年1月11日，洞头区召开全区村志文化工程启动会。副区长贾约拿出席会议，洞头区各直属相关单位、各街道（乡镇）分管负责人参会。会上，洞头区史志研究室主任童王平介绍村志文化工程实施方案的背景情况、主要内容，并对各成员单位的职责分工作部署，提出要以村志文化工程推动乡村历史文化资源、历史遗迹的传承保护和开发利用，推进乡村文化振兴。副区长贾约拿强调，要充分认识村志文化工程的重要意义，深入挖掘继承创新优秀传统乡土文化；要明确把握村志文化工程的关键与重点，大力推进村志文化的高质量发展；要全面加强村志文化工程保障，确保村志文化工程的顺利实施。要求各成员单位提前谋划，成立村志文化工程领导小组，推进村志文化工程的编修工作。

2023年1月11日，洞头区村志文化工程启动工作会议召开（区融媒体中心提供）

【洞头区鹿西乡村志编纂工作正式启动】 2023年5月11日，作为温州市首批村志编纂乡镇——鹿西乡村志编纂工作正式启动。鹿西乡村志编纂工作领导小组成员、区史志研究室分管领导及业务科室负责人、鹿西乡各村党支部书记和特邀专家指导组成员等参加启动仪式。鹿西乡党委副书记林阿华在会上介绍鹿西乡村志编纂工作筹备情况、村志编纂工作的主要内容，并部署任务分工。要求充分发挥本乡退休中小学教师、乡贤、熟悉情况的村民积极性，并以村志编纂工作推动鹿西乡历史文化资源、历史遗迹的传承保护和开发利用，推进乡村文化振兴。鹿西乡于2023年3月启动文化旅游资源详查和资料收集整理工作。区史志研究室副主任曾焕定在会上强调要进一步提高编纂村志的认识，遵循村志编写的原则，注重村志编修的质量，按时完成编纂的任务。鹿西乡人大主席颜贤权对鹿西乡村志编纂工作提出进一步要求，确保编纂工作实施。

（谢海燕 谢健健）

老干部管理

【概况】 2023年，洞头区有离休干部4人，平均年龄93岁。其中，居住本地1人，安置和居住在异地

3人；机关3人、企业1人；享受副省（部）级单项待遇1人，副处级待遇2人，享受正科级待遇1人。中共党员3人，占75%。副处级以上退休干部19人。召开全区老干部工作会议。组织老干部参加区级重大会议和意见征求10多场，提出意见建议60多条。开展“基层治理”“文明行动”“和美乡村建设”等中心工作，组织县处级老干部开展“走看促”活动4次，离退休支部书记“走看促”活动2次。督促全区各单位落实“六个一”制度，明确退休干部所在单位和相关部门职责，落实关爱举措，全年举办荣退仪式20场次。

【离退休干部党组织建设】2023年，全区有单独设立离退休干部党支部27家。开展离退休支部规范化建设和“三强六好”示范党支部创建，通过建管离退休干部党支部书记交流群，每月下发学习提示，规范支部学习内容。省级标准化离退休支部创建率100%，创成省级示范性离退休支部2家，省级最美离退休支部1家，省级最美离退休支部书记1人。举办离退休支部书记（委员）培训班，开展“银耀百岛·助力文明”行动，结合“迎亚运”志愿服务活动，助力全国文明城市建设，累计开展活动10多场，老干部参与1000多人次。

【离退休干部服务】2023年，洞头区全面落实老干部两项待遇，邀请老干部参加重要会议和重大活动。提升老干部生活待遇，完善服务保障。走访慰问离休干部131人次，做好“高龄祝寿”等工作1场1人次；开展健康咨询、保健宣讲、义诊等活动4场，服务老干部1000人次；做好健康管理和住院、特殊用药照顾、疫情防控物资配送等工作，服务46单。组织关怀帮扶重病、高龄、失独等特殊困难离休干部24人次。

【老干部服务中心】2023年，洞头区持续发挥“银耀百岛老干部志愿服务队”作用，常态化开展“帮困扶贫”“助学圆梦”“垃圾分类”等志愿服务，注重加强与有关单位及各老年协会团体联系合作，组织举办“朵朵鲜花送学雷锋”、三八妇女节、中医学健康讲座、义诊下乡、“我的节日我来过”等活动。组织老干部参加温州市第四届老干部趣味运动会。海霞妈妈劳动人事争议调解工作室入选全省工作突出基层劳动人事争议调解组织名单；洞头区关爱帮扶志愿队入选全国“退役军人关爱青少年志愿服务队”；郑大志、林玉杯获省级“银尚达人”称号；施爱桃获省级“银尚之家”称号；霓屿街道下社村“霓好·邻里汇”获省级“乐活驿站”称号；林玉杯获省级“最美银耀志愿者”称号。

【老干部大学】2023年，洞头区老干部大学开设歌咏、太极拳、太极剑、烹饪、智能手机、戏曲、时装、交谊舞、器乐、乒乓球、朗诵、形体、中华韵、书法等14门课程，任课教师14人，班级14个，在校学员270人，占区机关事业单位退休干部总数17%，其中党员101名。发挥自身优势，投身公益，组织开展送文艺进村社、进市福利养老院，送温暖进居家养老照料中心，送健康进文化礼堂。营造爱老敬老、以老助老的社会氛围。全年举办活动15场。

（洪丽欢）

档案管理

【概况】2023年，洞头区档案馆（史志研究室）认真贯彻落实党的二十大精神和中共中央总书记习近平关于“四个好两个服务”批示指示精神，扎实开展主题教育，档案工作荣获全省突出贡献先进集体称号，经验做法在全市会议作典型交流，创成全区首家市级社科之家，获评区级五星清廉机关。年内，归集历史遗留问题“圈句号”专题档案，征集三个“一号工程”、第二通道、两岸“双屏论坛”等25项“三

2023年7月13日，洞头区委副书记林铁在全市档案工作会议上作交流发言
（王成 摄）

重一特”档案3594件。完成全区72家单位30175件共富、数改、双碳“国家记忆三类档案”数据归集，并建成集资源采集、数据聚类、全程监管、智能检索专题档案归集展示平台。完成1889卷26522件到期进馆档案质检，开放审核115个全宗23万件馆藏档案，做到“应开尽开”。推行档案史志自助式公共服务机制，《优化档案查阅服务 提升群众满意度》入围2023年度洞头区“法治为民”最佳案例。全年民生档案利用640人次15万件次，指导创成省级数字档案室23家、规范化档案室76家。汇编《洞头建县前档案资料》等6本50多万字，《记忆洞头2022》在区两会发放。编印《洞头海上花园建设20年纪事》，为区领导主题教育和区委理论学习中心组提供导学材料。通过“周一夜学”“周一晨会”，创设“学思讲堂”载体，安排班子成员和党员干部全员轮流领学，全年共组织全体干部学习24期，领导班子学习20期。入选省级档案专家、工匠型人才名单干部2名。截至年底，全区综合档案馆1家；专业档案室1家；综合档案室147个，其中区级直属机关、事业单位55个、街道（乡镇）6个、国企3个、行政村（社区、居）83个；区本级投资重点建设项目96个；档案服务中介4个。

【档案工作规范化建设】 2023年，区档案制定出台《洞头区档案馆（史志研究室）重大事项请示报告清单》《馆藏照片档案利用流程制度》《档案馆档案接收、质量检查、开放审核规范流程》《洞头区档案服务外包管理办法》《微信公众号信息发布管理流程》，规范档案接收、质检、审核、利用流程，规范服务外包管理等。

（陈素芳）

【档案接收工作】 2023年，区档案馆按照到期档案年度移交进馆计划，全年完成33家单位29483卷、52241件档案移交进馆工作。率全市之先完成中国人民银行洞头支行机构改革档案处置工作，接收人行文书档案222卷、5298件，业务类档案7724卷，确保机构改革档案完整性、安全性。

【档案利用工作】 全年，区馆藏档案总利用人数640人，利用档案150007件，资料34册、照片320张、视频78个、实物7件。其中网上异地查档71人次、电话查档109人次，涉及民生利用383人次、工作查档149人次、落实政策8人次，宣传教育编修64人次。

【档案编研】 2023年，区档案馆根据市、县级综合档案馆业务建设评价要求，开展档案编研工作，梳理2022年度主要领导基层调研活动、全区重大活动、重大项目、重大工程、重大事件等以及馆藏建县前民间地契、政府公文等内容及图片，编印完成《洞头区主要领导基层调研活动》《洞头建县前档案资料汇编》《记忆洞头·2022》等资料汇编，共6本6.6万字，全面记录洞头区年度重要工作，体现档案工作存史资政育人作用。

（吴铭舒）

【“三类档案”数据归集】 2023年，区档案馆通过统一布置、分批推进、倒排时间、定期通报等方式狠抓“三类档案”数据归集工作。召开“三类档案”归集工作培训、开展业务交流研讨、做好归集技术服务、全覆盖对数据进行审核。完成全区72家单位共富档案19591件，数改档案7691件，双碳档案2893件数据归集，同步建成洞头区“三类档案”专题数据库，并在专题档案数智归集平台进行展示。

【档案“双化”建设】 2023年，区档案馆以业务培训、现场指导、线上业务咨询等形式指导开展基层档案室业务建设评价及省级数字档案室测评的业务指导。27个部门、街道，49个行政村通过档案室业务建设评价，其中10个部门、23个行政村通过优秀等次评价。23个部门通过省级数字档案室建设测评，其中12个部门创成省级示范数字档案室、11个部门创成省级规范化数字档案室。

（宋新征）

【档案信息化建设】 2023年，区档案馆以“数智”赋能，助力专题档案归集利用。建成集资源高效采集、数据标签聚类、全程可视监管、智能高效检索的专题档案智能归集利用展示平台，通过LED大屏分类搜索、智能归类展示专题档案归集成果。完成省档案数据共享中心上传任务。上传婚姻登记等七类民生档案11.9万件，开放档案33895件，声像档案31588件以及40个编研成果、5个网上展厅内容。创新建成兰台电子书柜。共享本土作家作品264册。开展进馆电子档案抽查审核、挂接工作，完成教育局等20个单位文书档案、工业区指挥部等55个重点工程档案。对2批次开放档案数据库标志位进行修改和重新上传。完成贵阳市白云区、温州市档案馆两地异地登记备份馆藏历年文书档案、民生档案等数据共计39TB。联合25个单位开展登记备份数据恢复专项应急演练，全年未发生网络安全重大事故。

（方海军）

【档案文化宣教】 2023年，区档案馆举办“深入实施‘八八战略’奋力推进‘两个先行’海上花园”

2023年4月21日，洞头区实验小学开展红领巾走进区档案馆——“寻找洞头印记”主题研学活动（曾国团 摄）

图片展，并在全区4个街道9个村社进行巡回展陈，参观2000多人次。推出“童声话传承”讲述洞头史事14期等，受众7.35万人次。开展“三厅三廊一平台”红色研学15批4300多人次。建成兰台书柜，共享本土作家作品264册。全年“记忆洞头”公众号共发布148篇内容、5条视频号，增设“记忆洞头2022”“海上花园建设二十周年”“童声话传承”“海上花园建设20周年图片展”4个专栏，本级阅读量达22708次，累计关注用户增至3253人。56则报道信息被上级同步发布，其中，《中国档案报》等国家级媒体采用信息8则，“学习强国”学习平台刊发红色印记4篇。发挥“三厅三廊一平台”爱国主义教育基地作用，开展主题研学，以红领巾走进档案馆活动为载体，邀请全区中小学校学生来馆参观，感悟档案党史中的红色文化、廉洁故事等，全年接待10批3800多名学生。

【“6·9”国际档案日宣传】2023年6月9日至15日，区档案馆以“奋进新征程 兰台谱新篇”为主题开展“6·9”国际档案日系列宣传活动。举办“兰台文化沙龙”，结合现场赠书和现场档案知识问答，大家畅所欲言谈自己参加档案工作的感想和体会、对档案工作的认识以及对本区目前档案工作成效的看法。开展自行车骑行宣传，发动社会力量，邀请区自行车协会，以进村入户的方式将全区近年来档案工作的情况、档案馆近年来的工作成效向广大市民进行宣传，分发各类宣传手册2500多册、新增“记忆洞头”微信公众号100多户。

（陈素芳）

精神文明建设

【概况】2023年，洞头区以“迎亚运”为契机，抓好文明城市、浙江有礼、乡风文明等重点工作。成立洞头区全国文明城市常态化创建领导小组办公室，组建文明城市（和美乡村）专班，开展“流动黄旗”和“流动红旗”比拼，开展6轮评比，评选红旗村40个、黄旗村40个，每月开展督查，累计督查问题2000多个。印发《“迎亚运、享赛事、游温州”洞头区城市文明大提升行动实施方案》《迎亚运志愿服务十大行动》等文件，开展公益广告提升等“十大行动”。完成迎宾线路迎亚运子项目20个。累计新增公益景观小品20处，其他迎亚运主题公益广告800多处，开展文明出行、好人脱口秀、垃圾分类等城市文明活动150多场。开展“万朵鲜花送雷锋”活动，为全区186名“身边好人”送上鲜花。完成全国、省文明村（单位）评选和复评考核验收。

【文明城市建设】2023年，洞头区成立全国文明城市常态化创建领导小组办公室，从议事决策、测评考核、奖励惩戒等方面统筹推进创建工作。组建文明城市（和美乡村）专班，常态化开展“村社挂旗争先赛”，开展“流动黄旗”和“流动红旗”比拼6轮，评选40个红旗村、40个黄旗村。按照《洞头区全国文明城市建设工作常态长效机制的实施意见》，实现文明创建常态化、制度化。即督即改，抽调退二线领导干部组成6个督查组，每月开展督查，累计督查问题2000多个。一包五联65家部门单位包联52个住宅小区，包干86条背街小巷、50个重点村社，开展常态文明创建活动。五轮市对区测评中，排名全市第一3次、第二1次、第三1次，4个街道荣获最优红旗5次。

【公民思想道德建设】2023年，洞头区提升道德主题广场、南塘湾道德公园、连城大道道德墙等阵地建设，融入有礼元素，持续放大道德模范、身边好人等各级道德典型引领效应。刊播制作一批亚运主题公益广告，在83个新时代文明实践所站增设有礼讲堂、浙江有礼·兰草馨香公益广告，在旅游景区、主次干道、开放式小区、工地围挡等，落实迎亚运公益广告刊播，营造有礼氛围，其中海报476个、显示屏31个、景观小品13个。

【移风易俗深度改革】2023年，洞头区加大党员干部、公职人员操办婚嫁喜庆事宜若干规定执行力度，坚持每月报告制度，累计报备100多例，开展春节等重要节点督查，全区社会风气良好。深化餐饮文明指数测评实施“反对浪费”“公筷公勺”“光瓶行动”文明指数测评，联合区公安分局、区卫健局、区市场监管局等单位，组建餐饮文明专项督查小组，对全区所有餐饮点位、机关企事业食堂等开展督查4次，发现整改问题500多个。持续推进民俗规整，狠抓《洞头区民间习俗行为规范》落地见效，五年持续规范“拜天公”民俗活动，联合公安等部门发布通告，建立2500多户拜天公活跃人员数据库，入户分发宣传单2.5万份，组织全区党员干部（公职人员）签订承认书，宣传不参与拜天公、禁止燃放烟花爆竹等内容，实现正月初九“拜天公”零鞭炮声、零消防事件。

【群众性文明创建】2023年，洞头区指导文明村镇、文明单位（社区）创建工作，完成47个全国、省文明村（单位）评选和复评考核验收，新入选全国文明村1个、省文明村（单位）4个，复评通过全国、省文明村（单位）34个。新一批入围温州市文明（示范）村社10个。承办温州市2023年文明村镇（单位）创建工作培训班，并作典型交流发言。创建文明示范带。出台《洞头区文明示范带建设实施方案》，谋划2023—2025年文明示范带，建设红色根脉、共富海湾、海誓山盟、乡村治理、临港星光、鸟语花香等6条文明示范带，制定洞头区文明示范带测评体系，探索创新村社有礼指数等机制。

【未成年人思想道德建设】2023年，洞头区持续打造洞头“海霞少年”未成年人工作品牌，组织开展“海霞少年培根行动”“海霞少年育苗行动”“海霞少年赋能行动”等，联合区法院、区教育局开展洞头区“守护未来 与法同行”海霞少年说，推出“小海霞说法”；联合区教育局、文广旅体局、关工委等打造“海霞少年合唱团”，参加“迎亚运·浙江少年云上拉歌会”亚运歌曲传唱活动。举办第七届中小学生讲“海霞”故事比赛、第四届洞头娒讲洞头海洋动物故事大赛等品牌活动，组织七夕成人礼等大型有礼文明实践活动。乡村学校少年宫连点成线，与新时代文明实践所（站）、“春泥学堂”等阵地资源互为补充，面向农村中小学生开展活动400多场，推出“洞益启”2023年洞头区“春泥计划·爱心伴读”同心送教走进海岛渔村行动，“中国诗歌之岛”童心文研季等品牌活动。全区各级“春泥”阵地开展各类主题研学活动700多场，服务未成年人4万余人次。

【道德模范宣传工作】2023年，洞头区常态开展“万朵鲜花送雷锋”大型公益活动，向全区186名“身边好人”送上鲜花。启动“八八战略在指引·我们的新时代”2023年洞头区道德典型宣传教育活动暨“好人脱口秀”走进活动。5人入选“温州好人”，1人被评为第九届“温州市道德模范”。出台“好人好报 德者有得”工作机制，强化“好人好报，善有善报”社会导向，全区200多名道德典型领取定制“好人卡”。新建“电力海霞”好人工作室4家，进一步发挥道德典型示范引领作用。邀请各级各类道德模范、“浙江好人”“温州好人”、最美洞头人等道德典型为形象代言人，摄制“我为杭州亚运代言”宣传片。

【文明实践建设】2023年，洞头区开展新时代文明实践建设工作专项评估，印发深化拓展新时代文明实践任务清单，制定2023年至2025年工作目标，开展高水平新时代文明实践中心、所站建设。围绕理论宣讲、移风易俗、文化活动、主流价值培育等七大类主题，投入30万元，委托第三方，每月开展活动8场，全区中心、所站累计开展文明实践活动7000多场次。组织开展文明城市全国、省文明村文明实践站专项督查，完成全部11个全国、省文明村实践站整改提升，融入浙江有礼、迎亚运等元素。出台洞头区高水平文明实践所站建设管理考评办法，制定文明实践所站洞头标准和高水平文明实践所站测评体系，绘制新时代文明实践新地图，在浙里办开辟洞头区新时代文明实践云平台入口，涵盖区文明实践中心、6个街道乡镇文明实践所和83个村社文明实践站，建成文明实践发布、招募、展示、管理等功能。入围温州市高水平文明实践站所5个，建设迎亚运志愿V站8个、高水平新时代文明实践点2个。创新实施百家信改革，印发《洞头区基层道德评议实施细则》，将文明停车、文明堆放、邻里和睦等6项指标细化为22项文明行为具体标准，通过村规民约、道德评议实施。进一步推广百家信应用，共涉及礼遇机构50多个、300多条政策。

（林永新）

综述

【《温州市人民代表大会常务委员会关于促进和保障洞头海上花园建设的决定》审议通过】2023 年 5 月 26 日，《温州市人民代表大会常务委员会关于促进和保障洞头海上花园建设的决定》经浙江省第十四届人民代表大会常务委员会第三次会议批准施行。该决定于 2022 年 4 月由洞头区人民政府启动立法起草工作，成立工作领导小组，区委书记担任组长，区长、区人大常委会主任为第一副组长，抽调骨干力量成立起草工作专班。2023 年 2 月，形成《关于促进和保障洞头海上花园建设的决定（草案）（征求意见稿）》，书面征求市各有关单位意见。经过多次讨论修改，形成了《关于促进和保障洞头海上花园建设的决定（草案）（送审稿）》。内容包括关于建设目标和基本原则、政府职责、指标体系、规划优先、保护优先、特色发展、融合发展、精神文明、体制机制保障等。3 月 28 日，温州市人民政府第 24 次常务会议审议通过了《关于促进和保障洞头海上花园建设的决定（草案）》，4 月 10 日提请市人大常委会审议。4 月 19 日，温州市人大法制委员会全体会议对草案进行审议并提出建议。4 月 27 日，温州市第十四届人民代表大会常务委员会第十一次会议通过《温州市人民代表大会常务委员会关于促进和保障洞头海上花园建设的决定》。

【数智人大建设】2023 年，洞头区人大升级“海上花园 · e 言洞见”应用，构建“双评三协同”监督新模式，促进代表广泛参与对政府组成部门和重点工作的评价，建立人大与纪委监委、检察、审计融会贯通机制，全年线上跟踪督办“幸福微实事”87 项，典型经验在市人大数字化改革实战演示会上作交流。

【街道（乡镇）人大工作指导】2023 年，洞头区人大加强对街镇（乡镇）人大工作联系指导，召开全区人大系统经验交流会 2 次、街道（乡镇）工作例会 4 次，指导建设全过程人民民主基层单元。指导霓屿街道人大工委深化“共富 e 站 · 霓有话说”品牌提升，相关信息在浙江电视台钱江都市频道专门报道，并在全市乡镇（街道）人大工作培训班上作典型交流。以指导霓屿街道代表联络站创成全省第一批人大践行全过程人民民主基层单元培育对象为蓝本，引领带动全区各街道（乡镇）人大代表联络站迭代升级。深化季度联席会议制度，创新推出街道（乡镇）人大工委副主任（副主席）列席区人民代表大会，支持和保证街道（乡镇）人大依法行使职权。

【议案建议督办】2023 年，洞头区十五届人大二次会议期间，收到代表建议、批评和意见 147 件，闭会期间收到建议 2 件，合计 149 件。经大会授权，区第十五届人大常委会第八次会议进行审议，把 149 件代表建议交区“一府一委两院”有关部门办理。把黄秀君代表提出的《关于激活现有可利用资源要素助力和美乡村建设的建议》（113 号）和苏彩照代表提出的《关于我区全域建设宜居宜业和美乡村的建议》（115 号）合并成《关于聚焦“幸福要事”，全域推动和美乡村建设的建议》作为年度第 1 号重点建议。把孔圣丹代表提出的《关于优化海经区至洞头区、鹿城区、瓯海区公交线路和 228 国道工程完善的建

表5　洞头区第十五届人代会第二次会议代表重点建议目录一览表

序号	案由	领衔人	联系领导	主办单位	会办单位
1	《关于聚焦“幸福要事”，全域推动和美乡村建设的建议》（113号、115号）	黄秀君 苏彩照	何莉平	区农业农村局	区文广旅体局 自然资源和规划洞头分局 北岙街道
2	《关于进一步完善公共交通，方便群众出行的建议》（9号、59号、65号、68号、78号、80号、87号、108号、139号）	孔圣丹 陈爱国 南建军 张小华 黄建勇 杨新苗 尤国仪 曾伙磊	何莉平	区交通运输局	区旅发公司 洞头海事处 北岙街道 大门镇 昆鹏街道 霓屿街道 鹿西乡

（区人大办提供）

议》（9号），陈爱国代表提出的《关于要求增加洞头至乐清班车解决人民群众出行问题的建议》（59号）、《关于要求开通海洋食品产业园公交车暨霓屿公交线路环岛通的建议》（65号），南建军代表提出的《关于优化大门镇内外道路公共交通的建议》（68号），张小华代表提出的《关于优化整合岛际交通体制机制的建议》（78号），黄建勇代表提出的《关于要求洞头公交线路延伸至灵昆岛内的建议》（80号），杨新苗代表提出的《关于优化公交线路提升实载率的建议》（87号），尤国仪代表提出的《关于北沙东片公交环线贯通的建议》（108号），曾伙磊代表提出的《关于要求开辟海上岛际交通学生专用购票窗口专线的建议》（139号）等9件建议合并成《关于进一步完善公共交通，方便群众出行的建议》作为年度第2号重点建议。交由区政府区长牵头办理，由区人大常委会主任牵头督办。深化代表建议分层交办机制，创新制定代表建议和专题询问、检察建议多向转化办法，叠加办理合力；修订代表建议办理评审办法，压实办理单位责任，强化办理工作的沟通协调。149件建议均在规定时限内答复，代表建议所提问题已经解决或基本解决的115件（A类），占总数的77.2%，较上年度上升5.3%；正在解决或列入规划逐步解决的27件（B类），占总数的18.1%，较上年度下降4.5%；因目前条件限制暂时无法解决，留待以后研究的7件（C类），占总数的4.7%，较上年下降0.8%。8月，区人大在助推“三个一号工程”工作期间，代表还陆续提出16件建议，区政府均按照要求办结。

（林星港）

2023年6月29日，区委书记郭云强（右三）到区人大代表联络站，围绕“1号代表建议”——《聚焦“幸福要事”，全域推动和美乡村建设》，与人大代表们面对面座谈交流（区人大办提供）

重要会议

【概况】 2023年，温州市洞头区人大常委会召开人代会1次、常委会会议7次、主任会议14次，听取和审议“一府一委两院”工作报告44项，作出审议意见15个、决议决定12项，依法任免国家工作人员53人，监督助推共同富裕工作经验获省人大领导批示肯定。落实“第一议题”制度，召开党组会议27次。

【区十五届人民代表大会第二次会议】2023年2月14日至16日，洞头区第十五届人民代表大会第二次会议在北岙召开。大会应出席代表186人，实到174人，列席110人。会议听取和审议区政府区长何莉平所作的温州市洞头区人民政府工作报告、区人大常委会主任刘素婷所作的温州市洞头区人大常委会工作报告、区法院院长邱新楚所作的温州市洞头区人民法院工作报告、区检察院检察长王恭顺所作的温州市洞头区人民检察院工作报告；审查批准温州市洞头区2022年国民经济和社会发展计划执行情况及2023年国民经济和社会发展计划草案的报告，批准温州市洞头区2023年国民经济和社会发展计划；审查批准温州市洞头区2022年预算执行情况及2023年预算草案的报告，批准温州市洞头区2023年预算；审查温州市洞头区2022年民生实事项目完成情况，票决温州市洞头区2023年民生实事项目；审议通过《温州市洞头区人民代表大会议事规则》。会议以无记名投票方式补选温州市洞头区第十五届人民代表大会常务委员会委员3人。会议表决通过温州市洞头区第十五届人民代表大会有关专门委员会组成人员增补名单。其中，监察和法制司法委员会副主任委员1人，社会建设委员会副主任委员1人。会议期间，共收到代表提出的建议、批评和意见147件，闭会期间代表提出2件建议。区人大在助推“三个一号工程”工作期间，代表共提出建议16件。

【区人大常委会会议】2023年，区人大常委会召开常委会会议7次。会议具体情况如下：

1月18日，区第十五届人大常委会第七次会议召开。会议审议通过关于召开温州市洞头区第十五届人民代表大会第二次会议的决定；审议通过区人大常委会工作报告稿；听取和审议区政府关于温州市洞头区2022年国民经济和社会发展计划执行情况与2023年国民经济和社会发展计划草案的报告、关于温州市洞头区2022年预算执行情况和2023年预算草案的报告、关于2023年洞头区民生实事候选项目情况的报告；听取和审议区政府关于2023年政府重大投资建设项目计划安排的报告，票决2023年政府重大投资建设项目；审议表决区人大常委会代表资格审查委员会关于区十五届人大补选代表的代表资格审查报告；审议提出区第十五届人民代表大会第二次会议主席团和秘书长名单（草案）；审议决定区第十五届人民代表大会第二次会议列席人员名单；审议表决区人大常委会关于提请审议《温州市洞头区人民代表大会议事规则（草案）》的议案；初审区第十五届人大财政经济委员会关于温州市洞头区2022年预算执行情况和2023年预算草案的审查结果报告；听取全区选举产生的部分市人大代表履职情况的报告（书面）；审议表决有关人事任免事项。

3月21日，区第十五届人大常委会第八次会议召开。会议听取和审议区政府关于2022年环境状况和环境保护目标完成情况的报告；听取和审议区政府副区长张攀所作的关于2021年环境状况和环境保护目标完成情况审议意见落实情况的报告、关于优化营商环境工作审议意见落实情况的报告、关于无障碍环境建设审议意见落实情况的报告，并对审议意见落实情况进行满意度测评；书面印发并审议北岙、灵昆、东屏、元觉、霓屿、昆鹏等6个街道人大工委关于2022年工作完成情况和2023年工作计划的报告，作出关于北岙、灵昆、东屏、元觉、霓屿、昆鹏等6个街道人大工委2022年工作完成情况和2023年工作计划报告的决议；审议区十五届人大二次会议代表建议，作出关于处理洞头区第十五届人民代表大会第二次会议代表建议、批评和意见的决定；审议表决有关人事任免事项。

5月24日，区第十五届人大常委会第九次会议召开。会议听取

2023年2月14日，温州市洞头区第十五届人民代表大会第二次会议召开
（区人大办提供）

和审议区政府关于2022年法治政府建设工作情况的报告（含2021年法治政府建设审议意见落实情况），以及区财政局局长、区应急管理局局长关于2022年度依法履职情况的报告；书面印发其他政府组成部门主要负责人依法履职情况的报告以及区法院关于2022年全区行政审判情况的报告、区检察院关于2022年全区行政检察和行政公益诉讼情况的报告、区信访局关于2022年全区信访反映的依法行政工作情况的报告，并就区政府组成部门主要负责人2022年度依法履职情况进行满意度测评；审议区政府关于公安机关执法规范化建设审议意见落实情况的报告，并就区政府落实2021年法治政府建设、公安机关执法规范化建设等审议意见的情况进行满意度测评；听取和审议区政府副区长贾约拿所作的关于数字经济发展情况的报告、关于《浙江省全民健身条例》贯彻执行情况的报告；听取和审议区政府关于部分预算单位2022年度预算执行情况的报告，书面印发区审计局关于区经信局等10家单位2022年部门预算执行情况的审计报告；听取区政府关于洞头区国土空间规划研究情况的报告；审议并表决通过《温州市洞头区人民代表大会常务委员会关于深入实施“一号改革工程”打造市场化法治化国际化一流营商环境的决定》；审议表决有关人事任免事项。

7月31日，区第十五届人大常委会第十次会议召开。会议听取和审议区政府关于2023年上半年全区经济社会发展情况和下半年政府工作的报告，审议区政府关于2023年上半年国民经济和社会发展计划执行情况的报告；听取和审议区政府关于《中华人民共和国就业促进法》贯彻实施审议意见落实情况的报告，审议区政府关于扩中提低工作审议意见落实情况的报告，并对区政府落实关于洞头区2022年上半年国民经济和社会发展计划执行情况等报告审议意见、关于扩中提低工作情况报告审议意见、关于洞头区2021年财政决算与同级审计工作情况和2022年上半年财政预算执行情况审议意见、关于《中华人民共和国就业促进法》贯彻实施情况报告审议意见的情况进行满意度测评；听取和审议区政府关于科技创新工作情况的报告、关于2023年上半年预算执行情况的报告、关于2022年财政决算的报告、关于2022年预算执行与其他财政收支情况的审计工作报告；决定批准2022年区级财政决算；审议表决有关人事任免事项。

9月27日，区第十五届人大常委会第十一次会议召开。区委书记郭云强到会并作重要讲话。会议听取和审议区政府关于打击治理电信网络诈骗犯罪工作情况的报告、关于2023年度政府重大投资建设项目实施情况的报告；审议区政府关于全区国有资产管理情况的报告（含2021年度国有资产管理情况报告审议意见落实情况），听取和审议区政府关于区属国有企业国有资产管理情况的报告，并对2021年度国有资产管理情况报告审议意见落实情况进行满意度测评；听取和审议区政府关于《浙江省综合行政执法条例》贯彻实施审议意见落实情况的报告、关于乡村振兴促进“一法一条例”贯彻实施审议意见落实情况的报告，审议区政府关于健康洞头建设审议意见落实情况的报告，并对上述审议意见的落实情况进行满意度测评；审议并表决通过《温州市洞头区人民代表大会常务委员会关于忠实践行“八八战略”全面融入温州都市牢牢把握高质量发展首要任务和加快发展重要主题真正把洞头建设成为名副其实的海上花园的决议》；审议表决有关人事任免事项。

11月27日，区第十五届人大常委会第十二次会议召开。会议听取区检察院贯彻落实《关于加强新时代检察机关法律监督工作的决定》情况的报告；听取和审议区政府关于“十四五”规划纲要实施中期评估的报告、关于2022年预算执行及其他财政收支情况的审计报告整改意见落实情况的报告、关于国际生态旅游岛打造工作情况的报告、关于2023年民生实事项目进展情况的报告、关于人大代表建议办理情况的报告、关于城市有机更新及未来社区建设工作情况的报告、关于和美乡村建设暨村集体经济发展情况的报告；听取选举产生的部分市人大代表履职情况的报告；审议表决有关人事任免事项。

12月28日，区第十五届人大常委会第十三次会议召开。会议听取和审议区政府关于提请审议2023年区财政预算调整方案的议案，作出关于批准2023年区财政预算调整方案的决议；审议表决有关人事任免事项。

（邱瑞菁）

监督工作

【概况】2023年，洞头区人大常委会各工作委员会聚力经济稳进提质、守好人民“钱袋子”、推进乡村振兴、提升城乡品质、增进民生福祉、推动依法治区等方面开展监督。围绕“大综合一体化”、教师队伍建设等组织召开专题询问会，对《浙江省全民健身条例》等法律法规实施情况开展执法检查。加强预算执行监督，核减项目资金190个，完善项目绩效目标237个。全年围绕议题开展监督48个。试行审议意见卡，归集历届人大任免、决定、审议等数据18类2700多条。

2023年9月28日，区人大常委会召开"大综合一体化"行政执法改革专题询问会 （区人大办提供）

【监察和法制司法工作监督】2023年，区人大常委会监察和法制司法工委制定贯彻《温州市人民代表大会常务委员会关于促进和保障洞头海上花园建设的决定》。听取和审议区政府关于2022年法治政府工作情况暨区政府组成部门主要负责人依法履职情况的报告。推动"大综合一体化"行政执法改革，开展"大综合一体化"改革专题询问。围绕"八五"普法规划目标任务开展监督。助力打击治理电信网络诈骗犯罪。听取检察机关开展法律监督工作情况汇报。聚焦营商环境优化提升"一号改革工程"，专题听取公检法司机关关于加强中小微企业司法保障情况报告。跟踪监督公安机关执法规范化建设和关于《浙江省综合行政执法条例》贯彻实施审议意见落实情况。

【财经工作监督】2023年，区人大常委会财经工委聚焦经济社会高质量发展，履行监督职责，听取和审议区政府关于2022年国民经济和社会发展计划执行情况与2023年国民经济和社会发展计划草案、关于2023年上半年区经济社会发展和下半年政府工作安排情况、关于2023年上半年国民经济和社会发展计划执行情况等报告。全过程跟踪监督政府投资重大项目，听取和审议区政府关于2023年政府重大投资建设项目计划安排的报告，票决产生16个政府重大投资建设项目，听取和审议区政府关于2023年政府重大投资建设项目实施情况的报告。听取和审议区政府关于数字经济发展情况的报告，推动全区数字经济与传统经济加速融合发展。听取和审议区政府关于"十四五"规划纲要实施中期评估的报告，确保"十四五"规划顺利实施。对优化营商环境工作和扩中提低工作的审议意见落实情况进行跟踪监督。

【教科文卫体工作监督】2023年，区人大常委会教科文卫体工委开展"局长·代表面对面"——高质量教师队伍建设专题活动；聚焦科技助推产业发展，开展科技创新工作监督；聚焦"海上花园"建设，对标国际旅游城市标准，开展国际生态旅游岛打造情况监督，督促区政府抓紧破解难题、加快补齐短板，合力推进国际生态旅游岛打造；聚焦健康洞头建设，开展后疫情时代基层卫生服务能力提升情况监督，督促区政府加强医技队伍建设、加大医疗卫生财政保障力度。

【城建环保工作监督】2023年，区人大常委会城建环保工委持续深化环境报告制度，听取和审议区政府环境保护目标完成情况工作报告，强化专题审议意见跟踪办理，推动政府依法履行生态环境保护责任；结合区域发展优势和定位，持续监督推进国土空间、国际生态旅游岛等规划编制，强化规划战略引领和刚性管控作用，助推构建全域协同的空间布局；聚焦城市有机更新、未来城区建设、排水管网建设管护、市容环卫、交通建设等领域重点工作，组织代表开展视察活动，助力赋能城市高质量发展。

【农村与资源保护工作监督】2023年，区人大常委会农资工委开展和美乡村建设暨村集体经济发展情况监督，推进乡村产业加速兴旺和共同富裕和美乡村海岛样板建设；聚焦年度1号建议进行建议办理民主恳谈，邀请区委书记郭云强走进区人大代表联络站，围绕2023年的"1号代表建议"——《聚焦"幸福要事"，全域推动和美乡村建设》与人大代表面对面座谈交流；以一个建议拓展到一类群众"幸福要事"，涵盖修缮通村公路、完善村居文体设施等社会关心的"幸福要事"9件；开展防洪排涝及海塘安澜工程实施情况监督，全面掌握全区防洪排涝工程及海塘安澜工程现状及存在的问题，督促相关部门和单位抓好工作落实；围绕数智渔业开展调研，以"两菜一鱼"产业为切口，指导督促相关部门利用"数智渔业"应用平台，解决一直困扰养民的问题，"代表说事我来督"助力洞头"数智渔业"被评为全省各级人大代表助力三个“一号工程”主题活动典型案例；围绕生态修复和资源保护开展调研，对《中华人民共和国自然资源保护法》贯彻实施情况进行检查。

【预算工作监督】2023年，区人大常委会预算工委围绕深化预算监督和国资监督，听取和审议区政府关于2022年预算执行情况和2023年预算草案、关于2023年上半年预算执行情况、关于2022年决算等报告，审查批准2022年区级决算等，听取和审议区政府关于2022年预算执行及其他财政收支情况的审计工作报告、关于2022年预算执行及其他财政收支情况的审计报告整改意见落实情况的报告。听取和审议区政府关于全区行政事业单位国有资产管理情况的报告，审议区政府关于区属国有企业国有资产管理情况的报告，推动提高国有资产管理治理水平。

【社会建设工作监督】2023年，区人大常委会社会建设工委围绕保障改善民生、加强社会治理，对《浙江省全民健身条例》贯彻实施情况开展检查，助推洞头区打造共同富裕示范区海岛体育样板；围绕基层工作治理体系、消防安全设施建设、专职消防队伍、智慧消防工作等方面开展消防安全工作情况监督；围绕儿童友好六大领域建设开展儿童友好城市建设情况调研；跟踪监督无障碍环境建设、就业促进法贯彻实施等审议意见落实情况；开展医疗保障体系建设情况课题调研，参与洞头养老工作破题路径课题调研；督办“零工驿站”人力资源项目民生实事，推动民生实事落地落实；配合省市人大做好《浙江省就业促进条例（草案）》《浙江省红十字会条例（草案）》意见征集，调查了解国家青年发展型城市建设、社会保险体系建设、儿童友好城市建设、老年友好城市建设、青年就业创业环境等相关情况。

（邱瑞菁　吴作能　朱晓艳
陈礼鹏　吴雯慧）

专委会工作

【概况】2023年，区十五届人民代表大会共设有监察和法制司法委员会、财政经济委员会、社会建设委员会三个专门委员会。专门委员会参与海上花园立法，实施代表周二固定进站日制度与“双下沉”机制，创新推出“四见面”人大协商，在全市人大基层单元建设推进会上作典型发言。

【区人大监察和法制司法委员会】2023年，区人大监察和法制司法委员会持续深化“两官”履职评议。协同区法院一体推进代表联络站和共享法庭建设，推进人大代表联络站和共享法庭深度融合，助推基层治理现代化。发挥基层立法联系点作用，配合省市人大对10多部法规草案开展立法调研。其中，建议将“海霞妈妈”作为发展壮大群防群治力量的典型，写入《浙江省人民代表大会常务委员会关于坚持和发展新时代“枫桥经验”的决定》意见，得到省人大肯定和采纳。开展涉及营商环境规范性文件专项审查工作，共审查区政府及部门报送规范性文件22件、区法院报送的规范性文件5件，向区政府反馈审查意见2条。制定出台《温州市洞头区街道规范性文件备案审查工作暂行办法》，指导乡镇人大出台工作规定，制定工作流程图供街道乡镇学习参考，规范性文件备案审查工作实现街道乡镇全覆盖。全年共梳理完成街道（乡镇）规范性文件备案审查17件。

【区人大财政经济委员会】2023年，区人大财政经济委员会开展2022年度部分部门预算单位决算审查、2024年部门预算草案审查及评审工作，初审区2023年国民经济和社会发展计划执行情况与2024年国民经济和社会发展计划草案、2023年政府重大投资建设项目计划实施情况和2024年政府重大投资建设项目计划安排情况、2024年预算执行情况和2024年预算草案等报告。召开2次经济形势

2023年12月7日，全省人大代表与选举任免工作座谈会在温州洞头召开
（区人大办提供）

分析会，听取区统计局等部门关于全区主要经济指标完成情况汇报，分析研判全区经济运行情况，并提出对策建议。对浙江信立达机械科技有限公司等企业、新城二期市政道路工程等重点项目开展助企纾困，协调解决企业融资、人才招引以及临时停车、桩基泥浆排放、货梯通道和太阳能屋顶等审批问题。

【区人大社会建设委员会】2023年，区人大社会建设委员会依法履行监督职责，加强自身建设，全年召开全体会议4次。重点开展医养康养服务体系建设情况监督，实地走访察看村级居家养老照料中心、街道（乡镇）养老服务中心、民办养老机构以市福利养老院，进代表联络站听取人大代表和街道乡镇的意见和建议，听取区政府关于医养康养工作情况汇报等对洞头医养康养服务体系建设情况开展调研，重点了解全区医养康养保障政策、医养康养机构能力、老年人居家医疗服务、安宁疗护服务、数智赋能服务和人才队伍建设等情况，为全区医养康养工作建言献策。

（邱瑞菁　吴作能　朱晓艳）

人大代表工作

【概况】2023，洞头区共有区级以上代表212人，其中全国人大代表1名，省人大代表3名，市人大代表20名，区人大代表186名。区人大常委会协办全省人大代表工作会议，服务全国人大代表浙江中心组、台湾省全国人大代表来洞调研，实施代表周二固定进站日制度，统筹32项人大核心业务和70场次国家机关工作人员"双下沉"，探索实施"四见面"人大协商，获省、市人大高度肯定，并在全市人大基层单元建设推进会上作典型发言，全区各级代表累计进站610人次，接待群众1580人次，线下收集并处理各类意见建议300个。全年获评市人大优秀论文理论文章3篇。洞头人大网站发布信息217条，微信公众号发布信息157条，其中省人大采用19篇、市人大采用145篇，获评全市人大宣传工作先进单位。

【人大代表履职活动】2023年，洞头区人大常委会开展人大代表助力三个"一号工程"主题活动，建设专业代表小组8支。创新推出"四见面"人大协商、制定核心业务下沉清单，常态化开展"代表·局长面对面"活动，助推和美乡村建设、公共交通、教育、养老、港区污染治理等事项科学民主决策。创新"4+3清单"工作载体，组织各级代表参与专题调研73次，参与电视问政2期，针对产业发展、乡村振兴、环境保护等提出建设性意见建议93个，转化为闭会期间建议18个；形成典型案例10个，其中助力"数智渔业"案例获省人大通报表扬。

【人大代表履职服务保障】2023年，洞头区人大常委会举办常委会组成人员、区人大代表履职能力提升等培训班4期，实现全覆盖、精准化。构建"双评三协同"监督新模式，促进代表广泛参与对政府组成部门和重点工作的评价，规范"幸福微实事"办理流程，创建"代表说事我来督"督促机制，健全列席常委会会议代表座谈交流机制，发挥代表参与决策、监督推动和桥梁纽带作用。组织全国、省、市人大代表开展专题调研视察，并就海洋经济发展等重要事项向全国、省、市人代会提出建议32件。做好全国人大、省人大代表选举任免座谈会等上级人大各项会议服务保障工作。

（林星港）

人事任免工作

【概况】2023年，温州市洞头区第十五届人民代表大会第二次会议选举2人次，表决通过2人次；温州市洞头区第十五届人民代表大会常务委员会任命22人次，免职11人次，决定任命6人次，决定免职6人次，决定接受辞职8人次。

2023年10月31日，区人大常委会在北岙街道人大代表联络站开展"局长·代表面对面"教师队伍高质量发展专题座谈会　（区人大办提供）

【人事任免】温州市洞头区第十五届人民代表大会第二次会议选举：

纪玉华、张立志、陈后安为温州市洞头区第十五届人民代表大会常务委员会委员。

温州市洞头区第十五届人民代表大会第二次会议表决通过：

陈后安为监察和法制司法委员会副主任委员；

张立志为社会建设委员会副主任委员。

温州市洞头区第十五届人民代表大会常务委员会第七次会议：

决定任命：

苏剑群为温州市洞头区人民政府副区长；

李正军为温州市洞头区人民政府副区长；

郑元永为温州市洞头区人力资源和社会保障局局长；

杨小军为温州市洞头区住房和城乡建设局局长。

决定免去：

张方任的温州市洞头区人民政府副区长职务；

陈后安的温州市洞头区人力资源和社会保障局局长职务；

郑元永的温州市洞头区住房和城乡建设局局长职务。

温州市洞头区第十五届人民代表大会常务委员会第八次会议：

决定免去：

陈佳劲的温州市洞头区人民政府副区长职务。

任命：

吕虹虹、郭灵燕为温州市洞头区人民法院审判委员会委员。

免去：

吕虹虹的温州市洞头区人民法院行政审判庭（综合审判庭）庭长职务。

温州市洞头区第十五届人民代表大会常务委员会第九次会议：

决定接受：

方雅靓辞去温州市洞头区人民代表大会常务委员会委员职务，报区人民代表大会备案。

任命：

郑忠霆为温州市洞头区人大常委会北岙街道工作委员会副主任；

张鸣为温州市洞头区人大常委会元觉街道工作委员会副主任；

庄晓勤为温州市洞头区人民法院立案庭（诉讼服务中心）庭长；

徐广军为温州市洞头区人民法院刑事审判庭庭长；

柯昌荣为温州市洞头区人民法院行政审判庭（综合审判庭）庭长。

免去：

曾国建的温州市洞头区人大常委会北岙街道工作委员会副主任职务；

庄晓勤的温州市洞头区人民法院立案庭（诉讼服务中心）副庭长职务；

徐广军的温州市洞头区人民法院刑事审判庭副庭长职务；

柯昌荣的温州市洞头区人民法院行政审判庭（综合审判庭）副庭长职务。

温州市洞头区第十五届人民代表大会常务委员会第十次会议：

决定接受：

朱顺义、詹景伟辞去温州市洞头区人民代表大会常务委员会委员职务，报区人民代表大会备案。

朱顺义辞去温州市洞头区第十五届人民代表大会社会建设委员会委员职务的请求，报区人民代表大会备案。

方雅靓、朱顺义辞去温州市洞头区第十五届人民代表大会代表职务的请求。

决定任命：

张伟为温州市洞头区人民政府副区长；

柯受志为温州市洞头区人民政府办公室主任。

决定免去：

郭显玉的温州市洞头区人民政府办公室主任职务。

任命：

许轶为温州市洞头区人民法院大门人民法庭庭长；

董文锐为温州市洞头区人民法院灵昆人民法庭庭长。

免去：

郭灵燕的温州市洞头区人民法院大门人民法庭庭长职务；

朱江、黄明华的温州市洞头区人民法院审判员职务。

温州市洞头区第十五届人民代表大会常务委员会第十一次会议：

决定接受：

颜丽函辞去温州市洞头区人大常委会委员职务，报温州市洞头区人民代表大会备案。

颜丽函辞去温州市洞头区第十五届人民代表大会代表职务的请求。

决定免去：

肖晓锵的温州市洞头区人民政府副区长职务。

温州市洞头区第十五届人民代表大会常务委员会第十二次会议：

任命：

周科瑞为温州市洞头区人民法院审判员。

免去：

王爵锷的温州市洞头区人大常委会灵昆街道工作委员会副主任职务；

董文锐的温州市洞头区人民法院民事审判庭庭长职务。

温州市洞头区第十五届人民代表大会常务委员会第十三次会议：

任命：

王晓丹、王登春、王翙、吴锦克、陈玉钦、陈铮、陈敏、林晓、林蒋亥、夏竞杰、倪天祥、翁金龙为温州市洞头区人民陪审员。

免去：

颜峥嵘的温州市洞头区人民陪审员职务。

（邱瑞菁）

洞头区人民政府

综述

【产业动能更加强劲】2023年，洞头区向省政府争取到支持洞头高质量发展的“一县一策”红利。全年133个重点项目累计完成固定资产投资48.64亿元。实际使用外资420万美元，创历年新高。签约总投资80亿元的温州新能源电池材料产业园，其中投资26亿元的青山控股碳酸锂材料基地项目正式落地。运达风电零碳产业园总装基地项目开工，智慧储能生产基地项目建成投产，西屋港能项目当年签约、当年结项。浙能LNG项目建成15万吨浙南最大吨位码头并投运。出台建筑业“惠企政策3.0版”，全年实现省内建筑业产值75.21亿元。新设市场主体2216家，累计兑现“惠企政策直通车”奖补资金2.44亿元。新增发行专项债14个项目6.62亿元，新增发行一般债3亿元。年度总供地量1668亩，完成率全市第一位。提升渔业现代化水平，获批建设国家级沿海渔港经济区试点，鹿西大黄鱼被评为浙江地标美食，“东一”“黄鱼岛”分别入选省数字渔场、省未来渔场。海洋食品产业园累计入驻企业33家，产值超3亿元。特色藻类农业科技园成功创建首个省级农业科技园区，海洋食品产业园累计入驻企业33家，产值超3亿元。加快建设国际生态旅游岛，投用东沙不夜港一期、蓝海湾度假中心、三盘文旅街区、元觉星空营地等一批新项目，海霞营地全面提升，“招商伊敦号”豪华邮轮靠泊洞头。东屏街道创成省AAAAA级景区镇，东岙获评全国乡村旅游重点村。开通鸟岛观光游、“大巴游洞头”直通车，举办铁人三项国际公开赛等33场赛事活动，荣获省文旅消费品牌创建优秀单位称号，入选浙江文旅融合十佳县（市、区），创成全省唯一的“全国避暑旅游目的地”气候品牌。全年实现地区生产总值150.04亿元（不含海经区124.16亿元），同比增长5.5%；财政总收入17.61亿元，增长10.5%，其中一般公共预算收入11.21亿元，增长5.6%。

【区域发展更具活力】2023年，洞头区实施营商环境优化提升“一号改革工程”，形成“微改革·微创新”项目18个。推出“预验即投产”“交地即交证”等36条举措，创成省（市）标准型以上便民服务中心5个。开发“亲清一点通”应用，推进“综合查一次”改革，全力构建亲清政商关系。国企改革持续深入，实体化运作区资源开发公司。推进“大综合一体化”行政执法改革，挂牌成立洞头区海上联勤指挥中心，“海上一支队伍管执法”获评全市十佳标志性成果。老年食堂相关做法入选全国社会治理创新案例，获评“浙里康养”“一地创新，全省推广”优秀案例。社会救助全流程绩效管理获评省社会救助十佳创新实践案例，助联体品牌运维项目纳入《浙江省民政领域改革试点“一本账”》，迭代基层智治系统2.0，打造离岛群众救治紧急转运等基层治理“一件事”17个。投用海洋生物科技示范孵化基地，成立浙江海洋大学—洞头海洋开发研究院。迪特螺栓入选省首届“浙江标准”，创成省级高新技术企业研究开发中心。超惠玩微商城入选省数字经济创新提质“一号发展工程”优秀案例。发布人才新政16条，建成博士创新站3家，引育大学生2065人，与浙江海洋大学、湖南工业大学等多所高校建立高校人才联络站。“地瓜经济”案例入选市级首批最佳实践案例名单。中燃华电进口供应链平台获评省级重点平台。状元岙港区新辟马来西亚、日本、印尼、越南等4条航线，全区出口贸易额增长77.2%，居全市第一位。完成集装箱吞吐量66.9万标箱，同比增长14.92%。总运力高达109.67万吨，同比增长17.32%，运力规模13年稳居全市第一位。举办2023“双屏论坛”，半屏山被列入海峡两岸交流基地培育名单。

【海岛风貌更显特色】2023年，洞头区精心做好海域海岛发展战略规划、国际生态旅游岛规划和海上花园城市设计。S211跨海大桥白迭侧全桥贯通。离岛鹿西彻底告别“靠天吃水”历史。大门常青变35千伏线路送出工程正式投运。全面铺开全域地下管网改造项目，新建污水管网22千米，改造雨水管网3千米。海悦城创成省级引领型未来社区，中心步行街焕新开街，新城广场核心商圈、健康绿道项目、大门长沙商务综合体开工建设。连续两年获评全省新时代富春山居图风貌样板区。城市更新入选省级试点，海峡云村金岙101项目入选省首批“浙派民居”建设典型案例，东海石厝获评省级城乡风貌整治提升优秀案例。“海岛海峡海悦”共富风貌游线入选省级共富风貌游线名单，大门—鹿西“离岛慢城”县域风貌样板区通过省级验收，“海城共栖·未来岛城”“耕海牧渔·魅力东沙”被列入城乡风貌样板区省级试点。创成全国村庄清洁行动先进县，系全市唯一；入选全省县城承载能力提升和深化“千万工程”试点。建成3个省级未来乡村、28个省级和美乡村。推动东沙村、海霞村等村居整体规划、抱团发展，东沙不夜港一期、海霞西餐厅、海霞电影馆、海霞之家、海霞书屋正式对外运营。全年激活闲置农房180幢以上，村集体经营性收入超1.2亿元。生态修复废弃矿山和裸露边坡40万平方米。落户全国首个海洋环境综合治理类EOD项目。洞头诸湾入选全省首批美丽海湾，洞头岛获评全国“和美海岛”，获《人民日报》专题报道。荣膺浙江省“无废城市”清源杯。

【民生福祉更有质感】2023年，洞头区民生支出28.26亿元，占一般公共预算支出的76.4%。完成113项省、市、区民生实事项目，办好745件“幸福要事”。蓝色海湾兴业富民经验做法入选国家发改委共同富裕现场会汇编案例，村企共建经验亮相“万企兴万村”行动全国东部片区座谈会。建成“共享社·幸福里”星级单元31个、星级共富工坊29家，非遗助力共富成为省级试点，海区治理模式案例入选省共富最佳实践名单。新增城镇就业1487人，投用“城市岛屿”零工市场，基本医保参保率99.43%，实现三星级残疾人之家街道（乡镇）全覆盖。高标准建成市级儿童友好试点单元12个，教育三幼、金海岸开元度假村获评市四星儿童友好试点单元。开工建设教育二幼新园，揭牌成立大门新城实验学校，中小学幼儿园教室空调全覆盖。高考水平连续三年提升，市区优质普高对洞招生名额扩大到82名，省教育现代化监测水平连续两年A等，创成全国学前教育普及普惠区。成立区疾病防控局，投用区公共卫生中心。健康浙江考核实现“四连优”，区人民医院通过二甲等级评审。新建“15分钟品质文化生活圈”11个，贝雕文创产品获评国家级“非遗工坊典型案例”，海陶获省级文创产品金奖，海陶美术馆创成省“三星”乡村博物馆，《脚擂鼓》入选省非遗代表性项目，原创广场舞、排舞节目在全省大赛中荣获金奖。创成省级双拥模范区，洞头先锋女子民兵连纪念馆获评“全国关心下一代党史国史教育基地”。荣获全国平安渔业示范县称号，在全市率先实现街镇四星级以上食安办全覆盖。实现省级平安区十八连创、捧回首批二星平安金鼎。矛盾纠纷化解法治化纳入全省试点，“海霞妈妈”调解模式入选全省新时代“枫桥式工作法”，“海霞妈妈”成为温州首个省级区域性调解品牌，做法被纳入省人大《关于坚持和发展新时代“枫桥经验”的决定》。蓝港社区创成省级首批现代社区，海霞村上榜第三批全国乡村治理示范村。

【加强政府自身建设】2023年，洞头区开展学习贯彻习近平新时代中国特色社会主义思想主题教育，深化“循迹溯源学思想促践行”，打造海上花园“循迹溯源”省级示范点，全区超万名党员参与现场学习。开展“大走访大调研大服务大解题”等系列行动，集中解决一批群众和企业急难愁盼问题。落实党组理论学习中心组“第一议题”制度，全年共参加各类学习活动40多次。开展习近平总书记考察浙江重要讲话精神宣讲。贯彻民主集中制原则，落实“三重一大”集体研究、民主决策，召开区政府常务会议19次、办公会议11次，研究涉及全区各类议题179项。依法接受人大及其常委会监督，自觉接受政协民主监督，主动接受社会和舆论监督，认真办理149件人大建议和119件政协提案，参加政务“12345”热线活动。健全区政府与“两院”联动机制，召开府院、府检联席会议，实现一审行政诉讼案件零败诉。街道（乡镇）法治建设议事协调机构全覆盖，挂牌成立区合法性审查中心促进规范行政。贯彻落实中央八项规定精神及其实施细则，牢固树立“政府真正过紧日子”理念，从严从紧预算编制，非刚性、非重点项目压减28.5%约2.94亿元，“三公”经费预算控制数1187万元，同比下降0.4%。持续纠治形式主义、官僚主义，切实为基层减负，坚决防止“四风”问题反弹回潮。加强工程审核管理，核减财政资金4973万元。加大审计督查力度，对7个项目开展全程跟踪审计，累计核减金额1672万元。

（庄应鹏）

重要会议

【区政府常务会议】 2023年，区政府召开常务会议17次。

1月6日，区长何莉平在区政府第一会议室主持召开区政府第十二次常务会议。会议审议《温州市洞头区霓屿街道布袋岙片区控制性详细规划（修编）》《温州港状元岙港区（元觉北片）B-01、B-02、B-04、B-05、B-06、B-07、B-12地块控制性详细规划修改》《温州市洞头区城镇住房保障“十四五”规划（送审稿）》《关于加快人才发展集聚助推建设共同富裕海上花园的16条意见（送审稿）》。会议研究讨论2023年度民生实事候选项目、暂缓收回预拨浙江重山实业有限公司海水淡化工程补助资金相关事宜、延长青山岛旅游度假区项目贷款贴息周期等事宜。

1月10日，区长何莉平在区政府第一会议室主持召开区政府第十三次常务会议。会议审议《关于进一步落实关心关爱医务人员激励保障政策的通知（送审稿）》《关于深入打好污染防治攻坚战的实施意见（送审稿）》《洞头区生态文明建设规划（2021—2030年）（送审稿）》《全面深化以集体经济为核心的强村富民乡村集成改革工作方案（送审稿）》《洞头区慈善共富积分管理办法（试行）（送审稿）》《关于促进和保障洞头“海上花园”建设的决定（送审稿）》。

2月1日，区长何莉平在区政府第一会议室主持召开区政府第十四次常务会议。会议观看《2022年长江经济带生态环境警示片》。会议审议《2023年政府工作报告（送审稿）》《关于温州市洞头区2022年预算执行情况和2023年预算草案报告（送审稿）》《关于温州市洞头区2022年国民经济和社会发展计划执行情况与2023年国民经济和社会发展计划草案的报告（送审稿）》《2023年重点建设项目计划（送审稿）》。

3月8日，区长何莉平在区政府第一会议室主持召开区政府第十五次常务会议。会议听取洞头区“三区三线”划定工作、小门岛石子岙矿开发利用项目相关事宜汇报。会议审议《2023年政府工作报告重点工作责任分解清单和政策处理清单（送审稿）》《温州市洞头区和美乡村“示范引领、全域整洁”行动方案（送审稿）》。会议讨论研究《关于公布温州市洞头区政府2023年度重大行政决策事项目录的通知》和甬莞高速公路（1523）洞头支线、珑头湾项目降容补偿、洞头1号风电项目开发协议、“极限拼搏、专业作战、务实苦干”典型个人嘉奖、疫情防控工作表现突出的集体行政奖励评选等相关事宜。

3月30日，区长何莉平在区政府第一会议室主持召开区政府第十六次常务会议。会议传达学习省、市安全生产工作会议精神及贯彻意见。会议听取温州市洞头区国际生态旅游岛国土空间设计国际征集情况汇报、温州市洞头区2022年生态环境保护督察自查报告。会议审议《运达项目合作备忘录（送审稿）》《洞头海洋生物科技示范孵化基地运行与管理办法（送审稿）》《洞头区政府投资重点建设项目移交管理办法（修订）（送审稿）》《关于高质量建设老年友好城市 打造“海上花园·蓝色颐养”金名片的实施意见（送审稿）》《洞头区关于加强单亲留守儿童关爱教育工作的实施方案（送审稿）》。会议讨论研究温州LNG项目工程没收建（构）筑物处置意见，甬莞高速公路（G1523）洞头支线工程项目投资合作协议，“中玺·月琴湾”项目申请开、竣工延期，温州市洞头华中房地产开发有限公司新城二期F02地块钰园项目开、竣工延期，温州市洞头区国有资源开发建设有限公司实体化运作相关等相关事宜。

4月27日，区长何莉平在区政府第一会议室主持召开区政府第十七次常务会议。会议审议《洞头区北岙街道海霞村、东沙村部分民房搬迁补偿和安置实施办法（送审稿）》《北岙街道海霞村、东沙村部分民房搬迁补偿房票安置操作指南（送审稿）》《北岙街道海霞村、东沙村未登记建筑调查认定操作指南（试行）（送审稿）》《年产10万台套新能源储能与智能电气装备制造项目投资协议书（送审稿）》。会议讨论研究新城二期E04b地块开工、城南片A-15a地块开竣工、东沙片区B-03b、B-09b地块处置、青山岛旅游度假区（青山欢乐岛）项目、全区物业保修金交存标准等相关事宜。

5月10日，区长何莉平在区政府第一会议室主持召开区政府第十八次常务会议。会议专题学习《关于采取长牙齿的硬措施 打造最严格的耕地保护体制机制 创新省二十条措施》精神及部署自然资源整改工作任务。会议审议《温州市洞头区中医药服务能力提升三年行动（2023—2025）（送审稿）》

《关于加快建设育儿友好城市促进人口长期均衡发展的实施方案（送审稿）》《温州市洞头区老年食堂（邻里食堂）规范化管理办法（送审稿）》《温州洞头风电零碳产业园全球海上风电总部及总装基地项目专项投资协议（送审稿）》。会议讨论研究《滨海旅游度假风情商业街项目投资意向书》、小门岛东屿村建筑用石料矿山闭矿工作及小门岛石化产业基地C-01地块审批、洞航5号车渡船收购等相关事宜。

5月31日，区长何莉平在区政府第一会议室主持召开区政府第十九次常务会议。会议研究审议《年产5万吨碳酸锂材料基地项目投资协议书（送审稿）》。

6月9日，区长何莉平在区政府第一会议室主持召开区政府第二十次常务会议。会议专题学习《关于建立健全领导干部自然资源资产离任审计评价指标体系的实施意见》。会议听取洞头区民间呈会处置工作情况汇报。会议审议《关于海洋藻类（羊栖菜）全产业链开发合作项目战略框架协议（送审稿）》《洞头区关于进一步推动商贸业提质扩容的若干政策意见（送审稿）》《温州市洞头区居家养老服务设施建设三年行动计划（2023—2025年）（送审稿）》《洞头区提升县城承载能力和深化“千村示范、万村整治”工程实施方案（2023—2027年）（送审稿）》。会议讨论研究洞头区2023年盘活资源资产相关事宜。

7月3日，区长何莉平在区政府第一会议室主持召开区政府第二十一次常务会议。会议专题学习《浙江省安全生产条例》。会议审议《洞头国际生态旅游岛规划（送审稿）》《关于支持总部企业高质量发展的若干意见（修订）（送审稿）》《关于推动洞头区建筑业高质量发展的若干意见（送审稿）》《洞头2号海上风电项目合作框架协议（送审稿）》《洞头区浙能LNG外资项目合作框架协议（送审稿）》。会议讨论研究区委审计委员会第八次会议部署的审计整改相关事宜、青山岛A-01a地块开竣工相关事宜。

7月21日，区长何莉平在区政府第一会议室主持召开区政府第二十二次常务会议。会议学习传达省委十五届三次全体会议、省政府第一次全体会议精神，上级关于防汛救灾工作的重要指示精神及区贯彻落实意见。会议听取半年度统计有关工作、长江经济带相关工作情况、2023年上半年洞头区地质灾害防治工作、洞头区危旧房和工地安全排查整治情况、洞头区城镇燃气安全排查整治情况汇报。会议审议《温州市洞头区防台防汛防旱应急预案（送审稿）》《温州市洞头区应急救援规范化建设方案（送审稿）》《洞头区2023年度专职社区工作者配置方案（送审稿）》。

8月11日，区长何莉平在区政府第一会议室主持召开区政府第二十三次常务会议。会议专题学习未来产业相关情况。会议审议《洞头区大力提升科技创新能力 全面落实融入省“315”科技创新体系建设工程实施方案（2023—2027年）（送审稿）》。会议讨论、研究“最海鲜”集散中心“迁新疏旧”、元觉街道状元岙南片区04-01a-1地块开竣工、星级瓯江红“共富工坊”补助等相关事宜。

9月15日，区长何莉平在区政府第一会议室主持召开区政府第二十四次常务会议。会议专题学习《浙江省生产安全事故责任认定规定（试行）》。会议听取耕地保护及自然资源督查整改工作进展情况、城镇燃气安全专项整治行动进展情况、“五经普”工作开展情况、全区三季度经济运行情况汇报。会议审议《昆明青橙医疗科技有限公司招商协议（送审稿）》《工业用地项目投资合同（洞头区大门镇小门A-24-1号地块）（送审稿）》《关于实施“十大举措”推动高水平安全与高质量发展“两手抓、双胜利”的通知（送审稿）》《温州海关 洞头区政府 温州港集团三方联动创新合作机制备忘录（送审稿）》《终止合作办学协议书（送审稿）》和2023年区政府及区政府办公室行政规范性文件清理结果。会议讨论研究提高辅警待遇相关事宜。

9月28日，区长何莉平在区政府第一会议室主持召开区政府第二十五次常务会议。会议专题学习《关于进一步加强矿山安全生产工作的意见》。会议听取码头盘活项目相关事宜的汇报。会议审议《温州LNG物流配送基地项目合作框架协议（送审稿）》《2023年洞头区海洋经济发展重点工作任务清单》《2023年洞头区海洋经济发展重大项目计划清单（送审稿）》。会议讨论研究温州市海霞文旅培训发展有限公司、新城一期03-01-2地块开竣工、城南片A-16地块开工等相关事宜。

10月11日，区长何莉平在区政府第一会议室主持召开区政府第二十六次常务会议。会议讨论研究古渔村配套设施建设项目（环岛西路）相关事宜。

10月26日，区长何莉平在区政府第一会议室主持召开区政府第二十七次常务会议。会议专题学习《浙江省促进中小微企业发展条例》《安全生产预警叫应机制（试行）》《质量强国建设纲要》《温州市违法占用耕地“零新增”常态化攻坚行动实施意见》，进一步推动长江经济带高质量发展座谈会和省委常委会会议精神。会议审议《洞头区国民经济和社会发展第十四个五年规划和二〇三五年远景目标纲要》实施情况中期评估报告（送审稿）、

《关于促进文化体育旅游产业融合发展的若干政策意见（试行）（送审稿）》。会议听取关于规范和加强主题公园管理有关事宜的汇报，新联社大楼合建项目资产回购、新城二期 F02 地块（海悦城·钰园）土地用途等相关事宜。

12 月 7 日，区长何莉平在区政府第一会议室主持召开区政府第二十八次常务会议。会议书面学习习近平总书记在中央全面深化改革委员会第三次会议上的重要讲话精神，在 11 月 27 日中共中央政治局会议上的重要讲话精神，对山西吕梁市永聚煤矿一办公楼火灾事故作出的重要指示精神，在北京、河北考察灾后恢复重建工作时的重要讲话精神，向 2023 年世界互联网大会乌镇峰会开幕式发表的视频致辞精神，在上海市考察调研重要指示精神。会议专题学习《中华人民共和国反电信网络诈骗法》《浙江省 2023 国家自然资源督察反馈问题整改方案》。会议听取洞头区大门镇 B-24 地块项目融资情况汇报。会议审议《洞头区关于深化“大综合一体化”行政执法改革工作的实施方案（送审稿）》。会议讨论研究三盘产权式酒店项目林地处置、调整 2023 年度洞头区城乡居民基本养老保险基础养老金标准、2023 年度温州市洞头区科研项目安排等相关事宜和《关于进一步加强洞头区道路挖掘管理的若干意见（送审稿）》。

12 月 21 日，区长何莉平在区政府第一会议室主持召开区政府第二十九次常务会议。会议传达学习习近平总书记在 12 月 8 日中共中央政治局会议研究 2024 年经济工作时的重要讲话精神、中央经济工作会议和省委经济工作会议精神、《王浩、徐文光在省安委会全体成员（扩大）会议上讲话要点》、王浩省长在《关于王浩省长调研温州市洞头区重要指示精神贯彻落实进展情况的报告》上的批示精神、市委书记张振丰在《关于贯彻落实张振丰书记调研洞头区讲话精神加快建设海上花园的报告》上的批示精神，以及张文杰代市长调研洞头重要讲话精神。会议学习《中华人民共和国行政复议法》《浙江省行政合法性审查工作规定》。会议听取 2023 年洞头区耕地保护和粮食安全工作、2023 年消防安全工作情况汇报。会议审议《关于进一步规范小额工程项目交易管理的通知（送审稿）》《温州市洞头区人民政府关于进一步完善街道（乡镇）财政管理体制的通知（送审稿）》《关于推进高水平县级医院建设暨卫生健康现代化建设的实施方案（送审稿）》。会议讨论研究瓯飞霓屿矿山、2023 年财政预算调整草案、洞头区财政暂付款清理、浙江诚意药业股份有限公司洞头区城南片 A-19a1 地块开竣工等相关事宜。

【区政府第三次全体（扩大）会议暨廉政工作会议】 2023 年 3 月 14 日，区政府第三次全体（扩大）会议暨廉政工作会议召开，分解落实全年重点工作任务，部署区政府党风廉政工作。区委副书记、区长何莉平出席会议并讲话。会议交办《区政府 2023 年度工作清单》；区教育局、区交通运输局等六家单位围绕教育教学质量提升、大干交通等工作进行表态发言。会议要求全区上下要切实把思想和行动统一到区委、区政府各项决策部署上来，保持“拼”的姿态、增强“抢”的意识、拿出“闯”的劲头，总结经验再出发，紧抓快干新征程，全力抓好 2023 年各项工作任务，奋力交出海上花园建设 20 周年优异答卷。会议强调，聚焦“稳进提质”“有效投资”“动能转换”“美丽蝶变”“民生福祉”“和谐稳定”再发力。全区政府系统要保持政治定力，提升工作能力，勇于担当作为，强化廉洁自律，切实加强政府自身建设，让抓落实成为政府工作的鲜明底色。

【全区安全生产和消防工作会议】 2023 年 3 月 24 日，2023 年度全区安全生产和消防工作会议暨第一季度安全生产和消防工作例会召开，学习贯彻习近平总书记关于安全生产的重要指示精神及国家、省、市相关会议精神，部署全区安全生产和消防安全重点工作任务。区委书记郭云强对会议做出批示，区委副书记、区长何莉平等参加会议。会议通报 2022 年度全区安全生产和消防工作情况及目标管理责任制考核情况，与会各单位签订安全生产目标管理责任书。会议要求坚持以事前源头预防代替事后被动治理、以大概率思维应对小概率事件、以工作的确定性应对风险的不确定性，攻坚推进消防、交通、涉海涉渔、建设施工、有限空间作业五大领域专项安全整治，全面加强电动自行车、危化品、旅游、地下管线四大领域安全监管，全力做好森林防火灭火、极端天气防御、地质灾害防治三类灾害事故防范应对，牢牢守住安全发展底线。

【全区双拥领导小组会议暨省级双拥模范区创建工作部署会议】 2023 年 3 月 24 日，全区双拥领导小组会议暨省级双拥模范区创建工作部署会议召开。区委副书记、区长何莉平在会上强调，要深入学习贯彻习近平总书记关于双拥工作重要论述精神，全面落实中央、省市有关要求，以志在必得、创则必成的信心和决心，全力争创省级双拥模范区。会议要求全区各部门、街道（乡镇）和驻岛部队要坚定“创则必成”的信心决心，强化“舍我其谁”的责任担当，增强“军地共荣”的合作精神，持续推动全区双拥工作上水平、争一流、成品牌、走前列，为建设共同富裕“海上花园”作出新的贡献。全区各部门、街道(乡镇)要牢固树立“军地一盘棋”“军民一家人”思想，进一步健全完善双拥工作的领导体系和工作机制，持续完善全区统一领导、军地齐抓共管、部门各负其责、社会广泛参与的双拥工作格局，形成共创省级双拥模范区的强大合力。会议研究审议《洞头区双拥领导小组工作规则》《洞头区双拥领导小组办公室职责和工作制度》《洞头区双拥领导小组2023年工作要点》《洞头区创建省级双拥模范区工作方案》等文件。

【全区安全生产大排查大整治工作推进会】 2023年5月31日，全区安全生产大排查大整治工作推进会暨第二季度安全生产和消防工作会议召开。区委副书记、区长何莉平在会上强调，要树牢“100-1=0”的忧患意识，以如履薄冰的紧迫感和“时时放心不下”的责任感，科学认识安全生产的艰巨性、形势的严峻性和复杂性，持续推动隐患排查整治专项行动，为创新建设共同富裕海上花园提供强有力的安全保障。会议传达全省安全生产大排查大整治行动现场会会议精神；区安委办与区消安委办分别通报全区安全生产与消防安全大排查大整治工作情况；区城乡危旧房专委办、区城市运行专委办、东屏街道作表态发言。会议要求要聚焦重点、狠抓关键，推进重点领域风险隐患化解。重点针对道路交通、涉海涉渔、防汛防台、建设施工等8个重点领域开展大排查大整治行动，持续加大海上执法巡查打击力度，加强消防安全隐患与“园中园”“厂中厂”专项整治，严格落实重大危险源包保责任制。按照大排查大整治专项行动要求，落实工作措施，闭环整治到位，对发现的问题隐患能够现场整改的要立行立改，严格防范次生衍生事故。

【全区总河长工作会议】 2023年10月23日，洞头区召开2023年总河长工作会议，总结2022年以来全区河长制工作，分析研判当前形势，研究部署下阶段工作。区委副书记、区长何莉平参加会议。会议现场观看洞头区河长制工作专题片，并听取2023年度河长制工作汇报和下步工作安排；区农业农村局、区综合行政执法局、北岙街道等围绕幸福河湖建设、河道周边截污纳管以及河长履职等内容进行交流发言。会议强调，要深化思想认识，提高政治站位，切实增强河长制政治自觉。要切实扛起“守好一方碧水”的政治责任，始终保持“红线”意识，高标落实好巡河护河、管水治水各项工作任务。全力推动河长制工作由污染防治向“水安全、水生态、水经济、水文化”等全领域拓展，加快把河湖生态优势转化为高质量发展胜势。要明确工作重点，精准靶向发力，切实推动河长制落地见效。要加强高效统筹，密切协作配合，广泛凝聚河长制工作合力。

【今冬明春安全生产百日攻坚机制建设工作会议】 2023年12月11日，区委副书记、区长何莉平主持召开专题会议，研究今冬明春安全生产百日攻坚机制建设工作。会议听取区安委办、区消安委办、区农业农村局、洞头海事处、区住建局、区公安分局关于“打更人”平安夜巡、船只安全监管、两类场所整治、消防知晓率提升、高层建筑消防整治、自建房动态排查解危、夜间施工及外来车辆安全监管等工作的汇报。会议强调，要全面起底攻坚排查，把风险隐患排查作为重中之重，做好重点攻坚任务清单梳理，全力消除事故隐患苗头，确保做到隐患动态清零、风险及时清除。要举一反三抓长效，以百日攻坚为契机，针对盲点、堵点问题，深入开展复盘，建立安全生产长效机制，做到“解决一个问题、完善一套制度、堵塞一批漏洞”，切实打好安全生产持久战，将安全措施抓得更细、安全防线筑得更牢，夯实安全领域坚实基础。

（陈纪珲）

民生实事项目

【概况】 2023年，洞头区人民政府始终坚持把办好民生实事作为重中之重工作来抓，主要领导亲自推动，分管领导协调落实，强化清单化管理、过程化考核、机制化保障，用心用情用力办好办实民生实事。截至年底，49项省民生实事、54项市民生实事全部完成；10项区民生实事全部完成，投入资金9417万元。

【“燃气扩面”燃气改造】 2023年，洞头区完成海湾一区、幸福楼、盐业大楼、滨海花园、物资大楼、锦都花园、医院宿舍、邮电宿舍等8个老旧小区燃气改造，以及覆盖1200户的“瓶改管”任务，让市民用上实惠安全的管道天然气。该项目资金投入约350万元。

【“安心托幼”幼儿服务】 2023年，洞头区教育二幼和托育综合服务建设工程顺利开工，儿童健康服务中心与整体工程同对优质教育的需求，持续推动优质学前教育普及普惠。该项目投资概算约2.7亿元，已使用专项债资金约3100万元。

【“口袋公园”城市微更新】 2023年，洞头区建成古堤坝遗址文化园、南塘游园、东屏邻里公园、野营公园、鸽殿游园、城南街心广场、海露游园、恒博广场、中屿活力园、霓屿迎宾花海、鹿西红砂口袋公园、霓乐园、龙屿花院、美岙小驿、青奥海湾等15个“口袋公园”，进一步丰富休闲、娱乐、健身、康养等公共生活休闲空间。该项目资金投入1973万元。

【“快递进村”便民服务】2023年，洞头区完成59个村快递智能柜建设并投入运营，实现全区行政村邮政、京东、顺丰等品牌“快递进村”便民服务全域覆盖，并逐步推进“三通一达”等品牌引进，打通快递寄送“最后一公里”。该项目资金投入约60万元。

【“交通畅行”道路建设】2023年，洞头区完成小朴村白马古道、小朴村道路、状元后山公路、东臼道路、观音礁至下南台公路、中仑通村公路、沙角游步道至330国道、潭头村下沙头至三分头道路、西浪村马观线至上西龙道路等9条公路改造提升，打通状元后山公路、中仑通村公路等2条断头路。该项目资金投入约1000万元。

【“零工驿站”人力资源】2023年，洞头区建成投用北岙街道迎宾路“零工驿站”（城市岛屿），项目集合人力资源市场、口袋公园、技能培训室、青年创业空间和人才之家等功能，以人力资源市场为核心点位，延伸打造4个离岛偏远乡镇零工市场，实现区级人力资源市场与4个离岛偏远乡镇零工市场的信息实时共享，为全区群众提供求职招聘、技能培训、政策咨询、等工候工、休憩娱乐等多元服务，构建“1+4+N”零工市场模式，为劳动者灵活就业和企业灵活用工搭建“供需桥梁”，激活就业“大民生”。该项目资金投入782万元。

【“送水到家”供水改造】2023年，洞头区完成海悦城嘉园、海悦城璟园、中央公馆、皇家花园、布袋岙安置房霓惠苑、布袋岙安置房霓风苑、银城花苑一期、银城花苑二期等8个居民小区二次供水设施改造，改造远程智能水表2585只，惠及居民户数2585户。改造后，小区业主直接向供水企业缴纳水费，能够有效减少用水纠纷，并享受优质运维管理服务，实现管水到户，保障城市“最后一公里”饮用水安全。该项目资金投入约1800万元。

【“幸福颐养”养老服务】2023年，洞头区建成银海社区、双垅村、周宅村、东屿村、小荆村、兰湖洞居、蓝港社区、长坑垄村、昌鱼礁、口筐村等10家居家养老服务照料中心，惠及老年人约1万人；打造15分钟服务圈，常态化为辖区内老年人开展助餐、助浴、助洁、助医、助行等服务；完成6家智慧健康站建设，为周边群众提供远程医疗咨询、预约挂号、健康体检等智慧健康服务。该项目资金投入152万元。

【“健康无忧”预防服务】2023年，洞头区完成102名低保低边特困适龄女性免费接种HPV疫苗、3316名70岁以上老年人免费接种流感疫苗；为辖区7123名50~74周岁的户籍居民开展结直肠癌筛查，完成结直肠镜检查362例，未检出结直肠癌，实现癌前病变早诊早治；完成3605名80岁以上老人免费投保“温州益康保”。该项目资金投入约100万元。

【“关爱有声”助残服务】2023年，洞头区为200名残疾人发放智能音箱，借助智能音箱AI语音互动技术，累计提供在线求助、康复指导、智慧家居等各类互动和帮扶服务2000多人次。通过“关爱有声”智能化系统后端管理平台实时掌握残疾人状态变化，及时给予残疾人政策救济、失业帮扶、上门关怀等服务。该项目资金投入100万元。

（吴尊正）

重点工程建设

【概况】2023年，洞头区修订《洞头区政府投资重点建设项目移交管理办法》，开展重点建设项目提速攻坚行动。围绕全年重点建设项目工作目标，形成项目问题从“梳理收集—跟踪服务—协调化解”的闭环管理，坚持“出实招，重实效”两手抓，全面促进重点项目高质量建设。全年重点建设项目133个，其中新开工建设项目60个，建成项目24个。完成投资486398万元，为年度计划的105.67%。区本级财政投资项目完成投资229308万元，为年度计划的104.14%，非区本级财政投资项目完成投资257090万元，为年度计划的107.08%。按“三变”板块划分，产业聚变板块（58项）共完成投资305433万元，为年度计划的105%。城市蝶变板块（47项）共完成投资110694万元，为年度计划的108.42%。幸福跃变板块（28项）共完成投资70271万元，为年度计划的104.41%。

【洞头区政府投资重点建设项目移交管理办法修订】2023年4月13日，区政府办公室印发《洞头区政府投资重点建设项目移交管理办法（修订）》，规范本区政府投资重点建设项目竣工移交及移交后的维养保洁等管理行为，明确建设单位和接管单位责任，强化行业主管部门的监督。适用范围为本区范围内的新建、改建、扩建的交通、水利、房建、市政园林、海洋、旅游等政府投资重点建设项目（包含特许经营及PPP投资项目、区级国有企业投资及代建项目）竣工移交适用本办法。区综合执法局负责接管城市（区）河道、道路、桥梁、环卫、照明及城市（区）道路绿化、公共绿地等市政设施维护管理工作；区水务（排水）公司负责接管城市给排水、中水及污水处理等设施维护管理工作。区交通、水利、海洋、旅游、文体、教育、卫生、交警、电力等主管部门其所属的设施维护管理单位负责接管相应项目设施维护管理工作。已建成运营的PPP项目根据行业类别移交给归口职能部门管理；改建改造项目仍由原管理单位接管。城区以外的重点建设项目原则由属地政府负责维养，其中布袋岙新区、状元南片新区参照城区管理。行业主管职责、行业属性难以界定的项目，由区政府指定维护管理接收单位。按照项目移交条件和程序，项目移交内容包含工程实体移交（管理移交）、工程资料移交、项目资产移交。

【洞头区重点建设项目提速攻坚行动】2023年6月7日，区政府办公室印发《洞头区重点建设项目提速攻坚行动方案》。主要任务是招引项目落地提速，新建项目开工提速，续建项目扩资提速，滞后项目破难提速，前期项目推进提速，储备项目谋划提速，要素支撑保障提速，政策处理清障提速。目标是聚焦影响项目建设推进的8个关键点，采取超常规措施，遴选68个项目开展提速攻坚行动，能快则快、能早则早、能争则争，提质扩量4亿元以上建安投资，争取拉动固定资产投资增速6个百分点、建安投资增速8个百分点，确保全年固定资产投资保持稳中有进态势，与GDP增速基本平齐，建安投资增速回落幅度收窄。

【重点工程新开工项目】2023年，洞头区新开工建设项目60个，分别为旧城区雨污管网建设（本岛旧城区）、马岙潭度假区综合开发项目、大门派出所业务技术用房、长沙商务综合体、北岙街道配套教育项目（洞头区海悦城未来社区建设项目）、彩虹湾植物迷乐园、本岛其他片区污水管网提升工程、大门社会事务综合服务中心建设工程、岙底至大门隧道连接线工程（325省道洞头岙底至长沙段）、仙叠岩（大沙岙）景区综合开发项目、新城一期城市基础设施更新项目、洞头区疏港道路建设工程、鹿西港海域航道建设工程（港口疏浚）、园区污水管网建设工程、EOD-海岛山体与矿山生态修复与治理工程、浙江嘉恒金属科技有限公司新厂区建设项目、残疾人之家、温州牧声科技有限公司年产1000万双抗菌耐磨精品鞋材项目、高端储能装备制造和（光伏）应用一体化项目、杨文工业园区道路改造提升工程、2023年配电网新建与改造工程、洞头粮食储备中心库及配套建设工程、浙江康铭医疗科技有限公司一次性使用无菌输注类医疗器械项目、园区防洪护坡改造工程、园区配套服务中心建设工程、浙江中燃华电能源有限公司小门岛汽车充装站（中燃油气转运中心）、东屏街道社区配套建设项目、园区交通场站建设工程、居家养老服务设施改造提升项目、EOD-海霞营地片区配套基础设施提升工程、EOD-洞头集镇片三级雨污管网整治工程、东屏隧道南出口社区配套建设项目、EOD-望海楼片区配套基础设施提升工程、EOD-古村落盘活利用工程、霓屿污水处理厂二期、鸽隔线改造提升工程、园区渔旅融合项目、园区配套道路建设工程、二次供水系统建设项目、温州市洞头区海塘安澜工程（布袋岙二期标准塘）、深水港配套服务设施建设工程、大门环岛公路工程（马观线道路工程）、EOD-中屿片区配套基础设施提升工程、洞头渔岙渔港休闲渔业服务平台项目（东屏海上阳台）、北岙街道配套健康项目、渔港至白龙屿道路沿线基础设施提升工程、鹿西供水管网配套设施工程、信立达机械加工生产车间及配套改扩建项目、洞头未来渔港建设项目、鹿西乡综合交通码头配套设施工程、青山岛供电管网建设工程、北岙街道配套建筑项目（新城广场片区）、温州市洞头区2023年浙江省“蓝色海湾”整治行动项目、EOD-红树林蓝碳保护开发示范基地建设工程、教育二幼和托育综合服务建设工程、南塘工业区道路工程、年产10万台套新能源储能与智能电气装备制造项目、东沙片区旅游基础设施工程、北岙街道配套服务项目、运达股份全球海上风电总部及总装基地。

【重点工程建成项目】2023年，洞头区重点工程建成项目24个，主要有鹿西港海域航道建设工程（港口疏浚）、东园三路道路提升工程、状元南片市政道路工程、坝头生态停车场、大门镇黄岙片区排涝工程、2022年配电网新建与改造工程、新城一期03-01-2地块项目(人才公寓)、洞头区中心敬老院、园区污水管网建设工程、园区防洪护坡改造工程、元觉中屿旅游提质工程、高端储能装备制造和(光伏)应用一体化项目、洞头区老旧小区改造提升工程、北岙街道配套教育项目（洞头区海悦城未来社区建设项目）、浙江嘉恒金属科技有限公司新厂区建设项目、状元岛河道水系治理工程、杨文工业园区道路改造提升工程、小门岛防洪排涝工程、农村公路改造提升工程（三期）、新城二期市政道路工程、燕子山水陆综合开发工程（码头部分）、温州交通城建工业化生产基地、海洋生物医药制造项目（年产1000吨超级鱼油EPA及中药项目）、浙能液化天然气（LNG）接收站项目。

【重点工程红灯警告项目】2023年，洞头区重点工程累计投资完成率低于65%，严重滞后或节点任务未完成项目10个，分别为大门环岛公路工程（马观线道路工程）、马岙潭度假区综合开发项目、精灵海岸养生庄园项目、鸽隔线改造提升工程、EOD-红树林蓝碳保护开发示范基地建设工程、EOD-望海楼片区配套基础设施提升工程、新能源产业零部件运输通道工程（状元岙港区南北通道）、霓南片市政供水配套设施建设工程、垃圾综合处置中心（新城垃圾中转站迁建工程）、北岙街道配套建筑项目（望海路片区）。

（苏世塔）

表6　2023年洞头区重点工程完成情况一览表

单位：万元

序号	项目名称	年度计划投资额	年度完成投资额	完成情况
1	鹿西港海域航道建设工程（港口疏浚）	1200	2606	建成
2	东园三路道路提升工程	2000	1718	建成
3	状元南片市政道路工程	500	598	建成
4	坝头生态停车场	500	650	建成
5	大门镇黄岙片区排涝工程	1500	2447	建成
6	2022年配电网新建与改造工程	400	177	建成
7	新城一期03-01-2地块项目（人才公寓）	3500	2279	建成
8	洞头区中心敬老院	500	552	建成
9	园区污水管网建设工程	800	931	建成
10	园区防洪护坡改造工程	2200	2200	建成
11	元觉中屿旅游提质工程	800	1238	建成
12	高端储能装备制造和（光伏）应用一体化项目	10000	5187	建成
13	洞头区老旧小区改造提升工程	500	61	建成
14	北岙街道配套教育项目（洞头区海悦城未来社区建设项目）	1800	838	建成
15	浙江嘉恒金属科技有限公司新厂区建设项目	1500	1196	建成
16	状元岛河道水系治理工程	2500	2326	建成
17	杨文工业园区道路改造提升工程	2200	2842	建成
18	小门岛防洪排涝工程	2000	1865	建成
19	农村公路改造提升工程（三期）	1000	1654	建成
20	新城二期市政道路工程	5000	6757	建成
21	燕子山水陆综合开发工程（码头部分）	4000	4008	建成

续表6

序号	项目名称	年度计划投资额	年度完成投资额	完成情况
22	温州交通城建工业化生产基地	3000	480	建成
23	海洋生物医药制造项目（年产1000吨超级鱼油EPA及中药项目）	13000	5693	建成（试运行）
24	浙能液化天然气（LNG）接收站项目	72000	88839	建成（试运行）
25	年产10万套新能源储能与智能电气装备制造项目	2000	9479	主体结构施工
26	温州市青山欢乐岛项目	1000	4086	一期主体施工
27	青山岛供电管网建设工程	300	1189	电缆施工
28	南塘工业区道路工程	100	322	主体施工
29	温州市洞头区2023年浙江省“蓝色海湾”整治行动项目	200	404	开展妩人岙卵石滩栈道修复，东白岙沙滩开展补沙工作
30	“梦幻海湾”项目	7000	10953	酒店装修
31	国网浙江温州洞头区供电公司生产综合用房与海霞供电所	3000	4693	主体施工
32	2023年配电网新建与改造工程	2000	3123	10kV线路及配变主体施工
33	东沙片区旅游基础设施工程	1500	2275	主体施工
34	温州市洞头区海塘安澜工程（布袋岙二期标准塘）	3800	5515	主体施工
35	深水港配套服务设施建设工程	1500	2059	小北岙停车场主体施工
36	浙江康铭医疗科技有限公司一次性使用无菌输注类医疗器械项目	1500	1991	主体装修及桩基施工
37	残疾人之家	600	795	主体施工
38	园区渔旅融合项目	500	650	主体施工
39	温州牧声科技有限公司年产1000万双抗菌耐磨精品鞋材项目	2500	3215	附属施工、宿舍楼主体建设
40	洞头三盘产权式酒店项目	4000	5037	东区42幢已竣工交付，西区57幢结顶，进行外墙干挂配套施工
41	鹿西供水管网配套设施工程	700	872	主体施工
42	黄岙新区市政配套工程	1500	1841	路基工程及管道铺设
43	温州市小门西污水处理厂及污水泵站一期工程	8000	9672	主体施工
44	东屏街道社区配套建设项目	1500	1750	道路基本建成
45	二次供水系统建设项目	1200	1382	完成10个小区的二次供水改造
46	长沙商务综合体	10000	11284	完成支撑梁施工，进行地下室开挖，地下室底板施工
47	东屏街道岙仔村旧村改造B地块项目	20000	22438	部分主体完工

续表6

序号	项目名称	年度计划投资额	年度完成投资额	完成情况
48	EOD-古村落盘活利用工程	700	782	完成休闲餐厅改造提升工程、海霞电影馆、海霞之家、海霞书屋
49	居家养老服务设施改造提升项目	600	670	完成10处居家养老服务照料中心改造提升
50	温州冠乔气体科技有限公司工业气体、溶液配置及酸碱罐区新建项目	2000	2232	进行安装设备及配套工程施工
51	EOD-海岛山体与矿山生态修复与治理工程	10700	11496	网寮鼻、打水鞍子项边坡完工；迎宾支线绿化美化子项完工
52	彩虹湾植物迷乐园	1000	1070	主体施工
53	园区交通场站建设工程	1000	1055	主体结顶
54	北岙街道配套建筑项目（新城广场片区）	1500	1573	部分节点完工
55	岙底至大门隧道连接线工程（325省道洞头岙底至长沙段）	300	313	黄岙段（建设用地接壤部分）路基施工、场地平整及管桩施工
56	东沙渔港旅游开发项目（东沙不夜港）	4000	4138	一期完工，二期主体施工
57	洞头区陆域引调水工程	11000	11285	完成泵站、管道施工，进行隧洞施工
58	小门岛市政路网工程	4000	4103	完成管道、路面结构、人行道附属结构施工
59	大门社会事务综合服务中心建设工程	3000	3070	桩基施工
60	S211省道洞头霓屿至北岙段工程	50000	50991	跨海大桥桩基及下部结构施工，节段梁架设，主塔施工
61	EOD-中屿片区配套基础设施提升工程	800	812	完成共富样板综合整治提升工程，进行环状元南片骑行漫道工程施工
62	运达股份全球海上风电总部及总装基地	2000	2009	桩基施工
63	洞头粮食储备中心库及配套建设工程	3000	3012	主体施工
64	园区配套道路建设工程	1500	1505	部分道路施工
65	园区配套服务中心建设工程	3000	3010	海洋生物科技示范孵化基地完工，配套服务中心完成初设
66	霓屿南北通道建设工程	1500	1501	路基施工
67	洞头区城市更新及风貌改造试点工程	5000	5003	基本完成街区改造
68	洞头区疏港道路建设工程	4000	4001	路基施工
69	鹿西乡综合交通码头配套设施工程	1500	1500	主体施工
70	北岙街道配套服务项目	0	1234	一标段完成建设，二标段主体施工
71	EOD-海霞营地片区配套基础设施提升工程	500	500	完成九厅村立面改造、海霞村绿化彩化

续表6

序号	项目名称	年度计划投资额	年度完成投资额	完成情况
72	温州华港液化天然气（LNG）储运调峰中心项目	30000	29987	完成罐区设备安装、码头管廊及卸船系统施工
73	EOD-洞头集镇片三级雨污管网整治工程	1100	1081	弱电管网上改下完工
74	洞头区人民医院改扩建工程暨区公共卫生服务中心建设工程	18000	17251	一期建成，完成预验收；二期完成污水处理，进行室外附属及外墙施工
75	珑头湾旅游度假小镇	8000	7507	酒店装修施工
76	大门镇中心幼儿园工程	3500	3122	完成主体施工，进行装修、外墙粉刷、附属施工
77	教育二幼和托育综合服务建设工程	4000	3556	进行临时用电、用水安装，场地平整、施工临时用房搭建
78	温州港状元岙港区二期工程	45000	39787	5#、6#泊位水工完成上部结构及面层施工
79	固友紧固件新建项目	1000	884	主体施工
80	洞头渔岙渔港休闲渔业服务平台项目（东屏海上阳台）	2500	2208	桩基施工
81	信立达机械加工生产车间及配套改扩建项目	800	694	主体施工
82	洞头未来渔港建设项目	1500	1301	渔港主体智慧化施工
83	大门派出所业务技术用房	800	691	主体结顶，进行砖砌体施工
84	霓屿污水处理厂二期	1000	857	进行罐体施工
85	东屏隧道南出口社区配套建设项目	2000	1706	道路基础施工
86	东岙大酒店	1000	852	附属施工，扫尾工作
87	浙江中燃华电能源有限公司小门岛汽车充装站（中燃油气转运中心）	3000	2330	主体施工
88	渔港至白龙屿道路沿线基础设施提升工程	1200	912	沿线道路施工
89	大门环岛公路工程（马观线道路工程）	2000	1299	路面施工
90	马岙潭度假区综合开发项目	8000	4267	主体施工
91	精灵海岸养生庄园项目	2500	1119	主体施工
92	鸽隔线改造提升工程	1800	710	完成提升路段“路面白改黑”改造
93	EOD-红树林蓝碳保护开发示范基地建设工程	900	260	红树林修复建设
94	EOD-望海楼片区配套基础设施提升工程	1200	312	完成通景公路绿化彩化提升，望海楼主楼改造提升工程进场施工
95	仙叠岩（大沙岙）景区综合开发项目	0	0	开工建设
96	小门岛LNG专用道路工程	0	0	完成招投标

续表6

序号	项目名称	年度计划投资额	年度完成投资额	完成情况
97	垃圾综合处置中心（新城垃圾中转站迁建工程）	0	0	招投标
98	北岙街道配套建筑项目（望海路片区）	0	0	招投标
99	南塘工业区蓝领公寓	0	0	完成施工图设计
100	新能源产业零部件运输通道工程（状元岙港区南北通道）	100	0	完成施工图设计
101	EOD–港区扬尘污染治理工程	0	0	完成初设文本编制
102	沙岙至观音礁支线工程	0	0	完成初设文本编制
103	大荆农业融合示范提升项目	0	0	完成初设文本编制
104	渔岙渔港整治维护项目	0	0	完成施工图设计
105	教育三幼迁建工程	0	0	完成地块控规修编
106	外岛片区排水管网提升工程	0	0	完成初设文本编制
107	霓南片市政供水配套设施建设工程	0	0	完成初设文本编制
108	园区循环经济配套污水处理厂工程（状元南片污水处理厂）	0	0	优化建设方案
109	洞头区仙叠岩（大沙岙）景区齿轨火车轨道交通	0	0	方案设计
110	大山停车场（一期）扩建工程	0	0	方案设计
111	燕子山水陆综合开发工程（后方陆域）	0	0	方案设计
112	东沙渔港升级改造项目	0	0	进行海域论证审批及初步设计
113	朝阳社区有机更新项目	0	0	方案设计
114	EOD–海上游（跳岛游）开发工程	0	0	方案设计
115	三盘融合发展中心	0	0	完成方案设计
116	同心公园海堤延伸线景观配套工程	0	0	完成地块规划论证
117	东屏“沿港星光经济圈”核心区提升项目	0	0	概念性方案
118	洞头近海风电、光伏开发建设项目（暂名）	0	0	基本完成外业测量及用海相关专题报告编制
119	旧城区雨污管网建设（本岛旧城区）	7000	3955	展期实施
120	北岙街道配套健康项目	1500	300	展期实施
121	本岛其他片区污水管网提升工程	6000	333	展期实施
122	新城一期城市基础设施更新项目	3000	37	展期实施
123	古渔村配套设施建设项目（环岛西路）	3000	0	展期实施

续表6

序号	项目名称	年度计划投资额	年度完成投资额	完成情况
124	冷链物流中心建设项目	6000	0	展期实施
125	甬莞高速公路（G1523）洞头支线	30000	0	展期实施
126	温州市洞头区海塘安澜工程（黄岙新塘标准塘）	2500	0	暂缓实施
127	海上会客厅—城市阳台	1000	0	暂缓实施
128	白鹭湾海渔文化旅游度假区	4000	48	暂缓实施
129	黄金海岸度假区	10000	0	中止实施
130	霓屿标准海区建设项目	1500	0	中止实施
131	园区附属设施工程	700	0	中止实施
132	绿色智造基地	3000	0	中止实施
133	海悦城幼儿园	800	0	中止实施

（区发改局提供）

招商引资

【概况】 2023年，洞头区实现到位资金22.6亿元，较上年同期增长11%；完善联席会议制度和大招商工作机制，推动项目快研判、快签约、快落地。引进运达海上风电零碳产业园和温州新能源电池材料产业园两大项目，推进青山年产5万吨碳酸锂材料基地、金风海工装备基地、运达高端储能装备项目、洞头风电场、大门西侧滩涂光伏等重大产业项目。全年各驻点招商组走访商会26个、企业193家、高校8所、行业领军人才25位，邀请到洞头考察企业31家。

【招商机制建设】 2023年，洞头区完善联席会议制度和大招商工作机制，重塑“谋划、研判、招引、落地跟踪”闭环管理机制，实现项目关键环节“阶梯式”滚动流转，推动项目快研判、快签约、快落地。在招引年产10万台新能源储能与智能电气装备制造基地等新能源配套产业项目期间，全力优化项目审批关键环节，及时协调解决项目推进过程中的问题，从项目签约到土地摘牌仅用时52天，实现“拿地即开工”。优化招商信息报送制度、快速研判机制、问题化解机制，快速分析研判信息线索，加强项目招引的前期调查及准入研判。启动中介招商，以深圳组为试点，通过多家比选，选定深圳水木中研产业投资发展有限公司开展委托中介招商服务。

【重大项目集中签约】 2023年4月，温州市2023年一季度重大项目集中签约活动举行，洞头大门西侧滩涂光伏项目和年产10万台套新能源储能及智能电器装备制造项目参加集中签约，计划投资32亿元。洞头大门西侧滩涂光伏项目由浙江运达风电股份有限公司投资建设，总投资约30亿元，拟选址大门岛西侧海域，主要建设50万千瓦光伏机组及相关配套设施。年产10万台套新能源储能与智能电气装备制造项目为洞商回归项目，由西屋港能企业（上海）股份有限公司投资建设，总投资2.2亿元，项目选址于洞头区霓屿街道田岙屿A-04地块，总规划用地面积为31944.2平方米，规划建筑面积为77721.25平方米，其中地上建筑面积为76666.08平方米。项目建成后将形成年产10万台套新能源储能及智能电气装备系列产品的生产能力，于6月开工建设，12月5日首栋厂房结顶，是洞头区2023年首个实现当年洽谈、当年签约、当年开工、当年结顶的重大项目。

【温州新能源电池材料产业园签约】 2023年3月9日，温州新能源电池材料产业园正式签约，进一步完善全市新能源电池产业全链条布局，助力打造全国新能源产能中心和应用示范城市。项目选址于

2023年3月9日，温州新能源电池材料产业园项目举行签约仪式（区融媒体中心提供）

洞头区，用地约925亩，总投资约80亿元，拟新建高纯度碳酸锂材料基地、镍钴锰硫酸晶体材料、电解液材料基地、热电联产能源基地等，并招引石墨烯负极材料、隔膜材料、磷酸铁锂等产业链项目，全部投产后预计年产值为300亿元。6月5日，洞头区政府与浙江鼎森控股有限公司签署年产5万吨碳酸锂材料基地项目投资协议，标志着温州新能源电池材料产业园项目落地启动。项目选址于洞头区大门镇小门岛A-24-1地块，计划投资30亿元，用地面积500亩，是温州新能源电池材料产业园内首个正式签约项目。

（叶宋金）

综合政务

【概况】 2023年，温州市洞头区人民政府办公室办理省、市、区文件1万多件，制发文件620个，保障上级领导来访活动和重大会议465次。以“海上花园建设20周年”经济社会发展成果为重点，形成《关于浅滩三期海域出让开发利用的路径及建议》《关于洞头小型休闲船艇规范化管理的研究及建议》等调研文章7篇，均获得区主要领导批示。全年获省市各类信息录用304篇，获省市领导批示信息156篇。其中，关于洞头经验类信息共获省市领导批示21篇，呈送给王浩省长和张振丰书记的指示精神落实情况报告，均获得肯定性批示；关于城乡风貌整治提升的一篇信息专报获得3位副省长肯定性批示。全年召开各类专题协调会议376个，出具专题会议纪要61个，交办单226张。迭代“项目盯”机制，由区府办副主任兼任专班组长，妥善化解浙能LNG用地、青山岛配套、三盘产权式酒店、岙仔地块等12个历史遗留问题。推出企业反映问题“一表通管”机制，创新“综合查一次”改革举措，闭环化解企业难题116个。全年组织查处各类涉私案件19起，为区财政非税收入增加1642万元，工作经验在全省海防干部培训会议上作典型交流。

【政务公开】 2023年，区政府门户网站发布政务信息6393条，发布全区行政规范性文件41件。开设“区公共服务‘七优享’工程”政务专题，做好“幼有善育”“学有优教”“病有良医”等七大领域信息公开。完善重点领域信息公开专栏，对原26个领域标准目录进行调整，新增水利、交通运输、广播电视、新闻出版、自然资源等5个重点领域目录，归档扶贫工作和疫情防控公开信息。定期公开政府工作报告、重点任务、民生实事项目、建议提案办理等情况。持续加大对教育、医疗、住房等行业新出政策的解读力度，探索视频音频、卡通动漫、简明问答、线下宣讲等多种解读方式。全年发布文字解读47条，图片解读20条，视频解读1条，线下宣讲1条。设立区网络问政平台和浙江政务服务网统一咨询投诉举报平台，全年共计收到留言242条，公开办结留言242条，平均办理时间0.82天。全年各行政机关累计受理政府信息公开依申请18件，其中本年新收16件，上年结转2件，结转至下年办理0件。办结18件，均无出现纠错和败诉情况。开展政务新媒体低质账号清理整顿工作，全年全区政务新媒体账号总量数由7个降至6个，减少14.3%。完善并更新全区各部门政务公开工作负责人名册，实现人员明确、责任清晰的工作格局。制定《洞头区2023年政务公开考核细则》，增加政务新媒体、政策解读等考核权重。对照年度政务公开工作要点及全省政务公开“一本账”，开展工作评测，全区33家单位“一对一”定制问题报告，督促整改落实。全年未发生因政务公开工作被追究责任的情况。

（颜林融）

【提案议案办理情况】 2023年，区政府承办十五届人大二次会议交办的代表建议149件（重点建议2件）交由51家单位具体承办，所有代表建议均在规定时间内办结，办复率为100%。其中，代表建议所提问题得到解决或基本解决115件（A类），占77.2%；正在解决或列入规划逐步解决27件（B类），占18.1%；因条件限制暂时无法解决，留待以后研究7件（C类），占4.7%。向领衔代表发放代表建议反馈表149份，其中表示满意136件，占总数91.3%；表示基本满意13件，占总数8.7%。闭会期间区人大交办代表建议16件，均按计划于12月底前办结答复。政协九届二次会议交办的119件提案（其中重点提案2件），所有提案均在规定时间内办结，办复率为100%。其中，提案所提问题已解决或建议被采纳（A类件）111件，占总数93.3%；正在解决或列入计划解决（B类件）8件，占总数6.7%；没有因条件限制暂时无法解决的提案所提问题（C类件）。区政协委员和各承办部门对提案办理工作进行双向评议，办理结果满意（含比较满意）率为100%，提案质量好评率（含较好）为100%。

（吴尊正）

【政务督查】2023年，区政府督查室推出政务督查“一本通”，全面归集督办事项，全过程闭环跟踪，全年立项督查事项1445项，办结销号1272项，推动区政府决策落实到位。全年发布督查通报55期，发放督办提示单78份，召开督查协调会议25次，现场督查147个点位，开展“回头看”52次，提出督查建议36条，推动决策落实到边到底。实行民生实事项目“一表通管”，高质量完成省、市、区民生实事113项。全年收到“12345”政务服务热线各类办件4345件，召开处置协调会8次，转交率、按期告知率、按期受理率、按期答复率、回访核实率均100%。

【电子政务】2023年，洞头区持续落实政务外网提升工程建设，全年未发生重大网络运行故障与网络安全事故。浙政钉工作台应用由9个增加至25个，同比增长177%；门户网站获评全国县级网站绩效评估第一档。全年共捕获各类网络安全攻击3.66万次，其中，恶意程序事件7213次，网络攻击事件335次。每月常态化开展政务外网安全监测和漏洞扫描工作，整改“三高一弱”安全隐患5600多例。全年未发生重大网络运行故障与网络安全事故。全年共登记数据目录2346个，已归集数据目录251个，较上一年度增加30.05%。建设洞头区人口库和洞头区法人库，累计归集和治理7张基础信息表，包含148626条人口基础信息、13328条法人基础信息汇总。上线数据安全管理、用户和实体行为分析、数据库审计与风险控制等应用功能，配置启用300条用户规则、21条数据库网关规则。全年引用和发布政务信息6400条。浙江政务服务网统一咨询投诉举报平台全年共计接收办件5098件，问题处置率及群众满意率均100%。

（颜　泉）

【外事工作】2023年，洞头区完成自组团组1批6人次，随市组团3批3人次，顺利完成出访任务。7月16日，应希腊费拉市政府和奥地利魏茨市政府邀请，洞头区委书记郭云强率代表团一行6人对奥地利、希腊两国进行访问，开展新能源项目洽谈、洞头海产品推介、旅游文化产业对接、全球青年领袖论坛会址落户洞头洽谈等工作。建立区海外利益管理机制，切实保护洞头籍海外公民、企业员工的人身安全。8月8日，联合市外办领事管理处前往大洲远洋渔业有限公司开展“领事保护进企业”工作，聚焦“企业海外安全”主题，谋划设立基层领事保护志愿服务站示范点，提升企业领事保护工作。全年，有效处置涉外远洋渔船事件3起，协助洞头籍公民签证出国1次。通过温州外事宝、境外工作专班等下发排查任务，开展专项排查处置14次，不定时通过电话、微信等渠道对中高风险地区公民进行风险提醒，皆转移至安全地带。9月26日，完成迎亚运“外国友人瓯越文化之旅”洞头踩点，发布“展亚运风采、品洞头韵味”旅游服务精细化提升实施方案，洞头生态文明线被纳入温州亚运采访线。9月27日，奥中友协华人委员会张维庆会长一行赴洞头考察海上游和无人岛开发，深化双方互动交流。

（郭广俊）

表7　2023年洞头区政府及办公室制发的重要文件一览表

序号	文　号	标　题
1	洞政发〔2023〕2号	关于春节清明期间林区禁火的通告
2	洞政发〔2023〕3号	关于公布洞头区2023年重点建设项目计划的通知

续表7

序号	文 号	标 题
3	洞政发〔2023〕6号	关于对“极限拼搏、专业作战、务实苦干”典型个人给予行政奖励的决定
4	洞政发〔2023〕7号	关于做好第五次全国经济普查的通知
5	洞政发〔2023〕8号	关于给予温州市公安局洞头分局等4家单位行政奖励的决定
6	洞政发〔2023〕9号	关于印发《洞头区生态文明建设规划（2021—2030年）》的通知
7	洞政发〔2023〕10号	关于公布2022—2023年度区级“巾帼文明岗”的通知
8	洞政发〔2023〕12号	关于给予郭丁先同志记功、甘立康等同志嘉奖奖励的决定
9	洞政发〔2023〕13号	关于印发《洞头区大力提升科技创新能力全面落实融入省“315”科技创新体系建设工程实施方案（2023—2027年）》的通知
10	洞政发〔2023〕14号	关于公布第六批洞头区非物质文化遗产代表性项目名录的通知
11	洞政发〔2023〕16号	关于调整部分洞头区区级文保单位名称和文物本体的通知
12	洞政发〔2023〕18号	关于深入贯彻《质量强国建设纲要》加快建设质量强区的实施方案
13	洞政发〔2023〕19号	关于印发《关于促进文化体育旅游产业融合发展的若干政策意见（试行）》的通知
14	洞政办发〔2023〕1号	关于印发《洞头区城镇住房保障“十四五”规划》的通知
15	洞政办发〔2023〕3号	关于印发温州市洞头区人民政府2022年政府信息公开工作年度报告的通知
16	洞政办发〔2023〕4号	关于印发《温州市洞头区深化创建“四好农村路”全国示范县工作方案》的通知
17	洞政办发〔2023〕5号	关于印发《洞头区2023年松材线虫病防治方案》的通知
18	洞政办发〔2023〕6号	关于印发《洞头岛“和美海岛”创建工作实施方案》的通知
19	洞政办发〔2023〕7号	关于印发《全面深化以集体经济为核心的强村富民乡村集成改革工作方案》的通知
20	洞政办发〔2023〕11号	关于印发全区道路交通安全十大攻坚行动实施方案的通知
21	洞政办发〔2023〕12号	关于公布温州市洞头区政府2023年重大行政决策事项目录的通知
22	洞政办发〔2023〕13号	关于印发《浙江省温州市洞头区矿产资源规划（2021—2025年）》的通知
23	洞政办发〔2023〕14号	关于印发《洞头区提升县城承载能力和深化“千村示范、万村整治”工程实施方案（2023—2027年）》的通知
24	洞政办发〔2023〕15号	关于切实做好2023年度消防安全工作的通知
25	洞政办发〔2023〕16号	关于印发《洞头区政府投资重点建设项目移交管理办法（修订）》的通知
26	洞政办发〔2023〕17号	关于印发《洞头区公共服务“七优享”工程实施方案（2023—2027年）》的通知
27	洞政办发〔2023〕18号	关于开展“十四五”规划中期评估的通知
28	洞政办发〔2023〕19号	关于印发《洞头区大力推进科技创新能力提升全面落实融入省“315”科技创新体系建设工程专班组建方案》的通知
29	洞政办发〔2023〕20号	关于印发《温州市洞头区重点建设项目提速攻坚行动方案》的通知
30	洞政办发〔2023〕23号	关于印发《洞头区迎亚运城市品质大提升行动实施方案》的通知
31	洞政办发〔2023〕24号	关于印发《温州市洞头区中医药服务能力提升三年行动实施方案(2023—2025年)》的通知

续表7

序号	文 号	标 题
32	洞政办发〔2023〕25号	关于印发《温州市洞头区居家养老服务设施建设三年行动计划（2023—2025年）》的通知
33	洞政办发〔2023〕27号	关于印发《洞头区推动农贸市场高质量发展三年行动计划（2023—2025年）》的通知
34	洞政办发〔2023〕28号	关于印发《温州市洞头区应急救援规范化建设方案》的通知
35	洞政办发〔2023〕29号	关于印发《温州市洞头区防汛防台抗旱应急预案》的通知
36	洞政办发〔2023〕30号	关于印发《洞头区重污染天气应急预案（2023年修订）》的通知
37	洞政办发〔2023〕31号	关于印发《温州市洞头区防风浪通行安全应急预案》的通知
38	洞政办发〔2023〕33号	关于印发《温州市洞头区危旧房安全应急处置预案》的通知
39	洞政办发〔2023〕34号	关于印发《洞头区新能源汽车下乡充电基础设施先行实施方案（2023—2025年）》的通知
40	洞政办发〔2023〕35号	关于印发《洞头区政府合法性审查事项目录清单》的通知
41	洞政办发〔2023〕36号	关于公布2023年区政府及区政府办公室行政规范性文件清理结果的通知
42	洞政办发〔2023〕37号	关于印发《温州市洞头区农作物生物灾害应急预案》的通知
43	洞政办发〔2023〕39号	关于公布2022年度温州市洞头区工业企业“亩均论英雄”综合评价结果的通知
44	洞政办发〔2023〕40号	关于印发《洞头区党政机关信息化项目建设管理办法》的通知
45	洞政办发〔2023〕41号	关于印发《洞头区海上环卫工作方案》的通知
46	洞政办发〔2023〕42号	关于印发《洞头区推进粮食生产功能区“百千”工程实施方案》的通知

（区府办提供）

应急管理

【概况】2023年，洞头区深入贯彻落实习近平总书记关于应急管理重要论述，全面提升应急指挥能力和处置水平，完成第一轮应急救援规范化建设。制定《温州市洞头区应急救援规范化建设方案》《温州市洞头区防汛防台抗旱应急预案》《温州市洞头区森林防灭火工作规范化建设工作方案》《温州市洞头区全面加强新形势下森林防灭火工作任务清单》，建立414个取水点位“1+3”责任包保机制，累计处置森林火情4起。全年发生生产安全事故1起，死亡1人。新建3支街道（乡镇）综合性应急救援队伍，建成83支村（社区）应急突击队伍。

【洞头区应急救援规范化建设】2023年7月26日，为进一步加快推进全区应急救援规范化建设，全面提升全区综合应急救援能力，按照《浙江省应急救援规范化建设实施意见》《温州市应急救援规范化建设方案》等有关要求，区政府办公室制定《温州市洞头区应急救援规范化建设方案》。工作任务包含应急救援队伍建设规范化[区级综合应急救援队伍、街道（乡镇）综合性应急救援队伍、地面航空应急救援力量、专业应急救援队伍、社会应急力量救援队伍、村（社区）应急力量、企业应急力量、应急救援专家队伍]、应急预案体系建设规范化、应急处置规范化、救援保障建设规范化。实施步骤分为准备部署、全面实施、组织验收、总结提高等阶段。目标到2023年底，全区完成第一轮应急救援规范化建设，新建东屏、元觉、霓屿3支街道（乡镇）综合性应急救援队伍、建成83支村（社区）应急突击队伍，区、街道（乡镇）级综合性应急救援队伍建队率达到100%；区级负有应急管理职能的部门100%完成本行业、本领域相关专业应急救援队伍建设，全区市级、区级管理的社会应急力量救援队伍能力建设分类分级测评率达到40%；总体应急预案、专项应急预案、部门应急预案、街道（乡镇）综合应急预案和专项应急预案、村（社区）综合性“多案合一”应急预案（手册）修编率达到100%；制定突发事件应急处置工作指引，细化规范事故应急救援响应工作程序，较大以上突发事件（自然灾害、事故灾难类）应急处置 100% 通过“浙江省突发事件应急处置与救援”平台全流程处置。

【洞头区防汛防台抗旱应急预案出台】2023 年 7 月 26 日，根据《中华人民共和国突发事件应对法》，国家、省、市防汛抗旱相关法律法规，《温州市防汛防台抗旱应急预案》《温州市洞头区机构改革方案》以及各部门“三定”规定等，区政府办公室印发《温州市洞头区防汛防台抗旱应急预案》，包含总则、风险评估和应急资源能力调查、组织指挥体系及职责、风险识别管控、监测预报预警、事件分级与应急响应、应急保障、灾后处置、预案管理等。本预案自印发之日起实施。原《温州市洞头区防台防汛防旱应急预案》（洞政办发〔2022〕24 号）同时废止。

【应急救援】2023 年，洞头区完成区级专项应急预案或操作手册修订 43 个，修订率 100%。持续优化“海陆空全覆盖、远中近梯次救援、专常新能力提升”救援体系，已建立应急救援队伍 32 支 670 人，招募应急专家五大类 79 名，海上应急“堡垒”救援经验被《浙江法治报》刊发推介。在灾害期间，前置应急救援队定点支援乡镇街道，选派医疗、电力、通信、交通、渔政等应急抢险小分队提前入驻鹿西岛。推进应急救援队伍规范化建设，强化地质灾害、森林防火、抗洪抢险、危化、矿山等重点领域区级专业队伍建设，新建东屏、元觉、霓屿 3 支街道（乡镇）综合性应急救援队伍，建成 83 支村（社区）应急突击队伍。全年处置险情 47 起，救起 62 人。

【防汛防旱防台】2023 年，洞头区完成《温州市洞头区防汛防台抗旱应急预案》修编。开展防汛备汛工作大检查暨全周期隐患大排查、地质灾害风险隐患大排查大整治及备汛自查行动，对照“八张风险清单”，全面排查水利设施、建筑工地、水库山塘、旅游景点等领域风险隐患，并落实整改措施。按照“平战结合”思路，“汛期每月一研判、主汛期每旬一研判”，全面运行“1833”联合指挥体系、“三单战法”，出台“一评估五保障”、鹿西“岛自为战”等 21 项机制，完成台风“杜苏芮”“卡努”“海葵”等防御战。

表8　2023年洞头区社会应急救援队伍一览表

名称	救援内容
温州市洞头区溢香应急救援队	城市搜救、山地救援、近礁救援等领域
温州市洞头区猎豹应急救援服务中心	城市搜救、山地救援、近礁救援等领域
温州市洞头区泽野应急救援队	近海岸应急搜救等
温州市洞头区海安海上应急救援队	10海里近海应急搜救等
温州市洞头区红十字蓝港水上应急救援队	海上救援、海上巡逻等
温州市洞头区心理援助服务队	灾后心理咨询、心理援助等
温州市洞头区后寮村森林义务消防队	森林防灭火、防汛防台等应急抢险工作等
浙江利东洞头应急救援队	道路清障、消防和森林防火的应急用水保障等
温州市洞头区鹿栖应急救援队	抢险救灾、森林防火、防汛防台、应急维稳等综合性救援
温州市洞头区元心应急救援队	抢险救灾、森林防火、防汛防台、应急维稳等综合性救援

（区应急管理局提供）

【全民安全素养提升】2023 年，洞头区开展全国安全生产月系列宣

2023年5月30日，区应急管理局在新城客运站举办应急联动拉练活动　（陈凯翔 摄）

传活动，承办温州市安全生产月活动启动仪式，举办各类活动50场，分发宣传资料2.3万余册。区应急管理局在社区（村居）广场、百姓纳凉避暑场所、员工宿舍等人员聚集地，开展“防首热线”有奖竞答52期，覆盖1.2万余人次。聚焦企业负责人、安全员、重点岗位人员，开展“线上+线下”大培训，培训23期5234人次，其中，“百万员工大培训”通过人数2098人，完成年度任务的243.95%。

（叶卓然）

【应急物资储备】2023年，区发改局作为应急物资储备职能部门，组织实施全区重要储备物资和应急储备物资的收储、轮换和日常管理，落实有关动用计划和指令。负责对管理的政府储备、企业储备以及储备政策落实情况进行监督检查。库房实行“1+7”的仓房储备模式，补充和更新应急救灾物资，应急物资储备以生活救助保障类物资和救灾现场保障物资为主，在原有库存应急生活包、帐篷、棉被、草席、雨衣、雨鞋、手电筒、电风扇等品种基础上，增加发电机、抽水泵、土工布、合金网兜、移动式照明灯组、遮阳棚等物资，物资品种达29种，数量15985件（套），价值约100万元。全年调拨物资5批次，物资金额近16万元。建立协议动态储备和相邻区县储备合作机制，全区储备冻猪肉保证应急市场供应基本生活所需。

（洪　星）

【消防救援】2023年，洞头区消防救援大队完成大队指挥中心升级改造，推进大队“一短三快”初战机制改革。牵头组织6个部门联合举办第一届“海霞卫士杯”政府专职消防队员比武竞赛和区消防职业技能大赛。以亚运安保为契机，完成火眼监控布点4个。全年共开展大队级典型案例研讨18次、站级典型灾害案例学习41次、战评工作39次。开展单位熟悉290次，实战演练123次，多部门联合演练7次，其中夜间实战演练81家次，夜间单位熟悉53家次。修订完善预案81份、制定50份作战信息卡，新增30个市政消火栓、两处取水码头。强化营区安全督导检查，共完成97处安全隐患问题整改；开展安全专题授课20多次。全年接警出动141次，出动车辆222辆次，出动人员1472人次，抢救被困人员14人，保护财产价值854.785亿余元，未发生亡人火灾。组织全区街道乡镇专职队和企业专职消防队队员分10批次开展驻队轮训，组织开展全区微型消防站骨干培训6次，全年共拉动政府专职队伍13次，拉动微型消防站248次；出台《洞头区政府专职消防队建设方案》《街道（乡镇）政府专职消防队考核实施办法（试行）》等文件。推动大门镇投入80万元采购消防车辆和更新老旧消防装备，派出骨干驻点帮扶大门专职消防队3个月。对全区16个社区微型消防站开展实地检查指导，推动北岙街道银海社区、东屏街道东岙顶村开展“五队一体”规范化试点建设工作。

【消防安全隐患整治】2023年，区消防救援大队提请区政府出台《关于开展两类场所、沿街店铺等重点领域消防安全双月攻坚专项行动的通知》《关于进一步加强全区街道(乡镇)消防工作的实施意见》，挂牌街道乡镇消防安全管理工作站。聚焦高风险危化园区和工业园区，开展多企联建、政企共建专业队，在北岙鑫朝工业园以“多企联建”的方式打造“工业园区类最小火灾防控单元”试点，依托消防安全“秒响应”平台，初步构建消防隐患查改、初期火灾扑救和重点人群宣教的“3闭环”，通过开展“双月攻坚”“破窗系列行动”等载体，拆除和改造一批影响“两类场所”逃生和救援的铁栅栏，聚焦合用场所未物理分隔、通天房未设置防火门等静态隐患，排查2000多家两类场所，消除2100多处火灾隐患，下发督办单（交办单）123份，进行10轮月度动态考评通报，推动新一轮动态风险隐患清仓见底；将9个老旧、失管高层住宅小区纳入区长“一表统管”，攻坚一批历史遗留“老大难”问题。

2023年11月9日，洞头区消防救援大队在文体中心举办“119”消防宣传日活动（屠寅儿 摄）

【消防安全宣传】2023年，区消防救援大队组建一支由医院、物流、交通运输等多个行业领域组成的消防志愿者队伍，全年在重点时节深入辖区景区、企业、宗教场所等人员密集场所开展消防安全宣传230多次。拍摄《全民消防公益说》专题片，利用各新媒体平台、楼宇大屏展播宣传80多次；打造海霞妈妈"方言说消防"宣传服务品牌，开展"社区消防夜校""进千企警示宣讲""敲门入万户家庭"等"百千万"系列宣传活动，全年累计深入30家社区、80个住宅小区、300家工业企业开展宣讲。每周两次，设置"蓝玫瑰+火焰蓝"双IP主题夜巡，在洞头人流最多时段和广场、街区、村居开展宣传。全年，共开展消防夜巡活动70多次，发放宣传资料1.5万余份，普及群众2万多人，帮助老人排除消防隐患300多个。联合区委宣传部、区融媒体公开曝光单位44家、隐患225处，依托消防科普教育基地和7个街道乡镇消防体验室、15个村（社区）消防体验点，累计开展体验式培训超2万人次。

（章魏剑坤）

信用体系建设

【概况】2023年，温州市洞头区信用洞头建设领导小组办公室印发《2023年洞头区社会信用体系建设工作要点》《洞头区第二十二个"8·8"诚信日系列活动方案》，继续推进"百家信"应用场景，拓展"百家信"文明实践建设。推广"全企授信"，给予每家企业授信额度。开展"屡禁不止、屡罚不改"失信专项治理行动，为企业提供信用修复指导帮助。

【持续优化"百家信"建设】2023年2月6日，洞头区创新实施百家信改革，印发《洞头区基层道德评议实施细则》，把文明停车、文明堆放、邻里和睦等6项指标细化为22项文明行为具体标准，通过村规民约、道德评议实施。进一步推广百家信应用，共涉及礼遇机构50多个、300多条政策，"百家信"改革推动文明好习惯养成率逐步提高、城乡文明程度稳步提升。12月，"百家信"信用自治项目入围省浙江有礼"四个一百"项目。

【探索"信用+"模式】2023年，洞头区围绕充分发挥社会信用功能，拓展守信激励应用场景。持续深化"海霞诚信贷"应用，已惠及百姓1.31万户，授信金额达14亿元。试点"全企授信"，有效解决金融机构"重抵押、轻信用"观念，通过对企业综合数据分析研判，给予每家企业授信额度，企业信用贷款占比逐年提升。深入实施"信易批"，推出"信易批"事项490个，全年累计提供容缺即办、绿色通道等极简办件服务7937次。

【洞头区第二十二个"8·8"诚信日系列活动】2023年8月，为深入实施省信用"531X"工程，弘扬洞头诚信文化和展示信用洞头建设成果，洞头区开展第二十二个"8·8"诚信日主题活动。通过宣传展板、诚信宣传册等宣传载体，向群众普及不同领域的信用知识。开展"诚信点亮洞头"活动，依托"百岛洞头"官方微博、工作群等线上宣传阵地，拓宽影响范围，提升信用洞头知名度和美誉度。

【助力企业信用修复】2023年，为引导企业及时消除失信行为不良影响、重塑自身信用，进一步提升优化法治化营商环境、社会信用体系建设法治化、规范化水平。按照国家发展改革委《失信行为纠正后的信用信息修复管理办法（试行）》，5月，洞头区召开信用修复工作业务培训会，讲解现行信用修复在线办理流程。开展"屡禁不止、屡罚不改"失信专项治理行动，对区内3家企业开展专项约谈，总计指导企业修复不良信用记录82条。完善自动履行"正向激励+信用修复"机制，引导47家企业主动履行还款义务，组织15家企业就还款事项与申请执行人达成和解，帮助25家失信企业实现信用修复，清单内严重失信企业数量降幅达到41.67%。以区综合执法局为试点，探索运行"行政处罚决定书+行政合规建议书+信用修复告知书"三书同达机制，3个案件实现对企业"行政处罚—合规建议—整改修复"的"全链条"闭环执法。

（蔡倪晗）

行政审批与公共资源交易

【概况】2023年，洞头行政审批与公共资源交易工作取得新进展，审批收件175356件，有效好评率100%，公共资源交易完成进场交易项目229个，成交额约15.86亿元。《"三举措"提升海岛老年人政务服务水平》被省"竞跑者"录用，《洞头"交地即交证"促企早投产》刊发在《浙江日报》，"工程档案全过程管理模式"入选全市营商环境改革第二批典型案例，"交地即交证"模式及创新税务增值化服务入选区第一批营商环境改革优秀案例；改革攻坚及营商环境优化提升"一号改革工程"在"三个一号"工程中获评市五星，率全市之先推出"15分钟政务服务圈导图"，"瓯E办"办件及运行情况排名全市第一，高质量"一网通办"率前三季度位居全市第一，省对市无感监测考评指标全市排名前茅；创成省级示范便民服务中心1个。

【重点领域改革攻坚】2023年，洞头区优化政务服务增值化改革，为企业、群众提供全周期服务。深化促产“一件事”改革，推动西屋港能70天“拿地即开工”，入选市“六比竞赛”二季度全区唯一比看项目；创新“带押过证”举措，为企业节省过桥资金5000多万元。“无感监测”公共资源交易指标居全市第一位；“高质量一网通办”率居全市前六；省级示范便民服务中心创建实现零的突破。

【公共资源交易改革】2023年，洞头区深化“公优廉”改革，狠抓招投标领域专项整治，全力开展远程异地评标，推行代理“星级考评”择优机制，创全市之先出台小额工程规范管理办法，营造“阳光招标、清廉交易”市场环境。“工程档案全过程管理模式”入选市级营商环境改革典型案例。

【政务服务效能建设】2023年，洞头区建立四位一体监管新模式，办件有效好评率100%，全市之先建成15分钟政务服务导图，标准化建设实现全覆盖。“无午休”“周末不打烊”做法获副市长王振勇批示，在全市推广，海霞代办、跨省通办、错时服务等惠民举措深受群众好评。强化法治思维，严格依照法定权限和程序行使权力。推进“清廉政务+”品牌建设，认真开展巡察整改“回头看”工作。发布窗口正风肃纪督查通报11期，查处“两集中两到位”等制度落实不力问题8起，线下群众投诉处理18起，作风效能督查提醒谈话12人，约谈2人，调岗1人，对50人次窗口人员不规范行为作出处理。常态化开展问题线索排查，实地核查工程标后履约情况，守好标后监管“最后一公里”。统筹多部门监督力量，全面起底各类问题线索223条，涉及项目标的额3176万元，清退历史沉淀保证金20.51万元，移交60.77万元无人认领保证金至国库。切实抓好形式主义、官僚主义的预警和防范，通过“海霞代办”“办不成事”“兜底服务”等专项服务，拓宽问题反映渠道，将摸排、搜集到的问题纳入闭环管理，切实解决人民群众办事过程中急难愁盼问题，提升政务服务效能。

（陶艳）

机关事务管理

【概况】2023年，温州市洞头区机关事务管理中心完成浙江省全国人大代表第三小组调研洞头等重大接待保障200多批次、2700多人次，保障公务出行5000多车次，行驶里程约60万千米，满意度评价100%。在全市率先试行效益分享型合同能源托管，年可节约、产生电量46万千瓦时；完成省局“揭榜挂帅”项目1个，创成省级绿色食堂、省级零碳机关各1家，节约型机关、垃圾分类示范单位创建率居全市前列。启用“智慧餐厅”，实现刷脸支付、食堂互通、在线充值等功能；开发菜品300多种，开展二十四节气养生菜、中秋等重大节日优惠活动，降低菜价10%以上。成立“寻味工作室”，以党员厨师为带头人，研发宋高宗御宴南宋菜品，创设“廉政菜单”。建立公务接待“一件事”全周期流程导图，实现就餐预订、住宿预订、公车出行派单一键化服务。联合举办全区“匠心筑梦·才助共富”技能比拼，首届“最美后勤人”评选。1人获亚(残)运会接待保障突出贡献奖，1人获省级技能比武第六名、技术能手称号。

【后勤保障服务】2023年，区机关事务管理中心持续深化“幸福要事”品牌创建，完成立体停车场雨棚安装、行政中心停车、机关大院大楼防漏保温等年度十项“幸福要事”；制定会务、保安、保洁等标准化管理制度，邀请物业服务标准化讲师进行授课。全年检查机关大院进入人员近45万人次，车辆5万余次，外来人员登记1万余人次；保障会议服务3122场、6万余人次。

【办公用房管理】2023年，区机关事务管理中心盘活闲置用房，新增出租房产2处，拍卖2处，创收370多万元。联合纪委等部门对43家单位开展办公用房情况专项检查50多次，发现并整改问题30多处，实现重点领域巡查全覆盖，进一步规范全区办公用房使用管理。完成全区党政机关办公用房测绘、影像制作约5.4万平方米，推动办公用房管理数字化改革工作。

【公务用车管理】2023年，区机关事务管理中心加强公务用车平台管理，每月将公务车辆运行情况数据录入平台，拓展平台使用功能，启用“年检管理”“保险管理”等闲置模块，优化报错模块功能，提高平台应用绩效。全年公车出行累计任务5000多车次，行驶里程约60万千米，满意度评价100%。

（郑思思）

政协洞头区委员会

综述

【政协党建履职品牌建设】2023年，区政协全面贯彻落实新时代党的建设总要求，打造“三聚协力·同心向党”党建品牌，强化“党建三力”，健全“三线组织体系”，开展“同心跟党走、奋进新征程、建功新时代”系列活动，完善党组成员同党外委员谈心谈话、中共党员委员联系党外委员制度，发挥7个专委会临时党支部和6个界别组临时党小组作用，开展“四下基层”“两地双评议”等系列活动31场次，推进党建工作“两个全覆盖”。

【委员联络联谊工作】2023年，区政协围绕提升沿海产业发展竞争力、深化委员履职考核等课题开展调研37场次。联合市政协开展港澳华侨委员专项视察，牵头开展海峡两岸书画艺术联展活动。走访异地商会、在外乡贤16批次，引导意向回归乡贤企业9家，对接洽谈2家。新增慈善爱心公益基金2个，募集资金300多万元，帮助解决孤寡老人就餐、贫困儿童就学等问题。常态化开展大走访大调研大服务大解题、“一联八”等活动，帮助推进解决工程建设审批、企业运营发展等问题70多个。深化“三访三助”“六送下乡”等惠民行动，发挥委员专长开展法律援助、健康义诊、扶贫助残等活动，形成《以“三下沉”构建助力海岛基层治理政协模式》经验做法。

【“书香政协”建设】2023年，区政协召开习近平新时代中国特色社会主义思想学习座谈会4场，组织“百岛崇学·书韵共享”系列委员读书活动9场次，打造崇学讲坛、崇学书屋、崇学沙龙“三位一体”海上花园文化会客厅。深化建设政协书画院、委员工作室等平台。

【政协自身建设】2023年，区政协开展委员履职能力培训，重点学习习近平新时代中国特色社会主义思想、沂蒙精神以及政协履职实务，考察借鉴费县、兰陵等地乡村产业发展、政协委员之家建设等方面好经验、好做法。区政协举办委员讲坛2期，围绕婚内财产与离婚和电信诈骗知识。出台《关于促进人民政协履职成果转化的实施意见》，形成调研成果6篇，在“学习强国”学习平台、《人民政协报》、《中国政协》杂志、中国新闻网、光明网、《联谊报》等媒体刊发信息文章81篇。联合市政协《政情民意中间站》，围绕“山海民兵情 共守边防线”主题开展访谈交流、结对共建等活动，对外宣传“海霞”红色品牌。编纂史料《浙江城市名片·温州洞头篇》。“一县一亮点”创建工作《打出回访监督“连环招” 提升政协履职成果转化“效度”》亮点项目获全市政协系统评比一等奖。5篇优秀理论文章参加省、市政协系统评选，获省三等奖1篇，市一等奖1篇、二等奖3篇。全面启用自建特色场景应用4个，开展在线履职活动9场次。

（郭佩佩）

重要会议

【政协第九届温州市洞头区委员会第二次会议】2023年2月13日至15日，中国人民政治协商会议第九届温州市洞头区委员会第二次会议在洞头剧院召开，参加委员180名，列席112名。会议审议通过区政协九届二次会议议程；汪慧平主席代表政协第九届温州市洞头区委员会常务委员会向大会报告工作；

叶锦丽副主席受政协第九届温州市洞头区委员会常务委员会委托向大会报告九届一次会议以来提案工作情况。会议选举产生政协第九届温州市洞头区委员会常务委员许环（女）、释双岩、蔡志文。会议审议通过政协第九届温州市洞头区委员会第二次会议决议和政协第九届温州市洞头区委员会第二次会议提案审查情况的报告。区政协委员曹鸿飞、蔡志文、林凌、邵晓忠、何晓洁、张海边、郭泳好、潘鑫森、黄丽燕、林璐等结合调研成果，围绕义务教育、产业发展、乡村振兴、共同富裕、健康养老、海洋经济等方面，恳切建言、献计献策。会议提交提案154件，审查立案119件，其中集体提案22件。

【区政协主席会议】2023年，区政协召开主席会议6次。

1月4日，区政协召开九届六次主席会议。会议传达学习习近平在全国政协新年茶话会上的讲话；传达学习省委书记易炼红在温州调研时的重要讲话精神；审议区政协专门委员会通则；审议通过《关于推进民生议事堂“三位一体”建设和“协商驿站”建设的实施意见》；审议通过反映社情民意信息工作实施办法；听取区政协专门委员会年度调研课题完成情况；审议通过2022年度区政协优秀理论文章表彰方案；审议通过政协常委述职人员名单；审议有关人事事宜。会议还审议通过区政协九届五次常委会会议建议议程。

1月19日，区政协召开九届七次主席会议。会议审议《关于召开中国人民政治协商会议第九届温州市洞头区委员会第二次会议的决定（草案）》《政协第九届温州市洞头区委员会常务委员会工作报告（草案）》《政协第九届温州市洞头区委员会常务委员会关于九届一次会议以来提案工作情况的报告（草案）》；审议通过2022年度区政协优秀委员、优秀提案、优秀界别组和界别组召集人名单、区政协九届二次全体会议大会发言相关事宜。会议审议区政协九届二次全体会议相关事宜。会议还审议通过区政协九届六次常委会会议建议议程。

3月8日，区政协召开九届八次主席会议。会议审议区政协常委会2023年度工作要点；区政协2023年度“请你来协商”、民主监督、调研等履职议题；区政协年度重点提案、对口提案；区政协各专门委员会、街道（乡镇）政协联络组成员名单；区政协领导联系常委、委员名单；区政协中共党员委员与党外委员共学共联名单。会议审议通过区政协委员培训工作计划；区政协界别组、委员考核方案；2023年度“主席接待（走访）委员日”活动方案；区政协“两个工作报告”意见建议分解方案。会议还审议通过区政协九届八次常委会建议议程。

7月24日，区政协召开九届九次主席会议。会议传达学习贯彻省委十五届三次全会精神；审议有关人事事宜；审议通过区政协九届九次常委会建议议程。

11月2日，区政协召开九届十次主席会议。会议审议通过区政协九届三次会议筹备分工方案、政协履职成果转化情况“回头看”工作方案、区政协九届二次会议以来提案办理质量和提案质量双向民主评议实施方案；会议还审议通过区政协九届十一次常委会会议建议议程。

12月21日，区政协召开九届十一次主席会议。会议传达中央经济工作会议精神、张振丰书记批示精神；听取年度协商成果“回头看”督查情况通报；听取专委会年度调研课题完成情况通报；审议通过区政协九届三次会议重点提案培育和“即提即办”提案征集方案；审议通过区政协九届二次会议以来优秀提案建议名单；审议通过政协常委述职人员名单。会议还审议通过区政协九届十二次常委会会议建议议程。

【区政协常委会会议】2023年，区政协召开常委会会议8次。

1月6日，区政协召开九届五次常委会会议。会议听取区政府关于2022年度提案办理情况通报；区纪委区监委关于2022年度纪检监察工作情况通报；区人民法院关于2022年度法院工作情况通报；区人民检察院关于2022年度检察工作情况通报。会议表彰2022年度区政协优秀理论文章；审议通过政协温州市洞头区委员会专门委员会通则；开展2022年度政协常委述职；开展2022年度区政协提案办理质量民主评议工作。会议还审议通过有关人事事宜。

1月19日，区政协召开九届六次常委会会议。会议传达省政协十三届一次会议精神。会议审议通过《关于召开中国人民政治协商会议第九届温州市洞头区委员会第二次会议的决定》；政协第九届温州市洞头区委员会常务委员会工作报告；政协第九届温州市洞头区委员会常务委员会关于九届一次会议以来提案工作情况的报告。会议还审议区政协九届二次全体会议相关事宜。

2月14日，区政协召开九届七次常委会会议第一次会议。会议听取各界别组对政协第九届温州市洞头区委员会常务委员会工作报告和提案工作报告审议情况的汇报；各界别组对区政府工作报告和其他工作报告讨论情况的汇报；审议总监票人建议名单；审议区政协九届二次会议决议（草案）。

2月15日，区政协召开九届七次常委会会议第二次会议。会议听取各界别组对区人民法院、区人民检察院工作报告讨论情况的汇报；审议通过区政协九届二次会议提案审查情况的报告（草案）；听取各界别组对区政协九届二次会议决议（草案）审议情况的汇报；审议通过区政协九届二次会议决议（草案）；听取各界别组对政协第九届温州市洞头区委员会常务委员会委员候选人建议名单审议情况的汇报；确定正式候选人名单；听取各界别组对总监票人建议名单讨论情况和监票人推选情况的汇报；审议通过总监票人建议名单、监票人名单。

3月9日，区政协召开九届八次常委会会议。会议审议通过区政协常委会2023年度工作要点；2023年度“请你来协商”工作计划；区政协九届二次会议重点提案和对口提案；区政协各专门委员会、街道（乡镇）政协联络组组成人员调整名单；区政协领导联系常委、委员调整名单；区政协中共党员委员与党外委员共学共联调整名单；区政协界别组、委员考核办法。

8月4日，区政协召开九届九次常委会会议。会议传达省委十五届三次全体（扩大）会议精神和市委十三届四次全体（扩大）会议精神。会议听取关于营商环境提升“一号改革工程”实施情况的通报；深化“大综合一体化”改革情况的通报；和美乡村建设情况的通报；听取深化健康洞头建设情况的通报。会议还审议通过有关人事事宜。

8月25日，区政协召开九届十次常委会会议暨专题议政性常委会。会议传达2023年全省政协主席暑期读书会精神。会议听取区经信局关于关爱成长型企业，促进经济稳进提质工作情况的通报；区政协经济委关于关爱成长型企业，助力经济稳进提质调研情况的报告；区政协委员、企业家代表围绕助推洞头区成长型企业发展进行协商发言。

11月2日，区政协召开九届十一次常委会会议。会议传达学习习近平总书记考察浙江重要讲话精神。会议听取区政府关于洞头国际生态旅游岛建设情况的通报、区政府关于全区交通“外快内畅”路网建设情况的通报、区政府关于全区“腾笼换鸟、凤凰涅槃”攻坚行动情况的通报、区政府关于全区城市蝶变推进情况的通报、区政府关于全区“双招双引”落实情况的通报。

12月29日，区政协召开九届十二次常委会会议。会议听取区政府关于2023年度提案办理情况通报；区纪委区监委关于2023年度纪检监察工作情况通报；区人民法院关于2023年度法院工作情况通报；区人民检察院关于2023年度检察工作情况通报。会议开展2023年度政协常委述职和2023年度政协提案办理质量民主评议。

（戴冰凌）

2023年6月20日，区政协举办“请你来协商”活动，围绕“建设青年发展型城市 打造创意活力青春岛”开展专题协商 （区融媒体中心提供）

协商议政

【概况】2023年，洞头区政协聚焦强力推进三个“一号工程”，投身“感恩奋进、实干争先”3+1行动，组织委员跨界别、跨领域，开展专题“请你来协商”6场，民生议事堂17场，意见建议被相关部门转化为工作举措。全年向区委区政府报送政协专报26期，主要领导批示交办16件。全年针对破解东岙旅游集散问题、新建健身广场、企业职工技能提升、扶持新型养殖产业、鹿西乡离岛交通、蓝港社区渔网具堆放、加强新灵景园车辆管理、双垅餐饮一条街提档升级、全民养老服务体系建设、330国道沿线资源开发利用、岛际应急救援一体化联动、守护食品安全、海霞村野外教学基地打造、港区交通发展、提升大门旅游服务设施、岸线交通安全等开展民生议事。

【建设青年发展型城市协商】2023年6月20日，区政协围绕“建设青年发展型城市，打造创意活力青春岛”开展专题协商。区委书记郭云强与区政协委员、相关部门负责人面对面交流，共同探索符合洞头实际的青年发展型城市建设路子。会上，区政协课题组汇报前期调研情况，针对就业创业、租房住房、教育和身心健康等方面提出建议。团区委围绕青年发展型城市建设作交流发言，5位政协委员就青年创业面临问题，工作机制、氛围营造、思想认识，青年人员引流和集聚，青年型业态发展、城市公共服务等方面进行协商发言。区政协主席汪慧平主持会议，区委副书记林铁、区政协副主席赵海山参加会议。

【关爱成长型企业发展协商】 2023年8月25日，区政协围绕“关爱成长型企业发展，促进经济稳进提质”召开专题协商暨专题议政性常委会会议。区政协经济委报告关于洞头区成长型企业发展调研情况。6位区政协常委、委员和企业家代表分别围绕成长型企业深耕细分赛道、强化要素保障、建设快递物流设施、探索柔性执法机制、强化产业链条打造、优化人文环境等方面提出协商建议。区政协主席汪慧平主持会议，区政府副区长苏剑群、区政协副主席叶锦丽、赵海山、郑雪园，秘书长曹其忠及有关职能部门领导参加会议。

【建设海上休闲运动中心协商】 2023年9月14日，区政协围绕“建设海上休闲运动中心，推进体旅深度融合发展”开展专题协商议政。区委副书记、区长何莉平与区政协委员面对面交流，共商“海上运动·赛事之岛”建设新路径。会上，区文广旅体局通报洞头区海上休闲运动和体旅融合发展情况。区政协委员结合前期调研成果，围绕协商议题，从海上休闲运动产业培育、赛事经济发展、市场开发与营销、运动人才引育、沙滩资源可持续利用开发等方面，与有关部门负责人现场协商交流。区政协主席汪慧平主持会议。

【推进大门鹿西一体化协商】 2023年10月13日，区政协围绕“推进大门鹿西一体化，统筹区域协调发展”开展专题协商议政。区政府常务副区长郑锋利及相关部门负责人与委员们面对面协商交流，为统筹推进大门鹿西一体化建设工作出谋划策。区政协委员结合前期调研成果，从建立一体化发展协调机制、延伸大黄鱼产业链、形成大门鹿西旅游品牌规模等方面进行协商发言。区政协主席汪慧平出席会议并讲话，区政协副主席叶锦丽、赵海山、郑雪园，秘书长曹其忠参加会议。

【推进低收入家庭综合帮扶集成改革协商】 2023年11月8日，区政协围绕“推进低收入家庭综合帮扶集成改革，促进困难群体共同富裕”开展专题协商议政。区政府副区长张伟及相关部门负责人与委员共同探讨对策建议。会上，区民政局通报全区推进低收入家庭综合帮扶集成改革工作情况。区政协委员结合前期调研成果，围绕协商议题，从推进“造血式”帮扶、残疾人低收入家庭综合帮扶、健全综合帮扶集成改革机制、提高综合帮扶精准度、强化专项救助、政策宣传和技能培训等方面，与有关部门负责人进行现场协商。区政协主席汪慧平出席会议并讲话，区政协副主席叶锦丽、郑雪园，秘书长曹其忠参加会议。

【加强职业技能教育培训协商】 2023年12月7日，区政协围绕“加强职业技能教育培训，培养本土特色实用人才”主题开展专题协商议政。区政府副区长贾约拿及相关部门负责人与政协委员面对面协商交流，共谋职业技能教育高质量发展。会上，区人力社保局通报全区加强职业技能教育培训，培养本土特色实用人才工作情况。区政协委员结合前期调研成果，从盘活海岛职教资源、加强工业技能培训、深化职教产教融合、拓宽毕业生就业服务空间、本土人才本土化培育等方面，与有关部门负责人进行协商交流。区政协主席汪慧平出席会议并讲话。

（张华丽）

2023年9月14日，区政协围绕“建设海上休闲运动中心 推进体旅深度融合发展”开展专题协商（区政协办提供）

民主监督

【概况】 2023年，洞头区政协常委会组织开展省、市、区三级政协联动专项集体民主监督，深化协商成果“回访监督”，探索与区纪委区监委专责监督贯通协同模式。组织开展提案办理“回头看”和“百岛连心桥·委员有话说”活动，全年录播专辑7期。

【“百岛连心桥·委员有话说”活动】2023年，区政协结合委员调研、监督、视察活动，持续开展“百岛连心桥·委员有话说”媒体栏目监督拍摄工作，聚焦建设青年发展型城市、关爱成长型中小企业、发展大门旅游产业、优化大门陆域交通、推进职业教育发展、建设城市未来社区、推进乡村文化振兴等联动监督7场次。

【三级联动专项集体民主监督】2023年，区政协成立专项集体民主监督组，围绕“深化‘千万工程’、建设美丽乡村”、迎亚运盛会助力全省三大提升行动，组织开展三级政协联动专项集体民主监督，形成专项集体民主监督报告2篇。围绕营商环境优化提升“一号改革工程”实施情况，开展三级政协委员联动专项集体民主监督，针对部门服务质效、行政执法监管等方面提出意见建议。围绕“农村人居环境整治提升”开展三级政协联动专项集体民主监督，开展并督导全国文明城市创建环境卫生大整治行动，促成无物业小区脏乱差环境得到有效整治。

【协商式监督】2023年，区政协深化“回访监督”机制，围绕新型城镇化建设、义务教育优质均衡发展、全龄友好型社会建设等专题开展回访监督13场次，助推中心敬老院、城市岛屿等民生实事落地惠民，典型经验在《人民政协报》刊登。围绕国家级沿海渔港经济区建设、“两新”产业项目招商落地、霓屿紫菜现代园销售运营等开展视察监督，与职能部门达成发展共识，助推传统农产品转型。组织委员参与电视问政、公开听证、旁听庭审、行风评议等活动29场次，推动中心街改造进度滞后、景区周边无序停车等一批堵点、难点问题得以解决。

【监督性提案督办】2023年，区政协坚持落实政协主席领衔督办重点提案机制，建立日常督办与重点督办、专题督办与集中督办相结合的联动机制，健全提案办理承诺事项落实反馈机制，推动“提案+协商监督”深度融合，全年举办提案办理协商活动12场，区政协九届二次会议以来审查立案的119件提案全部办复。开展提案“双向评议”工作，专题民主评议35家主办单位提案办理质量，提案获评“好”档次107件，提案获评“较好”档次12件。

【协同监督】2023年，区政协探索与区纪委区监委专责监督贯通协同，出台《政协民主监督与纪委监委专责监督协同履职的实施意见》，开展工程项目招投标、社保基金监管等5个领域联动监督，督促维护参保人员合法权益，闭环化解企业诉求155个，相关经验做法登上《浙江日报》等媒体，并在全省推行。

（戴冰凌）

提案工作

【概况】2023年，区政协九届二次会议以来共提交提案154件，立案129件，并案处理后为119件，不立案25件。立案提案分别送交51家单位承办，均在规定时间内办复，办复率100%，其中，提案所提问题已解决或建议被采纳的111件，占93.3%；正在解决或列入计划解决的8件，占6.7%。委员对提案办理表示满意的97件，占81.5%；基本满意的22件，占18.5%。

【重点提案】2023年，区政协确定年度重点提案2件，分别为：关于推进洞头义务教育高质量发展加快建设高水平教育强区的提案（第101号），提案人曹鸿飞、叶元暖，联系领导何莉平，主办单位区教育局，会办单位区财政局；关于大力推进体旅融合发展助力国际生态旅游岛建设的提案（第43号），提案人苏娅，联系领导何莉平，主办单位区文广旅体局。

【对口提案】2023年，区政协确定年度对口提案5件，分别为：关于做好洞头区产业园精细化招商工作的提案（第28号），主办单位区经信局，会办单位区投资促进服务中心；关于加快助推“共富工坊”建设的提案（第38号），主办单位区委组织部，会办单位区经信局、区文广旅体局、区妇联、区工商联；关于做好东屏街道截污纳管的提案（第117号），主办单位区综合执法局，会办单位东屏街道；关于利用无人岛资源开发“跳岛游”项目的提案（第13号），主办单位区文广旅体局、区交通运输局、自然资源和规划分局、区旅发公司；关于加快养护机构建设，提升养老服务品质的提案（第79号），主办单位区民政局。

（张华丽）

专委会工作

【概况】2023年，区政协将全体委员按照工作领域、界别特色编入相应专委会，完善专委会与主席会议成员、界别、委员、群众纵向联系、与上级政协专委会联动协同、与区直部门横向沟通机制。各专委会充分发挥在课题调研、提案督办、社情民意收集、界别委员联系中的基础性作用，加强对各界别组、街道（乡镇）政协联络组的联系指导，围绕7项重点协商和20多项调研、监督等议题履职尽责。

【提案委员会】2023年，区政协提案委员会召开提案审查委员会会议，对委员提交的153件提案进行初审，最终立案129件，经并案处理后为119件。开展提案办理质量和提案质量双向民主评议，评选优秀提案5件。更新提案e办系统，新增提案预交办和部门、委员推荐优秀提案程序。开展民生议事堂、委员工作室和社情民意信息联系点三位一体建设，完成28个“协商驿站”挂牌。征集民生议事堂协商议题，针对基层群众公共服务、公益事业方面事项和群众普遍关注的急难愁盼等17个民生问题开展民生议事堂协商活动。全年共征集社情民意信息36篇，上报市政协28篇，被省、市政协采用20篇，其中转报全国政协3篇，获市委市政府主要领导批示交办2件。

【经济委员会】2023年，区政协经济委员会开展以“关爱成长型企业发展，促进经济稳进提质”专题议政性常委会协商活动，就洞头区高成长型企业“高精专特”培育、要素保障、物流设施建设、产业链打造、人文关怀、柔性执法探索等六大问题短板提出建议意见。赴福建霞浦、台州温岭考察学习，形成《关于国际生态旅游岛营销宣传考察的启示和建议》调研课题报告，在区委理论学习中心组学习会上作交流汇报，获区委书记批示肯定。撰写《关爱成长型企业发展》调研课题报告，在《洞头政研》刊发交流。组织开展关于优化营商环境“一号改革工程”实施情况三级专项民主监督。开展企业生产经营、工程建设等调研纾困服务，解决企业困难问题10多个。

【农业和农村委员会】2023年，区政协农业和农村委员会开展以“加强职业技能教育培训，培养本土特色实用人才”为主题的“请你来协商”活动，提出有针对性的协商建议26条，并形成专报上报区委区政府。开展“加快推进和美乡村建设 打造市郊宜居宜业宜游亮点”市县政协联动调研，并形成调研报告。开展国家级渔港创建民主监督、开展海上联勤视察活动，并提出意见建议。深入码头哥食品有限公司开展食品卫生监督，组织相关部门现场为海窑艺术中心解决停车和周边交通标志标牌、卫生环境整治等问题。

【城乡建设和资源环境委员会】2023年，区政协城乡建设和资源环境委员会开展以“推进大门鹿西一体化，统筹区域协调发展”为主题的“请你来协商”活动，为统筹推进大门鹿西一体化建设工作出谋划策。组织开展“深化‘千万工程’、建设美丽乡村情况”三级联动专项集体民主监督，围绕乡村产业兴旺度、基础设施完备度、公共服务便利度、人居环境舒适度等7个方面内容下沉一线，并针对监督中发现的问题提出建议意见，形成《洞头区政协“深化‘千万工程’建设美丽乡村情况”民主监督报告》上报市政协。前往东郊村、九仙村、小三盘村、大朴村、小朴社区，开展农村人居环境整治提升专项集体民主监督。组织联系界别委员，配合区纪委区监委开展工程建设招投标领域专项治理联动监督活动。

【科技教育卫生体育和文化文史学习委员会】2023年，区政协科技教育卫生体育和文化文史学习委员会开展以“打造洞头特色文旅品牌，推进国际生态旅游岛建设”为主题的“请你来协商”活动。聚焦文化和渔农领域开展专题调研，形成《挖掘闽瓯历史文化元素打造非遗传承活态场景》《洞头区渔农产品电商发展瓶颈制约与对策建议》等报告，为区委区政府决策提供参考。举办“翰墨绘同心 双屏一家亲”2023年两岸书画艺术联展活动，助力洞头打造“两岸半屏山”文化交流品牌。开展“情系政协·宋韵温州”四区书画作品联展活动，助力“千年商港、幸福温州”建设。组织策划“喜迎两会 同心奋进”书法艺术展、“八八战略二十年 海上花园谱新篇”视觉艺术展，开展“八八战略二十年 翰墨丹青话跃变”2023海上花园书画名家采风行活动。组织政协书画院班子和委员代表，赴富阳、建德等地开展书画院考察联谊。策划“政协的文化年货”，组织书写1000多副春联和300个“福”赠送给村社、留洞头过年的外来员工。联合温州医科大学附属第一医院开展“一路清风 一路为民”健康义诊送温暖活动。联合区文明指导中心、区教育局举办“洞益启”2023年洞头区“春泥计划·爱心伴读”同心送教活动。策划组织“光影中的政协故事”主题读书活动和“2023委员走读和美乡村”系列读书活动，联合区教育局组织开展“百岛崇学 书韵共享”品读暨中小学“爱阅读”活动。

【社会法制民族宗教和港澳台侨外事委员会】2023年，区政协社会法制民族宗教和港澳台侨外事委员会开展以“推进低收入家庭综合帮扶集成改革 促进困难群体共同富裕”为主题的“请你来协商”活动，围绕低收入家庭综合帮扶集成改革协商议题，提出意见建议20多条。协同市政协开展港澳华侨委员专项、民族宗教工作和“大综合一体化”视察活动。组织围绕基层宗教中国化实践路径开展深入调研，形成《基层宗教中国化实践路径探索与思考》调研报告。前往洞头溢香应急救援队、社会治理综合指挥中心等地，开展迎亚运助力基层治理大提升专项民主监督。联合区纪委监委开展社保基金运行监管情况专项协同监督。

（叶夏东）

中共洞头区纪委
洞头区监委

综述

【清廉洞头建设】2023年，区纪委区监委印发《2023年监督推动清廉洞头建设高质量发展实施方案》，持续细化清廉单元建设颗粒度和饱满度，继续推进清廉洞头建设体系，制定清廉建设"双清单"，协同推进120家清廉单元建设，区市场监管局、区税务局等4家单位创成全市第二批引领型清廉建设单位。全年验收通过星级清廉单元共77家，其中，五星级清廉单元16个（清廉机关5个，清廉村居4个，清廉学校2个，清廉国企1个，清廉民企1个，清廉医院2个，清廉金融1个）；四星级清廉单元31个（清廉机关10个，清廉村居8个，清廉学校3个，清廉国企3个，清廉民企2个，清廉医院2个，清廉金融2个，清廉交通1个）；三星级清廉单元30个（清廉机关6个，清廉村居4个，清廉学校10个，清廉国企3个，清廉民企5个，清廉金融2个），摘牌星级清廉单元1家。全年立案80件，其中科级干部9人，处分68人，留置8人，移送司法机关4人，挽回经济损失150多万元，运用"四种形态"处理134人次。查处违反中央八项规定精神问题18起18人、群众身边不正之风和腐败问题6起9人、破坏营商环境问题20起20人、招投标领域问题31起16人。

【洞头区"纪巡审"贯通协同三年行动】2023年8月14日，为进一步推动洞头区纪检监察监督、巡察监督与审计监督，系统集成、协同高效，不断深化党统一领导、全面覆盖、权威高效的监督体系在洞头实践，区纪委区监委联合区委巡察办、区审计局制定《洞头区"纪巡审"贯通协同三年行动计划》。行动计划涵盖指导思想、总体目标、基本原则、重点任务、工作要求等五方面内容，要求纪检监察机关、巡察机构、审计部门要增强全局意识、合作意识、补位意识，立足职能职责，强化主动衔接、协作配合，把推进"三类监督"贯通协同纳入重要议程，不折不扣落实中央、省、市"纪巡审"贯通协同部署和本行动计划确定的各项举措要求，实现"纪巡审"同向发力、高质高效。全年累计接收巡察、审计移送各类问题线索23件、立案11件，同比分别增长187.5%和83.3%。

【尽职免责制度体系初步建立】2023年5月30日，区纪委区监委联合区民政局印发《温州市洞头区社会救助尽职免责正负面清单》、联合区市场监督管理局印发《温州市洞头区市场监管行政执法尽职免责正负面清单》；6月25日，联合区"三改一拆"领导小组办公室印发《温州市洞头区农房建设审批监管尽职免责正负面清单》；10月13日，印发《温州市洞头区化解历史遗留问题尽职免责正负面清单》。率先在社会救助、市场监管行政执法、农房建设审批监管、化解历史遗留问题等4个领域建立正负面清单76条，全年尽职免责1人。

【"智慧公章"管理】2023年，洞头区创新推出"智慧公章"管理系统，利用物联网技术将实体章锁进电子套筒中，赋予各经办人相应审批权限，实现公章一套系统管理、一套流程执行。旨在实现用章全程留痕，有效构建"事前可控制、事中可监管、事后可追溯"全流程闭环，实现基层小微权力云上监管。

系统投用后，基层用印平均审批时长缩短3小时以上，平均总时长缩短95.63%，获评温州市加强村社干部特别是“一肩挑”人员管理监督“十佳实践项目”。全年全区累计用印1.78万余次，系统预警并督改10多次。开展村（居）监会主任“智慧公章”业务培训，出台配套使用管理制度，开发违规套取财政资金等监督模型3个。

【“暖心咨询”平台建设】 2023年，区纪委出台“暖心咨询”行为规范，打造区乡村三级“暖心咨询”平台，组建专家顾问团，累计接受党员干部咨询事项344件次，咨询满意率100%，相关做法在《中国纪检监察报》头版刊登。联合深化澄清正名、诬告陷害查处，为11名党员干部和1家单位澄清不实举报，鼓励全区广大干部放下包袱、担当作为。出台尽职免责办法，率全市之先在社会救助、市场监管行政执法、农房建设审批监管、化解历史遗留问题等4个领域建立正负面清单76条，初步形成尽职免责“1+X”制度体系，全年给予尽职免责1人。组织开展“暖心回访激励有为”专项活动，回访受处理处分对象134人。

（郭　凌）

重要会议

【洞头区第二届纪律检查委员会第三次全体会议】 2023年2月17日，中共温州市洞头区第二届纪律检查委员会第三次全体会议在温州市教师教育院洞头分院四楼报告厅召开。会议书面学习传达二十届中央纪委二次全会、省纪委十五届二次全会和市纪委十三届二次全会精神，观看政商关系典型案件警示教育片。区委常委、区纪委书记、区监委主任吴肃锋代表中共温州市洞头区纪委常委会作工作报告。会议审议通过区纪委二届三次全会工作报告。区委书记郭云强出席并讲话。区四套班子领导区直属各单位、省市属有关单位主要负责人等参加会议。

【二届区委第三轮巡察工作动员部署会】 2023年3月31日，二届区委第三轮巡察工作动员部署会在区政府第三会议室召开。会议深入学习习近平总书记关于巡视巡察工作的重要论述，全面贯彻党中央、省委、市委和区委关于巡视巡察工作部署要求，安排部署二届区委第三轮巡察工作。区委常委、区纪委书记、区监委主任吴肃锋作部署讲话，区委常委、区委组织部部长赵爽传达近期巡视巡察重要会议精神，宣布二届区委第三轮巡察组授权和任务分工。包含常规巡察+专项巡察，上下联动+巡审联动，对区人民检察院、区委改革办、区农业农村局、区退役军人事务局、区综合行政执法局和市住房公积金管理中心洞头分中心等6个重点部门和乡村振兴涉农领域开展政治监督。

【清廉村居建设推进会】 2023年4月12日，洞头区召开加强村社干部特别是“一肩挑”人员管理监督工作动员部署会暨清廉村居建设推进会及全区政治监督工作推进会暨漠视侵害群众利益问题专项治理部署会。区农业农村局、东屏街道、霓屿街道下社村分别就加强村级三资管理、加强村社干部特别是“一肩挑”人员管理监督以及清廉村居建设情况作交流。派驻第二纪检监察组、区公安分局、派驻第三纪检监察组分别就政治监督、漠视侵害群众利益问题专项治理及跟进监督专项治理作交流。区委常委、区纪委书记、区监委主任吴肃锋出席会议并讲话。

【二届区委第四轮巡察工作动员部署会】 2023年9月7日，二届区委第四轮巡察工作动员部署会在区人大五楼会议室召开。会议深入学习贯彻习近平总书记关于巡视巡察工作的重要论述，全面落实党中央、省委、市委和区委关于巡视巡察工作的新部署新要求，对二届区委第四轮巡察工作进行动员部署。区委常委、区纪委书记、区监委主任吴肃锋作部署讲话，区委常委、区委组织部部长赵爽传达近期巡视巡察重要会议精神，宣布二届区委第四轮巡察组授权和任务分工。根据区委和全市教育领域专项巡察工作统一部署，二届区委第四轮安排对区海霞培训中心、区教育局、区自然资源和规划分局、元觉街道、鹿西乡开展常规巡察；对元觉街道下辖7个行政村、鹿西乡下辖6个行政村分别开展延伸巡察和巡察“回头看”；对区属公办中小学开展市县联动专项巡察。

【全区清廉洞头建设推进会】 2023年11月27日，全区清廉洞头建设推进会召开。区市场监管局、区工商联、北岙街道、元觉街道沙岙村等单位做交流发言。区委书记郭云强强调，要深入学习贯彻党的二十大精神和习近平总书记关于全面从严治党的重要论述，落实省、市清廉建设推进会部署要求，树标杆、明举措、补短板、促落实，奋力打造勤廉并重的新时代清廉建设高地滨海样板。区领导何莉平、刘素婷、林铁等参加会议。

（郭　凌）

监督执纪

【概况】 2023年，区纪委区监委深入贯彻落实中共二十大决策部署，组建7个监督专班，协同推进“平安护航亚运会”、三个“一号工程”等“5+N”（5个省市县联动政治监督项目即数字经济创新提质“一号发展工程”专项监督、营商环境优化提升“一号改革工程”专项监督、地瓜经济提能升级“一号开放工程”专项监督、“一把手”和领导班子监督和“指尖上的形式主义”专项监督；N个洞头自选政治监督项目即涉企执法专项监督、“农播电商”专项监督、制造业提能升级）政治监督重点项目。持续纠治“四风”，出台《洞头区党员干部职工“迎亚运”期间作风建设“五严禁”》等规定，实施正风肃纪“一月一主题”清单化管理，明确“三重一大”事项决策制度执行等12项主题清单，统筹推进违规吃喝、酒驾醉驾等专项整治。开展重大事项请示报告、办公用房等专题警示教育3轮，组织开展旁听庭审2期，拍摄专题警示教育片3部，《致曾经的我》刊登在中纪委平台。出台村社干部特别是“一肩挑”人员管理监督办法、村社干部处分（处理）决定薪酬执行工作办法，推广基层“智慧公章”。推进“青廉工程”建设，打造“青年说清廉”“廉内助”等廉教品牌，举行“八廉”警示教育活动430多场次，创作清廉贝雕、清廉衍纸、清廉海陶等清廉文创作品，清廉贝雕作品获上级肯定。细化清廉单元建设颗粒度和饱满度，协同推进120家清廉单元建设，不断推进清廉洞头品牌建设。

【**统筹开展政治监督**】2023年，区纪委区监委围绕乡村振兴、三个“一号工程”、迎亚运等“国之大者”等中央、省、市、区委重大决策部署，组建7个监督专班，统筹构建“5+N”政治监督体系，高标准自主开展“平安护航亚运会”专项监督。建立区纪委区监委党风政风监督室牵头抓总、统筹协调，派驻机构、街道（乡镇）纪委加强监督检查、督促问题整改的“室组地”联动机制，跟进监督工程建设领域，在“迎亚运”提升工程、政府小额工程及政策处理等，对发现的问题，通过发函、约谈等形式，督促立行立改、动态销号。全年组织开展监督检查44批次，发现并推动整改问题116个，形成专报13份、督查建议书7份，约谈科级领导16人次，警示谈话3人，全区通报单位1家。

【**全面从严治党主体责任落实**】2023年，洞头区委常委会研究全面从严治党工作9次，区委完成市委巡察指导督导反馈问题整改，针对反馈的7个方面19项问题，研究制定59项整改举措，问题整改率100%。层层夯实主体责任，对“一把手”及领导班子成员落实主体责任情况实行清单式、动态化管理，发布主体责任工作清单、季度提醒单、抄告单等273份，借助“基层政治生态数智”平台，在线审核4175条，退回整改57条，协助区委以“点人＋点题＋点评、述责＋评责＋交责”的方式听取10个单位党委（党组）书记落实主体责任情况报告，督促党组织进行主体责任评议69家，问责不正确履职问题3人。分级分层全覆盖开展政治家访2552人，帮助解决困难问题60个，收集意见建议96条，集体廉政谈话17批次511人次。

【**尽职免责机制建设**】2023年，区纪委区监委认真落实“三个区分开来”原则，迭代升级《温州市洞头区尽职免责办法（试行）》，构建“提出申请、调查核实、会商认定、公开反馈、归档备案”五闭环，推动尽职免责在基层落地，全年予以免责1人。结合洞头实际，率全市之先在社会救助、市场监管行政执法、农房建设审批监管、化解历史遗留问题等4个领域建立正负面清单共76条，初步形成尽职免责“1+X”制度体系，尽职免责工作纳入全市试点。

【**“亲清一点通”场景应用建设**】2023年，区纪委区监委创新打造“亲清一点通”场景应用，全力构建亲清政商关系，推动营商环境优化提升“一号改革工程”在洞头实现创造性落实。累计备案涉企执法1451件，对涉及多部门检查的予以协调组织“综合查一次”102次，涉企执法行为压减52.1%。开发赋码执法场景，凭码执法500多次，柔性执法226次，避免多头、重复执法等“扰企”行为。获评2023年度洞头区社会治理优秀创新项目、洞头区“微改革 微创新”十佳案例。

【**全面优化基层治理**】2023年，区纪委区监委出台村社干部特别是“一肩挑”人员管理监督办法、村社干部处分（处理）决定薪酬执行工作办法，推动村社干部作风转变。推广基层“智慧公章”系统，实现全区83个村社全覆盖，该项工作入选2023年度全市加强村社干部特别是“一肩挑”人员管理监督十佳实践项目。以省级重大巡视问题整改为着力点，牵头做好强村公司监管领域专项治理，健全完善监管机制9项，出台负面清单10条，帮助指导全区强村公司承揽项目12个。

【**深化“四风”纠治**】2023年，洞头区紧盯违反中央八项规定精神和隐形变异“四风”问题，出台《洞头区党员干部职工“迎亚运”期间作风建设“五严禁”》等一系列作风规定，推进违规吃喝、酒驾醉驾及其背后“四风”问题等专项整治，批评教育帮助和处理21人，查处酒驾9人。印发《关于实行正风肃纪“一月一主题”清单化管理的通知》，组织开展元旦春节、五一、端午、中秋国庆等节假日期间正风肃纪督查，发现并反馈问题47个，查处违反中央八项规定精神问题18起18人。

【漠视侵害群众利益问题专项治理】2023年，区纪委区监委坚持“小切口”推动“大治理”理念，深入推进漠视侵害群众利益问题专项治理。紧盯群众“急难愁盼”和民生领域“微腐败”问题，精选确定中小学校食堂采购、噪声污染等治理项目9个。围绕职业技能培训领域背后存在的廉政风险点，构建“用人单位以未缴纳社保职工名义申领职业技能培训补贴”模型，归集全市行权数据，碰撞产生问题数据1.2万余条，第一种形态批评教育3人。发挥“室组＋部门”联动机制作用，通过明察暗访、突击检查、驻点监督等方式对专项治理工作开展监督检查，做到职能部门“治理”＋纪检组织“督查”同步进行。全年组织开展监督检查74批次，发现并推动整改问题32个，建章立制11项，查处群众身边腐败问题6起9人。

【“指尖上的形式主义”专项治理】2023年，区纪委区监委针对信息化建设建而不用、建而无用、用而不便以及重复建设等问题，部署开展“指尖上的形式主义”专项治理。通过对区乡两级自建开发的PC端、网页端、手机App等各类应用，督促各街道（乡镇）、部门开展两轮系统摸排，梳理自建应用纳入整治范围19个。联动区委督查室、区大数据管理中心等8家职能部门成立专项整治工作专班，牵头专班人员围绕纳入整治的应用逐一开展分审、联审两轮审核工作，按照“保留、优化提升、整合兼并、削减取消”4类处置方式提出联审意见。共削减取消“僵尸类”“功能重复类”等应用9个，优化提升1个，其中供各街道（乡镇）、村居使用的应用削减率71.4%。

（王丹）

党委巡察

【概况】2023年，温州市洞头区委巡察工作领导小组办公室组织开展2轮常规巡察和2轮专项巡察（1轮乡村振兴领域专项巡察和1轮教育领域专项巡察），全年巡察共反馈问题392个，移送问题线索19条（不含第四轮），推动被巡察单位第一种形态问责干部236人，建立健全制度159项。二届区委以来共巡察单位19个、村社45个，覆盖率达42%，充分发挥监督保障执行、促进完善发展作用。全年区巡察办总结提炼洞头巡视巡察工作经验和成效，向省、市推荐洞头巡察典型案例24个，形成综合调研报告3篇。

【“重大巡视问题清单”全市考核成绩显著】2023年，洞头区落实全市“重大巡视问题清单”考核机制，吃透“重大巡视问题清单”指数评价细则，精准盯牢得分点，坚持每周赴省委巡视办或市委巡察办走访对接，实现2个主动发现问题整改均获市政府领导批示肯定，上报省委巡视办的相关整改材料脱敏后作为模板发全省各地参考，2023年度“重大巡视问题清单”考核排名全市前三。

【二届区委第三轮巡察工作】2023年3月31日，洞头区召开二届区委第三轮巡察工作动员部署会，批准对6个区直单位开展政治监督。监督工作主要围绕“两个维护”根本任务，紧扣“三个聚焦”政治要求，突出对“关键少数”特别是“一把手”监督，发现并推动解决影响制约洞头高质量发展的突出问题。巡察时间为4月10日至6月10日。8月10日向被巡察单位反馈问题130个，指导细化整改举措437项，建立健全机制52项，推动“第一种形态”问责干部63人，实现反馈整改率100%，切实做好巡察“后半篇”文章。

【二届区委第四轮巡察工作启动】2023年9月7日，洞头区二届区委第四轮巡察工作启动，批准对3个区直单位、2个街道（乡镇）及所辖15个行政村、教育领域开展政治监督。巡察时间为9月7日至12月31日。12月底完成巡察工作报告起草，本轮巡察共发现各类问题207个，其中聚焦贯彻落实上级和区委决策部署情况问题29个，群众身边腐败问题和不正之风问题35个，基层党组织领导班子和干部队伍建设问题37个，落实巡视巡察整改和成果运用情况7个，以及教育领域共性问题17个、村级党组织问题33个。

【村巡察“360”工作法获全省推广】2023年，洞头区委建立的“360”村巡察工作模式，深入船头、田头、村头“3头”，做到重点人员、场所、资金、媒介、部门、会议“6必巡”，群众监督“0距离”。坚持每巡察一个村至少推动解决一件“幸福要事”，帮助推动基层矛盾化解，其相关经验在省委巡视办主编《浙江巡视动态信息》宣传推广。2023年洞头区入选市委对村巡察直接蹲点调研试点县，并推荐在全省对村（社区）巡察现场推进会上做典型示范展示。累计推动解决安置房办证、公益性岗位等幸福要事208件。

（张文杰）

洞头区总工会

【概况】2023年，温州市洞头区总工会第九届委员会有两委委员（工会委员会委员和经审委员会委员）38人。截至年底，全区有基层工会294家，工会会员数19591人，其中行业工会20家、机关事业单位工会104家、街道（乡镇）总工会6家、社区工会18家、企业工会146家。洞头区总工会打造“海上花园·幸福洞工”品牌，实施洞工“十大行动”。出台《洞头区职工成长型社会建设实施方案》。全年进企业、进学校、进厂区开展宣传宣讲活动130多场，推荐洞头区海霞文化发展中心（原海霞培训中心）获“全省产业工人思想教育基地”称号，新增市级职工书屋2家。组织职工杯篮球赛、工会杯足球赛、千人环岛跑等大型赛事活动。推动洞头疗休养基地进全省46家高校及地市教育工会，联合浙江电子科技大学、富阳区市总工会、泰顺永嘉等建立疗休养合作机制，选树省五一劳动奖章、省工人先锋号、市级立功竞赛示范项目等荣誉。寻访“海上花园·最美劳动者”20名，推出人物表彰大会、百姓茶坊“聆听最美事迹”系列访谈等宣传活动10多期。

【基层工会组织建设】2023年5月18日，区总工会联合区委组织部印发《关于实施“示范洞工”一体化提升工程 全面推进县级工会加强年工作的行动方案》。加强与区经信、人社、税务等部门联动推动工会组建，新建“共富工坊”工会联合会、海洋食品产业园工会联合会、北岙街道民宿工会联合会等新业态工会以及基层工会13家，新增会员3442人。建立细化“小三级”工会责任清单14项，通过整合县域工会组织资源要素，推动各类工会组织活动共办、服务共享，解决基层工会规模小、职工少等瓶颈。借助温州工会2.0平台，在县级工会子板块率先开通建会入会、工会换届、工益乐学、基层工会干部培训等使用端口。借助2023年国际海上导助航高级管理人员培训

2023年4月28日，2023“海上花园 幸福洞工”洞头区纪念五一国际劳动节暨迎亚运系列职工文体活动启动仪式举行。图为受到表彰的海上花园最美劳动者（区总工会提供）

2023年4月28日，举办2023“海上花园·幸福洞工”洞头区“迎亚运”千名职工环岛跑活动　（区总工会提供）

在洞头举行契机，邀请共建“一带一路”国家宾客深度体验游洞头。与省教育工会建立县级工会加强年、疗休养推介等帮扶合作机制，与协会组织、爱心企业等社会力量探索“共帮扶”“共暖新”等合作方式。

【职工文化建设】2023年，区总工会深化“工益乐学”普惠活动品牌，举办瑜伽、羽毛球、游泳等公益课，服务职工3000人次。举办渔家厨娘中式烹饪特色技能大赛、电力职业技能大赛、森林消防技能大赛等10多场。举办转岗、再就业职工技能培训，为162名职工提供学习知识、提高素质和技能水平的新平台。帮助100名职工实现求学圆梦行动和学历能力双提升。一月一主题，组织职工杯篮球赛、工会杯足球赛、千人环岛跑等大型赛事活动10场，参与职工2000多人次。推出海上运动、星空沙滩音乐派对、红色剧本杀等系列活动7场，成立海霞红娘志愿队。打造爱心托管“暑期档”6家，帮助92名职工解决子女暑期托管问题。联合实施职工心理关爱、一线职工免费疗休养、职工医疗互助保障等实事项目，服务保障职工约4万人次。打造蓝港“职工幸福社区”，形成15分钟“服务圈”。联合社会爱心企业，在人流密集中心城区增设户外劳动者“爱心共享冰柜”，为交警辅警、环卫工人、外卖小哥提供冰饮品。打造海霞“共享餐厅”、东岙“厨娘之家”等职工交流阵地，增设学习交流、健康沙龙等服务功能。对非公企业、新就业形态劳动者、低收入人群、情感孤独人员等群体开展走访联系活动。开展夏季高温慰问活动，为2000名一线职工发放慰问物资价值20多万元。举办“能级工资”集体协商工作培训班。在“12351”职工维权服务日、妇女节、母亲节、安全生产月等重大节日，发动执业律师与工会干部开展“尊法守法·携手筑梦”系列公益法律服务行动。

【职工帮扶服务】2023年，区总工会开展“洞工帮·救在身边”专项行动，通过广进家门访、下沉企业找、靶向扫户查，全面排查低收职工生活情况，做实拓展困难职工家庭帮扶。构建“帮到位”的困难职工群体帮扶体系，完善两节关爱、金秋助学、送温暖慰问、临时救助等四类帮扶项目，全年投入慰问资金10多万元，慰问职工2288人次。

【“共富工坊”联合会成立】2023年3月22日，洞头区成立“共富工坊”工会联合会，带动渔嫂、民宿等800多名农村富余劳动力加入工会组织，制定区总工会“洞工送富”培训清单，出台共富工坊技能人才关爱八条，开展洞头八大碗等传统美食、西式餐点、下午茶等不同类型培训200多场，参训人员

2023年12月12日，洞头区开通“渔家厨娘”洞头专列　（区总工会提供）

达8000多人次。帮助厨娘队伍打造厨娘代厨+小包团游+社区团购、“最海鲜”代加工等抱团合作产业链组，持续推动订单变现、流量变现。全年累计接收订单超500单，实现渔家厨娘月收入最高超万元，相关做法刊登在浙江信息、《浙江日报》专刊、新华社微信客户端等媒体。

【获评全省产业工人思想教育基地】 2023年11月1日，洞头区海霞文化发展中心(原海霞培训中心)获评浙江省产业工人思想政治教育基地。洞头区以海霞品牌和洞头先锋女子民兵连为依托，培养政治理论素养高，能讲道理、会讲劳动、善讲故事的产业工人思想政治教育“宣讲员”队伍。发挥海霞文化发展中心、洞头先锋女子民兵连纪念馆、海霞军事主题公园等思想政治教育实训基地作用，打造集国防教育、军事体验等功能于一体的海霞文旅综合体。推出“海霞红·劳动美”精品思政课。邀请各类专家学者、党政领导、基层干部、女子民兵连老队员、女子民兵连特战排等富有本土特色的海霞领域宣传专家，讲授海霞精神进工厂车间专题课。海霞文化发展中心注重产业工人思想政治教育培训领域拓展，采取“走出去”“引进来”等方式，成为各行各业产业工人思想政治教育的优秀基地。

(李津艳)

共青团洞头区委

【概况】 2023年底，洞头区有基层团委13个，团工委8个，团总支12个，团支部382个，青年团员4451个，发展新团员205人。全区少先队员7121名，少先队辅导员728名，少先队组织236个，其中少先队大队部14个，中队222个，少先队组织建队率100%。

2023年2月23日，中国共产主义青年团温州市洞头区第二次代表大会投票选举新一届团区委委员 （团区委提供）

共青团温州市洞头区委员会贯彻落实《洞头区中长期青年发展规划（2018—2025）》，通过“智慧团建”系统，开展团情大调研，完成智慧团建团组织录入100%。通过“亲青筹”平台，为离岛乡鹿西小学学生提供1万余盒爱心公益牛奶；擦亮温医大仁济学院与鹿西乡第二个“十年之约”，用好“红领巾之家”，开展研学实践、公益课堂等。建成“阳光会客厅”，开展青少年心理健康团辅活动3场，走访慰问全区重点青少年200多人次；通过“挂钩结对”方式认领留守儿童、贫困青少年等群体微心愿200多个，“亲青课堂”为全区青少年免费提供公益培训课60多节。改造核酸小屋为“洞青驿站”2处，打造“幸福志愿站”等阵地，为快递小哥、外卖骑手、环卫工人等群体免费提供服务。联动温医大仁济学院（滨海校区）学生资源，为铁人三项国际公开赛、全国海钓邀请赛、绿水青山中国休闲运动挑战赛等大型赛事活动提供志愿服务保障6500多人次；围绕迎亚运、文明城市创建、和美乡村等中心工作，发动3700多名团员青年参与，展现一城山花烂漫景象。举办2023年度洞头区基层团干部暨青马工程（青年马克思主义培养工程）培训班。

【中国共产主义青年团温州市洞头区第二次代表大会召开】 2023年2月23日，中国共产主义青年团温州市洞头区第二次代表大会在海霞培训中心召开，全区各条线110多名团代表参加。大会听取团区委书记代表共青团温州市洞头区第一届委员会工作报告。选举产生新一届团区委委员31名，候补委员8名，并审议通过大会工作报告决议。选举产生新一届团区委书记、副书记、常委。方雅靓当选为中国共产主义青年团温州市洞头区第二届委员会书记。区委书记郭云强出席并讲话，团市委书记张呈念到会指导并致辞，区领导汪慧平、林铁等出席。

【青年人才服务】 2023年，团区委策划推出“轰Dong潮夜·青春市集”，全流程把关好设计、选品、保障等每个细节。全年举办青年市集6场次，成为吸引海岛青年文旅消费的新地标，相关做法在中国新闻网、《中国共青团》杂志等央媒报道。推出“52.0浪漫海岸线”，打造同心公园、中屿等到你等“亲青恋”基地，先后在海悦城未来社区、三盘滨海牧歌、满天星直播共富工坊等设立“青年之家”6个，开通“海岛时光”青春团建直通车。成立“爱牵线的团团”青年红娘志愿服务队，排摸建立洞头单身青年数据库，常态开展青年音乐节、城市运动季等活动，参与青年6000多人次。

【家燕归巢】 2023年，团区委举办“返家乡座谈会”、寒暑期社会实践、“学子家乡行”、成长训练营等活动30多场，成立“博士之家”5家，新增学子联络站5个，与温州大学、温医大仁济学院等实施战略合作，推出“归巢吧，海燕”系列宣传片，全年共引育大学生2065人。面向创业青年，举办奇思妙想创业大赛、两岸青年创业伙伴思享汇、“轰Dong青年”电商直播达人培训等活动12场，成立创业梦想导师团、助企突击队等，联合农商银行推出5亿元授信额度“青创共富贷”。

【青少年关爱服务】 2023年，团区委建设完成市级民生实事项目“阳光会客厅”，开展青少年心理健康团辅活动3场，参与青少年80多人。借力“亲青筹”平台，为鹿西乡128名学生筹集爱心公益牛奶1万余盒。发动全区党员干部和团员青年，以“挂钩结对”方式认领留守儿童、贫困青少年等群体微心愿200多个；举办第二期“亲青课堂”，为全区青少年免费提供球类、空手道、舞蹈等公益培训课60多节。关注新业态新就业群体，改造北岙新城广场、东屏中仑广场2处核酸小屋为“洞青驿站”，为快递小哥、外卖骑手、环卫工人等群体免费提供爱心雨伞、充电、应急救援等志愿服务。围绕求职面试技巧、心理健康等主题举办讲座5场，参与青年400多人次。

【青年志愿服务】 2023年，团区委联动温州医科大学仁济学院滨海校区，为全国海钓节、铁人三项国际公开赛等提供志愿服务保障；围绕迎亚运、文明城市创建等中心工作，发动1500多名团员青年参与洗楼扫街、文明督导、疤点整治等志愿服务。开展“百家社团进村社”“爱心助考”“幸福志愿站”等活动60多场，造福群众超1.5万人次。

【省团校洞头分校揭牌】 2023年9月8日，团省委正式批复在洞头区海霞文化发展中心挂牌设立“浙江省团校洞头分校”，此为继金华义乌、湖州安吉之后，省团校设立的第三个分校。11月25日，浙江省团校洞头分校揭牌仪式暨温州市青年人才学院第十九期开班典礼举行。温州各大高校青年人才、区基层团干部等百余人参加活动。现场为浙江省团校洞头分校揭牌，签订《浙江省团校与分校合作办学协议》。洞头分校作为“党在青年工作领域特色鲜明的政治学校”的优势作用，旨在推进团员青年干部培养合作共建，打造特色品牌培训班次，延长服务基层青年和基层团组织的工作手臂。区委书记郭云强出席活动并讲话，浙江省团校党委书记、校长陈豪，区委副书记林铁等参加活动。

【青年发展型城市系列活动】 2023年4月7日，为高质量推进洞头区青年发展型城市建设，深化“让城市对青年更友好，让青年在城市更有为”，引领广大青年为洞头建设共同富裕海上花园汇聚青春力量。洞头区开展“轰‘Dong’百岛·逐浪青春”青年发展型城市系列活动。现场为温州市亿云酒店管理有限公司、温州市洞头布呐呐培训有限公司等5家青年创新创业示范点授牌。团区委与洞头农商银行进行青春共建战略合作暨“共富青年贷”授信签约仪式，为全区创业青年推出5亿元授信额度的“共富青年贷”产品服务，帮助洞头青年搭建创新创业融资平台。

【“青创共富街区”打造】 2023年5月20日，为进一步助推青年

2023年9月8日，浙江省团校洞头分校揭牌暨温州市青年人才学院第十九期开班仪式在区海霞文化发展中心举行（团区委提供）

创新创业，点亮海岛“星光经济”，释放消费潜力，洞头团区委瞄准夜市经济空白地带，发挥青年消费主力军作用，实施“一月一主题”行动，在置信新天地广场开展“轰 Dong 潮夜·青春市集”活动，向广大市民及游客提供特色美食、文创手作、非遗体验、购物娱乐、后备箱经济等一体的新消费体验，用“小集市”汇聚“大能量”。通过青春市集带动效应，聚拢人气、形成商气，打造“青创共富街区”，通过系列实招打造置信新天地成为青年创新创业基地。

【洞头区第七届青年歌手大赛】2023 年 8 月 10 日，为推动洞头青年发展型城市建设，“澎湃青春梦向海最强声”洞头区第七届青年歌手大赛决赛举行。大赛吸引来自区内外 100 多名热爱音乐的选手参赛。经过海选、复赛、网络投票复活后，12 强选手入围决赛参加对决。最终，叶少铖以一首深情的《再见，我的爱人》夺得冠军，林烨、陈才分别摘取本届大赛的亚、季军。

（杨 慧）

洞头区妇女联合会

【概况】2023 年，洞头区有街道（乡镇）妇联 6 个（不包括灵昆街道、昆鹏街道）、妇工委 1 个、单位妇委会 27 个、行政村（社区）妇联 67 个、社区妇联 16 个、小区妇联 5 个。有街道（乡镇）妇联主席 6 名（不包括灵昆街道、昆鹏街道），副主席 12 名，执委 96 名（含主席、副主席），机关企事业单位妇工委、妇委会主任 28 名。

温州市洞头区妇女联合会出台《关于加强留守儿童关爱教育工作的方案》等惠及儿童政策举措 14 个。推动市妇联开设“海霞大讲堂”学习平台，“海霞精神”首次被写入浙江省第十五次妇代会报告。引进青田县妇联、温州市妇联、瓯海区妇联基层妇联干部培训班等班次到洞头培训交流。建成海霞青年营儿童乐园、仙叠岩童话小院、海悦城未来社区儿童共享空间等重点友好场景。联合出台《星级瓯江红“共富工坊”评定办法（试行）》，牵头开展来料加工式共富工坊星级评定验收，8 家工坊获星级认定并获资金补助。开展家庭关爱服务活动 29 场，帮助困境妇儿解决急难愁盼问题，募集爱心资金 49 万元，资助困难儿童 808 人。年内，获评温州市推进共同富裕（扩中提低）先进集体、温州市“三为”工作成绩突出集体，区妇联档案室荣获 2023 年度“省级规范化数字档案室”，国网浙江省电力有限公司温州市洞头区供电公司海霞电力女子服务队获评浙江省三八红旗集体，洞头先锋女子民兵连副连长曾秀红获评浙江省三八红旗手，北岙街道妇联主席支文君、东屏街道蓝港社区妇联主席童燕燕、霓屿街道桐岙村妇联主席林阿招获评浙江省“最美执委”，北岙街道大长坑村、大门镇小门村、霓屿街道下社村获评温州市和美庭院特色村，霓屿街道下社村获评省级妇儿驿站。

【妇女思想宣传】2023 年，区妇联组织基层妇联干部开展“引领式”授课、“感悟式”分享、“沉浸式”体验等“三式”学习贯彻习近平新时代中国特色社会主义思想主题教育。“洞头百岛女性”微信公众号推出“巾帼共心·朗读有声”专栏 8 期、“洞头区各界妇女热议浙江省第十五次妇女代表大会”3 期，引领广大妇女共学共悟。创设“巾帼大讲堂”“海霞板凳讲”微课堂等载体，以活动串讲、点单送讲等模式，宣讲全国两会精神及第十三次全国妇代会精神。区妇联邀请全国人大女代表陈盈盈到区巾帼学堂向区妇联二届执委及街道乡镇妇联主席传达全国两会精神。

【家庭文化教育】2023 年，区妇联举办第八届家庭文化节，开展亲子家庭红色研学、美丽课堂·智慧亲子、七夕亲子奇妙游等活动。联合区纪委区监委举办“清风传家·德润百岛”家庭助廉活动，全区 30 对干部家属及其子女在东海贝雕博物馆共同以“大手牵小手”的

2023年5月15日，洞头区亲子家庭红色研学活动在区海霞培训中心举办

（区妇联提供）

形式学廉倡廉。11 月 18 日，在元觉沙角活动广场启动洞头区第八届家庭文化节成果展暨平安家庭宣传季活动。活动以“美在家庭”“学在家庭”“乐在家庭”“廉在家庭”“和在家庭”“爱在家庭”等六大主题为抓手，进一步展现全区家庭文明建设成果，推动平安洞头建设工作，助力儿童友好城市建设。全年区妇联开展家庭家教家风宣传等主题活动 31 场。开展“幸福家”家庭家教家风作品征集活动，征集作品 63 件。大门王十朋纪念堂获评温州市新时代家风家教实践基地。

2023年4月11日，区妇联举办“厨娘当主播 美食云推介”活动 （区妇联提供）

【和美庭院建设】2023 年 3 月，洞头区全面启动和美庭院寻访活动，引领广大妇女和家庭投身家园绿化美化。4 月 10 日，区妇联联合区农业农村局组织开展“一米菜园”大变身活动，以“就地取材、废物利用”为原则，进行“一园一主题”创意设计，助力和美乡村建设。6 月 12 日，召开和美庭院创建交流会暨庭院式“一米菜园”建设部署会，并进行和美庭院流动课堂授课和盆栽手工 DIY 教学。全年区有和美庭院创建户 900 户，打造庭院式“一米菜园”达标户 500 户（其中星级示范户 179 户），形成示范带 9 条。选树最美家庭、绿色家庭、和美庭院等特色家庭 115 户，创评市级以上各类特色家庭 45 户，市级和美庭院特色村 3 个。

【巾帼创业创新】2023 年 1 月 29 日至 30 日，区妇联联合区人力社保局在新城广场举办 2023 年“春风行动”暨“就业援助月”女性专场招聘会，共有 35 家企业提供就业岗位近 200 个，涉及办公文秘、餐饮服务、电器装配等多个行业，共达成就业意向近百人。6 月 7 日，温州市“巾帼共富工坊”技能大赛（洞头站）之东岙村首届“最美厨娘”厨艺比赛在满天星共富工坊举行，10 名厨娘同台竞技并进行电商知识普及。6 月 13 日，洞头区举办“匠心筑梦·才助共富”技能大比武暨“渔家厨娘”中式烹饪大赛，全区六个街道乡镇及餐饮企业 500 多名选手（团队）参赛。6 月 15 日至 16 日，联合区经信局、区人力社保局举办洞头区海霞直播暨电商直播式共富工坊直播培训班，提高全区运用电商直播平台能力，有 40 多人参加。11 月 18 日，在元觉街道沙角村开展“巾帼科技助农直通车”活动，围绕蔬菜种植技巧、养护技术、注意事项等内容进行培训。开展“巾帼共富共享学堂”进机关进村居系列活动，举办“厨娘当主播 美食云推介”“妈妈的味道”渔家厨娘美食展销活动，联合区人力社保局等部门开展渔家厨娘技艺比拼 6 场，“巧手厨娘”、海霞直播等培训 12 期，培训妇女 700 人次，带动 66 家企业（店家）产品销售。持续推行“巾帼共富贷”“好家庭信用贷”，累计发放贷款 1.48 亿元。实施妇女创业创新小额贷款贴息，为 10 名创业女性提供贴息补助。培创 8 家星级来料加工共富工坊，获评省级优秀来料加工经纪人 2 人，市级巾帼共富领航人 2 人，市级巾帼共富工坊 5 家。

【家庭平安宣传教育】2023 年，区妇联开展“绽放自我 与法同行”系列活动，结合洞头区第八届家庭文化节成果展围绕“家庭平安社会和谐 儿童友好城市美好”主题在元觉街道沙角村举行平安家庭宣传季启动仪式。宣传《中华人民共和国妇女权益保障法》《中华人民共和国反家庭暴力法》《中华人民共和国家庭教育促进法》等法律法规，开展反电信网络诈骗、农村集体土地权益、女职工权益、禁毒等知识宣传咨询服务。开展“幸福家庭服务先行”“妇女法百场大宣讲”活动，引导广大家庭和妇女群众学法知法守法，提高法治意识和平安防护能力。全年累计开展普法宣传活动 30 多场。

【妇女儿童权益保障】2023 年，区妇联针对困境妇儿，启动妇女儿童关爱基金补助机制，实施“为爱添 1 度”暖冬礼包、“愈见未来”儿童重疾救助等 4 项举措；开展留守儿童关爱、女童保护等儿童关爱服务活动45场，募集爱心资金61.8万元，关爱困境妇女儿童964人。建成妇女儿童综合服务驿站15家，实现“共享社·幸福里”村社驿站100%全覆盖。全年开设学习妇女权益保障法专栏10期，排查化解基层婚嫁家庭矛盾纠纷366件，接处来电来访18起，办结率100%。开展教育培训、公益关爱、儿童服务等服务230多场次，受益群众7400多人次。“妇联护成长，给孩子心动能”儿童关爱服务被中国妇女杂志（2023年第10期）采用。霓屿街道下社村获评省级三星妇女儿童服务驿站；元觉街道、鹿西乡、北岙街道银海社区、东屏街道岙仔村、霓屿街道上社村5家获评市级二星妇女儿童服务驿站。

【儿童友好城市建设】2023年8月24日，洞头区举办儿童友好城市建设专题培训会，温州市妇联党组成员、副主席张香梅作《温州儿童友好城市建设的实践与探索》专题讲座。培训会还进行儿童友好空间设计专题授课。全年高标准建成霓屿街道布袋岙村、灵昆幼儿园等12个市级儿童友好试点单元，获市四星以上认定试点单元9个，其中五星2个。“七彩梦空间”儿童友好城市建设项目获中央资金补助，建成中屿等到你、仙叠岩童话小院等重点友好场景。洞头区南塘湾儿童友好公园、“小海霞”儿童观察团两个案例获评2023年温州市“十大儿童友好空间典型”案例，入选市标志性成果，儿童友好工作经验做法获人民网、“学习强国”学习平台、《温州日报》等主流媒体报道22次。持续出台《关于加强留守儿童关爱教育工作的方案》等系列惠及儿童政策举措14个。

【儿童友好服务活动】2023年4月22日，洞头区第二届儿童友好主题创意绘画大赛在南塘湾儿童友好公园开赛，赛场分设幼儿组、小学低段组、高段组，并设置天幕区，采取现场作画形式，参赛选手须在2小时内完成绘画作品，绘画形式包括简笔画、彩笔画、水粉画等，188名儿童共绘心中儿童友好城市。开展第73个六一国际儿童节系列活动。联合区民政局在儿童友好试点企业金海岸开元度假村举办“同在蓝天下 牵手共成长”儿童关爱活动，来自全区52名留守、困境儿童参加。联合区文广旅体局、团区委举办以“喜迎亚运 童心共富 童玩摊趣”为主题的洞头区第二届海洋童玩节，600多人参与。成立霓屿街道布袋岙村儿童观察团、东屏街道中仑村小厝边观察团、北岙街道海悦城社区“小海悦”儿童观察团。开设海岛特色园本课程海洋绘本，入选浙江省精品课程。在东屏街道共富联盟游客驿站开展体验海洋动物故事和贝壳手工制作的公益活动。全年培育新增儿童参与组织7个，开展“我的村庄我做主”、口袋公园建设等观察活动16场。实施“海霞少年赋能行动”，推出“海霞小军校”“红色海霞、蓝色海洋、绿色劳动”三色研学，打造将帅少年营、多彩下社研学等优质研学项目，累计开展研学活动64期，参与2万余人。举办海洋童玩节、儿童友好主题创意绘画大赛、亲子嘉年华等儿童友好活动541场。推出小记者跑两会、童声话传承、洞头娒说洞头等儿童活动15期。开展“同在蓝天下 牵手共成长”留守儿童关爱等家庭关爱服务活动29场。

2023年4月22日，洞头区第二届儿童友好主题创意绘画大赛在南塘湾儿童友好公园举办（区妇联提供）

【基层妇联干部培训班】2023年8月24—25日，洞头区基层妇联干部培训班在区海霞培训中心举办，全区80多名基层妇联干部参加培训。培训以理论学习和行动实践双线并行。温州市妇联党组成员、副主席张香梅作《温州儿童友好城市建设的实践与探索》专题授课。培训班安排《儿童友好空间营造案例解析》《中华人民共和国妇女权益保障法》《习近平关于妇女儿童和妇联工作论述摘编》《家庭教育》和新形势下的舆情应对等专题课程。现场教学开展“海霞红歌会”“重走习近平总书记‘海上花园’调研之路”活动。

（张玲慧）

洞头区科学技术协会

【概况】2023年，温州市洞头区科学技术协会所属区级学（协）会8个，街道（乡镇）科协6个。建有院士工作站2家，新增博士创新站3家。8个青科会洞头项目成果落地转化率100%。浙江省“希望之光”人才帮扶工作在山区海岛30县居前列，专家助企服务30场次111人，签约金额2700万元。启动国家级花鲈科技小院创建；省水产学会洞头服务站运行，建成海洋产业人才驿站1家。组织企业赴福建学习“两菜一鱼”精深加工，举办海洋食品产业发展论坛。组织科技工作者开展学术交流、建言献策活动。举办“科技活动周”“全国科普日”“青少年科技创新大赛”等科普品牌活动，开展社区益民行动、科技惠农帮扶、青少年科教等科学实践活动。温州佳海食品有限公司博士创新站被评为浙江省博士创新站；洞头区城市健康科吧被认定为温州市乐活驿站；洞头忠斌水产品养殖专业合作社青蟹基地被认定为温州市农村科普基地。

【创新驱动发展】2023年，洞头区科协完成2022青科会洞头成果转化项目任务数8个，完成率100%。排摸2023年青科会合作项目7个；国家级学会赋能洞头紧固件产业创新发展，中国机械工程学会与浙江迪特公司签署合作协议；通过省级学会、“一家三站”、海智计划等平台，推荐高层次人才20名；建有院士工作站2家，新增博士创新站3家，新建企业科协3家，进站博士助企24场次，指导科研项目等46项。

【全民科学素质行动】2023年，洞头区科协发动街道（乡镇）科协、学（协）会和纲要组成单位以科技活动周、全国科普日等品牌活动为主线，举办各类科普活动52场；健康科吧被命名为温州市乐活驿站，全年接受群众健康咨询问诊1200多人次，检测血糖600多人次。

【科普信息化】2023年，洞头区科协在《温州科普》电视栏目上制作并播发电视微科普视频245个；提升“银龄跨越数字鸿沟”等科普应用，为老年人智能手机操作线上线下培训51场次2035人次；推广“科普中国”手机App传播分享科普信息，全区新增科普中国信息员426人，累计注册6560人，注册数、传播量及活跃度均列全市前三位。

【科技学会服务】2023年，洞头区科协发动科技社团联合开展科普宣传活动。区护理学会举办第18个“世界卒中日”“迎亚运·保健康”大型公益义诊等健康主题科普活动，在村居举办疾病保健普及、急救知识讲座及演练5场。区老科协为基层健康义诊服务5场，义诊452人次，血液检测215人次。形成民生实事专题调研课题3个。

【青少年科教活动】2023年，洞头区科协邀请中国科学院2名老科学家进校园科普巡讲，举办青少年科技创新大赛、科技节、魔方还原竞速赛、科学三分钟演讲赛、科技夏令营等科普活动载体；形成系列化科普类课程，推出科普知识趣味读书会及@未来科学营等暑期科学课25期；在区城关小学设立青少年航空科创空间。

【青少年科技节】2023年11月，洞头区科协联合教育局开展洞头区中小学科技节活动，共评选出一等奖18名、二等奖33名、三等奖75名。论坛板块比赛一等奖3名、二等奖5名、三等奖11名；赛事板块比赛一等奖15名、二等奖28名、三等奖64名，评出优秀指导师14名。

【青少年科技创新大赛】2023年11月，洞头区科协联合教育局举办青少年科技创新大赛（包括创造

2023年9月14日，洞头区2023年全国科普日活动启动仪式举行　（区科协提供）

发明、科学论文等竞赛），评出青少年科技创新成果小学组一等奖5名、二等奖8名、三等奖20名，中学组一等奖3名、二等奖5名、三等奖11名；科技辅导员科技教育创新成果一等奖2名，二等奖3名，三等奖9名；优秀指导师9名。在温州市第38届青少年科技创新大赛中，获二等奖2名、三等奖2名；科技辅导员科技教育创新成果一等奖1名、三等奖1名。

（刘良伟）

洞头区归国华侨联合会

【概况】2023年，洞头区共有华人华侨597人（不含灵昆，下同）、留学生169人，共计766人。有街道（乡镇）基层侨联组织6个，村社侨联组织32个。组织开展"'八八战略'在身边"宣讲活动，发动侨联干部开展读好书谈心得，推送留学生参加省市组织的各类活动，其中金琳获宣讲比赛二等奖。推送《又见半屏山》参加第二届温州侨胞春晚；在侨界人士中开展网络爱国主义教育，宣传"海霞精神"、洞头解放史等。元觉街道和霓屿街道分别组织举办《中华人民共和国归侨侨眷权益保护法》学习会和涉侨知识竞答活动。联合公安部门在全区举办境外电信网络诈骗专题讲座。全年参与侨法知识讲座人数约300人，不定期走访入户，发放侨法宣传资料，在涉侨微信群发布涉侨法律法规。承办"之江同心 携手促统"促统骨干研习活动，25个国家和地区50多名侨领在洞头开展学习研究。举办华侨华人新生代"海霞精神"传承主题研讨会，20多名华侨参加研讨、交流、现场考察等。

【暖侨爱侨服务】2023年，区侨联以"侨需我助基层行"活动为载体，延伸"安侨暖巢基层行"行动，开展新春华人华侨、侨资企业、困难归侨侨眷慰问300多人次。举办"初秋送暖·情暖侨界"助困活动、"侨联学子心 代为看家人"中秋慰问、"健康伴侨行"侨界老人体检等活动6场次。走访温州特美仕电气有限公司、温州尼珂波农业科技有限公司等侨企并开展座谈。全年办理高考加分身份审核5件，中考加分身份审核3件，侨眷身份认定1件，侨汇结汇申请2件。协调解决华侨子女护照申办、婚姻档案调取、意大利语培训、孩子就学等事宜4件；推送林黎明为全国优秀归侨侨眷先进个人。

【华侨联络联谊】2023年，区侨联强化与市级部门和侨团沟通联系，协办省市"之江同心 携手促统"促统骨干研习班、"温籍海外侨胞家乡行"走进洞头等活动，100多名侨领侨商在洞头考察交流，为洞头国际生态旅游岛建设建言献策。区委书记带团赴奥地利、希腊考察期间，聘任7位有影响力的侨领为洞头国际生态旅游岛宣传招商大使，已扩增至22位大使。奥地利宣传大使赴洞头开展招商引资考察活动两批次。

（周佳佳）

洞头区工商业联合会

【概况】2023年，洞头区工商联所属街道（乡镇）商会7个、行业商会1个、联合性协会2个，联系异地商会9个，执委56名。以洞商学堂为平台，举办专题讲座3场、理想信念教育活动7场、民营企业家管理创新研修班1期。成立新时代洞商宣讲团，开展主题宣讲3场，受众600多人次。出版《潮声》《风从海上来》洞头民营企业家创业故事集。做好区新生代企业家联谊会换届工作，择优报送60人次至省市培育行动名录；聘请"青蓝接力"行动导师的区党政领导、资深企业家6人。全年共走访商协会、民营企业190多家次。共富菜单推出7个项目供企业家认领，筹集善款25万余元，用于助力困境儿童、妇女、残疾人、困难老兵等群体。建成星级共富工坊7家。出台《温州市洞头区清廉民企建设正向激励

2023年11月25日，浙江省民营经济人士理想信念教育基地授牌仪式在洞头先锋女子民兵连纪念馆举行（苏玲芳 摄）

十条举措》，建成省市级示范单位2家，区级星级清廉民企8家。评选洞头区第五届优秀民营企业家10名。市对区考核民营经济统战工作获优秀等次。出台《温州市洞头区优秀民营企业家优享政策十六条（试行）》。出版《风从海上来》一书，展示洞头民营企业家创业创新故事，弘扬洞商精神。全年区工商联获省级荣誉十项，其中，韭菜岙沙滩项目入选省首批“万企兴万村”行动实验项目，省定向招工式“共富工坊”优秀实践案例，项目负责人杨森权作为浙江省企业家代表在全国“万企兴万村”行动东部片区（临沂）座谈会中作交流发言；洞头先锋女子民兵连纪念馆获评省民营经济人士理想信念教育基地，并承办全省基地建设推进会。北岙街道被授予浙江省亲清政商关系先行建设乡镇（街道）称号，并在省级专题研讨会上作典型发言。清廉民企建设工作入选省工商联2023年度重点工作揭榜挂帅项目，韭菜岙美食广场共富工坊上榜浙江省工商联定向招工式“共富工坊”优秀实践案例、浙江诚意药业股份有限公司上榜“2023浙江民营企业数字化转型弄潮榜”典型案例。

【基层工商联组织建设】2023年4月6日，洞头区召开工商联执委会，选举常务副主席1名、常委3名、执委1名。在执委企业家中推广浙商在线企业端应用。4家商会完成换届，联动区民政局做好工商联系统所属商协会专项整治工作，指导各商协会完成年审工作，助推基层商会健全组织机构，完善商会管理机制。引导各商协会开展“薪火相传话青年 开拓创新谋发展”五四青年节活动、“深化‘八八战略’争当先锋示范”等主题党日活动。区总商会联合支部新吸收党员1名。北岙商会建成全区首个省级“四好商会”。

【营商环境人文关怀】2023年，区工商联牵头推进落实营商环境人文领域工作，挖掘微改革项目3个。推广温馨老家云服务平台服务本地优秀民营企业家、商会会长群体，全年新增本地洞商家属保健服务结对43人，开展保健员服务622人次。到厦门大学举办2023洞头民营企业家管理创新研修班。联合区税务局推出“云上保育园”政策解读专栏48期。组织学习中央民营经济31条、浙江民营经济32条。推出“一企关注”“企风会影”专栏，搭建企业、商会间信息交流平台，共刊发86期。联合区人民检察院开展行业协会“企检服务中心”建设；联合区司法局实现“律所联商会”服务机制全覆盖，联动区经信局、区教育局推出“产教融合·校企联动”行动，聘请8位企业家作为创业指导师，授予5家企业校企合作实践基地称号。与内蒙古呼伦贝尔市海拉尔区、吉林省桦甸市等地工商联签订友好合作协议。搭建洞头泰顺两地新生代企业家互动交流平台，开展活动2场。

【清廉民企建设】2023年6月29日，洞头区召开清廉民企建设工作部署会。会上倡议全区民企参与清廉建设活动，统一清廉民企建设工作台账，开展清廉民企一对一上门指导，出台《温州市洞头区清廉民企建设正向激励十条举措》。金源新材料获省级清廉民企建设示范单位称号，浙江诚意药业股份有限公司获市级引领型清廉建设单位称号，温州洞头南洋国际大酒店建成区五星级清廉民企，浙江诚意药业股份有限公司、温州金源新材料科技有限公司建成四星级清廉民企，浙江华田特种材料有限公司、温州市海力砂轮制造有限公司、浙江迪特高强度螺栓有限公司、温州市霖宝沣水产有限公司、温州久一重工有限公司建成三星级清廉民企。

【洞头民营企业家管理创新研修班】2023年8月14日至18日，区工商联在厦门大学举办2023洞头民营企业家管理创新研修班暨新生代企业家“红色接力”培训班，49名企业家参加。培训以“理论授课＋现场教学”立体式研修模式助力民营企业家素质提升。邀请厦门大学专家教授分享《新形势下民营企业的转型升级与投资战略》《民营企业家的法治思维》《民营企业经营管理者的经济学思维》《二十大报告专题解读之宏观经济形势分析：2023中国经济“恢复性增长”进行时》等专题课程；安排2场现场教学，组织参观家居行业领导者金牌厨柜家居科技有限公司厦门总部和福建省服务型制造示范企业厦门盈趣科技股份有限公司；通过“请企业家讲”的形式，邀请厦门知名企业家、远盈科技董事长李飞，讲述创业故事和管理经验。

【民营企业家节评选活动】2023年9月22日至10月25日，洞头区开展第五届优秀民营企业家评选活动。经街道（乡镇）和相关部门推荐，由区优秀民营企业家评选领导小组评审。丁敏、王加新、李斌、杨森权、赵春建、黄朝晖等获评功勋企业家，季天敏获评创新企业家，郭华斌获评公信企业家，郑西平获评爱心企业家，邵晓忠获评新锐企业家。

（庄婷婷）

洞头区文学艺术界联合会

【概况】2023年底，温州市洞头区文学艺术家联合会有所属文艺协会11家，即作家协会、书法工作者协会、摄影家协会、美术工作者协会、音乐工作者协会、舞蹈工作者协会、民间文艺工作者协会、诗歌协会、诗词协会、戏曲家协会、朗诵协会。柯旭东加入中国民间文艺家协会，叶申仕加入中国作家协会。全年编辑《百岛》刊物4期。全年打造区级艺术特色示范村8个，其中获评温州市艺术特色示范村4个、市级“艺术乡建”创作基地2个。建设“千年东沙·渔商名埠”非遗活化展示馆，设立“艺术乡建”大学生实践、实训基地。编制渔民画教学教材，举办首届中国（洞头）渔民画文创设计大赛和“海上花园美绘渔乡”洞头渔民画二十年精品展，成立渔民画文创设计“众创空间”。举办“洞听音乐汇”系列演出，制作发布“洞听音乐”爆款作品。举办海洋诗歌节，搭建“中国诗歌之岛”研学平台、“中国诗歌之岛”童心文研季（第一季）诗歌诵读会。推动温州市摄影小镇落户东屏街道，举办“海霞光影 海上生辉”主题摄影作品征集大赛和东沙不夜港海洋文化摄影展。举办“文艺名家讲坛”，推进文艺精品创作发表。

【助力“艺术乡建”场景建设】2023年，洞头区启动“艺术乡建”赋能国际旅游岛建设工作，打造区级艺术特色示范村8个，其中花岗村、中仑村、沙角村、东沙村被评为温州市艺术特色示范村，海陶艺术馆、东屏文创中心被评为市级“艺术乡建”创作基地。完成区级文化专班攻坚任务，建设“千年东沙·渔商名埠”非遗活化展示馆，搭建非遗传承活态场景，全年接待参观人员1000人次。与温州大学、浙江同济职业学院等高校合作，设立乡村实践实训基地，聘请文艺名家担任导师，支持艺术院校开展以“艺术乡建”为主题的大学生社会实践活动。

【“中国渔民画之乡”建设】2023年，洞头区编制渔民画教学教材，投入温州大学、洞头职教中心等大中小学及幼儿园使用。举办首届中国（洞头）渔民画文创设计大赛，收到海内外设计作品800多件，入围28件。12月，在温大美术馆举办中国（洞头）渔民画文创设计大赛成果展，成立渔民画文创设计“众创空间”，“海上花园美绘渔乡”洞头渔民画二十年精品展在省文化馆开展。4月13日，成立洞头渔民画学会，举办渔民画“共富工坊”培训、系列研学活动、集市活动10多期（次），开发渔民画新品10多项，渔民画衍生品作为铁三赛事奖品奖励给中外获奖运动员。

【洞头渔民画学会成立】2023年4月13日，经区文联批复同意，洞头区美术家协会在洞头职教中心举行洞头区美术家协会渔民画专业委员会暨温州市洞头区渔民画学会成立大会。会议审议通过《洞头区渔民画专业委员会章程》。选举产生洞头区美术家协会渔民画专业委员会设理事11名，会长由洞头区美术家协会副主席杨琼担任，陈钦煅、陈海英、何燕、林彬担任副会长，陈海珊任秘书长，张孚千为副秘书长。

【洞头民族吹奏乐专业委员会成立】2023年10月14日，洞头区音乐家协会民族吹奏乐专业委员会成立大会暨专场音乐会在洞头区文化馆举行，同步挂牌成立温州市洞头区民族吹奏乐学会。温州市洞箫乐团团长叶荔，温州市葫芦丝巴乌协会会长李新洪到会指导。洞头区文学艺术界联合会主席林慷慨等出席会议。会议审议通过《温州市洞头区音乐家协会民族吹奏乐专业委员会章程（草案）》。聘任陈友裕、彭木荣为顾问，聘任郑西平、郭良建为名誉会长。现场举办《百岛音韵 丝竹传情》专题音乐会。截至年底，区音乐家协会民族吹奏乐专业委员会有会员46人。

【“中国诗歌之岛”建设】2023年8月，洞头区与诗刊社、温州市文联联合举办中国（洞头）第三届海洋诗歌节，聘请鲁奖作家于坚、

2023年8月7日，“为你写诗”第三届中国（洞头）海洋诗歌节开幕（区文联提供）

臧棣为新一批“驻岛诗人”。举办“中国诗歌之岛”创意写作研学、“中国诗歌之岛”童心文研季等系列研学，全年参与学生近1000人次。举办“中国诗歌之岛”童心文研季（第一季）诗歌诵读会，印制童诗明信片。

【推进“中国摄影岛”建设】 2023年，区文联举办中国摄影岛“海岛风光”公益摄影培训班，邀请省摄影金像奖得主、台湾知名摄影家等授课。组织摄影协会参与铁三、开渔节等节庆活动助力文旅产业发展。牵线温州市摄影小镇落户洞头东屏街道，设置中屿岛、海霞村等景区“旅拍”服务点。引导全国各地摄影团队“旅拍”洞头，与乡镇合作打造民俗风情拍摄点4个。编发“早安洞头”相关图片、视频，并推发“学习强国”学习平台。9月，举办东沙不夜港海洋文化摄影展。

【本土音乐创作提升】 2023年，洞头区制作完成《可能》洞头版、《渔村新曲》MV，其中《可能》总阅读量30万人次，转发1.2万人次，总点赞量2.5万人次。举办“歌从海上来”洞头原创歌曲分享音乐会，集中展示《望海楼》《花时间》等系列洞头原创歌曲。亚运会期间，举办“洞听音乐汇”系列演出10多场。成立洞头民间吹奏乐协会，协助编制《祝酒歌》《舢公舢母》等洞头特色民俗节目。

【文艺活动与创作】 2023年，区文联常态化开展讲学、采风等活动，邀请中国代表诗人王家新、鲁奖作家沈苇、北京著名词作家潘月剑、台湾中华诗词艺术协会理事长谢明辉、浙江省美协副主席骆献跃、《中国摄影报》副社长万戋等名家举办“文艺名家讲坛”、参加文艺沙龙、指导教学。开展系列采风活动，洞头作家施立松的散文《岛城洞头》在《人民日报》发表。

（曹高宇）

表9 2023年洞头区部分文艺作品在市级以上发表及获奖情况表

类别	姓名	作品名称	发表或获奖情况	主办单位或发证单位
摄影	杨小雷	《茶香奇妙夜美食夜市》	入选“茶歌小镇 音乐东溪”全市摄影大赛（2023年12月）	温州市摄影家协会等
书法	庄克栋	《墨宝堂记》	获“幸福瓯城 相拥亚运”2023年温州市第十届群文视觉艺术优秀作品大展书法银奖（2023年8月）	温州市市民文化节组委会
	庄克栋	硬笔书法作品	全国第五届大书法作品展览入选作品（2023年12月）	中国硬笔书法协会
	庄克栋	硬笔书法作品	“庆五一 颂党恩”全国职工大书法作品展览入展作品（2023年5月）	中国硬笔书法协会
	庄克栋	硬笔书法作品	中国硬笔书法第一回国际双年展入选作品（2023年6月）	中国硬笔书法协会
	张元丰	《原道》	2023年温州市“幸福家”三项征集获得“幸福家·家风正”家风家训书法作品系列三等奖（2023年12月）	市委宣传部等
	张元丰	《国语敬姜论劳逸》	入展浙江省首届群星硬笔书法大赛（2023年10月）	浙江省文化馆
	张元丰	《国语三篇》	“庆五一 颂党恩”全国职工大书法作品展览入展作品（2023年5月）	中国硬笔书法协会
	何承俊	书法	荣获温州市第十三届青少年临书临印比赛书法类小学低段组二等奖（2023年8月28日）	温州市书法家协会
	何承轩	书法	荣获温州市第十三届青少年临书临印比赛书法类小学低段组二等奖（2023年8月28日）	温州市书法家协会
	朱海东	《不当得利》	2023年温州市法治文化作品征集三等奖（2023年11月）	市委宣传部等
	朱海东	训蒙大意示教读	第四届浙江书法村（社区）作品联展入展（2023年12月）	浙江书法家协会
	陈晓禄	楹联书法作品	入展“全国第九届楹联书法作品展览”（2023年7月）	中国书法家协会

续表9

类别	姓 名	作品名称	发表或获奖情况	主办单位或发证单位
文学	邱国鹰	寓言《羊吃狼》	湖南省《第二课堂》小学低年级（2023年1月）	湖南省科学技术协会
	邱国鹰	《我与洞头区档案馆的第一次亲密合作》	获“奋进新征程 兰台谱新篇”征文活动三等奖（2023年6月7日）	温州日报社等
	余退	《鲸鱼骨架》（组诗）	《江南诗》“首推诗人”栏目（2023年第3期）	浙江省作家协会
	余退	《流浪与潜逃》（组诗）	《文学港》（2023年3月）	宁波市文联
	余退	《碧绿忏悔录》（组诗）	《扬子江诗刊》（2023年第6期）	江苏省作家协会
	余退	《臭鼬的住所》（组诗）	《广西文学》（2023年第12期）	广西壮族自治区文联
	余退	《沙蟹行迹图》（组诗）	《诗歌月刊》（2023年第12期）	安徽出版集团有限公司
	余退	诗歌《帆船的晚唱》	《诗刊》（2023年第24期）	中国作家协会
	余退	诗歌《诗歌，是一张魔毯》	《星星诗刊》（理论版）（2023年12月刊）	四川省作家协会
	施立松	《芙蓉花园》	《散文》（2023年12月）	散文杂志社
	施立松	《陪考三天半》	《温州文学》（2023秋卷）	温州文学社
	施立松	《晨访招虎山》	《温州日报》（2023年9月19日）	温州日报社
	施立松	《大海的密码》《海岛八月天》《宏村听雨》	《北海日报》（2023年9月6日）	北海日报社
	叶申仕	诗歌《自然之声》	《十月少年文学》（2023年第10期）	北京出版集团有限公司
	叶申仕	诗歌《住在星星上的孩子》	《十月》（2023年第4期）	北京出版集团有限公司
	叶申仕	诗歌《仿佛神秘本身……》	《十月·长篇小说》（2023年第3期）	北京出版集团有限公司
	叶申仕	诗歌《声音夜访》	《山东文学》（2023年第4期）	山东省作家协会
	叶申仕	诗歌《唯有两个诗人漫步夏日海滩》	《西部》（2023年第3期）	新疆维吾尔自治区文学艺术界联合会
	叶申仕	诗歌《流淌史》	《滇池》（2023年第3期）	昆明市文联
	叶申仕	诗歌《少年的日晷》	《青年文摘》（2023年第10期）	共青团中央
	叶申仕	诗歌《自然之声》	《青年文摘》（2023年第24期）	共青团中央
	叶申仕	《把自然还给自然》（组诗）	“地球使用指南”主题诗歌大赛三等奖（2023年3月）	中国诗歌学会等

续表9

类别	姓 名	作品名称	发表或获奖情况	主办单位或发证单位
文学	叶英儿	诗词《满庭芳·洞头》	“浙江诗词大会”（2023）三等奖（2023年10月）	浙江诗词与楹联学会等
	叶英儿	诗词《采桑子·温州喜迎亚运》	“浙江诗词大会”（2023）三等奖（2023年10月）	浙江诗词与楹联学会等
	叶英儿	诗词《满庭芳·咏温州》	“浙江诗词大会”（2023）三等奖（2023年10月）	浙江诗词与楹联学会等
	叶英儿	诗词《采桑子·温州喜迎亚运》	《中华传统文化》（2023年3月）	浙江省文化和旅游厅
	谢健健	《青海湖来信》（组诗）	《诗刊》2023年第20期（2023年10月）	中国作家协会诗刊社
	谢健健	诗歌《停航的渡口》	《上海文学》2023年第2期（2023年2月）	上海市作家协会
	谢健健	《有什么让我们不止是路过》（组诗）	《北京文学》2023年第10期（2023年10月）	北京市文学艺术界联合会
	谢健健	诗歌《雅鲁藏布江》	《北京文学》2023年第8期（2023年8月）	北京市文学艺术界联合会
	谢健健	《谜题》（组诗四首）	《星星·原创》2023年第3期（2023年3月）	四川省作家协会
	谢健健	《治愈》（组诗）	《当代·诗歌》2023年第2期（2023年10月）	人民文学出版社
	谢健健	《纳帕海，或伊拉草原》	《星星·理论》2023年第12期（2023年12月）	四川省作家协会
	谢健健	《建设巷》（组诗）	《延河》（2023年第1期）	陕西省作家协会
	谢健健	《丽江古城》（外一首）	《西部》2023年第5期（2023年5月）	新疆维吾尔自治区文学艺术界联合会
	谢健健	《宛委山访樱》（组诗）	《当代人》（2023年第5期）	河北省文学艺术界联合会
	谢健健	《黛色蝴蝶》（外四首）	《江南诗》（2023年第3期）	浙江省作家协会
	谢健健	诗歌《香格里拉行记》	《晚霞》（2023年第16期）	中共四川省委老干部局
	谢健健	诗歌《雅音》（外一首）	《诗词》（2023年第17期）	广州市文学艺术界联合会
	谢健健	诗歌《月坝》（外一首）	《厦门文学》（2023年第1期）	厦门市委宣传部
	谢健健	《骆驼城》（组诗）	《黄河文学》（2023年第5期）	银川市文学艺术界联合会
	谢健健	《在海边》（组诗）	《南叶》（2023年第1期）	韶关日报社
	谢健健	《从丽江到香格里拉》（组诗）	首届李叔同国际诗歌奖新锐奖	中国作家协会诗刊社
	谢健健	《邵武行》（组诗）	第二届邵武是个好地方全国诗歌大赛二等奖	中国作家协会诗刊社
	方君旺	《水调歌头 缅怀陆放翁》	2023年中国绍兴放翁杯全国诗词大赛优秀奖（2023年11月）	中华诗词学会等
	周羿言	《爱的力量》	《少年文学之星》（2023年9月20日）	浙江省青少年作家协会

续表9

类别	姓 名	作品名称	发表或获奖情况	主办单位或发证单位
文学	周羿言	《妈妈是个胆小鬼》	《学习报 浙江少年作家》2022—2023学年第43期（2023年7月20日）	浙江省青少年作家协会
	周羿言	《我的家乡是个好地方》	第十七届浙江省文学之星征文活动小学B组三等奖（2023年7月）	浙江省青少年作家协会等
	周羿言	《坚持到底》	《少年文学之星》（2023年11月20日）	浙江省青少年作家协会
	林秀莲	《岁月无声 以此为铭》	温州市“奋进新征程 兰台谱新篇”有奖征文一等奖（2023年）	温州报业集团、市档案局
	林秀莲	《老家在大门岛》	《联谊报》（2023年3月20日）	《联谊报》
	伊夫	组诗《植物在春天停止生长》	2022年《延河》杂志最受读者欢迎奖诗歌榜一等奖（2023年11月）	陕西省作家协会《延河》杂志社
	伊夫	诗歌《樱花，瓯江口的代言者》	十佳樱花诗人奖（2023年3月31日）	温州日报社、温州市作家协会
	伊夫	报告文学《村歌故事会》	《山海经》杂志（2023年10月）	山海经杂志社、省民协
	伊夫	诗歌《野菊花之殇》《活着》	《青海湖》文学月刊（2023年8月）	青海省文联
	苏志强	诗歌《谈论》（外一首）	《文学港》（2023年第2期）	宁波日报报业集团
	苏志强	《倾诉者》（组诗六首）	《诗刊》（2023年第22期）	中国作家出版集团
	唐也	童诗《如果一颗种子》	温州市第三届少年儿童原创诗歌大赛小学中段组（3~4年级）二等奖（2023年2月）	市委宣传部等
朗诵	郑雅慧	《宝贝归谁》	2023“孙敬修杯”全国语言艺术展演活动温州地区选拔赛获特等奖（2023年7月）	温州市第19届亚运会工作领导小组办公室、市委宣传部等
	郑雅慧	《老虎的弟弟》	“孙敬修杯”第二十七届语言艺术总展演获单人故事项目幼儿组王者之星“故事小状元”（2023年8月）	中国文化信息协会
	郑雅慧	《青蛙大作战》	第九届“曹灿杯”青少年朗诵展示活动（浙江省）获“非凡之星”（2023年7月）	中国诗歌学会
	曾亦琦	《小老鼠亚历山大》	温州市第十三届青少年语言艺术大赛暨2023“孙敬修杯”全国语言艺术展演活动温州地区选拔赛故事项目A组二等奖（2023年7月）	温州市第19届亚运会工作领导小组办公室、市委宣传部等
	曹安娜	《野猪先生当保安》	2023“孙敬修杯”第二十七届语言艺术总展演获金辉之星（2023年8月2日）	中国文化信息协会
	曹安娜	《一根羽毛都不能动》	第九届“曹灿杯”青少年朗诵展示活动(浙江省)总展演获非凡之星（2023年7月8日）	中国诗歌学会
	林昕娴	《爱笑的小蚕豆》	“童心筑梦·喜迎亚运”温州市第十三届青少年语言艺术大赛暨2023“孙敬修杯”全国语言艺术展演活动温州地区选拔赛一等奖（2023年7月）	温州市第19届亚运会工作领导小组办公室、市委宣传部等
	张钰含	《我看见了大海》	第九届“曹灿杯”青少年朗诵展示活动全国总展示中获卓越之星（2023年8月）	中国诗歌学会

续表9

类别	姓 名	作品名称	发表或获奖情况	主办单位或发证单位
美术	姚胜荣	油画作品《古镇阴雨》	入选浙江省油画展（2023年4月）	浙江省美术家协会
	姚胜荣	水彩作品《蛟龙过江》	入选“龙翔亚运 舟竞瓯海 中国龙舟文化主题艺术展”获学术提名奖（2023年8月）	浙江省美术家协会
	詹海萍	《生态公园一角》	“诗画浙江 共同富裕”浙江省群文美术文旅融合写生创作系列活动——海宁农民画写生展被评为入选作品（2023年4月）	浙江省文化馆
	林彬	《九头浜绿草地》	“诗画浙江 共同富裕”浙江省群文美术文旅融合写生创作系列活动——海宁农民画写生展被评为入选作品（2023年4月）	浙江省文化馆
	林彬	《红木小桥》	“诗画浙江 共同富裕”浙江省群文美术文旅融合写生创作系列活动——海宁农民画写生展被评为入选作品（2023年4月）	浙江省文化馆
	张孚千	《双丰农家后院》	“诗画浙江 共同富裕”浙江省群文美术文旅融合写生创作系列活动——海宁农民画写生展被评为入选作品（2023年4月）	浙江省文化馆
	黄昭勇	《双丰小景》	“诗画浙江 共同富裕”浙江省群文美术文旅融合写生创作系列活动——海宁农民画写生展被评为入选作品（2023年4月）	浙江省文化馆
	黄昭勇	《梨园春色》	“诗画浙江 共同富裕”浙江省群文美术文旅融合写生创作系列活动——海宁农民画写生展被评为入选作品（2023年4月）	浙江省文化馆
	张孚千	《红色旋律》	新生活·新风尚·新年画——2030我们的小康生活美术作品征集展示活动“赏年画·过大年”浙江分展区美术作品展被评为入选作品（2023年1月）	浙江省美术家协会、浙江省文化馆、台州书画院
	万安春	《欢聚一堂庆丰年》	新生活·新风尚·新年画——2030我们的小康生活美术作品征集展示活动“赏年画·过大年”浙江分展区美术作品展被评为入选作品（2023年1月）	浙江省美术家协会、浙江省文化馆、台州书画院
	陈钦煅	《闹元宵》	新生活·新风尚·新年画——2030我们的小康生活美术作品征集展示活动“赏年画·过大年”浙江分展区美术作品展被评为入选作品（2023年1月）	浙江省美术家协会、浙江省文化馆、台州书画院
	叶爱珠	《人欢鱼跃庆丰年》	新生活·新风尚·新年画——2030我们的小康生活美术作品征集展示活动“赏年画·过大年”浙江分展区美术作品展被评为入选作品（2023年1月）	浙江省美术家协会、浙江省文化馆、台州书画院
	罗纯香	《渔业大丰收》	新生活·新风尚·新年画——2030我们的小康生活美术作品征集展示活动“赏年画·过大年”浙江分展区美术作品展被评为入选作品（2023年1月）	浙江省美术家协会、浙江省文化馆、台州书画院
	许爱花	《鱼乡双丰收》	新生活·新风尚·新年画——2030我们的小康生活美术作品征集展示活动“赏年画·过大年”浙江分展区美术作品展被评为入选作品（2023年1月）	浙江省美术家协会、浙江省文化馆、台州书画院

续表9

类别	姓 名	作品名称	发表或获奖情况	主办单位或发证单位
美术	陈海英	《彩网张开幸福花》	新生活·新风尚·新年画——2030我们的小康生活美术作品征集展示活动“赏年画·过大年”浙江分展区美术作品展被评为入选作品（2023年1月）	浙江省美术家协会、浙江省文化馆、台州书画院
	林美君	《紫菜圆舞曲》	新生活·新风尚·新年画——2030我们的小康生活美术作品征集展示活动“赏年画·过大年”浙江分展区美术作品展被评为入选作品（2023年1月）	浙江省美术家协会、浙江省文化馆、台州书画院
	吴秀云	《海上花园众鱼盛装迎新春》	新生活·新风尚·新年画——2030我们的小康生活美术作品征集展示活动“赏年画·过大年”浙江分展区美术作品展被评为入选作品（2023年1月）	浙江省美术家协会、浙江省文化馆、台州书画院
	詹海萍	《鱼跃人欢迎新春》	新生活·新风尚·新年画——2030我们的小康生活美术作品征集展示活动“赏年画·过大年”浙江分展区美术作品展被评为入选作品（2023年1月）	浙江省美术家协会、浙江省文化馆、台州书画院
	黄昭勇	《林坑古村一》	“诗画东瓯幸福筑梦”温州市视觉艺术干部写生作品展入选作品（2023年6月）	温州市文化馆
	黄昭勇	《林坑古村二》	“诗画东瓯幸福筑梦”温州市视觉艺术干部写生作品展入选作品（2023年6月）	温州市文化馆
	黄昭勇	《林坑古村三》	“诗画东瓯幸福筑梦”温州市视觉艺术干部写生作品展入选作品（2023年6月）	温州市文化馆
舞蹈	洪星星 张杨杨	《很想去洞头》	温州市乡村舞蹈大赛金奖（2023年3月4日）	温州市文化广电旅游局
	庄永雪 包晶晶	舞蹈《我的祖国》	温州市乡村舞蹈大赛铜奖（2023年3月4日）	温州市文化广电旅游局
	洪星星 张杨杨	《树》	“浙艺少年”首届浙江省青少年艺术普及系列活动舞蹈专场金奖（2023年8月1日）	浙江省文化和旅游厅
音乐	黄珂尔	歌曲《老鼠嫁女》	荣获2023年温州市第十九届群众声乐大赛（民族组）铜奖（2023年8月）	温州市市民文化节组委会
	叶少铖	歌曲《Besame mucho》	荣获2023年温州市第十九届群众声乐大赛（流行组）金奖（2023年8月）	温州市市民文化节组委会
	张海军	原创歌曲《遥远的春天有点香甜》	荣获2023年温州市第十一届音乐新作演唱（演奏）大赛创作奖银奖（2023年10月）	温州市市民文化节组委会
	张海军	原创歌曲《一汪湛蓝》	荣获浙江省2023年度优秀歌曲十佳作品（2023年12月）	浙江省音乐家协会
	张馨尹	原创歌曲《遥远的春天有点香甜》	荣获浙江省第二十二届群众音乐大赛银奖（2023年9月）	浙江省文化和旅游厅

（区文联提供）

洞头区残疾人联合会

【概况】2023年，洞头区残疾人事业经费总投入1098万元，预算资金和转移支付资金执行情况均达到100%。全区有持证残疾人4540名，其中有肢体残疾人2267人、言语残疾89人、听力残疾560人、视力残疾313人、多重残疾247人、精神残疾556人、智力残疾508人。全年新增办证人数305人，死亡注销207人。新增残疾人就业79人，其中新增稳定就业12人。开展助残惠残民生工程宣传，通过微信公众号常态化推送残疾人事业日常信息78篇，多条信息在人民网、《光明日报》、"学习强国"学习平台、《浙江日报》等媒体刊登，全年发布短视频30条。印发《洞头区助残惠残政策解读》4000份。编印《洞头区创建浙江省"无障碍社区"宣传手册》；"娘家人食坊"助残共富项目在2023年"创·燃百岛，智·引未来"洞头区首届返乡入乡合作创业大赛暨奇思妙想创业大赛获三等奖，残疾人合唱培育项目参加洞头区公益创投大赛获二等奖。对接区财政将残疾人专职委员纳入全区"网格员"体系，落实人员和资金保障；灵昆街道王相村被浙江省人民政府残疾人工作委员会命名为第六批"浙江省无障碍社区"；洞头区肢残人协会主席章海峰获评温州市首届"最美温州人·最美残健同行引领者"最美残疾人工作者。晨曦社会工作服务中心获温州市首届"最美温州人·最美残健同行引领者"提名奖。

【残疾人社会保障】2023年，洞头区享受困难残疾人生活补贴1009名，享受重度残疾人护理补贴2195名，纳入低保982名，纳入低保边缘214名。继续实施残疾人城乡医疗保险、残疾人城乡养老保险免费参保，为全区残疾人购买"益康保"和意外伤害保险，为124名残疾学生和贫困残疾人家庭子女发放助学补助52.99万元、101名灵活就业和自主创业残疾人发放职工养老保险补贴16.77万元。继续开展"慈善暖居"助残活动，为206名残疾人发放价值共9.3万元的物资物品，全年慰问困难残疾人156人次、发放慰问金10.71万元。

【残疾人服务设施建设】2023年，洞头区制定出台《洞头区"残疾人之家"规范化管理办法》，把"残疾人之家"分为五类，规定辅助性就业机构、庇护车间和在托养机构、养老机构、康复机构等设立残疾人之家的给予相应归类并给予补助。建成微型"残疾人之家"2个，街道（乡镇）"残疾人之家"覆盖率100%，在"残疾人之家"残疾人95人。首批村级残疾人之家在北岙街道小三盘村、大门镇豆岩村建成。投入60万元建成助残服务综合体，采用多元主体共建共治共享的建设运作模式，洞头区助联体、街道社工站、社会组织孵化中心、慈善基地、助残共富工坊、助残暖心驿站等多个服务阵地组成，全年共服务残疾人等2000多人次。升级"关爱有声"数字化服务平台。借助智能音箱AI语音互动技术，残疾人通过与"关爱有声"智能音箱日常对话即可享受到政策查询、康复训练、就业帮扶等服务，融合线上线下帮扶资源，全年为200名残疾人累计提供各类互动和救助服务2000多人次。

【残疾人家庭帮扶】2023年，洞头区试行"1+1"（1名残疾人+1名残疾人照护人）残疾人家庭新型辅助性就业帮扶，推动残疾人之家、残疾人电子孵化中心、特殊儿童康教中心等助残机构开发保洁、管理等就业岗位，为居家照护重度残疾人的照护人提供来料加工上门送取服务和庇护对象的照护人提供辅助性就业，拓宽残疾人家庭创收渠道；实施残疾人公益性岗位集中开发，家庭"就业经纪人模式"，委派专人担任残疾人"就业红娘"，北岙街道开展试点，采取"批发零售"方式，根据残疾人自身实际和岗位特点，定人定员定岗分配至各村社和其他有需求的单位。对不适宜外出就业的居家照护重度残疾人，为其直系亲属提供来料加工上门送取服务。全年开发公益性岗位32人，人均月增收2200元，为重度残疾人家庭实施上门配送服务，月均增收400多元。

【残疾人文化发展】2023年，区残联联合区委宣传部，成立洞头区残疾人文创基地"阳光家园"，助力残疾人艺术团开展文艺排练和直播活动，全年开展文艺排练和直播活动33场；成立残疾人体育协会，拓宽洞头区残疾人强身健体、康复身心、参与社会有效途径。参与市第十届残运会，取得1金3铜的成绩。举办残疾人趣味运动会、残疾人轮跑、羽毛球等活动，全年累计20多场次。构建困境儿童社会资源支持平台，动员爱心单位、公益组织等社会资源投身特殊儿童关爱工作与服务。市、区两级税务局等7家单位与企业长期参加特殊儿童残健互动和捐赠帮扶活动，共开展相关活动22场，参与志愿者103人次。

【全国助残日系列活动】2023年5月21日，是第三十三次"全国助残日"，区残联围绕"完善残疾人社会保障制度和关爱服务体系，促进残疾人事业全面发展"主题开展第三十三个"全国助残日"暨"全区第三个助残月”系列活动。到上海第三福利院开展慰问活动；联合区人力社保局等部门举办“2023年残疾人专场招聘会”，27家单位提供岗位328个；组织辖区近百名残疾人举办“2023年洞头区残健共融趣味运动会”；举办“爱在心中 感恩更美”特殊儿童亲子活动，邀请60多名特殊青少年儿童及其母亲参加；开设残疾人职业技能培训暨“玩转抖音”短视频培训课程；组织残疾人开展无障碍电影活动；成立区残疾人体育协会。

【省、市助残民生实事项目】 2023年，洞头区投入资金16.11万元完成12个重点公共服务场所无障碍改造任务；投入23.54万元完成灵昆街道王相村创建“省级无障碍社区”任务；投入20.87万元为18户残疾人家庭实施无障碍改造。为37名残疾儿童提供康复服务与救助和为26名孤独症儿童提供康复训练补助。

【残疾人共富工坊】 2023年，洞头区建立多种模式的“助残共富工坊”，“企业+工坊”模式，区“助残暖心共富工坊”根据企业需求，培训残疾人技术员工，为企业输送熟练残疾人技术工，企业为残疾人提供来料加工产品和就业岗位，解决22名残疾人就业增收。“商业化”模式，有商业经营能力的残疾人组成创业团队，开办“娘家人食坊”，采用政府提供经营场所，残疾人经营的模式，主营餐饮、零售等业务，兼顾弱势群体普惠送餐和附近居民现场就餐服务，开业一周实现稳定盈利，团队成员人均月增收2500多元，解决14名残疾人就业增收。“实习型”模式，招收大学、高中、特殊学校等毕业未能实现就业的学生，开办党员助残共富工坊，实现毕业残疾学生岗前和岗中“无缝对接”，全年安置残疾学生13名。

【残疾人康复】 2023年，洞头区残联保障精神残疾人免费服药300人次。推进助残服务“零次跑”，推行小额辅助器具网购代付直补、辅助器具短期免费借用服务等制度，发放辅具179件，辅助器具适配占持证残疾人比例37‰。全年为42名卧床残疾人开展入户残疾评定，开展居家康复帮扶164人次，送辅具下乡68户。残疾儿童康复救助37人，投入资金108.11万元。

2023年9月1日，洞头区“娘家人食坊”揭牌仪式举行。图为区残联副主席陈丽芬（右一）为送餐队伍授旗　（章海锋 摄）

【洞头区“助残服务综合体”揭牌】 2023年9月1日，洞头区“助残服务综合体”正式投入启用并揭牌。洞头区“助残服务综合体”按照“6+X”（6即就业帮扶、项目孵化、康复服务、维权服务、公益关爱和文体活动，X即X项个性化服务）功能要求和“六有”（有统一的标识，有固定的场所，有规范的制度，有稳定的队伍，有丰富的功能，有数字化支撑）标准建设，总占地面积800多平方米，为本年度市政府民生实事项目。旨在为辖区残疾人提供就业帮扶、康复、邻里养老餐厅、公益关爱等一站式、便捷式的助残服务。同时成立洞头区首个残疾人社会组织党支部——中共温州市洞头区启航联合支部。市残联副理事长黄丽春、市民政局福彩中心副主任何胜晓等出席活动。

【洞头区残联二届主席团第二次会议】 2023年4月27日，洞头区残疾人联合会二届主席团第二次会议在洞头区残联召开，大会应到委员33名，实到19名，缺席14名。会议采取举手表决方式，选举彭增炜为区残联二届主席团副主席，选举曾国建为执行理事会副理事长。会议同意吴玉华、纪玉华辞去区残联主席团副主席，同意郑忠霆辞去区残联执行理事会副理事长。

（陈时秒）

区红十字会

【概况】 2023年年底，洞头区共有街道（乡镇）红十字会7个，学校基层红十字会17个，医疗系统基层红十字会11个，社区、企业、两新组织等其他基层红十字会4个，村居红十字小组92个，注册红十字志愿者617个，登记会员3049人。新增应急救护培训普及12502人次，新增普及率8.14%，完成“健康浙江”建设考核指标的203.38%，完成市民生实事考核的104.18%。公共场所配置AED（自动体外除颤仪）5台，新增配置率达0.32台/万人，完成“健康浙江”建设考核指标的162.67%，完成市民生实事考核的100%。年度新增应急救护持证人数2054人，完成市下达目标任务的246.58%。采集造血干细胞30例，完成中华骨髓库志愿捐献者招募任务的100%，新增人体器官捐献登记119例。累计接受社会捐赠款物价值44.92万元。开展红十字文化传播、应急救护、三献知识宣传、人道救助、养老服务等各类志愿服务活动250多场，服务群众1.54万人次。区红十字会应急救护师资、会员和志愿者叶帅在第二届健康温州行动中获评“健康达人”。区红十字溢香救援队获评温州市“十佳红十字救援队”；区红十字溢香救援队队员杨森权获评温州市“十佳红十字救援队员”。区红十字会获评2023年度“省级规范化数字档案室”；区人民医院经省红十字会批复成功冠名红十字（会）医疗机构。

【民生实事项目】2023年，区红十字会落实市政府2023年民生实事工作，完成应急救护普及培训、红十字救护员培训、AED布设等民生实事项目。参与“防溺水”安全季活动，上线“洞心守护防溺生命线”项目，完善元觉街道景区水域救生设备建设。开展青少年“防溺水”知识技能实景教学。在养老服务中心、卫生院等公共场所完成AED设备布设和设置点救护员培训，提前完成市民生实事项目。全年新增救护员2054人，完成市民生实事项目的246.58%。9月底，完成新增救护普及培训12502人，完成市民生实事项目的104.18%。

【首届洞头区中小学应急救护知识和技能比赛】2023年9月27日，洞头区红十字会联合教育局举办首届洞头区中小学应急救护知识和技能比赛，全区16所中小学48名老师参赛。比赛分笔试和模拟操作，选手们通过应急救护知识笔试、心肺复苏（含AED）模拟操作和创伤基本技术模拟操作三项内容展开角逐。灵昆一小、城关一小获小学组团体一等奖，大门新城实验学校获中学组团体一等奖；大门新城实验学校陈海东、灵昆一小陈洁玮等8人获笔试一等奖；实验中学叶帅、灵昆一小李良善等7人获模拟操作一等奖。

【红十字人道救助】2023年，洞头区红十字会借助腾讯公益平台，上线“博爱一元捐”“为爱添1度”暖心礼包、“愈见未来”儿童重疾救助等多个公益项目，募集社会捐赠款物价值44.92万元。为2名14周岁及以下白血病患儿争取“小天使”救助基金资助6万元。连续第12年开展“博爱送万家”活动，全年发放慰问款物价值38.09万元，惠及困难群众861户。推动与洞头农商银行共同设立“红十字农信博爱基金”，用于“三救三献”、志愿服务、博爱家园等红十字事业发展。

【红十字阵地建设】2023年，洞头区红十字会坚持以打造“群众身边的红十字会”为目标，新建博爱家园4个，提供救护培训、助困帮扶、养老照护等服务。新建应急救护培训基地1个，并指导渔民和羊栖菜协会建成海洋渔业培训服务中心，配合开展渔船员应急救护培训。

【红十字志愿服务】2023年，洞头区红十字会持续擦亮“红十字点亮村居”志愿服务品牌。强化红十字志愿者队伍及红十字会救援队伍管理，及时清退无法发挥作用的救援队伍。与市红十字会联合举办两期“三献故事分享会”，首期招募30名志愿者完成造血干细胞志愿捐献登记和血样采集。全年开展红十字文化传播、扶贫助困、应急救护、助老爱幼等各类志愿服务活动250多场次，惠及群众1.54万人次。

（陈怡诗）

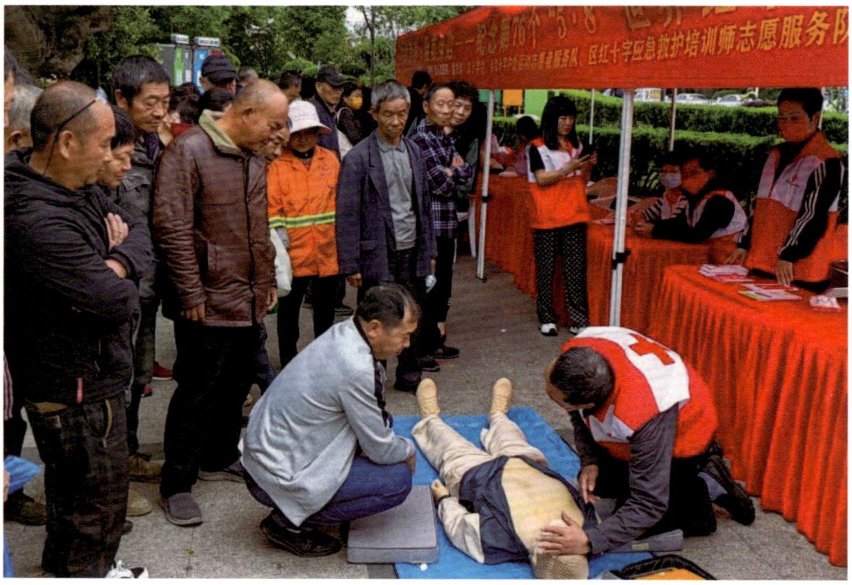

2023年5月8日，洞头区红十字会开展“世界红十字日”宣传志愿服务活动
（区红十字会提供）

法　治

政法委与综治

【概况】 2023年，洞头区坚持以习近平法治思想为指引，深入金鼎贴星计划，坚持全面依法治区，探索“海上枫桥”新经验，连续18年创成省级平安区，为全市唯一捧回全省首批“二星平安金鼎”的区，矛盾纠纷化解法治化工作获评全省试点，社会治理等工作2次获中政委调研肯定。市人大通过《关于促进和保障洞头海上花园建设的决定》，成为温州首部法规性决定。统筹推进基层基础提升年、“强基提能”八大工程等专项行动，创新实施76项平安指标“考核评价—动态分析—联合督导—挂牌整治—通报约谈”大平安闭环管控机制，全年隐患问题整改率达99.5%，案事件发案数全市最少，平安浙江指数全市第一位。打响“海霞故里·海上枫桥”品牌，创新海区治理工作入选全省建设共同富裕示范区最佳实践，“海霞妈妈”做法被纳入省人大《关于坚持和发展新时代“枫桥经验”的决定》和全省新时代“枫桥式工作法”，“无讼岛”等做法入选省级各类“枫桥式”典型案例，“海上枫桥”做法在全省全市平安建设大会上作交流，在《法治日报》《今日浙江》等主流媒体刊发。推进并完成矛盾纠纷化解法治化省级试点工作，形成制度成果24项，全区走访53件，走访量同比下降15.87%，诉前纠纷化解2506件，诉前纠纷化解率同比增长47.24%，一审行政诉讼案件全年保持零败诉。推进“刑财查控一件事”运用，应用上线以来累计为群众追赃挽损7650.96万元，经验做法获省高院批示肯定并在全省推广。洞头区委政法委获省平安建设先进集体、省平安护航系列重大活动成绩突出集体等称号。

【平安洞头建设】 2023年，洞头区围绕“平安联创、金鼎贴星”目标，坚决守住平安稳定底线目标，连续十八年获评“省平安区”，获得全省首批二星平安金鼎。推进平安护航亚运百日攻坚行动，完善落实“日会商、周研判、月督导”等风险隐患闭环处置机制，完成全国两会、国家及省级领导到洞调研、亚运会亚残运会等重要节点和重大活动期间维稳安保工作20多项。实施平安建设重点指标五大机制，开展“平安基层基础提升年”“重点领域大排查大暗访大整治”防溺水安全季十大活动、“双月双保”道路交通严管整治等专项行动，全区隐患问题整改率99.5%以上，打击各类突出违法犯罪750起1120人，有效警情、治安+刑事警情同比分别下降23.48%、7.51%，社会治安经验做法获《法治日报》《今日说法》等媒体报道，防溺水经验做法在《浙江信息》刊发并在全省推广。推进矛盾风险排查化解，开展社会矛盾纠纷化解百日攻坚、“强基提能”八大专项行动等，聚焦“五失”群体人员管理服务，组建105支1830多名“平安志愿者”队伍。全年，发生矛盾纠纷事件2270起，均100%落实调解。开展平安村社、平安景区、平安医院等14个系列平安创建，创建覆盖面100%，平安村社达标率96.39%。开展平安文化宣传，平安指数多次位于全省前列。

【全省首批平安二星金鼎】 2023年3月30日，全省建设平安浙江工作会议在杭州召开，洞头区被省委、省政府评为2022年度“平安区”，实现“省平安区”十八连创，

2023年3月30日，洞头区获2005—2022年度二星平安金鼎　（曾秀红 摄）

会上颁发全省首批“平安二星金鼎”，洞头榜上有名，温州市仅洞头获此殊荣，“海上枫桥”经验做法在会上作书面交流。洞头区以“海霞精神”为根基，强化海陆同治模式，全面打造平安岛区、平安海区，激活建成平安校园等11类平安细胞，实现积小安为大安，连续11年“民转刑”命案零发，连续5年“两抢”零发。创新海上党建平安联盟，打造全省首家海渔事调处中心、海事监管综合基地，成立实行全省首支海洋联合执法队、“船老大”调解、“渔小二代跑”等服务队伍，建成社会治理“一张图”、“电动自行车”智治应用系统，推出“休闲船艇管理”等26项“洞头标准”，近13年搜救成功率保持在90%以上。整合社会力量组建打造海霞妈妈等112支志愿服务队，推广“海霞红管家”“海霞红网格”等管理模式，推出“厝边事厝边议”“霓有话说”等议事载体，船头问情、庭院问策、厝边问需，形成“全域创平安”“人人护平安”共建共治格局。

【平安护航行动】 2023年，洞头区围绕“六个坚决防止、三个满意”目标，统筹推进平安护航亚运维稳安保各项工作，推进平安护航亚运百日攻坚行动，强化“一办四部”专班运行模式，建立任务、问题、督查“三张清单”，历经备战、实战、临战、决战4个阶段共188天，牵头40多个部门高标准落实10大领域122项清单，出台完善应急处置工作预案28个，实现“六个坚决防止”目标。完善落实“日会商、周研判、月督导”等风险隐患闭环处置机制，开展“周研判”45次，连续开展日研判39次。

【基层治理品牌打造】 2023年，洞头区深化“海霞故里·海上枫桥”基层治理品牌打造提升，全省首推27个“五治”实践成果形成全域示范带导览图，总结提炼形成一批创新实践成果在省级及以上展示品牌实战实效，《创新海区治理路径 筑牢海岛共富根基》实践案例入选全省第三批共同富裕最佳实践项目，“海霞妈妈”群防群治做法被写入《浙江省人民代表大会常务委员会关于坚持和发展新时代“枫桥经验”的决定》在全省推广，“海霞妈妈”调解工作法入选全省新时代“枫桥式工作法”，《“四治融合”打造无讼海岛绘就“一岛一庭一家人”新图景》被纳入全省100个“枫桥经验”案例，“海上枫桥”特色做法在《平安时报》《浙江日报》等媒体刊发。

【矛盾纠纷化解法治化省级试点区】 2023年9月，洞头区获批中共中央政法委员会在浙江开展的矛盾纠纷化解法治化试点区，聚焦基层矛盾纠纷化解重难点问题，从机制、能力、难题、环境等方面发力，形成矛盾化解法治化制度成果24项，构建形成权责明晰、上下贯通、全程闭环、高效协同、运行有效的“海上花园矛盾纠纷化解法治化”体系。全年全区走访量下降15.79%、诉前纠纷化解率同比增长42.27%，纠纷警情同比下降40.69%，全区一审行政诉讼案件全年保持零败诉，连续12年“民转刑”命案零发，海上花园矛盾纠纷化解法治化做法获《浙江法治报》《浙江日报》《检察日报》报道，12月完成试点验收。

【“海霞妈妈”群防群治做法写入省人大相关决定】 2023年9月28日，浙江省第十四届人民代表大会常务委员会第五次会议通过，洞头区“海霞妈妈”群防群治做法被写入省人大《关于坚持和发展新时代“枫桥经验”的决定》。打造暖心志愿队伍，秉承“热心、善心、耐心、爱心、真心”服务宗旨，实施治安巡逻、法治宣传、矛盾调处、消防监督、扶残助困等20多项志愿服务项目。筑强多元调解力量，深化“1+6+N”“海霞妈妈”调解组织全覆盖机制，纵向联动1个区级调解服务平台、6个街道乡镇分部、87个村社服务站和示范小区，成立“三官一律”调解专家队伍，培育“东海渔嫂”“她管家姐妹帮”

等调解工作室，推动矛盾纠纷就地化解。做优便民调解服务，推进“海霞妈妈”进驻区社会治理中心，实行“固定排班＋点单服务＋机动驻岗”机制，发挥“海霞妈妈”女性调解特色作用，坚持分类调解、联动化解机制，柔性化解各类矛盾纠纷。

【“海翼”智控平台】2023年8月，洞头区建成海上枫桥联勤中心，创研“海翼”智控平台，出台《洞头区反走私联勤工作机制》，集涉海部门之力，打造集服务、防范、指挥、打击四个方面于一体的“立体岸线防控圈”，项目获省委政法委工作改革引领创新项目补助200万元，获市“公安大脑”建设优秀案例中改革突破奖，全年查处走私及偷渡案件、抓获涉嫌偷渡人、查获走私物品同比上升1000%、2100%、720%，经验做法在《人民日报》等媒体刊发。

【政法队伍政治轮训】2023年8月9日至30日，洞头区政法队伍政治轮训培训班在海霞培训中心举办，此次政治轮训分三期开展，每期三天，全区政法系统政法干警及各街道（乡镇）政法工作分管领导共240多人参加培训，本次轮训重点围绕廉政教育、习近平法治思想、国防形势分析、《中国共产党政法工作条例》和《浙江省平安建设条例》解读、网络舆情及政府应对等内容，通过集中授课的形式，切实提升干警的党性修养、政治能力和综合素质水平。区领导林铁、黄伟、邱新楚等参加开班仪式。

【全区平安建设、社会治理擂台赛】2023年12月27日，区委政法委组织举办2023年度平安建设、社会治理创新项目擂台赛，全区21家平安建设成员单位轮番上台，以PPT的形式，全面展示各个单位、各个领域在破解社会治理和平安建设重点、难点问题方面的创新做法与成效。该擂台赛总结提炼区域治理新经验，评选优秀创新项目奖13个、重点培育项目奖8个。

（金　晴）

【社会矛盾纠纷调处化解】2023年，洞头区社会治理中心整合交通、医疗等领域矛盾纠纷专职调解团队，构建“一站式受理、一条龙服务、一揽子调处”矛盾纠纷化解闭合环链。共接待来访群众4356批7523人次，受理各类诉求事项13284件，办结12935件，事件受理率100%，办结率97.37%，群众五星满意度99.8%。区法律援助中心针对农民工欠薪问题提供专项门诊，受理群体性欠薪3件，追回农民工薪资68万元。试行审查起诉阶段法律援助律师辩护全覆盖，累计受理各类法律援助94件，法律帮助182件，减轻困难群众诉讼成本70万元。协同区法院、司法局、各街道（乡镇）等单位印发《关于优化专职人民调解员队伍建设的实施方案》，落实调解员计件奖励补贴、人员招聘和考核导向等措施。截至年底，已建立各类人民调委会114个，其中街道（乡镇）调委会7个，村社调委会92个，行业性专业性人民调解组织15个，聘用专兼职调解员553名，建立共享法庭47个。

（张宇翔）

2023年8月，洞头区“海上枫桥”联勤中心建成　　（区委政法委提供）

法治政府建设

【概况】2023年，洞头区召开区委全面依法治区委员会第五次会议、府院府检联席会议，制定《法治洞头建设考核评价办法（试行）》重塑法治考核评价体系，强化考核调度、督导，法治建设重点指标达标数全市最多。加强法治洞头（法治政府）建设督察，把法治建设情况纳入巡察监督“四个聚焦”清单，创新法治考核风险自查监测评价机制，压紧压实法治建设责任落实。印发《2023年洞头区深入推进习近平法治思想“八进”工作方案》，开展学习宣讲80多场，落实党委（党组）会前学法机制，完善领导干部任前考法、年终述法、旁听庭审等制度，乡科级党政主要负责人参与听庭覆盖率达98.1%。

实施法治人才培养计划，制发《温州市洞头区法治人才奖励补贴申领实施办法》，兑现法治人才培育奖励金13.8万元。开展法治护航“项目为王”专项行动，提供审查意见500多条。打造最优法治化营商环境，推进“两菜一鱼”重点产业合规体系建设，提供精准行政指导服务1022次。全区行政复议诉讼比值2.7，全市第二位。行政机关负责人出庭率连续8年保持100%，保持三年“零败诉”，系全市唯一。优化“律所联商会”全覆盖服务，靶向开展“强村公司”法律体检600多次，公共法律服务中心获评年度万人双评议最满意科室。

【法治营商环境优化】2023年，洞头区优化涉企政策保障公平竞争，出台《关于高质量司法保障营商环境优化提升“一号改革工程”助力“海上花园”建设的实施意见》，建立“两审联审”制度保障市场公平竞争，对现行有效的113件区级行政规范性文件全面复核调整，废改修涉企类政策29件。加强重大决策的审核把关，制定区政府2023年度重大行政决策事项目录，为三个“一号工程”、《洞头区关于进一步推动商贸业提质扩容的若干政策意见》等政策文件提出明确法律依据、规范表述等建设性建议。建立重大项目法治保障组，构建“前期介入＋全程跟踪＋动态法审”的重大项目“法治服务链”，为“两个百亿”、甬莞高速等项目落地提供法治支撑。探索重点产业合规体系建设，编制“两菜一鱼”重点产业行政合规指导清单、企业合规实务风险指导清单，建成“1个中心＋线上线下双驿站”，组建企业合规专家团队6个和部门服务专员队伍1个，累计提供企业合规体检15次，各部门开展入企指导1022次。实施涉企执法1020专项监督工程，推进全周期规范化涉企行政执法模式专项行动，督促60多个问题100%整改。创新企业首次轻微违法行为刑事审查起诉阶段容错纠错制度，针对首次犯罪、情节轻微的涉税案件依法不起诉35人。优化“律所联商会”全覆盖法律服务，制定《温州市洞头区个体工商户法治护航行动方案》，打造企业“身边的法律顾问”。

【完善依法行政制度体系】2023年，洞头区推进全面综合行政执法改革，“深化协作·创新打造涉海综合查一次”被市综合指导办列为全市“十大标志性硬核之一”，获评2023年第一批温州市“大综合一体化”优秀改革项目。《洞头借助智控平台加强海上治理》《洞头推进综合查一次》等优秀改革经验被《浙江日报》等刊物采纳。加强执法规范化建设，针对节前旅游消费领域、交通运输执法领域、行政处罚信息公示等组织专项监督6次，制发监督通知书23份。建立分级分类执法培训，有效运用“应试培训＋掌上模考＋定期通报”机制，全年行政执法资格考试通过率大幅提升至98.25%。化解综合执法局和应急管理局关于丙烷监管权的行政争议等案件2件。建立复议先行保障机制，与管辖法院签订《关于构建行政争议异地协同化解工作机制的实施意见》，推行行政争议分级管理，实行出庭应诉“一票否决制”，督促涉诉部门做好应对和化解工作，全区行政复议申请与行政诉讼比值为3.07，行政机关负责人出庭应诉率保持100%，一审行政诉讼案件零败诉。

【公共法律服务】2023年，洞头区全面落实法律援助全域通办100%，联合区人民检察院试行审查起诉阶段法律援助律师辩护全覆盖，助推法律援助增质扩面。依托“兰小草”法律门诊和“海岛律管家”特色服务载体，全年共受理法律援助、法律帮助621件，减轻困难群众诉讼成本500万元。制定《温州市洞头区个体工商户法治护航行动方案》，组建助企服务团开展“送法进企业”“强村公司”法律服务等活动。推进“八五”普法，开展法治宣传教育活动362场，创成市级公民法治素养观测点3个、省级法治宣传教育基地1个，市级以上民主法治村占比90.2%。

【基层法治治理】2023年，洞头区深化基层大调解大提升工程，共调解矛盾纠纷2478件，涉及金额1.2亿元。深化调解组织和调解队伍建设，专职人民调解员郭央雪荣获“全国模范人民调解员”称号，“海霞妈妈”品牌调解工作法入选全省新时代“枫桥式工作法”。开展社区矫正“风险隐患化解整治”专项行动，出台全市首个涉企社区矫正对象外出从事生产经营活动监督管理办法，开展就业帮扶“春风行动”，完成杭州亚运会等重要节点维稳安保任务。落实街道乡镇法治化综合改革实施方案，全区街道乡镇法治建设议事协调机构挂牌成立实现全覆盖。深化信访法治化改革，探索“信访信用＋乡村治理”，引导全区83个村将依法信访纳入村规民约，提前1个月完成“十大领域”省、市、区信访积案化解清零共38件，化解率均为100%，排名全市第一。

【合法性审查质效改革】2023年，洞头区挂牌成立合法性审查中心，出台《街道（乡镇）合法性审查事项目录》。依法严惩各类侵害“一老一小”违法犯罪，打击新型网络犯罪，审结电信诈骗、网络赌博等案件20件28人，创新“共享法庭”

等司法服务供给形式，健全完善社会矛盾纠纷多元化解体系，开展民法典宣传月、“法润童心 护苗成长”等普法宣传活动140多场，满足多元化法律服务需求。

（叶艳艳）

公安

【概况】2023年，温州市公安局洞头区分局围绕高水平建设“共同富裕海上花园”战略部署，聚焦聚力“护航亚运”主题主线，锚定“三最”警务目标，笃行“三型”警务导向。启动夏冬两季全民大巡防模式，升级构建“专业车巡＋武装步巡＋特警骑巡＋警民联巡＋天眼轮巡＋无人机航巡”六位一体“地空联勤”巡控格局，全区有效警情14252件、刑事发案170件、治安发案406件，同比分别下降23.42%、11.05%、6.1%，其中刑事发案日均不到1起，巩固全省最平安“治安绿地”生态。侦破“5·23”首起侵犯洞头重点企业知识产权案、“11·23”侵犯温商著作权案等案件。群众安全感、对公安工作认可度荣膺全市“双第一”，助力洞头实现省平安区“十八连创”、全省首批“二星平安金鼎”，相关做法在《今日说法》《法治日报》等国家级媒体报道，获各级领导批示肯定18次。全区“智安校园”建设完成率100%。完成五一劳动节、十一国庆节、中国·洞头妈祖平安节、2023中国·温州长距离铁人三项国际公开赛等安保活动40多场次。先后获全市公安队伍正规化建设优秀单位、省级执法质量考评十六连优等。特警大队、海防大队、经侦大队等单位在全市系列练兵比武中均取得全市第一名，交警大队在全市警卫比武中取得全市第二名，指挥中心在全市反恐综合考评中取得全市第三名，入选省队获全国竞赛一等奖1人，“3·23”百万黄金盗窃案专案组、北岙派出所分别荣立集体二等功、集体三等功，1人荣立个人二等功，8名民警荣立个人三等功，2名民警分别荣获全省“三能榜样·最美辅警”和全市“三牛先锋·最美警察”称号，81人受到区级以上表彰奖励。

【公安数字化改革】2023年，洞头区公安分局以“数字安保”为牵引，立足“海陆一体”共治策略，加速提升“南北闸门”智能卡控工程，创新搭建“野码头”反走私预警模型，迭代升级“海翼”智控平台，扩容新增视频监控点位，布建改造电子围栏、卡口抓拍、人像识别等感知终端，全面提升涉海管海综合治理效能，典型做法入选2023年浙江省政法工作现代化创新引导项目及浙江省第三批共同富裕最佳实践名单，获全市“公安大脑”建设“改革突破奖”，被《人民公安报》《浙江日报》《浙江政法》等媒体报道。

【刑事案件侦办】2023年，洞头区公安分局破获冷某非法制造枪支案、吴某某组织他人偷越国（边）境案、颜某某等人串通投标案、“6·15”敲诈勒索案、“8·16”开设地下赌场案、“9·20”故意杀人案等系列重大专案，全年打处各类突出违法犯罪案件728起1113人，其中刑事打处571人、治安打处542人，同比分别上升4.96%、18.34%，抓获逃犯20人。

（吴龙昌）

【“盗案必破”民生工程】2023年，洞头区公安分局落地“盗案必破”民生工程，实现刑事盗案、治安盗案发案同比分别下降11.63%、44.21%，破案率同比分别上升12.6个百分点、41.78个百分点，其中刑事盗案破案率65.79%，治安盗案破案率87.04%，在破获挽损案件中全额挽损率达到85%，创历史新高。持续深化“后台＋前端”“情报＋指令”反诈一体运作模式，累计“上门劝阻＋紧急止付”45.17万元，返还被骗损失203.8万元，赢得人民群众广泛好评。

（邵时锦）

【企业案件侦办】2023年，洞头区公安分局聚焦企业所需、项目所

2023年7月，温州市公安局洞头区分局反诈在行动暨资金返还仪式举行

（区公安分局提供）

急和公安所能结合点，创优推行"一案一督""一企一警""信用修复""柔性执法""执法报备""综合查一次""开门纳谏""送法上门""抵近安巡""离岛网办"等十大举措，推动三个"一号工程"深入实施，侦破"5·23"首起侵犯洞头重点企业知识产权案、"11·23"侵犯温商著作权案等案件，提速办结涉企审批事项367件，挽回企业经济损失2000多万元，受到《平安时报》、人民法治网等主流媒体点赞报道。

（吴素存）

【交通安全监管】2023年，洞头区公安分局建立健全行刑衔接互通联合机制，固化深化"双月双保"大交通治理体系，推行"我为交警站一岗"活动，提级形成全警联动、交巡合一、部门协作、志愿参与工作格局，依法惩治安全生产违法犯罪行为53人，查处酒驾醉驾、"三超一疲劳"、飙车炸街等重点交通违法行为5106起，交通事故四项指数与2020年至2022年平均数相比分别下降30.43%、20%、51.62%、72.37%。

（翁定福）

【法治公安建设】2023年，洞头区公安分局全面完成一体化执法办案中心标准化建设，推动特色执法形态提质增效，化解信访积案4起，化解率100%，其中"朱某某信访案件"入选2023年度全省信访工作"二十佳"典型案例，蝉联省级执法质量考评"十六连优"。拓展深化"办案一件事"集成路径，创新打造"执法办案拘押直通车"场景应用，被择优纳入全省数字法治系统一本账，获全市"公安大脑"建设"最佳技术变革奖"，助力实现执法办案和监管执行两端"双向减负、同向赋能"。

（林加宏）

【"枫桥式公安派出所"创建】2023年，洞头区公安分局以"枫桥式公安派出所"创建为契机，深入实施"一所一室一品"特色警务室建设计划，持续推进社区民警兼任村社党组织副书记，发展壮大警民、警医、警校、警企、警会等"警务共同体"，优化升级"警格+网格"融合治理模式，承办全市"融警务"现场会和全市海防工作现场会。北岙派出所获评全省"三能榜样·最美警队"。

（周文渊）

【审批服务】2023年，洞头区公安分局共办理各类审批申请39079件，浙里办App、政务网等线上收件24556件；累计上门办证送证65件；非工作日累计办证615件，办理涉企审批368件。发放居民身份证4655张，其中省外身份证1313张，办理临时身份证1397张。

【"最多跑一次"改革】2023年，洞头区公安分局迭代优化全年无休、帮办代办、预约上门等便民举措，试点运行"网办中心"直通模式，升级构建"1+4"（1个本岛政府中心窗口+鹿西、大门、元觉、霓屿4个分窗口）两级一体化"一窗通办"服务体系，推动"一窗通拍、全域应用"民生实事落地见效，实现服务事项76项"一网通办"、11项"一证通办"，15项"跨省通办"、4项"一件联办"。逐步形成指尖窗口同步、线上线下一体、管理服务并轨的"互联网+"政务服务新生态，连续7个月获评"红旗窗口"，被授予市"巾帼文明岗"称号。

【户籍管理与行政许可】2023年，区公安分局办证中心窗口规范开展户籍身份证管理、行政许可受理等业务。全年办理户籍类业务5312件（其中，办理出生申报户口627件，死亡注销户口1112件，变更姓名、出生日期等主项96件，办理户口迁移业务2036件，办理临时身份证1441件）。共办理行政许可34341件，其中受理数量34135件，许可数量30637件，不予许可数量206件，撤销许可数量14件。共办理行政许可34341件，其中受理数量34135件，许可数量30637件，不予许可数量206件，撤销许可数量14件。

（叶礼君）

【出入境及往来港澳台受理】2023年，区公安分局共受理出入境业务2517人次，其中，中国公民普通护照1202人次，内地居民往来香港、澳门通行证1308人次，大陆居民往来台湾通行证7人次。年内，共报备国家工作人员601名，撤销121名。

（杨素娟）

【海防管理】2023年，区公安分局立足"海陆一体"共治策略，迭代升级"海翼"智控平台，有效破解海上安全事故预防难、违法打击难等海域治理"老大难"问题，全年累计侦破走私、偷渡等案件12起，查处涉案人员109人，查获走私物品1153.72吨，同比分别上升1000%、3633%、932%。

（陈建军）

【基层社会风险管理】2023年，洞头区公安分局在全区7个派出所打造"两队一室"，围绕治安复杂区域精准调配值班巡逻警力、派出所快反突击队、群防群治等力量。健全完善"社区民警+乡镇街道综治干部+村社干部+监护人"机制，共同担负管控责任，健全全警呼应、快速联动处置制度。健全完善"一村一警"包村联系制度，固化优化"亲警驿站"运作模式，系统整合公职律师、警务助理、海霞妈妈、党员乡贤、企业代表等力量，用活用好基层治理四个平台，因事因人、提前介入。

（庄 伟）

检察

【概况】2023年，温州市洞头区人民检察院共受理提请逮捕案件109件145人，批准逮捕84件109人。受理移送审查起诉案件333件647人，提起公诉210件323人，检察环节追回赃款3024万元，向人民法院随案移送涉案款项3340万元。依法不批捕35人，不起诉305人。推进认罪认罚从宽制度“可用尽用”，认罪认罚案件适用率89.95%。探索公开听证工作“四大检察”领域全覆盖，全年公开听证案件27场次。邀请代表委员参加案件听证、庭审观摩、听庭评议、座谈交流、检察开放日等活动58人次。2个案件被最高人民检察院评为典型案例，承办全省刑事检察工作会议，4项工作获省检察院转发交流。

【法治营商环境】2023年，区检察院深入贯彻省委三个“一号工程”，制定实施助推海洋经济发展护企九条措施。依法审查起诉职务侵占、挪用资金、非法经营等侵害企业合法权益、扰乱市场秩序犯罪18人。对初犯且情节轻微、认罪悔罪的涉罪企业负责人不捕不诉34人。全年对15家涉案企业完成合规建设，数量居全省第二位。对合规整改合格的作出不起诉决定9家、提出宽缓化量刑建议5家；对1家经反复指导督促整改仍不合格的涉案企业及责任人员提起公诉，该案件作为全省唯一案例被推荐到最高人民检察院参评规范化合规典型案例。

【海洋检察特色品牌】2023年，区检察院深化守护蓝色海湾行动，打击非法采运海砂犯罪，依法提起公诉21人，立案监督6人，追诉漏犯1人；对未依法向职能部门移交船舶非法关闭AIS（船舶自动识别系统）等线索的行政违法行为予以监督纠正。会同海警、农业农村等部门规范立案标准，办理非法捕捞水产品案件29人，应用“检察监督＋赔偿补偿＋社会化治理”模式，收缴生态修复金14万元，增殖放流鱼苗445万尾；对4起非法捕捞水产品案件提起民事公益诉讼。督促整治环岛西片围垦海域非法养殖行为，清理非法养殖围塘38口，涉海面积2700多亩；联合属地乡镇、资规、农业农村等部门开展南北爿山省级海洋特别保护区海鸟栖息环境保护行动。

【刑事诉讼监督】2023年，区检察院开展羁押必要性审查52人，监督立案15件、撤案6件，纠正漏犯2人，抗诉改判1件，向侦查机关、审判机关、监管场所和司法行政部门发出纠正违法通知书和检察建议21份，提出纠违意见均被采纳。开展减刑、假释、暂予监外执行专项检查工作，对13件暂予监外执行案进行审查，未发现违规违法问题。针对刑事裁判中涉及财产部分的立案和执行问题，开展监督8件。推进侦查监督与协作配合办公室实质化运行，会同温州海警局洞头工作站出台《关于全面推进检警协作配合的若干意见》，助力首部海上执法规章实施。

【民事行政监督】2023年，区检察院对民事审判活动和执行程序中不规范等情形提出检察建议15件，被省检察院认定优质案件5件。深化虚假诉讼监督，聚焦劳资纠纷、民间借贷等重点领域，监督纠正“假官司”3件，移送追究刑事责任8人。办理行政审判活动及执行违法监督案件8件，纠正行政违法行为2件，实质性化解行政生效裁判争议1件。开展道路运输领域检察监督活动，针对精神残疾人未依法被注销驾驶证现象，督促职能部门开展禁驾核查，建立精神病人驾驶资格监管协作机制。

【公益诉讼监督】2023年，区检察院发挥公益诉讼检察职能，办理行政公益诉讼案件37件、民事公益诉讼7件。建立检察公益诉讼和人大、政协机关衔接机制，提升办理质效。针对住宅区部分人防地下室日常管理不到位、擅自改造等问题，以圆桌会议方式推动整改，促进人防工程发挥效能。开展服务保障乡村振兴、军人军属权益保障等各类专项监督活动，办理公益诉讼案件44件，被省检察院认定特大案件2件，推动解决一批公益受损严重、部门职能交叉等社会反响强烈问题。

【未成年人司法保护】2023年，区检察院联合7个部门制定《未成年被害人“一站式”办案保护机制实施办法》《未成年人刑事案件心理干预制度实施办法（暂行）》等机制。对5名侵害未成年人犯罪提起公诉，对7名涉罪未成年人落实宽缓化司法政策，适用附条件不起诉2人，建议法院适用禁止令2人。会同公安、卫健等部门建成未成年人“一站式”综合保护场所，避免反复询问取证对未成年人造成“次生伤害”。向涉罪未成年人监护人制发家庭教育指导令2份。办理涉精神损害赔偿、抚养权纠纷类民事支持起诉2件；针对违规向未成年人销售香烟、旅馆业违规办理未成年人入住等问题开展公益诉讼，督促行业整改整治。就涉未成年人犯罪形成分析报告，向基层组织制发风险提示函。举办未成年人检察主题开放日活动，开展法治进校园活动 10 场次。

【各类群体权益保障】2023 年，区检察院针对网络平台上违规销售禁售药品，扰乱药品管理秩序，通过诉前检察建议督促职能部门集中整治。打击危害食品安全犯罪活动，提起公诉 4 人，提起民事公益诉讼 2 件。实施首次信访院领导包案办理制度，接待群众来访申诉 57 人次，全部实现 7 日内程序回复、3 个月内实体答复。联合民政、妇联等六部门建立司法救助与社会救助协作机制，对 15 名因案致贫受害人发放救助金 19.7 万元。做好检察官定向联系、第一书记驻村服务等工作，帮助基层妥善化解人身赔偿、拖欠工资等事件 12 件。

【企检服务中心成立】2023 年 11 月 17 日，区检察院联合区委改革办、司法局、工商联等部门出台《洞头区行业协会“企检服务中心”建设实施方案》《洞头区行业协会“企检服务中心”运行办法（试行）》。12 月 7 日，洞头区“两菜一鱼”行业“企检服务中心”正式揭牌成立，持续深化渔农业“双强行动”，进一步强化政企联动，为企业提供“全生命周期”法治服务，助力打造一流法治化营商环境。

（郑诗璇）

法院

【概况】2023 年，温州市洞头区人民法院共受理各类案件 2646 件，审结 2681 件。审结刑事案件 205 件，有罪判决 309 人。审结民商事案件 1310 件，其中民事案件 321 件，商事案件 989 件。审结行政诉讼案件 72 件、非诉执行案件 14 件，协调化解 26% 的行政争议。执结案件 1531 件，到位金额 2.8 亿元。案件质量指数名列全省第 14、全市第一。

区法院践行“绿水青山就是金山银山”理念惩治涉海砂案件，落实环境损害赔偿、责任追究和生态修复制度。联合区检察院等 10 个部门出台环境资源保护行政执法与司法协作机制，牵头资规、环保等部门成立南北爿山（鸟岛）、红树林生态湿地司法保护基地。推进“五地十院”温台海湾生态跨域司法保护协作机制，发出保护湿地和珍稀动物倡议书，获最高法院环资庭调研肯定。联合福建霞浦法院探索建立浙闽两省“法护蓝海”跨域司法协作机制，获人民网报道。深化“刑财查控一件事”数字应用，在移送审查起诉、提起公诉时督促审核上一办案机关完成嫌疑人财产申报、发起法院“总对总”“点对点”协查、查冻嫌疑人财产及明确处置意见，实现刑财查控流程的集约化、智能化、高效化，获最高法院刊发简报推广和省高院领导、市中院主要领导批示肯定，入选温州市第二批共同富裕最佳实践。成立安心志愿服务队，集成诉讼流程庭前辅导、答疑解惑、智能化设备使用等导诉服务。依托“法助基金”救助 7 人 7.6 万元，为经济困难当事人减免、缓交诉讼费 7 万元。持续推进阳光司法，召开新闻发布会 2 场，举办“服务海上花园强城行动”等公众开放日活动 6 场。联合区教育局开设《小海霞普法》栏目，开展“浪花朵朵向未来”家庭教育指导主题直播活动，互动 10 万余人次。传承发展海岛巡回审判、“送法六进”等做法，获最高人民法院公众号“人民法庭说”专栏、人民法院报公众号发布微视频《予渔》推广。

【刑事案件审判】2023 年，洞头区审结故意伤害、盗窃等犯罪案件 39 件 54 人。审结电信诈骗、跨境网络赌博等犯罪案件 24 件 33 人。审结非法集资类犯罪案件 6 件 6 人，涉案金额 3.9 亿元。审结骗取国家退税、虚开增值税专用发票等涉税犯罪案件 13 件 19 人，挽回国家经济损失 2868 万元。审结贪污、受贿等职务犯罪案件 3 件 3 人，联合区纪委组织 467 人次旁听庭审。

【民事案件审判】2023 年，洞头区受理民事案件 348 件，审结 321 件。坚持劳资权益保护并重，优先立、审、执劳动争议案件 29 件，帮助劳动者追回报酬 346 万元。深化家事审判方式改革，审结婚姻、继承、抚养、赡养等案件 136 件，发出人身安全保护令 2 份，在 81 件离婚案件中推行财产申报制度。大门法庭家事案件调撤率 100%，获《中国审判》报道。加大未成年人权益保护力度，向失职家长发出家庭教育指导令 16 份。精准服务“保交楼、保民生”，审结建设工程、商品房买卖等案件 127 件，促进房地产市场健康发展。

【行政诉讼审判】2023 年，洞头区受理行政诉讼案件 42 件，审结 72 件；受理非诉执行案件 15 件，审结 14 件。召开洞头区首次府院、府检联席会议，深化“一府两院”法治领域工作联动。做实败诉风险判前预警、异地行政争议双边化解、行政审判白皮书等机制，发出败诉风险预警 24 件，协调化解 26% 的行政争议。全市首创行政机关工作人员“跟案学习”机制，行政负责人出庭应诉率保持 100%。深化行政自查建议机制，获最高法院微信公众号、人民法院报公众号推介。全年发出司法建议书 17 篇，关于杜绝征迁过程中双重补偿问题的司法建议获评全市十佳司法建议。

【审判案件执行】2023年，洞头区营商环境工作专班出台全面深化执行“一件事”改革实施方案。巩固“自动履行为主、强制执行为辅”长效工作机制，建成集教育、威慑功能于一体的诚信诉讼倡导馆。加大失信惩处力度，开展“暖春”“破冰”等执行专项行动9次，将328人纳入失信被执行人名单，限制高消费1277人次，罚款290人次，拘留10人次。联动公安机关实施市域“云执行”模式，发起车辆协助扣押等154次，扣押车辆32辆。持续开展打击拒执专项行动，以拒执罪判处11件11人。

【保障营商环境】2023年8月，洞头区出台优化法治营商环境十项举措，促成578件涉企纠纷调撤、化解，标的总额1.78亿元，4项营商环境核心指标均居全市前三位，获新华社报道。推进涉案企业合规改革，3家企业经过合规整改重回生产经营正轨。采用“活封活扣”、调解、和解等形式帮助33家企业恢复正常生产经营，引导37家企业完成信用修复，获市中院领导批示肯定。

【全市首家商事纠纷调解中心】2023年3月15日，洞头区法院针对辖区涉企纠纷占该院年收案数50%以上、案件连年增长的现状，推动创设温州市首家商事调解中心，以律师市场化调解为切口，深化探索适合市场发展规律和纠纷实质化解的新路径，促进“市场纠纷市场解”。截至年底，中心共调解案件132件，标的额达2.7亿元，为企业节省诉讼费200万元，获市委主要领导批示肯定。

【区政府与区法院、区检察院首次联席会议】2023年1月10日，洞头区政府与区法院、区检察院联合召开府院、府检联席会议共同推进预防和化解行政争议工作。会上，区司法局、区法院、区检察院相关负责人分别通报行政复议、行政诉讼和行政自查建议机制、行政检察和公益诉讼有关情况。会议发布《非诉执行“裁执分离”实施工作指引》，书面审议《关于加强洞头区人民检察院与行政机关法律监督协作配合的若干意见》等文件。

【联合建立红树林生态湿地司法保护基地】2023年6月2日，区法院联合区资规分局、生态环境分局，在洞头霓屿西海湾揭牌成立红树林生态湿地司法保护基地。红树林是热带、亚热带海岸带海陆交错区生产能力最高的海洋生态系统之一，在净化海水、防风消浪、维持生物多样性、固碳储碳等方面发挥着极为重要的作用，有着“海岸卫士”“海洋绿肺”的美誉。基地的设立，有利于以环境资源司法保护为抓手，创新开展恢复性司法和替代性修复，推动形成具有海岛特色的生态环境司法保护实践样本。

（林慧慧）

司法行政

【概况】2023年，温州市洞头区司法局突破政策限制，争取省厅支持洞头设立律所分所、省十强律所嘉瑞成结对帮扶。争取竞争性资金分配，获政法奖励性资金182万元，同比增长99.5%。率全市之先推出合法性与公平竞争联审，行政合法性审查100%覆盖，同比提升80%。深化“强基提能”工程，调处矛盾纠纷2478件。出台全市首个涉企矫正对象外出经商监管办法，帮助涉稳矫正对象叶某某解决就业问题。率全市之先实现审查起诉阶段法律援助全覆盖，办结法律援助621件，减轻群众诉讼成本170多万元。推进法治乡村建设，省级以上民主法治村社占比全市第一位，“法治渔港”案例入选司法部案例库。全年荣获部级荣誉2人、厅级荣誉5人，入选市县法治政府建设“最佳实践”3个项目，法治工作成果和意见建议得到省、市领导批示20多次。

【洞头区深入推进习近平法治思想“八进”工作】2023年7月27日，洞头区印发《2023年洞头区深入推进习近平法治思想“八进”工作方案》。重点任务是进机关、进海霞培训中心、进学校、进国企、进社会治理中心、进法律服务机构、进部队、进企事业单位和村社。把《习近平法治思想学习纲要》《习近平关于依规治党论述摘编》纳入学习计划，加强习近平法治思想宣传阐释，扎实推进法治建设示范区建设和“法助共富、法护平安”专项行动；推进习近平法治思想“进教材、进课堂、进头脑”，打造精品专题、开发经典案例、推出精彩现场；推进习近平法治思想纳入中小学道德与法治、思想政治课程体系，加强课程建设，广泛学习研讨，提升教学质量；指导区属国有企业推进公司律师工作，鼓励国有企业公司律师培育，加快建立公司律师制度；组织开展矛盾纠纷依法化解典型案例评选和宣传活动；“法助共富、法护平安”专项行动和公共法律服务质效提升行动；助推军事行政争议高效实质化解提供“洞头经验”；依托亲清政商云学堂、温州市企业综合服务平台、商业秘密保护基地、专业市场柔性服务站、消费维权服务站等政企互动平台，通过线下“法律行”活动、座谈会、专题宣讲、线上“企业码”直播等方式，面向企业及企业经营人员宣讲习近平法治思想。

【洞头区举行行政复议专员任命及宪法宣誓仪式】2023年12月27日，洞头区举行行政复议专员任命及宪法宣誓仪式，6名行政复议专员接受任命书，标志着洞头区行政复议队伍专业化、职业化建设进入一个新阶段。施行复议专员任命和分级管理制度，是洞头区深入推进行政复议体制改革、建设德才兼备高素质法治队伍、迎接新修订行政复议法施行的重要之举。全年，共办理行政复议案件46件，同比增长76.92%，直接纠错3件，协调化解18件。全区新收行政复议申请46件，一审行政诉讼新收16件，复议与诉讼收案比值达3.28，创历史新高。

【洞头区法治人才奖励补贴申领实施办法】2023年3月8日，为进一步加强洞头区法治力量培育，加快实现党政机关公职律师全覆盖，促进党政机关依法决策、依法办事，区司法局根据《洞头区关于加强法治力量培育的十条措施》，就法治人才培育激励工作制定《温州市洞头区法治人才奖励补贴申领实施办法》。该实施办法，包含申请激励对象、奖励标准和期限、申请流程、申请奖励要求四方面内容。全年兑现法治人才培育奖励金13.8万元。

【优化涉企对象外出监管】2023年，洞头区司法局联合洞头区检察院出台全市首个涉企社区矫正对象外出从事生产经营活动监督管理办法，明确涉企社区矫正对象的范围、赴外地从事生产经营活动的事由、外出请假审批流程、外出期间的监管措施等内容，为21名涉企社区矫正对象外出审批“松绑”，张弛有度护企健康发展。

2023年12月27日，洞头区行政复议专员任命及宪法宣誓仪式举行　（胡程远 摄）

【惠民助企公共法律服务】2023年，洞头区司法局全面落实法律援助全域通办100%，联合区检察院试行审查起诉阶段法律援助律师辩护全覆盖，助推法律援助增质扩面。依托“兰小草”法律门诊和“海岛律管家”特色服务载体，开展“援爱同行 守护花开”“治欠打非 安薪农民工”系列法律服务活动12场次，全年共受理各类法律援助182件，法律帮助315件，法律援助审批满意率100%，通办率100%。优化“律所联商会”全覆盖法律服务，制发《温州市洞头区个体工商户法治护航行动方案》，组建助企服务团靶向开展“强村公司”法律服务活动，开展“法律进企业”等服务33次。实施法治人才培养计划，制发《温州市洞头区法治人才奖励补贴申领实施办法》，兑现法治人才培育奖励金13.8万元，实施律师“扬帆行动”，加大优质律所招引培育力度。截至年底，律师万人比突破3.02。

【完善矛盾多元调解体系】2023年，洞头区司法局以“海霞故里·海上枫桥”暨“枫桥经验”60周年纪念活动为契机，探索矛盾纠纷多元化解路径，制作《人民调解工作指引》，为调解工作提供参照指引；制定《深化基层大调解大提升 完善矛盾纠纷多元调解体系的实施方案》，建立“五联调、三协同、四强化”工作机制，完善矛盾纠纷多元调解体系。优化专职人民调解员队伍，建立“1+1+N”（1名司法所所长领衔、1名金牌调解员为主、N名兼职调解员为辅）专家调解团队，加强“三官两师一员”等法治力量下沉，推进人民调解队伍专业化、职业化建设，提升人民调解工作水平。开展“我的调解故事”演讲、“枫桥经验”巡回宣讲等纪念60周年系列活动。总结提炼全区“海上枫桥”特色亮点和具体实践，在《浙江法治报》头版和《浙江日报》等主流媒体刊发，并制作一期学习推广“枫桥经验”60周年经验做法宣传特刊，在全省学习推广“枫桥经验”60周年纪念大会上使用，体现洞头元素。

（叶艳艳）

国防后备力量建设

【概况】2023年，区人民武装部围绕全面建成沿海人武部“重要窗口”，统筹战建备一体推进，坚持稳中求进总基调，推进党管武装和国防后备力量建设，持续巩固党的领导、持续聚焦备战打仗、持续突出中心工作、持续深化从严治党。发挥军地双拥共建纽带作用，组织区委军事日、议军会等党管武装活动，协调解决驻岛部队困难矛盾、完成海霞村送评军委帮扶工作“百村样板”、辖区学生军训等军地共建任务。开展练兵备战，组织首长机关、民兵分队及专武干部训练，完成年度训练任务。抓实全区基干民兵队伍编组。完成兵员征集任务，坚持“五率”（报名率、上站率、合格率、择优率和退兵率）牵引，实现“征好兵、无退兵、零违纪”的目标。

【国防动员转型升级】2023年，洞头区推动党管武装落实，区委书记主持召开2023年区委议军会暨书记、区长武装工作现场办公会议，深入学习贯彻习近平强军思想，贯彻落实中央和省委、市委各项决策部署，研究解决全区武装工作领域新情况新问题，全面提升国防动员和后备力量建设水平，推动新时代党管武装工作高质量开展。传达组织省委议军会精神和洞头区打造新时代民兵建设“重要窗口”有关事宜；研究武装工作有关事宜。坚持以习近平强军思想为指引，始终聚焦强军目标、时刻保持打仗意识，推进党管武装和国防后备力量建设，实现了练兵备战有方，服务大局有为，军地协同有力，保持了稳步发展、创新图强的良好态势。

【全区党管武装工作会议】2023年9月26日，洞头区党管武装工作会议召开。会议举行新任街道（乡镇）武装部教导员任命仪式，街道（乡镇）工（党）委书记开展党管武装工作述职；区委书记、区人武部党委第一书记郭云强讲话。会议强调做好党管武装工作需要不断提高政治站位，把握党管武装正确方向，坚持政治引领，深化思想铸魂，抓好制度落实，坚决扛起党管武装的政治责任；需要不断聚焦练兵备战，扛起强军兴武使命担当，在民兵建设上求突破，在练兵强武上求突破，在体制改革上求突破，把武装工作的重心落在支援保障打赢攻坚战；需要持续巩固双拥成果，推进军民融合深度发展，加强双拥共建，加强军地协作，加强国防教育，发挥“拥军优属、拥政爱民”优良传统，不断巩固军政军民关系；需要坚持弘扬海霞精神，打造民兵建设重要窗口，大力弘扬海霞精神，整合提升海霞阵地，全力打响海霞品牌，打造红色共富产业，持续抓好连队建设，全面打造新时代民兵建设重要窗口。

【民兵整组工作】2023年，洞头区以《民兵组织整顿工作实施办法》为指导，以海上力量和应急队伍建设为重点，完善组织领导，抓实民兵队伍编组，严密组织基干民兵体检、政考、出入队，完成对全区应急力量、支援力量基干民兵集合点验，完成对7个街道（乡镇）的检查考评验收工作并接受军分区检查，依托市、区属国企女职员“循环式”编建女民兵队伍，民兵队伍“建管用”进一步提质增效。

【征兵工作】2023年，洞头区坚持“五率”牵引，持续加大高学历青年挖掘动员力度，注重拓宽宣传渠道，面向适龄优质兵源发送征兵消息，精准覆盖重点征集对象，组织役前教育、新兵欢送仪式，征集大学生比例93%、大学毕业生比例74.4%，实现“征好兵、无退兵、零违纪”目标，完成征兵任务。

【民兵演练】2023年，人武部开展练兵备战，组织部机关干部参与国防动员指挥机构等级部署和战备等级转进演练。民兵分队按照“小规模、多场次”灵活组训模式，覆盖全部年度训练分队，超额完成训练任务，参加全市第六届岗位练兵比武，取得海上民兵分队团体第一名。对照战备规范化要求，建立标准化作战值班室，完善配套本级“三室两库”和民兵应急连库室建设，配齐装备器材和物资，提升村（社区）民兵连正规化建设水平。

（李郑勇）

国防教育

【概况】2023年，洞头区开展丰富活动提升国防教育质效。开展海霞精神“六进”活动300多场，开发近10项新研学课程，形成“海霞将帅少年军”“海霞携手进清北”海霞红色研学精品线路。开展全民国防教育宣传月活动，走进机关、学校、乡村、社区。开展“海霞魂”主题国防教育，强化“一营一训一验”教育体系，让中小学每年分学段分批次组织学生开展实地参观、军事模拟、老少携游等军事体验活动。将《海霞精神的传承与弘扬》等纳入海霞文化发展中心培训课程。利用视频号、抖音号等新媒体发布30多个海霞视频，点击量近10万人次。

【国防教育宣传活动】2023年，洞头区以“踔厉奋发强国防 勇毅前行向复兴”为主题，开展国防知识宣传进机关、进学校、进乡村、进社区，红色电影公益放映，海霞国防项目一日体验、烈士纪念日等活动，参与群众、学生等1万余人次。开发海霞女子营、海岛历险记、海霞红歌会、重走习近平爷爷调研洞头之路、搭建野战帐篷、埋锅造饭等近10项新研学课程，形成“海霞将帅少年军”“海霞携手进清北”海霞红色研学精品线路，承办各类研学活动25期，接待研学青少年2000多人次。

【青少年国防教育】2023年，洞头区围绕“海霞铸魂”活动主题，开展“海霞魂”主题国防教育，秉承“训练做足，平时抓实，用时过硬，战时打赢”的海霞尚武精神，强化“一营一训一验”教育体系。全区中小学军人荣誉墙设置100%，国防教育融入课程100%，走进军营体验100%。9月，开展高中生军训，初中新生进行队列训练，小学生进行含有军事精神的始业教育。所有中小学每年分学段分批次组织学生开展实地参观、军事模拟、老少携游等军事体验活动。

【国防阵地宣教服务】2023年，洞头区推进以海霞营地为主引擎的文旅融合业态发展，完成海霞之家、海霞电影馆项目建设，推进海霞连环画创作；完成海霞文创展厅打造，设置8个特色展示专区，探索“文创＋跨界”模式；累计开发海霞文化IP场景15个，接待青少年研学上万人次。发挥洞头先锋女子民兵连纪念馆国家国防教育示范基地、全国爱国主义教育基地等优势，开展主题宣讲、军营开放日、讲解员培训等活动，全年累计接待游客近6万人次，讲解超500批次；五一期间举办包括军事课目展演、纪念馆参观、国防课堂、海霞营房参观体验等开放日活动。开展海霞主题宣讲50多次。

（颜梦姞）

洞头先锋女子民兵连建设

【概况】2023年，洞头先锋女子民兵连围绕大力弘扬海霞精神、打造新时代民兵建设重要窗口的目标，全力擘画新时代“爱岛”“尚武”“励志”“奉献”的新蓝图。联合无锡联勤保障中心某储备资产管理局某党支部、融通地产上海公司团支部开展“联建共学二十大，砥砺奋进新征程”活动。参加温州市“八八战略”实施20周年主题报告会暨“循足迹 悟真理”红色研学巡回宣讲、“荣耀讲堂”宣讲、温州军分区第六届民兵岗位练兵比武等，开展“我为海上花园添光彩”大讨论、庆祝八一建军节暨2023年出队女民兵欢送仪式。制定学习贯彻习近平新时代中国特色社会主义思想主题教育学习计划表。担任海霞文化发展中心培训班教练员，全年训练27班次，培训1631人次。开展国防教育进校园活动，共承接温州市内7所学校军训任务，参与学生4250人次。2023年11月，洞头先锋女子民兵连党支部调整隶属关系，受区人武部党委和海霞文化发展中心双重领导，全年接收正式党员3名，发展预备党员1名。连长陈盈盈当选第十四届全国人大代表、第十三次全国妇女代表，副连长曾秀红当选团十九大代表并获省级“三八红旗手”称号。连队获评“浙江省民营经济人士理想信念教育基地”，第六批全国关心下一代党史国史教育基地，

【队伍建设】2023年，洞头先锋女子民兵连先后组织优秀讲解员参与“重走习近平总书记洞头调研之路”讲解员培训，参与大型主题展

览讲解工作，参加洞头区“八八战略”在身边宣讲大赛、微型党课大赛、温州市爱国主义教育基地讲解大赛、浙江省首届“诗画江南·活力浙江”讲解员大赛等活动。组织开展无人机驾驶员、摩托艇驾驶员、AAA驾驶证、研学劳动实践指导师等技能培训，考取无人驾驶航空器系统操作手合格证3人，考取AAA驾驶证7人、考取摩托艇驾驶证7人，推动连队信息化、专业化水平持续升级。

2023年10月30日，洞头先锋女子民兵连与新疆拜城老虎台乡民兵骑兵连结对共建仪式举行 （王琦琦 摄）

【课目训练】2023年，洞头先锋女子民兵连根据新老民兵结构，科学制订训练计划，固强项补短板，分组细化练习四会教学、花枪、射击、捕俘刀、捕俘拳、拳术操、班队列、升旗等课目。集中开展海上射击、战场救护转运、海上情报侦察等3个专业化课目训练，参与温州军分区第六届民兵岗位练兵比武，其中，战场救护转运课目荣获第一名，海上情报侦察课目获第六名。组织开展年终“亮晒比”大考核，通过亮技能、晒成绩、比差距，针对四会教学及体能素质开展全员考核。

【海霞精神弘扬】2023年，全国两会期间，连长陈盈盈代表“海霞”亮相发声，累计开展宣讲活动20场次，参与超4000人次。指导员杨燕辉参加中央军委组织的新时代民兵政治工作研讨会，作《牢记领袖嘱托 聚力铸魂育人 始终擦亮“海霞”女子民兵连金名片》主题汇报。副连长曾秀红前往安徽火箭军部队参加“书写奋斗青春 再展巾帼风采”主题汇报会，副连长倪佩雪作为唯一的民兵教练员为中国女排带训，得到中国女排带训教官的赞扬和肯定。连队参与央视《远方的家》《强军故事汇》等栏目专题拍摄，组织撰写《百岛洞头，巾帼战旗别样红》《“女排精神”遇到“海霞精神”，浙江女民兵展现巾帼力量》等多篇宣传报道被《中国民兵》《光明日报》及“学习强国”学习平台等媒体采用。全年开展军营开放日8期，为市民游客提供“家门口”、沉浸式的国防教育体验，累计接待游客5903批次，共91386人次，讲解912批次。

【女民兵志愿服务活动】2023年，洞头先锋女子民兵连联合温七医开展义诊活动，携手火箭军开展“迎佳节”系列活动。联合新疆老虎台乡民兵骑兵连开展“山海民兵情·共守边防线”结对共建，在共促组织建设、共建互访平台、共育队伍骨干、共享红色资源、共解服务难题、共树先进典型等方面建立良好的互动交流机制。开展新春送福活动，为海霞村老人张贴春联，联动区税务局、温州金属行业协会党组织，慰问海霞村困难老党员、困难老人。常态化联动海霞村开展环境卫生大整治、大清理活动，累计出动40人次。组织开展“春节我在岗，平安守护你”行动，联动公安部门以“车巡+步巡”的方式，在全区范围内开展巡逻，累计参与道路交通管理120人次。

（陈乐婷）

【陈盈盈当选第十四届全国人大代表】2023年1月，陈盈盈当选十四届全国人大代表。陈盈盈，女，1984年10月出生，中共党员，籍贯浙江洞头，洞头区海霞文化发展中心党组书记、主任，洞头先锋女子民兵连连长、党支部副书记。她来自军人家庭，听着“海霞”的故事长大。她把青春挥洒在连队，以一脉相承的“海霞精神”为激励，带领女民兵们投身地方建设。她致力于提升队伍军事能力，2011年，她率队参加原南京军区组织的“郭兴福教学法”比武，最终连队取得汇报表演资格，荣立集体一等功，她也荣立个人一等功。“海霞妈妈”志愿服务队成立后，她积极参与化解纠纷、扶贫帮困等，获评“全国优秀巾帼志愿服务队”；她筹资成立60万元海霞扶贫帮困基金，帮助困难群众解决生活急需；她心系退役军人就业，呼吁强化就业技能培训。她全力推动家乡的产业发展，以红色资源为引擎与海霞村结对共建，打造教育、军事、文旅多元产

2023年3月5日，洞头先锋女子民兵连党支部副书记、连长陈盈盈在北京人民大会堂参加第十四届全国人民代表大会一次会议　　（洞头先锋女子民兵连提供）

业链，合力打造旅游兴村工程，带动村集体经济收入达300多万元。荣获全国民兵工作先进个人、全国三八红旗手、全国妇女创先争优先进个人、全国模范退役军人等称号。10月，陈盈盈当选十三次全国妇女代表。

【曾秀红当选团十九大代表】2023年6月，曾秀红当选共青团十九大代表。曾秀红，女，1995年9月出生，中共党员，籍贯浙江洞头，洞头先锋女子民兵连副连长、团支部书记。2014年加入洞头先锋女子民兵连。她积极参与连队的发展建设，参与建连55周年、60周年庆典等重大活动。她坚定追寻着新时代“海霞精神”，以“爱岛尚武 励志奉献”为方向标，推动连队快速发展；她争做军事训练标兵，既是狙击能手，亦是特战标兵，勇于挑战极限，最终斩获佳绩；她处处为集体考虑，工作严谨而富有人情味，对于女民兵们来说，她是连队领导，更是良师和益友；她积极融入地方建设，常以海霞志愿者身份，活跃在环境整治、扶贫帮困、交通引导、抢险救灾等公益一线，用实际行动展示了巾帼风采；她致力于传播社会主义正能量，携手女民兵们深入基层，把“海霞”旗帜插到社会的各行各业，用“海霞精神”去感动人们，用榜样的力量去鼓舞人们。荣获浙江省三八红旗手、最美温州人·三八红旗手、洞头区“百岛先锋”、洞头区2023年度“务实苦干”典型人、优秀区队长等称号。

2023年6月20日，洞头先锋女子民兵连副连长曾秀红在北京人民大会堂参加团十九大会议　　（青峰侠 摄）

武警

【概况】2023年，武警温州支队执勤二大队洞头中队围绕新时代强军目标，贯彻落实《军队基层建设纲要》精神，以练兵备战为中心工作，打牢训练实战化标准，提高完成抢险救灾等各项任务能力，联合北岙街道、上新社区和退役军人事务局多次开展军民共建活动，协助公安特警展开联勤武装巡逻。荣获“四有”优秀个人称号5人，荣获嘉奖7人，护旗方队在亚运会安保任务中表现突出，被浙江省表彰为先进单位。

【思想政治】2023年，武警温州支队执勤二大队洞头中队开展“‘忠诚维护核心、矢志奋斗强军’深化‘传承红色基因、担当强军重任’”主题教育、“学习强军思想、建功强军事业”教育实践活动、“五不一有”以及读书成才活动。与上新社区、北岙街道联合开展“学雷锋日”、看望抗战老兵、母亲节慰问海霞妈妈、八一军地联合慰问演出以及军民体育运动会等教育活动。全年联合开展活动8场次，参与活动约120人次。

【服务社会】2023年，温州支队执勤二大队洞头中队与公安特警形成联合力量应对突发事件，全时做好处突准备；联合女子民兵连、海霞志愿者服务队开展联勤武装巡逻累计20多天；动用10多名战士参加亚运会及亚残运会安保工作，时长2个多月；常态化组织11名中队官兵形成应急救援力量配合公安部门抗击台风。

（方明良）

人民防空

【概况】2023年，温州市洞头区国防动员办公室（人防办）根据省国防动员办公室“四张清单”任务和市国防动员办公室2023年度全市国防动员系统工作要求，全面推进区国防动员工作开局起步，完成体制机制改革，制定相关工作制度。

【体制机制改革】2023年，区国动办（人防办）重新调整区国防动员委员组成人员，制定区国防动员委员会工作规则、联合办公室运行机制、成员单位工作职责以及成员单位联络员工作制度等。探索国防动员基层规范化建设，形成“工作共谋、任务共担、资源共享”协同推进新格局。

【应急应战能力提升】2023年，区国动办（人防办）根据市人防专项督查和区检察院人防专项督查为契机，结合“双随机”专项检查对全区人防工程进行检查，及时梳理问题，及时整改。对全区存在信号不稳定的警报器进行G5数字化改造。按照人防专业队伍整组要求，对全区人防专业队伍进行整组，并组建海上专业队伍。

【聚焦民参军和产业融合发展】2023年，区国动办（人防办）建立畅通政企沟通机制，定期通过走访、电话等方式联系在库企业，针对企业诉求及时开展相关问题解决。建立部门联动机制，分解工作任务，协同区科技局、区经信局等重点单位开展民参军企业、科研院所等机构潜力数据调查工作。

（姚绍学）

退役军人事务

【概况】2023年，温州市洞头区退役军人事务局以“海霞故里·洞见戎耀”品牌为引领，做好退役军人思想引领、移交安置、就业创业、服务保障。推动退役军人领域数字化改革工作，浙江老兵码申领率达90%，管理保障平台使用率达100%，受理退役“一件事”报到49件，受理率100%，浙军休App注册使用率100%。组织完成46人次优抚对象短期疗养，对未参加短期疗养人员进行上门物资走访慰问，完成义务兵父母和享受待遇烈属的免费体检。持续打造“荣军商圈”，吸纳150家企业商户为退役军人群体提供餐饮娱乐、商贸商超、通信物流等多领域优惠服务。推进省级双拥模范区创建工作，配合驻洞部队完成多样化海防军事任务，妥善解决某部队作训公路塌方等问题。举办“2023·崇尚·清明祭英烈”和“9·30”烈士纪念日活动，筹建烈士事迹展陈馆，增补烈士名单38名。联合区融媒体中心推出“百行百业兵状元”专题栏目，选树表彰“最美退役军人”“最美拥军人物”8名，颜厥栋、庄森等2名“最美”人物上报推荐温州市“最美”人物，洞头区关爱帮扶志愿队获评全国“退役军人关爱青少年志愿服务队”，谭洁获评全国退役军人事务系统宣传工作先进个人。

【洞头烈士事迹陈列馆筹建】2023年，为落实社会各界多次在区两会提案关于“建设洞头区烈士事迹陈列馆”的要求，洞头区推进洞头烈士事迹陈列馆项目建设筹备工作，挖掘烈士事迹，弘扬烈士精神，抚恤优待烈士遗属。2022年12月7日，区委书记、区人武部党委第一书记郭云强主持召开区委议军会议暨书记、区长武装工作现场办公会。专门研究了“关于洞头区革命烈士资料展陈馆建设事宜”，决定在洞头烈士陵园内改扩建洞头烈士事迹陈列馆项目。2023年3月，区退役军人事务局邀请4位专家撰写洞头烈士事迹陈列馆展陈大纲，经20多稿修改后成稿；8月21日，大纲通过市级评审。11月17日，完成烈士事迹陈列馆前置审批事项10项并完成立项。年内，共争取省级补助资金355万元。

【阵地建设】2023年，区退役军人事务局推进新时代“枫桥式”退役军人服务站创建任务，大门镇退役军人服务站创成省级新时代“枫桥式”退役军人服务站，街道乡镇全部均创成“枫桥式”服务站；7个街道乡镇，92个村社退役军人服务站均实现退役军人智治平台线上运行。因地制宜打造“一地一特色”精品服务站，盘活闲置军事设施打造海霞军事主题公园、寮顶坑道军事文化园等红色研学基地，得到省厅领导批示肯定。完成“海霞故里退役军人接待站”建设，成为全省首个以旅游服务为主要功能的退役军人接待站，全年累计接待22批次800多人次，产生社会效益50多万元。

【就业创业帮扶】2023年，洞头区研究通过《关于提升符合政府安排工作退役士兵安置质量的建议》，历时8年，再次将事业单位和国有企业岗位安置比例从5∶5提高至7∶3，率全市之先完成2023年度安置任务。区退役军人事务局推出

2023年12月28日，洞头区退役军人创业贷整体授信签约仪式举行
（区退役军人事务局提供）

“按需点单”培训方案，与温州市本级和各县（市、区）的38家定点培训机构合作，为退役军人提供100多个“点单式”培训项目，做法为全国首创，得到省厅领导高度评价。举办“戎耀讲堂”暨退役军人就创业专场，开展“送政策、送技能、送岗位”进军营活动，鼓励退役士兵服务“第二故乡”。依托“永不落幕”线上平台，为退役军人提供400多个就业岗位，推送用工信息1000多条。举办招聘会5场，帮扶军创企业3家，帮助21名退役军人实现就业。与工商银行洞头支行签订合作协议，为退役军人创业提供“拥军贷”金融产品，贷款授信额度达5000万元。落实“老兵暖心屋”项目，做好退役群体住房现状全覆盖排查，完成5户对象房屋修缮。杨建立获评省退役军人就业创业成绩突出个人。

【双拥工作】2023年，洞头区退役军人事务局总结提炼“海霞故里·洞见戎耀”双拥品牌，通过省级双拥模范区创建考评验收。召开双拥志愿者协会年会，增补会员单位14家，发动机关企事业单位谋划“双拥实事”45件，开展“百店千户齐拥军”活动，吸纳150家企业商户加盟“荣军商圈”，通报表彰8家“荣军示范商户”。开展纪念延安双拥80周年活动宣传，全年外宣工作位居全市前列。实现社会组织和驻洞部队全覆盖双拥共建结对，连续10年举办“万朵鲜花送雷锋”活动。举办“军歌嘹亮燃歌会”大型直播活动，在线观看人数超30万人。金剑、郭华斌获市“最美退役军人”“最美拥军人物”。

【移交安置】2023年，洞头区退役军人事务局优化提升符合政府安排工作转业军士和义务兵安置政策，率全市之先完成年度安置任务。发放退役安置补助金80.07万元，退役军士安置率、满意率均为100%。落实退役军人安置政策，面向退役军人招录公务员3名、事业1名、国企编制1名，推出面向退役军人招录兵教师岗位1名。常态化开展“五个一”活动，举办“戎耀讲堂”、共同过“主题党日”等活动，实现退役军人待安置期间思想教育“不断档”。

【入选全国“退役军人关爱青少年志愿服务队”】2023年5月30日，由退役军人事务部思想政治和权益维护司主办的“传承红色基因·赓续红色血脉”——退役军人关爱青少年志愿服务项目公布入选志愿服务队伍名单。经层层选拔、逐级审核，洞头区关爱帮扶志愿队成功入选。洞头区关爱帮扶志愿队成立于2015年，有志愿队员205人。长期从事助贫、扶困、助残、助学、关爱青少年工作和大病困难救助等工作。2018年以来，队员捐款达157.47万元，发放各种关爱救助金达130.9万元，向社会定向筹款达205万元，广泛开展拥军优属活动，努力为驻岛部队和优抚对象做好事、办实事，精准结对慰问困难退役军人、军属，发放慰问金3.15万元，为全区双拥工作贡献力量。

（谭洁）

2023年7月17日，洞头区关爱帮扶志愿队举行“励志助学·关爱成长”第六届“青爱奖学金”启动仪式
（洞头区关爱帮扶志愿队提供）

农业

【概况】2023年，洞头区出台《关于推进洞头区强村公司健康发展的工作意见（试行）》，完善《村集体经济政策扶持文件》《农村集体资产和财务管理政策》等制度汇编，进一步规范强村公司运行机制。出台《温州市洞头区和美乡村“示范引领、全域整洁”行动方案》，推进乡村风貌后进村整治，全年完成落后村整治任务20个，累计获评市级整治优胜村6个。深化乡村数字化发展，建成市级数字乡村生活馆1个（洞头区下社村），黄鱼岛、霖宝沣两家公司总经理分别获评“数字乡村优秀人物”和“百名数字新农人”。全年农村居民人均可支配收入41881元，增长7.1%。全区村集体经济总收入20069.93万元，同比增长率为9.64%，激活农房215幢，促进农民增收超过1826.15万元，带动社会资本25117万元。2023年村集体开竣工项目共开工19个，竣工8个，涉及投资总额3.65亿元。年内，根据省市下达的高标维护任务，维护资金50.2万元下达给大门镇开展兰湖洞居农田灌溉工程建设，提升黄岙片粮食生产能力。

（周庆澔 李小山）

【粮食生产】2023年，洞头区粮食播种面积792公顷（11880亩），同比增长1.46%；粮食生产总产量3480.2吨，同比增长5.75%。粮食作物中谷物播种面积56公顷（840亩），同比增长21.1%；番薯播种面积389公顷（5835亩），同比增长0.92%；马铃薯播种面积213公顷（3195亩），同比增长1.06%。

【实施农业三项补贴】2023年，洞头区完成农业三项补贴发放工作。年内，继续按规定下发实际种粮补贴，涉及农户234户，发放补贴6.73万元。发放耕地地力补贴，涉及农户13914户，发放补贴73.24万元。发放耕地轮作休耕与农业结构调整补助，涉及农户2365户，发放补助4.47万元（专指油菜种植），助推粮食生产。

（郑林林）

【农经管理】2023年，洞头区探索以“强村公司”为载体的“政府主导、集体主体、企业经营、市场运作”模式，在元觉街道和东屏街道东岙村试点推行市级首批乡村职业经理人工作，采取“村庄合并、优势互补”的办法，依靠“大村、富村”优势，发展壮大集体经济。出台《洞头区关于推进强村公司健康发展的工作意见（试行）》，成立强村公司13家，指导开展强村项目9个，运营项目涵盖购买服务、停车场项目等。创新推行“村级财务督查日”，开展农村“三资”管理和审计，审计全区34个村2022年度集体财务，涉及资金总额38455.94万元。

（张钰锋）

【农业机械】2023年，洞头区加强农机安全宣传教育，通过组织驾驶员学习有关法律法规知识，平安农机示范乡镇、村居设立固定的安全宣传窗，交通繁忙地段和公路两旁悬挂宣传横幅、张贴宣传标语等形式，提高农机驾驶员安全意识。全年开展安全学习活动3次，悬挂宣传横幅3条，宣传资料150多份，发送农民信箱、微信信息60多条。开展农机安全专项整治活动，与交警联合出动开展检查18次，出动检查70人次，扣留违规上路拖拉机1台，强制报废1台。全区没有发生农机事故，农机事故四项指标均为0，与上年同期相比均下降100%，纯农田拖拉机年度检验率为100%。全年发放中央农机购置补贴资金9.844万元，受益农户42户，补贴机具50台（套），以微耕机、旋耕机、轨道运输机和轮式拖拉机为主。

（林 培）

【农技推广】2023年，洞头区推介发布农技主导品种及主推技术，种植业制定六大类主要农作物主导品种45个，主推技术11项，其中白啄瓜、双低油菜地方生产技术规程通过专家审定，水稻主导品种3个全部进入田间生产，占比90%以上。组织一对一上门渔农民培训22次，举办渔农民技术提升培训班4期，参加培训养殖企业和养殖户150人次。走访渔农民60户，组织科技下乡4次，服务渔农民500多人次，发放宣传资料400多份。创新一对一上门培训模式，帮助养殖企业建设博士创新站1个。主动帮助企业申报省级低碳生态农场和土壤健康基地并通过认定。5月20日和6月1日分别举办两期秸秆综合利用和配方施肥技术培训班，涉及秸秆综合利用常见操作模式及配方施肥、按方施肥应用技术等，引导农户进行秸秆综合利用和科学施肥，有效降低肥料使用量。

（周庆澔）

【第三次全国土壤普查工作和撂荒耕地摸底调查工作】2023年，洞头区完成第三次全国土壤普查工作和撂荒耕地摸底调查工作，土壤普查剖面42个点位采样全部完成，完成率100%；制备36个，完成率86%；检测36个，完成率86%，完成省任务的60%。完成全区186个图斑撂荒耕地摸底调查和成果报告上报，以及区粮食生产储备区5年建设方案编制、认定表审核和上报。

（朱明义）

【渔农产品质量安全】2023年，洞头区持续巩固农产品质量安全放心区创建为总体要求，以保障农产品质量安全为工作目标，做好全年渔农产品质量安全工作。开展废弃物回收工作，做好农药包装废弃物处理、农膜回收等，全区农药包装废弃物回收量0.5吨，回收率和处置率均为103%；全区农膜回收1.5吨，回收率100%。全面做好农产品质量安全抽检工作，累计例行抽样检测200批次、监督抽样检测200次，合格率99%以上；累计农药、肥料等投入品抽样检测50批次，合格率100%。新增水产品定性快速检测室1个，开展定性检测4823批次。开展农产品数字化追溯工作，共发放承诺达标合格证1759张。全力配合做好温州市国家级食品安全城市创建工作。

（余泓源）

2023年8月15日，洞头区第三次全国土壤普查外业调查采样启动仪式举行（郑林林 摄）

乡村振兴

【概况】2023年，洞头区围绕“三基三主”建设核心，推进和美乡村“示范引领、全域整洁”行动，完成落后村整治任务20个，农村人居环境工作专报获市委书记、副市长批示肯定，承办全市渔村整治现场会，荣获全国村庄清洁行动先进县；多元提升海岛风貌，打造500户示范户和6条示范带，创成东岙七夕明月湾、大门镇“临港星光”和元觉街道“浪漫港湾”等省级未来乡村3个，以“52.0浪漫海岸线”为主题的“一县一带一片”建设成果获市级认可，承办全市和美乡村建设工作座谈会；入选2023年县城承载能力提升和深化“千村示范、万村整治”工程试点名单，洞头“千万工程”典型做法作为全市唯一县域型案例被农业农村部采用；年底，城乡居民收入倍差居全市第一位。北岙街道获评省级和美乡村示范乡镇，大门东浪村、大荆村和鹿西扎不断村获评省级和美乡村特色精品村；实施基层治理提升行动，落实乡村治理“五个一”和四治融合工作，海霞村获评全国乡村治理示范村。

【洞头区和美乡村“示范引领、全域整洁”行动】2023年4月10日，为建设宜居宜业和美乡村，全面提升乡村建设水平，全域共创“干净、整洁、有序”农村人居环境，区委印发《温州市洞头区和美乡村“示范引领、全域整洁”行动方案》。总体要求是以习近平新时代中国特色社会主义思想为指导，持续深化“千村示范、万村整治”工程，坚持以未来乡村、村貌整治为主抓手，抓两头、促中间，实现村容村貌明显好转，长效管护建立健全，文明意识普遍提高，高质量建设一批在全省具有引领性的宜居宜业和美乡村。总体目标是2023年，集中整治村（社）35个，实现全域整洁率40%以上。建设新建示范村16个。打造党建引领乡村连片提升示范区2个。2024年，集中整治村（社）31个，实现全域整洁率70%以上。打造党建引领乡村连片提升示范区1个。到2025年，集中整治村（社）17个，实现全域整洁率100%。打造党建引领乡村连片提升示范区1个。行动重点包括重点聚焦农渔业生产资料乱堆放、房前屋后乱搭建、墙面乱涂画、垃圾清运不及时、公厕保洁不到位、边角地失管、家禽散养、杆线杂乱、河塘沟渠脏乱、乱停车乱摆摊等10个方面问题，坚持“十不十宜”的推进原则，对照整治验收标准开展集中整治，实现洁化、净化、序化。结合村庄布点规划的村庄发展类型，加快建设未来乡村、省级美丽乡村特色精品村、五岛沿线重点村等新建示范村，重点围绕基层组织、基础设施、基本公共服务、主导产业、主体风貌、主题文化等“三基三主”建设核心，实行一村一方案，打造乡村风貌样板。围绕未来乡村、省级美丽乡村特色精品村等已建示范村，重点突出巩固建设成效，拉长板、补弱项，着力放大示范引领作用，按照美丽乡村“一县一带一片”要求和党建联建机制，带动周边村组团式连片提升，2023年先行试点建设“红色海霞·蓝色连港”和“五岛连桥”2个党建引领乡村连片示范区；2024年建设“大门海洋产业”党建引领乡村连片示范区；2025年建设“鹿岛小镇”党建引领乡村连片示范区。

（张玲玉）

【农村人居环境整治】2023年，洞头区围绕“示范引领、全域整洁”目标，动员全民参与人居环境“大起底、大清理”，累计发动群众参与55603人次，清理脏乱点位40142处，清理生活垃圾13045吨，乡贤助力和美乡村捐资捐物价值349.7万元。持续下沉开展全域无死角督查，定期召开调度会和举办村社擂台评比，常态化宣传典型经验和先进做法，工作专报获市委书记、副市长批示肯定。承办全市渔村整治现场会，荣获全国村庄清洁行动先进县。聚焦乡村环境死角、盲区、疤点等问题，推进乡村风貌后进村整治，全年完成落后村整治任务20个，累计获评市级整治优胜村6个。结合文明城市创建、和美乡村督导、城乡保洁考核等常态做好农村生活垃圾分类督查，采购分发分类垃圾桶894个，霓屿下社村获评省级高标准农村生活垃圾分类示范村。

【洞头入选全省深化“千村示范、万村整治”工程试点名单】2023年6月16日，浙江省实施县城承载能力提升和深化“千村示范、万村整治”工程工作专班办公室公布2023年县城承载能力提升和深化“千村示范、万村整治”工程试点名单，洞头区被确定为深化“千村示范、万村整治”工程试点。洞头区持续深化“千万工程”，全域建设“花园村庄”。实施古渔村保护开发行动，创新“小岛迁、大岛建”模式，引导大瞿、南策等离岛以及大山等景边村搬迁，加以整村保护性开发。对4000多间虎皮石头房进行统筹开发，复活古渔村的生命活力、文脉底蕴、经济价值。“一村一韵”全域推进美丽乡村建设，率全市之先实现美丽乡村示范乡镇全域覆盖。

（王晓倩）

【村集体发展】2023年，洞头区村集体开竣工项目27个，项目总投资3.7亿元，村级集体经济总收入20069.93万元，同比增长9.64%；村级集体经济经营性收入11550.97万元，同比增长12.07%。村级集体经济经营性收入50万元以上行政村46个，年度指标完成率102.22%。

【农村宅基地改革与管理】2023年，洞头区探索完善农房全生命周期管理制度建设，启动闲置宅基地和闲置农房激活利用试点村基础信息调查工作，初步建立宅基地和农房专项数据库。全区共激活农房215幢，促进农民增收超过1826.15万元，带动社会资本25117万元。全年完成农村宅基地审批宗数168宗，审批面积1.1万平方米。全区涉农乡镇按照《中华人民共和国土地管理法》规定承接宅基地审批权，实际开展宅基地审批工作的乡镇6个，并已建立宅基地联审联办机制。联合区自然资源规划局不动产登记服务中心发布联合公告，顺利完成数据交接，做好土地承包管理工作。

（张钰锋）

【和美乡村建设】2023年，洞头区打造乡村风貌样板，全域推进“一米菜园”创建，打造渔家特色的海岛庭院风貌。大门镇“蓝色乡愁”“临港星光”和元觉街道“浪漫港湾”3个省级未来乡村完成投资额100%，北岙街道海霞村等28个省级和美乡村建设村完成投资额130.46%。建设党建引领乡村联片示范区，围绕一条迎亚运迎宾环线

和美乡村建设　（区农业农村局提供）

和两个党建引领示范区，打造以“52.0 浪漫海岸线”为主题的“一县一带一片”，总投资 31385 万元，建设东沙渔港旅游开发项目、中屿旅游提质富民工程、科技孵化园、77 省道洞头复线绿化工程、智慧旅游、坝头生态停车场、党建引领基层治理可视化提升等项目 37 个，推动打造党建引领多元共治、富民产业联动培育、公共服务高效便民、岛城风貌环境共美、社会治理数字赋能的海岛版和美乡村。

（王晓倩）

农业执法

【概况】2023 年，洞头区开展农资打假、农业投入品监督抽检、农产品质量安全、动物卫生监督和农机安全专项整治等行动。开展绿剑集中执法行动 3 次，累计出动执法人员 206 人次，开展生产经营主体检查 167 个次。完成农业生产投入品抽样 50 个，现场责令整改 8 起，办理肥料、农药、农产品质量安全等违法经营案件 4 起，共计罚没款 0.268 万元。部署农药包装废弃物的回收工作，累计回收处置农废 0.5 吨，超额完成省市下达任务，处置率 112.2%。落实动物无害化处理，累计处理养殖环节病死猪 412 头。联合交警部门全面推进变拖整治，累计开展联合上路检查 18 次，扣留违规上路拖拉机 1 台，强制报废 1 台。

【农产品安全监管】2023 年，农业农村局完成农产品抽检 400 个批次。其中水产品 200 个批次、畜禽产品 20 个批次、种植业产品 180 个批次，合格率 99.75%。市级监督抽检 65 批次，合格率 100 %；市级送检例行检测 75 批次，合格率 100%；省级监督抽检 27 个批次，合格率 100%；省级例行风险 75 个批次，合格率 100%；开展蔬菜常规快速检测 4823 批次，合格率为 99.96%；全区未发生重大农产品质量安全事故。

【专项执法行动】2023 年，区农业农村局开展食品安全“利剑”系列专项执法和违法违规调运生猪百日攻坚等行动。监督抽样生产经营主体农产品安全 63 家。完成畜产品抽样 24 批次，蔬菜、水果产品抽样 123 批次。

（林培　叶扬扬　杨磊）

扶贫成果巩固

【概况】2023 年，洞头区低收入农户共 1197 户，1905 人（不包含灵昆街道），人均可支配收入 20368 元，绝对值居全市第一位，增速 13.7%，完成消除家庭人均收入 11000 元以下现象目标。运用浙农帮扶大数据，多部门预警数据联动分析低收入农户年龄、健康情况、劳动能力、各项补助享受情况等，持续跟踪收入变化、“两不愁三保障”落实情况，形成多形式、多渠道、多层次预警监测网，累计完成预警消除 9 次。

【低收入农户帮扶】2023 年，洞头区持续落实“一户一策一干部”帮扶机制，结对干部每月一走访、一更新、一统计，实时掌握、汇总低收入农户诉求和困难，协助解决实际困难。全年结对干部累计走访 14514 人次。

【低收入农户帮促】2023 年，洞头区稳定帮扶政策，幸福清单帮扶资金达 196.09 万元，人均帮扶资金达 11535 元，确保“两不愁三保障”问题及时清零。实现低收入农户“益康宝”投保全覆盖，累计补助金额16.95万元。兑现中高职教育补助35人，补助金额15.14万元。开发停车管理、护林员、保洁、保安等公益性岗位220个，低收入农户就业382人。

（朱晓卉）

林业

【概况】2023年，洞头区林地总面积6173.82公顷（92607.3亩），其中森林面积5774.2公顷（86613亩），森林覆盖率22.92%（含灵昆街道）。活立木总蓄积11.22万立方米，国家级公益林面积1678.32公顷（25174.8亩），省级公益林面积793.33公顷（11899.95亩），其他公益林面积2357.64公顷（35364.6亩）。全年完成松材线虫病疫木清理6165株，清理疫情面积6134亩，基本实现无疫情。完成洞头区互花米草普查核实和实施方案编制，累计除治面积2857亩。组织开展“3·12”义务植树活动，栽种各类苗木5180株。完成外来入侵物种普查工作，加强对外来入侵物种的防治和监测，状元南片红火蚁根除防控项目已招标挂网，完成第三方评估和监理单位的竞争性磋商。

【绿化美化】2023年，洞头区组织开展“3·12”义务植树活动，参加人员920人次，栽种各类苗木5180株。编制林地补充库面积700亩。实施2023年彩色健康森林建设项目和森林抚育项目建设项目主体工程建设，实施面积0.9万亩，栽种各类苗木7.2万株。启动第二次林草种质资源普查工作，确定实施单位和编制普查方案。完成林业推进共同富裕典型案例—村万树和大门镇甲山村林下养蜂300亩“千村万元”报送工作。完成生态廊道建设3103亩，任务完成率124.12%。完成洞头区十年林相改造总体规划编制工作。完成退化林核查工作。

【林业有害生物防治】2023年，洞头区实际累计监测面积36.8万亩次，监测率100%，其中病害实际监测12.2万亩次，虫害实际监测24.6万亩次。启动森林、草原、湿地生态系统外来入侵物种普查工作。完成松材线虫病防治集中处置阶段任务，累计完成松材线虫病疫木清理6165株，完成率111.42%，清理疫情面积6134亩，完成率102.97%，完成整改省级抽查问题12个，市级抽查问题1个，完成率100%。松材线虫病防治工作全面转入即现即清阶段。完成洞头区互花米草普查核实和实施方案编制，累计除治面积2857亩，占全年任务的109.46%。

【森林资源管理】2023年，洞头区开展2022年度第一期和第二期森林图斑核查工作，完成图斑核查100%，销号率完成率100%。完成林规调整3批次，完成2023年度林草湿监测和森林督察核查工作。完成2023年度森林生态效益补偿资金核发，公益林规范化管理到位率100%。

【野生动物管理】2023年，温州市自然资源和规划洞头分局组织开展“世界野生动植物保护日”和“爱鸟周”宣传活动。悬挂横幅、分发鸟类知识手册，开展“你问我答”特色科普活动等，宣传相关法规政策，累计发放《洞头区常见鸟类和昆虫图集》500多份，发放宣传资料800多份，参与活动1000多人次。开展洞头国家海洋公园（南北爿山）陆生脊椎动物和植物监测调查。组织开展野生动物救助19次，抢救和放飞野生动物19只。

【自然保护地管理】2023年，市自然资源和规划洞头分局完成洞头南北爿山鸟岛保护区省重要湿地生态监测自评报告。公布一般湿地建设目录8处。完成自然保护地生物多样性监测样地建设11个。完成浙江省自然保护地综合监管系统74个图斑的核查工作。完成2023年第2批次国家级海洋保护地人类活动问题点位核查工作，移交违法线索2条。

【森林防火管理】2023年，市自然资源和规划洞头分局定期召开总林长会议、安全生产和自然灾害风险隐患研判会，研究印发火灾应急

2023年4月8日，温州市自然资源和规划局洞头分局联合洞头区法院组织开展“爱鸟周”宣传活动
（市自然资源和规划洞头分局提供）

预案等。组织成立防火督查组，深入各林区关键乳山口、旅客流量高的地点进行排查。先后开展森林消防传主题活动4次，共播放防火广播600多次、悬挂横幅标语120多条、发放宣传品资料3000多份，开展整合优化护林员队伍并培训2批次。利用“耕地质保”系统，每日在全区范围开展森林防火监控巡查。全年高位探头监控发现违规用火数十起。加强应急值班值守，认真履行职责，确保24小时全天候及时响应，火情信息畅通。根据市局开展2023年度森林火情早期处理实战化大练兵活动要求，组织各街道（乡镇）开展责任干部、护林员、相关单位，多次开展森林消防演习大比武活动。对消防水泵等防灭火装备进行保养维护。

（夏建伟）

畜牧业

【概况】2023年，洞头区鼓励引进发展适度规模的“新、奇、特”牧业养殖，结合文旅行业，打造全产业海岛畜牧样板。按照省、市部署，做好非洲猪瘟、口蹄疫、高致病性禽流感等重大动物疫病防控工作，指导全区各养殖场开展场区内部疫情防控提升工作。全年牧业产值2664.2万元，同比增长21.4%。

【畜牧生产】2023年底，洞头区有生猪养殖场1家，生猪年出栏数0.27万头，期末存栏数0.14万头，猪肉产量258吨；蛋鸡养殖场（户）10个，年出栏数3.4万羽，期末存栏数1.3万羽，鸡蛋产量181吨；肉鸡养殖场（户）7个，肉鸡年出栏数1.4万羽，期末存栏数1.2万羽，鸡肉产量18吨；蛋鸭养殖场2个，年出栏1万羽，期末存栏1.8万羽，鸭蛋产量179吨。

（余泓源）

【动物疫病防治】2023年，洞头区有序开展重大动物疫病防控工作，组织开展全年集中免疫和紧急免疫行动，全区生猪存栏共计902头，应免口蹄疫疫苗生猪680头，实免654头；应免猪瘟疫苗生猪680头，实免654头。共计使用猪口蹄疫疫苗0.13万毫升、猪瘟疫苗0.13万头份，猪口蹄疫免疫率、猪瘟免疫率均达98%。家禽应免疫8.8万羽，实免疫8.8万羽；共计使用禽流感疫苗4.6万毫升，规模场的免疫率100%，散养户的免疫率95%以上。重大动物疫病检测预警体系运行良好，全年采样送检生猪血样160份、家禽血样360份，抗体均达到一定水平，确保不发生重大动物疫情的流行和蔓延。按照检疫规程和检疫申报制度规范做好检疫工作，全面落实无害化处理与保险联动机制建设，全年无害化处理4840吨。

（叶扬扬）

水利

【概况】2023年，洞头区完成水利投资2.93亿元，超额完成海塘安澜工程（布袋岙二期标准塘）、风门水库除险加固和马山头山塘除险加固等水利民生实事任务；完成长坑水库、龙潭坑水库、风门水库、南山水库等水库系统治理和大门镇黄岙片区排涝工程一期、小门石化产业基地防洪排涝工程等防洪排涝薄弱环节建设。推进陆域引调水工程，大门至鹿西段建成通水。截至年底，全区建有小（2）型水库6座及重点山塘18口，总库容277万立方米。建有大小河道（沟）66条57.5千米，排涝水闸15座，其中中型水闸1座，排涝泵站3座，基本满足各片区排涝需求。建有20年一遇标准以上海塘8处15.52千米，城南片、杨文片和新城区等重要片区基本达到50年一遇防洪标准。

【洞头区海塘安澜工程开工】2023年7月18日，洞头区海塘安澜工程（布袋岙二期标准塘）正式开工，是2023年度省政府民生实事工程，也是“千项万亿”水网安澜提升工程第一批重点推进项目，总投资1.36亿元。工程深入融合“安全+”和“生态+”的建设理念，将海塘工程与休闲步道和休闲景观相结

2023年7月18日，温州市洞头区海塘安澜工程（布袋岙二期标准塘）开工仪式举行

（区农业农村局提供）

合，主要建设内容为提标加固海塘0.8千米，整治河道2.7千米，重建水闸1座，融合提升景观7.67万平方米等。截至年底，累计完成投资0.58亿元，为年度投资计划的145%。工程建设单位是区水库海塘和水资源管理中心，工程设计单位是黄河勘测规划设计研究院有限公司，施工单位是浙江省正邦水电建设有限公司，监理单位是浙江广川工程项目管理有限公司。

【洞头区陆域引调水工程一期鹿西乡引供水工程通水】 2023年11月16日，洞头区陆域引调水第二通道鹿西通水仪式在鹿西鲳鱼礁码头举行，标志着全市唯一一个离岛鹿西乡正式告别“靠天吃水”的历史。洞头区陆域引调水工程一期包括温州至洞头陆域引供水第二通道工程洞头段（管线）和（管线+鹿西加压泵站），线路总长27.9千米，概算投资4.25亿元，工期24个月。2022年7月18日，洞头区陆域引调水工程一期开工建设，其中鹿西乡引供水工程为子项目，工程于2022年7月22日正式启动，建设内容是大门至鹿西岛一条长8.2千米的管道和一座加压泵站，其中海底管道长5.5千米，是外界输水管网线路连通鹿西岛的第一条自来水管道。2023年8月20日，鹿西乡引供水工程完成鹿西加压泵站的主体建筑和机电设备安装工程比预期提前半年，具备通水条件。通水后可为鹿西岛日供3200立方米自来水，保障鹿西乡4000多名居民的饮水安全。

【大门镇黄岙片区排涝工程一期完工】 2023年6月20日，大门镇黄岙片区排涝工程一期完工验收，进一步健全洞头大门片区河道防洪排涝体系。工程批复总投资8666万元，是2023年度区重点建设工程，工程历经728天两个标段按计划顺利完成全部建设内容。工程建设单位是大门镇人民政府，工程一标设计单位是浙江惠川水利工程技术有限公司，工程一标施工单位是绍兴欣宸建筑工程有限公司，工程一标监理单位是衢州联胜工程管理有限公司；工程二标设计单位是浙江惠川水利工程技术有限公司和温州市水利电力勘测设计院，工程二标施工单位是浙江博洲环境建设有限公司，工程二标监理单位是绍兴汇诚建筑工程咨询有限公司。

2023年11月16日，洞头区陆域引调水第二通道鹿西通水仪式在鹿西鲳鱼礁码头举行
（鹿西乡提供）

【水利数字化改革】 2023年，区农业农村局通过对水利相关地区、工程建设管理等业务数字化监控、水旱灾害预测、防汛抢险的集中调度，建成“监测感知泛在互联、基础设施集约高效、信息资源融合共享、水利应用知识智能”的洞头区智慧水利体系，并纳入省水利厅数字化改革试点项目。

（颜丽婷）

水政管理

【概况】 2023年，洞头区完成生产建设项目水土保持方案审批及备案登记11件，委托第三方机构协助开展水土保持监督检查34次，全年上交水土保持补偿费76.1万元。推动全域创建节水型社会，全年完成取水许可审批9件，涉河审批2件，完成2023年自然资源集约利用考核。联动各街道（乡镇）、各部门开展节水护水等系列宣传活动2次。完成洞头区农田灌溉发展规划报告编制审核工作。完成全区农田灌溉水有效利用系数测算，全年全区农田灌溉水有效利用系数为0.611，较上年有所提高。完成灌区在线计量监控设备运行维护。出台《洞头区全域幸福河湖建设规划》《洞头区全域建设幸福河湖行动计划（2023—2027年）》，完成海滨河清淤，建成城乡亲水点3个，超额完成省下达建设任务，水管理平台入选省级水利改革试点。

【《洞头区水安全保障“十四五”规划》中期评估】 2023年6月30日，洞头区完成《洞头区水安全保障“十四五”规划》实施中期评估。根据《浙江省水利厅关于开展浙江省水安全保障“十四五”规划中期评估工作的通知》有关部署要求，区农业农村局做好全区范围内《浙江省水安全保障“十四五”规划》中期评估报告，在实地调研、征求意见、深入论证等基础上，结合已有规划研究成果，专题研究规划任务进展和总结评估工作，分析洞头区水安全保障现状及问题，逐项分析规划指标进展情况及存在问题，研究提出对策措施建议，起草形成评估报告。规划提出实施的5类16项指标进展顺利，基本达到时间过半、任务过半的要求。

【“洞头区水管理平台”入选省级水利改革试点】2023年4月，“洞头区水管理平台”入选省级水利改革试点。通过对水利相关地区、工程建设管理等业务数字化监控、水旱灾害预测、防汛抢险的集中调度，建成“监测感知泛在互联、基础设施集约高效、信息资源融合共享、水利应用知识智能”洞头区智慧水利体系。

【洞头区全域幸福河湖建设规划】2023年4月24日，洞头区政府批复实施《洞头区全域幸福河湖建设规划》，12月，区农业农村局再修编。规划总体目标围绕蓝色海湾建设，通过实施海塘安澜和乡村振兴，串联并融合洞头风景区、美丽河湖、妈祖文化等资源，发挥海洋、海岛、海湾、海鲜、海霞等“五海”优势，加快建设国际旅游岛、临港产业岛、生命健康岛、两岸同心岛、科技创新岛，奋力实现“两山理念实践海岛样板”和“海上花园全域风貌样板”两大目标，实现“水清、岸绿、滩净、湾美、物丰、人和”的新景象，使公众拥有一个美丽健康的海洋环境和优良的海岛生态、生产、生活空间与条件，打造生态健康、环境优美、人岛和谐、监管有效的洞头版的“百岛花园，蓝色海湾”。以生态优先、绿化发展为导向，持续深化新时代“绿水青山就是金山银山”绿色发展理念，以补齐防洪薄弱短板、加强生态保护修复、彰显河流人文历史、提升便民景观品位、提高河流管护水平、助力海岛水岸经济为主要举措为主要抓手，推进区域治理现代精细化，打造水美乡镇、城乡亲水节点、15分钟亲水圈，抓点成面、连线扩面、全域覆盖，高质量建设海上花园。规划目标至2025年，全域幸福河湖建设初见成效。到2027年，洞头区全域建成与经济社会发展和生态文明建设要求相适应的幸福河湖。城市防潮达标率达到95%以上，城市排涝达标率达到97%以上，区级以上河道生态岸线比例达到100%，城乡居民15分钟亲水圈覆盖率达到85%以上，幸福河湖建设群众满意度达到98%以上，滨水旅游收入年均增长15%以上。

2023年，同心公园沙滩　　（区农业农村局提供）

【洞头区全域建设幸福河湖行动计划】2023年10月20日，区政府出台《洞头区全域建设幸福河湖行动计划（2023—2027年）》，该计划以“防洪更安全、生态更健康、环境更宜居、文化更彰显、产业更富民、管护更智慧”为主要目标，构建“新城片海滨河、城南片南塘河”两个水旅融合主发展中心，“状元南片河道、黄岙片河道、布袋岙新区河道”3个水旅融合副发展中心，6个街道（乡镇）海岛型排洪沟河道为六个水旅融合发展组团，形成“二主三副六组团”的全域幸福河湖新格局。到2027年，城市防洪达标率达到95%以上，城市内涝防治达标率达到95%以上，省控以上断面水质达到或好于Ⅲ类水质的比例力争达到96%，区级以上河道生态岸线比例达到70%以上，城乡居民15分钟亲水圈覆盖率达到80%以上，幸福河湖建设群众满意度达到98%以上，滨水旅游收入年均增长15%以上，重要河湖水域岸线智慧监管率达到100%。

【河长制工作】2023年，洞头区县、乡、村三级河长对辖区36条河道开展巡河2018次，有效巡河次数1844次。动态更新河湖长信息，完成河湖长公示牌内容调整30个，完成浙水美丽系统河道地图标绘36条。编制区级河道“一河一策”实施方案，督促乡镇河长完成“一河一策”修订36个。召开海滨河、埭口河整治会议，推动河长制工作落实，全年发布总河长令2个，召开联席会议1次。

（颜丽婷）

海洋与渔业

综述

【海洋渔业发展】2023年，洞头区渔业产量22.04万吨，同比增长8.14%，实现渔业产值25.37亿元，同比增长14.57%。其中，捕捞产量14.38万吨，捕捞产值9.9亿元。实现养殖产量7.66万吨，产值13.9亿元。全区有渔业船舶780艘，养殖面积7.31万亩，全区渔业从业人员7764人。作业类型包括拖网、张网、刺网、灯围和沿岸小作业等，作业海域主要集中在温台渔场和洞头近岸区域。实施渔业增殖放流，累计投放资金220万元，共放流黑鲷186.99万尾，大黄鱼218.75万尾，日本对虾6368.04万尾，梭鱼43.2635万尾，斑鰶21.1962万尾，条石鲷51.8368万尾。“东一”“黄鱼岛”分别入选省数字渔场、省未来渔场，洞头区获评全国平安渔业示范县。

（周庆满　甘君临）

【渔业服务】2023年，洞头区完成2021年度渔业油价补贴发放工作，共补贴海洋捕捞船只378艘，补贴金额约1810万元。开展减船转产工作，实际完成减船转产渔船6艘（5艘捕捞船、1艘辅助渔船），发放补助1083.38万元，压减功率1346千瓦，占五年减船转产任务的42%。

（金鸳鸯）

【入选国家级沿海渔港经济区试点】2023年1月，《洞头国家级沿海渔港经济区项目实施方案》获浙江省农业农村厅建设批复，6月，农业农村部将洞头国家级沿海渔港经济区列为2023年国家级沿海渔港经济区建设试点名单。洞头渔港经济区项目围绕智慧渔港、平安渔港、绿色渔港、产业渔港、人文渔港五大任务，共建设11个子项目，依托渔岙渔港，联动发展东沙渔港，辐射鹿西渔港，形成以渔港为龙头，以水产品加工基地、海洋产业科技园区为依托，集休闲渔业、海洋旅游、水产贸易、渔船避风与补给、渔业生产休整、加工制造、科技培训、渔港集镇于一体的渔港经济产业区，项目总投资合计17.44亿元，其中中央财政补助资金2亿元，省级财政投资0.6亿元。地方财政配套投资1.49亿元，社会投资13.35亿元。截至年底，完工项目1个，在建项目5个，处于前期工作项目5个，累计完成投资53240万元。

【“大综合一体化”行政执法改革获评全市优秀改革项目】2023年，洞头区聚焦海上执法投入大、共享性差、合力不强等问题，通过集成自然资源、生态环保等68项涉海执法事项，整合近岸水域救援队伍、交通运输局港航执法队，依托海翼智控平台数智赋能等有效做法。成立洞头区海上联勤指挥中心，推进健全指挥机制、完善制度、补齐短板等，磨合构建部门间、片区间、层级间一体联动的海上综合执法体系。通过深化部门协作，打造一个口子对外，一套机制保障，一支队伍运行的“海上一支队伍管执法”洞头样板。改革项目获评温州市2022年“大综合一体化”行政执法改革标志性成果及2023年温州市“大综合一体化”优秀改革项目，海翼智控平台及相关做法在《人民日报》《浙江日报》等媒体宣传报道。

【**第六届中国农民丰收节·洞头开渔节**】2023年9月16日，第六届中国农民丰收节·洞头开渔节在东沙渔港举行。活动标志着东海海域结束四个半月的伏季休渔期，渔民重新开捕。温州市副市长王振勇发布开渔令，温州市洞头区委书记郭云强出席活动并致辞，区领导何莉平、林铁等参加活动。开渔节活动在《金龙欢舞》《擂鼓声声迎归帆》《丰收啦》等民俗表演中拉开序幕。活动表彰了郭丁先等5名“先进个人”，为全国劳动模范林忠民和12名编组船船老大授旗。中午12点整，近百艘渔船竞相起锚、扬帆起航。本届开渔节融合渔家文化、海鲜美食等诸多元素，陆续开展渔家宴、渔获集市、民谣音乐节等系列活动。开渔节由洞头区委区政府主办，洞头区农业农村局承办。

（甘君临）

海水养殖

【**概况**】2023年，洞头区海水养殖总面积4876.8公顷（73152亩），同比增长15.87%。海水养殖总产量76632.2吨，同比增长27.5%。海水养殖品种中，鱼类养殖面积233.67公顷（约3505亩），同比增长15.75%，产量6755.5吨，同比增长20.15%；虾类养殖面积31.27公顷（约469亩），同比增长10.61%，产量843吨，同比增长27.34%；蟹类养殖产量114吨，同比下降29.41%；贝类养殖面积1051.67公顷（约15775亩），同比增长88.18%，产量30885吨，比上年增加15524吨，同比增长101.06%；藻类养殖面积3556.87公顷（约53353亩），同比增长4.24%。藻类养殖产量37970吨，同比降低0.51%。海水养殖面积中，

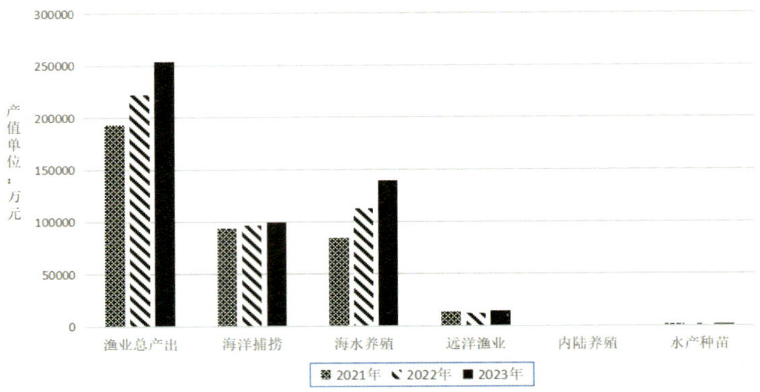

图5 2021—2023年洞头区渔业总产值对比图

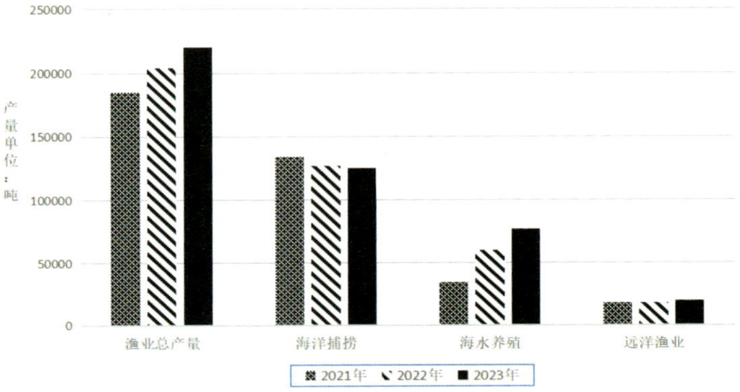

图6 2021—2023年洞头区水产品总量对比图

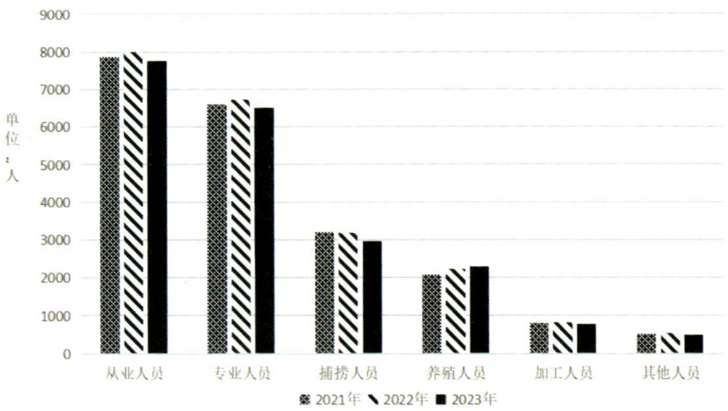

图7 2021—2023年洞头区渔业劳动力结构变动情况图

表10　2022—2023年洞头区海洋捕捞产量情况表

类别			2022年（吨）	2023年（吨）	同比趋势（%）
一、海洋捕捞总产量	合计		126736	124816	-1.51
	1.鱼类	小计	118137	115096	-2.57
		海鳗	3424	3364	-1.75
		鳓鱼	1028	1019	-0.88
		鳀鱼	13507	12692	-6.03
		远东拟沙丁鱼	3412	3492	+2.34
		鲱鱼	0	0	0
		石斑鱼	0	0	0
		鲷	73	97	+32.88
		蓝圆鲹	1098	345	-68.58
		白姑鱼	10276	9617	-6.41
		黄姑鱼	264	255	-3.41
		鮸鱼	46	72	+56.52
		大黄鱼	0	0	0
		小黄鱼	1346	1160	-13.82
		梅鱼	3140	3270	+4.14
		方头鱼	0	0	0
		带鱼	12441	12137	-2.44
		金线鱼	55	0	-100
		梭鱼	76	0	-100
		鲐鱼	6052	5481	-9.43
		鲳鱼	5055	5037	-0.36
		马面鱼	1140	941	-17.46
		马鲛鱼	4955	4740	-4.34
		鲻鱼	141	150	+6.38
		龙头鱼	6223.8	5277.9	-0.15
		金枪鱼	0	0	0
		竹荚鱼	0	0	0

续表10

类别			2022年（吨）	2023年（吨）	同比趋势（%）
一、海洋捕捞总产量	2.虾类	小计	2318	2431	+4.87
		毛虾	458	34	−92.58
		对虾	828	859	+3.74
		鹰爪虾	97	170	+75.26
		虾姑	858	982	+14.45
	3.蟹类	小计	1477	1559	+5.55
		梭子蟹	958	1044	+8.98
		青蟹	16	19	+18.75
	4.贝类		62	28	−54.48
	5.头足类	小计	4733	5699	+20.41
		乌贼	1496	1475	−1.4
		鱿鱼	2244	2074	−7.58
		章鱼	290	378	+30.34
	6.其他		9	3	−66.67
二、海洋捕捞分作业产量	合计		126736	124816	−1.51
	1.拖网		95140	95067	−0.08
	2.围网		635	635	0
	3.刺网		14638	13728	−6.22
	4.张网		16258	15321	−5.76
	5.其他		65	65	0

4557.07公顷（约68356亩），同比增长15.88%，产量72073.2吨，同比增长33.56%；滩涂养殖315.47公顷（约4732亩），同比增长15.1%，产量4236吨，同比下降28.73%；其他养殖4.27公顷（约64亩），同比增长18.51%，产量323吨，同比下降83.52%。

（甘君临）

【入韩捕捞专业渔业公司成立】 2023年，区农业农村局指导成立温州洞头中旭渔业有限公司。该公司有两对（四艘）双拖渔船，每年每对渔船渔获配额量为100吨。渔船入韩作业时间为2023年1月1日至4月15日和2023年10月16日至12月31日。该公司的两对渔船已经全面开展入韩捕捞生产。

【浅海鱼贝藻参多层级生态健康养殖技术示范项目入选市新动能遴选水产技术产业团队项目】 2023年，洞头区浅海鱼贝藻参多层级生态健康养殖技术示范项目入选市新动能遴选水产技术产业团队项目。该项目采用抗风浪深水网箱养殖鱼类、贝藻类筏式养殖、海参吊笼养殖等方式，利用不同品种生长时间上的差异，进行多层级多品种的生态健

表11　2022—2023年洞头区海水养殖产品产量、产值、面积情况表

类别			单位	2022年	2023年	同比趋势（%）
一、海水养殖分品种产量、产值、面积	合计		吨	60082.8	76645	+27.57
			万元	112660.06	139033.6	+23.41
			亩	63127.5	73152	+15.88
	1.鱼类	小计	吨	5622.7	6755.5	+20.15
			万元	28918.9	33155.6	+14.65
			亩	3028	3505	+15.75
		鲈鱼	吨	590	850.3	+44.12
			万元	1964.4	1738.6	−11.49
			亩	153	600	+292.16
		石斑鱼	吨	0	0	0
			万元	0	0	0
			亩	0	0	0
		美国红鱼	吨	1571	1608	+2.36
			万元	2715.1	2683	−1.18
			亩	288	473	+64.24
		鲷鱼	吨	24.3	40.1	+65.02
			万元	184.4	84.2	−54.34
			亩	15	15	0
		大黄鱼	吨	2629.9	3624.3	+37.81
			万元	21398.8	26704.9	+24.80
			亩	1770	1957	+10.56
		鮸状黄姑鱼	吨	0	0	0
			万元	0	0	0
			亩	0	0	0
		鮸鱼	吨	793.5	627.7	−20.89
			万元	2168.4	1505.1	−30.59
			亩	391	350	−10.49

续表11

类别			单位	2022年	2023年	同比趋势（%）
一、海水养殖分品种产量、产值、面积	2.虾类	小计	吨	662	843	+27.34
			万元	1336.3	1560.1	+16.75
			亩	424	469	+10.61
		南美白对虾	吨	207	183	−11.59
			万元	881.3	767.1	−12.96
			亩	309	340	+10.03
	3.蟹类	小计	吨	172	114	−33.72
			万元	2156.1	1703	−21.01
			亩	187	37	−80.21
		梭子蟹	吨	0	0	0
			万元	0	0	0
			亩	0	0	0
		青蟹	吨	134	114	−14.93
			万元	1674.1	1703	+1.73
			亩	187	37	−80.21
	4.贝类	小计	吨	15360.5	30884.7	+101.07
			万元	21816.7	33551.5	+53.79
			亩	8383	15775	+88.18
		泥蚶	吨	219	220	+0.46
			万元	697.8	632.4	−9.37
			亩	220	220	0
		贻贝	吨	1616	2492	+54.21
			万元	1616	2490	+54.08
			亩	230	354	+53.91
		蛏子	吨	4564	4404.2	−3.50
			万元	8301.4	7430.7	−10.49
			亩	5218	5032	−3.56

续表11

类别			单位	2022年	2023年	同比趋势（%）
一、海水养殖分品种产量、产值、面积	5.藻类	小计	吨	38165.6	37970	−0.51
			万元	54432.06	64773.4	+19
			亩	51092.5	53353	+4.42
		紫菜	吨	6828	8359	+22.42
			万元	32974	44015	+33.48
			亩	31999	32474	+1.48
		羊栖菜	吨	24941.7	29451	+18.08
			万元	17656.76	20012.4	+13.34
			亩	18445.5	20729	+12.38
		海带	吨	150.9	160	+6.03
			万元	54.3	160	+194.66
			亩	148	150	+1.35
	6.其他类	小计	吨	100	65	−35
			万元	4000	4290	+7.25
			亩	13	13	0
		海参	吨	100	65	−35
			万元	4000	4290	+7.25
			亩	13	13	0
二、海水养殖分水域产量、产值、面积	1.海水养殖类型	小计	吨	60082.8	76632.2	+27.54
			万元	106771.46	139033.6	+30.22
			亩	63127.5	73152	+15.88
		海上养殖	吨	53962.8	72073.2	+33.56
			万元	95210.46	130538.6	+37.11
			亩	57499.5	68356	+18.88
		滩涂养殖	吨	5944	4236	−28.73
			万元	10458	7291	−30.28
			亩	5574	4732	−15.11

续表11

类别			单位	2022年	2023年	同比趋势（%）
二、海水养殖分水域产量、产值、面积	1.海水养殖类型	其他	吨	176	323	+83.52
			万元	1103	1204	+9.16
			亩	54	64	+18.52
	2.海水主要养殖方式	小计	吨	60082.8	76632.2	+27.54
			万元	136554.46	139033.6	+1.82
			亩	60842.5	73152	+20.23
		池塘	吨	158	342	+116.46
			万元	633	1583	+150.08
			亩	50	60	+20
		普通网箱	吨	6229.2	9132	+46.60
			万元	13169.4	15299.1	+16.17
			口	2000	16540	+727
		深水网箱	吨	1957	2590	+32.35
			万元	44137	22739	−48.48
			立方米	3099926	3102896	+0.10
		筏式	吨	38727.6	47788.2	+23.40
			万元	54316.06	73055.6	+34.50
			亩	51822.5	61424	+18.53
		吊笼	吨	7037	12494	+77.55
			万元	13467	18532.9	+37.62
			亩	2996	3530	+17.82
		底播	吨	5944	4253	−28.45
			万元	10337	7268	−29.69
			亩	5574	4830	−13.35

（区农业农村局提供）

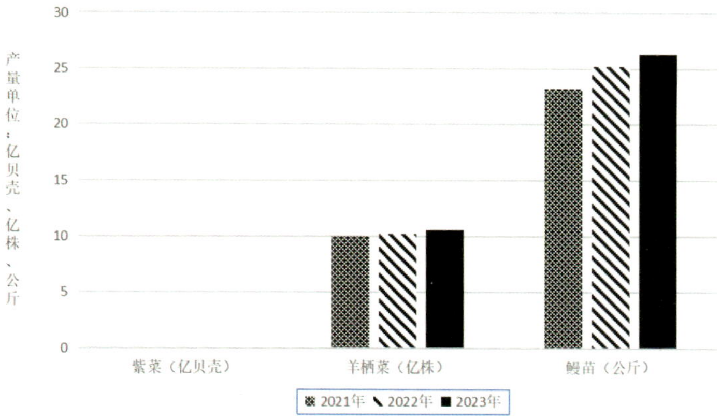

图8 2021—2023年洞头区苗种生产对比图

康养殖技术研究，通过养殖种类间的生态功能互补作用调控水质，恢复海域生态环境，降低养殖病害发生风险，从而实现可持续生态养殖，并打造一个可推广可复制的多层级生态健康养殖技术示范。

【东一大黄鱼数字渔场入选省级数字农业工厂（基地）名单】 2023年12月4日，浙江省农业农村厅公布2023年数字农业工厂（基地）名单，浙江东一海洋集团有限公司运营的东一大黄鱼数字渔场入选2023年数字农业工厂（基地）名单。浙江东一海洋集团有限公司是一家集海洋经济研发、海洋生态养殖、海产品精深加工于一体的企业，是杭州第19届亚运会指定供应商，认定为浙江省科技（创新）型企业，温州市农业龙头企业，2022年获评“品字标浙江农产”品牌。公司管理的大黄鱼数字渔场海域面积650亩，水体体积300万立方米，主要用于大黄鱼野生驯养，通过引入数字化养殖设备，进行数字化投喂、捕捞，鱼群定位等，年产量约300万尾大黄鱼，销售产值约3亿元。

【黄鱼岛未来渔场入选省级未来农场名单】 2023年12月4日，浙江省农业农村厅公布2023年未来农场认定名单，黄鱼岛海洋渔业集团有限公司运营的黄鱼岛未来渔场入选2023年未来农场名单。黄鱼岛海洋渔业集团有限公司是国家级“海水鱼技术体系示范基地”、高品质生态大黄鱼养殖示范基地，有深远海生态大黄鱼养殖基地6个（正在建设中1个），养殖海域面积达700亩，计70万立方水体。曾获“智慧农业生态创新示范奖”、浙江省渔民创富大赛唯一金奖、“浙江省渔业共富主体”等荣誉，公司创新研发应用的数字化、智能化养殖模式即“全量感知的智慧养鱼模式”被列为2023年浙江省智慧农业十大模式之一。

（周庆澥）

水产品流通加工

【概况】 2023年，洞头区水产品加工企业13家，水产品加工能力13390吨/年，水产加工品总量6725吨。水产冷库16座，冻结能力1470吨/日，冷藏能力4815吨/次，制冰能力555吨/日。

【紫菜加工】 2023年，洞头区从事紫菜养殖、加工、销售等相关事业劳动力有4000人至5000人，主要养殖与加工企业有温州星贝海藻食品有限公司、浙江喜康食品科技有限公司、浙江信嘉和生物科技有限公司和温州市洞头区霓屿新农村建设发展有限公司等。全年产值4.4亿元，同比增长33.48%。

【洞头区“最海鲜”集散中心启用】 2023年8月14日，洞头区“最海鲜”集散中心正式启用。该中心建设使用面积3627平方米，规划设计71个摊位，包括海鲜摊位65个、蔬菜自产自销摊位6个，可疏引全区200多户自产自销渔农民、海鲜批发户入驻经营，并设有配套的水产冷库。中心周边交通便利，紧邻公交站，并提供免费停车场。中心

2023年8月14日，洞头区“最海鲜”集散中心启用　（庄瑞滔 摄）

靠近洞头渔港码头，实现海鲜从捕捞上岸到销售再到品尝全过程一条龙服务，让市民、游客享受到从浪尖到舌尖的“最海鲜”体验。全年发放消费券10期，每期发放5万元，让更多的人在该中心消费，以杜绝摊贩不文明经营，缓解洞头区北岙农贸市场、新城农贸市场等周边路段的交通压力。

【大黄鱼加工】2023年，洞头区大黄鱼涉及主要加工企业包括浙江东一海洋集团有限公司、黄鱼岛海洋集团有限公司、温州鹿港海洋渔业有限公司、温州霖宝沣水产有限公司等。主要产品是大黄鱼鱼饼、鱼丸和大黄鱼烤鱼等预制菜。全年产值约2.67亿元，同比增长24.8%。

【羊栖菜加工】2023年，洞头区从事羊栖菜加工企业有15家，其中市级龙头企业8家，以温州佳海食品有限公司、温州市远鹏水产有限公司等为代表企业。产品以加工成干菜出口为主，主要销往日本，占羊栖菜收购总量80%。以浙江金海蕴生物股份有限公司、浙江码头哥食品股份有限公司等为代表企业，主要是加工成即食产品，销往湖南、湖北和河北等地，占羊栖菜收购总量的18%。以浙江石原金牛化工有限公司等为代表企业，主要从事羊栖菜的其他加工。全年产值2亿元，同比增长13.34%。

（甘君临）

渔港综合管理

【概况】2023年，洞头区农业农村局与温州富邦环境工程有限公司续签渔港设施综合管理服务合同，由温州富邦环境工程有限公司继续在洞头中心渔港和东沙一级渔港开展渔港综合管理服务，对两大渔港开展日常巡查，配合渔港管理工作人员进行渔港秩序管理，并对渔港开展海上及陆域保洁工作，同时对渔港配套附属设施设备进行日常零星保养维护。全年，两大渔港共开展卫生秩序巡查1279次，清理海上漂浮物及渔港周边垃圾541吨。入选国家级沿海渔港经济区建设试点名单，获上级补助资金2.6亿元，洞头渔港经济区11个项目全年累计完成投资5.18亿元。

【渔港废油水回收】2023年，洞头区开展渔港废油水回收工作，与温州市盛舟船舶洗舱服务有限公司签订协议，负责洞头区域渔港废油，含废油水等污染物统一处置相关事宜，对洞头中心渔港、东沙渔港和鹿西渔港的废油进行规范化运转、处置和建档。落实废油回收点相关补助和运行经费。全年共回收废油水51.8515吨。

【洞头区创成全国渔业平安示范县】2023年12月8日，农业农村部正式下发2022—2023年度平安渔业创建示范名单，洞头区获“全国平安渔业示范县”称号，是浙江省三个入选地区之一，也是温州市唯一入选区。洞头坐拥302个海岛，共有渔业村56个，渔业从业人员1.8万人，拥有等级以上渔港6座，其中洞头中心渔港是浙南最大的国家级中心渔港。全区有登记在册渔船502艘，均已被纳入编组管理。坚持“预防为主、标本兼治”原则，切实做好渔业安全生产工作，保持18年未发生较大渔业安全事故，连续17年获评省平安县（区），创成“平安中国建设示范县”。

【渔岙渔港服务平台建设】2023年，洞头区新建1座渔岙渔港服务平台。服务平台为综合性休闲服务平台，位于渔岙渔港北侧岸线以外，平面呈波浪形布置，平台长度407.5米，宽度15~25米，总面积7551平方米。总投资0.79亿元。项目于2023年9月开工，年内，已完成灌注桩112根，完成总量39.5%，钢结构施工平台完成4300平方米，完成总量的57.3%。

【智慧渔港—未来渔港建设项目】2023年，洞头区在现有渔港数字设施基础上，以未来渔港数字化平台为载体，推进洞头渔港数字化转型升级，建立健全渔港综合管理服务体系。建设地点位于洞头中心渔港、东沙渔港及鹿西渔港等位置，建设洞头未来渔港数智中心、渔港智慧化基础设施和数字孪生、渔港经济区专题数据仓，实现数治渔港应用场景、数智锚泊应用场景、数字渔获应用场景，总投资0.38亿元。未来渔港项目（一期）于2023年9月底完成招投标工作并进场开工建设，年内，完成部分硬件安装，软件开发在调试中。

（郭丽婉）

海洋渔业执法管理

【概况】2023年，洞头区实施海上应急救援9起，救回人员9人，挽回经济损失120多万元。开展“春雷”“亮剑2023”、海洋伏季休渔等专项执法行动，累计开展执法检查500多次、联合执法93次、“清港”行动18次。共办理海洋与渔业案件77起，罚款金额3724.3412万元，司法移送18起57人，查获涉渔“三无”渔船77艘，清理违禁网具4057顶，查获渔获物13517公斤。

【海上执法专项行动】2023年，区农业农村局联合开展反走私专项行动12次，查扣涉嫌走私船舶13艘，涉案人员109人，走私物品1100多吨，涉案金额近9000万元。“深化部门协作 创新打造涉海综合查一次”改革项目获评2023年度第一批温州市“大综合一体化”

行政执法改革优秀改革项目。

（林佳惠）

【休渔期管理】2023年，洞头区严格落实伏休首报、异地休渔、异地修船和移泊报告四项制度，并为全区560艘渔船逐一落实船位动态监管责任人，签订责任书，明确责任人。5月1日开始禁渔期间，共登检渔船740艘次，发现安全隐患194个，整改安全隐患194个。全区累计申请异地修船渔船91艘、异地休渔渔船13艘，区外到洞头休渔船舶3艘。开展船舶修造厂日常巡查4家次，对伏休期间的船舶修理名单进行核对，确保伏季休渔期间船舶修理安全。联合市支队、海警等海上执法力量，严厉打击无证捕捞、越界生产等非法捕捞等非法行为，累计开展执法行动161次，出动执法人员1599人次，查获“三无”船舶21艘，立案15起，司法移送17起56人，查没违禁渔获物13517公斤。通过深化同市支队、区公安、所属街道（乡镇）协同机制，采取“海陆并进、联合执法”方式，积极开展“雷霆行动”“违规网具清缴”等专项执法行动；联合市场监管部门开展6次市场流通领域执法巡查，重点检查8种禁售渔获物，累计检查经营摊位121家次，发放宣传资料及宣传品3800多份；联合海事、街道（乡镇）开展7次清港行动，查处“三无”船舶22艘。开展滩长制常态巡查。组织海上作业经验丰富的渔民，成立滩涂护渔队、海上护渔队，加强对灵霓大堤、深门大桥、大门大桥等沿线集中清理，开展41次“清网”行动，出动船艇41艘次、执法人员656人次，累计清理违规违禁网具3376顶。

【开捕前执法检查】2023年8月10日，洞头区海洋与渔业执法人员结合浙渔安系统，出动中国渔政33017船到海上开展开捕节点执法检查，查扣禁渔期内擅自出海生产作业渔船6艘，移送渔船交由海警进行处置4艘，两艘浙洞渔船共行政处罚1.5万元。

（郑楠）

渔业安全

【概况】2023年，洞头区积极开展渔业安全工作，成功入选2022—2023年度“全国平安渔业示范县”，洞头中心渔港通过2022—2023年度“全国文明渔港”复核工作。打造海上“千万工程”示范样板。全年新建示范船15艘，累计建成“示范船”50艘，率全省之先提前完成三年任务，相关做法在《农民日报》刊发，为全省海上“千万工程”建设提供经验样板。完成洞头区本地人经营外省籍渔船安全管控实施（试点）工作，年内，累计开展船员培训2期，外省籍渔民35人次，发送预警30次，信息300条，隐患排查渔船5艘次，整改问题隐患10个，立案处罚13起。推动渔业互保双保险，截至年底，2023年本地人经营的外省籍渔船参加本地渔业互保渔船52艘，其中船体参保6艘，船员参保410人，船员参保率100%。

【渔业安全管理责任落实】2023年，洞头区渔农水利专委办按照区、部门、街镇、渔业合作社四级责任体系机制和“全要素、全领域、全重点，全覆盖”的要求，统一协调、定期会商、及时督导，确保涉海涉渔安全排查整治工作落实到位。年内，累计开展各类安全督查90多次，会商8次。

【渔船隐患整治】2023年，洞头区对7个乡镇（街道）、5个渔船合作社和502艘渔船进行基础性排查。年内，发现并整改安全隐患2061个，包括重点渔船隐患108个，省、市督查隐患23处。

【“病老”渔船更新淘汰】2023年，洞头区加快推进更新改造、“减船转产”、海上“千船引领、万船整治”工作，完成引领船改造15艘，整治“病老”渔船25艘、“船证不符”51艘、“船图不符”41艘，整治提升安全设施渔船90艘。

【渔业安全执法】2023年，洞头区开展渔业安全执法工作390次、联合执法93次、“清港”行动18次，查获涉渔“三无”渔船69艘，取缔40艘。出动执法人员3704人次，出动船艇195艘次，检查渔船1445艘次，发现隐患船舶352艘，整改隐患542处，通报不服从防台指令行为8艘次，查获违法违规案件71起，处罚金额54.53万元。

【“千船引领 万船整治”行动】2023年，洞头区持续开展“千船引领 万船整治”工作。年内，建设示范引领船15艘，其中捕捞渔船12艘、休闲渔船3艘，整治渔船90艘。超额完成省里下达的建设任务。

【渔船安全警示教育】2023年，洞头区制定出台《洞头区本地人经营外省籍渔船安全管控实施（试点）方案》。区农业农村局利用伏休期、渔船归港等时间节点大力推进“万名船长”素质提升行动、开展海上应急演练4次、商渔船船长“互登互学”42人次、普通船员培训12期（含机驾长培训）507人次、渔船船东船长“面对面”安全教育1649人次。利用“海上智控平台”和“浙渔安”等数字化手段，督促渔船落实船舶进出港报告制度、渔船编组生产制度、安全点验制度海上安全三项制度。强化落实“3公里内、3艘渔船”临时编组，坚决杜绝出现“形式编组，实际脱单”情况；开展渔船和休闲船艇安全点验工作，加强“黑色五小时”、傍晚落日时分（驾驶员交接班）等重点时段，台风、冷空气等极端天气点验工作，实时准确掌握管辖船艇及人员安全动态。全年共发送各类预警信息6.3万余条，妥善处置应急事件7起。

【渔船监管】2023年，洞头区组织开展“春雷行动”“今冬明春安全生产百日攻坚”“渔船安全隐患大排查大整治”等专项行动，依托区、部门、街镇、渔业合作社四级责任体系机制，落实渔船隐患整治，涉海涉渔专委会成员单位赴基层开展督导检查，确保隐患闭环销号，问题有效整改，全年累计发现并整改各类隐患2061个。累计开展联合执法77次，“清港”行动12次，查获涉渔“三无”渔船51艘，取缔40艘，通报不服从防台指令行为8艘次，查获违法违规案件47起，处罚金额35.11万元。

（郑　明）

【渔船检验】2023年，洞头全区拥有渔业船舶总量504艘，其中捕捞渔船474艘、渔业辅助船30艘。区交通局做好渔业船舶的法定检验和监督管理、渔业船舶设计修造质量监督管理、渔业船舶检修检测服务机构管理等。全年加强船舶营运检验质量管理，重点检查渔业船舶船体结构的完整性、水密舱壁的水密性能、影响船舶稳性的改装等存在较大安全隐患问题的项目。配合洞头区农业农村局对辖区94艘“船图不符”“船证不符”渔船开展图纸补绘与历史原因认定工作，分类分批开展检验证书数据修正。全年整治完成“船证不符”渔船51艘，“船图不符”渔船41艘。做到渔船检验全覆盖，隐患整改全覆盖，共检验渔业船舶504艘，渔船本质安全提升2235处。

（唐孟勋）

表12　2021—2023年洞头区渔业船舶变动情况表

类别				单位	2021年	2022年	2023年	同比趋势
机动渔船	合计			艘	1264	740	780	5.41%↑
				总吨位	39288.1	32844.2	33799.2	2.91%↑
				千瓦	76403.03	60454.09	63081.01	4.35%↑
	生产渔船	小计		艘	1188	704	749	6.39%↑
				总吨位	29362.1	26297.2	28402.2	8%↑
				千瓦	56338.13	48048.39	49636.02	3.3%↑
		捕捞渔船（按功率分）	小计	艘	430	429	474	10.49%↑
				总吨位	28601	26041	28146	8.08%↑
				千瓦	48899.78	45416.8	49636.02	9.29%↑
			441千瓦及以上	无	无	无		无
			184~440千瓦	艘	123	108	118	9.26%↑
				总吨位	25895	23112	24170	4.58%↑
				千瓦	37480	33899	36636	8.07%↑
			44~183千瓦	艘	89	88	99	12.5%↑
				总吨位	1387	1440	2260	56.94%↑
				千瓦	6741.2	6686.1	7843.1	17.3%↑
			43千瓦及以下	艘	218	233	257	10.3%↑
				总吨位	1319	1489	1716	15.25%↑
				千瓦	4678.58	4831.7	5156.92	6.73%↑
		养殖船		艘	758	275	275	0%
				总吨位	761.1	256.2	256.2	0%
				千瓦	7438.35	2631.59	2631.59	0%

（区交通运输局提供）

经济管理

区域经济运行与发展

【概况】2023年，洞头区统筹推进社会经济高质量发展和安全，实现地区生产总值150.04亿元（不含海经区124.16亿元，下同），同比增长5.5%（6.7%）。城乡居民可支配收入分别为6.4万元和4.2万元，分别增长5.8%和7.1%；财政总收入17.61亿元（26.01亿元），同比增长10.5%（下降4.5%）；一般公共预算收入11.21亿元（16.42亿元），同比增长5.6%（下降5.2%）。城镇调查失业率4.7%。全年实现第一产业增加值8.17亿元（8.65亿元），同比增长7.3%（7%），居全市第二位。全年渔业总产值27.7亿元（17.98亿元），渔业总产量22.04万吨，同比分别增长12.1%（16.0%）、8.14%。入选2023年国家级沿海渔港经济区建设试点名单，荣获“全国平安渔业示范县”称号。“两菜一鱼”产量分别增长22.42%、18.08%、37.8%。黄鱼岛入选全省未来渔场，东一大黄鱼数字渔场入选全省数字农业工厂，鹿西大黄鱼被评为浙江地标美食。深入推进渔农业双强行动，创建鹿西农业“双强”示范区。近远洋捕捞产量产值持续增加，大洲远洋捕捞开辟新航线。现代养殖品种结构不断优化，引进条石鲷开展室内人工育苗、养殖。浅海鱼贝藻参多层级生态健康养殖技术示范项目入选市新动能遴选水产技术产业团队项目。全年实现第二产业增加值38.85亿元（51.35亿元），同比增长3.3%（下降0.2%）。规上工业产值91.8亿元（164.63亿元），同比增长2.36%（下降0.5%），规上工业增加值15.6亿元（30.52亿元），同比增长6.1%（下降7.3%）。新增上规企业8家，3家企业被认定为“2023年浙江省专精特新中小企业”，东启荣获国家级专精特新“小巨人”企业称号。新增省级制造业云上企业1家、市级两化融合示范试点企业2家、市级数字化车间1家、市级企业技术中心1家、国家“两化”融合管理体系贯标认定企业1家。产业园入驻33家企业，产值突破3亿元。创成国家高新技术企业3家，省科技型中小企业14家，成立浙江海洋大学—洞头海洋开发研究院，建成投用海洋生物科技孵化基地。新增大院名校技术转化中心2家，建成博士创新站3家，荣获浙江省科学技术进步奖三等奖2项，入围省“尖兵”“领雁”重大科技攻关项目1项，市“揭榜挂帅”重大科技攻关项目立项2项。出台建筑业“惠企政策3.0版”，招引企业15家，全年实现省内建筑业产值75.2亿元（75.25亿元），同比增长28.6%。全年实现第三产业增加值77.13亿元（90.04亿元），同比增长8.7%（9.4%），居全市第三位。新辟马来西亚、日本及印度尼西亚等航线，状元岙港区外贸航线增至15条，总运力高达109.7万吨（116.52万载重吨），同比增长17.3%，运力规模13年稳居全市第一位。完成港口货物吞吐量1129.4万吨（1129万吨），同比增长17.3%（12.9%）；完成集装箱吞吐量67万标箱，同比增长14.9%。水路货物周转量同比增长20.3%，公路货物周转量同比增长45.8%，居全市第一位。新增进口水果、肉类及危化品三大外贸资质，全区出口总额13.96亿元，同比增长77.2%，居全市第一位。培育上限企业13家，落地星巴克等洞头首店6家，举办首届电商直播式共富工坊等系列活动，全年全社会消费品零售总额33.99亿元（73.26亿元），同比增长8.1%（19.4%），全社会批零住餐同比分别增长19.3%、22.4%、12.5%、10%。全区共接待游客170万人次，同比增长18.6%，实现旅游社会总收入21亿元，同比增长10.5%。入选浙江文旅产业融合发展十佳县区，国内海上邮轮开航，“大巴游洞头”旅游直通车运行，鹿西乌岛跳岛游开通。举办铁人三项国际公开赛等体育赛事33场，实现引流15万余人次。打响“海宿”品牌，评定区级星级“海宿”12家，全年新增民宿64家。本外币存贷款余额增长21.4%，居全市第一位。出台《洞头区促进房地产市场健康平稳发展若干措施》，开展购房消费券活动，加大公租房、保租房保障力度，累计公租房保障受益户数达462户。

（潘鑫森）

【海洋经济发展】2023年，洞头区围绕海洋强省建设“833”行动要求，印发实施海洋经济发展重点工作、重大项目“两张清单”。全年完成25个省市海经重大项目投资32.35亿元，为年度计划的119.8%。共获省海洋（湾区）经济发展资金补助8008万元、市本级补助1318万元。启动“十四五”规划中期评估工作，部署落实规划纲要及各项专项规划的中期评估工作。完成《温州大小门岛化工新材料产业建设方案》编制，草拟《关于支持温州建设RCEP高水平开放

表13　2023年洞头区国民经济和社会发展目标完成情况一览表

<table>
<tr><th colspan="3" rowspan="2">指标名称</th><th rowspan="2">单位</th><th rowspan="2">2023年计划目标</th><th colspan="2">2023年完成情况</th></tr>
<tr><th>绝对值</th><th>增速</th></tr>
<tr><td rowspan="7">约束性指标</td><td colspan="2">1.单位GDP能源消耗降低</td><td>%</td><td colspan="3" rowspan="7">完成上级下达任务</td></tr>
<tr><td colspan="2">2.单位GDP二氧化碳排放量降低</td><td>%</td></tr>
<tr><td rowspan="4">3.主要污染物排放量降低</td><td>化学需氧量</td><td>吨</td></tr>
<tr><td>氨氮</td><td>吨</td></tr>
<tr><td>氮氧化物</td><td>吨</td></tr>
<tr><td>挥发性有机物</td><td>吨</td></tr>
<tr><td colspan="2"></td><td></td></tr>
<tr><td rowspan="13">预期性指标</td><td colspan="2">4.城镇调查失业率</td><td>%</td><td>≤5.5%</td><td colspan="2">4.7%</td></tr>
<tr><td colspan="2">5.城镇新增就业人数</td><td>人</td><td>1350</td><td colspan="2">1487</td></tr>
<tr><td colspan="2">6.地区生产总值</td><td>亿元</td><td>6%</td><td>150.04（124.16）</td><td>5.5%（6.7%）</td></tr>
<tr><td colspan="2">其中：第一产业增加值</td><td>亿元</td><td>6%</td><td>8.65(8.17)</td><td>7%(7.3%)</td></tr>
<tr><td colspan="2">第二产业增加值</td><td>亿元</td><td>5%</td><td>51.35(38.85)</td><td>-0.2%(3.3%)</td></tr>
<tr><td colspan="2">规上工业增加值</td><td>亿元</td><td>12%</td><td>15.6</td><td>6.1%</td></tr>
<tr><td colspan="2">第三产业增加值</td><td>亿元</td><td>7%</td><td>90.04(77.13)</td><td>9.4%(8.7%)</td></tr>
<tr><td colspan="2">7.固定资产投资</td><td>%</td><td>3%</td><td>—</td><td>-30%</td></tr>
<tr><td colspan="2">8.社会消费品零售总额</td><td>亿元</td><td>8%</td><td>33.99</td><td>8.1%</td></tr>
<tr><td colspan="2">9.一般公共预算收入</td><td>亿元</td><td>13%以上</td><td>11.21</td><td>5.6%</td></tr>
<tr><td colspan="2">10.城镇常住居民人均可支配收入</td><td>元</td><td>6%</td><td>63785</td><td>5.8%</td></tr>
<tr><td colspan="2">11.农村常住居民人均可支配收入</td><td>元</td><td>7%</td><td>41881</td><td>7.1%</td></tr>
<tr><td colspan="2">12.R&D经费支出占GDP比重</td><td>%</td><td>2.45%</td><td>2.45%</td><td>—</td></tr>
</table>

说明：地区生产总值绝对值按现价计算，增幅按可比价计算，（）内指标为原洞头口径

（区发改局提供）

合作试验区的建议》专报，并通过国经中心渠道报送，争取国家部委领导批示。加快海域海岛高质量发展战略规划编制，印发《关于支持洞头区高质量发展的若干举措》，开展实施细则制定争取政策落地。加速推进两大LNG项目，温州液化天然气（LNG）接收站项目建成通气，温州华港LNG储运调峰中心项目罐体落成。推进风光资源开发项目前期，洞头2号海上风电场完成项目核准。高端储能装备制造项目厂房及办公楼主体完工。全球海上风电总部及总装基地项目签约3个月内纳统入库。引入洛阳轴承和运瓴独立储能电站项目，并签订合作框架协议。

【共同富裕示范区建设】2023年，洞头区成功争取全省首批海岛县（区）高质量发展“一县一策”，海岛渔村共同富裕工作向国家发改委做专题汇报，洞头智慧健康站医疗服务做法在全省共富例会上获赞，海岛高质量发展工作在市打造高质量发展建设共同富裕示范区市域样板领导小组会议上作交流。迭代更新共富系统架构图2.0版，形成统一的推进体系，洞头区系统架构图在全省社会建设工作会议上晾晒表扬。实施扩中提低行动，深化强村富民、低收入家庭综合帮扶等共富实招，建成星级共富工坊30家，惠及群众2000多人，跨岛统筹开展“大篷车”送技下乡行动，提供技能培训60多项，累计为近千名群众解决再就业问题。洞头蓝色海湾兴业富民入选国家发改委《共同富裕动态》，共富“大篷车”在《浙江信息》刊发，海区治理模式案例入选省共富最佳实践名单，刑财查控一体机制、“渔家厨娘”等两个案例入选市级共富最佳实践名单。

【传统产业转型升级新成效】2023年，洞头区现代渔业提质增效，获批建设国家级沿海渔港经济区试点，鹿西大黄鱼被评为浙江地标美食，“东一”“黄鱼岛”分别入选省数字渔场、省未来渔场。海洋食品产业园累计入驻企业33家，产值超3亿元；制造业加速转型升级，推进工业园区改造提升，激活低效工业用地200.78亩，盘活闲置厂房1.1万平方米，开竣工增资扩产项目7个。

【开放合作持续加强】2023年，洞头区“地瓜经济”案例入选市级首批最佳实践案例名单，推动关港地三方合作，与印度尼西亚中哈马黑拉区政府签约中印尼（温州）产业园开发合作备忘录。中燃华电进口供应链平台获评省级重点平台。鼓励企业出海抢订单，累计实现成交额2.8亿元。状元岙港区新辟马来西亚、日本、印尼、越南等4条航线，外贸航线增至15条，获批启用肉类、水果等外贸资质，全区出口贸易额12.5亿元，同比增长60%，居全市第一。完成集装箱吞吐量66.9万标箱，同比增长14.92%。总运力109.67万吨，同比增长17.32%，运力规模13年稳居全市第一位。对台品牌影响力进一步提升，高规格举办2023“双屏论坛”，半屏山被列入海峡两岸交流基地培育名单。

（陈　凯）

财政

【概况】2023年，洞头区财政总收入17.61亿元（26.01亿元），同比增长10.5%（下降4.5%）。一般公共预算收入11.21亿元（16.42亿元），同比增长5.6%（下降5.2%）。累计获上级补助15.80亿元，其中，中央直达资金3.12亿元，使用完成率100%；省“8+4”政策资金2.61亿元，支出进度居全市前列。盘活停车场、码头、闲置房产等20.59亿元。全区一般公共预算支出36.98亿元（47.65亿元），同比增长10.7%（下降1.2%）。全年发行债券项目23个9.62亿元，推进并陆续投用陆域引调水、全域污水管网、新医院、新能源新制造园区等项目。实体化运作资源开发公司，完成股权调整、人员配备、资产注入等工作；启动两轮国企公开招聘，全区国企实现营业收入4.61亿元。谋划为民办实事项目，累计办结“幸福要事”5件；实施“破百难、助共富”行动，帮助解决小北岙残疾人之家项目建设资金需求。区财政局连续16年获评省级文明单位。

【财政收入管理】2023年，洞头区财政总收入17.61亿元，同比增长10.5%。其中，一般公共预算收入11.21亿元，同比增长5.6%，占财政总收入63.7%；上划中央税种收入6.4亿元，同比增长20.3%。税收收入6.08亿元，同比增长23.0%，占一般公共预算收入的54.2%。全年一般公共预算收入中，三大主体税种合计入库4.34亿元，同比增长21.2%。增值税入库36417万元，同比增长31.3%（增收原因是受中燃华电能源、中石油燃料沥青等大型企业留抵退税回补的拉动影响）；企业所得税入库5011万元，同比下降8.5%（下降原因主要是受诚意药业去年筹建医药健康园影响）；个人所得税入库1925万元，同比下降24.2%（下降原因主要是受上年全区行政事业单位补缴个人工资薪金个税拉高基数影响）。其他税种入库17418万元，同比增长27.8%。其中，车船税入库4348万元，同比增长79.7%（增收原因主要是人保同比增收1267万元）；耕地占用税入库890万元，同比增长429.8%（增收原因主要是自然资源和规划局本期缴纳建设用地耕地占用税890万元）；城镇土地使用税入库2084万元，同比增长47.2%（增收原因主要是受税额调整的影响）。其他税种入库17418万元，同比增长27.8%。其中，资源税入库1403万元，同比下降2.1%；城市维护建设税入库4622万元，同比下降1.2%；房产税、印花税、城镇土地使用税和车船税分别入库1578万元、1595万元、2084万元、4348万元，分别增长10.9%、20.6%、47.2%、79.7%。全年组织非税收入27.50亿元，其中纳入一般公共预算收入管理的非税收入5.13亿元，同比下降9.6%。建立常态化向上对接、精准化对下服务、协同化部门联动机制，

表14　2023年洞头区一般公共预算收入执行情况表

项　目	2022年执行数（万元）	2023年预算数（万元）	2023年预算调整数（万元）	2023年执行数（万元）	预算完成率（%）	同比增长（%）
一、一般公共预算本级收入	106174	120329	120329	112081	93.15	5.56
（一）税收收入	49394	61229	61229	60771	99.25	23.03
增值税	27746	28549	28549	36417	127.56	31.25
企业所得税	5474	11822	11822	5011	42.39	−8.46
个人所得税	2541	3000	3000	1925	64.17	−24.24
资源税	1433	2000	2000	1403	70.15	−2.09
城市维护建设税	4676	6300	6300	4622	73.37	−1.15
房产税	1423	1500	1500	1578	105.2	10.89
印花税	1323	1500	1500	1595	106.33	20.56
城镇土地使用税	1416	1000	1000	2084	208.4	47.18
土地增值税	744	2400	2400	859	35.79	15.46
车船税	2419	2400	2400	4348	181.17	79.74
耕地占用税	168	750	750	890	118.67	429.76
契税	0	0	0	0	0	0
环境保护税	6	8	8	39	487.5	550
其他税收收入	25	0	0	0	0	−100
（二）非税收入	56779	59100	59100	51310	86.82	−9.63
专项收入	4102	4500	4500	4855	107.89	18.36
其中，教育费附加收入	1715	1800	1800	1870	103.89	9.04
行政事业性收费收入	1268	1300	1300	2740	210.77	116.09
罚没收入	12711	9000	9000	14309	158.99	12.57
国有资本经营收入	0	0	0	0	0	0
国有资源（资产）有偿使用收入	38177	43800	43800	28863	65.9	−24.4
政府住房基金收入	486	450	450	543	120.67	11.73
其他收入	36	50	50	0	0	−100
二、上划中央收入	53177	65782	65782	63985	97.27	20.32
国内增值税	27746	28549	28549	36417	127.56	31.25
企业所得税60%	8211	17733	17733	7517	42.39	−8.45
个人所得税60%	3812	4500	4500	2888	64.18	−24.24
国内消费税	13408	15000	15000	17163	114.42	28.01
三、财政总收入	159351	186111	186111	176066	94.6	10.49

（区财政局提供）

累计获得上级补助15.80亿元，其中，获省级绿色转化财政专项激励资金专题新闻得到人民网、《光明日报》等多家主流媒体宣传报道。

【财政支出管理】 2023年，全区一般公共预算支出36.98亿元，同比增长10.7%。其中，民生支出28.26亿元，占一般公共预算支出的76.4%。全年教育支出4.86亿元。创成全国学前教育普及普惠区，省教育现代化监测水平获A等评价。全年社会保障和就业支出3.79亿元，增长19.5%。聚焦老、病、残、幼等特殊群体服务需求，全年发放生活救助资金3024万元，累计救助11万人次。发挥“一键达平台”“乡镇公共财政服务平台”作用，发放惠民惠农补贴资金1.29亿元，惠及17万人次。连续三年入选省“一事一议”财政奖补支持共富乡村试点，累计获奖补资金6000万元。落实财政资金350万元推动“嗦海”粉干共富工坊项目落地，促进农民增收。落实“8+4”经济政策体系，共获上级“8+4”政策资金2.61亿元，支出进度位居全市前列。全年分配直达资金3.12亿元，使用完成率100%。新增上线涉企政策118项，兑现惠企奖补资金2.09亿元；完成政府采购资金8.77亿元，其中授予中小企业8.66亿元，助力企业稳中向好。实施数字经济创新提质“一号发展工程”，全年财政科技投入1.29亿元，同比增长15.6%。

表15　2023年洞头区一般公共预算支出执行情况表

项　　目	2022年执行数（万元）	2023年预算数（万元）	2023年预算调整数（万元）	2023年执行数（万元）	预算完成率（%）	同比增长（%）
本级支出	334139	357479	368816	369799	100.27	10.67
一般公共服务支出	39475	41103	42185	42315	100.31	7.19
国防支出	942	931	1273	1099	86.33	16.67
公共安全支出	19939	17436	18462	18494	100.18	−7.25
教育支出	47961	48981	48986	48554	99.12	1.24
科学技术支出	11163	12927	12889	12909	100.16	15.64
文化旅游体育与传媒支出	7841	7912	8573	8601	100.33	9.69
社会保障和就业支出	31710	38727	37900	37878	99.94	19.45
卫生健康支出	42934	45715	41111	41540	101.04	−3.25
节能环保支出	5749	4292	8500	8569	100.81	49.05
城乡社区支出	43115	58091	34152	34495	101	−19.99
农林水支出	28328	28729	32088	32311	100.70	14.06
交通运输支出	10841	11262	37100	37569	101.26	246.55
资源勘探信息等支出	6396	5077	11033	11007	99.77	72.09
商业服务业等支出	805	255	1730	1734	100.23	115.4
金融支出	186	0	95	95	100	−48.92
自然资源海洋气象等支出	16050	10785	10169	10091	99.24	−37.13
住房保障支出	6303	7186	7266	7222	99.39	14.58
粮油物资储备支出	720	643	1110	1105	99.55	53.47
灾害防治及应急管理支出	2161	2327	2550	2541	99.65	17.58

续表15

项　　目	2022年执行数（万元）	2023年预算数（万元）	2023年预算调整数（万元）	2023年执行数（万元）	预算完成率（%）	同比增长（%）
其他支出	0	0	0	0	0	0
预备费	0	3600	0	0	0	0
债务付息支出	11470	11500	11645	11644	99.99	1.52
债务发行费用支出	50	0	0	26	—	-48

（区财政局提供）

【财政体制改革】 2023年，区财政局开发直达资金数据自动比对系统，推动直达资金高效监管。采用“线上缴非税”新模式，完成总会计核算、资金申拨、政府采购等7个一体化系统功能模块省集中部署和迁移，预算管理一体化建设考核位居全省前列。对接相关医疗机构，完成财政电子医疗票据升级改造，共完成全区1家医院、6家卫生院医疗票据接口规范改造工作，改造率87.5%。推进“浙里报账”迭代升级。做好浙里报业务场景和业务量提升工作，报销金额1.72亿元，报销笔数35666笔，基本实现从经济事项的业务办理、资金支付、财务核算到会计档案的全流程电子化，在全区行政事业单位投入使用。完成电子化会计档案试点工作2家。规范财政专户存放管理，全年共完成两期合计10.61亿元财政资金竞争性网上招投标工作。推进预算单位上线公款存放网上招标平台工作，全年指导区公积金中心、灵昆卫生院和北岙街道等三家单位开展公款存放网上招标工作。

【投融资体制改革】 2023年，区财政局抓实重点项目，做好EOD、S211等海上共富项目融资保障，按需落实甬莞高速支线、环岛西片区等项目前期资金保障，三大国企共融资到位38.9亿元，推动海洋经济示范区高质量发展。抢抓债券政策窗口期支持红利，累计获批新增债券额度9.62亿元，其中，一般债3亿元、专项债6.62亿元。

【财政监督管理】 2023年，区财政局深化绩效改革管理，构建“全方位、全过程、全覆盖”预算绩效管理体系，首次涵盖债券项目、国企EPCO等项目开展绩效评价46个，涉及财政性资金8.58亿元。严控财政支出，持续压减非刚性、非重点、非急需的一般性支出及“三公”经费，全年“三公”经费预算数同比下降0.4%。加强国库集中支付动态监控，累计核实违规单位32家，纠正违规资金64笔204万元，纠正率100%。制定出台《洞头区政府投资建设项目预结算审核中介机构考核办法》《中介机构二次遴选办法》，加强工程项目审核管理，清理历史遗留项目86个，审核政府投资项目230个20.42亿元，核减资金7000万元。

（戴佩佩）

税务

【概况】 2023年，国家税务总局洞头区税务局累计组织收入30.76亿元，其中非税收入15.35亿元，入库税收15.41亿元，同比增收5.44亿元，增长54.55%，共计为地方提供可用财力23.51亿元。区级一般公共预算税收收入6.08亿元，同比增收1.14亿元，增长23.02%。全年区一般公共预算税收同比增幅位于全市前列。联合洞头农商银行推出“海霞共富·社保指数贷”等税速贷系列产品。深化“放管服”改革，通过岗责重塑、权限分解、流程简化，推进洞头特色税源管理新模式。搭建“全域数电宣传服务圈”，数电票应推广进度在全市率先达成100%，作为全省纯单轨试点单位在省税务局区县局通报中位列第一。开展税收经济分析，相关专报获得区委区政府领导肯定性批示7次。大门税务所创成2023年浙江省税务系统新时代“枫桥式”税务所。

【减税退税】 2023年，区税务局落实一系列税费优惠政策，以“多跨协同”机制为抓手，创新打造“1+3”（税务部门+纪检部门、组织部门、宣传部门）协作模式。全年新增减税降费2.14亿元，惠及20638户纳税人；累计办理退库18338笔，退税金额4.65亿元，其中增值税留抵退税3.14亿元，为57户企业纾困解难。全区研发费用加计扣除金额达1.635亿元，同比增长15.14%。累计受理出口退（免）税申报271户次，办理退税额3359万元。

【营商环境优化】2023年，区税务局全域铺设104处“家门口”的税驿站，实现智慧办税缴费“通村达户”。以其为主题拍摄的相关视频在国家税务总局官方公众号发布。开展“大走访、大调研”工作，以分区划片、网格化走访问需的方式累计开展5轮走访、覆盖7259户纳税人，切实解决纳税人实际困难，提升纳税人获得感和幸福感。协同“海霞共富·社保指数贷”等税速贷系列产品“输血”企业发展，为全区企业争取3亿元整体授信额度，有60户企业享受贷款金额达3762万元，相关信息在新华社等6个平台刊登。

【征收管理】2023年，区税务局进一步深化“放管服”改革，推进“洞头特色税源管理新模式”，实现“基层事项网格管、专业事项分工管、复杂事项提级管、服务事项一体管”，“洞头经验”为省市税务局研判提供参考。全年共下放涉税业务审批权限至办税服务厅23项，平均办理业务时长同比下降超20%。在全市率先完成数电票推广上线，“纯数电率”在全省通报第一位，为纳税人节省开票设备维护费累计112万元。强化契税、房土两税、资源税等税费种征管，实现纳税人补缴税费及滞纳金合计814万元。

【“枫桥式”税务所】2023年，区税务局持续探索建设新时代“枫桥式”税务所。大门税务所以“税心慧至，如兰之馨”为主题，建立多项“丰馨”机制提升矛盾纠纷化解水平，创新“枫桥经验，大门先行”模板，12月，创成浙江省税务系统新时代“枫桥式”税务所。北岙税务所以“四千税行”为舵，扬“海霞枫税”之帆，建起一套有温度、更贴心的调解机制，获评区万人评议满意站所，全年共处置涉税纠纷35件，化解矛盾争议22起，其中浙能液化天然气资源税退库调解案例获评2023年度“法治为民”最佳案例。

（潘晨怡）

表16 2023年洞头区税收收入计划执行情况表

项目	2023年入库数（万元）	2022年入库数（万元）	同比增收额（万元）	同比增长（%）
税务部门组织的收入	307583	285274	22309	7.82
一、税收收入合计	154120	99723	54397	54.55
中央级	76478	50029	26449	52.87
地方级	77642	49693	27949	56.24
1.增值税	84174	36477	47697	130.76
2.消费税	21454	16760	4694	28.01
3.企业所得税	15078	16681	−1603	−9.61
4.个人所得税	6115	7993	−1878	−23.5
5.车辆购置税	215	195	20	10.26
6.城市维护建设税	6962	6703	259	3.86
7.契税	3942	3329	613	18.41
8.耕地占用税	890	168	722	429.76
9.环境保护税	49	8	41	512.5
10.资源税	1754	1792	−38	−2.12

续表16

项目	2023年入库数（万元）	2022年入库数（万元）	同比增收额（万元）	同比增长（%）
11.城镇土地使用税	2660	1810	850	46.96
12.印花税	2060	1721	339	19.70
13.土地增值税	1073	930	143	15.38
14.房产税	2258	2071	187	9.03
15.车船税	5436	3024	2412	79.76
16.其他税收	0	61	−61	−100
二、社保非税合计	153463	185551	−32088	−17.29
1.非税收入	73202	106421	−33219	−31.21
2.社保基金收入	70796	79130	−8334	−10.53
3.其他收入	9465	0	9465	100

（区税务局提供）

表17　2023年洞头区申报纳税实缴入库税收30强企业一览表

序号	纳税人名称	主行业门类名称
1	温州中石油燃料沥青有限责任公司	制造业
2	浙江尚谦艺建筑有限公司	建筑业
3	温州宇帆建筑劳务有限公司	建筑业
4	浙江中燃华电能源有限公司	批发和零售业
5	温州中明建筑劳务有限公司	建筑业
6	浙江立鹏建设有限公司	建筑业
7	浙江卓信建筑有限公司	建筑业
8	浙江诚意药业股份有限公司	制造业
9	浙江德宁医药有限公司	批发和零售业
10	中国人民财产保险股份有限公司温州市洞头支公司	金融业
11	温州中灏建筑劳务有限公司	建筑业
12	浙江易展建筑劳务有限公司	建筑业
13	温州市荣和建材有限公司	制造业
14	温州嘉丰建筑劳务有限公司	建筑业

续表17

序号	纳税人名称	主行业门类名称
15	温州晨云建筑劳务有限公司	建筑业
16	温州展弘劳务有限公司	建筑业
17	浙江亿新建设工程有限公司	建筑业
18	温州茂富企业管理有限公司	居民服务、修理和其他服务业
19	浙江温州洞头农村商业银行股份有限公司	金融业
20	温州翔达建筑承包有限公司	建筑业
21	温州金源新材料科技有限公司	制造业
22	温州市烟草公司洞头分公司	批发和零售业
23	浙江迪特高强度螺栓有限公司	制造业
24	浙江瓯越交建科技股份有限公司	制造业
25	浙江宝翃实业有限公司	批发和零售业
26	温州市洞头城市发展有限公司	建筑业
27	浙江宏泰混凝土有限公司	制造业
28	中国农业银行股份有限公司温州洞头支行	金融业
29	浙江涵博建筑劳务有限公司	租赁和商务服务业
30	温州祥丰建设有限公司	建筑业

（区税务局提供）

固定资产投资

【概况】2023年，洞头区按“中心发力、部门合力”柔实结合模式，构建“一班六组”组织框架，成立重点项目推进专班，推进全区重点项目建设130个。聚焦招引项目促落地、新建项目早开工、续建项目增投资、滞后项目督进度、前期项目抓节点、储备项目优谋划、要素支撑强保障、政策处理盯清障等影响项目建设推进的八个关键点，采取超常规措施，遴选68个项目开展重点建设项目提速攻坚行动。抓好省市县长工程推进，新增落地1个省市县长工程——全球海上风电总部及总装基地。全年受理企业投资项目核准7个，企业投资项目备案80个，政府投资项目可行性研究报告审批12个，政府投资项目初步设计审批42个，概算审查项目28个，核减概算投资约1亿元。

【限额以上固定资产投资】2023年，洞头区完成固定资产投资51.44亿元，同比下降30%。投资增速下滑主要是由于浙能LNG项目、华港LNG项目投资进入扫尾阶段，年度投资同比减少约21亿元。其中，建安投资下降38.5%，民间项目投资下降33%，制造业投资下降43.3%，高新技术产业投资下降37.7%，交通、能源、水利投资下降46.4%，房地产开发投资下降10.5%。年度计划投资五千万元以上的重点项目完成投资34.27亿元，为年度计划的87.9%。

【重点项目投资】2023年，洞头区重点项目完成投资48.64亿元，为年度计划的105.67%。其中，区本级财政投资项目完成投资22.93亿元，为年度计划的104.14%；非区本级财政投资项目完成投资25.71亿元，为年度计划的107.08%。建成项目共计24个，分别为浙能液化天然气（LNG）接收站项目、海洋生物医药制造项目（年产1000吨超级鱼油EPA及中药项目）、燕子山水陆综合开发工程（码头部分）、新城二期市政道路工程、状元南片市政道路工程等。

（苏 翔）

国有资产监督管理

【概况】2023年，洞头区共有国有企业31家，其中，公共服务类企业4家、功能类企业17家、竞争类企业8家。资产总额210亿元；营业收入4.61亿元，同比增长35%；利润总额726万元，比上年同期增加764万元。全区行政事业国有资产总额169.86亿元，同比增长4.3%；净资产总额167.88亿元，同比增长4.4%。按单位性质分类，行政单位国有资产总额27.71亿元，事业单位国有资产总额142.15亿元。

【国资国企改革】2023年，温州市洞头区国有资产管理办公室推动国有资本布局优化和结构调整。实体化运作区资源开发公司，完成公司业务规划、股权调整、组织架构搭建、人员配备、资产注入。出台新一轮区属国企综合考评办法及其实施细则。优化企业工资决定机制，实行和绩效考核相挂钩的工资弹性调整机制。面向市场公开招聘国企员工，共组织开展2批次29个岗位国企人员招聘，公开招聘比例100%，万代酒店等竞争类企业率先试行职业经理人管理。推进"清廉国企"创建，4家国企获评4星国企，3家国企获评3星国企。建立区属国企到期债务风险预警与处置工作机制、国有企业负债情况报告制度，国企资产负债率从64.0%下降至58.4%，综合融资成本从5.1%下降至4.7%。

【国资国企财务监管】2023年，区国资办启动国企财务监管平台建设，完善业务和监管协同的一体化体系。定期开展财务分析报送，国有企业经济效益月报工作获省厅通报表扬。会同财政监督局、国有资产管理科对街道（乡镇）国投公司经营和债务情况、国企公款存放、国企商务接待等重点领域开展专项财务检查，形成专报上报区政府并推动相关单位进行整改。全年累计开展各类审计和专项检查9批次，涉及企业43家、高管12位。完善企业工资决定机制，试点"差异化"薪酬分配机制。在矿业公司试点开展特殊人才薪酬清单式管理，最高年薪可50万元。

【国有资产管理和盘活】2023年，区国资办开展全区国有房产土地清理工作，对全区权证不齐、利用不足、账实不符的办公用房开展确权登记、集中清理，通过无偿划转、公开拍卖等方式完成清理盘活第一批39处共3.8万平方米。开展水利基础设施资产专项清查，梳理水利基础设施6类84处，完成资产入账8.96亿元。出台《温州市洞头区行政事业单位国有资产处置管理办法》，清理非正常损失资产。盘活和节约使用行政事业性国有资产，推进特许经营资产资源盘活，加大包装停车场、交通码头、广告等特许经营权出让力度，盘活2宗特许经营权项目共12.46亿元。开展全区行政事业单位低效无效资产处置，排查梳理低效无效资产17处，通过出租、出售等方式完成盘活处置89万元。建立资产共享共用机制，完成虚拟"公物仓"建设并上线运行，统筹管理资产配置与资产使用、处置，实现部门间闲置资产共享共用。累计入仓固定资产623万元，累计调剂固定资产6万元。

（褚楚 许鑫）

【区国有资源开发建设有限公司实体化运作】2023年3月30日，温州市洞头国有资源开发建设有限公司挂牌成立，正式实体化运作。该公司是洞头区人民政府直接管理的国有独资公司，比照正科级单位。2022年12月26日，区常委会第44次会议原则同意《洞头国有资源开发建设有限公司实体化运作方

2023年3月30日，温州市洞头国有资源开发建设有限公司挂牌成立
（区资源开发公司提供）

案》，定位为功能类企业，逐步向竞争类企业过渡。具体公司“三定”方案按程序报区委编办审核后，分阶段落实运行。2023 年 3 月 14 日，区委编办批复同意洞头国有资源开发建设有限公司内设机构等设置，同意洞头国有资源开发公司先行设立综合办公室、财务管理部、工程管理部、前期与发展部等 4 个内设部室。该公司负责 EOD（生态环境导向的城市开发项目）开发建设、区国有资产资源运营、项目投资运营和资本运作等职能，聚焦 EOD 项目、国有资产资源运营、项目投资与资本运作等重点工作。截至年末，公司资产总计 8.4799 亿元，股东权益 7.2808 亿元。

【国有资源开发建设】2023 年，洞头区国有资源开发建设有限公司构建 1 年立基础、3 年壮规模、5 年成体系的“135”战略架构，聚焦海洋与农村两大主战场，形成生态环境治理与文旅产业发展、海洋资源开发运营、资本投资、现代服务等四大板块。打造政府主导、社会参与、市场化运作的生态产品经营管理平台，编制全区两山合作社三年行动计划，同步开展水库、海塘、码头三类资源资产梳理并开展盘活工作。拓展产业发展新拼图。与国网（温州）新能源科技有限公司、国网温州市洞头区供电公司合作，8 月 15 日，率全国之先实现全域 65 个行政村充电基础设施“村村通”。成功摘牌全市首个充电基础设施示范样板县。与东屏街道后寮村、元觉街道沙角村签订“强村共富”战略合作框架协议，挖掘属地旅游资源，谋划中屿海上骑行漫道项目、擂网岙沙滩修复项目。开展海塘、水库、码头、滩涂等两山资源资产转化工作，梳理完成全区 13.5 万亩养殖证现状及养殖情况，探索养殖证收储经营转化路径。完成大长坑、龙潭坑等水库、泵站、水闸及标准塘等 14 处资源累计 3.1 亿元的资产导入工作。完成 23 亿元 EOD 项目银团组建，通过“双周会＋月会”形式开展项目跟踪指导，推进 13 个自、代建单位任务、资金等统筹协调工作。累计完成 EOD 项目投资 1.32 亿元。配合温州市生态环境局洞头分局举办全省生态环境导向的开发模式（EOD）现场会。完成浙江运达风电零碳产业园项目配套码头可研报告、水陆域地形测绘等工作和小门 A 地块“三通一平”工作，启动新能源大道初设标文编制；完成打水鞍边坡、田岙屿矿山边坡整治修复工程。开展温州大门新能源电池材料产业园基础配套设施项目、鲟鱼馆、EOD 沙滩修复工程、大瞿岛开发项目、星光码头、渔港平台工程等 14 个项目前期工作。截至年底，实现新增资产规模 13.77 亿元，新增融资授信 30 亿元，超额完成年度新增资产规模与融资授信“双十亿”目标。

（林　帅）

国土资源管理

【概况】2023 年，温州市自然资源和规划洞头分局协助市局完成《温州市国土空间总体规划》征求意见稿及意见反馈，把洞头优势发展区由北岙街道扩大至东屏街道、元觉街道和霓屿街道，推动洞头重大战略平台建设。向上争取国家新增建设用地计划指标 635 亩，保障浙能 LNG 接收站项目用地需求。年度总供地量 1668 亩，工业用地保障 1326 亩，工业用地供应 649 亩。存量建设用地盘活 925 亩，居全市第二位。洞头区入围自然资源部首批“和美海岛”名单。市自然资源和规划洞头分局获评纵深推进“三变战略”（城市蝶变）突出贡献集体、平安洞头双招双引突出贡献集体。“交地即交证”获评区委改革创新典型案例和全区第一批次营商环境改革优秀案例。霓屿桐岙养老服务中心工程规划许可项目入选全区 2023 年度“优化营商环境十佳柔性执法案例”。

【耕地保护】2023 年，洞头区围绕 2023 年度耕地和粮食安全国考首考不被一票否决，根据变更调查成果下发并督促乡镇街道开展洞头区 2020 年变更调查以来耕地流出图斑核实及整改处置，耕地保护和粮食安全责任制考核居全市第二位。完善“耕地智保”“田长制”成果，进一步加强耕地保护“人防”建设，通过“耕地智保”应用平台精准分析，全年总计推送预警信息 11 次，全部完成闭环处置。

【资源要素保障】2023 年，洞头区追加年度使用林地指标面积 4.8 公顷（72 亩），完成浙能 LNG 接收站项目向上争取国家新增建设用地计划指标 635 亩。年度总供地量 1668 亩，完成率 166.81%，居全市第一位。工业用地保障 1326 亩，完成率 189.36%，居全市第二位。工业用地供应 649 亩，完成率 162.2%，居全市第二位。存量建设用地盘活 925 亩，完成率 264.31%，居全市第二位。完成大小门临港产业区小门片区 A–24–1 地块等 4 宗年度土地公开挂牌出让 641 亩，出让金收益 3.357 亿元，完成土地做地储备共 12 宗 741.87 亩。

【优化“三区三线”划定】2023 年，洞头区优化“三区三线”（城镇空间、农业空间、生态空间三种类型空间所对应的区域，以及分别对应划定的城镇开发边界、永久基本农田保护红线、生态保护红线三条控制线）划定工作，争取上报洞头城镇开发边界集中建设区 4.55 万亩

（较部批成果 4.37 万亩增加了 0.18 万亩），城镇开发边界外的流量空间和点状空间 0.37 万亩（较市级下达 0.08 万亩增加了 0.29 万亩）。

【生态修复】2023 年，洞头区获批实施省级蓝湾整治，开工建设妖人香砾石滩等 5 处整治修复工程，总投资超 8000 万元。做好 77 省道料场生态治理工程、观音礁废弃矿山生态治理工程和边坡绿化提升工程后续养护，通过第二轮中央生态环保督察整改“回头看”检查。完成历史遗留矿山图斑修复面积 2.08 公顷（31.2 亩），超额完成原 0.32 公顷（4.8 亩）的修复任务。作为省厅试点工作，在国土空间规划及省级海岸带规划框架下，开展县级海岸带综合保护与利用规划试点编制，为全国提供洞头样板。

【自然资源执法】2023 年，市自然资源和规划洞头分局推进耕地“非农化”问题处置整改工作落实。以自然资源部执法卫片下发图斑认定的耕地，参考“田长”巡查、专项整治行动、督察检查、媒体曝光等途径发现的新增违法占用耕地，共 60 宗、面积 68.55 亩，实现违法占用耕地“零新增”。以年度卫片执法监督检查工作为核心，处置被判定为“违法类”的 9 宗图斑。全年违法占用耕地比例低于 2%，履职到位率 95% 以上。截至年底，国家自然资源督察初步反馈问题，全部整改到位。组织动态巡查 88 次，多部门海上联合执法 20 次，巡查制止发现新发生违法用地 6 起，下达停工通知书 10 份。责令整改通知书 6 份，共查处各类自然资源违法案件 12 宗，其中涉刑案件 2 宗。查处土地案件 8 宗，收缴罚没款 507.09 万元，查处海洋案件 2 宗，收缴罚没款 684.3 万元，合计 1191.39 万元。

【海洋管理】2023 年，洞头区开展全国和美海岛创建示范工作，入围自然资源部首批“和美海岛”名单，在《人民日报》等多家国家级媒体报道。国家重点研发计划“海洋环境安全保障与岛礁可持续发展”重点专项海洋环境安全风险感知与应急决策服务关键技术及装备研发应用示范基地落户洞头，构建区域海洋环境安全保障体系。完成审批用海项目 9 宗，用海总面积 195.4 亩，保障甬莞高速洞头支线、安澜海塘等一批重大交通设施、渔业设施、水利设施用海需求。

【地质灾害防治】2023 年，洞头区完成无线简易降雨报警站建设 10 处，利用“地灾智防”系统，实现全区地质灾害风险防范区汛期巡查全覆盖。完成汛期地质灾害风险防范区巡查全覆盖工作。开展汛前地质灾害巡排查和大整治行动，全年出动巡查超 3000 人次，排查出隐患点位 10 处，均整改到位或落实度汛措施。

（夏建伟）

能源监管

【概况】2023 年，洞头区全面推进双碳工作落实和能源绿保稳工程，聚焦双控目标任务，加强项目能源监管与监察，强化用能预算化管理，推进能源绿色低碳发展和保供稳价工作，年度单位 GDP 能耗下降率完成市下达目标任务。鼓励企业开展节能技改项目，腾出用能空间 0.138 万吨标准煤，超额完成市级任务。按审批权限实施新建设项目节能审查 1 个，加强高耗能企业用能预算化管理，全区共 8 家企业纳入省级节能降碳 e 本账平台管理。率全市之先创成充电基础设施示范样板县，率全国之先实现充电基础设施行政村全覆盖，全年新建提升公用充电站 62 座，新建公用充电枪 277 支。发展企业分布式光伏项目，全年累计建成投用企业屋顶分布式光伏项目 13 个，并网容量 8200 千瓦。

【节能审查监察】2023 年，洞头区依据国家节约能源法等有关法律法规规定，严格按照《固定资产投资项目节能审查办法》开展能评审查工作，执行落实全市单位工业增加值能耗 0.49 吨标煤/万元准入标准，从源头上严格控制“两高”项目盲目上马。执行“双随机”工作制度，按照“掌上执法”工作要求，对 6 家工业企业和 4 家非工单位开展节能监察，聘请第三方节能监察机构共同对企业存在的不合理用能行为进行节能诊断，规范企业用能行为。

【绿色能源发展】2023 年，洞头区围绕打造“风光水蓄氢储”新能源产业链，持续推进重大能源项目攻坚行动，纳入年度省重大能源项目计划项目 5 个（含 2 个跨区县项目）。温州液化天然气（LNG）接收站项目建成通气，温州华港 LNG 储运调峰中心项目罐体落成，洞头 2 号海上风电场完成项目核准。推进新能源产业项目，运达风电零碳产业园总装基地开工建设，智慧储能生产基地项目正式投产，西屋港能项目结顶。响应新能源汽车下乡充电基础设施先行部署，推进高质量充电基础设施网络体系建设，构建形成“乡乡有快充、村村有电充”的全域三分钟充电圈。截至年底，全区共建成投用公共充电枪 548 支。完成 2022 年下半年市区充换电设施补助资金清算申报，1 家企业获补助 54720 元。推进光伏建设工作，共发放各类补贴 37.03 万元。

【能源要素保障】2023年，洞头区深化能源领域市场化改革，响应电力市场化售电任务，协调做好用电企业平台签约，完成零售企业签约136家。协调推进资源节约和环境保护工作，印发实施《洞头区碳达峰碳中和2023年工作要点》，统筹推进“6+1”领域节能降碳。加快打造省大花园耀眼明珠洞头海岛公园，按计划推进大花园重点项目投资。推进车用汽油加油站油品置换升级，全区8家加油站已全部实现供应国VIB（国六B，即中国第六阶段机动车污染物排放标准中的一个等级）标准车用汽油。联动推进废弃汽车专项执法整治行动，印发实施《洞头区废弃汽车治理任务分工方案》。推进塑料污染治理、商品过度包装治理，印发实施《洞头区塑料污染治理2023年重点工作清单》《关于印发洞头区进一步加强商品过度包装治理任务分工方案的通知》。

（张海涵）

市场监督管理

【概况】2023年，洞头区市场经营主体总量14145户，总注册资本535.71亿元，同比分别增长5.97%、5.92%。其中，企业4925户，注册资本522.31亿元，同比分别增长12.60%、5.89%；个体工商户9054户，注册资本9.78亿元，同比分别增长为2.74%、5.84%；农民专业合作社166户，注册资本3.48亿元，同比分别增长2.47%、6.09%。推进企业年报“多报合一”改革，帮助辖区4483家企业提高年报便利度，实现线上年报率100%。全年全区企业年报率96.44%，农专社年报率96.91%，个体户年报率86.09%。全年累计吊销长期停业未经营企业89家，强制注销吊销三年未注销企业77家。持续推进“减证便民”行动，企业开办全流程网办率98%。率先打造特种设备合规延期链条，梳理相关特种设备清单51台，为企业节约资金2亿余元。持续开展涉企违规收费整治，排查整改问题3个，累计为企退费18.22万元。新增卓越绩效管理等先进质量管理方法企业5家，培育企业首席质量官2名，创成“品字标”品牌企业2家。制定发布“浙江制造”标准1项，参与制修订行业标准3项。开展食品药品、特种设备、计量安全、重点工业产品质量安全等民生重点领域执法工作，立案查处案件139件，罚没款188.46万元，其中大要案14件。整改价格类隐患问题25处，立案查处5起。全市率先实现“网约车式”电梯应急救援全覆盖，解救被困人员110人次。率先实现街道（乡镇）四星级以上食安办全覆盖。推进全区18家养老服务单位阳光厨房全覆盖，打造养老就餐安心示范区，实施“安心e食堂”项目。超额建成民生药事服务站2家，年均服务群众2万人次以上。区市场监管局获评全省清廉市场监管单元建设成绩突出单位、温州市第二批“引领型”清廉建设单位。

（王盼慧　张磊　陈颖）

表18　2021—2023年洞头区市场经营主体消长情况表

项目			内资企业			外资主体	农专社	个体户
			总量	非私营企业	私营企业			
在册总数	在册户数（户）	2021年	3896	361	3535	—	158	8178
		2022年	4193	328	3865	—	163	8626
		2023年	4854	371	4483	71	166	9054
		同比增长（%）	15.76	13.11	15.99	—	1.84	4.96
	在册注册资本（万元）	2021年	4230567	1134998	3095569	—	31803	87266
		2022年	4765074	983443	3781631	—	32814	92409
		2023年	5162058	1158815	4003243	61032	34849	99204
		同比增长（%）	8.33	17.8	5.86	—	6.20	7.35

续表18

项目			内资企业			外资主体	农专社	个体户
			总量	非私营企业	私营企业			
新设单位	新设注册户数（户）	2021年	1003	39	964	—	9	1161
		2022年	814	27	787	—	14	1309
		2023年	994	42	952	1	9	1211
		同比增长（%）	22.11	55.56	20.97	—	−35.71	−7.48
	新增注册资本（万元）	2021年	1376448	45196	1331252	—	1590	14115
		2022年	1105345	69400	1035945	—	2520	12315
		2023年	384050	44580	339470	435	2585	14602
		同比增长（%）	−65.26	−35.76	−67.23	—	2.58	18.57
注（吊）销单位	注销户数（户）	2021年	274	24	250	—	13	903
		2022年	289	18	271	—	9	861
		2023年	382	31	351	1	36	790
		同比增长（%）	32.20	72.22	29.52	—	300	−8.25

说明：表内数据均含分支机构

（区市场监管局提供）

表19　2023年洞头区新设企业行业分布情况表

行业类别	户数（户）	同比增长（%）	注册资本（万元）	同比增长（%）
农、林、牧、渔业	17	27.27	7960	−40.32
采矿业	1	−75	1000	−95.45
制造业	92	10.84	61822	25.15
电力、燃气及水的生产和供应业	5	−44.44	1580	−97.47
建筑业	115	−56.6	148534	−78.89
批发和零售业	218	46.31	52327	12.67
交通运输、仓储和邮政业	54	217.65	6295	−65.50
住宿和餐饮业	24	140	3630	132.69
信息传输、软件和信息技术服务业	73	192	9842	−14.16
金融业	5	—	23340	—

续表19

行业类别	户数（户）	同比增长（%）	注册资本（万元）	同比增长（%）
房地产业	5	−54.55	101	−98.79
租赁和商务服务业	169	96.51	35150	13.92
科学研究和技术服务业	91	−6.19	49938	−61.36
水利、环境和公共设施管理业	7	16.67	10905	382.95
居民服务、修理和其他服务业	16	14.29	4861	244.75
教育	7	−12.5	370	64.44
卫生和社会工作	1	—	10	—
文化、体育和娱乐业	95	352.38	8123	7.58

（区市场监管局提供）

【“双随机、一公开”监管】2023年，区市场监管局推进全区部门联合“双随机、一公开”监管，牵头建立27个部门参与的工作联席会议机制，制定《洞头区市场监管领域2023年度区级部门联合随机抽查计划》，将涉及27个部门、共121项抽查计划进行整合压缩，最终形成47项抽查计划，切实减轻企业负担。全年，全区双随机抽查占比56.63%，抽查事项覆盖率100%。全区跨部门联合“双随机”监管率39.72%。

【经营主体信用修复】2023年，区市场监管局推进“信用修复两网联办”工作，激活使用“浙江企业在线”“国家企业信用信息公示系统”等平台，以数字赋能信用闭环修复，解决经营主体信用修复多头跑、多次跑的问题，助力失信经营主体主动纠错重塑信用。全年共完成信用修复483条。新增续展市级信用管理示范企业1家，新报市级信用管理示范企业1家。

【个体工商户法律服务机制建立】2023年5月，区市场监管局联合区司法局建立个体工商户法律服务机制，在资金购销、特许经营权、“个转企”、减租减费、税收抵减免、综合执法督导、矛盾纠纷化解等个体工商户常见法律问题方面，以“订单式”“普惠式”“链条式”的法律服务，全面覆盖全区个体工商户8000多户。截至年底，服务个体工商户超1000户次。

（陈　颖）

【服务平台经济规范健康发展】2023年，洞头区成立平台经济工作领导小组，出台《温州市洞头区促进平台经济高质量发展的实施方案》。探索互联网经营新业态监管方式，坚持综合裁量原则，开展线上专项监测20多次，建立监测模型147个，立案17起，督促删除违法商品信息3条，责令整改网站17个，减轻处罚案件7起，减免罚没款近百万元。开展绿色直播间培育，走访辖区有代表性的食品生产销售企业7家，培育省级绿色直播间1个。

（金伯琦）

【市场环境竞争】2023年，区市场监管局推进政策措施审查及清理，全年共审查各类政策文件41件，提出咨询意见建议16个，主动清理问题文件2个。查处正当竞争违法案件4起，罚没款0.6万元，约谈企业4家次。规范涉企收费行为，围绕公用事业、转供电、金融、交通领域开展整治，全年整改问题3处，共计退费18.22万元，惠及企业67家。

（张　磊）

【质量品牌建设】2023年，区市场监管局组织开展《质量强国建设纲要》宣传贯彻，印发《2023年质量强区建设工作要点》，新增卓越绩效管理等先进质量管理方法企业5家，培育企业首席质量官2名。温州金源新材料科技有限公司通过“品字标浙江制造”认证，浙江东一海洋集团有限公司获评“品字标浙江农产”品牌，黄鱼岛海洋渔业有限公司被列入“品字标浙江农产”现场评审。

【标准化建设】2023年，区市场监管局鼓励企业参与各类标准研制，制定发布《按摩椅用永磁直流电动机》（T/ZZB 3415—2023）“浙江制造”标准1项，参与制修订《汽车离合器助力器》（QC/T 1010—2023）等行业标准3项。浙江迪特高强度螺栓有限公司荣登浙江省首届“浙江标准”名单。完成对标达标企业2家。建立完善“两菜一鱼”产业标准体系，发布实施《羊栖菜高品质苗种育培技术规程》等区级地方技术性规范5项。

【计量安全监管】 2023年，区市场监管局完成集贸市场在用计量器具专项检查2家，民用三表、加油机、水效能效标识等计量监督检查13家，燃气具专项检查15家，粮食公司在用计量器具监督检查等年度抽查任务。聚焦农贸市场、餐饮服务等领域集中开展民生领域计量器具专项监督检查行动，出动执法人员112人次，检查商户170多家，电子秤200多台件，对发现超期未检的电子秤均完成整改。

【产品质量监管】 2023年，区市场监管局抽查食品相关产品、燃气具等23批次，检查销售经营单位37家，签订承诺书37份，抽查燃气具配件产品3批次，立案查处销售过期3C产品案件1件，罚没款280元。开展“护航亚运”工业产品质量安全和保障工作，联合公安开展电动自行车联合执法4次，检查商户22家，签订合规销售承诺书22份，发现问题3个，查处车辆非法改装立案1起。暂扣抽检不合格电动自行车15辆，立案2起。开展儿童和学生用品质量安全监管，共出动55人次，检查商店23家次，检查各类商品72件，抽查儿童和学生用品4批次。

【落实工业产品“两个规定”】 2023年，区市场监管局落实国家市场监督管理总局《工业产品生产单位落实质量安全主体责任监督管理规定》《工业产品销售单位落实质量安全主体责任监督管理规定》精神，建立洞头区工业产品生产单位和销售单位名录，2家工业产品生产许可证获证生产企业、5家3C企业、8家加油站及37家燃气及其相关销售单位已按照规定要求建立产品质量安全管理制度。建立运行工业产品质量安全主体责任信息平台，“两个规定”信息应录入675家，已录入675家，完成率100%，其中重点单位17家，已录入17家，完成率100%，100%配备“两员”（质量安全总监和质量安全员）。

（林 璐）

【食品安全监管】 2023年，区市场监管局深化食品安全治理能力建设，落实全区2781家食品生产经营主体“两个责任”，全市率先实现街道（乡镇）四星级以上食安办全覆盖。推进全过程智慧监管，30家在产食品生产企业阳光工厂全覆盖、760家经营主体全部激活应用“浙食链”；推进“互联网＋明厨亮灶”工作，网络餐饮外卖阳光厨房覆盖率和在线率动态保持在95%以上。全年在全区建成的23家学校食堂阳光厨房的基础上，采取“3+X”模式（根据3类不同食堂具体情况，因地制宜制定建设方案，分为基础监控抓拍——升级物联设施——高配智能设施三级方案，同时，针对3类食堂以外、硬件条件特殊的食堂，推出综合三种方案特点的“X”方案），分类推进18家养老服务单位阳光厨房全覆盖，实现“一老一小”用餐安心。

【海洋食品产业园市监“一站式”服务站揭牌】 2023年11月1日，区市场监管局在洞头海洋食品产业园市监“一站式”服务站揭牌，该服务站旨在为企业提供专业服务，探索为企业提供精准、优质、便捷、高效的市场监管服务新路径，助推政务服务增值化改革，服务涉及10个业务科室的38项，包括优惠政策、标准计量、认证认可、检验检测、质量管理、特种设备、知识产权等一系列服务内容。截至年底，为企业解决咨询件53件。

（陈勇旭）

2023年11月1日，区市场监管局举行海洋食品产业园市监一站式服务站揭牌仪式

（郑乐佩 摄）

【药品安全监管】2023年，区市场监管局开展药品安全巩固提升暨打假治劣“药剑”行动、化妆品“百千万”美丽消费升级工程及“金盾护童呵护成长”儿童用妆安全工程。建成民生药事服务站2家，儿童化妆品专柜3家，1家儿童化妆品服务站，美容美发示范单位6家，示范宾馆1家。全年上报药品不良反应126例，上报医疗器械不良事件45例。完成药品抽检任务数25批次，医疗器械5批次，化妆品8批次。

（施素辉）

【特种设备安全生产】2023年，洞头区共有登记在册的在用特种设备2392台（套）。其中，包括锅炉27台、压力容器542台、压力管道210套、电梯1121台、起重机械289台、场（厂）内专用机动车辆201台、大型游乐设施2台。区市场监管局聚焦“三非、两超、一无一违”等违法行为，结合亚运安保、城镇燃气安全等专项检查内容，常态化开展安全隐患排查治理，累计处置风险隐患213处，立案查处特种设备案件5件，累计罚没款9万元。

【全域启用“网约车式”电梯应急救援模式】2023年4月，区市场监管局在辖区内全域启用“网约车式”电梯应急救援平台，把全区1121台电梯全部纳入救援范围，为电梯安全再上一道“安心锁”。启动“网约车式”电梯应急救援模式后，平台收到报警信息，立即生成一项救援任务，并第一时间分配给距离事件发生地最近的维保人员，并利用导航地图引导赶往现场。截至年底，全市率先实现“网约车式”电梯应急救援全覆盖，解救被困人员92人次。

（张独特）

【消费者权益保护】2023年，区市场监管局共受理消费者投诉举报1425件，其中投诉1069件，调解成功679件，为消费者挽回损失经济37.41万元；立案查处案件31件，罚没金额5.3万元。全年培育建设放心消费单位601家，放心工厂16家，放心商圈（街区）4个，放心乡村2个。全年约谈企业经营者11人次，行政指导企业4家；推荐7家具有海岛特色的生产企业参加“温州伴手礼”“浙江伴手礼”等评选活动，企业产品获“温州伴手礼”称号3家。开展预付卡消费、停车场收费消费调查2期，家装室内涂料（腻子粉）有害物质限量比较试验1期，发布消费警示4期。组织开展“消保委说消费”活动13期，把法律法规、典型案例、消费警示等维权知识进入学校、社区、企业；开展“消费心体验”活动8期；开展“我消费我监督”活动4期，监督查处老百姓消费过程中“螃蟹过度捆绑”“停车收费未明示”等侵权行为。

（叶俊良）

【市场监管案件查处】2023年，区市场监管局以“亮剑”“铁拳”等综合执法行动为载体，开展民生领域、反走私、网络市场等专项行动，全年共立案查处各类案件139件，罚没款计188.46万元，其中大要案14件，罚没款177.58万元。产品质量类案件6件，罚没款6.78万元；食药类案件94件，罚没款8.8万元；价格监督与反不正当竞争案件15件，罚没款2.88万元；特种设备案件4件，罚没款12万元；查获经营无合法来源冻品案件5件并移送公安；立案查处经营无合法来源煤炭及提供便利案3件，罚没款97.57万元；立案查处经营无合法来源油品及提供便利案3件，罚没款51.94万元。

（杨凤）

审计监管

【概况】2023年，温州市洞头区审计局实施审计项目11个，查出问题资金1.99亿元，收回和上缴财政资金4873.05万元。移送案件线索4件，处理处罚4人，其中1名主要领导被双开处分，并移送司法机关。提交审计专报、信息95篇，获批示、采用71篇次。对211省道等6个工程跟踪审计，累计核减金额1672万元。开展义务教育、共同富裕、市政环卫、公共交通等民生项目审计。协助6家单位解决产业政策补助资金兑现超时问题，并作为优秀案例在区级组工公众号展播。全年召开区委审计委员会会议9次。参与省厅数字化建设任务，申报参与建设数据分析室接入国家审计大数据中心试点，提前完成网络接入改造工作并通过省厅第三方评审。北岙街道领导干部经济责任审计、自然资源资产专项审计调查等2个项目获评市审计局优秀审计项目。连续4年获评全市审计系统优秀单位。

【财政预算执行审计】2023年，洞头区审计局采用“财政+专题”模式开展财政同级审工作，反映预算编制与执行不规范、财政资金与国有资产管理不规范、产业政策兑现不规范等问题，为洞头区委、区政府防范财政风险提供决策参考。本级预算执行审计促进区财政局将财政专户的教育收费结余972.88万元上缴国库，区经信局收回2022年度厂房租金54.61万元。完成青山岛项目建设、资金及资产情况的核实，其中财政补助存在风险资金1500万元，核查仁济学院教师公寓项目财务决算报告并核减资金1116万元。

【领导干部经济责任审计】2023年，洞头区审计局开展鹿西乡等4家单位领导干部经济责任审计，全面反映领导干部的责任落实和权力运行情况。北岙街道经责审计，清理多年未解决的中介机构乱收费等问题，进一步优化营商环境。首次联合区委组织部门承办区机关事务管理中心2名领导干部离任经济事项交接。结合鹿西乡领导干部任期自然资源资产审计，突出海岛资源特色，按照"3+2"（领导干部自然资源资产离任审计评价指标体系中的生态文明建设重大政策决策部署贯彻落实情况、资源环境约束性指标完成情况和有关考核评价结果、自然资源开发利用及生态保护修复和环境综合治理情况＋特定正面事项评价、特定负面事项评价）的框架开展试点工作，促进领导干部履行好自然资源资产管理和生态环保监督责任。

【政府公共资产投资审计】2023年，洞头区审计局开展S211安吉至洞头公路洞头霓屿至北岙段工程等6个跟踪审计，累计审核工程进度款金额8.43亿元，累计核减金额1672万元，推进明确旧城区雨污管网建设工程原标内电信综合管道产权并清退投标价813万元。及时揭露金岙101项目、海霞基地EPC（承包方受业主委托，按照合同约定对工程建设项目的设计、采购、施工等实行全过程或若干阶段的总承包）建设项目存在超付工程款风险，促进扣回殡仪服务中心工程和女子连纪念馆2个工程多计工程款55.72万元，促进收回安置房款737.17万元。

【民生保障和公共服务审计】2023年，洞头区审计局开展义务教育发展情况审计，反映"扬帆行动"部分目标未完成、教师轮动机制不规范、教育资源配置不合理等27个问题，收回违规发放教师津补贴12.02万元。开展共同富裕涉农审计，反映低收入农户增收帮扶工作落实不到位、人为调节村级集体经济经营性收入、乡村建设项目进度滞后等18个问题，促进加快数智渔业项目建设资金拨付和绩效提升，促进区住建局收回多发的低收入住房困难家庭公共租赁住房保障补贴4050元，大门镇低收入农户危房改造补助2万元已发放到位。

【审计管理改革创新】2023年3月15日，洞头区审计局出台《"研究型审计深化年"活动实施方案》，把研究型审计与年度工作重点项目、成果提炼、科研课题等结合起来。推进金审工程贯通应用全覆盖，加强接入国家审计大数据中心平台应用，承接省领导干部"经济体检"子应用二期建设"揭榜挂帅"。探索"大项目""无项目"审计模式，不断健全"数据分析＋现场核查"的工作机制。对标对表省优、市优审计项目创建标准谋划创优项目，深度谋划省优项目储备。制定2023年审计工作一本任务书，继续实施领导干部靠前指挥、审计现场时间定额、LED挂图作战，落实深入审计一线的定岗、定时、定责机制。

（曾玲莉）

统计管理

【概况】2023年，温州市洞头区统计局通过招商引企、项目建设、企业纾困、央地协同等综合攻坚工作，改进"统计订制服务"内容和方式。全年入户入企500多人次；业务培训45场2339人次。监测企业升规上限和项目入库，全年共升规上限企业45家，项目入库36个，新增资质建筑业企业22家，入库数量和增量贡献均为近年最高。开展"统计造假屡禁难绝"专项治理行动。洞头区地区生产总值150.04亿元，按可比价计算同比增长5.5%。洞头区不含海经区（下同）地区生产总值124.16亿元，按可比价计算同比增长6.7%。

【第五次全国经济普查工作】2023年3月28日，洞头区开展第五次全国经济普查工作，成立区第五次全国经济普查领导小组。普查对象为洞头辖区内从事第二产业和第三产业活动的全部法人单位、产业活动单位和个体经营户均。普查标准时点为2023年12月31日，

2023年8月10日，洞头区开展第五次全国经济普查"两员"业务培训
（区统计局提供）

普查时期资料为2023年年度资料。普查内容主要包括普查对象的基本情况、组织结构、人员工资、生产能力、财务状况、生产经营、能源生产和消费、研发活动、信息化建设和电子商务交易情况，以及投入结构、产品使用去向和固定资产投资构成情况等。开展219名“两员”业务培训工作，完成83个普查区、123个普查小区划分和4329个建筑物标注工作。梳理分析收集单位底册数据，深入研究各环节工作任务，提前研判各种困难问题并排好解难工作预案；制定年度需区直部门重点落实7项工作任务清单，并进行专项督办；单位清查攻坚阶段，重点抓好10类重点个体经营户的查遗补漏工作；针对普查登记准备工作，创新性开展规（限）下企业统计员业务培训，为正式入户登记打好工作基础。截至年底，完成全区第五次全国经济普查工作单位清查工作。全区共清查市场主体14386家，比第四次全国经济普查增加6363家，增长79.3%，增幅高于全市。其中清查单位4898家，比第四次全国经济普查增加1893家，增长63.0%；个体经营户9488家（其中无证个体1012家），比第四次全国经济普查增加4470家，增长89.1%。

【统计基层基础建设】2023年，区统计局完善街道（乡镇）组织与队伍建设，6个街道乡镇均设置经济发展办公室，内设统计信息中心、综合统计站机构；明确统计岗位共17名；在岗从事统计工作人员共13名，较上年增加2名，扩充社区工作人员配备到统计工作岗位；其中专职4名，兼职9名；在编人员9名，临聘人员2名，社工2名。更新维护村居统计工作网络，全区村居（社区）明确专兼职统计人员共97人，落实村居（社区）中辅助调查员、网格统计人员补贴。督促并强化全区各个部门统计职责，落实推进10家重点部门按照“三个提高”和“五有”标准。规范基层人员变动报备流程，全年完成4次报备与审批。指导基层统计台账规范，完成52家基层单位基础台账建设。多频率、多批次下基层走访指导，全年赴基层服务企业近150次，解决实际问题120个。全年开展各类培训45期，共计2300多人次，举办各类网格培训5次。运用“统计e家”平台，发布法律知识。

【统计法治建设】2023年，洞头区各部门及街道（乡镇）结合“周一夜学”载体开展统计专题学习。全面清查部门统计调查项目，清查2017年以来审批调查项目共计14项；全年审批统计调查项目2个，监测169项重点指标并上传统计白皮书平台，做好调查全流程监测。开展统计数据失实专项质量检查行动，自查监测调查单位（项目）共216家，重点核查72家，其中发现4家差错率超过30%，已全部限期整改到位。运用“统计一体化监督”“掌上核查”等平台共核查单位38家。全年执法检查41家企业，其中联合气象局、消防救援大队开展联合执法检查5家，“双随机”检查28家。全年立案3件，罚款计4100元，其中2家根据行政处罚从轻情节，处罚标准降低一档，获得企业好评。推进柔性涉企执法，全年责令改正5次，告知或约谈5次。以防范和惩治统计造假弄虚作假为主题，通过统计最多报一次、国家统计联网直报、“统计e家”等数字化平台向全区340多家企业开展统计法治宣传，普法超2000人次。

（曾素恋）

【城乡一体化住户统计调查】2023年，是洞头区启动新一轮（2023—2027年）城乡一体化住户调查样本户的第一年。城乡居民人均可支配收支调查数据包括工资性收入、经营净收入、财产净收入、转移净收入等四大收入和食品烟酒、衣着、居住、生活用品及服务、交通通信、教育文化娱乐、医疗保健、其他用品和服务等八大生活消费支出。全年城镇常住居民人均可支配收入63785元，增长5.8%，城镇人均生活消费支出41866元，增长8.3%；农村常住居民人均可支配收入41881元，增长7.1%，农村人均生活消费支出33358元，增长13.5%。城乡居民收入比1.523，比2022年缩小0.02%，是全市城乡收入最均衡县（市、区）之一。

（郑海仙）

【低收入农户统计监测】2023年，低收入农户统计监测抽中全区5个镇街5个村共计50户低收入农户。低收入农户统计监测数据包括工资性收入、经营净收入、财产净收入、转移净收入等四大收入和个人缴纳的社会保障支出等其他非消费性支出。全年低收入农户人均可支配收入20368元，较上年增长13.7%，人均收入水平居全市第一位，增速居全市第七位。

（余克新）

价格管理

【概况】2023年，区发改局组织开展市场价格监测工作，落实价格监测报告制度，及时报送各类价格监测报表数据、动态价格信息，为区政府加强宏观调控，稳定物价，保障民生，提供重要市场价格信息。

【价格核定】2023年，规范价费核定，严格实行第三方评估、成本调查、成本监审等程序，出台大门镇生活用水价格收费。开展鹿西乡用水价格成本监审工作。组织开展洞头区关于开展中小学服务性收费和代收费情况专题调研及政府定价景区门票减免优惠政策落实情况排查工作。参照《温州市发展和改革委员会关于价格收费政策常见问题的解答》，编写洞头区价格收费政策常见问题解答相关内容。

【价格监测】 2023年，区发改局坚持做到每月、每季度、半年、全年对本区价格形势及各类监测商品价格变动情况和变化趋势做出综合分析。全年累计报送以上各类监测表110多份、市场巡查简析近70篇。围绕政府关注、社会关心的价格热点、难点问题开展调查研究，形成有数据、有分析、有预测、有建议的分析材料，为领导科学决策提供参考。

【价格认证】 2023年，办理公安机关委托价格认定案件54件，认定标的额30多万元，及时对委托单位的符合认定案件做出结论，为司法机关定性处理提供法律依据。

（陈　凯）

安全生产监督管理

【概况】 2023年，洞头区发生生产安全事故1起，死亡1人，未发生较大以上或有较大社会影响的生产安全事故，安全生产各项指标均控制在市政府下达的考核指标范围内。通过安全生产责任落实“五个一”为抓手，推进安全生产大排查

表20　2023年洞头区车渡航线票价情况一览表

单位：元

项目	票价				备　注
	元觉—大门	元觉—鹿西	大门—鹿西	鹿西—小门	
客渡	20	30	15	20	公交IC卡优惠30%
货物	8	8	8	8	每100公斤
自行车	5	8	6	8	—
摩托车	10	15	13	—	二轮
小型拖拉机	70	105	88	—	—
三轮机动车	40	60	50	—	—
轿车	100	150	125	—	包括吉普车
客车	120	180	150	—	6—15座
客车	130	195	163	—	6—20座
客车	180	270	225	—	20座以上
货车	100	150	125	—	1吨以下（含）；1吨以上的每增加1吨增收50元，不足1吨按1吨计算
特种车辆	600	900	750	—	—

说明：1.加长车或货物超长，每米以增加1吨计算，不足1米按1米计算

2.货物超宽：超原车型0.5米内加20%，0.5米以上加收50%

3.过渡车辆一律免收驾驶员客票（限1人），不包括摩托车、自行车

4.包船价格由双方协商确定，一般按最高运载量和航程距离确定

5.票价内均含3%旅客保险费

6.票价优惠政策、行李携带和托运等事项按交通运输部《水路旅客运输规则》和《国内水路货物运输规则》有关规定执行

（区发改局提供）

大整治、“五治四管三防”、重大事故隐患专项排查整治、“两手抓双胜利”等系列行动，完成亚运会、亚残运会等重点时段安全防范工作任务。洞头区获评“全国平安渔业示范县”。2023年度市对区安全生产目标责任制考核获优秀。

【**安全生产重点领域整治**】2023年，洞头区全面排查整治各类安全隐患，开展45轮风险隐患排查，排查隐患17532处，整治率100%，安全生产大排查大整治排全省第30名。运用区自行研发的电动车智治平台，构建电动车前端抓取、预警处理、综合治理的闭环管理体系，电动车守法率位居全省第一，典型做法获中央、省、市领导肯定。制定出台《洞头区本地人经营外省籍渔船安全管控实施方案》，明确安全监管责任，全面排查底数，建立“定人联船”“定片包干”“渔船监护人”等制度。全市首创三色管理制度有效降低在建工程工伤事故率，典型做法获市委书记张振丰批示肯定。建立安全生产公益诉讼制度，区安委办联合区检察院出台《加强安全生产领域检察监督工作协作实施办法（试行）》，区检察院督促整治违规使用翻新轮胎行政公益诉讼案入选最高检发布的安全生产检察公益诉讼典型案例。

【**安全生产重点时段监管**】2023年，洞头区在亚运会、亚残运会等重点时段进行提级监管，建立完善六项制度。深化区领导周检查制度，分包下沉、驻点督导，开展夜巡夜查行动25次。完善安全生产日志制度，街道（乡镇）每日开展安全生产风险研判、检查和消防夜查夜巡，上报重要点位管控情况，共开展67期。落实重点风险清单制度，全区八大领域125家重点单位纳入重点风险清单进行管控。提升安全生产督导服务，区安委办设立6个督导服务组，每周开展督导暗访和指导服务，共开展6轮，检查点位85处，排查整治隐患254处，拍摄安全生产暗访警示片2期。建立每日会商研判制度，开展重点时段风险研判34期，下发重点时段工作情况通报34份。构建每日隐患督办机制，下发隐患督办单20份，督办隐患125处。

2023年3月30日，区应急管理局联合大门镇携专家开展大小门临港石化产业区危化品企业全覆盖检查（王志攀 摄）

【**危化品安全监管**】2023年，洞头区深入开展危化品领域大排查大整治，重点抓好装置设备带“病”运行、非许可化工医药企业安全等专项整治，完成精细化工企业“四个清零”，排查整改隐患371条。依托双重预防机制数字化平台，开展重大危险源企业“消地协作”联合监管，推进企业隐患排查治理及包保履责。持续推进醇基燃料整治、柴油纳管，完成8家加油站危险化学品经营许可证换证，清退安全条件不合格加油点6家。深化大小门临港石化产业区“五个一体化”整治提升，与省应急管理厅应急科学研究院签订专家指导服务合同，优化数字化安全监管平台，经省应急管理厅核查，降为较低风险等级。

【**工矿企业安全监管**】2023年，洞头区紧盯涉爆粉尘、厂中厂、丙类企业等七类重点企业，三天一类型攻坚整治七大类型企业138家，排查整治隐患1221条，“工业企业在线”排名全省第一。深化电气焊“一件事”改革，升级改造数字焊机395个，依托“浙里焊”纳入全链条管理、规范全过程作业，查处假证、无证上岗、动火作业未落实安全管理措施35起。推进“一厂多租”整治，出台小微园区“厂中厂”安全管理实施办法，动态管理162家“厂中厂”企业，重点整治鑫朝电子产业园打造示范标杆，成立执法专班，打击擅自改变厂房使用性质1起，拆除违章搭建面积150平方米，责令停产整顿隐患整改不到位企业8家。邀请专家上门开展矿山安全“会诊”，排查整治隐患218处，对存在重大隐患的荣和矿山采取“一案双罚”，完成矿山边坡稳定性评估报告编制3座，完成数字化矿山建设2座。

【安全生产行政审批服务】2023年，区应急管理局实施预审查、告知承诺制，深化安全生产领域行政许可“跑零次”，把18个重点建设项目纳入安全生产行政许可专班服务，办理行政许可和行政备案69件。对接省应急管理厅、市应急管理局，化解浙江中燃华电能源有限公司、浙江华顺能源有限公司涉柴油危险化学品经营许可审批路径难题，办理沙岙矿、石子岙矿安全设施设计审计审查许可。优化“一地创新、全省共享”危化品经营许可目录等工单7份，被省应急管理厅采纳4份。完成安全生产协会换届，推进安责险“投保+服务”，完成投保企业77家。

（叶卓然）

海事管理

【概况】2023年，中华人民共和国温州洞头海事处查处违法船舶96艘次，推动其中拆解33艘。常态化开展状元岙港区15条国际航线大型集装箱船监管服务，审批进出口岸689艘次，登轮检查64艘次，整改闭环隐患23处，助推港区实现年吞吐量940万吨，集装箱吞吐量破68万标准箱。完成国际海事劳工检查13艘次。安全保障大型国际邮轮“招商伊敦”3个航次进港靠泊。审批S211安吉至洞头公路洞头霓屿至北岙段跨海大桥、燕子山水陆综合开发、青山岛供水管网建设一期、状元岙港区二期工程等重大项目施工许可证、施工许可变更18次，实施拟投入施工的工程船安全检查28艘次。组织开展专项行动5次，查处“三无”海钓艇29艘、渣土运输船舶9艘次，对11个已关停的非法砂石码头和作业点“回头看”30次，严防涉砂问题反弹。

【海事执法】2023年，洞头区海事处开展海上安全综合执法指挥部联合执法42次、重点时段夜查128次，查处违法船舶96艘次，其中拆解33艘。推进“春雷行动2023”“商渔共治2023”、涉海涉渔“三无”船舶大起底大整治、海上渣土运输、“利剑”等专项行动，开展警示教育进村入企20多次，覆盖从业人员260多人次，联合查处“三无”海钓艇29艘，均移交区农业农村局和乡镇街道处置。开展海上渣土运输专项整治，与码头业主建立恶劣气象、违法违章、重大隐患等通报机制，查处违法船舶9艘次，处置救助一起险情涉及12人。开展“利剑行动”，对11个已关停的非法砂石码头和作业点“回头看”30次，约谈2个新发现非法砂石作业点业主并通报区交通局和乡镇街道，对6艘船舶立案查处，严防涉砂问题反弹。

2023年8月23日，洞头区与温州市海上安全综合执法指挥部同步开展打击非法采运砂作业“利剑”行动　（洞头海事处提供）

【海事服务】2023年，洞头区海事处履行区水上搜救中心办公室职责，修订完善区水上突发事件应急预案，开展搜救行动16次，救助遇险人员25人，人命救助成功率100%。组织辖区20多家单位开展海上防台动员部署会和桌面防台推演，完成3个台风防抗工作，实现全年海上防台“零沉船、零伤亡”。推进国家级海上溢油应急设备库标准化、模块化、信息化建设，开展溢油应急演练2次。做好亚运会期间环境质量保障，对船舶污染物接收单位开展“五联单”联合检查3次，开展集装箱货物泄漏应急演习3次，查处涉污涉危船舶38艘次，开展集装箱VGM（出口集装箱重量查核）及开箱检查6次，整改闭环问题38个。

【客渡船舶监管】2023年，洞头区海事处推动实现区海上客运由国有企业统一运营，海上客运公司建立监控中心，所属5艘客运船舶安装CCTV（闭路电视）监控。开展客运船舶安全检查15艘次、现场监督204艘次，整改闭环隐患310个，指导开展船岸应急演习3次。联合开展3条客运航线风险和航线调整评估，推动构建海上客运新格局，全年安全运输旅客58013人次，车辆9178次。

（郑元茹）

工业　信息化

工业

【概况】2023年，洞头区实现工业总产值103.4亿元，同比增长3.9%，占GDP比重20.8%。其中，实现规上工业产值91.8亿元（不含海经区，下同），增长2.4%，规上工业增加值达到15.6亿元，增速6.1%，全市第11位；规下工业产值11.6亿元，增长19.1%，增加值增速4.3%，全市第10位。以三个“一号工程”和“腾笼换鸟，凤凰涅槃”专项行动为主要抓手，持续推进企业梯度培育，引导企业加快科技创新。全年新增升规上限企业21家，规上工业企业8家，批零住餐企业13家，新增亿元企业2家。新增省专精特新企业3家，创新型中小企业8家，国家级专精特新“小巨人”企业1家。

（李　玲）

【政策引导助力企业降本减负】2023年，洞头区组织政府机关、事业单位、大型国企开展3轮拖欠中小企业账款排查，保护中小企业合法权益。全面梳理惠企政策清单并汇编电子书，制作“小微你好”政策速递，每周以原创视频的方式解说、分享当下企业最关心的政策信息。全年发布视频解说35期，电子书12期。配合开发惠企政策智配器应用，发挥数字化优势，逐步实现“政策找企业”。通过惠企政策“直通车”兑现优惠政策，实现产业政策兑现“零成本”“零次跑”。全年兑现产业政策资金3329万元，惠及企业172家次。

【“地瓜经济”提能级】2023年，洞头区立足港口优势，聚焦开放提升，拓展进口肉类水果、出口二手车、锂电池等港口新业态发展，《洞头区撬动口岸资质滋养“地瓜经济”枝繁叶茂》案例入选市级首批最佳实践案例名单。指导浙江中燃华电能源有限公司进口供应链平台获评省级重点进口平台，为后续创建进口贸易促进创新示范区奠定基础。鼓励区内企业参与“百企出海抢订单”行动，全年组织21家企业参加各类境内外展会68个，其中境外展会19个，累计实现成交额2.8亿元。

（杨伶俐）

【“415X产业集群”转型增动能】2023年，洞头区完成高耗低效企业整治提升22家，腾出用地97亩、用能2038吨标准煤等均超额完成考核任务；完成清洁生产验收2家、三星级绿色工厂4家，省级节水型企业1家。总投资30亿元的鼎森锂业项目落地，累计新招引落地项目3个，完成率为150%；完成保障工业用地1552亩，完成率222%；累计完成工业用地出让648亩，实现新增工业用地（供地）任务零的突破。跟踪服务重大涉地项目11个，其中优瑞欣有机硅和嘉恒金属已竣工；诚意鱼油、方舟新厂房、二期石脑油等项目建成。（“415X产业集群”：“4”是指重点发展新一代信息技术、高端装备、现代消费与健康、绿色石化与新材料等4个万亿级世界级先进产业群；“15”是指重点培育15个千亿级特色产业集群，具体为数字安防与网络通信、集成电路、智能光伏、高端软件、节能与新能源汽车及零部件、机器人与数控机床、节能环保与新能源装备、智能电气、高端船舶与海工装备、生物医药与医疗器械、现代纺织与服装、现代家具与智能家电、炼油化工、精细化工、高端新材料。“X”是指重点聚焦“互联网+”、生命健康、新材料三大科创高地等前沿领域，重点培育若干高成长性百亿级“新

表21　2022—2023年洞头区街道（乡镇）工业总产值情况表

指标名称	2022年（万元）	2023年（万元）	同比增长（%）
合计	897834	920931	2.57
其中，北岙街道	155957	230338	47.69
大门镇	556515	575496	3.41
东屏街道	103433	70083	-32.24
元觉街道	60310	25815	-57.2
霓屿街道	21619	19199	-11.19
鹿西乡	0	0	0

（区统计局提供）

星”产业群，使之成为特色产业集群后备军。）

（郑尔凯　陈剑波　吴生瑶）

【技改政策扶持】2023年，洞头区通过智能化技改补助政策，引导企业加大技改投入力度，累计为企业技改备案10多次；完成华田公司市级企业技术中心和数字化车间申报。联合区财政局全部完成诚意、华田、信立达等7家技改补助，累计兑现资金849万余元，创历史新高。

【小微企业园管理】2023年，洞头区开展小微园安全生产和消防安全工作。为源头上消除化解管控小微企业园各类风险隐患，区经信局督促企业与属地街道、园区管理方签订三方安全责任书110份，联合相关部门单位或单独开展日常安全检查52次，处置安全隐患300多处；开展小微园消防安全演练3次，涉及企业156家，企业负责人、安全负责人及重点隐患岗位责任人272人次。做好中小企业发展专项资金项目。以省级补助资金为依托，实施机械汽配园基础设施改造提升项目和数字化小微园项目，完成海洋食品产业园基础设施项目建设。开展星级小微园复评工作。指导北岙街道和电子科技园通过三星级小微园复评。

（陈剑波）

【洞头区工业企业“亩均论英雄”综合评价】2023年，洞头区优化调整区亩均实施意见，印发新一轮亩均评价实施意见。年内，开展年度规上参评企业40家，规下206家，合计246家。11月23日，洞头区公布年度规上工业企业综合评价结果，规上参评企业共40家，其中A类企业22家，B类企业11家，C类企业7家。规下企业参评共206家，其中机械汽配行业A类企业7家，B类企业15家，C类企业10家，D类企业2家；电子电器行业A类16家，B类33家，C类企业23家，D类企业5家；水产品及食品加工行业A类企业6家，B类企业10家，C类企业1家，D类企业4家；建材工业行业A类企业4家，B类企业8家，C类企业4家，D类企业2家；其他行业

2023年8月31日，运达全球海上风电总部及总装基地项目开工。图为效果图

（区经信局提供）

A 类企业 12 家，B 类企业 24 家，C 类企业 15 家，D 类企业 5 家。

（郑尔凯）

【运达海上风电总装基地一期项目开工】2023 年 8 月 31 日，运达全球海上风电总部及总装基地项目开工。该项目为省“152”工程，位于洞头区元觉街道，总用地面积约 46.67 公顷（700 亩），总投资约 50.3 亿元，分两期建设，其中一期总投资 10 亿元，用地面积约 6.67 公顷（100 亩），主要建设海上和陆上风力发电机组产线，及研发中心、运维中心、16 兆瓦及以上漂浮式海上风电试验中心等。项目由浙江运达风电股份有限公司投资建设。

（许 菁）

【助企服务】2023 年，洞头区优化助企服务工作，发挥中小企业公共服务平台优势资源，用好街道（乡镇）企业服务中心 +“帮企云”应用 +“96666”服务热线 +“两个健康”直通车为企服务机制 +“万名干部进万企”专项行动“五位一体”助企服务体系，构建全方位、一体式助企服务运行模式。创新建立企业问题一表通管闭环管理机制，根据问题内容、难易程度等分类建档，通过“收集—建号—交办—协调—评价—销号”的全流程闭环管理，全年 175 名助企员走访 756 次，收集企业问题 199 个，化解率 100%。编制涉企服务指导目录 94 条。因地制宜拆解洞头区民营经济高质量发展任务清单（送审稿）181 条，形成细化措施 216 条。

（鲍珊珊）

表22 2023年洞头区工业企业年产值分布情况一览表

单位：万元

指标	全区	不含海经区
总 计	1758030	920930
按登记注册类型分		
有限责任公司	700232	488178
股份有限公司	65117	12001
私营企业	992680	420751
港、澳、台商投资企业	—	—
总计中：国有及国有控股企业	279349	257883
按企业规模分组		
大型企业	42587	0
中型企业	320767	70083
小微型企业	1394675	850848

（区统计局提供）

主要行业

【概况】2023 年，洞头区主要工业行业包含机械汽配、电子电器、医药化工、水产品加工、建材工业，全年产值 91.79 亿元，同比增长 2.33%，其中机械汽配行业产值增长 -2.3%，电子电器行业产值增长 3.9%，医药化工行业产值增长 30.21%，水产品加工行业产值增长 5.26%，建材工业产值增长 -35.97%。

【机械汽配行业】2023 年，洞头区机械汽配行业规上企业实现总产值 7.36 亿元，同比增长 3.9%。浙江伟望汽车零部件有限公司获评浙江省专精特新中小企业、高新技术企业；温州东铭紧固件制造有限公司、温州联集紧固件有限公司获评省科技型中小企业；温州东铭紧固件制造有限公司获评国家科技型中小企业。温州市东启汽车零部件制造有限公司获评国家级专精特新“小巨人”企业。浙江方舟工程机械设备有限公司获评市级研发中心。浙江伟望汽车零部件有限公司、温州市永宝紧固件有限公司、浙江迪特高强度螺栓有限公司、浙江信立达机械科技有限公司、浙江方舟工程机械设备有限公司、温州久一重工有限公司、温州市东启汽车零部件制造有限公司获评国家科技型中小企业。

【电子电器行业】 2023年，洞头区电子电器行业规上企业实现总产值2.11亿元，同比增长3.9%，占主要产业总产值的2.3%。新增规上企业1家：温州市洞头胜裕机电有限公司。

【医药化工行业】 2023年，洞头区医药化工行业规上企业实现总产值36.85亿元，同比增长30.21%。新增规上企业浙江优瑞欣化学有限公司，浙江力强科技有限公司获评省科技型中小企业；浙江诚意药业股份有限公司获评“温州市实力民企百强企业”。

【水产品加工行业】 2023年，洞头区水产品加工行业规上企业实现总产值0.89亿元，同比增长5.26%。浙江码头哥食品股份有限公司获评省科技型中小企业；温州佳海食品有限公司获评国家科技型中小企业。

【建材行业】 2023年，洞头区建材业规上企业实现总产值7.13亿元，同比增长35.97%。新增规上企业浙江奋金建设有限公司。温州明远新型建材有限公司获评国家科技型中小企业；浙江瓯越交建科技股份有限公司获评“2023年温州市两化融合示范试点企业”。

（郑尔凯）

数字经济

【概况】 2023年，数字经济核心产业增加值总量实现3.4亿元，增速18.7%，数字经济核心产业占GDP比重为2.7%。其中，数字经济核心产业制造业增加值总量0.19亿元，增速3.7%；数字经济核心产业服务业营收2.2亿元，增速3.7%。2023年，招引数字经济核心产业重大项目4个，小升规核心产业制造业1家，招引软件和信息服务业企业1家。

【数字经济创新提质“一号发展工程”实施】 2023年，区经信局牵头洞头区数字经济创新提质“一号发展工程”，推进科技创新、核心产业、产业融合、数字消费、数据价值、生态要素等六大攻坚任务，实现数字产业化、产业数字化、数字化治理、数据价值化互促共进。《发展平台新经济 推进文旅创新提升》入选浙江省数字经济创新提质“一号发展工程”优秀案例，《迭代基层智治平台2.0，夯实社会治理新基石》和《洞头区打造“工程档案全过程归集服务系统”破解档案验收低效高耗难题》入选温州市数字经济创新提质“一号发展工程”优秀案例。

【企业数字化转型】 2023年，洞头区采用“专家+数智服务”的模式，开展“数字经济创新提质企业触网服务”，为企业提供“标准化诊断+个性化定制”服务。全年开展标准化诊断企业43家，个性化诊断企业3家。浙江诚意药业股份有限公司成功入选“浙江省第三批‘云上企业’制造业”，浙江华田特种材料有限公司获评“2023年温州市智能工厂（数字化车间）”“2023年温州市两化融合示范试点企业”“2023年温州市市级企业（制造业）技术中心”；浙江瓯越交建科技股份有限公司被评为“2023年温州市两化融合示范试点企业”；温州耐斯康护用品有限公司通过“2023年度温州市国家‘两化’融合管理体系”认定。

【诚意药业上榜省民营企业数字化转型弄潮榜】 2023年10月24日，省工商联发布“2023浙江民营企业数字化转型弄潮榜”典型案例名单，浙江诚意药业股份有限公司以“数字化车间改变未来智能制造引领转型”上榜。浙江诚意药业股份有限公司以打造小容量注射剂数字化车间为抓手，聚焦推进医药生产过程智能化，瞄准医药行业科技发展的最前沿，和创建温州

2023年10月24日，浙江诚意药业股份有限公司上榜2023浙江民营企业数字化转型“弄潮榜”典型案例，左起第四位为领奖人浙江诚意药业股份有限公司总经理助理林新法

（区工商联提供）

市“最美工厂”的标准指南，加速数字化、智能化、绿色化车间的建设，为全区民营企业数字化转型提供借鉴。

【通信基础设施建设】2023年，洞头区强化政府协调作用，通过考核倒逼、会议协调、联勘联审等模式，推进机房、5G微站、基站设备和XGPON千兆宽带网络建设，全面升级5G通信基础设施助推全区信息化发展的能力。2023年，全区新建铁塔基站13个，改造70个，新开通5G通信基站174个，完成率达290%，居全市前列。截至年底，全区共有5G通信基站494个，5G网络已经实现北岙街道、东屏街道主城区全覆盖、其他街道（乡镇）部分覆盖。

（刘玲玲 陈 锴）

产业园区管理

【概况】2023年，洞头区有小微园3个，分别为洞头电子电器科技园、洞头区机械汽配园、洞头海洋食品产业园，现均已建成投用，全年小微园工业产值8.25亿元。全年招引入园企业30家。开展小微园绩效评价，电子电器科技园评为B档，机械汽配产业园C级；处全市小微园中游水平。2023年，电子电器科技园成功通过市三星级小微企业园复评。

【老旧工业园区改造】2023年，洞头区老旧工业园区改造任务为拆除面积100亩，拆后供地75亩，拆后建设10万平方米，改造提升低效工业用地任务200亩。年内，完成老旧工业园区拆除面积100.78亩，完成率100.78%，完成拆后新建建筑面积2.1万平方米，完成率21%，拆后供地面积40.6亩，完成54.1%，完成低效工业用地整治200.78亩，完成率100.4%。

【电子电器科技园】2023年，电子电器科技园位于南塘工业园区B—07b地块，占地面积3.41万平方米(51.16亩)，总建筑面5.70万平方米，总投资1.97亿元，2012年12月开工建设，2018年1月竣工。截至年底，有入驻企业51家，产值1.27亿元、税收855.65万元，以电子电器为主导产业。

【机械汽配产业园】2023年，机械汽配产业园位于南塘工业区城西路471号，占地面积6.02万平方米(90.28亩)，总建筑面积7.40万平方米，总投资2.30亿元，2016年5月开工建设，2019年1月竣工。截至年底，有入驻企业33家，产值1.83亿元、税收1112.4万元，以机械汽配为主导产业。

【霓屿紫菜产业园】洞头区霓屿紫菜产业园位于霓屿街道网僚鼻，占地面积12.31万平方米(184.50亩)，建筑面积20.80万平方米，2019年6月开工建设，2021年年末基本完成主体建设和配套附属设施建设，截至年底，有入驻企业28家，产值3亿元，主导产业为海产品加工销售与研发。

（陈剑波）

供电行业

【概况】2023年，洞头区全社会用电量5.15亿千瓦时，同比增长

表23 2022—2023年洞头区行业用电分类情况一览表

项目类别	本年累计用电量（万千瓦时）	上年累计用电量（万千瓦时）	同比增长(%)	占比（%）
全社会用电总计	51546.9228	47362.6566	8.83	100
A.全行业用电合计	36034.9822	32557.8437	10.68	69.91
第一产业	272.2733	237.7594	14.52	0.53
第二产业	20372.2536	18622.8188	9.39	39.52
第三产业	15390.4553	13697.2655	12.36	29.86
B.城乡居民生活用电合计	15511.9406	14804.8129	4.78	30.09
城镇居民	6077.2925	5692.5026	6.76	11.79
乡村居民	9434.6481	9112.3103	3.54	18.3

（国网洞头区供电公司提供）

8.83%，较温州市平均水平（8.25%）高0.58个百分点。工业用电量为1.84亿千瓦时，同比增长8.75%，增速居全市第八位，较温州市平均水平（10.20%）低1.45个百分点。全年累计固定资产投资6290万元，全口径供电可靠率99.9903%。线损率3.02%，同比下降0.58个百分点，实现全年安全生产无事故。

【电力供应】 2023年，从产业分类来看，渔业工业较快增长，旅游、餐饮业持续发力。第一产业用电量272.2733万千瓦时，同比上升14.52%，占全社会用电比重0.53%。其中，渔业累计完成用电248.9971万千瓦时，同比上升17.89%。第二产业用电量20372.2536万千瓦时，同比上升9.39%，占全社会用电比重39.52%。第三产业用电量15390.4553万千瓦时，同比增长12.36%，占全社会用电比重29.86%。城乡居民生活用电量15511.9406万千瓦时，同比增长4.78%，占全社会用电比重为30.09%。

【优化电力营商环境】 2023年，洞头区密切跟踪新能源新材料产业等“1+5”产业布局和区130个重点项目进度，着力打造“环节少、时间短、服务优”的“获得电力”新模式，为海上花园建设提供最优电力营商环境支撑。保障诚意药业鱼油一期、牧声科技、祥运新能源科技等项目“早开工、早投产、早用电”，持续做好诚意药业二期等用电项目，主动服务格林美、青山控股等区“两大百亿项目”。投产220千伏常青变扩建间隔、110千伏深水变间隔扩建工程，保障浙能LNG、华港LNG、状元岙港二期等重大项目供电。

【电网基础建设】 2023年，洞头区大力推进常青至深水110千伏联络线路工程、110千伏大小门输变电工程、35千伏霓屿输变电工程、大门岛至青山岛10千伏联网工程建设，加快构建海岛坚强智能网架。常青至深水110千伏线路工程、35千伏霓屿输变电工程取得可研及核准批复，其中常青至深水110千伏线路工程投资规模达2.62亿元。投入配电网新建与改造工程资金4054万元，为洞头全域新建或优化线路7.063千米，新增配变容量1.05万千伏安，全力保障居民优质用电需求。

【服务能源转型发展】 2023年，洞头区积极响应新能源汽车下乡号召，新增建设55个充电站，167个充电桩，打造以“快充主干网、混充延伸网、慢充覆盖网、智充绿电网”为特色的高质量新能源汽车畅行网络，全国率先实现县域充电基础设施“村村通”，全市率先通过充电基础设施示范样板区验收，相关工作获时任省委常委、市委书记刘小涛及市长张振丰批示肯定。完成洞头首个港口岸电项目验收工作，每年可实现电能替代60万千瓦时，大幅降低港口污染。服务洞头1号、2号海上风电场、大门西滩涂光伏等新能源接入，推动能源结构优化调整。

【助力共同富裕】 2023年，洞头区深化“乡村振兴·电力先行”，助力未来乡村共同富裕基本单元建设，揭牌成立温州首家电力爱心超市，建设东岙村、沙角村等4个新时代乡村电气化村。拓展社网融合服务模式，实现全县域87个村级便民服务点用电业务“村网通办”，覆盖率达98%。聚焦“一老一小”等重点人群，依托“洞电·阳光小屋”“霞光童心”儿童实践基地等纵深推进“我为群众办实事”实践活动，荣获温州市“‘三为’工作成绩突出集体”称号，海霞电力女子服务队荣获“浙江省三八红旗集体”称号和“温州慈善奖”。

（王蓓蕾）

供水行业

【概况】 2023年，温州市自来水有限公司洞头供水分公司主要承担洞头区范围的制水生产、管网加压、营业收费、管网建设、管网抢修等

温州洞头百岛光伏储能充电站，集“光、储、充、放、检”于一体化智能微网互动充电站（黄周虎 摄）

供水服务工作，服务人口约15万人。南片四街道水源主要来自龙湾状元水厂，经温州至洞头陆域引供水工程（一期）输送，设计规模5万米³/日。自备长坑水厂一座，制水能力1.2万米³/日，长坑水库库容50万立方米，位于上游的龙潭坑水库库容40万立方米。大门镇现有两个小型备用水厂，其中，岙底水厂制水能力2000米³/日，取枫树坑水库原水，库容50万立方米，杨梅田水厂制水能力1000米³/日，取杨梅田水库原水，库容9万立方米，大门镇全域由温州市大门产业基地应急引水工程供水。鹿西乡现有小型备用水厂一座，制水能力1500米³/日，南山水库库容18万立方米和鲳鱼礁水库库容10万立方米，鹿西乡全域已通陆域引供水。全区村村通、户户通已基本覆盖，在册户数49187户。由于洞头为海岛丘陵地貌，南片4个街道需通过25座供水泵房多级加压至31座高位水池输送到户。

【供水服务】2023年，洞头区有非居民户表数3480户，居民户表数45707户，2023年总售水量820.63万吨，其中居民家庭用水量500.20万吨。温州市自来水有限公司洞头供水分公司市区一体化后各项工作平稳有序，实现用水业务"同城同服务、全城通办"。洞头南片四街道、大门镇水价与市区同价，鹿西乡水价在调整中。在业务工作全面接轨铺开的同时，持续深化优化营商环境建设，以"万人双评议"为载体，强化服务窗口管理。做好业务受理、派单、办结全过程闭环管理，并主动电话回访每件办理用户，了解服务情况及时做好整改。全年，共受理业务825件，共收"三来件"70件，通过现场对接、电话沟通、书面答复等方式及时予以反馈。积极帮助解决群众用水难题共接听热线9500多件，现场处置4500多件，修复管道累计1500多处，处置及时率100%。

（吕孙萍）

【供水工程建设】2023年，洞头区聚力发展民生水利，全力推进陆域引调水工程，全年完成年度投资1.85亿元，为年度投资计划的185%。其中，工程一期霓屿直埋段、海中湖段管道底拖、大门至鹿西海域段定向钻施工、鹿西泵站全部完成。11月16日，洞头区陆域引调水第二通道鹿西通水。

（颜丽婷）

信息化管理与服务

【概况】2023年，洞头区加强政务"一网通办"办件占比提升、优化建议工单申请、浙里办应用可用性等督促指导，"一网通办"率指标排名全市前六。联合区政务服务中心做好政务服务2.0事项应用推广。加强区政府网站栏目建设、信息发布、平台运维管理，网站在全国县级网站绩效评估中获评第一档（全国第56名）。推动基层智治平台迭代，渣土车监管、排水证监管等指标场景上线并实现闭环，融合通信应用获评区社会治理优秀创新项目奖。联合鹿城、瓯海等地建立基层智治建设共同体，10个要素组件被跨区域申请复用。上线企业综合服务平台，协助诚意药业与温州数安港开展数据应用对接，向洞头农商银行"海霞诚信贷"应用提供人口等6类关键数据。修订出台项目建设管理办法，全年收到项目申请42个共6359万元，核减资金819万元。全省首创"残疾人""低保户"信息更新预警模型。

【数据信息归集与开发利用】2023年，区大数据管理中心梳理全区数据目录共享"三张清单"，开展全区接口及批量数据"一本账"编制工作。全年新增数据目录252个，总量达2337个；新增数据归集工单118条，接入应用数据库15个、入库数据1亿余条；利用脚本清洗数据目录32个；新增数据共享接口45个。截至年底，全区数据仓库包含269张表、3978个字段、2亿条记录，总占用存储空间30吉比特。制订年度公共数据开放重点清单，共开放公共数据目录42个，审批数据共享工单284个，涉及关爱有声、营商环境、海悦城未来社区、标准地址库等多个应用。开发"残疾人信息新增、变更""低保人员信息新增"等预警模型，解决民政、残联等部门无法及时获取人员信息，兑现补助资金问题。落实《浙江省公共数据条例》宣传贯彻要求，开展条例监督检查，共覆盖18家单位部门。

【公共数据治理】2023年，洞头区实施数据安全平台服务项目建设，上线数据安全管理、用户和实体行为分析、数据库审计与风险控制等应用功能，配置启用300条用户规则、21条数据库网关规则。按照"数源系统—前置数据库—归集数据库—治理数据库"的规范流程，严格落实数据治理有关要求，对无效的、不完善的数据进行剔除处理，及时发起数据问题工单，对接省市条线和数源部门做好数据更新维护。开展为期4个月的人口、法人基本信息库归集治理工作，共处理7张基础信息表数据，汇聚形成14.8万余条人口信息和1.3万余条法人信息。配合省市开展数据安全飞行检查12次，完成65个数据安全问题整改，组织风险资产安全排查、数据安全隐患整治等专项行动，落实数据安全隐患工单处置闭环全流程，组织"省市回流数据安全一本账”12批重点数据梳理，落实30张重点回流表数据分级分类和脱敏工作。

【电子政务水平提升】2023年，区大数据管理中心实施政务外网网络平台升级项目，规范全区政务外网无线网络使用。与浙江索思公司开展亚运会网络安全技术支撑合作，组建区级网络安全技术支撑力量队伍。通过攻防演练发现全区4个信息系统存在9个安全漏洞，均已逐条通报并整改到位。全年共组织12次网络应用安全隐患排查，发现“三高一弱”安全隐患5600多例，问题整改率100%。通过态势感知平台做好全区IP资产信息登记，终端EDR防护软件安装率达75%以上。指导做好智慧云办公系统使用，加强浙政钉运行管理，做好浙政钉通讯录更新维护，开展不活跃群解散、风险核查等各类问题整改。推广浙政钉智慧考勤、请假审批等功能，上架上级调研、智慧餐厅、重大户外活动气象服务、身后一件事联办、财政对外服务、治违钉、网格智查等7个应用，浙政钉激活率、日均活跃率分别达100%和88%。完成浙里办城市频道改造并顺利上线运行。开展“浙里办”应用体验、“走基层”系列活动，提高“浙里办”和城市服务频道的知晓率和覆盖面。督促部门提升浙里办应用活跃率，做好政务工单及上架应用漏洞处置工作。

（颜 泉）

【电信洞头分公司】2023年，中国电信洞头分公司设城关支局、北岙支局、大门支局、霓屿支局、灵昆支局、海霞政企支局、海经区政企支局等7个支局以及海经区筹备组。设有营业厅3个、营业服务网点7个。截至年底，全区拥有固定电话1.08万户，移动手机用户4.07万户，宽带用户2.54万户。全年业务收入6152.44万元。建设新城、北岙、大门、鹿西和灵昆100G OTN（传输设备）传输网及接入设备。完成新城、霓北、大门、鹿西和灵昆XGPON（有线宽带设备）网络的割接工作，具备千兆业务的接入能力。GPON（有线宽带设备）设备完成退网。建设霓屿紫菜园、洞头小门LNG（液化天然气）项目部北等4G室分17个。建设仁济学院、工贸学院5G室分。建设状元港码头AAU（无线4G设备）、BBU（无线5G设备）、UPF（5G设备）、内部线路及双路由。联通共建共享新建室分16个，新建5G基站12个。

（洪 军）

【移动洞头分公司】2023年，中国移动洞头分公司设有综合部、市场部、网络部、政企部4个部门及北岙、外岛两个区域，下辖新城、北岙、东屏、霓屿、元觉、大门、鹿西7家营业厅。全年实现运营收入11360万元，通话用户超10.9万户，5G终端用户数超6万户，移动宽带用户数超4.8万户。获评2023年度省级“平安单位”暨“智安单位”、2023年度浙江移动明星县公司。全年网络建设总投资近2400万元，累计建设4G逻辑基站756个，全年新增5G站点79个，累计开通5G基站324个，5G网络实现全域覆盖。新建汇聚机房4个，建设通信管道15.17孔千米，管道总孔公里数到达124.68皮长千米，光缆建设245.11皮长千米，光缆总数到达3966.85皮长千米，宽带资源点到达11474个，实现千兆光宽带全覆盖。承建交通智能化控制系统、海上缉私精密（海翼）智控平台等23个ICT项目，缉私平台助力破获走私、偷渡等案件12起，查处涉案人员109名，查获走私物品1000多吨。实现330国道、中屿等到你等重要道路和网红景点5G网络覆盖，助力小门山浙能LNG液化天然气有限公司、青山岛旅游区等14个重大项目信号覆盖，为2023年数智化亚运迎宾线路、铁人三项国际赛等重要活动提供现场保障。

（叶颖颖）

【联通洞头分公司】2023年，中国联合网络通信有限公司洞头区分公司新建L900（4G）基站74个，新建5G基站13个，工程总投资超1000万元。5G室分分布系统18个，共计投资550多万元。截至年底，全域累计完成建设5G基站164个。新国标建成千兆小区改造及新建设16个宽带小区，投资约150万元。完成宽带补短新建1.23万户，10GPON口达280个，比例达53%，具备千兆接入能力的FTTH（光纤到户）覆盖家庭数达1.92万户。洞头区域公共视频一体化建设完成135个开通调试，投资约260万元。全年，管线建设投资120多万元。加强政企精品网的规划与交付，开通设备推进专线承载方式的转型，为广大政企客户提供智能安全的高品质专线服务。

（陈晓亮）

交 通

综述

【交通设施建设】2023年，洞头区完成交通投资23.4亿元，占市下达任务78%。实施重点交通工程建设项目共9个，完成投资额59085万元（含S211项目投资）。甬莞高速（G1523）洞头支线项目报省发改委核准。推进S211等重点工程项目建设，开工S325洞头岙底至大门段工程、新能源产业运输通道等工程，大门环岛公路工程（马观线）一标段完成省级民生实事考核5千米路段施工，建成燕子山综合开发码头工程。建设精品道路33千米，提升城乡道路路容路貌和服务品质，蓝色连港——红色海霞精品线路获市"成效突出道路"称号，通过"四好农村路"全国示范县创建评估验收工作。

【"四好农村路"全国示范县创建评估】2023年8月4日，洞头区完成"四好农村路"全国示范县创建评估验收。洞头区围绕"海上花园"建设目标，按照"建好、管好、护好、运营好"农村公路要求，出台《高质量建设"四好农村路"助力高质量建设海岛共同富裕示范区实施意见》。2018—2022年，投入超15亿元建设农村公路，养护总费用达1.06亿元。实现所有乡镇通三级及以上公路，95%以上建制村通双车道，所有较大自然村通硬化路。完成公路运输货运周转量4.52亿吨公里，同比增长53.71%。完善"路长制"，建立政府主导、部门协同、社会监督的农村公路管理模式，除县乡两级总路长外，配备县级路长8名、乡级路长14名、村级路长30名。布设公路运输监控网视频监控点位33个。创新推出"渣土非法倾倒预警平台""电动自行车智治系统"等数字化改革项目。制定《温州市洞头区农村公路建设与养护管理办法》，投入120万元开展公路和桥隧技术状况检查。每年投入约40万元为洞头10座公路桥梁及附属设施购买公路综合保险。2020—2022年共提升绿化县乡道路60千米。投入3.5亿元，结合城乡道路综合环

2023年8月4日，洞头区"四好农村路"全国示范县创建评估验收会召开

（区交通运输局提供）

境整治，打造30千米迎宾主线路。城乡交通运输一体化发展水平达AAAAA级。全区建成4个省新时代美丽乡村、10条乡村振兴示范带，村集体经济总收入增长45%。2022年11月28日，交通运输部公路局公示2022年度“四好农村路”全国示范县创建名单，温州市洞头区上榜。

【甬莞高速公路（G1523）洞头支线前期工作】 2023年，甬莞高速公路（G1523）洞头支线项目特许经营实施方案编制（含法律咨询）和投资人招标代理公布。完成《初步设计报告》及评估意见，召开工程初步设计技术评审会，修改完善方案。该项目起点接金丽温高速公路东延线，路线总体呈东西走向，连接温州湾新区和洞头区，终点位于霓屿布袋岙，接在建211省道，总长22.188千米，双向四车道一级公路标准，设计时速100千米；同步建设状元岙港区连接线，连接线长2.115千米，双向两车道二级公路标准，设计时速60千米。总投资约67亿元。截至年底，甬莞高速洞头支线核准前置七大组件全部获批，创下省内高速前期工作最快纪录。

（邱艳萍）

公路运输

【概况】 2023年，洞头区共有公路55条，总里程248.573千米。其中，高速公路1条，里程5.141千米；普通国省道4条，里程88.804千米；农村公路47条，里程154.628千米。公路网密度为162.47千米/百平方千米。全区所有街道（乡镇）及行政村实现通准四级以上等级公路。330国道洞头段年平均日交通量为1.8375万辆，拥挤密度为0.61；330国道灵昆段年平均日交通量为2.4951万辆，拥挤密度为0.83。投入198万元建设区道路数字化巡检平台，解决道路破冰、安保设施损坏、市政设施、道路施工等缺乏监控问题。蓝色连港—红色海霞精品线路获评市成效突出线路。完成市、区级挂牌道路交通隐患整治4处、公路平交口整治8处。

（曹　彬）

2023年3月29日至31日，甬莞高速公路(G1523)洞头支线初步设计技术评审会召开（区交通运输局提供）

【岙底隧道至大门隧道连接线工程（省道325洞头岙底至长沙段）开工】 2023年11月14日，洞头大小门临港石化产业区综合配套提升工程——岙底隧道至大门隧道连接线工程（省道325洞头岙底至长沙段）开工。项目位于大门镇黄岙一期，起点顺接岙底隧道，终点接振兴中路与大门隧道连接线，路线全长2.89千米，建设等级为一级公路，总投资约2.67亿元。项目建设单位为温州市洞头区大门镇人民政府，代建单位为温州市洞头交通发展股份有限公司，设计单位为浙江数智交院科技股份有限公司，施工单位为中交三公局第一工程有限公司，监理单位为温州诚合交通工程监理有限公司。

（邱艳萍）

【状元南片市政道路工程77省道洞头复线建成通车】 2023年7月14日，洞头区状元南片市政道路工程——77省道洞头复线建成通车。工程位于洞头区状元南片，呈南北走向，北起于五岛连线公路（现状路），南止于海景路，主线道路长度524.98米，辅道A线道路长度283.726米，辅道B线道路长度246.972米，道路两侧15米范围为景观绿化带。工程责任单位是洞头区城发公司，设计单位是中国市政工程华北设计研究总院有限公司，建设单位是温州明元基础设施投资有限公司，监理单位是北京中联环建设工程管理有限公司。

（侯斌燕）

【城乡道路环境综合整治工作】 2023年，洞头区结合“红色海霞蓝色连港”精品路线打造，实施海上花园序化、洁化、美化、亮化、文化、功能化全域提升工作，累计投入6430万元，建设精品道路33

2023年7月14日，洞头区状元南片市政道理工程——77省道洞头复线建成通车

（来源：洞头发布）

千米，重点整治提升330国道霓屿路段、77省道延伸线洞头峡大桥路段、环岛公路和环西线等迎宾线路、海霞村女子民兵连路段。年内，洞头区（330国道—海霞村）路段获2023年全市精品示范道路。

（陈 鑫）

【货运车辆超限超载专项整治】 2023年，区交通运输局联合公安交警、行政执法局、市场监管等部门，开展“双月双保”“蓝剑行动”及非现清零等专项整治，打击辖区内超限超载车辆运输行为。通过走访服务、座谈等“柔性执法”方式，对货运源头企业进行公路安全政策法规宣传。全年共检查超限超载运输车辆900多辆次，开展错时执法31次，联合执法18次，其他相关部门出动62人次；办理超限超载案件388件、罚款金额342.11万元，其中现场案件100件、罚款金额102.29万元，非现场执法案件283件、罚款金额240.11万元，超限100%案件88件，罚款金额122.76万元。

（陈素婷）

【公路养护】 2023年，洞头区完成农村公路养护大中修工程16千米，维修加固桥梁2座，总投入约1950万元。投入100多万元提升大门大桥桥梁健康监测系统，提升全区桥梁健康数字化监测水平。全年修复沥青路面8.1万平方米，完成路面坑洞修复180多处，普通国省道路况检测连续两年排名全省第一。完成桥隧定期检查。实现全区主干公路、通景公路精细化管养。

（陈 鑫）

道路运输管理

【概况】 2023年，洞头区拥有客运经营企业1家（温州交运集团洞头有限公司），公交企业2家（温州交运集团洞头有限公司、温州市洞头旅游文化发展有限公司）。全区公交线路（含农村班线）共25条，拥有公交车辆97辆3210座。其中城区公交线路11条，营运公交车38辆，核载人数1823人；农村班线14条，营运客车59辆1387座；跨区客运班线4条，洞头—温州（包含洞头至汽车南站、温州新城站、附一新医、龙湾机场、动车南站、温州茶山校区），洞头—虹桥、大门—温州、大门—柳市，共有营运客车19辆551座；旅游包车9辆，其中省际包车6辆241座、县内包车3辆57座。全区拥有巡游出租车经营企业3家，巡游出租车共110辆440座（其中本岛100辆，大门5辆，鹿西5辆），出租车从业人员167人；拥有驾驶员培训学校2所，小型教练车41辆，摩托车6辆，全年共完成机动车驾驶员培训2033人，其中小型车培训759人，摩托车培训1274人；全区拥有汽车维修企业36家，其中二类机动车维修企业12家，三类专项维修企业10家，摩托车维修业户4家，汽车快修10家。全区共有属地货运企业66家（其中

2023年11月，花岗大桥维修加固　　（区交通运输局提供）

危货企业2家），共有货运车辆645辆。全年完成货运量880万吨，增长43.02%；完成公路货运周转量130163.76万吨千米，增长45.7%。建设区道路数字化巡检平台，办理省启动国省道打非治违首例“非法营运”行政处罚案件，开展全区巡游出租车等专项整治行动。

【城乡客运发展】2023年3月1日，“海霞公交”专线开通，优化线路、站点，对投用车辆车身内外进行改造设计，喷绘迷彩军旅元素；4月12日，“海上花园·百岛洞头”旅游直通车正式运营，开通“温州—洞头”“乐清—大门”两条线路，推出“往返车票+景区门票”联票产品；6月7日，城关车站—霓屿各班线（除同兴班线外）新增“霓屿义校”上下客点，大门—洞头客运班线新增“霓屿新区”上下客点；8月18日起，把城关车站—瓯江口规划展示馆（9路公交）终点站调整至灵昆站，并增加投营车辆，缩短发班频次；9月29日，开通元觉中屿—阳光100浅水湾免费旅游接驳专线，游客乘坐该免费旅游接驳专线，在终点站阳光100浅水湾可换乘其他免费旅游接驳专线前往其余景区（大沙岙、东岙、韭菜岙、国际放生台等）。全年完成公共交通客运量（不含出租车）、公共交通客运周转量（不含出租车）分别为418.37万人、5849.86万人千米，同比分别增长5.75%、2.51%。

【运输行业管理】2023年，洞头区累计投入资金约25万元，设计制作安装新式公交站牌200多个；累计投资约70万元，新（改）建公交候车亭12个，公交专用停车位划线36个。联合多部门开展城乡公交隐患站点排查，累计投资约5万元，迁移、整治问题站点20多处；累计投资约25万元用于公交站点保洁维管。推进交通运输领域碳达峰行动，淘汰老旧营运柴油货车4辆；做好巡游出租车、公交客运车辆“油改电”等工作，全年淘汰更新新能源城市公交、农村客运车辆共8辆，城市公交新能源占比达到84.21%（32/38），农村客运新能源占比达到31.58%（18/57），淘汰更新新能源巡游出租车5辆，占比达93.64%（103/110）。开展道路客运行业安全技能培训，累计参与培训300多人；开展道路客运行业文明礼仪及旅游交通服务专项培训，累计参与培训90多人，签订旅游交通优质服务承诺书90多份；开展从业人员业务能力培训，累计参与培训80多人。牵头组织道路运输行业开展第十七届“爱心送考”公益接送活动，121辆道路客运车辆（包含公交、巡游出租车、教练车等）参与活动；开展以“服务亚运·欢度中秋”为主题的手工活动；组织安排工作人员460人次，开展200多次道路运输行业入企服务指导。

（童汝慧）

2023年4月12日，“海上花园·百岛洞头”旅游直通车正式运营
（区交通运输局提供）

【快递业务管理】2023年，洞头区在全区60个行政村、村改社区建设快递服务站点，破解困扰群众快递到家“最后一小时”，快递品牌进村全覆盖“分步走”。实现全区行政村邮政、京东、顺丰等品牌“快递进村”全覆盖，逐步推进“三通一达”等快递品牌进村工作。全年快递业务量完成646.9万件，同比下降4.3%。

完成邮政行业业务总量6983.8万元，同比增长8.3%。其中，邮政业务总量完成965.9万元（不含邮储银行部分），同比减少47%，其中国内函件2.15万件，同比减少13%；国内包裹快递71.26万件，同比减少7%；机要件418件，同比增长16%；无国际及港澳台包裹快递。

（林煊　洪丽娟）

【数字打非治违】2023年，洞头区交通执法队按照省数字打非治违系统预警单，承接办理全省启动国省道打非治违首例“非法营运”行政处罚案件。共拦截此类车辆9辆，处罚此类案件1件。洞头区组织开展超限超载车辆整治，全年共办理超限超载案件390件，罚款金额约344万元；其中利用非现场执法治超系统处理案件283件，罚款金额约 240 万元，占案件总数 73%。

【道路运政稽查】2023 年，洞头区加大对巡游出租车的监督力度，共发现问题车辆 200 多车次，发放“温馨提示单”30 多份，立案查处 41 件，罚款金额 1.29 万元；采取定点与流动巡查相结合方式，加强对辖区重点路段的监管，规范客货运输市场秩序；开展对各类企业的经营资质、安全生产、企业管理等方面排查工作，加大辖区驾培机构经营培训行为监管力度；加大路面无证非法危险品车辆运输的执法检查力度。

（陈素婷）

表24　2023年洞头城区公交线路一览表

单位：千米

序号	线路名称	线路走向	单程
1	1路	下行：蓝港花苑（台湾观光工场）、打水鞍村（海天佳境）、洞头第一中学、埭口村、育才花苑、疾控中心、经信局（住房公积金中心）、社区矫正中心、农商银行、农贸市场、区府广场、城关车站、人民医院、新城人本超市、海霞广场、老干部活动中心、九斤村、东启电器、永宏电器、久一重工、屿仔村口、洞头新城客运站 上行：洞头新城客运站、屿仔村口、久一重工、永宏电器、东启电器、九斤村、老干部活动中心、海霞广场、新城人本超市、人民医院、城关车站、区府广场、农贸市场、农商银行、社区矫正中心、经信局（住房公积金中心）、疾控中心、育才花苑、埭口村、洞头第一中学、打水鞍村（海天佳境）、蓝港花苑（台湾观光工场）	10
2	2路	下行：鸽尾礁、大王殿村、东沙村、二垄村、岙仔新村、双垄村、新城人本超市、海悦城三期（钰园）、海悦城二期（璟园）、蓝色海湾科普体验馆、行政服务中心、洞头乐成寄宿中学、消防局、交警大队、移动公司、城关车站、区府广场、农贸市场、农商银行、社区矫正中心、经信局（住房公积金中心）、疾控中心、育才花苑、风门、风门嘉园、南塘花苑、九亩丘海创园、铁炉头村口、南塘湾公园 上行：南塘湾公园、铁炉头村口、九亩丘海创园、南塘花苑、风门嘉园、风门、育才花苑、疾控中心、经信局（住房公积金中心）、社区矫正中心、农商银行、农贸市场、区府广场、城关车站、移动公司、交警大队、消防局、洞头乐成寄宿中学、行政服务中心、蓝色海湾科普体验馆、海悦城二期（璟园）、海悦城三期（钰园）、新城人本超市、双垄村、岙仔新村、二垄村、东沙村、大王殿村、鸽尾礁	13.1
3	3路	下行：城关车站、区府广场、农贸市场、农商银行、金典时代、金田、人民法院、海霞广场、新城客运站、三盘大桥北、花岗、沙角、兴港家园、活水潭村、沙岗、内深门、沙岗、和平岙、状元岙、小北岙、小北岙码头 上行：小北岙码头、小北岙、状元岙、和平岙、沙岗、内深门、沙岗、活水潭村、兴港家园、沙角、花岗、三盘大桥北、新城客运站、海霞广场、人民法院、供电局、行政服务中心、金田、金典时代、农商银行、农贸市场、区府广场、城关车站	15.4
4	5路	下行：洞头新城客运站、九斤村、老干部活动中心、中央公馆、教育一幼、海霞军旅、人民医院、城关车站、区府广场、农贸市场、农商银行、金典时代、移动公司、供电局、市民活动中心、实验小学、洞头乐成寄宿中学、行政服务中心西门、温州医科大学滨海校区、小朴、大朴、大长坑、南塘花苑、风门嘉园、风门、海港花苑 上行：海港花苑、风门、风门嘉园、南塘花苑、大长坑、大朴、小朴、温州医科大学滨海校区、行政服务中心西门、洞头乐成寄宿中学、实验小学、市民活动中心、供电局、移动公司、金典时代、农商银行、农贸市场、区府广场、城关车站、人民医院、海霞军旅、教育一幼、中央公馆、老干部活动中心、九斤村、洞头新城客运站	13.2

续表24

序号	线路名称	线路走向	单程
5	6路	下行：洞头新城客运站、老干部活动中心、海霞广场、新城人本超市、人民医院、城关车站、区府广场、农贸市场、农商银行、社区矫正中心、经信局（住房公积金中心）、疾控中心、育才花苑、埭口村、风门嘉园、南塘花苑、九亩丘海创园、铁炉头村口、南塘湾公园、小长坑村、凸垄底民宿、沙岙村、白迭村 上行：白迭村、沙岙村、凸垄底民宿、小长坑村、南塘湾公园、铁炉头村口、九亩丘海创园、南塘花苑、风门嘉园、风门、埭口村、育才花苑、疾控中心、经信局（住房公积金中心）、社区矫正中心、农商银行、农贸市场、区府广场、城关车站、人民医院、新城人本超市、海霞广场、洞头新城客运站	12
6	7路	下行：城关车站、人民法院、实验小学、海霞广场、新城客运站、三盘大桥北、西山头、大岙、阜埠岙、后山头、开元度假村、下尾村口、下尾 上行：下尾、下尾村口、开元度假村、后山头、阜埠岙、大岙、西山头、三盘大桥北、新城客运站、海霞广场、实验小学、人民法院、金田、城关车站	8
7	7路学生公交	下行：城关车站、人民法院、实验小学、海霞广场、新城客运站、三盘大桥北、西山头、大岙、阜埠岙、后山头、观音堂、开元度假村、下尾村口、下尾 上行：下尾、下尾村口、开元度假村、观音堂、后山头、阜埠岙、大岙、西山头、三盘大桥北、新城客运站、海霞广场、实验小学、人民法院、金田、城关车站	8
8	观光旅游环线（暂停运营）	下行：洞头旅游集散中心、新城人本超市、双垄村、大沙岙路口、东岙村、国际放生台、台湾观光工场、中普陀、风门枢纽站 上行：风门枢纽站、中普陀、台湾观光工场、国际放生台、东岙村、大沙岙路口、双垄村、新城人本超市、洞头旅游集散中心	0（停运）
9	区间客运班线（9路）	下行：城关车站、人民法院、海霞广场、洞头新城客运站、三盘大桥北、花岗、沙角、兴港家园、活水潭、沙岗、内深门、外深门、石子岙、霓北中学、桐岙、下社、网鼻寮、雁升路瓯帆路、霓贤路瓯石路、附二医瓯江口院区、雁鸿路瓯石路、S1瓯江口、新灵景园、S1灵昆站 上行：S1灵昆站、新灵景园、S1瓯江口站、瓯江口发展大楼、附二医瓯江口院区、霓贤路瓯石路、雁升路灵华路、网鼻寮、下社、桐岙、霓北中学、石子岙、外深门、内深门、沙岗、活水潭、兴港家园、沙角、花岗、三盘大桥北、洞头新城客运站、海霞广场、人民法院、城关车站	42.6
10	夜间公交（10路）	下行：洞头新城客运站、九厅村、老干部活动中心、海霞广场、新人本超市、人民医院、城关车站、区府广场、农贸市场、农商银行、社区矫正中心、经信局（住房公积金中心）、疾控中心、育才花苑、埭口村、洞头第一中学、打水鞍村（海天佳境）、蓝港花苑（台湾观光工场） 上行：蓝港花苑（台湾观光工场）、打水鞍村（海天佳境）、洞头第一中学、埭口村、育才花苑、疾控中心、经信局（住房公积金中心）、社区矫正中心、金典时代、移动公司、人民医院、新人本超市、海霞广场、老干部活动中心、九厅村、洞头新城客运站	8

（区交通运输局提供）

水路运输管理

【概况】2023年，洞头区新招引企业2家，淘汰低小散企业1家，迁出企业1家，辖区现有水运企业19家，总运力109.67万吨，较上年同期新增16.2万吨，运力规模13年稳居全市第一位，占比全市超70%。全区在册船舶108艘，其中（普货船93艘，油船11艘，LNG船1艘，拖轮3艘）船舶呈现大型化、专业化发展趋势，船舶平均吨位10155载重吨，同比增长14.1%。完成水路货运量3674.19万吨，同比增长3.64%；完成港口货物吞吐量1129.4万吨，同比增长17.3%；完成集装箱吞吐量67万标箱，同比增长14.75%；完成水路货物周转量433亿吨公里，同比增长20.3%。指导完成2家海运企业优惠政策资金兑现工作，兑现资金共计160.82万元。对接市、区两级政府部门出台新一轮海运业优惠政策。

（陈益民）

【燕子山水陆综合开发工程（一期）完工】2023年12月29日，燕子山水陆综合开发工程（一期）码头工程完工。项目位于洞头区北岙街道水桶雷码头，总投资约1.2亿元，于2022年5月20日正式开工。建设规模为新建500总吨级车渡泊位、300总吨级客运泊位、100客快艇泊位各1个，包括车客渡码头1座、待渡车架空平台1座、快艇泊位连接平台和栈桥各1座（兼挡浪功能）、趸船1艘、防波堤1座、港池疏浚、护岸加固、液压系统及一期水电等码头配套设施，并购置车客渡船1艘。设计通过能力3.8万辆/年、21.7万人/年。建成后承接现小北岙码头的岛际客运交通功能，并兼顾海上公务执勤、海上游运营等多元功能。由温州市洞头交通发展股份有限公司负责实施，舟山市交通规划设计院设计，中建港航局集团有限公司施工，浙江港湾工程项目管理有限公司监理。

【水上交通监管】2023年，区交通运输局联合区农业农村、区海事等部门监管整治休闲船艇，打击、扣押、取缔不符合纳规条件的“三无”船艇；联合区港航管理中心走访服务水运企业、港口企业，督促企业排查安全隐患，明确安全主体责任落实，规范生产行为；加大航道巡查力度，排查各进港航道的障航物，及时开展航道清障行动。全年开展港口企业检查44家次、水运企业检查25家次，约谈企业13家次；开展航道清障9次、清除碍航物224处。

【水路经营领域安全专项治理】2023年，区交通运输局协同相关职能部门开展春雷行动、清港净海百日行动、打非治违等专项行动，加强辖区相关水域、码头、非法冲滩点、宕口等监管，查处涉私船舶、非法砂石船舶5艘，通过电子围栏系统、夜间突击巡查、联合巡查巡航等多种方式，形成常态化监管巡查机制。全年出动执法艇15艘次，执法车12次、执法人员116人次，开展联合夜间突击巡查2次。

【小型休闲船艇及三无船舶整治】2023年，区交通运输局联合海事、公安、农业农村、文广旅体、乡镇街道等单位，从严整治从事旅游、垂钓、体育等运动休闲船艇。联合开展平安护航亚运专项行动、利剑行动、商渔共治2023等专项行动24次，查扣三无船舶100艘，拆解38艘，出动执法人员75人次。

（陈素婷）

2023年12月29日，燕子山水陆综合码头（一期）建设完工　（区交通运输局提供）

港口

【概况】2023年，洞头拥有状元岙港区、大小门岛港区两大核心港区，辖区有港口经营企业7家，泊位总数12座，其中万吨级泊位5座。温州LNG接收站项目建成投产，推进状元岙二期工程、华港LNG储运调峰中心项目等港区基础设施建设。修订大小门岛港区小门岛西部作业区规划、调整状元岙港区D作业区规划，开展状元岙港区三期工程预可研究。状元岙港口开通马来西亚、日本及印尼等航线，状元岙港区外贸航线增至15条。新增进口水果、肉类及危化品三大外贸资质，开拓二手汽车滚装及集装箱内装出口海上运输通道和锂电池出口业务。全年完成港口货物吞吐量1129.38万吨，集装箱吞吐量67万标箱。新增运力16.2万吨，总运力高达109.67万吨，同比增长17.32%。指导完成2家海运企业优惠政策资金兑现工作，兑现资金共计160.82万元。

【浙能温州LNG接收站项目建成投产】2023年8月7日，装载15.4万立方米液化天然气（LNG）的马耳他籍船舶“雅锐”轮（YARILNG）停靠浙能温州液化天然气码头，8日上午10时30分成功进液，标志着浙南地区最大的LNG接收站进入试运行阶段。浙能温州LNG接收站位于大门镇小门岛，项目总投资约90亿元，是浙江省属国企首座自主可控的接收站项目。占地面积约40公顷，项目（一

2023年8月7日，装载15.4万立方米液化天然气（LNG）的马耳他籍船舶“雅锐”轮（YARILNG）停靠在浙能温州液化天然气码头　　（区交通运输局提供）

期）设计年接收能力300万吨，包括4座20万立方米LNG储罐、1座可靠泊8万—26.6万立方米LNG运输船的专用码头，约26千米外输管线及相应配套设施。接收站项目建成满足浙南地区的用气需求，促进地方产业结构优化调整。2023年9月22日，项目正式移交生产。

【温州至马来西亚外贸直航线开通】 2023年4月4日，装载进口榴莲的“海丰宸明”号抵达温州状元岙港区，标志着温州至马来西亚外贸直航线正式开通，温州港近洋航线增至12条。该航线沿途挂靠巴生北、关丹、胡志明、厦门、温州、仁川，为温州口岸进出口东南亚的货物再添一条海上快捷通道，也是温州港恢复进口水果业务后，新开辟的东南亚进口水果直航线，为温州打造浙南地区东南亚产品的“展销窗口”提供支撑保障。

【状元岙港口开通印尼航线】 2023年6月25日，装载着机械设备、小商品、游乐设施等货物的集装箱班轮“海丰信诚”轮，驶离温州港状元岙港区前往印尼，标志着温州—印尼直航服务正式开通。由海丰国际运营，航线沿途挂靠雅加达、三宝垄、泗水、望加锡、八打雁等港口，同时以雅加达、望加锡为中转点，覆盖印尼其他偏港。是温州港航充分发挥港口资源优势、加大国际市场开拓力度的一大举措，为温州及周边腹地客户提供便利，也为温州与共建“一带一路”国家的互动往来、经济合作提供新通道。

【温州港状元岙港再增RCEP国家进境水果新航线】 2023年3月22日，装载越南火龙果的“海丰秋明”轮抵达温州状元岙港，为温州港对口岸进境水果指定监管场地改建后首批入境新鲜水果，是首条对RCEP（区域全面经济伙伴关系协定）国家进境水果直航航线，标志着港区全面恢复进口水果业务。此次进境首批次越南火龙果总重量约18吨，货值约10万元，从越南胡志明市直达温州用时5天，较传统非直航中转模式缩短2—3天，提高航运时效，降低客户的物流成本。

（叶明志）

2023年3月22日，装载越南火龙果的“海丰秋明”轮抵达温州状元岙港
（温州港集团提供）

综述

【城市建设强劲有力】2023年，洞头区住建局紧扣城市蝶变战略重心，旧城社区配套提升9个，专项债项目开工7个，完工1个。锚定城市蝶变重点项目54个，开工24个，建成15个。大门—鹿西创成“离岛慢城”省级风貌样板区和“新时代富春山居图样板区”；东海石厝获评省级城乡风貌整治提升优秀案例。风貌提升做法在省政务信息（专报）刊发，获副省长、市委书记和市长批示肯定，省政府成立专班专项支持洞头风貌建设。全年争得省级补助资金1304万元。

【宜居获得感持续提升】2023年，洞头区住建局以争取城乡风貌整治提升省政府督查激励事项为发力点，持续开展城乡风貌整治提升专项工作。在海悦城社区植入一老一少、星光夜市等集成式场景，获评全区首个省级引领型未来社区。成立区级首个物业党委，海湾三区获评洞头首个省级“红色物业”。扎实推进城市更新行动，改造、完工老旧小区2个、精建口袋公园15个，城镇社区专项体检评价指数位列全市第三，状元村创成省级美丽宜居示范村，“海岛海峡海悦”共富风貌游线入选省级名单，并代表温州在省级巡展。

【营商服务更具温度】2023年，洞头区住建局建立“四标三色”监管模式，对房地产企业实施“红黄绿”分级管控；推行监理机构、物业企业黑白名单，住建类市场主体监管逐步体系化。创新“工程档案全生命周期归集服务系统”，入选市“一号发展工程”“一号改革工程”优秀案例，并在《温州改革（探路者）》刊发，平均每个项目验收费用减少50万元，获市委主要领导批示肯定。

（刘宙翔）

规划编制和管理

【概况】2023年，温州市自然资源和规划局洞头分局构建完善国土空间规划体系、国土空间设计体系，协助温州市自然资源和规划局完成温州市国土空间总体规划、温州市辖区国土空间总体规划送审稿意见征求，完成“三区三线”优化方案，推动洞头重大战略平台建设。批复实施详细规划成果9个，开展项目详细规划技术咨询22个，召开详细规划对接及审查会议40多次，完成技术审查工作。指导各街道（乡镇）开展新一轮“多规合一”实用性村庄规划修编，为城乡开发建设奠定基础保障。首次开展并完成洞头区国际生态旅游岛国土空间设计国际征集招投标工作，引入深圳市城市规划设计研究院股份有限公司/Hassell Limited团队，完成国土空间总体设计报批成果，促进洞头国土空间设计工作走在全市前列，深化完善与国土空间规划体系相匹配的从总体到专项再到详细的国土空间设计体系。全年召开洞头区规委会规划项目主任专题会议6次，研究审议规划议题共计15个。

【国土空间总体规划编制】2023年，温州市自然资源和规划局洞头分局把握规划空间要素向洞头倾斜配置的红利，做优三区三线，协助温州市自然资源和规划局完成温州市国土空间总体规划、温州市辖区国土空间总体规划送审稿意见征求反馈，为状元岙港区、状元南片、大门新区、小门岛等重要产业片区以及乡村重点区域留足空间。完成洞头区国土空间总体规划研究，并经区人大常委会审议，为洞头未来高质量跨越式发展提供坚实规划保障。

【国土空间详细规划编制】2023年，洞头区批复实施《温州港状元岙港区（元觉北片）B-01、B-02、B-04、B-05、B-06、B-07、B-12地块控制性详细规划修改》《温州市洞头区霓屿街道布袋岙片区控制性详细规划（修编）》《温州市洞头区大小门临港产业区小门片区控制性详细规划（修编）》《洞头区鹿西乡集镇控制性详细规划C-01、C-02地块修改》《温州市洞头区大门镇临港产业基地配套服务区控制性详细规划（修编）》《温州市洞头区霓屿街道田岙屿控制性详细规划修改》《温州市洞头区新城二期控制性详细规划（修编）》《洞头区杨文三期C1组团A5、A7、A8、A22和A63地块控制性详细规划修改》等控规批复成果8个，推动新能源电池材料产业园、运达风电零碳产业园等产业项目，以及状元岙港区配套设施、鹿西综合交通码头、垃圾处置中心、教育二幼迁建等基础设施项目实施建设；协助完成《温州市洞头区霓屿街道紫菜产业园A-06地块控制性详细规划修改》等规划技术审查和咨询服务项目11个，持续加强霓屿冷链中心、浙南水运中心、金风科技、旧城有机更新等项目规划保障。同时批复实施《温州市洞头区北岙街道大长坑村村庄规划》，对接街道（乡镇）做好下社村、垅头村、东岙顶村等一批多规合一实用性村庄规划编制技术指导和审查工作。其中，东岙顶村村庄规划荣获2023年温州市优秀村庄规划三等奖。

【国土空间设计】2023年，温州市自然资源和规划局洞头分局首次开展并完成《洞头区国际生态旅游岛国土空间设计》国际征集招投标工作，引入深圳市城市规划设计研究院股份有限公司/Hassell Limited团队，完成1412万元合同签订，分层推动形成72.8平方千米的国土空间总体设计，10平方千米的重点片区详细设计以及专项管控的国土空间设计导则体系。完成国土空间总体设计报批成果，构建“一心三圈层”总体空间结构，形成“公园群岛、环湖城心、九湾九色”空间蓝图，制定“6+8+N”[“6”指6大项总体导则：自然生态、空间形态（建筑高度、开发强度、人口密度、视线通廊）、景观风貌（风貌分区）、公共空间、慢行系统和社区生活圈。“8”指8项专题导则：建筑形态、建筑色彩、第五立面、天际线、山脊线、海岸线、景观要素和村落设计。“N”指N个重点片区导则]管控导则，提升城市空间品质。聘任深圳市城市规划设计研究院股份有限公司黄卫东为洞头区海上花园总规划师，为洞头海上花园建设提供服务咨询。

（夏建伟）

建筑业

【概况】2023年，洞头区建筑业持续保持稳定发展态势，建筑业年度产值逆势上扬，总产值84.8亿元。全年建设行业总税收继续保持较高贡献，全行业综合税收贡献7.14亿元，在全区各行业占有重要地位。招引培育资质企业，全年兑现建筑业优惠政策资金1.44亿元，完成企业招引17家，其中五亿级企业1家、亿元级企业1家、千万级企业8家，建筑业企业基本盘壮大，从单一民用建筑施工体系转为多门类配套施工体系，初步形成龙头、骨干、分包三个层次的组织体系。全年全区在库资质建筑业企业首次突破90家，比10年前增长近4倍。

【建筑产业翻倍增长】2023年，洞头区住建局出台建筑业“惠企政策3.0版”，为97家企业兑现约1.3亿元政策奖励。专班强势推进，推动全年建筑业总产值完成84.8亿元，同比增长24%，列全市第二位；省内产值完成75.2亿元，同比增长28.6%，位列全市第三，做强全区生产总值重要增长极。

【“无欠薪区”创建活动】2023年，根据省、市“根治欠薪”专项整治专项行动要求，洞头区住建局针对全区房屋建筑和市政基础设施工程领域开展专项整治，全年共检查项目48次，受理各类房屋建筑和市政工程欠薪的各类投诉举报72件，涉及600多人，为民工追回工资560多万元。

【农房建设全生命周期管理服务】2023年，洞头区住建局牵头起草《温州市洞头区农村住房建设全生命周期管理办法》，进一步优化农房建设审批管理流程，推进全区农房建设全生命周期管理。与建设行业协会双向联合，抽调区建设工程质量与施工安全管理领域的技术专家，成立专家服务队，为在建农房质量安全及责任落实等方面提供准确、专业服务指导。多部门联动，通过以街道（乡镇）自查，区级部门抽查，市级专项督查方式，落实在建农房安全隐患排查专项整治工作。全年开展在建农房施工质量与安全专项检查2次，联合街道（乡镇）排查在建农房103处，发现并整改质量安全隐患26个，保障农房建设质量与安全。

【农村工匠培育】2023年，洞头区住建局紧扣全区工匠实际需求，重点针对砌筑工、钢筋工、水电工、木工、石厝工等一线农村建筑工匠开展理论培训并进行考核。内容涵盖建筑工匠制度、农房建设管理知识、建筑识图、石砌结构和有关法律法规知识，提升农村建筑工匠业务水平和安全意识。全年培训79人次。

（颜莹颖）

【建筑工程质量与施工安全管理】2023年，洞头区在建工程49个，其中房建项目23个，建筑面积83.13万平方米，造价35.8亿元；市政项目6个，造价5.4亿元。全年完成市标化工地创建4个，通过市级标化节点验收4个，创标率100%。全年累计检查工地276次，发放安全隐患限期整改通知单248份，停工整改通知书29份，约谈项目负责人12人次，累计进行信用扣分惩戒31次，查获电焊工无证作业9起，并移交消防救援大队进行行政处罚，对10起扬尘措施不到位或施工现场存在重大安全生产隐患的案件，进行线索移交综合执法局进行立案查处。组织竣工联合验收项目31个，其中房屋建筑工程25个，市政基础设施工程6个。洞头海悦城钰园三标项目获2023年温州市建设工程“瓯江杯”。

【标化工地创建】2023年，洞头区住建局以环岛迎宾环线工地为重点，带动全区在建工程项目开展围挡整治提升行动。全年共有申报标化节点项目27个，通过市级标化节点验收3个，完成市级标化创建4个。6月，在洞头区人民医院改扩建工程二期项目组织举办“安全生产月”启动仪式暨红色工地现场观摩会。该项目通过市级标化创建节点验收，并创成全市“优秀红色工地”。

【建筑工程行业专项检查】2023年，洞头区住建局先后开展助力企业投资项目提前投产运行，开展建筑工程质量评价工作，联合第三方中介机构开展建筑工程消防指导验收工作，开展预拌混凝土企业生产质量专项检查，对在全区承接业务的区外五家检测机构进行实地核查。同步开展各类应急演练和做好起重机械检查检测工作，指导各在建项目及时做好应对台风汛期应急措施，共组织项目人员转移2次，配合相关部门集中安置人员2600多人次；按计划委托第三方检测机构开展2轮次的起重机械专项检查检测，共检测各类起重机械67台次，出具合格检测报告67份，下发安全隐患限期整改通知单位12份，责令停止使用拆除施工电梯1台，确保全区在建工程项目起重机械安全使用。

【“浙里建”数字化监管】2023年，为解决建筑工程质量管理面临的突出问题，进一步完善质量保障体系，提升建筑工程品质，提升对全区在建项目的监督力度和精准度，全区49个在建项目全部进入“浙里建”系统，并融合温州智慧住建安监管理系统、温州智能建造综合管理系统，实现数字化管理。其中，温州智能建造综合管理系统线上工人安全教育完成率位居全市第一，在职工人线上教育完成率达98%。

（许永出）

城镇建设

【概况】2023年，洞头区完成《北岙街道中心街（下段）有机更新初步设计》《北岙街道低碳配套项目前期研究》《洞头区人行道设计导则》等编制工作，制定《温州市洞头区现代化美丽城镇建设工作计划》，推送城乡风貌创建成效及经验做法至住建部《城乡建设》杂志刊发。新建污水管网1千米、雨水管网3千米、新建智能水表608只；老旧小区改造开工1个、完工1个；超额完成既有住宅加装电梯7台，完成率175%；超额完成新建改造城市道路3千米、新增公共停车位163个，专用停车位2000多个；启动鹿西村、布袋岙村美丽宜居示范村建设；完成汪月霞旧居（历史建筑）活化利用并投入使用；完成新增绿地8公顷，其中，城市公园绿地4公顷、精建口袋公园15个、新增立体绿化点位3处、新建绿道2千米、建成海绵城市示范性工程2个、打通绿道卡口1处；城镇社区专项体检评价指数位列全市第三。

【老旧小区改造】2023年，洞头区完成老工商宿舍老旧小区改造，申报怡安晴居等2024年中央补助资金支持城镇老旧小区改造项目5个；新增建设中心街430弄2号、中心街470弄5号、教育小区2幢1单元、海湾二区5幢、海湾三区18幢2单元、鸿雁新苑2幢1单元及金海花苑5幢1单元加装电梯7台。

（钱建东）

【美丽城镇建设】2023年，洞头区全域推进现代化美丽城镇示范镇培育建设，完成大门、东屏、元觉、霓屿及鹿西等5个街道（乡镇）建设方案编制及省、市、区三级评审；制定《温州市洞头区现代化美丽城镇建设工作计划》。全年被列入美丽城镇建设项目42个，开工率100%；计划投资额9.46亿元；累计完成投资额9.6539亿元，完成率102.05%。

（柯欣怡）

【省级美丽宜居示范村创建】2023年12月，元觉街道状元村省级美丽宜居示范村考核合格通过。霓屿街道布袋岙村申报省级美丽宜居示范村考核验收。鹿西乡鹿西村、东臼村和元觉街道沙岗村已基本建成，元觉街道沙角村被省住建厅列为2024年省级美丽宜居示范村试点建设村庄。

【大门—鹿西“离岛慢城”县域风貌样板区获省级样板】 2023年12月7日，浙江省城乡风貌整治提升工作专班办公室公布2023年度第三批城乡风貌样板区名单，大门—鹿西“离岛慢城”县域风貌样板区上榜。大门—鹿西“离岛慢城”县域风貌样板区，建设范围约817公顷，涉及大门岛东部及鹿西岛全域，陆域面积40.32平方千米，人口3.5万人，下辖30个村。风貌区以“产业聚变、城市蝶变、幸福跃变”为指引，按照“保持底色、擦亮本色、彰显特色”的宗旨，通过大岛带小岛，各司其美、美美与共，联合打造“一核、两带、四环”，匠心描绘“离岛慢城、五海共富”海外桃源新画卷。风貌样板区累计投资2.2亿元，深入谋划12个“补短板”重点项目，顺利建成沙岙综合码头、鹿西港海域航道、海鲜夜市、白龙屿产业示范基地、灯塔星光集市等精品项目。

（张于江）

表25　2023年洞头区“口袋公园”基本情况一览表

单位：万元

序号	项目名称	具体位置	工程概况	投资额	项目资金来源	完工时间	实施单位
1	野营公园	元觉状元南片	建设面积约15000平方米,建设内容包括苗木移栽，配套管理用房，园路等	200	EOD资金	2023年11月	综合执法局
2	鸽殿游园	鸽殿路旁	建设面积约1600平方米，建设内容包括绿化、小品景观等	70	EOD资金	2023年8月	综合执法局
3	古堤坝遗址文化园	普陀寺文化产业园周边空地	建设面积1775平方米，包括文保内容	69	专项债——中普陀周边整治项目	2023年11月	城发公司
4	城南街心广场	北岙街道城南社区活动场所，原宪法公园	建设面积约1100平方米，建设内容包括路面铺设、小品景观、绿化等	95	专项债——中普陀周边整治项目	2023年11月	城发公司
5	南塘游园	溢香国际酒店对面空地	建设面积2457平方米，儿童友好主题相关设施内容	110	专项债——洞头区海上花园绿化彩化美化提升工程	2023年11月	综合执法局
6	海露游园	白迭路玻璃幕墙厂房旁三角空地	建设面积约4000平方米，建设内容包括铺装、草坪、绿化	80	专项债——洞头区海上花园绿化彩化美化提升工程	2023年11月	综合执法局
7	东屏邻里公园	东屏城市书屋对面	建设面积约4000平方米，建设内容包括铺装、草坪、绿化	159	拟财政统筹(暂无资金来源)	2023年11月	东屏街道
8	恒博广场	杨文工业区入口,恒博广场景观提升	建设面积约2730平方米，建设内容包括广场铺设、绿化等	140	专项债	2023年11月	城发公司
9	中屿活力园	沙角村天后宫广场	建设篮球场、乒乓球场、健身区、儿童滑梯、儿童蹦床、沙坑、休闲木平台	350	企业自筹（旅发公司银行贷款）微改精提	2023年04月	元觉街道办事处（代建）旅发业主
10	霓屿迎宾花海	霓屿紫菜产业园入口	建设面积约10500平方米，园区入口景观提升、绿化	400	专项债	2023年11月	旅发公司
11	鹿西红砂口袋公园	鹿西岙外上栏红砂道路	计划用地面积800平方米，周边硬化彩化，健身器材安装	50	中央专项债、市级补助、村级自筹	2023年11月	鹿西乡人民政府

续表25

序号	项目名称	具体位置	工程概况	投资额	项目资金来源	完工时间	实施单位
12	霓乐园	霓屿街道布袋岙村	布袋岙村美丽宜居示范村提升工程，儿童休闲主题广场，广场周边绿化美化、停车场	150	省级资金补助	2023年03月	霓屿街道
13	龙屿花院	霓屿街道下社村	下社村美丽庭院提升项目，对后社自然村进行美丽庭院巷微改造精提升	35	美丽城镇	2023年11月	霓屿街道
14	美岙小驿	大门镇美岙村入村口	对美岙村入村口进行整体改造，配套马岙潭度假区综合开发项目，建设游客休息空间、标志性景观及绿化等	65	拟财政统筹(暂无资金来源）	2023年11月	大门镇人民政府
15	青奥海湾	大门大桥桥头	对大门大桥桥头现有绿化休闲场地进行改造提升，以三角梅种植提升为主打造三角梅主题公园，建设大门入城口标志性景观，拓展提升游客休闲空间	135	拟财政统筹(暂无资金来源）	2023年11月	大门镇人民政府
	合计			2108			

（区住建局提供）

住房建设和保障

【概况】2023年，洞头区发布《北岙街道海霞村、东沙村搬迁补偿和安置实施方案》《北岙街道海霞村、东沙村未登记建筑调查认定操作指南》，成立温州市洞头区未经登记建筑调查认定工作领导小组，领导小组下设办公室（设在区住建局）。完成元觉一期安置房项目竣工交付，竣工交付套数204套，全区安置房项目全部竣工，竣工率100%。根据洞头区城中村改造5年规划，拟定3个项目，改造项目涉及10个自然村，总征地面积约297亩，涉及1301户；完成退休干部职工一次性住房补贴和住房工龄补贴发放，共涉及30个单位74人，发放住房补贴资金163.68万元。公租房保障新增24户（含新就业人才），全年在保对象196户，累计保障462户1052人，发放公租房低收入补贴68.7438万元。城镇住房保障覆盖率12.47%，对低保、低边符合条件的申请家庭做到应保尽保。公租房租赁补贴186户，累计保障受益户数447户，受益人数1016人，累计发放住房租赁补贴362.7552万元。人才租房补贴在保32人，购房补贴5人，全年累计发放人才补贴30.58万元，累计入住人才公寓183人。

【洞头区危旧房安全应急处置预案】2023年9月25日，洞头区住建局印发《温州市洞头区危旧房安全应急处置预案》，该预案适用于洞头区行政区域内危旧房安全突发事件的预防和处置工作。老旧房主要结构构件出现危险点、结构体系混乱、构件老化破损严重的，洞头区受气象灾害，尤其台风、暴雨天气影响较大，包括建筑幕墙及玻璃雨篷、采光顶、无支承框架结构的外墙干挂系统、直接粘贴在建筑主体结构外墙或者挑檐上的饰面砖（饰面板、装饰条、涂料）、外墙外保温系统等涉及公共安全的危旧房外墙面使用安全应急管理参照本预案执行。

【城乡房屋安全管理】2023年，洞头区开展全区城乡房屋大排查大整治行动，制定《洞头区城乡房屋排查整治方案》，成立工作领导小组。研究制定《洞头区房屋安全常态化网格化监管巡查机制》，组织召开两次网格员巡查培训会，参加人员200多人，结合工地工棚开展危旧房人员转移应急演练，参加演练人员60多人。动员辖区开展房屋安全知识宣传教育活动，共发放宣传手册600多册。全年，共排查自建房21900多处，发现危房69处，整治率100%。

【公租房、保租房保障】2023年，洞头区公租房新增保障家庭24户，累计保障公租房受益户数458户，受益人数1052人；利用中央资金补助政策，把法院危旧房原宿舍8套进行改建提升，并简易装修，筹集作为公租房房源城镇住房保障受益覆盖率超额完成12.47%；提升保障对象补贴标准，发放租赁补贴345万元，实现低收入应保尽保。修订完善《洞头区人才住房配租管理办法》。盘活存量资产，筹集健康驿站项目二期250套作为保障性租赁住房，超额完成市对区考核210套任务，引导国有企业城发公司完成出租公告，落实民生系统录入。

【人才住房保障】2023年，洞头区新增人才租房补贴11人，购房补贴0人，发放人才住房租赁补贴（新就业大学生）30.58万元，累计入住人才公寓183人。成功认购配售4套。制订人才房房源筹集方案，加快人才房供应，明确35套房源从仁济学院房源中筹集作为人才配售房，并于12月20日发布人才配售公告。

（张群峰　曾晶蓉）

【白蚁防治】2023年，区住建局完成新建房屋白蚁预防项目12个，建筑总面积65.2万平方米，安装监测装置1460套。在30个物业小区发放宣传单160多份，开设小讲堂2次。免费为市民领取白蚁药水300多千克，受益户数500多户。结合危房治理、文物保护单位白蚁治理、个人老旧住房等工作，做好前期准备工作，6个街道（乡镇）实施上门服务灭治全覆盖，灭治建筑面积15万平方米。

（陈　哲）

物业管理

【概况】2023年，区住建局制定出台《洞头区党建引领社区、业委会和物业服务企业三方协同共同治理行动方案行动》《洞头区物业小区网格员巡查责任制度实施办法》。指导全区36个物业小区成立业主委员会，截至年底，共成立27个。受理违法装修投诉举报件12件，下发责令整改通知书12件，办理物业领域信访投诉件52件。完成政务平台举报投诉130多起，电话、上门投诉30多起，均完成答复工作。帮助业主与物业企业、房开公司调解矛盾纠纷，召开协调会10多次，处置率100%。

加强物业领域党建统领，北岙街道、大门镇物业企业党组织实现100%、全区业委会（物管会）的党员占比超90%。组织物业服务企业参选2023年度省级“红色物业”项目创建，由温州市洞头鑫凯物业管理服务有限公司服务的海湾家园三区项目被省住建厅评为“红色物业”项目，同时被市住建局评为“美好家园”项目。

【三方协同共同治理行动】2023年11月，区住建局制定出台《洞头区党建引领社区、业委会和物业服务企业三方协同共同治理行动方案行动》，强化党组织对小区治理工作的领导，建立健全三方议事联办机制，推动业委会规范化建设，促进小区物业服务水平提升，系统开展党建引领社区、业委会和物业服务企业三方协同共治行动，牵头街道社区、小区业委会、物业服务企业召开工作例会6次，发现并解决问题8个。

【物业小区网格员巡查责任制度实施】2023年11月，区住建局制定出台《洞头区物业小区网格员巡查责任制度实施办法》，逐项制定网格巡查问题清单，分3个巡查小组，各小组的周巡查自行确定重点巡查方向，但每个月的巡查必须全覆盖问题清单内容，分片区监管物业服务工作，实现网格巡查全覆盖。

【物业小区整治】2023年，区住建局严格把控高层建筑消防安全，采用系统构建“小区自查+住建巡查+部门联查”隐患排查整治模式，提高全区物业小区消防安全系数。完成销号金典时代1个市级重大消防隐患挂牌单位，注重结果运用，对整改不力的物业服务企业通过红黑榜和物业信用分进行奖罚，全年通过微信公众号等形式发布4期，1个物业企业信用分被扣分。投入13万元，贯通市级物业智慧平台，实现物业备案线上秒办、个人维修金一键查询、重大事项云表决。

（陈　哲）

住房公积金管理

【概况】2023年，温州市住房公积金管理中心洞头分中心办理各类公积金提取和发放贷款5.22亿元，同比增长8.52%，其中，公积金提取2.59亿元，同比增长16.3%，发放贷款2.63亿元，同比增长1.77%。全年向区财政上缴廉租房建设资金534万元，远超历年。开展公积金进社区专场4场、进楼盘3场，走访企业76家，寄送《住房公积金以案释法》300多份。

【住房公积金扩面】2023年，全区扩面新增2772人，实缴净增891人，完成年度计划104%，累计公积金缴存人数13903人。联合农业农村局发文，在渔业产业捕捞、养殖、加工从业人员中试行建缴公积金。《温州洞头“三渔+公积金”助力海岛城乡一体化发展》实践案例被中国经济新闻联播媒体、浙江省建设厅信息港采用，同时获评区级“八八战略”实践案例、2023年度“微改革 微创新”十佳案例。成立扩面攻坚4个专班，发挥受托银行资源优势，继续推进民办学校教职工、村级网格员、退役军人、灵活就业人员扩面建制。

【住房公积金归集】 2023年，全区公积金归集总额33448万元，完成年度计划100.4%。完成洞头区基数调整（除机关事业单位外），全区缴存住房公积金同比增长7.05%。组织实施2023年度资金竞争性存放工作，完成总额4900万元一年期增值收益定期存款。

【住房公积金提取】 2023年，公积金洞头分中心办理各类公积金提取总额2.59亿元，比上年增长16.3%。其中，住房消费提取2.2亿元，占比84.8%；其他提取3943万元，占比15.2%。

【住房公积金贷款】 2023年，公积金洞头分中心发放个人住房贷款684笔2.63亿元，完成年度计划165.37%，累计向273572户家庭发放住房公积金个人贷款1019.04亿元。6月，调整部分贷款、提取政策，支持新市民、青年人租购住房。住房公积金缴存职工购买家庭首套住房申请个人住房公积金贷款的，单人缴存可贷额度调整为20万～65万元，双人缴存可贷额度为30万～100万元。高层次和三孩家庭可享受政策叠加；住房公积金缴存职工申请住房租赁提取住房公积金的，每月提取额度由最高1400元提高至1600元。

（柯芳芳）

房地产管理

【概况】 2023年，洞头区出台《洞头区促进房地产市场健康平稳发展若干措施》，加快房地产销化，召开企业座谈会，入企走访；全年审核完成首套购房补助申请117件；发放购房消费券两次400张，总金额2710万元；房地产开发投资额完成9.8亿元，同比下降8.7%；全区二手房成交量累计完成552套，交易金额为25565万元；全区商品住房成交均价12323元/平方米，涨幅7.22%。创新房地产品质监管一件事改革，制定方案和业务流程，建立健全信访联动机制，打通和完善多部门监管。组织开展房地产开发、销售、中介机构等问题排查整治，累计出动检查40次，全年发放责令整改通知书5份。

【房地产指标】 2023年，洞头区房地产开发投资额完成9.8亿元，同比下降8.7%；全区二手房成交量累计完成552套，成交面积为7.1万平方米，交易金额为2.56亿元；全区商品住房成交均价12323元/平方米，涨幅7.22%。房地产人员工资总额（含海经区）为1.32亿元，同比上升11.04%。

【房地产市场监管】 2023年，洞头区住建局持续推进房地产市场秩序检查专项行动，落实房地产“双随机”检查，组织开展房地产开发、销售、中介机构等问题排查整治，累计出动检查40次，全年发放责令整改通知书5份，累计办理房地产信访投诉达60件以上。建立三色管理模式，强化部门联动，落实风险处置，制定《洞头区房地产领域突出信访问题专项整治方案》，制定“一楼一策”方案和应急处置预案。

（曾晶蓉）

城市管理

【概况】 2023年，洞头区通过建立花园委、花园办，实施“绿色图章”制度，统筹推进全区绿化美化工作。重点对7条路段实施“去疤点、增亮点”，选用海岛特色树种，打造拥有沿线观花大道的风情景观，突出“花海风韵，渔岛传情”等七大主题，统筹推进20个城市品质提升项目如期完成，工作成效获省、市主要领导点赞，多家媒体宣传报道。全域推进管网建设，新建雨污管网6千米，启动基础设施更新，路面白改黑8万平方米。建成燃气管网1.5千米，新增管道用户1200户，完成10个小区供水设施改造，建设口袋公园。全年累计受理数字城管案件6841件，按期结案率95.58%；共受理社会应急联动工作平台158起，按期结案率达100%。牵头组建“最海鲜”集散中心迁新疏旧工作专班，把120多户流动摊贩100%统一归集至“最海鲜”集散中心定点定时经营，完成区农贸市场周边流动摊贩“老大难”问题。引导商铺落实“门前三包”78家，整治占道经营182多处，清理户外广告乱张贴32处，净化人行道违停108起。

【洞头区迎亚运城市品质大提升行动】 2023年6月21日，为全面提升城市品质，彰显文化特色，实现“办好一个会、提升一座城”目标，以“展亚运风采、显浙江风貌、秀湖光山色、见城市活力”的城乡新风貌迎接杭州亚运会、亚残运会，洞头区开展城市品质大提升行动，重点任务是开展城乡基础设施更新联网、山水田园风貌向美而生、重点区域景观文化融合、城市小微空间提质增彩、两路两侧“三化一平”整治、可视范围视觉污染净化、亚运通勤线路品质提升、美丽城镇示范建设、宜居宜业和美乡村样板建设、多姿多彩城市夜景亮灯等十大行动。实施步骤分为动员部署、整治攻坚、全面冲刺、巩固长效等阶段。成立城市品质大提升工作专班，负责大提升行动的统筹协调、督促指导。建立领导带队巡查及联络督办机制，一周一报一汇总。区直有关单位要做好责任分解落实，细化任务清单，加强业务指导。各街道（乡镇）要强化属地责任，主要负责人要亲自挂帅、靠前指挥，实施清单化管理，优质高效推进各项工作。建立健全常态化督查机制，实施跟踪问效，对工作推进不力、进度落后的单位，采取预警、通报、约谈等措施督促落实。全面提升城市“绿化、洁化、净化、序化、美化、亮化、文化、国际化”水平。

【市政设施维管】2023年，洞头区综合行政执法局完成桥头跳车整治1座和道路不平整治1千米，检测道路13条、桥梁13座，制定道路挖掘审批意见，实施挖掘计划报批。开展排涝应急演练，新增3000立方米/小时排水泵，提升全区应急防涝强排能力。落实现存易涝区域“一点一策”方案，实施风险预警提示机制，发出预警提示单12份。牵头完成迎宾沿线86项整改任务，完成九厅路口、交通局路口、环岛公路强弱电“上改下”工程，完成330国道、环岛公路沿线等交通标识标牌规范提升等。

【全域污水管网及配套设施项目】2023年，区综合行政执法局牵头实施全域污水管网及配套设施项目，涉及6个子项目7个标段，共投资6.28亿元，新建雨污管网6千米，启动基础设施更新，路面白改黑8万平方米。开工建设农村生活污水设施，制定出台《洞头区农村生活污水处理设施建设质量监督管理办法》。

【城市绿化养护】2023年，洞头区深入开展迎亚运城市品质大提升行动，实施“去疤点、增亮点、塑节点”，一体做好山体修复、道路整治、绿化美化等工作。选用海岛特色树种，选取7条路段分为重点精品、局部提升和整理更新3个等级，突出“花海风韵，渔岛传情”等7大主题，建设滨海城市生态景观廊道。完成全区绿化美化提升面积超20万平方米，完成投资额4000万元。20个迎亚运项目均已完成年度绿化工作任务，其中迎宾主线、77省道洞头复线道路景观工程、三盘桥头—开元酒店段沿线绿化、东园三路景观绿化提升等项目均超前完成。成立区级层面绿化专家工作团队，编制印发《温州市洞头区绿化苗木品种与种植技术规范指导意见》白皮书，创新实施“绿色图章”机制。常态化开展重要道路和项目施工现场巡查，发出巡查通报9期、交办函5期，工作提示单4期，发现和督促责任单位整改绿化美化和施工问题313个。提醒街道（乡镇）、责任单位加强苗木浇水养护、抢抓台风雨后苗木补植时机，相关做法获区委主要领导肯定。

【园林绿化】2023年，区综合行政执法局不定期组织绿化养护工人对行道树枝进行统一修剪，及时对城区缺株、死株的绿化带进行补植，针对城区主要道路、公园、广场、游园督促绿化养护人员增加作业频率，坚持“发现一处，清理一处”原则，对绿化带内白色垃圾、枯枝落叶、杂草杂物等进行“地毯式”清理，保障城区绿化景观质量。全年，针对绿化的死株、缺株、缺绿及绿化断档进行有效移栽，共完成绿地复绿补植面积28650平方米，整理场地13475平方米，绿地垃圾处理约3820车次，移栽苗木约1277平方米，出动清洗车128车次、保洁人员2800人工次。

【河道保洁管理】2023年，区综合行政执法局坚持“严格管理，严格要求，严格督查”工作要求，不定期地开展河道巡查，发现问题通知养护单位限期整改，每月依照考核要求对养护范围内的13条河道保洁情况进行考核。全年组织开展考核4次，区域河道巡查48次、出动巡查人员36人次。

【垃圾分类】2023年，洞头区开展新建垃圾综合处置中心前期筹备工作，完成地块控规修改，明确规划用地可建范围，实现投资额1000万元。完成4个省级分类示

2023年7月，洞头区污水管网及配套设施项目建设工地（区综合行政执法局提供）

范小区、1个省级分类示范片区创建。全年回收利用率66%、易腐垃圾占比26.75%，生活垃圾处理率85.33%，超省高质量发展指标要求。

【农村污水设施维养】2023年，区综合行政执法局组织运维人员对农村生活污水处理终端及管网开展水质检测监督、应急抢修等日常巡查工作，处理管网堵塞、设施受损等问题。全年累计巡检4493次，检查农村生活污水处理终端及管网设施，发现问题113处，完成整改113处，于6月底提前完成全年121个标准化运维任务指标，全年水质达标率98.11%。

【路灯设施管养】2023年，洞头区执行路灯亮灯率98%以上要求，落实安全管理责任制，督促养护单位做好对灯头转向、灯罩松动、线路有无裸露等情况进行检查，对损坏路灯配件及时进行维护更新，确保路灯设施的完好率和安全使用，保障全区路灯夜间照明管理。全年修复路灯1892件。

【燃气安全】2023年，区综合行政执法局开展城镇燃气隐患大排查大整治工作，首次实施问题督查抄告、交叉检查机制，开展城镇燃气明察暗访、交流学习，提升燃气工作整体水平。年内，发出整改提示单18份，抄告隐患问题193处，指导案件查处58起。完成中燃华电省级问题清单销号整改验收。年内推进民生项目，完成老旧小区瓶改管工作，新增管道用户小区8个，管道燃气用户1200户。

（倪书田）

城建档案管理

【概况】2023年，区住房和城建档案管理中心负责洞头区城市建设档案的收集、整理、归档、保管和利用工作。探索工程档案改革路径，对标浙江省城建数字档案室标准提升完善。对共富、数字化改革、碳达峰和碳中和三类档案进行整理并做好数字化工作，形成专题数据，完成三类档案目录、数据纸质档案共计89件、照片档案24张、视频档案1个，档案数字化加工1826页，数字化成果9GB。《温州市洞头区创新工程档案归集模式助力项目竣工验收提质增效加速跑》在《温州改革（探路者）》第12期刊出，并在全市住建系统组织推广。洞头区在全市召开的住建系统“电子文件归集应用场景”推进会作演示实操项目的全过程流转并分享有关经验。区住建局在温州市城市建设档案馆召开的《电子文件归集（工程档案管理）》研讨会上作前期改革试点工作情况汇报。参与全市营商环境优化提升“一号工程改革工程”双月擂台赛演示，获评全市第二批典型案例。完成工程档案在线归集系统等级测评，测评结果满足系统安全投用要求。全年完成工程档案竣工验收审核归集。配合建设项目竣工验收工作，共计审核工程档案25个房建项目和2个市政项目，出具工程档案整改通知单27份。督促建设项目完善工程档案资料，出具档案验收意见书21份，收集工程双套档案2880卷。

【优化城建档案服务】2023年，根据省厅数字化改革要求，洞头区作为工程档案在线归集的试点先行单位，选定温州港集团有限公司改扩建工程作为试点工程，指导服务项目线上工程档案归集，落实工程档案100%系统线上接收。试点场景中阶段服务、自动提取、统一签章和一键移交等功能全部测试完成。6月7日，按照省住建厅发布的《关于上线“电子文件归集（工程档案管理）”场景的通知》要求，洞头区实行房屋建筑工程全过程电子文件归集服务改革经验在全省工程建设领域推广落实。10月19日，区住建局邀请温州市城建档案馆、区财政局、区委改革办、区大数据管理中心相关领导及专家，组织召开“建设工程档案全过程归集服务系统”项目验收会。改革经验通过验收。利用数字化成果，发挥档案服务交通，提高档案检索效率和档案信息利用，为企业群众查档利用提供便利。全年工程档案对外利用675人次1170卷。

【城建档案室建设】2023年，根据省市城建档案工作统一部署，从队伍建设、档案收集、信息化建设、库房建设、档案数字化、省级管理目标、声像档案及查询利用等方面完成2022年度城建档案工作考核。组织开展住建系统档案数字化整理。委托温州邦博工程项目管理有限公司，并于7月签订档案整理与数字化加工项目合同。该公司自2023年1月开始进场实施，截至12月5日整理文书档案18130件，审批1897卷，文字扫描折合A4纸394792页。

【《房屋建筑工程电子文件归集标准》编制评审】2023年，区住建局牵头编制《浙江省房屋建筑工程电子文件归集标准》，并于3月在省厅标准研讨会上作经验交流。8月14日，在标准编制组编制形成《房屋建筑工程电子文件归集标准》（专家征求意见稿）的基础上，区住建局牵头组织在省厅召开评审会。

（曾淑娟）

综合执法

【概况】2023年，洞头区综合行政执法局坚持定点布控、路长巡、无人机“非现场”盲区巡控、10分钟快速处置等方式，强化路面巡查，开展市容秩序、排水排污、毁绿占绿、人行道违停、安全生产等10多项专项整治行动。挂牌成立海上联勤指挥中心，开展联合执法联勤救援。完善“乡镇街道一支队伍”机制，出台联合执法、法治审核流程等工作机制，整合和共享法治审核力量及执法队伍力量，形成统一指挥、整体联动的街道（乡镇）综合行政执法体系。建立全省首个违建治理综合信息系统，拟出台《洞头区关于妥善处置农房违法建设相关历史遗留问题的指导意见》，出台《温州市洞头区农房建设审批监管尽职免责正负面清单》。获评浙江省2022年度“无违建”县（市、区）、2023年第一批温州市“大综合一体化”优秀改革项目等。

【大综合一体化改革】2023年，洞头区优化“海上一支队伍”体系，挂牌成立海上联勤指挥中心，通过集成自然资源、生态环保等68项涉海执法事项、整合近岸水域救援队伍、“物理整合”港航执法队、依托海翼智控平台数智赋能等做法，开展联合执法联勤救援。全年查获涉渔“三无船舶”50艘、小型休闲船艇26艘。协同市、区两级相关部门开展反走私专项行动12次，查扣涉嫌走私船舶13艘，涉案人员109人，走私物品1153.72吨，合计案值近9000万元。探索实现街道（乡镇）层级“一支队伍管执法”，整合“1+X”执法力量，按照“统筹安排、业务归口、法治审核、统一执行”运行模式，加快建立基层行政执法机制，打造一支以街道（乡镇）为主体的专业执法队伍。初步形成《深化“大综合一体化”行政执法改革提升基层执法效能实施意见》《洞头区“大综合一体化”行政执法改革考核细则》等工作机制，将街道（乡镇）、区直部门列为考核评价对象，调动街道（乡镇）、职能部门参与改革的主动性。

【行政处罚案件办理】2023年，区综合执法局一般程序案件立案81件，办结76件，简易程序办案2464件，罚没总金额386.6万元。提交局案审会集体讨论重大行政处罚案件9件。加强对街道（乡镇）执法队的业务指导和培训，赋权街道（乡镇）共办理一般程序案件77件，简易程序案件280件，组织开展专题业务培训4次。

【建筑垃圾倾倒整治】2023年，洞头区开展在建工地大排查，为全面落实在建项目工程渣土前置管理，控好施工工地“点”，守好运输“线”。全年，全区在建项目共49处，桩基阶段2处，出土阶段2处，其他为主体装修阶段，消纳约3.1万立方米，为政府指定堆放。全区有资源化消纳点和政府公建项目指定消纳点1处，5月前按照区政府要求停止消纳。启用渣土预警应用，对区外渣土车辆实现自动预警，并将预警信息自动推送区治理专班，按照“一件事流程”交由执法中队、公安交警联合打击。全年，发出预警信号600多次，帮助执法人员查扣车辆15辆，立案查处8起。

【无违建创建成果巩固】2023年，洞头区建立全省首个违建治理综合信息系统，按农村“一户一档”、城镇“一楼一档”为标准，对辖区内合法建筑及违法建筑开展调查摸底，基础数据包括户主姓名、地址、违法面积、建筑用途、土地性质、违建处置情况等40多项信息。覆盖全区所有街道（乡镇），收录3万多宗建筑物的相关数据。深化建房管理体制改革，将农房审批、监管、处罚等权限统一下放到街道（乡镇），严格落实宅基地审批程序公开、申请条件公开、建房名单公开、审批结果公开和农民建房“四到场”制度，解决农房审批、管理“两张皮”问题。开发违法建设监管一件事（“治违钉”）系统。研究并拟出台《洞头区关于妥善处置农房违法建设相关历史遗留问题的指导意见》，针对违建实际情况，以“一点一策”“销号处置”为要求，因地制宜，全力化解存量违法建筑。出台《温州市洞头区农房建设审批监管尽职免责正负面清单》，实行部门指导辖区街道（乡镇）处置的工作模式，坚持重要违建交办、督办和现场核实，全年累计处置违法建筑近0.6万平方米。

【全市首个违法建设监管（治违钉）系统】2023年7月18日，洞头区上线全市首个违法建设监管一件事（治违钉）应用系统，结合无人机定期巡拍比对，实现“数字化、模块化、程序化”管理。截至年底，通过违法建设监管（治违钉）平台处置违章7起，全年违法建筑拆除任务完成率达118%。

【查处首起建筑工程领域互相串通投标案】2023年8月1日，洞头区综合行政执法局查处一起建筑工程领域互相串通投标案。根据《中华人民共和国招投标法》第五十三条和《中华人民共和国招标投标法实施条例》第六十七条规定，依法对某某建设有限公司（原名：浙江某某建设有限公司）、浙江某某科技发展有限公司和丽水某某建设有限公司分别作出罚款65948.53元、65948.53元、69814.20元的行政处罚。该案系该执法事项划转后查处的首起此类案件。

（倪书田）

综述

【消费品零售】2023 年，洞头区实现社会消费品零售总额 33.99 亿元，同比增长 8.1%，其中限上消费品零售额 5.37 亿元，增长 9.5%。完成限上批发业销售额 133.53 亿元，增长 20.3%；限上零售业销售额为 2.18 亿元，增长 24.3%；限上住宿业营业额为 1.12 亿元，增长 17.1%；限上餐饮业营业额为 9704.9 万元，增长 9.1%。

【商贸业提质扩容的若干政策】2023 年 7 月 21 日，为贯彻落实党中央扩大内需战略，抢抓消费复苏重大“窗口期”，加快培育商贸流通主体，持续提升消费体验，激发消费潜力，根据《温州市人民政府关于进一步加快现代服务业高质量发展的若干政策意见》，区政府制定《洞头区关于进一步推动商贸业提质扩容的若干政策意见》。该意见主要包括四大部分 29 条政策，其中第一部分是支持商贸主体培育，共 4 条。第二部分是推动商圈经济繁荣发展，共 5 条。第三部分是推动电子商务高质量发展，共 11 条。第四部分是支持跨境电商发展，共 9 条。政策适用范围原则上为洞头区范围（不含海经区），所指企业原则上为申报时依法登记在册、依法纳税的企业，行政单位原则上不作为奖补对象，本政策正文另有规定除外。跨境电商企业为申报时注册地和财政收入在洞头区范围内，具有独立法人资格，并以 9610、1210、9710、9810 监管代码报关的海关备案企业。自 2023 年 8 月 22 日起施行，有效期至 2025 年 12 月 31 日，适用于 2023 年 1 月 1 日至 2025 年 12 月 31 日的奖补对象。

【商贸业提质扩容与消费增长】2023 年，洞头区制定《洞头区关于进一步推动商贸业提质扩容的若干政策意见》《洞头区商圈经济繁荣发展实施方案》，全面激发消费市场活力，促进消费向好。推进首店经济等工作，全年落地洞头首店 6 家，新城社区创成国家级一刻钟便民生活圈；办好系列促消费活动，持续做好优质业态更新，全年开展促消费活动 20 多场，发放各类消费券 343 万元，带动消费交易额近 1500 万元，新增限上商贸企业 13 家；做好特色餐饮培育和流通企业发展，鹿西黄鱼被评为浙江地标美食，温州佳海食品有限公司创成浙江省内外贸一体化“领跑者”企业。

【医药销售】2023 年，入驻洞头并运营的医药企业主要为浙江德宁医药有限公司、浙江固德医药有限公司。其中浙江德宁医药有限公司主要从事康宁集团所属各大医院及其他医疗机构、药店的业务，全年销售额 2.83 亿元。浙江固德医药有限公司主要从事民营医院、诊所和药店的 OTC（非处方药）业务，全年销售额 2.26 亿元，同比增长 21.8%。

（李韦韦　杨盈盈）

【数字消费发展】2023 年，洞头区发展数字消费。举办首届共富工坊直播大赛、短视频大赛等系列活动。持续推动电商直播式“共富工坊”建设，促进文旅、渔农等特色产业产品线上交易超 500 万元，获评 2023 年全省第二批电商直播式“共富工坊”典型案例 1 个，区首批星级瓯江红共富工坊 3 个。聚焦核心商圈，做好首店招引等工作，全年落地洞头首店 6 家；聚焦重要节点，办好系列促消费活动，发放各类消费券 343 万元，洞头主题馆

表26 洞头区药品生产经营单位一览表

类别	单位名称	地址
药品生产企业	浙江诚意药业股份有限公司	温州市洞头区化工路118号
批发企业连锁总部	浙江固德医药有限公司	温州市洞头区北岙街道溢香路86号B幢
	浙江德宁医药有限公司	浙江省温州市洞头区北岙街道飘香路3号A幢102室
	浙江温周药铺有限公司	温州市洞头区北岙街道溢香路86号B幢302室
处方药店	温州市洞头联益医药零售有限公司	温州市洞头区北岙街道健康巷17号
	温州市洞头花旗药店	温州市洞头区北岙街道中心街67号A8-10
	温州市洞头一品堂药店	浙江省温州市洞头区北岙街道城南大道38号一层
	温州市洞头同益药品零售有限公司	温州市洞头区北岙街道连城大道12号
	温州市洞头恭诚药品零售有限公司	浙江省温州市洞头区大门镇沙岩街45号
	温州市洞头康民药品零售有限公司	温州市洞头区北岙街道中心街373—375号
	温州一正药房连锁有限公司洞头店	温州市洞头区北岙街道中兴路38号一楼第1间
	温州一正药房连锁有限公司洞头城南店	温州市洞头区北岙街道城南大道9、11号
	温州一正药房连锁有限公司洞头城中店	温州市洞头区北岙街道中心街168-4、168-6号
	温州一正药房连锁有限公司洞头北岙店	温州市洞头区北岙街道烈士路31号
	国药控股好喜好大药房连锁（温州）有限公司洞头店	温州市洞头区北岙街道城南大道1号
	温州叶同仁医药连锁有限公司洞头东屏店	温州市洞头区东屏街道惠中路30号
	温州叶同仁医药连锁有限公司洞头中心街店	洞头区北岙街道中心街212号
	温州叶同仁医药连锁有限公司洞头店	浙江省温州市洞头区北岙街道连城大道4、6-1号
	浙江瑞人堂康盛堂大药房医药连锁有限公司温州洞头连城店	浙江省温州市洞头区北岙街道连城大道12号
	浙江瑞人堂康盛堂大药房医药连锁有限公司温州洞头沙岩店	浙江省温州市洞头区大门镇沙岩街28号一楼
	英特一洲（温州）医药连锁有限公司洞头店	浙江省温州市洞头区北岙街道中心街406、408、410号
	温州市布衣大药房连锁有限公司洞头大门店	温州市洞头区大门镇富民街9号-4、9号-5
	温州市洞头同致药品零售有限公司	温州市洞头区霓屿街道海滨南路28号第一层
	温州市洞头鹿西玉琴药店（普通合伙）	温州市洞头区鹿西乡兴渔路12号
	浙江瑞人堂康盛堂大药房医药连锁有限公司温州洞头北岙路店	浙江省温州市洞头区北岙街道中兴路73号
	温州百晓大药房连锁有限公司洞头北岙店	浙江省温州市洞头区北岙街道烈士路101号
	温州叶同仁医药连锁有限公司洞头中心街二店	浙江省温州市洞头区北岙街道中心街102号

续表26

类别	单位名称	地址
乙类非处方药店	温州市洞头一帆药店(普通合伙)	温州市洞头区东屏街道仙岩路317弄11号
	温州市洞头海英药店	温州市洞头区东屏街道城南路129号

（区市场监管局提供）

亮相2023金秋购物节，馆内销售额位居全市第一。

【医疗器械生产经营】2023年，洞头区共有医疗器械生产企业3家，其中一次性使用医用口罩生产企业长期停产2家，一类备案企业正常生产1家；医疗器械批发企业3家，其中主营药品2家；仅经营三类零售企业6家，均为隐形眼镜店；二、三类兼营零售企业13家，均为药店；仅二类零售企业23家，大部分为零售药店。

（龚琪丽）

【电子商务】2023年，洞头区累计实现网络零售22.7亿元，突破20亿元大关，实现高速增长。截至年底，洞头区在重点监测第三方电子商务平台上共有活跃网络零售网店493家，活跃网络零售网店总数在温州市排名第11，在全省排名第82，电商从业人数5240人。年内，举办温州（洞头）首届共富工坊直播大赛等新电商文化节活动，深入推进电商直播式“共富工坊”建设培育，打造满天星、喜啰啰等星级“共富工坊”，其中满天星电商直播式“共富工坊”入选2023年浙江省第二批电商直播式“共富工坊”典型案例，该工坊负责人获2023农村直播电商个人优秀案例。

（李韦韦　杨盈盈）

【食盐专营】2023年，温州市洞头区盐业公司共调入盐产品580吨；年底库存量390吨。销售各类盐品565吨，其中小包装碘盐销售142吨，企业利润总额37万元。全区儿童合格碘盐覆盖率90.95%，孕妇合格碘盐覆盖率93.4%。截至年底，共有食盐零售配送客户资料618家，配送客户560家。

（胡芳媛）

对外贸易

【概况】2023年，洞头区货物贸易进出口总额26.61亿元，同比增长12.05%，增速排名全市第二。其中，出口总额13.96亿元，增长77.21%；进口总额12.65亿元，下降20.28%。洞头区从事进出口业务的企业共76家，其中生产型企业28家，贸易型企业48家，出口超1000万美元的企业有7家，出口额500万—1000万美元的企业有7家；进口超500万美元的企业只有1家，为浙江中燃华电能源有限公司，占全区进口总额的97.43%。全年服务贸易进出口额2亿元，同比增长30.95%，其中数字服务贸易进出口额0.83亿元，增长89.5%。

【外贸助企服务】2023年，区经信局建立重点外贸企业助企服务机制，帮助化解货物仓储、物流运输、报清关、出口退税等难点问题，截至年底，收集企业问题40个，化解率100%。落实市、区两级开放型经济政策，通过线上宣传、线下走访等形式，加大宣传力度，确保每项政策直达企业。组织企业申报境内外参展、外贸增长、出口信保等政策，兑现外贸优惠政策资金550多万元，惠及企业40多家。

【深入实施“地瓜经济”提能升级“一号开放工程”】2023年，区经信局全面落实“地瓜经济”提能升级“一号开放工程”各项工作目标任务，以中燃项目为支撑载体，创成省级进口供应链平台；建立关地港三方合作机制，近远洋航线增至14条，取得进口水果、肉类及危化品资质，全年水果进口大柜16个，肉类进口大柜1个；引进青山控股、运达股份、格林美、新宙邦、西屋港能等头部企业，在市级集中签约项目7个，总投资额73亿元；推动和支持企业“走出去”抢订单拓市场，21家企业参加各类境内外展会68个，其中境外展会19个，累计实现成交额2.8亿元，参展数量、企业、人数均创历史新高。

（杨伶俐）

烟草专卖

【概况】2023年，洞头区烟草专卖实现税利8472.36万元，增幅9.11%，直接缴纳洞头税款1502.31万元，对洞头地方财政贡献额1536.63万元（含转移收入）。洞头区烟草专卖局通过香溢助农直播助推土农特产出村，对8个老旧小店开展“千店帮扶”行动，拍摄帮扶主题党员教育片获第四届烟草行业党员教育电视片观摩交流活动优胜奖。常态化开展“‘溢’周五爱心早餐”精品活动，1家户外劳动者服务站点获评全国“最美户外劳动者服务站点”。

【卷烟打假打私】2023年，洞头区烟草专卖局保持打假打私高压态势查处假烟、走私烟、真烟非法流通等涉烟违法行为，维持辖区卷烟市场秩序。全年查获违法案件88起，查获违法卷烟24097.6条，维护有序市场环境。做好烟草专卖零售许可证审批及后续管理，规范许可证办理，优化许可前置服务，助推群众办事“零到场”，网上办证率100%。

【推进终端建设】2023年，洞头区烟草专卖局建成加盟终端、现代终端205户，农网现代终端示范店2户，社区小中心2户，推广快递收寄、金融代办、充值缴费等便民服务。

（郑婷婷）

供销合作经济

【概况】2023年，洞头区供销社推进农村“三位一体”改革，完成区、乡镇（街道）两级农合联换届选举，构建洞头农合联“1+6+N”（1是区农合联，6是六个街道乡镇农合联，N是各产业农合联）组织框架，吸收各类农合联会员124名，创成区级以上示范性合作社38家。区渔业单拖产业农合联创成全市首个省级渔业类五星级产业农合联。组织开展春耕备耕等农资便民下乡活动，举办各类渔农产品展示展销活动，开通“海上供富号”，销售海鲜到鹿城区、乐清市等地。组织和参加各类年货节、丰收节等展销活动，实现直接和间接销售收入500多万元。组建社有资产运营新主体，拓宽经营服务范围。9月19日，获评全国“节约型机关”。

【农村“三位一体”综合改革】2023年，洞头区供销合作社推进

2023年，洞头区海洋版“供富大篷车”——“海上供富号”开通（邓伦斌 摄）

洞头海洋版“三位一体”改革，依托区渔业单拖产业农合联，投用捕捞业“三位一体”服务平台，开展生产资料供应、业务技能培训、农产品销售、农村普惠金融等服务；制定霓屿紫菜产业园“三位一体”服务中心运营方案，集成政府服务、社会化服务、市场服务等为农服务功能。与区农商行签订战略合作协议，构建“农合＋农商”共同富裕金融服务体系，授信50亿元；定制专属信贷产品“海霞供富·农合惠贷”，授信1000万元。

【助农惠农服务】2023年，洞头区供销社开展“农资下乡”活动5次，配送化肥50吨，落实应急化肥储备50吨，惠及农户近500户。对接省供销社扶持区“两菜”产业，牵头组织开展会员技能培训，分别开展紫菜养殖技术、海上安全技术、羊栖菜养殖技术等培训班次，共计培训学员300多人次。

【农产品流通渠道】2023年，洞头区供销社举办“浪尖到舌尖·百县千碗·洞头美食”进市机关、洞头特色农产品（小吃）进市区、鹿西大黄鱼节、家庭文化节暨“妈妈的味道”渔家厨娘美食展示、“从浪尖到舌尖”2023洞头鳗香年货节等展示展销活动9场。以“供富大篷车”——“海上供富号”为载体，创新开通海洋版“海上供富号”，销售洞头优质渔农产品到鹿城、乐清等地，带动捕捞渔获品销售85万元。

【基层供销组织建设】2023年，洞头区供销社对原有社有资产进行清产核资，成立温州市洞头供销经贸有限公司，负责运营盘活社有资产，资产盘活率86%，社有资产营收同比增长36.5%，利润增长116.7%。对接大玮（中国）检测科技有限公司，以股份合作形式共同新建洞头区海经供销合作社，设立温州市洞头海经供销有限公司新疆办事处。与基层社灵昆供销社合作，谋划改造车站路“7号仓库”，改建项目被纳入省社为农服务“1+X”体系建设项目库，争取省供销社财政专项扶持资金100万元。

（叶楠）

粮食行业

【概况】2023年，洞头区开展储备粮和储备食用油库存检查，库存

粮油质量合格率、储存粮油品质宜存率、入库与储存期间质量检验建档率均100%，储备粮油全部达到“一符四无”标准要求，确保地方储备粮安全。九厅中心粮库继续保持“三星级”粮库荣誉。开工建设洞头区新中心粮食储备库。

【洞头区新中心粮食储备库开工建设】2023年4月25日，洞头粮食储备中心库及配套建设工程开工建设。该工程位于北岙街道新城加油站东侧风打岙地块，总投资概算为10967.7万元，项目总用地面积15335平方米（折合约23亩），总建筑面积为16368.24平方米，其中1号应急大米加工厂、制氮房，2号平房仓，3号平房仓，4号综合服务用房，5号应急物资仓库、配电房、门卫、军粮站。工程建成后，将是洞头本岛规模最大的一座粮仓。建设单位为温州市洞头区粮食和物资储备局，施工单位为宁波鼎立建设有限公司，设计单位为浙江东方建筑设计有限公司，监理单位为浙江蟠龙工程管理有限公司。

【市场粮油监测】2023年，洞头区市场粮油实行平常周监测和特殊时期日报价格监测制度，在全区建立粮食应急监测点12个，对2个主要品种粮食价格进行监测，及时掌握全区粮食市场价格变动情况，稳定全区粮食市场提供预警信息，保障市场粮食供应货足价稳。继续与12个粮食供应点签订粮食应急供应协议，落实保持应急成品粮储备600吨、食用油130吨，日粮食加工能力50吨设备一套，建立粮食应急运输企业运输机制，保障突发情况下的粮食应急供应。实行市场口粮抽检制度，建立“放心粮油店”5家，确保市民“舌尖上安全”。

【粮食产销合作】2023年，洞头区开展省际粮食产销对接活动，建立稳定粮食购销关系，保持与江苏等产粮区粮食产销合作关系，建立粮源基地5000亩规模，实行储备粮代储模式。

（洪　星）

邮政管理

【概况】2023年，中国邮政集团有限公司温州市洞头区分公司设立市场营销部和寄递事业部，下辖北岙、大门、鹿西、东屏、霓屿5个邮政支局（所）、1个元觉业务代办所 。全区共有邮路7条，农村邮路1条，邮路单程总长260千米，城市投递道段22条，农村投递线路4条，其中汽车投递道段3条，摩托车投递道段2条，电动自行车投递道段9条，电动三轮车投递道段11条。村邮站建设总计73个，其中一类站58个，三类信息化村邮站15个，共有村邮员86名，其中专职11名。全区邮政业务总量完成965.9万元（不含邮储银行部分）。

【邮政行业服务】2023年，邮政洞头分公司以三级物流体系建设为主要工作任务，与区民营快递企业开展邮快合作，明确委托服务方式、价格、时限和责任。在区域范围民营快递派件无法通达的行政村全面推行邮快合作，解决农村投递“最后一公里”问题。入驻温州医科大学仁济学院（滨海校区），建设校园邮政综合服务中心，全年服务学院邮件50万件。全区邮政业务总量完成965.9万元（不含邮储银行部分），同比减少47%，其中，国内函件2.15万件，减少13%；国内包裹快递71.26万件，减少7%；机要件418件，增长16%；年末邮储日均余额达2.4亿元（不含邮储银行部分），增长25%；全年累计收订报纸18.14万份，增长15%，全年累计收订杂志6.3万份，下降10%。

【客货邮融合】2023年，邮政洞头分公司与洞头交运公司开展交邮合作，建成鹿西乡6个客货邮中邮驿站，解决海岛快递“最后一公里”问题；与快递企业合作，探索仓储、运输、投递等环节合作，推进开放式包裹自提网络建设。截至年底，完成建制村物流快递综合便民服务站建设65个，实现建制村快递物流服务覆盖率90%以上，快递服务与农村需求基本匹配。

【农村电商运营】2023年，邮政洞头分公司借助中国邮政邮乐网网站进行助农销售，销售额达47多万元，发放惠农贷款580多万元，发挥邮政渠道优势，为百姓提供网络代购、农产品销售及其他服务。聚焦农产品进城和消费品下乡“最后一公里”，助力农民创收增收。截至年底，农产品销售65000件。利用直播平台，邮政线上线下渠道推荐渔农产品，直播60场，销售6万余件，销售额65多万元。

（洪丽娟）

市场管理与服务

【概况】2023年，洞头区共有商品交易市场7家，其中农贸市场5家，专业市场2家。现有四星级文明规范市场1家（北岙农贸市场），三星级规范市场2家（大门、元觉），“五化”农贸市场3家（北岙、大门、元觉），放心农贸市场3家（北岙、大门、元觉）。

【洞头区推动农贸市场高质量发展三年行动计划】2023年7月31日，为深入贯彻落实中共二十大精神以及党中央、国务院有关加快建设全国统一大市场和实施乡村振兴战略工作部署，助推全区共同富裕示范区建设，进一步推动农贸市场高质量发展，提高公共服务水平，区政府制定《洞头区推动农贸市场高质量发展三年行动计划（2023—2025年）》，主要任务是聚焦保供稳价，推进风险管控闭环化；聚焦智慧监管，推进管理运营智能化；聚焦民生幸福，推进配套服务便民化；聚焦共同富裕，推进经营业态多元化；聚焦食品安全，推进追溯监测体系化；聚焦绿色环保，推进垃圾处理规范化；聚焦扩面提质，推进创建工作系统化。主要目标是通过三年的高质量发展行动，逐步实现全区农贸市场现代化，推动农贸市场建设水平走在全市前列。

【农贸市场管理】2023年，洞头区推进市场管理运营智能化，实现全区农贸市场远程监控全覆盖和经营户违规行为AI智能抓拍。推行价格直采，在新城农贸市场安装屏称一体化设备，即时上传、显示农产品销售价格数据。开展塑料污染治理，在全区农贸市场推广使用可降解塑料购物袋，提倡使用菜篮子、布袋子。开展净重专项整治活动，检查农贸市场内经营户337户。开展平安市场建设，以护航亚运为契机，对市场内消防安全、燃气安全开展检查。

【推进合同监管工作】2023年，洞头区市场监管局受理审核AAA级、AA级“守合同重信用”公示企业4家，其中被命名为AAA级（省级）的3家，被命名为AA级（市级）的1家；兑现2022年度4家AA级、2家A级守重企业财政奖励资金，共发放14万元。

（陈　颖）

餐饮住宿业

【概况】 2023年，洞头区限上批发零售住宿餐饮销售总额137.8亿元，同比增长20.2%。其中，限上住宿业营业额为1.12亿元，增长17.1%；限上餐饮业营业额为9704.9万元，增长9.1%。截至年底，限上住宿企业11家，限上餐饮企业15家（不含个体），全年新增上限住宿餐饮企业5家，温州市洞头东屏明海渔家烧酒楼荣获2023年度“味美浙江 百县千碗”省级美食体验店称号。

（李韦韦　杨盈盈）

【餐饮市场主体数量】2023年，全区共有餐饮服务单位1105家，其中小型餐饮服务单位829家，占比75.02%；大中型以上餐饮服务单位117家，占比10.59%；单位食堂159家，占比14.39%。

【餐饮食品安全管理】2023年，区市场监管局开展餐饮抽检116批次，不合格4批次，立案4起。全年，以推进智慧监管为抓手，稳妥有序推进“互联网＋明厨亮灶”，新建大中型餐饮智能“阳光厨房”16家，网络餐饮外卖阳光厨房在线率和覆盖率动态保持95%以上。开展重要节假日、旅游季餐饮食品安全专项治理，全力保障区两会、妈祖节、铁人三项等重要活动食品安全工作13次，确保各项活动期间饮食安全。

（陈勇旭）

表27　2023年洞头区农贸市场一览表

市场名称	地址	开业时间	市场建筑面积（平方米）	市场星级	是否放心市场
北岙农贸市场	北岙街道烈士路58号	1992年1月10日	6907.3	四星级	放心市场
大门农贸市场	大门镇振兴路147号	2001年2月1日	3246	三星级	放心市场
元觉农贸市场	元觉街道小北岙行政村	2014年7月3日	965	三星级	放心市场
霓屿农贸市场	霓屿街道布袋岙村霓中路	2022年3月1日	1122.86	无	否
新城农贸市场	新城区腾飞路18号一层	2023年8月15日	2920	无	否

（区市场监管局提供）

旅游业

综述

【高能级旅游平台建设】2023年，洞头区加快打造国际生态旅游岛，发布国际生态旅游岛规划，拟定国际生态旅游岛建设实施意见及“三年行动计划”，明确国际生态旅游岛建设目标和实施路径。推进半屏山海洋省级旅游度假区建设，完成《半屏山海洋省级旅游度假区建设总体规划》省级评审稿及规划环评报告省级初审稿。创成东屏街道省AAAAA级景区镇、东岙村省金AAA级景区村庄，东岙村入选全国乡村旅游重点村。

【加快旅游融合发展】2023年，洞头区海霞营地全面提升，东沙不夜港一期建成投用，建成投用蓝海湾度假中心，三盘文旅街区、霓屿滩涂乐园、元觉露营基地等相继对外营业。状元岙港迎来国内高端邮轮“招商伊敦号”首泊，开通鹿西乌岛跳岛游、“大巴游洞头”旅游直通车，举办铁三国际公开赛等33场高规格体育赛事，“海上花园·百岛洞头”冠名高铁列车，洞头美景美食、人情风貌接连亮相央视，带动洞头在外知名度和美誉度，入选浙江文旅融合十佳县。

（王施施）

【国际生态旅游岛规划实施】2023年3月20日，《洞头区国际生态旅游岛建设规划》通过专家评审，7月29日通过区委常委会审查并同意实施。该规划围绕建设国际生态旅游岛目标，秉持国际化发展思路，突出“生态旅游”理念，结合国家全域旅游示范区、国家级旅游度假区和国家AAAAA级旅游景区创建，重点解决洞头目前旅游发展要素资源及空间瓶颈，谋划产品业态“国际化”，构建基础配套“国际化”，提升服务品质“国际化”，探索洞头未来旅游与未来城市、未来乡村相融合的发展策略，建设具有独特魅力的宜居宜游的“海上花园”，主要包含产业空间、产品体系、项目体系、交通体系、群岛风貌、旅居环境、建设机制、旅游品牌等。洞头区发布国际生态旅游岛规划，获省文旅厅赛马激励3项。

（黄正宝）

【国际生态旅游岛专班工作】2023年2月6日，洞头区建立重点工作（项目）专班攻坚机制，成立国际生态旅游岛专班，驻点牵头单位为区文广旅体局。立足建设国际生态旅游岛的发展定位，国际生态旅游岛专班聚焦高能级谋划创建、项目招引建设、市场推广、体旅融合、品质提升等五大领域27项重点任务，建立攻坚推进机制，实施挂图作战，对重点工作开展定期研究、定期督查、定期通报，形成一批标志性成果。获评浙江省文旅消费品牌创建优秀单位，三大文旅项目上榜浙江文旅“赛马”激励名单，两大项目入选浙江文化和旅游总评榜，4个项目获评专班“骏马”项目。

（倪小晖）

【东屏街道被列入省AAAAA级景区镇公示名单】2023年12月27日，浙江省文化和旅游厅公布2023年浙江省AAAA级以上景区城、AAAAA级景区镇公示名单，温州市洞头区东屏街道被列入省AAAAA级景区镇。东屏街道旅游发展累计投资超4.5亿元，建成半屏沿线新渔村改造提升、半屏海峡同心共富风貌提升、环岛路夜景照明、透水式景观平台、海上阳台等系列全域旅游配套设施，全面推进全域旅游建设，发展滨海文旅产业，全民共建、全民共享，打造海岛特色AAAAA级景区镇，年均游客接待量达320万人次，旅游综合收入达3.5亿元。

（陈振阳）

旅游市场营销

【概况】2023年，洞头区举办全国百家旅行商温州采购大会、2023国际生态旅游岛推介会、2023百家旅行社洞头踩线推介会等4场踩线推介会，邀请全国各地200多家旅行商到洞头踩线，组织到上海、杭州、厦门、宁德、南昌、武汉、长沙等地举办专场推介会。联合各街道（乡镇）举办大门油菜花旅游节、第二届东海黄鱼节、2023中国·洞头第二届婚旅节、第十六届七夕民俗风情节、2023洞头第三届滩涂赶海节、海岛跨年烟花节等系列文旅节庆活动、主题营销推介50多场，跨年烟花节客流量创历史新高。组织文旅企业参加第17届义乌文博会、广州旅交会、第十三届中国旅游产业博览会、2023中国国际旅游交易会等大型展会。打造“邮轮＋海岛”旅游新模式，引进招商维京公司邮轮首次停靠洞头，打开邮轮高端游市场。邀请千万粉丝量头部旅游博主“房琪KIKI”以及200多名网红在小红书、抖音等多平台发布“种草”视频，累计阅读量超1.16亿次。开通旅游直通车3条，在高铁、轻轨等大量投放“百岛洞头”宣传广告。持续加强“诗画浙江·百县千碗”品牌建设，“百县千碗·百岛十二鲜”走进省厅机关食堂，“明海渔家烧酒楼”“牛牛海鲜馆”获评2023年“味美浙江·百县千碗”省级美食体验店，洞头“咏白萝卜”获省级“百县千碗”蔬菜类菜品“十佳”称号。全年举办百余场文旅市集，其中“东沙市集”“韭菜岙同心市集”入选省级重点培育文旅市集。获2022浙江文旅融合十佳县（市、区）荣誉。

【全国百家旅行商温州文旅采购大会】2023年2月27日至28日，“2023我要游温州”全国百家旅行温州文旅采购大会在洞头区举行。活动邀请澳门地区旅游业议会、全国G1地区旅行社合作联盟等组织成员，长三角、广东、四川等全国各大旅行社代表，省内各市旅行社协会会长、温州地接联盟代表等260多人参加。大会现场举行“共富文旅路温州首站地”揭牌仪式、2022年度大型旅游团优秀贡献和优秀接待奖颁奖仪式、亿元门票签约仪式，发布2023年温州文旅百场活动信息和旅行社招徕游客奖励政策，并邀请省金牌导游作温州市文旅资源专题分享。会后，各省市旅行商参与2023温州各县（市、区）精品旅行线路和产品洽谈，并前往参观望海楼、仙叠岩（大沙岙）、洞头先锋女子民兵连纪念馆、韭菜岙沙滩等地。活动由温州市文化广电旅游局、洞头区人民政府主办，温州市旅行社行业协会承办。

【“招商伊敦”号邮轮首次靠泊洞头】2023年5月10日，招商维京邮轮公司的“招商伊敦”号邮轮首次靠泊在温州洞头状元岙港，标志着国内沿海航线高端游到洞头的全新旅游模式正式上线，全国各地共300多名游客参加。“招商伊敦号”是第一艘由中国自主经营管理的高端邮轮。该条东南海岸文旅航线于2022年10月入选交通运输部首个邮轮精品航线试点。此次新增洞头停靠点，形成“深圳—厦门—温州—舟山—上海”东南海岸文旅航线，并在洞头安排五套不同风格的旅游产品供游客自由选择，包括逆行千年——望海楼民俗文化游、记忆典藏——洞头海陶体验、山海奇观——仙叠岩观景游、红色往事——海霞村红色之旅及七彩洞头自由行等体验线路。区委书记郭云强，区领导何莉平、刘素婷、汪慧平等到港口欢迎首航游客。

【广州国际旅游展览会】2023年5月19日至21日，第31届广州国际旅游展览会在中国进出口商品交易会C区举办。此次博览会以“科技赋能文旅、文博文创、非遗传承、红色旅游”为主题，洞头的山海景致、人文体验、非遗文创悉数亮相广州。在入境及目的地推广馆的温州展区，洞头为广州市民带来东海贝雕螺钿产品。展会期间，洞头展台通过分发洞头旅游地图、旅游手册、旅游纪念品以及现场讲解等推介活动，吸引大批市民驻足咨询。

【文旅走亲活动】2023年9月12日至14日，洞头文旅相继赴台州椒江区、金华义乌市、丽水莲都区开展3场文旅走亲活动暨“跑图推介”专场文旅行业座谈会。三地文旅部门分别邀请当地旅行社协会代表、头部旅行社、金鼎级酒店、热门景区等重点文旅行业代表共计50多人参加座谈会。在推介座谈会上，洞头文旅推荐官向当地文旅代表展示洞头自然山海、人文历史、民俗风情、海鲜美食，突出介绍民宿、韭菜岙—蓝海湾度假中心、霓屿滩涂乐园等新兴业态及产品。介绍洞头文旅产业优惠政策中的散客班、大团等政策，助力旅行社面向游客推出更加优惠的洞头旅游线路产品。

【洞头海岛跨年烟花节】2023年12月30日，洞头区举办为期3个晚上的跨年烟花节活动，创新融合“海上烟花秀”和“海上打铁花”两个热门项目，推出粉色市集、围炉海鲜火锅、日咖夜酒海边吧台、芬尼特恩秀等潮流项目。通过500多条“达人种草”视频以及10多场“直播营销”双向发力，“洞头烟花节”抖音话题量达8000多万次，跨年当天烟花节现场游客达3万余人次，并获中国新闻网、潮新闻等10多家主流媒体转载。元旦假期进岛车辆4.53万车次，同比增长70.3%；游客11.33万人次，同比增长70.1%。跨年当天进本岛人数同比增长153%，多家酒店、民宿等订单量暴涨。

（朱意如）

乡村旅游

【概况】 2023年，洞头区创成省AAAAA级景区镇、省金AAA级景区村庄各1个，省级银宿2家、金鼎级饭店1家，东岙村入选全国乡村旅游重点村。创成浙江省级民宿3家、温州市“侨家乐”星级品牌民宿2家、温州市级示范性精品民宿1家、温州市级示范性民宿集聚村1个。全年新增民宿64家、新增床位548张，全区民宿总数为658家、床位数6694张。建成投用蓝海湾度假中心，三盘文旅街区、霓屿滩涂乐园、元觉露营基地等对外营业。举办第十五届大门油菜花旅游节，线上线下参与人数近20万人次；举办“我为NI狂”2023洞头第三届滩涂赶海节，15支队伍近百名滩涂爱好者参赛。

【韭菜岙·蓝海湾度假中心】 2023年7月，洞头韭菜岙·蓝海湾度假中心开始试营业。韭菜岙·蓝海湾度假中心，是一家集客房住宿、特色餐饮、商务会议、休闲娱乐、户外游乐、海上休闲运动于一体的综合性度假中心。拥有各类房型共91间（套），包括滨海岛景大床房、欢乐海景双人房、家庭度假套房、阳台泳池套房等。韭菜岙沙滩重点打造特色海鲜小吃街区、洞头非遗工坊、音乐夜市、本土特色民俗演艺、海上花园烟花节、海上无人机灯光秀，篝火晚会、渔港夜游、海岛观星、露营等项目。全年，韭菜岙沙滩接待游客15万余人。

【第十五届大门油菜花旅游节】 2023年3月11日，“海上运动·赛事之岛”首届洞头油菜花海mini跑暨“大门花开·逐梦未来”第十五届大门油菜花旅游节在洞头区大门镇岙底田园举行。油菜花海mini跑从大门镇岙底田园广场开始，把花堤、花道、花田等自然景观串联成线。活动开设了“美厨娘”大赛暨“十大碗”评选、大门特色小吃集市、大门土特产共富集市等展区。线上线下参与近20万人次。活动主办单位是大门镇党委、大门镇政府，协办单位是洞头区文广旅体局、洞头区供销合作社。

【洞头第三届滩涂赶海节】 2023年8月10日至13日，“我为NI狂”2023洞头第三届滩涂赶海节在霓屿正岙“童梦之境·滩涂乐园”成功举办，来自全区各街道（乡镇）、机关单位、大学生及区内外游客共计15支队伍近百名滩涂爱好者参赛。活动包括游客体验赛与滩涂趣味运动会两大项目。其中，滩涂趣味运动会设“赶海寻鲜”“泥艋接力”“年年有‘鱼’”“与‘鸭’同行”等项目；游客体验设“寻宝大作战”“泥竞速赛”“飞盘赛”等项目，有200名游客参与。此次滩涂赶海节共同开幕的还有“童梦之境·滩涂乐园”，是温州市首家赶海主题乐园，投入资金1000万元。乐园拥有30亩滩涂赶海游乐区，同步建有游客中心、研学体验中心等配套设施，提供专业防护裤、手套、赶海工具等装备。活动主办单位是洞头区人民政府，承办单位是洞头区现代社区建设暨“共享社·幸福里”建设领导小组办公室、洞头区委人才办、洞头区文广旅体局、洞头区总工会、温洞头区人民政府霓屿街道办事处。

【三盘文旅街区开业】 2023年8月10日，三盘滨海牧歌“漫岛湾”集装箱主题街区正式开业。是洞头区首个集装箱文旅街区，位于洞头区三盘社区西山头片区，面朝乌贼

2023年8月10日，三盘滨海牧歌“漫岛湾”集装箱主题街区正式开业

（区融媒体中心提供）

岙沙滩，占地面积约4600平方米，集装箱使用建筑面积约660平方米。建筑整体采用框架结构形式，外立面采用简约风进行建筑搭建。采用颜色鲜明、色彩对立的色调进行外立面的包装，使得整体更具现代感。配套建设有停车场、儿童小型游乐园，乌贼岙沙滩。通过打造“海洋主题特色餐饮区”“主题活动及接待中心”“休闲特色沙滩区”三大板块，进一步打造海岛特色亲子滨海研学基地，锻造渔旅、文旅融合共富样板。

【创成浙江省等级民宿3家】 2023年1月16日，浙江省旅游民宿产业联合会公布浙江省等级民宿和文化主题（非遗）民宿名单，静舒心居民宿、兴海汐景民宿、漫溯时光里民宿创成2022年度浙江省级银宿级民宿。静舒心居民宿位于温州市洞头区鹿西岛山坪村，为鹿西乡特色民宿之一，按照乡村田园风格设计，通过对农户虎皮石头房进行精心改造，凸显温馨、幽雅的宜游宜居环境，共设有6个房间。兴海汐景民宿位于大门镇美岙村，该村背山面海，环境优美，地理位置优越。民宿共有客房4间，床位5张，内部休闲娱乐设施齐全，有棋牌室、茶座、厨房、餐厅、烧烤区、无边泳池、KTV、影音、书吧、台球、乒乓球、儿童娱乐区等。漫溯时光里民宿位于东屏街道东岙村，是洞头为数不多的小清新风民宿，有客房5间，其中3间海景房、2间日式榻榻米房，床位6张。

【创成温州市“侨家乐”星级品牌民宿2家】 2023年1月17日，温州市旅游产品质量等级评定管理委员会公布温州市“侨家乐”星级品牌民宿名单，洞头区玖栖海上桃源里民宿、君庭澜上民宿入选该名单。玖栖海上桃源里民宿位于北岙街道隔头村，共有石头房子10幢，房间36个，床位80张，适合度假旅游、团建活动、职工疗休养等。君庭澜上民宿位于北岙街道三盘社区，依山而居、傍海而生，毗邻沙滩、网红打卡地，出门就是渔港。有房间9个，床位12张，五种房型风格各异、独具特色，民宿装修中国风碰撞东南亚庭院风。

【创成温州市级示范性精品民宿】 2023年1月10日，温州市农业农村局、温州市文旅局公布温州市级示范性精品民宿名单，洞头区北岙忘海民宿入选。洞头北岙忘海民宿位于三盘岛正中心位置的别墅区内，四面临海。房屋面积900平方米，是具有美式风格的独栋别墅。别墅总共3层，配备房间6个，大床房4个，标准间2个。每个房间都配有电视、空调、24小时热水、卫生间。别墅内包含厨房、高级家庭影、歌厅、台球厅、烧烤区、露天泳池、高端棋牌室等。

【东屏街道松柏园村入选市级示范性民宿集聚村】 2023年1月10日，温州市农业农村局、温州市文旅局公布温州市级示范性民宿集聚村名单，东屏街道松柏园村入选。东屏街道松柏园片区位于半屏社区，三面临海，西南与全村陆地面积1.27平方千米。产业以渔业为主，农业为辅，还有渔家乐、民宿等产业。利用村区位优势和资源优势，培育海上旅游休闲等“乡村+旅游，乡村+文创”旅游新业态，盘活松柏园自然村闲置民房，有半屏山景区、韭菜岙沙滩、海上月堤等景区景点，打造乡村振兴五星级示范村。

（张佳妮）

旅游行业管理

【概况】 2023年，温州市洞头区文化和广电旅游体育局联合区委改革办印发《洞头区摩托艇管理标准（试行）》《洞头区帆船（板）管理标准（试行）》，入围区2023年度“微改革 微创新”十佳案例。开展旅游新业态项目多部门安全专项检查16次，参与海上联合执法检查13次。加强旅游包车安全监管，推进游客出行期间全程规范使用安全带，发放粘贴提示300多份。获评2023年度全省文化和旅游行业常态化安全生产监管工作优秀单位。截至年底，全区有旅行社3家，分社3家，即新境界旅游有限公司、大自然旅行社有限公司、华夏旅行社有限公司、温州市精诚国际旅行社有限公司洞头分公司、温州金菠萝国际旅游有限公司洞头分公司、温州嘉顺旅游有限公司洞头分公司。

【旅游新业态项目监管】 2023年，洞头区制定《洞头区沙滩业态布局及管理建议》《洞头区摩托艇管理标准（试行）》《洞头区帆船（板）管理标准（试行）》等管理办法，规范摩托艇、帆船帆板等新业态项目有序发展。加强文旅体市场安全监管，开展文旅体经营主体安全隐患大排查大整治、护航亚运、今冬明春百日攻坚等一系列文旅安全监管行动，全年共出动检查人员1763人次，排查场所1372家次，排查整改隐患274个，其中被列入“3030”闭环整改隐患13个。办结行政处罚案件38起，全年无重大安全事故发生。

【从业人员培训】 2023年，区文广旅体局组织开展技能人才培养“展翅行动”，举办民宿管家、景区工作人员素质提升、餐厅服务管理等培训6场，累计培训人员321人次；遴选讲解员队伍参加浙江省首届“诗画江南 活力浙江”讲解员大赛温州选拔赛，3名选手荣获温州市金牌讲解员称号，区文广旅体局获优秀组织单位奖。

【海霞青年营度假酒店获评2023年金鼎级特色文化主题饭店】 2023年9月22日，浙江省旅游饭店星级评定委员会发布《关于批准浙江英冠控股集团有限公司杭州乐创城酒店等85家饭店为品质饭店、特色文化主题饭店、绿色旅游饭店的批复》，洞头区海霞青年营获评金鼎级特色文化主题饭店。海霞青年营度假酒店以“半岛梦圆”为设计理念，因地制宜利用周边民房，保留部分毛石砌筑的传统民居基础上，通过空间和建筑塑造，形成其个性和识别度。2022年5月试运营，致力于挖掘自身优势，以洞头景区特色海岛文化为载体，发挥海霞文化丰富内涵。下一步将继续深化创建路径，完善硬件设施；做好区域资源联动，联动周边红色资源；创新酒店餐饮特色，推出富有深刻含义、极具品尝价值的菜品，走好适宜自身的创新特色道路。

（项欣妍）

旅游项目开发

【概况】 2023年，洞头区建成并投用东沙不夜港一期、海霞西餐厅、九厅村美食一条街改造等项目。通过抖音、小红书等OTA头部企业合作，发布游玩攻略、文旅达人探店等文旅推广近500条，地区引流约200万人次，集团营收近6000万元，景区收入同比增长70.73%，举办“鲨鱼一夏”等景区主题活动，开发望海楼文创雪糕，投入仙叠岩“童话小院”等新二次消费。超惠玩微商城2.0版正式上线，引导民宿、餐饮等免费入驻284家，推出“渔家厨娘”等共富特色板块，营收超1700万元，入选省数字经济创新体制“一号发展工程”优秀案例。拓展海上游，开通鹿西鸟岛生态游。海霞青年营酒店荣获2023年度全市唯一浙江省金鼎级特色文化主题饭店称号。

【鹿西鸟岛生态游开通】 2023年6月21日，“鹿西鸟岛”海上游项目开通。项目运营时间为6月中旬到9月上旬，视候鸟迁徙情况启动和结束运营。项目运营方式分为每日9时出发的定时航班及8:30至17:30之间10人成团的预约航班。常规航线全程50分钟，从东臼码头出发到鸟岛观测平台，游客可以在平台停留20分钟，如果游客较多，常规航线无法满足时，会启动鹿西码头到鸟岛观测平台的备用航线。常规航线的票价为每人50元，备用航线票价为每人100元，游客可以通过线上平台、热线电话及线下窗口的方式进行购票。鸟岛又名南北爿山，位于鹿西岛东北部，因该岛及邻近海域自然条件优越，海洋生物资源丰富，长年有群鸟繁衍生息。2011年，浙江省设立了南北爿山省级海洋特别保护区。保护区内现有栖息鸟类48种。每年5—9月，数以万计的海鸟栖息在岛上，形成“万鸥齐飞、万鸟齐鸣”景象。

【东沙不夜港一期开业】 2023年9月16日，东沙不夜港项目一期正式开业。“东沙不夜港”项目总建筑面积约10353平方米，总投资超9960万元，设计时融入洞头村落肌理、海洋礁石、渔船样貌等本土元素。项目通过打造温州特色美食与洞头风味结合的综合性美食街区，结合“渔灯文化”打造独具民俗风情的“东沙不夜港”。项目分两期实施，一期主要建设休闲商业街坊区，建筑功能以文化艺术展馆、儿童娱乐、轻餐咖啡、购物街区等为主。

【霞·享西餐厅正式营业】 2023年11月17日，霞·享西餐厅举行开业仪式。霞·享西餐厅位于洞头海霞村女子民兵连纪念馆旁，由洞头旅游文化发展有限公司投资建设。该餐厅占地面积311平方米，总投资约400万元，拥有上下两层，最大容量为120人，其内部设计风格在传统西餐厅元素的基础上，融入海岛石厝的原始生态风格，中西结合，打造极具海岛特色的“文化+餐饮”新业态。提供西餐、下午茶、

2023年9月16日，东沙不夜港项目一期正式开业　　（区文广旅体局提供）

甜品等多种套餐，可承接商务、政务、会议、旅游休闲等各类活动。

（曾云燕 蔡媛媛）

旅游设施建设

【概况】 2023年，洞头区加快文旅招商项目落地，推进28个重点文旅项目建设，总投资221.76亿元，累计完成投资37.89亿元，投用三盘文旅街区等，推出跳岛游、滩涂乐园等旅游新业态，招商邮轮成功靠泊。区文广旅体局共牵头服务文旅项目5个，续建项目3个，全年累计完成投资1.6亿元。完成大沙岙旅游综合港和东海最美海上观光列车业态谋划和落地方案设计，优化浙南水运中心项目方案。开工大沙岙、马岙潭、东沙不夜港等重大文旅项目。投资172万元，完成洞头区旅游微改造工程——全域旅游导览系统工程。望海楼片区配套基础设施提升工程开工，截至年底，完成主楼布展装修施工，完成年度投资额约700万元。

【洞头区旅游微改造工程——全域旅游导览系统工程竣工验收】 2023年12月22日，洞头区旅游微改造工程——全域旅游导览系统工程完成竣工验收。项目自2023年7月5日开工，总投资172万元。该工程在现有旅游标牌的基础上进行优化调整，融入景区镇、景区村文化元素，打造标准统一、特色鲜明的旅游标牌指引系统。工程业主为温州市洞头中心渔港开发有限公司，温州市洞头区文化和广电旅游体育局代建，浙江南珏建筑工程有限公司施工，方阵工程咨询有限公司监理。

（陈振阳）

【望海楼片区配套基础设施提升工程】 2023年12月，洞头诸湾（EOD）——望海楼片区配套基础设施提升工程开工。项目建设内容主要包括望海楼景区周边环境及沿线绿化提升、主楼外墙漆面修缮、龙头造型加固、五楼会议展陈重新布局，木质家具定制采购等内容。截至年底，完成主楼布展装修施工，完成年度投资额约700万元。

【洞头仙叠岩（大沙岙）综合开发项目开工】 2023年12月29日，洞头仙叠岩（大沙岙）综合开发项目正式开工。该项目规划面积1.82平方千米，规划范围内建设用地面积约为76486平方米(114.7亩)。主要建设内容包括山村慢街、逍遥水湾、奇屿湾游客服务中心及广场、奇屿堡（含独栋住宿客房）、小金滩、奇遇森林、仙叠岩景区游客服务中心、仙叠岩景点建设、南炮台山景区建设、天工之路、游步道等旅游配套设施，另外对市政管线、环卫及标识系统以及智慧旅游等工程进行建设，总投资约2.17亿元。项目主体是温州市洞头旅游文化发展有限公司，设计单位是浙江中维建筑工程设计有限公司，建设单位是温州市洞头旅游文化发展有限公司，施工单位是浙江瀚林建设有限公司，勘察单位是浙江天然工程勘察有限公司，监理单位是浙江中奇工程项目管理有限公司。

【大门马岙潭度假区综合开发项目开工】 2023年3月10日，大门马岙潭度假区综合开发项目开工建设。项目总用地面积17457平方米（包括21.82亩地块），总建筑面积17366平方米，其中客房建筑面积11200平方米，车库及后勤设施建筑面积3000平方米等。项目总投资19834万元，其中工程费用15373万元。截至年底，已进行主体结构施工，完成5#楼主体结顶建设、2#楼基础施工、4#楼一层主体施工及边坡项目施工招标、林地调查报告公示，完成年度投资额约4500万元。项目主体是温州市洞头旅游文化发展有限公司，设计单位是浙江华坤建筑设计院有限公司，建设单位是温州市洞头旅游文化发展有限公司，施工单位是忠源建设有限公司，监理单位是新恒丰咨询集团有限公司。

【东沙不夜港二期开工建设】 2023年7月，东沙渔港旅游开发项目二期工程开工建设。项目总建筑面积为2133平方米，用地面积2700平方米。项目以海洋文化、海鲜交易市场、海鲜料理主题餐厅等为主。施工单位是浙江立鹏建设有限公司，建设单位是温州市洞头旅游文化发展有限公司。

【梦幻海湾一期建成】 2023年10月13日，洞头区梦幻海湾项目一期建成。项目位于洞头区环岛西片工程海域及周边地块，采取陆海联动方式开发，用地面积为88032平方米。主要建设精品度假酒店、海底世界、滨海水屋、生态堤坝、沙滩修复、生态体验式养殖、游艇码头、山景民宿及商业旅游娱乐等相关配套设施，打造集住宿、餐饮、购物和休闲于一体的高端商业综合体。项目由杭州昊广投资有限公司投资建设。

（蔡媛媛）

金融业

综述

【金融业态稳健发展】2023年，洞头区本外币存贷款余额合计492.9亿元，同比增长21.8%，排名全市第一，同比增速月均值27.3%，为全区生产总值增速总量贡献0.71个百分点。其中，本外币存款余额213.2亿元，同比增长14.6%，排名全市第八，本外币贷款余额279.7亿元，同比增长27.2%，排名全市第一。不良贷款率0.76%。入选《浙江省实施普惠金融赋能县域直通车项目清单》政策单位。作为全市唯一区（县、市）获省金融业发展专项资金奖励250万元。争取甬莞高速洞头支线银团项目落户洞头承办，投放项目贷款40.13亿元。“洞头诸湾”生态EOD项目获中央重大金融支持，区内金融机构与国开行及地方银团合作授信23亿元。1月，落地温州市融资担保有限公司洞头分公司。截至年底，全区共有银行8家、保险公司8家、小贷公司2家、典当行1家、证券营业部1家、融资担保分公司1家。

2023年，“洞头诸湾”生态EOD项目获中央重大金融支持（区金融服务中心提供）

【融资畅通工程】2023年，洞头区制造业贷款余额20.13亿元，同比增长50.56%，小微企业贷款余额77.19亿元，增长46.85%，民营企业贷款余额84.6亿元，增长29.62%，“首贷户”新增302户。126名金融专员下沉基层，帮助企业、群众解决金融问题200多个。设立金融增值服务窗口，为企业、群众提供金融咨询、帮办等服务。搭建“共保联盟”“银保合作”平台，加强海运业、养殖业等涉海高风险行业保险服务。会同部门支持金融强村共富，给予贷款贴息183.42万元。开展2022年首贷户贴息兑现工作，累计兑现77家企业，兑现金额60.8万元。

【海岛普惠创新】2023年，洞头区探索“全企授信”服务模式，推动政银企信用数据共享，撬动金融资源助力中小微企业纾困解难，相关做法获得市“一号改革工程”信息专刊刊发。洞头农商银行为1409家企业发放授信贷款24.1亿元。启动海洋经济指数贷试点，完成贷款2.54亿元。首发“科创指数贷”，累计发放35笔“科创指数贷”共19369万元，惠及科技型中小微企业9家。创新推出排污权贷、纳税速贷、社保指数贷等产品，拓宽企业融资渠道。

【资本市场培育】2023年，洞头区新增省“凤凰丹穴”上市培育系统入库6家，累计9家。洞头金融顾问专家入驻省“凤凰丹穴”专家库7名，组织参加市级以上专题辅导培训5场次。推进金海蕴增资扩产，通过全国股转公司同意，成功获批增资2000万元。帮助推动康铭科技新建厂房工程，加紧赴美国上市辅导。

【金融风险监管与防范】2023年，洞头区深化呈会处置工作，办理呈会非法吸收公众存款案2起，集资诈骗案1起，合计涉案金额达2874万元。处置“两链”风险，化解大门镇御海房地产、鹿西乡冷冻厂等资金断链事件。组织“金融风险防范知识宣传进文化礼堂”活动10期，举办街道（乡镇）网格员金融风险排查能力提升培训班1期，与海霞妈妈志愿服务队联合开展金融风险防范宣传进村入户活动。

（倪肖乒）

【民营企业管理】2023年，洞头区发挥中小企业公共服务平台优势资源，用好“镇街企业服务中心”+“帮企云”应用+“96666”服务热线+“两个健康”直通车为企服务机制+“万名干部进万企”专项行动五位一体助企服务体系，构建全方位、一体式助企服务运行模式。创新建立企业问题一表通管闭环管理机制，收集企业问题199个，化解199个，化解率100%。细化中高级职称评审服务，完成正副高职称初审8人，历史最佳。探索“引校进企”“校企一体”等产教融合方式，推动浙江伟望汽车零部件有限公司、温州仕博电器科技有限公司、温州小岛特细纤维材料有限公司、温州市瑞泰紧固件有限公司和浙江恒博电气制造有限公司5家企业创成第二批温州市产教融合站点，浙江诚意药业股份有限公司、浙江恒博电气制造有限公司、温州市洞头胜裕机电有限公司、浙江伟望汽车零部件有限公司、浙江方舟工程机械设备有限公司6家企业获区校企合作实践基地称号。以“小鹅通”线上直播平台、企业码活动专区为依托，开展针对性、多层次培训服务，全年开展培训36场次，受众1500多人。

（鲍珊珊）

银行业

【概况】2023年底，洞头区辖区共有银行业法人机构8家，其中，股份制银行6家，地方法人银行2家。辖区有银行机构网点27家。全区存款余额213.2亿元（含国库存款3.1亿元、其他存款0.6亿元），增速14.62%；贷款余额279.7亿元，增速27.19%；存贷款合计增速21.43，排名全市第一。民营经济贷款余额84.67亿元。两家法人金融机构普惠小微贷款余额30.13亿元。全年支农支小再贷款累计发放4000万元，获得普惠小微贷款支持工具资金额度1860.17万元。多举措支持海岛共富工坊建设，“共富工坊”贷款金额9064万元；推广海洋特色金融产品，聚焦养殖业、捕捞业、旅游业创新金融产品。2023年3月16日，《党和国家机构改革方案》明确提出不再保留中国人民银行县（市）支行，相关职能上收至中国人民银行地（市）中心支行。

【统筹房地产金融调控】2023年，人行洞头支行深化房地产金融管理，组织召开房地产金融工作座谈会，配合地方政府出台支持洞头房地产健康发展的若干措施，推动“认房不认贷”“首套房首付比例调整”“存量首套房贷款利率下调”等系列房地产新政在洞头落地落实。与地方资规部门不动产登记中心协调，推动二手房“带押过户”双预告登记模式落地。

【金融“减费让利”】2023年，人行洞头支行引导金融机构在FTP定价（内部资金转移定价）、经济资本占用等方面向民营小微企业倾

2023年11月，平安金融暨金融放贷领域扫黑除恶宣传讲座走进上新社区文化讲堂

（区金融服务中心提供）

表28　2023年洞头区金融机构人民币存贷款情况表

单位：万元

机构名称	存款		贷款	
	余额	比年初增加	余额	比年初增加
中国工商银行洞头支行	120207	14462	149297	28526
中国农业银行洞头支行	471372	88938	887664	174432
中国银行洞头支行	95022	49534	251438	99897
中国建设银行洞头支行	111525	-7715	162434	40348
中国建设银行瓯江口支行	17714	-2674	131203	33557
中国邮政储蓄银行洞头区支行	74638	-3271	108198	17779
温州银行洞头支行	196406	-9480	243327	94007
洞头富民村镇银行	870206	128807	755306	105243
洞头农村商业银行	138395	12311	107620	3973
合计	2095485	270912	2796487	597762

（人行洞头支行提供）

斜，降低企业融资成本。全年，洞头普惠小微贷款加权平均利率4.7%。联合区金融工作服务中心出台首贷贴息政策，给予首贷户按一年期LPR（贷款市场报价利率）的30%给予贴息支持，惠及首贷企业36户32.84万元。

【金融助力海岛共富工坊建设】2023年，人行洞头支行制定出台《洞头金融保障经济“开门稳”“开门红”十大举措》，组织开展共富金融专员“金融暖春·海岛共富”专项行动。联合区委组织部制定出台《洞头区金融助力海上花园“共富工坊”高质量发展实施方案》，创新推出“海上花园共富工坊指数”，组织开展“共富工坊”金融服务月活动，实施“央行低成本资金+金融机构自有资金”叠加支持，助推“共富工坊”高质量发展。全年实现“共富工坊”全走访，“共富工坊”贷款金额9064万元。

【海洋金融产品与服务】2023年，人行洞头支行聚焦养殖业发展，做大“两菜贷”“黄鱼贷”，支持洞头“两菜一鱼”国字号金名片建设。聚焦捕捞业发展，加大海域使用权和船舶马力等抵质押品推广和应用力度，为渔民捕捞设备更新改造提供资金支持3.57亿元。聚焦涉海企业发展，持续推广地理标志证明商标质押贷款；构建“集体商标”贷款模式，拓宽涉海企业融资渠道。聚焦旅游业发展，持续加大民宿收益权质押贷款模式推广力度。

【征信服务与成果应用】2023年，人行洞头支行履行征信查询代办工作，加大征信赋能力度，持续完善“海岛动产和权利抵质押品库”建设，入库品种达30多种，动产融资贷款4.6亿元。加大“数字证书”确权应收账款融资模式推广力度，探索洞头海岛特色的供应链金融服务，进一步提升小微企业和农户的融资能力。推动实现“海霞诚信贷”迭代升级，累计发放8521笔，金额7.96亿元。持续督促法人金融机构做好央行（企业）内部信用评级工作，并督促洞头农商银行及洞头富民村镇银行做好二代央行内部（企业）评级系统切换工作。

【数字人民币创新应用】2023年，人行洞头支行制定《“迎亚运·乐享数币生活”系列活动方案》，指导辖区内运营机构筹集18万元，开展餐饮、零售、旅游、住宿、交通等领域数字人民币优惠活动，带动交易笔数1.89万笔。全年洞头区个人钱包任务完成率103%，个人钱包活跃数完成率居全市第一位；交易笔数完成率155%，居全市第一位；交易金额任务完成率

174%，居全市第三位；受理商户拓展数完成率居全市第三位。印发《关于通过以数字人民币形式发放单位员工各项补贴资金的通知》，推动全区超八成机关单位以数币形式发放工资或补贴，八成机关单位发放数字人民币工会补贴。4月，洞头区实现数字人民币保费缴纳有效落地。6月，完成所有金融服务站数字人民币渠道开通并有针对性地开展培训。

【支付和现金环境优化】2023年，人行洞头支行制定《“迎亚运·支付惠民在身边”云闪付活动方案》，指导银行机构筹集16万元围绕小额高频零售场景开展云闪付惠民活动。全年，月均活跃用户数完成率为116.59%，居全市第一位；移动业务量完成率103.63%，居全市第一位。保障亚运会金融服务，全部完成银行机构外卡受理商户检查，完成所有ATM机外卡受理改造。全年，累计开展现金服务活动36次，回收残损币、小面额零币11.36万元。组织开展“亚运共闪耀 金融祝佳绩”反假知识线上答题宣传活动，累计参与3160人次。对辖区27家银行机构网点开展现场暗访，并下发暗访通报。全年，累计让利1.96万元，惠及小微商企2491户，年度指标完成率达172.33%。

【金融风险防范与化解】2023年，人行洞头支行对辖区内法人机构开展偿付能力敏感性和流动性风险压力测试，开展存保风险监测、保费核定及标识巡查等工作。协助上级行开央行现场评级和资产质量现场评估。与公安反诈中心建立合作机制，向公安机关移交电诈可疑线索13条，阻截被骗群众转账21起。协助公安破获辖区首起“帮助信息网络犯罪”案件，抓获本地诈骗资金转移团伙3人，为20名受害人追赃挽损43万元。深化反洗钱监管，下发《业务提示函》，加强对辖区内金融机构工作指导；向公安移交可疑线索5例；对村镇银行开展反洗钱现场监管走访工作；开展金融放贷领域整治工作。

【法治央行与金融消保】2023年，人行洞头支行推进法治央行建设，规范机构改革期间法律审核流程。继续落实金融消保5号令等规定和总行、上级行相关工作要求，做好来电、来信、来访及地方信访件处理。持续强化金融知识宣传教育，实现“金融+海霞”融合宣传，利用好辖区内金融机构网点和人力资源，组建海霞金融政策宣讲团，并结合重要节点，定期访企业、进渔村、登渔船开展金融政策宣传。

（汪梦琪）

2023年4月4日，党建联建签约仪式暨海霞共富信贷产品发布仪式举行。图为授信“海霞共富·纳税信贷” 3亿元　　（区金融服务中心提供）

【中国银行洞头支行】2023年底，中国银行股份有限公司洞头支行本外币各项存款余额9.57亿元，较年初新增4.95亿元。其中，公司存款余额7.59亿元，个金存款余额1.98亿元。本外币贷款余额25.15亿元，较年初新增4.68亿元，其中，公司贷款20.97亿元，零售贷款4.18亿元。全年实现营业收入3061万元，较上年增幅36%；实现净利润400万元，较上年增幅159%。营销投放“LNG项目、总部经济园二期、EOD项目、城发综合体、城发矿业”等授信项目。全年争揽行政事业存款合计达6.75亿元。营销上市公司诚意药业发放项目贷款7000万元。荣获浙江省2023年乡村振兴“开门红”竞赛山区26县突出表现奖、市分行资产业务竞赛三等奖。

（吕孙攀）

【中国农业银行洞头支行】2023年底，中国农业银行股份有限公司温州洞头支行存贷款余额135.93亿元，全年增长26.34亿元，增幅24%，创支行历史新高。各项存款余额47.16亿元，较年初新增8.9亿元，其中，个人存款余额17.58亿元，对公存款余额29.58亿元。各项贷款余额88.77亿元，较年初新增17.44亿元，其中，个人贷款余额23.37亿元，对公贷款余额65.39亿元。全年不良贷款余额（含卡透）1669万元，不良率0.21%。全区设营业网点3家、惠农服务点3家，设24小时自助设备服务点4家设备8台。实施党建与业务“五海融合”行动，以海霞精神、海疆堡垒、海岛先锋、海上清风、海湾家园推进洞头农行党建品牌建设，创成区域首个金融教育基地、区五星级清廉单位、市级安全防范工作成绩突出单位。

（张培培）

【中国建设银行洞头支行】2023年底，中国建行股份有限公司洞头支行本外币各项存款时点余额11.12亿元，本外币各项存款日均余额11.61亿元；各项贷款时点余额15.56亿元，新增4.07亿元；中间业务收入700万元；全年实现承接专项债15000万元。营销成功土地拍卖保证金3500万元。中标洞头区社保基金支出户和洞头区水库海塘水资源管理中心专项债专户。为洞头城市发展有限公司“小门岛建筑用石料”项目投放2.1亿元；为洞头新农村建设发展有限公司“停车场项目”投放3.8亿元；为洞头国有资源开发建设有限公司EOD项目获批12亿元，该项目是全省首个获批的EOD项目。

（林子榆）

【中国工商银行温州洞头支行】2023年底，中国工商银行股份有限公司温州洞头支行本外币全部存款余额12.04亿元，较年初净增1.37亿元，增幅11.74%，其中机构、储蓄存款分别增长0.12亿元、1.64亿元。各项贷款余额14.92亿元、比上年增量2.85亿元，其中制造业贷款0.89亿元，较上年增长477.2万元。支行不良贷款余额192.28万元，公司贷款保持零不良，个人贷款不良率下降至0.13%。实现拨备前利润3618万元，增量494万元，增幅15.82%。实现净利润2328万元，增量124万元，增幅5.63%。实现中间业务收入888万元，增量494万元，增幅高达125.26%。发放首笔温州市洞头国有资源开发建设有限公司洞头诸湾·共富海上园生态环境导向的开发（EOD）项目贷款650万元，助推洞头海上花园建设发展，受到省生态环境厅表彰。发放首笔洞头海洋资源开发运营有限公司百岛洞头海上码头改造提升项目贷款2.65亿元。堵截100万元电信诈骗收到人行表扬信。联合区人力社保局为重点企业及重点人群提供创业担保贷款，支撑中小企业发展。开展退役军人创业扶持工作，联合区退役军人事务局为退役军人整体授信创业贷款额度高达5000万元。

（王燕妮）

【洞头农村商业银行】2023年底，浙江温州洞头农村商业银行股份有限公司各项存款余额87.02亿元，新增12.88亿元，增长23.81%，存款增量占全区银行业增量的47.77%，市场占比41.56%，较年初上升0.92个百分点；各项贷款余额75.53亿元，新增10.53亿元，增长18.29%，贷款增量占全区银行业增量的17.61%，市场占比27.01%。全行五级不良贷款余额14534.54万元，较年初增加9003.31万元，不良率1.92%，较年初上升1.07个百分点。全年各项财务总收入4.81亿元，各项财务总支出4.35亿元，实现拨备前利润1.6亿元，同比增加2369.92万元，增幅17.41%。截至年底，海霞诚信贷授信1.3万户14亿元。共支持个人贷款29474户45.8亿元，较年初增加2.83亿元，增长6.59%，个人用信覆盖率达56.28%。百元存款付息率2.11%，较年初上升0.02个百分点；百元贷款收息率5.59%，较年初下降0.49个百分点；开展“化新清旧”百日攻坚行动，共清收本金754.69万元、利息118.02万元。联合区人民法院开展“百日集中执行”专项行动，处置五级不良贷款共7141.34万元，其中现金清收3467.42万元、形态上调602.21万元、贷款盘活316.43万元、贷款核销2755.28万元。加大不良听证“红脸抓耳”力度，完成不良听证204户6675万元。

出台“金融赋能共富工坊计划”，累计发放“共富工坊贷”56户8594.58万元。结合区“台湾青年创业伙伴计划”，在“双屏论坛”上发布“海霞·台融贷”，为在洞台青综合授信5亿元，于央视国际频道滚动播出。与区委组织部、区旅发公司等部门合作，全省首推“云接单”产品，全省首创“爱接力”共享银行积分助共富项目，全区首创度假综合体“闲暇购”，并纳入省行应用案例库。建设智慧场景82个，较年初增加20个，智慧项目相关账户沉淀资金1.74亿元。推进“助共富、惠万企”专项活动，推出“海霞诚信贷企业版”，开展存量客户专项提额行动。小微企业贷款余额19.72亿元，户数指标完成率183%，小微企业覆盖率24.04%，较年初提升5.58个百分点；新增首贷户272户，指标完成率503.7%，占全区新增首贷户的95%以上。创新推出“海霞商会贷”及专享利率。全年开展外拓12场，累计授信407户1.98亿元，用信403户1.45亿元。中标市级重点项目2个、区级重点项目5个，中标率100%。中标14个村集体资金招投标，合计资金超7500万元。落地省行重点政银合作项目，取得非税业务微信渠道代理资格，成为全省农商银行系统突破性取得该资格的7家之一，为全区唯一的承办银行。成功与兄弟行合作，实现外汇业务零的突破。上线杭银零钱包灵活理财产品，代理中国人寿和太平洋保险，代销理财产品累计销售2318万元。10月，举办首届贵金属展销会，实行财富星级客户管理，累计100多人参加，销售额超百万元。资金业务收益率较上年增加25个基点。

（庄辉煌）

【中国邮政储蓄银行洞头支行】 2023年底，中国邮政储蓄银行股份有限公司温州市洞头区支行各项存款余额7.46亿元，其中个人存款余额6.19亿元，单位存款余额1.27亿元。各项贷款余额10.82亿元，较年初增加1.78亿元。全年小额贷款净增14387万元，小企业贷款净增7799万元，累计完成票据贴现45700万元，新增专精特新及科创新客户3户，建立信用村3户，给予197户信用户授信，授信额度2121.3万元；给予30户产业商圈贷客户授信，授信额度1766万元；给予9户新型农业主体授信，授信额度900万元。发放系统内全国首笔海洋环境综合治理类EOD项目，全省首笔EOD项目，首次放款金额420万元。

（胡晶晶）

【温州银行股份有限公司洞头支行】 2023年底，温州银行股份有限公司洞头支行各项存款152884万元，其中单位存款45513万元，个人存款47371万元；各项贷款208659万元，同比增长72.5%，居全区第一位，其中单位贷款185462万元，个人贷款23197万元；制造业贷款余额51424万元，同比增长208.79%，居全区第一位。

（杨倩倩）

【洞头富民村镇银行】 2023年底，浙江洞头富民村镇银行股份有限公司各项贷款余额10.73亿元，比年初增加0.37亿元；贷款户数4964户，比年初增加151户；各项存款时点余额13.84亿元，比年初增加1.23亿元，日均存款余额13.48亿元，比年初增加1.82亿元；存款户数1.64万户，比年初增加1106户；资本充足率12.42%，流动性比例82.74%，拨贷比2.5%，拨备覆盖率208.46%，成本收入比47.69%；财务总收入9593万元，财务总支出7173万元，账面利润2420万元，净利润1847万元。

（洪　力）

【小额贷款公司】 2023年，洞头区有小额贷款公司2家。洞头区诚意小额贷款股份有限公司全年贷款余额6760.97万元，累计发放贷款金额958万元，实现税金871.54万元，实现利润161.63万元，净利润85.21万元。洞头区恒博小额股份有限公司为洞头区的小微企业、渔农户、水产养殖户、渔农业加工户、其他个体工商户发放贷款305笔，期末贷款余额9673.53万元。本年营业收入1105.76万元，实现税收252.14万元，净利润689.08万元。

（陈文静　林芷铱）

保险业

【概况】 2023年，洞头区共有保险公司9家，分别为中国人民财产保险公司洞头支公司、中国人寿保险洞头支公司、中国人寿财产保险洞头支公司、中国太平洋财产保险洞头支公司、中华联合财产保险洞头支公司、新华人寿保险公司洞头支公司、都邦财产保险股份有限公司温州中心支公司洞头区营销服务部、阳光财产保险股份有限公司温州市洞头营销服务部和泰康人寿保险有限责任公司浙江温州北岙营销服务部。截至年底，洞头保险机构保费收入35055.15万元，同比上升14.99%，排名全市第三；理赔支出13077.31万元，同比增长32.55%。推进建设“共富保险超市”，全年完成1359亩羊栖菜养殖保险安全守护工作，保障经济效益约646万元。羊栖菜养殖保险试点，评选温州市保险业“十大为民办实事”项目。中国人寿财险洞头支公司获2023年中国人寿集团五一劳动奖状集体单位称号，属于洞头首次，系浙江唯一。

（倪肖乒）

【中国人民财产保险公司洞头支公司】 2023年，中国人民财产保险股份有限公司温州市洞头支公司实现保费收入9248.43万元，同比上年增速19.53 %。其中，车辆保费收入6826.76万元，财产险保费收入365.83万元，意外健康险保费收入1421.12万元，责任险保费收入446.87万元，船舶货运险保费收入70.34万元，信用保证保险保费收入41.96万元，农业保险保费收入75.55万元。全年受理案件7093件，赔款支出5226.91万元。其中，车辆赔款支出3891万元，财产险赔款支出130.71万元，意外健康险赔款支出82.57万元，责任险赔款支出214.91万元，船货险赔款支出13.36万元，信用保证保险赔款支出28.74万元，农险赔款支出9.03万元，大病医疗赔款支出798万元，普惠金融赔款支出57.59万元。

公司巩固“区建责险共保体”“区农民工工资支付履约险共保体”建设，在区住建局、区应急局、区人力社保局等派驻“工作专员”，派驻“共富专员”覆盖北岙、元觉、霓屿、大门、东屏等5个街道（乡镇）。牵头区内同业服务重点工程项目，首席承保温州海经区海塘安澜（浅滩二期生态堤）工程、浅滩二期软基工程等，提供11.57亿元风险保障。连续14年承保洞头区桥梁公路一切险附加公众责任险，为洞头区11座桥梁提供3.4亿元的风险保障。连续16年承保全区自然灾害公众责任险。连续7年承保全区残疾人意外险，为4247名残疾人提供2.2亿元风险保障。为全区3级至5级及以下堤防、海塘、水闸、堰南坝等水利工程提供3.7亿元风险保障。承接全区政策性商品林保险工作，9月，落地洞头区首单政策性商品林保险。截至年底，农险保费收入76万元，同比增长25.65%。首席承办大病保险服务，为8.8万人提供大病保障，完成赔付1324万元；持续开展由政府主导的商业补充医疗保险项目——“温州益康保”，全区累计参保突破6.37万人，参保率56.76%，稳居全市各区县第一位；承办长期护理保险项目，服务参保失能人员114人次，完成赔付14.11万元，获评市级“平安单位”暨“智安单位”。

（孙珠芬）

【中国人寿保险洞头支公司】2023年，中国人寿保险股份有限公司洞头区支公司实现保费8233.05万元，比上年增加435.92万元，同比增长5.59%。全年理赔给付支出834.48万元，比上年增加167.44万元，同比增长25.1%。全年其他各类给付金额1536.14万元，比上年增加613.59万元，增长66.51%。全年给付各类年金、满期金等领取金额合计901.37万元。在全区6个街道（镇）为村干部办理意外伤害、医疗保险及补充养老保险业务，推广渔工补充保险，开展农村小额意外保险、安康保险等涉农险种。参与学生安全保障体系建设，全年学生共发生赔案358件，保险理赔金额38.67万元。全覆盖推广老人意外伤害保险，为洞头区老年人提供7.42亿元风险保障，全年老年人共发生赔案329件，保险理赔金额34.86万元。

（林征宇）

表29　2023年洞头区保险机构信息一览表

保险机构名称	地址	成立时间	经营范围	备注
中国人民财产保险股份有限公司温州市洞头支公司	浙江省温州市洞头区北岙街道车站路65号	1993年3月11日	经营财产损失保险；责任保险；信用保险和保证保险；短期健康保险和意外伤害保险业务；经营上级机构在银行保险监督管理机构批准业务范围内授权的其他业务	下属3个营业部：大门营业部、灵昆营销服务部、昆鹏营销服务部
中国人寿财产保险股份有限公司温州洞头区支公司	浙江省温州市洞头区霞晖大道87–97号	2008年7月8日	经营财产损失保险；责任保险；信用保险和保证保险；短期健康保险和意外伤害保险业务；经营上级机构在银行保险监督管理机构批准业务范围内授权的其他业务	
中国太平洋财产保险股份有限公司温州市洞头支公司	浙江省温州市洞头区北岙街道霞晖大道345号B6幢101室	2008年4月15日	经营财产损失保险；责任保险；信用保险和保证保险；短期健康保险和意外伤害保险业务；经营上级机构在银行保险监督管理机构批准业务范围内授权的其他业务	
新华人寿保险股份有限公司洞头支公司	浙江省温州市洞头区北岙街道人民路9–6，9–8号B幢301室–1	2015年2月4日	人寿保险，健康保险，意外伤害保险等各类人身保险业务；经营上级机构在银行保险监督管理机构批准业务范围内授权的其他业务	
中华联合财产保险股份有限公司洞头支公司	温州市洞头区新城大道43弄5–15号	2007年8月	经营保险营销服务业务	
都邦财产保险股份有限公司温州中心支公司洞头区营销服务部	浙江省温州市洞头区北岙街道连城大道16–66号商贸城6号楼一层2号	2008年5月22日	经营财产损失保险、责任保险、信用保险和保证保险、短期健康保险和意外伤害保险业务，经营上级机构在银行保险监督管理机构批准业务范围内授权的其他业务	

续表29

保险机构名称	地址	成立时间	经营范围	备注
阳光财产保险股份有限公司温州市洞头营销服务部	温州市洞头区北岙街道霞晖大道299号芯海商厦A幢206、207室	2016年1月19日	经营财产损失保险；责任保险；信用保险和保证保险；短期健康保险和意外伤害保险；经营上级机构在银行保险监督管理机构批准业务范围内授权的其他业务	
中国人寿保险股份有限公司洞头区支公司	温州市洞头区北岙街道邮电路96、98、100号1-6层	1998年7月20日	人寿保险、健康保险、意外伤害保险等各类人身保险业务；各类人身保险服务、咨询和代理业务；经营上级机构在银行保险监督管理机构批准业务范围内授权的其他业务	
泰康人寿保险有限责任公司浙江温州北岙营销服务部	浙江省温州市洞头区北岙街道连城大道11-15号二楼	2008年9月11日	人寿保险、健康保险、意外伤害保险等各类人身保险业务；经营上级机构在银行保险监督管理机构批准业务范围内授权的其他业务	

（区金融工作服务中心提供）

【中国人寿财产保险洞头支公司】 2023年，中国人寿财产保险股份有限公司温州洞头区支公司全险种保费收入2650万元，同比增长22%，保费增量470万元，非车险保费收入495万元，非车占比18.6%；同比增长60%，保费增量185万元，其中安责险是公司的共保业务，保费收入40.61万元，同比增长69%，保费增量16.53万元。全年公司车险案件立案2807件，已决案件2784件，已决赔款1423.05万元，未决案件23件，未决赔款847.14万元，车险日历年度赔付率71.65%，车险结案率99.18%；非车险立案5件，已结案件5件，非车险日历年度赔付率1.73%，非车险案件结案率100%。全险种日历年度赔付率68.84%。反欺诈案件共计拒赔20万元。对接同业公司与他们形成区共保体合作关系，分别签署安责险和农民工履约保证保险共保协议，并成功出单。

（钱立军）

【中国太平洋财产保险洞头支公司】 2023年，中国太平洋财产保险股份有限公司洞头支公司保费收入4418.82万元，同比上浮21.39%。其中车险保费3454.83万元，非车保费收入963.99万元；全年赔款支出2117.66万元，赔付率47.92%。全险种保费占洞头区保险行业第二位。

（苏　慧）

【中华联合财产保险洞头支公司】 2023年，中华联合财产保险洞头支公司共完成保费收入1647.74万元，同比增长21.38%，增长额290.2万元。其中车险保费收入1342.26万元，同比增长35%；非车险保费收入305.48万元，同比增长-15.91%。全年报案件数1702件，已决案件1679件，已决金额714.83万元；未决案件74件，未决金额159.48万元。

（王紫迎）

【新华人寿保险公司洞头支公司】 2023年，新华人寿保险公司洞头支公司实现保费5937.2万元，比上年增加329.4万元，增长5.9%。全年理赔件数318件，合计给付支出725.3万元，比上年增加171.4万元，增长31%。全年各类给付金额995万元，比上年增加274.7万元，增加38%。全年给付各类生存金、满期金、保单红利等领取金额合计269.7万元。

（林选挺）

【都邦财险洞头营销服务部】 2023年，都邦财险保险公司洞头营销服务部实现保费1540万元，总赔款591万元。

（林特特）

【阳光财产保险洞头营销服务部】 2023年，阳光财产保险洞头营销服务部累计保费收入735.65万元，同比增长13.08%，非车险保费收入92.71万元，非车占比12.60%；全年公司已决赔款351.74万元，赔付率47.81%，赔款支出同比25.99%；车险赔款336.79万元，其中商业险赔款238.37万元，交强险赔款98.42万元，占比95.75%。非车险赔款14.95万元，占比4.25%。意外险赔款4.98万元，健康短险赔款9.97万元。

（孔令晓）

生态建设

生态环境建设

【概况】2023年，洞头区印发《洞头区生态文明建设规划（2021—2030年）》，完成省级生态文明示范区自查。持续推进EOD项目，累计完成投资1.5亿元，入选第四批全省生态环境系统共同富裕最佳实践名单，完成省级山水林田湖草生态修复试点建设任务，通过省级试点终期绩效评估。编制《洞头区绿色转化财政专项激励政策实施方案（2023—2025）》，以海岛县（市、区）排名第一遴选入围，获省级绿色转化激励资金1亿元。围绕全国生态日、美丽体验地等生态宣传载体，推进生态满意度和"五水共治"幸福感宣传工作，2023年生态环境公众满意度排名全省第17，较上年提升6位。

【洞头区生态文明建设规划（2021—2030年）出台】2023年3月30日，区人民政府印发《洞头区生态文明建设规划（2021—2030年）》。该规划指导洞头区开展国家生态文明建设示范区创建，重点对洞头区国家、省级生态文明示范区建设指标现状进行评估分析，共涉及指标52项，其中约束性指标28项，参考性指标24项，洞头已达标47项。工作举措包括创新生态体制机制，建立完善源头管控、过程监管、后果严惩及环保金融政策，构建良好生态体系，开展海岛生态保护修复，推动碳达峰、碳中和行动，深化环境污染防治及完善环境风险监管体系，实施分区分级管控。科学划定三区三线，优化国土空间，打造蓝色生态屏障。加快产业转型升级，推进传统产业绿色低碳转型升级，培育海洋新兴经济，发展现代海洋渔业以及发展生态旅游、医疗康养等海洋特色产业。加强海岛宜居建设，推进新型城镇化、花园洞头建设，倡导绿色生活方式。挖掘传统海洋文化。弘扬海霞、海洋文化，培育生态文明意识，推进生态文明宣教载体建设。目标到2025年全面达到国家生态文明建设示范区创建要求，到2030年前努力成为展示人与自然和谐共生、生态文明高度发达的重要窗口，打造国家生态文明先行示范区洞头样板。该规划项目由温州市生态环境局洞头分局委托温州市生态环境科学研究院编制。

【生态文明建设示范建设】2023年，洞头区以国家生态文明建设示范区创建为目标，印发《洞头区生态文明建设规划（2021—2030年）》，完成省级生态文明示范区自查，推进生态文明制度体系进一步完善。推动生物多样性保护，实施海陆全域19类生物多样性本底调查，调查种类度居全省各县区之最，首次摸清洞头全域生物多样性本底情况。海霞村入选省级首批生态文明建设实践体验地。

【生态修复】2023年，洞头区完成省级山水林田湖草生态修复试点建设任务，8月通过省级试点终期绩效评估，获优秀等级。试点建设期间累计完成陆海同治污水零直排建设、海岛花园建设、布袋岙污水处理厂工程（一期）、状元岛河道水系治理工程、绿色矿山创建和修复工程、网寮鼻普通建筑石料矿治理工程、蓝色海湾半屏韭菜岙沙滩整治修复工程、十里湿地生态建设工程等生态修复工程14个。总投资9.59亿元，打造"山水林田海"生态保护和修复治理的"海岛样板"。

2023年10月25日，洞头区代表浙江参加全国“美丽河湖美丽海湾”研讨大会，市生态环境局洞头分局在会上作经验交流　（市生态环境局洞头分局提供）

【洞头区在全国“美丽河湖美丽海湾”研讨大会作经验介绍】2023年10月25日，洞头区代表浙江参加全国“美丽河湖美丽海湾”研讨大会并作美丽海湾经验介绍。由中国生态文明研究与促进会、山东省生态环境厅、淄博市人民政府联合主办的“美丽河湖美丽海湾优秀案例研讨会”在山东淄博召开。洞头区生态环境分局局长陈旭阳受邀参加海洋生态文明主题宣传活动和“美丽河湖美丽海湾优秀案例研讨会”，就洞头诸湾美丽海湾建设工作作经验交流，获得与会领导及专家的一致好评。洞头将持续深化美丽海湾保护与建设，拓展“两山”转化通道，打造碧海蓝天也是金山银山的美丽海湾，助力加快建设名副其实的海上花园。

（李峥瑶）

【全省生态环境导向的开发（EOD）模式推进会在洞头举行】2023年5月25日，浙江省生态环境导向的开发（EOD）模式推进会在洞头召开。各级领导、专家共同探讨EOD模式创新、良性发展，推动形成更多可复制可推广的EOD经验模式和样本案例，为全省推进中国式现代化省域实践现代化注入绿色新动能。中国工程院院士、生态环境部规划院院长王金南作题为《积极探索EOD模式创新发展生态产品第四产业》的报告，生态环境部科技与财务司副司长逯元堂出席会议并讲话，省生态环境厅厅长郎文荣作视频致辞，省生态环境厅副厅长王以淼主持会议并作小结发言，温州市政府副市长王彩莲致欢迎辞。会上，国开行浙江省分行、农发行浙江省分行与金华市经开区环境治理与康养产业融合项目、兰溪市金兰创新城项目、青田县“侨乡大花园”项目、和美云江·共富瑞安项目、“绿色智造·水美吴兴”项目、庆元县“百山祖国家公园生物多样性价值转化实践地EOD模式项目”举行融资意向签约仪式；浙江启动省级EOD项目库，标志着浙江开启EOD模式省域实践新篇章。嘉兴市、洞头区分别作EOD项目实践经验交流。国开行浙江省分行副行长王建生，中国农业发展银行浙江省分行副行长朱峰，中国农业银行浙江省分行副行长朱文达，中国银行浙江省分行副行长许建军，以及区领导郭云强、何莉平等参加会议。会议由浙江省生态环境厅主办，温州市人民政府、国开行浙江省分行、农发行浙江省分行协办，温州市生态环境局、洞头区人民政府承办。

2023年5月25日，浙江省生态环境导向的开发（EOD）模式推进会在洞头召开
（市生态环境局洞头分局提供）

【省级绿色转化】2023年，洞头区编制《洞头区绿色转化财政专项激励政策实施方案（2023—2025年）》，以海岛县（市、区）排名第一遴选入围，获得省级绿色转化激励资金1亿元，全年下达资金3000万元。目标以“打造海岛保护最佳实践地、打通三大转化通道”为重点任务，以“生

态环境保护”和“绿色转化”两大类共16个项目为实施路径，打通绿色转化通道，突出抓好生物多样性保护、环境整治修复、海洋蓝碳开发、渔村产业共富、生态赋能旅游等“五大工程”，总投资15亿元。

【EOD模式全省标杆】2023年，洞头区EOD项目与国开行牵头银团签订23亿元授信额度，累计到位融资资金1亿元。完成打水鞍、王山头边坡治理工程、海上花园绿化彩化美化提升工程等共计项目14个，在建田岙屿、网僚鼻边坡生态修复工程、中屿片区配套基础设施提升工程中漫步道及海鲜一条街等项目9个，累计投资1.5亿元。承办浙江省生态环境导向的开发（EOD）模式推进会并作典型经验介绍，“洞头诸湾·共富海上花园”EOD项目同时入选第四批全省生态环境系统共同富裕最佳实践名单。

环境质量

【概况】2023年，洞头区空气质量优良率97.2%，同比下降0.3%；$PM_{2.5}$平均浓度为19微克/立方米，同比上升11.8%，扣除受沙尘天气影响，$PM_{2.5}$平均浓度为18微克/立方米。市控以上地表水断面长坑水库和龙潭坑水库水质均为Ⅱ类，达到功能区要求。洞头区城市区域昼间区域噪声平均等效声级为51.8分贝，等级为二级（较好），夜间区域噪声平均等效声级为42.1分贝，等级为二级（较好）；城市昼间道路交通噪声路长加权平均等效声级为65.6分贝，等级为一级（好），夜间道路交通噪声路长加权平均等效声级为61.6分贝，等级为三级（一

表30　2023年洞头区环境空气污染物平均浓度值及优良率一览表

项目	$PM_{2.5}$（微克/立方米）	PM_{10}（微克/立方米）	二氧化氮（微克/立方米）	二氧化硫（微克/立方米）	一氧化碳第95百分位数（毫克/立方米）	臭氧最大8小时滑动平均第90百分位数（微克/立方米）	空气质量优良率（%）
1月	22	41	12	8	0.5	115	100
2月	20	32	16	8	0.6	107	100
3月	21	37	17	8	0.5	129	100
4月	25	48	13	8	0.6	142	93.3
5月	18	31	9	7	0.5	142	93.5
6月	17	24	6	8	0.5	141	90
7月	11	21	5	6	0.4	116	100
8月	13	21	5	7	0.6	138	100
9月	14	21	4	8	0.6	125	100
10月	17	27	10	7	0.5	159	90.3
11月	20	35	16	7	0.5	136	100
12月	25	39	22	7	0.7	122	100
均值	19（18）	27	11	7	0.6	133	97.2
GB 3095—2012二级标准年平均限值	35	70	40	60	4（24小时平均）	160（日最大8小时平均）	—

（市生态环境局洞头分局提供）

般）；各类城市功能区噪声昼间和夜间年均值均达到功能区标准，昼间和夜间点次达标率分别为100%和92.9%。

【环境空气质量】2023年，洞头区城市空气质量自动监测站位于北岙街道陵园路32号。按《环境空气质量标准》（GB 3095—2012）二级标准评价，洞头区城市环境空气六项指标年均值全部达标，城市空气质量自动监测站有效监测天数354天，空气质量优良率为97.2%，其中一级（优）有166天，占总天数的46.9%；二级（良）有178天，占总天数的50.3%；三级（轻度污染）有10天，占总天数的2.8%。全年洞头区$PM_{2.5}$年平均浓度为19微克/立方米，与上年相比上升11.8%，扣除受沙尘天气影响，$PM_{2.5}$年平均浓度为18微克/立方米。空气质量优良率97.2%，与上年相比下降0.3%。全年环境空气质量级别非优良的天数为10天，首要污染物为PM_{10}（1天）和臭氧(O_3)（9天），臭氧(O_3)日最大8小时平均第90百分位数浓度为133微克/立方米，同比上升1.5%。

【饮用水水源】2023年，长坑水库为洞头区县级以上饮用水源地，监测结果表明，长坑水库水质达到《地表水环境质量标准》（GB 3838—2002）Ⅱ类水标准，全年县级以上饮用水水源地水质达标率100%。

【跨行政区域河流交接断面】2023年，洞头区的跨行政区域河流交接考核断面设在长坑水库。根据《浙江省跨行政区域河流交接断面水质保护管理考核办法》，监测项目为pH、水温、溶解氧、高锰酸盐指数、氨氮、总磷、化学需氧量，考核指

表31　2021—2023年洞头区跨行政区域交接断面水质情况及年际比较一览表

单位：毫克/升

项目	高锰酸盐指数	氨氮	总磷	功能要求类别	水质类别
2021年	3.1	0.16	0.018	Ⅱ	Ⅱ
2022年	2	0.1	0.016	Ⅱ	Ⅱ
2023年	2.1	0.08	0.015	Ⅱ	Ⅱ

（市生态环境局洞头分局提供）

表32　2022—2023年洞头区市控以上地表水水质统计结果及年际比较一览表

监测站位	功能要求类别	2023年水质类别	2022年水质类别
长坑水库	Ⅱ	Ⅱ	Ⅲ
龙潭坑水库	Ⅱ	Ⅱ	Ⅱ

（市生态环境局洞头分局提供）

表33　2022—2023年洞头区街道（乡镇）水库水质一览表

监测站位	2023年水质类别	2022年水质类别	功能区水质要求
枫树坑水库	Ⅱ	Ⅱ	Ⅱ
前坑寮水库	Ⅲ	Ⅲ	Ⅴ
元觉水库	Ⅱ	Ⅱ	Ⅲ
石子岙水库	Ⅲ	Ⅲ	Ⅳ
南山水库	Ⅱ	Ⅱ	Ⅱ

（市生态环境局洞头分局提供）

表34　2022—2023年洞头区酸雨监测结果及年际比较一览表

项目	样品数（个）	酸雨率（%）	降水pH值	
			均值	波动范围
2023年	86	67.4	5.27	4.03—6.27
2022年	100	61	4.99	4.18—7.17

（市生态环境局洞头分局提供）

表35　2021—2023年洞头区降尘量监测结果及年际比较一览表

单位：吨/（平方千米·月）

月份	2023年降尘量	2022年降尘量	2021年降尘量
1	1.2	2.3	2.1
2	1.4	1.2	0.9
3	2	2.1	0.9
4	1.8	0.9	1.1
5	2.3	0.8	1.9
6	2.1	1.6	2
7	1.9	2.2	1.2
8	1.7	1.5	1.6
9	1.8	2.1	1.7
10	1.4	1.7	2
11	1.5	2.8	2.8
12	1.3	1.1	2.1
均值	1.7	1.7	1.7

（市生态环境局洞头分局提供）

表36　2022—2023年洞头区域环境噪声统计及年际比较一览表

单位：分贝

区域名称	2023年等效声级	2022年等效声级
北岙街道（昼间）	51.8	52.9
北岙街道（夜间）	42.1	—

（市生态环境局洞头分局提供）

表37　2022—2023年洞头区道路交通噪声（等效声级）统计及年际比较一览表

测点编码	道路名称	测点位置	路段长（米）	路面宽（米）	2023年昼间Leq（分贝）	2023年夜间Leq（分贝）	2022年昼间Leq（分贝）
1	中心街	中心街260号	1246	11	64.9	63.7	66.7
2	连城大道	天天乐大药房斜对面	800	20	64	61.4	66.3
3	新城大道	佳信平价超市	1825	20	67.9	60.3	64

续表37

测点编码	道路名称	测点位置	路段长（米）	路面宽（米）	2023年昼间Leq（分贝）	2023年夜间Leq（分贝）	2022年昼间Leq（分贝）
4	海滨大道	海滨大道48号	1120	24	64.9	61.9	65.6
5	岭背东路	岭背东路32号	940	9	59.8	59.4	59.4
6	车站路	车站路14号	718	9	71.1	63.5	65.6
平均	—	—	—	—	65.6	61.6	64.6

（市生态环境局洞头分局提供）

表38　2023年洞头区各类功能区噪声监测年平均结果一览表

单位：分贝

功能区	国家标准		监测平均结果	
	Ld（昼间等效声级）	Ln（夜间等效声级）	Ld（昼间等效声级）	Ln（夜间等效声级）
1类	55	45	51	43
2类	60	50	50	43
3类	65	55	54	44
4a类	70	55	55	50

（市生态环境局洞头分局提供）

标为高锰酸盐指数、氨氮、总磷。长坑交接断面水质类别为Ⅱ类，考核结果为优秀。

【市控以上地表水断面】2023年，长坑水库、龙潭坑水库为洞头区市控以上地表水监测站位。市控以上地表水水质每月开展一次监测，监测项目为《地表水环境质量标准》（GB 3838—2002）表1基本项目24项及透明度、叶绿素a。监测结果表明，长坑水库水质、龙潭坑水库水质综合评价均为《地表水环境质量标准》（GB 3838—2002）Ⅱ类，达到功能区要求。

【乡镇水库水质】2023年，按照全市地表水环境质量监测网络建设工作要求，开展乡镇街道水库水质监测，监测项目为氨氮、总磷、高锰酸盐指数、溶解氧。

【降水】2023年，洞头区酸雨监测点位于北岙街道县前路53号，监测项目为pH、电导率、降雨量及硫酸根离子、硝酸根离子、氟离子、氯离子、铵根离子、钾离子、钠离子、钙离子、镁离子。全年共采集降水样品86个，降水的pH值范围为4.03—6.27，pH均值为5.27，酸雨率为67.4%，与上年相比酸雨率上升6.4%。洞头区属轻酸雨区。

【降尘】2023年，洞头区降尘监测点位于北岙街道县前路53号，降尘年均值为1.7吨/（平方千米·月），与上年降尘量持平，达到浙江省控制标准。

【声环境质量】2023年，洞头区昼间城市区域噪声平均等效声级为51.8分贝，评价结果为二级（较好）；昼间城市道路交通噪声路长加权平均等效声级为65.6分贝，评价结果为一级（好）；1类、2类、3类、4a类声功能区达到国家标准。

（张振宇）

环境管理

【概况】2023年，洞头区推进生态环境治理体系和治理能力现代化，深化“无废城市”建设，持续改善全区生态环境质量。推进碳达峰、碳中和，完善绿色低碳政策体系，优化能源结构和产业结构，推动经济社会发展全面绿色转型。开展“生态文化月”系列宣传教育活动，举办巡滩护河公益活动、现场直播护航亚运宣誓、提供“企业环保咨询日”服务，活动期间累计参与1000多人次，参与企业近30家，发放宣传品800多份。开展突发环境污染应急演练，水库水质达到省、市考核目标要求。推进海滨河、埭口河河道整治，督促推进雨污管网改造工程与排污单元纳管整治。开展“找寻查挖”行动，自查各类问题总数155个，并完成交叉检查39个问题整改。拍摄《美丽海岛建设 洞头持续推进五水共治新发展》在浙江卫视播出。推进生态满意度和“五水共治”幸福感宣传工作，在各大媒体平台发布信息，其中浙江生态环境微信公众号6篇、“五水共治”微信公众号6篇、温州生态环境微信公众号16篇、洞头发布微信公众号32篇，中央电视台中文国际频道、新闻频道先后报道洞头生态建设成效。

（邵丽华）

【河（湖）长制管理】2023年，洞头区利用“浙里九龙联动治水”平台、“河长在线”App、“绿水币”积分小程序、微信工作群等落实河长制工作，提高河长履职“三率”水平，推进河长“巡、管、护”三到位。全年各级河长总体履职有效率100%，合格率100%。区河长办牵头完成10条区级河道“一河一策”编制，各街道（乡镇）牵头完成36个乡镇级河道“一河一策”编制，促进河长履职有名向有实转变。全年开展巡河2018次，有效巡河1844次。动态更新河湖长信息，完成30个河湖长公示牌内容调整，完成浙水美丽系统36条河道地图标绘。制定《洞头区河湖长制“护航亚运”河湖水域岸线保护专项行动方案》，开展“河湖长制”护航亚运专项行动，辖区自查问题共101个，整治完成率100%；完成106个河湖长牌国际化改造。实施海滨河（九厅水闸至市民活动中心段）清淤工程，共投入143万元，清理河长1.2千米；启动埭口河应急污水处理设施建设，启动城南污水处理厂尾水回用改善河道水质工程。通过治水例会，多次召开海滨河、埭口河整治会议，合力推动河长制工作落实，全年发布总河长令2个、召开联席会议1次。

（邵丽华 颜丽婷）

2023年，洞头区河道整治　（区融媒体中心提供）

【治水督查】2023年，市生态环境洞头分局开展“找寻查挖”专项行动，围绕涉水问题整改落实、断面水质反弹返劣、城镇“污水零直排区”建设成效、黑臭水体反弹等10个方面排查各类问题191个，其中街道（乡）级自查146个，区级督办45个，整治完成率均达到100%；完成区级（海经查洞头）互查问题整改32个；完成市级督办问题整改5个；完成市级互查（绍兴查洞头）问题整改7个。全年“找寻查挖”专项行动共计整治问题235个。根据全市“找寻查挖”行动安排，对文成涉及6个街道开展“找寻查挖”县级互查，共检查发现问题33个，其中重点问题10个。赴丽水松阳对10个街道开展为期7天的“找寻查挖”，共检查发现问题21个，其中重点问题5个。

【排污权交易】2023年，市生态环境局洞头分局完成第二批共10家工业企业的“十四五”初始排污权核定，收取初始排污权使用费15382.05元，全面完成“十四五”初始排污权核定工作；完成8家企业共20笔的政府储备量出让交易，合计出让化学需氧量3.825吨、氨氮0.374吨、二氧化硫0.749吨、氮氧化物1.616吨，收取排污权政府储备量出让交易费用共688171元。

【排污许可证管理】2023年，市生态环境局洞头分局严格贯彻落实排污许可管理制度，根据《排污许可管理条例》及《排污许可证申请与核发技术规范》要求，严把排污许可证申请、核发质量审核关。全年共完成排污许可审批事项办理20件，其中首次申请2件、重新申请7件、延续4件、变更

2023年6月，洞头区开展“6·5”环境日主题宣传　（区融媒体中心提供）

环境污染防治

【概况】2023年，洞头区深入推进环境污染防治攻坚，实施蓝天、碧水、净土、清废行动，坚持以高水平保护推动海上花园高质量发展，努力建设人与自然和谐共生的美丽洞头。年内，深化企业废气治理、强化扬尘和秸秆焚烧管控、大力淘汰老旧柴油车、推进移动源监管，实施“五水共治”，强化饮用水水源保护，推进海滨河、埭口河等重点河道治理。高效运转小微废物收运体系，实现危险废物“动态清零”。

7件。共完成排污登记办理登记20件。

【环境辐射管理】2023年，市生态环境局洞头分局结合“迎亚运、除隐患、保安全”辐射安全保障行动，完成洞头区域内2家重点单位监督性监测，结合“双随机”联合卫健局对辖区内7家企业开展执法行动，深化排查化解辐射安全隐患，对存在问题要求立行立改。10月18日，开展辐射应急桌上演练。完成7家辐射单位国家、省辐射平台信息维护、年度执行报告检查和审核工作；完成辐射安全隐患现场排查和区人民医院除险保安整改工作，开展“6·5”环境日辐射安全宣传和再生资源收储中心熔炼宣传贯彻和辐射检测仪配置整改工作。

【智慧环保】2023年，市生态环境局洞头分局完成LDAR（泄漏检测与修复）数字化平台建设工作。洞头平台作为全市试点平台，项目投用后将为全市LDAR减排决策工作提供助力。开展智慧环保运维管理，实施智慧环保网络安全等级评定工作，开展智慧环保服务器地址迁移及扩容，整合“12345”信访数据，为年度噪声污染专项治理工作噪声信访问题调度提供管理渠道。

【碳达峰和碳中和行动】2023年，市生态环境局洞头分局完成2022年温室气体清单编制工作。推进前期入选试点创建工作，对接已申报成功的6个试点村居和1个低零碳街镇，开展现场勘查，完成东屏街道半屏社区、北岙白迭社区低零碳创建市级评估。实施减污降碳标杆项目，确定鹿西黄鱼岛、后寮未来农场、中石油RTO（高温蓄热式焚烧法）三个标杆精品项目，完成中石油RTO项目中央资金项目申报年度任务。6月7—8日，联合市局在洞头召开“低碳活动日”暨低零碳建设交流活动。开展省级第三批低零碳乡镇（街道）和村（社区）试点申报，东屏街道后寮村、北岙街道海霞村、鹿西乡东臼村3个村居入选省级低零碳工作试点。

（邵丽华）

【“污水零直排区”建设】2023年，洞头区开展“污水零直排区”建设工作“回头看”，对生活小区、六小行业、工业企业等区域开展督查，完成问题整改50个，整改完成率100%。开展试点运维，将元觉街道已建污水零直排区域纳入运维范围，涉及雨污管网近5000米、油水分离装置12套等。元觉街道创成温州市城镇“污水零直排区”建设星级街道。

【“无废城市”创建】2023年，洞头区按照《洞头区全域“无废城市”建设工作实施方案（2022—2025年）》和“责任、目标、任务、项目”4张清单要求，推进“无废城市”建设工作。8月，在全省生态环境保护大会上洞头区获评2022年度省级三星级“无废城市”，荣膺浙江省“无废城市”清源杯。完成全区“无废工厂”5个、“无废加油站”4个、“无废码头”1个，三类共建设“无废细胞”10个，其中“无废加油站”“无废码头”为全市首批创建单元；初步完成2023年度“无废城市”建设台账资料收集和技术评估报告编制工作，推进“无废城市”建设指标75项，如期达标。

【大气污染防治】2023年，洞头区制订《洞头区2023年深入打好蓝天保卫战实施计划》，落实部门协调机制。深化涉气行业整治，行业整治提升塑料注塑工序企业10家和橡胶压铸企业1家，完成现有锅炉、工业炉窑使用情况排查，推动锅炉整治提质增效，完成2023年度汽车维修行业低效VOC（汽车散发出来的挥发性有机物）设施升级改造工作。完成气象局秸秆焚烧高空瞭望设施、气象局VOC空气自动监测站建设及验收工作。开展秋冬季秸秆焚烧污染防治工作，全区实现高空瞭望监控区域连续50多日零火点。实施港区扬尘治理工程，完成状元岙港区扬尘可研报告及初步设计，推动港区扬尘治理项目落实落地。

【秋冬季秸秆焚烧污染防治】2023年，洞头区开展秋冬季秸秆焚烧污染防治工作，制定《全区秸秆禁烧工作汇总表》进行一表统管，每日汇总梳理全区火点发现处置情况、宣传发动情况、组织开展情况、易发点耕地数量、隐患点位，秸秆清运数量、收割处置率等情况，10月30日至12月27日，全区实现高空瞭望监控区域连续50多日零火点。

【移动污染源防治】2023年，洞头区生态环境分局做好移动源污染防治工作，联合区公安分局、区交运局，开展柴油车路查路检12次、遥感监测4次、入户抽测6次；完成非道抽测101辆，入户调查65辆，编码登记80辆，淘汰老旧柴油叉车20辆、新增新能源叉车2辆，完成3家加油站油气回收监测工作。

（邵丽华）

【固体废物处置】2023年，洞头区依托温州市环境发展有限公司建立了工业固废闭环处置管理服务体系。以政府购买服务的方式，进一步推行固体废物“环保管家”，面向全区109家产废单位提供高质量服务，全面打造洞头特色“一体化、一站式”闭环处置管理服务模式。全年危险废物产生量共计10806.07吨，上年库存量27.88吨，委托处置量4058.10吨，自行处置量6719.83吨，现有库存量55.99吨，处置率99.5%。针对全区7家危废产生处置单位进行考核打分，最终评定优秀2家、良好3家，合格2家，规范化管理提升达标率100%。

（周昱）

【入海污染源治理】2023年，洞头区开展入海污染源排口分类治理，投入资金180万元，按时完成纳入省系统平台268个入海排污口整治任务。成立海上联勤指挥中心，自主研发“海翼”智控平台，集成自然资源、生态环保等68项涉海执法事项，有效打通7个涉海部门300多万条数据，形成全域执勤执法模式，护航美丽海湾生态保护监管。

（李峥瑶）

环境执法

【概况】2023年，洞头区借力省委生态环境保护专项督察等平台载体，以亚运会温州赛区环境质量保证为抓手，聚焦山体生态环境非法破坏、非法石子加工、紧固件行业生态环境管理混乱等方面环境问题，开展涉水、涉气、涉废、噪声等各项执法行动，打击企业恶意偷排、漏排等环境违法行为。开展各类环保专项行动，整治隐患问题，打击违法行为，累计出动执法人员605人次，检查相关企业202家次，发现问题93个，责令企业整改93家次。实施信访“回头看”“举一反三”等措施，防止反复信访。

【生态环保督察整改】2023年，市生态环境局洞头分局构建部门协同，周督察，月通报，推进中央生态环境保护督察问题整改，二轮中央生态环境保护督察涉及全区“1+3+6”整改事项，重点整改问题1个，需整改具体问题3个，长期坚持问题6个。截至年底，10个事项全部完成，“举一反三”17个问题完成16个，申请延期1个；交办信访件全部完成整改销号。

【环保专项执法】2023年，洞头区开展“绿剑2023”、中高考“静音”、亚运会环境质量保障等环保专项行动，整治和打击一批企业生态环境隐患问题和生态环境违法行为，有效防范重大生态环境事件发生，保障亚运会、亚残运会期间环境质量。联合资规、交通、综合执法等部门开展矿山、港口、污水处理厂联合检查。共开展专项行动18项次，出动人员605人次，责令企业整改93家次，作出立案处罚11件，其中轻微不处罚2件，作出罚款金额98.6万元。

【环境信访处置】2023年，市生态环境局洞头分局加强信访调处，落实“三联系、三反馈”工作制度。细化年度重点难点信访件处置，对完成信访处置重点件全部对照整改清单进行“回头看”。共受理和处置信访投诉27件，相比上年同期（37件）减少10件，降幅27.02%。按污染类型看，涉废气类15件，涉建设项目1件，涉噪声类5件，涉其他类5件。全年无退回重办件，信访处置率100%，无省、市来信来访交办件和未化解重复举报件。

【环境风险管控】2023年，市生态环境局洞头分局紧盯风险企业，督促企业编制突发环境事件应急预案。落实三类“园区、企业、设施”安全生产环保设施和风险源企业隐患排查，共检查环境风险源企业47家次，发现环境风险隐患33处，隐患发现率330%，列全市第一位，确保全年全区未发生各类突发环境事件。

（周昱）

海洋生态环境保护

【概况】2023年，洞头区推进《温州市洞头诸湾美丽海湾建设方案》。编制《洞头区海上环卫工作方案》，完成洞头区“无废海滩”（一期）项目招投标工作，建立一支专业化海上环卫队伍。完成2023年海洋生态环境监测，启动全省首个美丽海湾省控海水自动监测浮标站建设。开展入海污染源排口分类治理，成立海上联勤指挥中心，自主研发“海翼”智控平台。参加全国海洋生态文明主题宣传活动和全国美丽海湾优秀案例研讨会并作案例分享，中央电视台中文国际频道、新闻频道先后报道洞头美丽海湾建设成效。

【海漂垃圾清理】2023年，洞头区编制《洞头区海上环卫工作方案》，在落实湾滩定期巡查与常态保洁机制基础上，建立向海上延伸的海上保洁机制，完善“发现—收集—上岸—处置—监管”海漂垃圾综合治理体系，打造“无废湾滩”示范。完成洞头区“无废海滩”（一期）项目招投标工作，建立一支专业化海上环卫队伍，配置海漂垃圾自动化清扫船、近岸保洁船及沙滩保洁车等，对洞头重点海域开展常态化保洁。精细治理守护美丽海岸线做法受到省政府副省长胡伟肯定批示。

2023年7月20日，市生态环境局洞头分局受邀参加全国海洋生态文明主题宣传活动，市生态环境局洞头分局局长陈旭阳出席并作经验分享

（市生态环境局洞头分局提供）

【入选浙江省第一批美丽海湾】2023年12月18日，省生态环境厅公示第一批浙江省美丽海湾建成单元和培育单元名单，洞头诸湾入选全省第一批美丽海湾。洞头区深入推进《温州市洞头诸湾美丽海湾建设方案》，加快海湾环境治理与生态修复，打造高品质亲海空间，实现海岛海湾“两山”实践转化。先后受邀参加全国海洋生态文明主题宣传活动和全国美丽海湾优秀案例研讨会并作案例分享，中央电视台中文国际频道、新闻频道先后报道洞头美丽海湾建设成效。

【海洋环境监测】2023年，洞头区实施海洋生态环境监测，对海水水质、环境功能区、入海河流、水产养殖排口等38个点位开展监测，启动全省首个美丽海湾省控海水自动监测浮标站建设，包括水文、气象、常规水质、营养盐指标监测，实现海洋水环境质量实时、连续监测，提升海洋环境管理和水环境预警能力建设。根据《2023年温州市洞头区海洋生态环境公报》，全区近岸海域优良水质（Ⅰ类、Ⅱ类）海域面积比例为70%，同比增加3.3个百分点；劣Ⅳ类水质海域面积比例为3.2%，同比减少1.8个百分点。全区近岸海域富营养化面积较上年减少10.1个百分点，未出现重度富营养化海域。2023年上半年和下半年全区环境功能区水质达标率均为100%。全区近岸海域共发生赤潮2起，发生时间为6—7月，较上年减少1起。

（李峥瑶）

教 育

综述

【教育经费投入】2023 年，洞头辖区共有 47 所学校（含温州教师教育院洞头分院、温医大仁济学院、浙江工贸职业技术学院、温州技师学院、温州护士学校、温州外国语学校、温州外国语小学、洞头一中、温州市乐成寄宿中学），归洞头区教育局管理的辖区学校共 38 所。其中，职高 1 所、初中 6 所（含九年一贯制学校 2 所）、小学 10 所、公办幼儿园 11 所、民办幼儿园 10 所。在校生总数 15796 人，其中职高 1209 人、初中 3192 人，小学 7476 人，幼儿园 3919 人。全年教育经费投入 7.44 亿元，其中公共财政教育经费 6.17 亿元。

【学生资助】2023 年，洞头区聚焦学生资助精准度，建立健全以“国家资助、学校奖助、社会捐助、学生自助”为核心的“四位一体”资助育人体系，利用全国学生资助管理信息系统和省“一窗受理”平台，精准排摸困难对象，全年走访家庭 430 多户。推进“助学、筑梦、铸人”发展型资助育人品牌建设，加强精准资助长效化建设，开展春季慰问、关爱基金上门等送温暖活动。建立特殊困难学生心理预警干预制度，落实“资助 + 心理健康”“资助 + 家庭教育”等多方位精准帮扶工作。全年中职免学费 265.66 万元，资助贫困学生 879 人次，发放资助金额 136 万余元。政府资助 746 人次，资助金额 108.06 万元。其中，中职资助 43 人次，金额 4.30 万元；义务教育资助 578 人次，金额 72.26 万元；学前教育资助 125 人次，金额 31.50 万元。社会资助 127 人次，资助金额 28 万元，包括春节慰问、关爱基金、明德基金和国强基金等。

【高中优质教育资源提升】2023 年，全区普通高中 1 所，即温州市洞头区第一中学，属省二级普通高中特色示范学校；完全中学 1 所，温州市乐成寄宿中学高中部。全区普通高中 58 个班级，在校学生 2347 人。普通高中新生班级数 19 个，招收新生 791 人；普通高中毕业班 21 个，毕业生 823 人，毕业率 100%。报考普通高校总人数 823 人，普通高校录取总人数 819 人。本科以上学生总数达本科上线率 414 人，本科上线率 50.3%，特殊类招生分数线以上的考生共 77 人，上线率为 9.36%。落实“县中崛起”省民生实事，嘉兴一中与洞头一中结对工作，引进 1 名嘉兴一中特级教师指导提升教学水平，选送 6 名优秀学生赴嘉兴一中合作培养。推进市区普高融通招生，全年市区公办普高融通招生总数达 82 人，比上年增加 25 人。高考本科上线率 62.8%，特殊类招生分数线上线率 9.4%，高考水平连续第三年实现向上增长。职教中心“现代文旅”产业学院市级立项，产教融合工作进一步深化。

【洞头区中小学（幼儿园）岗位聘期和聘任工作试行实施】2023 年 4 月 19 日，洞头区教育局出台《洞头区中小学（幼儿园）岗位聘期和聘任工作实施方案（试行）》。实行岗位总量控制、结构比例控制和最高等级控制，结合区域实际，分灵昆一小、灵南小学、灵昆中学、洞头片区中小学、幼儿园等五大区域统筹教师专技岗位。岗位统筹后，教师校际流动将不影响原职级的聘用，直接打破教师校际流动壁垒。为激活教师岗位竞聘积极性，建立教师“你追我赶”良好比超氛围，以2年为聘任周期实施聘任工作，动态调整岗位聘用人员。根据新的实施方案，全员参与竞聘，进行统一岗位大调整，让高能者上任，低能者下任，岗位真正做到“能上能下”的突破。为加强评选科学性、系统性，采用量化考评方法。建立洞头区中小学（幼儿园）岗位聘任量化考评标准，评价内容含聘期考核和经历资历，综合考虑聘任者的实绩和资历，突出教学一线导向。

【两所老年学校通过浙江省民生实事项目验收】2023年10月20日，洞头区大门镇老年学校、元觉街道老年学校建设项目通过2023年省政府民生实事项目验收。洞头区大门镇老年学校位于大门镇沙岩街，与大门社区学校、朝阳文化礼堂、老干部大学大门教学点等整合办学。学校教学用房面积1046平方米，拥有多功能教室、民俗馆、健身室、电化教室、图书阅览室等，开设青岙讲堂、声乐、排舞、智能手机、太极拳等课程，组建柔力太极拳、健身操、兰小草志愿服务等学习社团，专兼职教师队伍深入镇老年学校及下属24个村的老年学堂开展老年教育培训。洞头区元觉街道老年学校位于元觉街道小北岙新村南，与元觉社区学校、元觉文化礼堂、新时代文明实践站等整合办学。学校教学用房面积886平方米，拥有多功能教室、乡愁馆、电子阅览室、健身娱乐室、非遗文化体验室、兴趣社团室等，组建元港健身队、乡村艺术团、普心姐妹志愿服务等学习社团，开设数字生活、健身排舞、养生健康等课程，其中“孝善守望”课程为浙江省终身学习品牌。举办乡愁馆展览、二十四孝善故事分享、家风故事宣讲等活动。

学前教育

【概况】2023年，是洞头区发展学前教育第四轮行动（2022—2025）的第二年，洞头区正式启动公办幼儿园暑期托管服务，北岙学前托育工程（教育二幼迁建工程）开工建设，区瓯江口第三幼儿园投入使用，区霓屿幼儿园创成浙江省一级幼儿园，区教育幼儿园通过浙江省一级幼儿园复核，区瓯江口第二幼儿园创成浙江省二级园，区元觉幼儿园获评第二届温州市“未来星幼儿园”。截至年底，洞头区共有21所幼儿园，其中公办园11所，民办园10所。幼儿入园数为3488人，幼儿园教职工人数572人，其中专任教师346人，学历大专以上占比100%。公办园幼儿人数2248人，在园幼儿覆盖率为63.52%，优质园（一、二级以上）17所，在园幼儿覆盖率为86.6%，其中一级园6所，在园幼儿覆盖率为48.19%，幼儿教师持证率、等级园覆盖率和普惠园覆盖率均为100%。

【瓯江口第三幼儿园投用】2023年9月1日，洞头区瓯江口第三幼儿园投用。该幼儿园位于瓯江国际新城瓯锦苑小区，是一所由海经区管委会建造并委托运营的公办幼儿园，是温州首家北大京学附属实验幼儿园加盟园。占地面积5400平方米，建筑面积4050.9平方米，户外面积1460多平方米，绿化率达30%以上，办学规模12个班级，可容纳360名幼儿。区瓯江口第三幼儿园为区教育局下属股级公益一类事业单位，采用公办民营模式。该园是洞头区瓯江口第三所公办民营幼儿园。

【省等级幼儿园创建】2023年11月，洞头区霓屿幼儿园创成浙江省一级幼儿园。该园前身为民办幼儿园“霓屿街道中心幼儿园”，创建于1994年9月，于2018年8月转型成为公办幼儿园。2020年9月，霓屿幼儿园新园投入使用。园所占地面积5660.36平方米，建筑面积4899平方米，户外活动场地2542.91平方米，绿化面积1825.38平方米。洞头区教育幼儿园通过浙江省一级幼儿园复核，瓯江口第二幼儿园通过浙江省二级园创建。

【公办幼儿园暑期托管工作】2023年7月至8月，洞头区教育幼儿园、教育第二幼儿园、霓屿幼儿园、大门幼儿园、瓯江口第一幼儿园、瓯江口第二幼儿园、瓯江口第三幼儿园等7所公办幼儿园正式开启第一批暑期托管服务。区教育局对瓯江口第一幼儿园、瓯江口第二幼儿园、元觉幼儿园、霓屿幼儿园进行托幼一体化办园指导，满足人民群众入公办幼儿园托班需求。暑期共托管1436名幼儿。

【洞头区幼儿园与小学双向科学衔接工作】2023年，洞头区教育局通过行政推动、业务带动、园校联动推动幼小衔接工作，开展“幼小衔接工作站”系列研讨活动，举行洞头区“幼小双向衔接试点园校教学指导与管理优化开放日”活动，以幼小衔接主题教研、课例研讨会等深化区域幼小衔接工作。

【深化区域“海+”课程】2023年6月，区教育局编制《洞头闽南童谣游戏项目成果集》，开展“区域推进幼儿园‘海+’游戏课程的深化实践研究”课题实践，深化洞头民间游戏和闽南童谣进课堂活动，把“海+”课程纳入幼儿园日常主题教学活动，并形成闽南童谣主题资源包，传承闽南童谣游戏家乡印记。

【民办幼儿园整合撤并】2023年，洞头区教育局通过对民办园的整合撤并和规范办学扶持引导，停办低小散幼儿园2所，实现区域内薄弱幼儿园清零。8月，洞头区大门第二幼儿园停止办学。开展洞头区城关中心幼儿园整合后的园舍建设资金补助工作。完成春季、秋季民办园专项资金补助工作，共补助资金500多万元。按照《2023年度民办教师培训经费使用办法》对民办园教师学分培训经费进行报销补助，扶持民办幼儿园高质量发展。

【首届幼儿园“三员”技能大赛】2023年10月10日，洞头区首届保健员、保育员、炊事员“三员”专业技能大赛在区半屏山学生综合实践学校举行，全区18所公民办幼儿园共选拔推荐54名选手参赛，比赛项目包含菜肴制作、医护知识应用实操、保育日常工作纠错等。6名幼儿园后勤工作人员推送参加温州市幼儿园“三员”技能大赛，获一等奖一名、二等奖三名、三等奖两名。

【幼儿园发展性评价考核结果公布】2023年11月28日，洞头区人民政府教育督导委员会办公室公布2022学年洞头区中小学（幼儿园）发展性评价考核结果，考核优秀单位为区教育幼儿园、区教育第三幼儿园、区教育第二幼儿园、区灵昆街道中心幼儿园、区城关中心幼儿园、区太阳岛幼儿园。良好单位为区灵昆幼儿园、区霓屿幼儿园、区元觉幼儿园、区瓯江口第一幼儿园、区瓯江口第二幼儿园、区海悦城幼儿园、区灵昆永兴幼儿园、区快乐幼儿园、区育才幼儿园、区灵昆乐岛幼儿园。合格单位为区鹿西幼儿园、区大门幼儿园、区实佳幼儿园、区灵昆街道沙塘幼儿园。

表39　2023年洞头区各乡镇（街道）在园幼儿覆盖面一览表

序号	单位	幼儿园数		幼儿数			
		公办（人）	民办（人）	公办（人）	公办覆盖面（%）	民办（人）	民办覆盖面（%）
1	北岙街道	2	4	846	61.6	527	38.4
2	东屏街道	1	1	188	81.03	44	18.97
3	灵昆街道（含昆鹏街道）	4	5	659	47.78	720	52.55
4	元觉街道	1	0	94	100	0	0
5	霓屿街道	1	0	182	100	0	0
6	大门镇	1	0	193	100	0	0
7	鹿西乡	1	0	35	100	0	0
合计		11	10	2197	62.98	1291	37.02

（区教育局提供）

表40　2023年洞头区幼儿园情况一览表

序号	幼儿园名称	地址	性质	等级
1	洞头区教育幼儿园	北岙新城区城南大道136号	公办	省一级
2	洞头区教育第二幼儿园	北岙镇赴学路23号	公办	省一级
3	洞头区教育第三幼儿园	东屏街道惠民村长寿巷42弄22号	公办	省一级

续表40

序号	幼儿园名称	地址	性质	等级
4	洞头区元觉幼儿园	元觉街道状中巷44号	公办	省二级
5	洞头区霓屿幼儿园	霓屿乡曙光路88号	公办	省二级
6	洞头区鹿西幼儿园	鹿西乡海景街158号	公办	省二级
7	洞头区大门幼儿园	大门镇勤奋路8号	公办	省二级
8	洞头区灵昆幼儿园	灵昆街道瓯绣大道4099号	公办	省一级
9	洞头区瓯江口第一幼儿园	集聚区灵昆街道灵德路167号瓯江口公元里小区	公办	省二级（预）
10	洞头区瓯江口第二幼儿园	温州市洞头区灵昆街道霓翔路56号（瓯江口聆涛苑）	公办	省二级（预）
11	洞头区瓯江口第三幼儿园	温州市洞头区瓯江口鲲鹏街道瓯华路125号	公办	刚开办
12	洞头区城关中心幼儿园	洞头区北岙街道车站路98号	民办	省二级
13	洞头区太阳岛幼儿园	新城区广场路3号	民办	省二级
14	洞头区育才幼儿园	北岙镇中心街570弄10号	民办	省二级
15	洞头区海悦城幼儿园	北岙街道新城区海兴路15号	民办	省二级
16	洞头区快乐幼儿园	东屏镇府前路8号	民办	省三级
17	洞头区灵昆中心幼儿园	灵昆街道繁灵街	民办	省一级
18	洞头区灵昆永兴幼儿园	灵昆街道叶先村	民办	省二级
19	洞头区灵昆沙塘幼儿园	灵昆街道沙塘街	民办	省三级
20	洞头区实佳幼儿园	灵昆街道兴灵路2号	民办	省三级
21	洞头区灵昆乐岛幼儿园	灵昆街道海思村	民办	省三级

（区教育局提供）

表41　2023年洞头区公办幼儿园教师、幼儿情况一览表

幼儿园名称	教师		学生数（人）	大班		中班		小班	
	在职数（人）	在编数（人）		班级数（个）	学生数（人）	班级数（个）	学生数（人）	班级数（个）	学生数（人）
教育幼儿园	40	29	486	5	167	5	169	5	150
教育第二幼儿园	34	26	360	4	137	4	116	4	107
教育第三幼儿园	24	15	188	2	63	3	67	3	58
霓屿幼儿园	22	15	182	3	67	3	69	2	46

续表41

幼儿园名称	教师		学生数（人）	大班		中班		小班	
	在职数（人）	在编数（人）		班级数（个）	学生数（人）	班级数（个）	学生数（人）	班级数（个）	学生数（人）
元觉幼儿园	13	10	94	1	35	2	35	1	24
鹿西幼儿园	8	5	35	1	14	1	21	0	0
大门幼儿园	19	8	193	3	83	2	60	2	50
灵昆幼儿园	23	17	255	3	90	3	87	3	78
瓯江口第一幼儿园	16	0	171	2	65	2	57	2	49
瓯江口第二幼儿园	16	0	160	2	62	2	53	2	45
瓯江口第三幼儿园	11	0	73	1	23	2	50	0	0
合计	226	125	2197	27	806	29	784	24	607

（区教育局提供）

义务教育

【概况】 2023年，全区小学12所（含九年一贯制学校小学段3所），小学班级204个，在校学生7485人（含女生3503人），其中新居民子女1782人，特殊儿童50人。小学适龄学生入学率、巩固率、新居民子女入学率均100%，特殊儿童入学率100%。小学新生班级40个，新生招生1477人；小学毕业班级33个，小学毕业生1122人，升学率100%。初中7所（含九年一贯制学校初中段3所、温州市乐成寄宿中学初中段1所），班级89个，在校学生3180人（含女生1520人），其中新居民子女782人，特殊儿童22人。初中适龄学生入学率、年巩固率、新居民子女入学率、特殊儿童入学率均100%；初中新生班级数26个，新生招生916人。初中毕业班级39个，毕业生1391人，初中毕业生升入高中阶段学校1380人，初中升学率99.21%，普职招生比例45.43∶54.57。率全省之先完成2023年“青少年正脊行动”省民生实事项目。完成义务教育段随迁子女入学省民生实事。洞头区教师发展中心“双减”优秀实践案例，获评浙江省第二十一批“双减”优秀实践案例。灵南小学、鹿西中心小学被评为温州市未来乡村学校市级培育对象。

【率先完成“青少年正脊行动”省民生实事】 2023年6月20日，洞头区率全省之先完成2023年“青少年正脊行动”省民生实事项目，122.46%超额完成进度。洞头区教育局与区卫健局、区疾控中心召开工作联席会，就职责分工、宣传教育、筛查前期准备等达成共识；教育、卫健、文广旅体局等三部门联合下发《温州市洞头区2023年度义务教育阶段学生脊柱弯曲异常筛查工作方案》；召开全区义务教育阶段学校“正脊行动”工作部署会。与温州育英脊柱侧弯预防与治疗中心联系，面向全区所有学校科普脊柱侧弯知识，各校通过线上线下开展科普宣教、阳光体育活动，推行“正脊操”；邀请附二医黄崇安博士对全区参与脊柱侧弯筛查的辖区医生及全区义务阶段学校校医进行线下理论与实操相结合的技术培训。

【入选省“双减”优秀实践案例】 2023年9月25日，洞头区教师发展中心“双减”优秀实践案例《百岛课程群：“双减”下区域课外服务课程体系的整体设计与推进》入选省第二十一批“双减”优秀实践案例。该案例通过构建区校一体的“1+2+X”（“1”即一校一课后服务课程，“2”即教师和场地“校内＋校外”，“X”即为各校建立基于区域、家长、学生需要的课外服务课程群）模式，以提升儿童学习品质为抓手，结合“校内＋校外”在地资源，建立基于区域、家长、学生需要的课外服务课程群，助推区域课外服务课程“一校优品、全区推广、共建共享”。全年，洞头区教师发展中心选送25篇“双减”优秀实践案例参与省市级评比，获评市级“双减”优秀实践案例6篇，获评省级“双减”优秀实践案例1篇。

【义务教育段随迁子女入学省民生实事完成】 2023年10月，洞头区完成义务教育段随迁子女入学省民生实事。义务教育段随迁子女总人数2564人，其中就读公办学校的随迁子女人数2349人，随迁子女就读公办学校的比例为91.61%，超额完成2023年浙江省84.8%的比例指标；符合条件的随迁子女在家长常住地保障入学比例指标任务100%。

【博士科学家聘任学校副校长】 2023年11月24日，为落实中共中央、国务院《关于新时代进一步加强科学技术普及工作的意见》《全民科学素质行动规划纲要（2021—2035年）》部署要求，根据《新时代温州中小学科学教育实施方案》文件精神，国家级海外引才计划材料科学胡秋红博士、天津大学应用化学杨啸两位博士分别聘任为洞头区霓屿义务教育学校和洞头区教育第三幼儿园科学家副校长。科学副校长履职期间，举办一场科普讲座、结对一位科学教师、参与建设一门科学课程、指导一批学生项目、共上一堂科学课等“五个一”工作，引导广大中小学生增强科学探索的好奇心，真正崇尚科学、热爱科学。

【温州市未来乡村学校市级培育对象】 2023年12月18日，为迭代升级乡村“小而优”学校建设，打造未来教育乡村样板，有效破解未来乡村学校培育、创建过程中的重点、痛点、难点问题，洞头区教育局成为温州市未来乡村学校培育五大项目之“空间场景化行动”项目创建区。洞头区灵南小学、洞头区鹿西中心小学被评为温州市未来乡村学校市级培育对象，洞头区城关第一小学被评为温州市未来乡村学校区级培育对象。

表42　2023学年洞头区义务教育基本情况一览表

街道（乡镇）	小学				初中				入学率（%）		年巩固率（%）		升学率（%）	
	当年毕业		当年招生		当年毕业		当年招生							
	班级数（个）	人数（人）	班级数（个）	人数（人）	班级数（个）	人数（人）	班级数（个）	人数（人）	小学	初中	小学	初中	小学	初中
合计	33	1129	40	1462	39	1391	26	923	100	100	100	100	100	100
北岙街道	15	506	16	641	17	648	8	347	100	100	100	100	100	100
灵昆街道	6	239	8	314	5	180	5	152	100	100	100	100	100	100
东屏街道	4	123	3	102	8	284	6	201	100	100	100	100	100	100
大门镇	3	120	3	95	4	130	4	108	100	100	100	100	100	100
元觉街道	1	33	1	31	2	45	1	31	100	100	100	100	100	100
霓屿街道	2	71	2	84	3	104	2	84	100	100	100	100	100	100
鹿西乡	2	37	1	23	0	0	0	0	100	0	100	0	100	0
昆鹏街道	0	0	6	172	0	0	0	0	100	0	100	0	0	0

（区教育局提供）

中等职业技术教育

【概况】 2023年，温州市洞头区职业技术教育中心（简称洞头职教中心）共有班级32个，在校生1204人,其中高一11个班级440人、高二11个班级367人、高三10个班级397人。高一新生注册440人，其中电子技术应用专业132人、幼儿保育专业69人、高星级饭店营运与管理专业75人、计算机专业43人、电子商务专业84人、工艺美术专业37人。高三毕业班级8个，毕业生281人，其中电子电工专业103人、工艺美术专业26人、高星级饭店营运与管理专业37人、幼儿保育专业36人、电子商务专业38人、计算机专业41人。高三毕业（升学）281人，就业率100%，其中直接就业30人，占比10.68%。计算机、电子电工等专业高三毕业生参加省高职提前招生或单独招生考试97人，上线97人，上线率100%，专科录取率100%。举办校园技能节暨文化素养大赛，数十名师生在省、市各类比赛中获佳绩。洞头职教中心获省“双高计划”建设中期绩效评价良好，获评温州市教育系统首批“优秀党建联建单元”。洞头区职教中心蝉联浙江省2022年度市县职业教育与成人教育发展综合考核优秀单位，获全省A类地区二等奖。区职教中心学生覃梦翔上榜2021—2022学年度中等职业教育国家奖学金获奖学生名单。

【省高水平专业建设中期绩效评价良好单位】 2023年1月，洞头区职业技术教育中心“电子电器应用与维修”专业在浙江省高水平专业B类建设中期绩效评价中获评良好。该专业是区职教中心重点支持建设的主体专业之一，与办校同龄，创办于1985年，2005年创成浙江省示范性专业，2015年建成省级实训基地，2020年被列为省高水平专业B类建设单位。经过近三年的专业建设，洞头职教中心在省“双高计划”建设中期绩效中获评良好。

【洞头职教中心获市社会培训评价组织（餐厅服务员）认定】 2023年1月5日，经专家组现场评定，省人社厅审批、人社部备案，洞头职教中心获温州市职业技能等级认定社会培训评价组织（餐厅服务员）认定，为学校拓展职业技能考培体系，提升社会化服务能力奠定良好基础。洞头职教中心结合学校文化旅游等领域专业优势及技术特长，为社会提供专业技术培训和技能理论培训等服务，实施社会实践及校企合作项目，优化完善职业技能等级认定流程，有效开展技能等级认定及职业培训工作，不断提升学校社会服务能力，促进区域共富。

【校企合作】 2023年3月，洞头职教中心走访洞头区多家电气企业进行沟通交流，与温州市洞头信达电器有限公司、温州亿通自动化设备有限公司、浙江中领智控科技有限公司、乐清贝加尔电子科技有限公司、温州市洞头胜裕机电有限公司、温州市伟望塑业电器有限公司、浙江迪特高强度螺栓有限公司等7家电器企业达成合作协议，推动产教融合、深化校企合作、培养教师成长。全年，开展企业家进校园活动2场，邀请洞头区电器协会会长陈胜战，浙江省伟望精密工业有限公司董事长、学校杰出校友林伟望，著名企业家、温州市劳模郭华斌进校宣讲，分享个人创业经历与行业发展前景，助力职业教育发展。

【校园技能节暨文化素养大赛】 2023年5月12—18日，洞头区职教中心举办2023年技能节暨文化素养大赛，以“未来工匠勇担当，崇技尚劳爱生活”为主题，为全区中职学生搭建切磋技艺、展示技能的舞台，营造“未来工匠勇担当，崇技尚劳爱生活”的职业教育氛围。赛项近30小项，赛事超50场次，参赛超1000人次，是全区规模最大、影响力最强的中职学生职业技能和文化素养大赛。

【洞头区职教中心获“零碳”公共机构服务认证】 2023年11月，洞头区职教中心获“零碳”公共机构服务认证，这是学校创建绿色校园低碳生活的又一重要成果。“零碳”公共机构建设是被列入《浙江省公共机构节约能源资源“十四五”规划》的重要工作，“零碳”公共机构服务认证是浙江省为落实国家碳达峰、碳中和相关政策及法规，规范“零碳”公共机构的创建与评定，以推动公共机构“零碳”示范试点工程的建设。洞头区职教中心坚持把生态文明理念融入校园建设的各领域、全过程，着力营造绿色环保和谐校园，2020年获评“全国节约型公共机构示范单位”，2021年获评“全国公共机构水效领跑者”，成为全市唯一获此殊荣的单位。

【洞头区蝉联2022年市县职成教发展考核优秀单位】 2023年6月13日，浙江省教育厅关于2022年市县职成教发展考核优秀单位的公示正式结束。洞头区2021—2022年度连续入围省对市县职成教发展综合考核优秀单位，并均获评A类地区省二等奖。洞头区职业教育围绕地方产业发展，深化教学改革，优化专业布局，强化校企合作。通过资源整合，布局调整，形成电子与信息、现代文商旅两大与相关产业紧密配套的专业群。其中，学校高水平专业——电子电器应用与维修专业项目超额完成中期绩效指标，在省中职“双高”中期绩效评价中获评良好。旅游专业发展在浙江旅游职业学院名师、技能大师工作室的带动下不断推进。学校形成全日制中等职业教育、开放高等教育、非学历培训等多层次、多形式办学格局，是洞头区主要初、中、高技能型人才培养培训基地，是洞头区社区教育的指导、培训和研究中心。

成人教育

【概况】2023年，浙江开放大学洞头学院（原洞头区社区学院）成人专本科考试毕业62人，其中2023年春季毕业31人（行政管理专科11人、学前教育专科1人、学前教育专科本科19人），2023年秋季考试毕业31人（行政管理专科12人、行政管理本科11人、学前教育专科2人、学前教育专科本科6人）。完成成人专本科招生注册共165人，其中2023春季招生77人（行政管理专科42人、行政管理本科8人、学前教育本科27人），其中2023秋季招生88人（行政管理专科50人、行政管理本科27人、学前教育本科11人）。完成成人初高中学历提升培训347人（成人初中118人、成人高中229人），完成占省市下达任务数的151.3%。完成国家开放大学招生报名165人，浙江省高等教育自学考试126人，全国成人高考489人，总计774人，占省市下达任务数的133.9%。举办2023年洞头区暨北岙街道全民终身学习活动周开幕式。推进社会人员学历提升培训、中职学校职业教育培训、老年学校新建（大门、元觉）、老年人智能手机应用培训、社区教育“1+X+Y”体系建设等省市民生实事项目落实。《“汇学e生”，打造未来社区终身学习新场景》案例入选《浙江省教育信息化案例设计》由浙江大学出版社出版发行。洞头区霓屿社区学校获评温州市社区教育示范基地，区打水鞍社区获评温州市学习型社区，洞头区生活垃圾分类体验馆获评温州市终身教育科普体验基地，洞头区图书馆获评温州市终身学习体验基地；洞头创匠职业技能培训学校获评温州市优质社会力量办学点；洞头区东屏街道养老服务中心获评温州市优质康养学基地；陈建略《党的光辉照我心》获温州市老年教育特色课程；洞头区“海之韵”乡村艺术团获评省、市优质老年学习社团；黄忠波获评温州市“浙里美”老年学习达人；洞头区武术科学健身指导项目获评市老年教育优秀服务项目。10月23日，陈松财、刘宜欣、陈建略、黄忠波、林爱竹、叶志清、蔡后亮、陈庆杰8名教师获评温州市老年教育优秀教师。陈庆杰获评浙江省老年教育优秀教师；陈松财获评温州市“领雁”教师。

【社区教育工作会议】2023年3月8日，洞头区教育局召开2023年春季洞头区社区教育工作会议，围绕文件解读、微课讲座等展开，区教育局、社区学院总结2022年度社区教育迎评工作布置2023上半年各项任务计划要求，对2022年度获得省、市、区各类奖项进行表彰。9月20日，区教育局召开2023年秋季洞头区社区教育工作例会暨终身教育数字化应用培训活动。与会人员围绕“社区教育助力乡村共富”主题深入讨论，区教育局解读2023年省市职成教发展综合考核指标相关文件，开展“浙学通”“学分银行”贯通应用微课培训交流，总结2023上半年社区教育工作亮点成效布置2023下半年工作思路，对省市社区教育各类集体或个人获奖代表进行表彰。

【全民终身学习活动周】2023年11月16日，2023年温州市洞头区暨北岙街道“全民终身学习活动周”开幕式在北岙街道大长坑社区分校文化礼堂举行。由区教育局和北岙街道主办、浙江开放大学洞头学院和洞头区北岙社区学校承办，北岙街道大长坑社区分校协办。活动对2023年省终身学习品牌项目《海霞厨娘培训》、省“扎根基层 建功立业”成校校长、市区“百姓学习之星”等进行表彰，各街道（乡镇）社区学校选送民俗节目展示，营造建设学习型社会的良好氛围。

【“海霞厨娘培训”获评浙江省终身学习品牌项目】2023年7月21日，浙江开放大学洞头学院报送的《“海霞厨娘”培训 赋能乡村振兴》获2023年浙江省“终身学习品牌项目”称号。2021年，洞头区出台实施《洞头区促进就业技能人才培养“展翅行动”实施方案》，推进“厨娘工坊·共富集市”系列培训活动。洞头各街道（乡镇）制定“厨娘工坊”“洞共送富”工作计划，聘请专业的厨师，与街道（乡镇）社区学校精心组织各项技能培训活动，做好“厨艺”技能培训，探索“厨娘厨艺”技能培训模式。

【洞头区百姓学习之星和优质老年学习社团】2023年，洞头区教育局、区社教办组织开展2023年洞头区百姓学习之星和优秀学习社团两个项目评选，经学校推荐、专家评审、集体评议，王静新、李微珠、叶明女、洪正喜、孙小娟、陈升贤、黄斌7人入选洞头区百姓学习之星；王静新入选温州市百姓之星；北岙街道海之韵乡村艺术团、金秋乡村艺术团，东屏街道老年广场舞健身社团，元觉街道元港乡村艺术团，霓屿街道桐岙夕阳红健身社团，大门镇夕阳红健身社团、乡村艺术舞社团，鹿西乡夕阳红健体社团，灵昆街道乡村艺术团等入选洞头区优秀学习社团；洞头区海之韵乡村艺术团入选省、市级优秀老年学习社团。

【2023 年洞头区优质老年学校】 2023 年 12 月，洞头区教育局、区社教办组织开展 2023 年洞头区优质老年学校创建评估，经学校推荐、专家评审、集体评议，确认洞头区元觉街道老年学校、东屏街道老年学校为 2023 年洞头区街道（乡镇）优质老年学校，洞头区北岙街道上新社区老年学堂、鹿西乡东臼村老年学堂、大门镇仁前途村老年学堂为 2023 年洞头区村社优质老年学堂。

特殊教育

【概况】 2023 年，洞头区有 3—18 周岁持证残疾儿童少年 153 人，其中视力残疾 1 人、言语残疾 1 人、听力残疾 16 人、智力残疾 84 人、肢体残疾 29 人、精神残疾 10 人、多重残疾 12 人；在各类学校安置入学共 153 人，入学率 100%；其中学前段入学 7 人、入学率 100%，义务段入学 99 人、入学率 100%，高中段入学 47 人、入学率 100%，3 个学段入学安置率均超省市水平。全区特殊儿童在校注册电子学籍 104 人，在 21 所中小学（幼儿园）实际安置随班就读或送教上门。全区中小学（幼儿园）建有资源教室数 22 个，配有专兼职资源教师 22 人，实现各街道（乡镇）和招收 5 名以上残疾儿童的学校建有资源教室和配备资源教师“两个全覆盖”。

【特殊儿童关爱活动】 2023 年 5 月 20 日，洞头区教育局特殊教育指导中心组织开展洞头区特殊儿童亲子研学活动，全区 11 所学校的 41 名师生和家长集中洞头区海淘艺术馆参观洞头海窑的发展历程展厅，制作海泥工艺品。5 月 21 日是第三十三个“全国助残日”，全区各学校开展特殊儿童“入户送暖”关爱慰问、特殊儿童“微心愿”圆梦活动、特殊儿童“一对一”结对帮扶等系列关爱活动。

【融合教育培训会】 2023 年 12 月 1 日，洞头区以“关注差异、爱在融合”为主题的融合教育培训会在洞头区元觉义校教育学校报告厅举行。会议围绕融合教育政策解读、资源教室创建及有效运行、特殊儿童随班就读、资源教师研训活动等方面展开研讨，助推全区融合教育高质量发展。全区随班就读学校特教负责人与资源教师 50 多人参加研训。

【全市特殊教育研讨活动】 2023 年 9 月 7 日，温州市特殊教育教研和师训工作研讨活动在洞头区霓屿幼儿园举行，活动从资源教室创建、融合教育课例展示、经验分享、实地考察等方面全方位展示洞头区融合教育实践全过程与阶段性实践成果，各县（市、区）特殊教育研训员分享本区域教研、师训工作亮点，交流下半年工作重点和特色培育。

【市资源教师基本功大赛获奖】 2023 年 8 月 2 日，市教育局公布温州市第四届资源教师基本功大赛评审结果，经过笔试、面试等环节，评选出学前组、小学组和中学组一等奖 10 名、二等奖 15 名、三等奖 24 名。其中，洞头区东屏中心小学唐艳艳获市小学组三等奖，霓屿义务教育学校苏燕平获市中学组三等奖。

【市第二届融合教育成果展教学案例获奖】 2023 年 7 月 17 日，市教育局公布 2023 年温州市融合教育成果展教学案例评审结果，经市专家评审，洞头区霓屿幼儿园戈韦捷的《让每个不一样都一样精彩——听力障碍儿童的融合案例》获市一等奖，洞头区元觉义务教育学校孙璐的《爱·心·趣三部走，让融合教育更美好》、洞头区霓屿幼儿园陈思瑶的《遇爱融爱一路相伴》、东屏中心小学唐艳艳的《牵起你的手 走进你的心》均获市二等奖，东屏中心小学陈乐萍的《让阳光透进来》获市三等奖。

民办教育

【概况】 2023 年，洞头区有民办中学 1 所，民办幼儿园 10 所。非学科类培训机构共 57 家，包括专升本培训机构 5 家，艺术类培训机构 40 家，体育类培训机构 9 家，科技类培训机构 3 家。民办中学初中段学生 195 人，高中段学生 1159 人，教职工总人数 141 人，专任教师 111 人。全区民办幼儿园教职工 204 人，专任教师 110 人，持有教师资格 110 名，持证率 100%；大专以上学历教师 109 名。10 所民办园均被认定为普惠性民办幼儿园。全年民办幼儿园均年检合格。

【校外培训机构“安全守护”专项行动】 2023 年，洞头区教育局联合区市场监督管理局、区消防大队等部门开展校外培训机构“安全守护”专项行动。全年全区各部门共出动检查人员 132 人次，检查校外培训机构、托管机构 45 所。区教育局印发《洞头区校外培训机构网格化管理实施方案》，建立校外培训机构网格化管理机制，对社区培训机构网格员进行培训，全方位排查整治“地下”违规培训机构，开展检查督查128人次，调查核实群众投诉举报线索3条，查处查封违规组织培训机构3家。12月20日，洞头区“双减”工作专班联合区疾控中心、消防大队、市监等部门到洞头区大门镇召开托管机构管理培训会，大门镇9家托管机构负责人参加培训，进一步加强偏远乡镇校外托管机构管理。

【洞头区校外培训机构“白名单”】 2023年7月5日，为持续巩固“双减”成效，进一步强化全区校外培训机构监管，加大校外培训机构信息公开力度，保障广大学生家长的合法权益，洞头区公布校外培训机构“白名单”。洞头西米鹿艺术培训有限公司、洞头精英少儿口才培训中心、洞头区墨海艺术培训有限公司、益其乐艺术培训有限公司、洞头赛点体育培训有限公司5家培训机构入选第一批“白名单”；洞头奇妙艺术培训有限公司、洞头好童星文化艺术有限公司、洞头一间画室艺术培训有限公司等37家培训机构入选第二批“白名单”。校外培训机构黑白名单实施动态管理，不定期更新，其相关信息将录入“全国校外教育培训监管与服务综合平台”。

教育设施建设

【概况】 2023年，洞头区教育系统小型基建财政项目共31项，涉及财政资金约1500万元，涉及16所中小学幼儿园，其中涉及公开招标项目19个，金额约1200万元。投资897万元完成洞头区大门镇新城实验学校修缮工程。加快大门幼儿园施工进度，项目被列入“七优享”市级民生实事考核，全年完成投资2500万元。完成北岙学前教育（托育）建设工程施工招标，项目总投资27071万元。新改造教室交互式多媒体47套，中小学覆盖率94.2%。为56个中小学教室安装空调，120个中小学教室安装新风系统，覆盖率100%。新配置手摇式可调节课桌椅2637套。洞头区教育局在温州市教育局“护网2023”网络安全演练活动中获评“护网2023”优秀防守单位。在浙江省2023年区域教育信息化发展水平评价中，居全省第21位、温州市第二位。

【洞头区大门新城实验学校揭牌】 2023年9月6日，温州市洞头区大门新城实验学校举行揭牌仪式，洞头区大门镇中心小学迁入洞二中，完成两校合并，更名为洞头区大门新城实验学校。为改善学生住宿环境和学习生活环境，7月至8月，对原有校舍进行微改造用于过渡阶段使用，原教学楼改造为小学综合楼，功能包括小学普通教室、教师办公室、功能室等，原实验楼改造为中学综合楼，功能包括中学普通教室、教师办公室、实验室、其他功能室等，改造面积16301平方米，投入资金897万元。

【教育数字化应用】 2023年，洞头区中小学校实施“慧教学”精准教学数字化改革，深化“教学评”一致性体系建设，入选浙江省教育领域数字化改革试验区试点。11月，洞头区城关小学“数字赋能 智治教学常规”项目获温州市第三届教育领域“联通5G杯”教育数字化应用项目创新大赛二等奖。构建“五慧教学平台”，通过“慧备课、慧上课、慧作业、慧评价、慧教研”五大模块重塑教学流程，实现对教学常规的智能化管理，改变教学常规的常态流程，使教学常规建设和管理更加便捷。通过慧评价的深度尝试，成功建立了重视发展、参与、综合、多元和质性的评价体系。

招生考试

【概况】 2023年，洞头区教育局完成初中学业水平体育测试、初中学业水平英语听力考试、初中学业水平文化考试、高职职业技能考试、高考普通高校单独招生文化考试、全国成人高校招生考试等各项考试工作。6月7日，洞头区参加普通高校单独招生文化考试考生226人，设洞头职业技术教育中心考点1个，开设考场8个。10月21日至22日，全国成人高校招生考试参加人数589人，开设高起专、专升本两大类，涉及八大类，共28个考场，其中高中起点升专科考生226名，专科起点升本科考生363名。

【初中学业水平英语听力考试】 2023年4月22日，洞头区举行初中学业水平英语听力考试，参加考试学生1383人，全区共设7个考点56个批次。其中海霞中学考点10批次，244名考生；实验中学考点11批次，280名考生；元觉义校考点2批次，46名考生；乐成寄宿中学考点12批次，285名考生；霓屿义校考点9批次，221名考生；洞头二中考点5批次，129名考生；灵昆中学考点7批次，178名考生。

【初中学业水平文化考试】 2023年6月17日至18日，洞头区初中学业水平文化考试报名共1383人，全区共设考点5个，开设考场49个。其中海霞中学考点244名考生，设考场9个；实验中学考点280名考生，设考场10个；洞二中129名考生，设考场5个；灵昆中学165名考生，设考场6个；温州市乐成寄宿中学考点（含元觉义校、霓屿义校考生）552名考生，设考场19个。

【初中学业水平体育考试】2023年4月15日，洞头区举行初中学业水平体育考试游泳项目考试，共403名考生参加。球类、素质类考试时间为5月10—11日，地点设在温州市乐成寄宿中学，共1361名学生参加。

【高职职业技能考试】2023年11月11日，高职职业技能操作考试，考点设洞头职业技术教育中心，参考人数317人，开设电子与电工、计算机两个类别，共6个考场，其中计算机类考生127名，电子与电工类考生47名。4月23日，高职职业技能理论考试，考点设在洞头职业技术教育中心，参考人数187人，开设电子与电工、机械、服装、计算机、商业、旅游服务等6类，共7个考场。

师资队伍建设

【概况】2023年，洞头区公办学校有教职工1113人，专任教师1025人，其中公办幼儿园教师122人，小学教师478人，初中教师309人，职高教师82人；中级职称483人，占43.4%；高级职称240人，占21.6%；研究生学历28人，本科学历894人，大专学历177人。全年招录新教师41人，其中研究生5人。全区所有初中设立市级名师工作站，开设市名师工作室25个，126名骨干教师参加为期2年的学习。

【名师培养工作】2023年，洞头区培育正高级教师1名，培育省教坛新秀2名，市教坛新秀、教坛中坚19名。朱扬华荣获浙江省五一劳动奖章，范晓敏荣获浙江省农村教师突出贡献奖。

表43 2023年度洞头区教师培养一览表

序号	姓名	学校名称	荣誉名称	级别
1	朱扬华	洞头区实验小学	浙江省五一劳动奖章	省级
2	范晓敏	洞头区灵南小学	浙江省农村教师突出贡献奖	省级
3	朱扬华	洞头区实验小学	中小学正高级教师	省级
4	臧乐乐	洞头区城关第一小学	教坛新秀	省级
5	张 骏	洞头区东屏小学	教坛新秀（定向）	省级
6	吴立足	洞头区霓屿义务教育学校	教坛新秀	市级
7	郑伶俐	洞头区元觉义务教育学校	教坛新秀	市级
8	罗建谊	洞头区城关第一小学	教坛新秀	市级
9	吴圣伟	洞头区灵昆第一小学	教坛新秀	市级
10	蔡贤全	洞头区职业技术中学	教坛新秀	市级
11	庄 静	洞头区海霞中学	教坛新秀（定向）	市级
12	倪协凯	洞头区实验小学	教坛新秀（定向）	市级
13	林 杨	洞头区霓屿义务教育学校	教坛新秀（定向）	市级
14	吴冬冬	洞头区第二中学	教坛新秀（特设）	市级
15	高炳洁	洞头区灵昆中学	教坛新秀（特设）	市级
16	王丽丽	洞头区灵南小学	教坛新秀（特设）	市级
17	曾学韵	洞头区鹿西幼儿园	教坛新秀（特设）	市级

续表43

序号	姓名	学校名称	荣誉名称	级别
18	林胜意	洞头区鹿西中心小学	教坛新秀（特设）	市级
19	叶燕燕	洞头区城关小学	教坛中坚	市级
20	曾燕辉	洞头区实验小学	教坛中坚	市级
21	泮丽君	洞头区教育第二幼儿园	教坛中坚	市级
22	叶艳丽	洞头区城关第二小学	教坛中坚	市级
23	曾素云	洞头区东屏中心小学	教坛中坚	市级
24	朱海东	洞头区元觉义务教育学校	教坛中坚（特设）	市级

（区教育局提供）

【课题研究与论文评比】2023年，洞头区选送温州市教育教学各类课题结题报告25篇，获奖19篇，其中一等奖2篇，二等奖11篇，三等奖6篇，推省参评2篇。完善“一查二评三会四研”科研管理策略。探索“教研共富、大单元教学、项目化学习、精准教学、小学生综合评价改革、评价分析、课后服务、案例课题提炼”等重点项目研究。推市论文96篇，市级获奖64篇，其中一等奖11篇。推市参加教共体典型案例评比5篇，获奖3篇，其中一等奖1篇，二等奖1篇，三等奖1篇。参加温州市学校“双减”优秀案例评比，获市级优秀7篇、省级优秀1篇。开展洞头区首届中小学精准教学“成功与失败”实践案例征集，选送15篇到市参评，获奖9篇，其中二等奖5篇，三等奖4篇。开展洞头区教育评价改革案例征集，设奖11篇，选送5篇到市参评，获奖3篇。深入10所学校开展中小学省市学习品质监测回头看视导，强化精准教学指导，开展洞头区学习品质结果运用优秀案例评比，选送5篇到市参评，获奖3篇。开展“我的家访育人故事”寒假征文，推市参评4篇，获一等奖1篇，二等奖3篇。举办洞头区学科融进价值观团队赛并推市参评，获市二等奖。

【区域名师线上答疑开通】2023年9月10日、17日，洞头区组建区域名师团队开展云端“学问通”实时互动答疑活动。洞头区初中五个学科32名骨干教师集中在线值岗，为学生进行线上学习问题解答，共在线答题学生全科提问7702个问题。10月14日，洞头区组建28名中小学名师团队开展“浙里问学”线上答疑活动，为学有困难学生解决周末、寒暑假问学求教问题，促进教育资源共享。

【洞头区中小学作业改革现场推进会】2023年12月11日，为进一步贯彻“双减”工作精神，落实新课标要求，推进区域作业改革，切实减轻学生的过重作业负担，洞头区中小学作业改革现场推进会在灵昆中学主会场和瓯江口光华学校分会场进行。瓯江口光华学校会场展示四节研讨课，分别为韦燕萍执教的“狐假虎威”，王贤焱执教的“观察物体”，颜琳执教的“*Kid ‘s box 2 Unit6 Dinner time（lesson one）*”，徐天宇执教的“我们关心天气”。灵昆中学会场展示五节研讨课，分别为胡曦阳执教的“联想与想象”、建广执教的“相似三角形的小专题复习”、郑晓雨执教的“*M11 Way of life Unit1 In China, we open a gift later*”、黄佳佳执教的“变阻器”和陈若蕾执教的“东晋南朝时期江南地区的开发”。吴维斌和张夏燕分别作“基于素养目标的小学数学单元作业思考与实践”“四微作业单：初中数学学困生个性作业设计”经验分享。洞头区教师发展中心副主任郭青松解读《洞头区小学生综合评价改革实施方案》，布置相应工作。洞头区教师发展中心主任吴学俊以《重构、改革、赋能》为题作报告。温州市教育教学教研院原书记、原副院长、省特级教师杨向群作以《赋能新常规，助力教育教学质量》为题的讲座。

【洞头区中小学“学科建设”暨“一学科 一方案”工作研讨会】2023年12月25日，洞头区教育局召开洞头区中小学“学科建设”

暨“一学科 一方案”工作研讨会。中学组各学科以“微项嵌入：实效链接‘教学评研’一体化”“四个一：教学评一体化下质量提升行动”“优化研训机制 提升学科素养”“TOPIC：构建‘三磨团队’，减少教研浪费”“分项共研，合力共推，合成共享”为方案主题，围绕“教师”“教学”“教研”等关键词展开阐述。小学与学前组各学科以“做好‘三研’打造‘三度’”“五维三阶一核：凝聚学科发展新动能”“学研磨评，四位一体”“聚焦师生成长 攻坚科学素养”“加强学科认同 拾回学科自信 激活道法课堂”“区域联动 强师提质”为方案主题，阐述内容注重提升教研品质，赋能教学质量。综合组各学科以“班班有乐声 人人会演奏”“立足核心素养 优化教学结构”“逐美而行 行将致远”“三力一度研训＋‘四方协同’成果＋”为方案主题，阐述过程中注重长效、常态助推师生素养发展。会议从学科发展目标、工作举措和工作保障三方面对全区各学科建设方案进行阐述和研讨，明确今后两年各科教研、师训工作路径，持续推进全区教育教学质量提升。

【郑海山入选浙江省中小学正高级教师】 2023 年 4 月 16 日，省教育厅、省人力资源和社会保障厅关于公布 2022 年浙江省正高级职称教师名单，240 名教师入选，其中 37 人为浙江省中小学正高级教师（定向服务），洞头区教师发展中心郑海山老师入选浙江省中小学正高级教师（定向服务）。郑海山为洞头区教师发展中心中学教研处主任、中学数学研训员。从 2016 年担任区初中数学教研员、师训员以来，他不断加强自身理论学习和实证研究，多篇学科论文案例发表于《中学数学教学参考》《中国数学教育》《中小学数学》等核心期刊并在省级获奖。其所负责的课题获省级二等奖与市级一等奖。他积极承担省市公开课、讲座任务，与同行商讨教学主张，并通过教研、培训不断促进自身和团队进步，在提升教师专业素养和区域教学质量上贡献力量，获得市优秀研训员和优秀教研员称号等荣誉称号，其所指导的教师获市优质课一等奖 2 名，省教学技能比赛二等奖 1 名，省教坛新秀 1 名。曾获浙江省师德楷模、浙江省正高级教师、浙派名师培养对象、温州市百名领军教师、温州市教坛中坚、温州市师德楷模、温州市“551”第三层次人才、温州市优秀师训员、温州市优秀教研员、温州市优秀教师。

表44 2023年区部分教育教学课题、论文获奖情况一览表

序号	作者	题目名称	成果出处	获奖等第（发表）	获奖（发表）时间	作者单位
1	吴冬冬	笃思·笃悟·笃行——例谈素养视域下道德与法治项目化五环设计	浙江省教育厅教研室	浙江省教学论文一等奖	2023年12月	洞头区大门新城实验学校
2	张夏燕	四微作业单：初中数学学困生个性作业设计 策略	浙江省教育厅教研室	浙江省教学论文二等奖	2023年12月	洞头区实验中学
3	吴维斌	三学手册：基于素养目标的小学数学单元作业设计研究	温州市教育科学规划领导小组办公室	市教学研究课题成果一等奖	2023年11月	洞头区灵昆第一小学
4	张于胜	数据赋能：基于过程性评价的校本教学改进研究	温州市教育科学规划领导小组办公室	市2023年推广与应用课题成果一等奖	2023年11月	洞头区海霞中学
5	吕淑萍	“海+”课程：基于海岛在地资源幼儿园特色课程群的区域建构	温州市教育教学研究院	市中小学（幼儿园）教师优秀教育教学论文一等奖	2023年6月	洞头区教师发展中心
6	汪秀雷 颜丽函	解构·关联·进阶：指向学力提升的单元学习新样态	温州市教育教学研究院	市中小学（幼儿园）教师优秀教育教学论文一等奖	2023年6月	洞头区实验小学
7	魏涵	“岗课赛证”模式下中职酒店专业学生 英语口语能力提升的实践研究	温州市教育教学研究院	市中小学（幼儿园）教师优秀教育教学论文一等奖	2023年6月	洞头区职业技术中学
8	张骏	三单助学：素养导向的信息科技支架式学习单的实践研究	温州市教育教学研究院	市中小学（幼儿园）教师优秀教育教学论文一等奖	2023年6月	洞头区东屏中心小学

续表44

序号	作者	题目名称	成果出处	获奖等第（发表）	获奖（发表）时间	作者单位
9	陈瑾	“儿童友好型”教学：小学低年级美术课堂“基本问题”重新设计的思辨	温州市教育教学研究院	市中小学（幼儿园）教师优秀教育教学论文一等奖	2023年6月	洞头区鹿西中心小学
10	郭青松	循证改进：区域教科研升级策略的探索	温州市教育教学研究院	市中小学（幼儿园）教师优秀教育教学论文一等奖	2023年6月	洞头区教师发展中心
11	徐佳祺	三维三力：递进唤醒文明根脉——文明视域下幼儿教育实践的新探索	温州市教育教学研究院	市中小学（幼儿园）教师优秀教育教学论文一等奖	2023年6月	洞头区教育幼儿园
12	陈建略	教学信息化 资源数字化 管理智慧化——中职电类专业新型教学空间的建设探索	温州市教育教学研究院	市中小学（幼儿园）教师优秀教育教学论文一等奖	2023年6月	洞头区职业技术中学
13	吴圣伟	三维学研：基于单元整体教学背景下的小班化深度学习真实发生	温州市教育教学研究院	市中小学（幼儿园）教师优秀教育教学论文一等奖	2023年6月	洞头区灵昆第一小学
14	吴立足 沈千淇	从“重组”到“重围”——初中科学“三式”习题课型的层级设计	温州市教育教学研究院	市中小学（幼儿园）教师优秀教育教学论文一等奖	2023年6月	洞头区霓屿义务教育学校
15	胡小萍	班级阅读园：打造儿童成长的新场域	温州市教育教学研究院	市中小学（幼儿园）教师优秀教育教学论文一等奖	2023年6月	洞头区实验小学

（区教育局提供）

平安校园建设

【概况】2023年，洞头区教育局进一步深化“平安校园”建设，全面加强校园安全综合治理规范化、制度化、精细化管理。以防范未成年人非正常死亡、性侵害和校园欺凌工作为抓手，以“安全教育周”“安全生产月”“消防安全宣传月”活动为载体，依托“全国安全教育平台”等信息化教育手段，全区在全国安全教育平台接受安全网络教育学生16838名。组织开展消防安全、交通安全、食品卫生安全、防范学生溺水、防范电信网络诈骗和防范学生性侵害、“4·15”全民国家安全教育日、“11·9”全国消防日等专题教育。

【校园安全管理】2023年，洞头区教育局根据校园安全隐患大排查、大整治要求，进一步完善校园安全隐患排查月督查机制，开展校园安全防范、消防安全、实验室危化品安全、燃气安全、交通安全、食品安全等校园安全专项检查。全年组织检查指导学校469所（次），发现指导整改隐患862处，校园安全隐患均整改完毕。

【校园安全专项行动】2023年，洞头区教育局联合区市场监管局，在春、秋季开学初开展食品安全专项整治行动。全区33所学校、幼儿园食堂均完成智慧“阳光厨房建设”，实现学校智慧“阳光厨房”全覆盖。全区B级以上食堂33所（其中A级7所），占比达100%。品牌超市进校园、食品统一配送或定点采购率均达到100%，推进学校食品源头可溯、风险可防、责任可究。开展防溺水安全季活动，全年成立学生防溺水“联防小组”242个，覆盖校园防溺水重点对象1641名；拍摄、制作“不做孤泳者”系列防溺水情景剧、短视频等62个；发送防溺水提醒信息1347条次；发放《致学生家长的一封信》17726份；1038名教师参与暑期安全家访活动，家访学生共计14428名；举办防溺水专题讲座54场；召开主题班会898节，观看防溺水宣传片37954人次；征集防溺水主题手抄报1978份、感想作文2161篇；利用学校微信公众号，共推送防溺水专题文案419篇。在“洞头教育之声”开辟“不做孤泳者——2023年防溺水系列宣传”专栏，持续发布专题短视频，向广大师生及家长宣传防溺水知识，合计发布专题短视频11个；共组织校园及周边水域安全隐患排查53次，整治隐患64处，增设警示牌及防护设施78处。

【校园周边安全整治行动】2023年，区教育局联合区公安分局、区交通运输局、区交警大队及相关街道（乡镇），针对校园周边道路拥堵、学生接送车辆超载等问题，开展校园周边交通安全专项整治行动，发现隐患问题12个，打击违法车辆3辆，帮助校园周边新建公交站点1个。联合区委网信办、区公安分局、区文广旅体局，开展校园周边涉未成年人不良产品专项整治，出动检查人员11人，共检查29家，发现涉未成年人不良产品26份。

校园文化建设

【概况】2023年，洞头区教育局培育温州市“大榕树·温思政”实践教学基地1个，开展“浙江有礼”文明实践、传承红色基因等主题活动150多场，参与学生上万人次。全区中小学生体质健康合格率99.27%，优良率达71.48%，居全市前列。举办绘画、书法、舞蹈、声乐等14类艺术比赛，评选578个获奖作品，择优推选参加市艺术节比赛，其中作品类一等奖4个、二等奖2个和三等奖18个；表演类比赛，职教中心和灵南小学获群舞二等奖，实验小学、东屏小学和职教中心获戏剧和朗诵二等奖。灵南小学获市校园足球赛女子组亚军。举办洞头区首届中小学生劳动技能大赛，首届幼儿篮球赛。首次推出“周末陪你做父母”温馨寄语心理贴士，截至年底，发布32期，受益家长2万余名。举办家长育儿故事比赛、“阳光少年说”视频、“情绪急救”智慧故事、学校心理健康经验征集、情绪急救比赛等活动，促进青少年心理健康教育常态化。开展“暑假健康运动小达人”评选活动，获“暑假健康运动小达人”称号59名。举办区首届家庭健康暨青春健康师资培训会和中小学第六届校园讲解员大赛。洞头区海霞中学被认定为中小学国防教育示范学校，灵南小学、海霞中学获评温州市第二届大课间特色校，元觉义校获评省足球特色校，东屏小学、霓屿义校、城关一小创成市级劳动教育示范校。

【洞头区班主任基本功大赛】2023年4月1日，洞头区第十一届班主任基本功大赛在洞头区元觉义校举行，全区43名中小学班主任参加。大赛聚焦班集体建设和新时代全面育人理念，重点关注义务教育“双减”、家校社协同育人、生命安全与健康教育等主题，分为班会设计、带班方略、育人故事以及情景模拟答辩四个环节，考验班主任专业素养与带班育人能力。6月4日，选派灵昆一小黄俊雅、霓屿义校郑佩佩参加温州市第十一届班主任基本功大赛，黄俊雅获育人故事二等奖，带班方略一等奖；郑佩佩获带班方略二等奖。

【温州市中小学生田径运动会获奖】2023年4月12日至16日，洞头区职教中心、实验中学、洞二中、实验小学、东屏小学和灵昆一小参加2023年温州市中小学生田径运动会，其中，灵昆一小代表队荣获小学组男子60米亚军，东屏小学代表队荣获女子三项全能和男子1500米季军，实验中学代表队荣获标枪季军，洞头区教育局被授予“优秀组织奖”。

【洞头区首届青少年科技研究班】2023年12月16日，洞头区首届科技主题研究班举行开班仪式，全区各小学校四到五年级学生共计40人参加，开展7期，每月举办1期，时间持续至2024年7月。内容涵盖海洋科技教育、国防科技教育、农耕科技教育和科技实践活动等；旨在培养学生创新思维、实践能力和自主探究科学的兴趣，提升科学素养和育人质效。

【洞头区第二届中小学“情绪急救”情境模拟比赛】2023年5月20日，洞头区第二届中小学“情绪急救”情境模拟比赛在城关第一小学举行。全区各学校共选派27名教师11名校级干部参赛。包含情境模拟、分析阐述、评委提问三个环节，采取真实情景再现形式进行，由参赛者和助演者共同完成。10月14日，选派7位教师参加温州市第二届情绪急救情境模拟比赛，城关小学副校长叶燕燕、教师赵琴红获一等奖，灵昆中学副校长刘建广、大门新城实验学校教师黄荣平获二等奖，海霞中学教师李颖、大门新城实验学校教师柯明洁、城关一小教师肖璐瑶获三等奖。

【洞头区首届中小学校大课间推进会】2023年6月2日，洞头区首届中小学校大课间推进会在灵南小学举行，全区17所学校60名校长、副校长、学生处长或干部、体育老师代表参会。现场观摩灵南小学大课间——“快乐足球”、第五届中小学生大课间和眼保健操比赛颁奖仪式。城关小学副校长叶燕燕以“‘1+N’模式的构建与思考”为主题介绍大课间武术操的内涵与实施模式，海霞中学学生处主任方丰足系统介绍如何开展全员参与的大课间“‘绳’彩飞扬”活动，灵南小学校长范晓敏回顾近几年足球教育亮点，重点介绍如何普及推广校园足球课程。洞头区教育局体育教研员陈继成作《基于新课标理念下的学校大课间实施策略》专题讲座，增强学校体育工作的使命感。

【洞头区首届中小学生“学宪法·讲宪法”知识抢答赛】2023年7月21日，以“迎亚运·树新风·

强普法”为主题的洞头区首届中小学生“学宪法·讲宪法”知识抢答赛在洞头区教育幼儿园举行。全区17支代表队经过必答题、抢答题、风险题、附加赛等四个环节角逐，最终元觉义校、实验小学，洞二中分别获小学组、中学组一等奖。9月16日，洞头区大门新城实验学校803班学生陈雅僖代表温州市参加第八届浙江省学生“学宪法讲宪法”知识素养竞赛决赛，荣获初中组一等奖。

【洞头区首届劳动技能大赛】 2023年5月7日，洞头区首届劳动技能大赛在半屏山综合实践学校举行，全区各中小学17支代表队共100多人参赛。大赛项目包括生产劳动、烹饪营养、内务整理、公益志愿服务等四项内容，项目评价包含速度和技评。经过角逐，实验小学、东屏小学、灵昆一小获小学组前三名，洞头二中、实验中学、海霞中学获中学组前三名。

【洞头区中小学生艺术节表演类比赛】 2023年4月14日至16日，洞头区中小学生艺术节表演类比赛在实验小学举行，全区18所中小学校200多个节目参加。比赛以“民族魂·中国梦”为主题，包含声乐、器乐、舞蹈、朗诵、戏剧等五大项目，经评委现场评定，最终有45个节目获得一等奖，63个节目获得二等奖，102个节目获得三等奖。

【洞头区中小学生体育节足球比赛】 2023年5月5日至9日，洞头区中小学生足球比赛在蓝港足球场、元觉足球场举行。最终灵南小学获小学组男女冠军，洞二中和元觉义校获初中男子组和女子组冠军。11月5日，灵南小学代表洞头参加市青少年校园足球赛，经过角逐，荣获一、二年级女子组亚军。比赛由洞头区教育局、洞头区文广旅体局主办。

【洞头区中小学生体育节羽毛球比赛】 2023年5月20日，洞头区中小学生体育节羽毛球赛在霓屿义校举行，最终实验小学和乐成寄宿中学分别获小学组和初中组团体冠军。比赛由洞头区教育局、洞头区文广旅体局联合主办，霓屿义务教育学校、区羽毛球协会承办。

【洞头区中小学生体育节乒乓球比赛】 2023年9月22日至23日，洞头区中小学生乒乓球比赛在昊新乒乓球俱乐部举行，全区15所中小学120多名学生参加比赛。最终乐成寄宿中学、实验中学获初中组男女团体第一名；实验小学获小学组男女团体一等奖；寄宿中学（初中部）吴亚磊获初中男子单打第一名，实验中学郑凌儿获初中女子单打第一名，城关小学吴俊凯获小学男子单打第一名，实验小学蔡语珊获小学女子单打第一名。11月12日，实验小学代表洞头参加市中小学生乒乓球比赛并荣获团体第四名。比赛由洞头区教育局、洞头区文广旅体局主办。

【洞头区中小学生体育节田径运动会】 2023年11月3日至4日，洞头区2023年中小学生体育节田径运动会在洞一中举办。此次运动会是2023年度洞头区中小学规模最大、参与人数最多、项目设置最广的综合性体育赛事，共有18支代表队249名运动员参与14个项目角逐。现场举行校园体艺成果展示，各校学生组成武术表演，职教中心和城关一小带来龙狮表演，城关小学带来鼓号表演。比赛由洞头区教育局、洞头区文广旅体局主办，区跑步运动协会承办。

【无废学校暨垃圾分类达人赛】 2023年11月11日，洞头区无废学校暨垃圾分类达人赛在实验小学举行，全区16所中小学240多名师生参赛。比赛设置清洁小推车、垃圾智投和垃圾分类我做主三个项目，经过角逐，东屏小学、鹿西小学获小学组团体一等奖，元觉义校获中学组团体一等奖。持续开展“绿色出行，共创美丽家乡”绘画征集、“垃圾分类·我先行”主题征文比赛、“垃圾分类·我支持·我参与”社区实践活动和“光盘行动，垃圾分类”主题课，推进中小学无废学校创建行动，提升学生群体的绿色环保意识，助力无废城市建设。比赛由洞头区教育局、洞头城乡生活垃圾分类处置一体化工作领导小组办公室、区美丽洞头建设领导小组无废城市创建办公室主办。

【洞头区海霞中学名列中小学国防教育示范学校】 2023年2月2日，教育部、中央军委政治工作部联合公布《关于认定公布中小学国防教育示范学校的通知》，洞头区海霞中学名列其中。海霞中学结合教育发展和时代要求，以弘扬海霞精神为核心，注重营造崇军尚武的校园文化环境，积极探索国防教育实践活动的有效途径和长效机制，通过四大主题模块深入推进国防教育，即走出校园“爱岛”践行、走进军营“尚武”强身、红色主题“励志”学子、综合实践“奉献”社会，引导海霞学子求学问、强身体、塑品德、报家国。学校建设国防教育校本场所6个，主动挖掘全区国防教育资源18处，实现教育实践基地的本土化。

（曾盈盈）

综述

【科技创新发展】2023年，洞头区科技创新指数为150.6，居全省第30位，全市第一位。全社会研发费用占GDP比重2.49%，居全市第五位。全年规上工业研发费用1.47亿元，增速9.7%。技术合同交易额14.03亿元，完成率561.2%，居全市第一位，高新技术产业投资为3.12亿元，高新技术产业增加值6.98亿元，高新技术产业增加值占规上工业比重44.74%。

【洞头区大力提升科技创新能力全面落实融入省“315”科技创新体系建设工程实施】2023年8月30日，洞头区为贯彻落实中共二十大、省第十五次党代会和省、市科技创新大会精神，深入实施创新驱动发展战略，全面落实省、市“315”科技创新体系建设工程实施方案，大力提升区域科技创新能级，建设高水平创新型强区，为洞头区高质量建设共同富裕海上花园提供强劲动能，区人民政府印发《洞头区大力提升科技创新能力全面落实融入省“315”科技创新体系建设工程实施方案（2023—2027年）》。总体要求到2027年，力争全社会研究与试验发展（R&D）经费支出占地区生产总值比重3.4%以上，达到全市前列。实现区域科技创新指数达到160以上，科技进步综合评价位次实现“进等升位”，跃居全省前40位。重点任务是以强化战略科技力量为引领，以全面提升科技创新对高质量发展支撑力为核心，全面落实省、市“315”科技创新体系建设工程实施方案，大力实施科技创新“六大抓手”，推动九大重点科技创新指标实现新的突破，加速提升区域科技创新能级。

【国家级科技创新主体培育】2023年，洞头区新认定国家高新技术企业3家，即浙江伟望汽车零部件有限公司、浙江华田特种材料有限公司、笙箫建设有限公司；重新认定国家高新技术企业5家，即浙江诚意药业股份有限公司、浙江迪特高强度螺栓有限公司、浙江信立达机械科技有限公司、温州市海力砂轮制造有限公司、浙江东建幕墙工程有限公司。入库国家科技型中小企业41家，均超额完成市对区年度考核任务。全区有国家级高新技术企业24家、国家级科技型中小企业41家。

【省级科技创新主体培育】2023年，洞头区新认定浙江省科技型中小企业14家，即温州市洞头亚力西电子电气控制设备有限公司、笙箫建设有限公司、浙江申邦建设发展有限公司、温州利诺海洋科技有限公司、浙江力强科技有限公司、温州市洞头军工机电配套厂、温州亿通自动化设备有限公司、浙江信嘉和生物科技有限公司、浙江喜康食品科技有限公司、温州市洞头思远电子有限公司、温州市洞头立德电子有限公司、浙江码头哥食品股份有限公司、温州东铭紧固件制造有限公司、温州联集紧固件有限公司。创成省级高新技术企业研究开发中心1家（浙江省蓝天高密封工业阀门管件高新技术企业研究开发中心）。全区有省科技型企业96家、省级企业研究院1家，省级企业技术研发中心5家。

【科技研发成效】2023年，洞头区投入财政科研经费1484万元支持区级重点研发项目19项，拉动社会资本研发投入5399万元。洞头区“蓝色海湾海洋生态整治修复技术研究”成果被列入2023年度全国国土空间生态修复创新适用技术推广名录。“基于共同富裕的洞头海岛生态修复关键技术与应用”“羊栖菜品质育种、高效养殖及种质资源保存关键技术与应用”荣获浙江省科学技术进步奖三等奖。诚意药业“寿胎丸临床前研究项目”获得省“尖兵领雁”重大科技攻关项目，星贝、环发公司等2个项目获得市“揭榜挂帅”重大科技攻关项目立项。完成“高性能金属密封三通球阀”“低黏度及优良贮藏稳定性颜料黄110的研发”等2项项目验收。开展历史遗留20个未验收的科研项目处置，已完成处置9个。

【科技政策落实】2023年洞头区兑现科技优惠政策资金2019万元，惠及企业127家次；持续推进“科创指数贷”助力科技企业融资，累计为39家科技型企业“无感授信”2.92亿元，发放科创指数贷7715.5万元，推动科技金融服务实体经济高质量发展。

科创平台建设

【概况】2023年，洞头区制定《洞头海洋生物科技示范孵化基地运行与管理办法》。引进浙江海洋大学科技创新资源，成立洞头海洋开发研究院。推进技术转移转化中心建设，聚焦海水养殖、海洋食品、海洋装备、海洋生态等产业领域，引进华东师范大学、浙大宁波理工学院共建技转中心2家。特色藻类农业科技园区被列入省级创建名单。完成海洋科创中心建设设计方案制定。

2023年12月14日，洞头海洋生物科技示范孵化基地　（区科技局提供）

【入孵企业培育】2023年，推进洞头海洋生物科技示范孵化基地建设，新增孵化面积1.6万平方米，完成率160%，居全市第三位。引进专业运营机构1家，签约入孵企业20家。新增浙发智能科技（温州）有限公司、浙江恒晨生物科技有限公司、温州光语新材料科技有限公司等入孵企业20家

【洞头海洋开发研究院成立】2023年10月9日，温州市洞头区海洋开发研究院成立，位于温州市洞头区霓屿街道霓盛路2000号霓屿海洋食品产业园，研究范围包括水产养殖产业研究、海洋食品产业研究、海洋生态产业研究、临港产业研究、其他相关产业等。

【海洋生物科技示范孵化基地运行与管理】2023年4月，洞头区科学技术局和洞头区财政局联合制定《洞头海洋生物科技示范孵化基地运行与管理办法》，规范洞头海洋生物科技示范孵化基地管理。该办法规定孵化基地定位、入孵条件、入孵程序、扶持政策、孵化毕业、管理考核、保障措施等。对经认定（备案）的国家、省、市级众创空间（星创天地）和国家、省级、市级科技企业孵化器，对获评国家、省级、市级绩效考核优秀的科技企业孵化器，以及新增、新认定的市、区级领军型人才创业项目等给予一定物质奖励。该办法自2023年4月21日起试行，有效期至2026年4月20日。

科技服务与成果转化

【概况】2023年，洞头区持续推进“科创指数贷”助力科技企业融资，实现区内科技企业全覆盖。全年兑现科技优惠政策资金2019万元深化“科技企业专项服务行动”，联动省市科技特派员开展“羊栖菜多糖提取产业化中试”，助推海洋生物科技成果产业化。

【科技金融服务】2023年，洞头区推动科技金融结合落地，持续推进“科创指数贷”助力科技企业融资，推动科技金融服务实体经济高质量发展，累计为39家科技型企业“无感授信”2.92亿元，发放科创指数贷7715.5万元，实现区内科技企业全覆盖，有效缓解科技型企业融资难题。持续释放优惠政策红利，全年兑现科技优惠政策资金2019万元，惠及企业

127 家次。

【科技企业专项服务行动】 2023 年，洞头区探索科技特派员制度改革、科技企业首席专家制度改革，全面推动“大走访大调研大服务大解题”活动，突出“重点＋精准”，切实提升科技精准服务效能。在区企服中心设立科创板块，形成“企服中心＋职能单位”联合服务小组，做到一站式接收、一揽子事项、一条龙办理，更好地为企业创新发展提供创新服务。依托突击队、先锋岗、示范岗创建活动，组建三支党员业务骨干的科技轻骑服务队，深入电子电器、生命健康和海洋食品等产业领域开展助企服务，全年开展服务企业 260 多家次，解决企业难题 50 多项。

表45　2023年洞头区科技成果转化进展及成效一览表

序号	成果名称	转化实施单位	合作院校（科研院所）
1	海洋藻类高值化利用关键技术及产品开发	温州星贝海藻食品有限公司	浙江工商大学
2	浙江特色羊栖菜资源高值化利用关键技术及产品开发	温州佳海食品有限公司	温州大学
3	单面型海苔制备关键技术装备研究及健康产品开发	浙江喜康食品科技有限公司	温州大学
4	羊栖菜高值化利用关键技术及产品开发	浙江石原金牛生物科技有限公司	浙大城市学院
5	海苔锅巴产品开发	温州星贝海藻食品有限公司	浙江工商大学
6	羊栖菜岩藻多糖产业化提取制备关键技术及产品开发	浙江金海蕴生物股份有限公司	温州医科大学
7	铁皮石斛高端功能性产品开发	温州星贝海藻食品有限公司	浙江工商大学、温州副食品协会
8	生物肽功能性产品开发	浙江元太生物食品有限公司	浙江工商大学

（区科技局提供）

【科技成果转化】 2023 年，洞头区开展洞头优质科技项目专场路演 1 场、海洋食品技术成果推介会 4 场，导入最新科研成果 20 多项，8 项成果转化落地，2 个项目获市 2023 全球精英创新创业大赛总决赛三等奖。2022 年立项的高性能金属密封三通球阀、低黏度及优良贮藏稳定性颜料黄 110 项目等 2 个项目通过验收，产业化后已新增产值达 3620 万元，新增税收 361 万元。

【《“蓝色海湾指数”评估技术》成果被列入全国推广名录】 2023 年 7 月，自然资源部办公厅组织开展 2023 年度国土空间生态修复创新适用技术推广名录征集推荐工作，主要包括以下领域：山水林田湖草沙一体化生态保护修复、矿山生态修复、海洋生态修复、森林草原湿地荒漠生态修复、水生态修复（含河湖岸线）、退化土地（沙化、荒漠化、石漠化、盐碱地、水土流失）生态修复治理、外来入侵物种治理修复、土地整治、生态系统碳汇等领域取得的新技术、新工艺、新装备等（主要领域仅限生态修复治理技术，不包括环境污染治理和地质灾害防治技术）。9月公布推广名单，洞头区推选的《“蓝色海湾指数”评估技术》成果列入 2023 年度全国国土空间生态修复创新适用技术推广名录。

【诚意药业项目入选省“尖兵领雁”名单】 2023 年，浙江省科学技术厅下达 2024 年度“尖兵领雁＋X”研发攻关计划第一批项目名单，浙江诚意药业股份有限公司的浙派中医经方、经典名方与上市中成药创新开发研究——寿胎丸临床前研究项目入选。该项目负责人为吕圭源，“尖兵”“领雁”研发攻关计划由

2023年11月20日，洞头区2个项目获温州市2023全球精英创新创业大赛三等奖
（区科技局提供）

省级财政资金设立，面向世界科技前沿、面向经济主战场、面向国家和浙江重大需求、面向人民生命健康，开展重点技术领域的前沿科学问题研究、重大关键核心技术攻关、重大社会公益性研究、重大国际科技合作等研究活动的科技计划。

科技人才

【概况】2023年，洞头区完成“国家级引才计划”申报数1个；在省级引才计划方面向重点企业推送相关人才59人；省“万人计划”申报数2人，市瓯越英才计划申报数4人（其中高水平创新团队1个）。建立（青蟹、坛紫菜）科技特派员示范基地2个。科技特派员、科技轻骑队开展助企服务100多家次。举办首届“智汇洞头 创赢未来”洞头高层次人才创新创业大赛、浙大—洞头区科技创新高级培训班。

【科技特派员示范基地建设】2023年6月，温州市洞头忠斌水产品养殖专业合作社建成青蟹科技特派员示范基地，示范开展“蟹公寓”青蟹循环水养殖。10月，温州市洞头霓屿鑫丰水产品加工厂建成坛紫菜科技特派员示范基地，示范推广坛紫菜新品种（系）——“申福1号”“申福2号”“浙南1号”“浙南3号”。

表46　2023年洞头区科技特派员示范基地一览表

示范基地名称	示范内容	基地位置	团队名称	派出单位
温州霖宝沣水产有限公司	大黄鱼良种繁育和规模化养殖技术推广	洞头区中瞿岛海域	洞头海水养殖服务团队	浙江省海洋水产养殖研究所
温州市洞头忠斌水产品养殖专业合作社	“蟹公寓”循环水养殖技术示范推广	洞头区下社村		
温州市洞头良瑞紫菜种苗养殖专业合作社	坛紫菜良种优化繁育和规模化养殖技术推广	洞头区下社村		

（区科技局提供）

【首届“智汇洞头 创赢未来”洞头高层次人才创新创业大赛】2023年10月27日，“智汇洞头·创赢未来”洞头首届高层次人才创新创业大赛决赛圆满落幕。大赛立足洞头产业发展方向，项目涉及海洋科技、数字经济以及其他战略性新兴产业等领域。经过角逐，“腔镜手术AI导航系统”项目荣获一等奖，“非视觉智能高端光电产品”等项目荣获二等奖，“多陶瓷材料3D打印装备研发”等项目荣获三等奖。

【首个市级高水平创新团队通过专家验收】2023年8月31日，洞头首个市级高水平创新团队“温州市（洞头）蓝色海湾海洋生态整治修复技术研究高水平创新团队”完成规定的任务和指标，通过专家验收。团队的年龄、学历、学源、职称结构更加优化，建设期内，团队成员晋升正高级工程师1人、中级工程师3人，引进博士3名、硕士5名，新认定温州市E类人才4人。

【浙大—洞头区科技创新高级培训班】2023年7月18日至22日，洞头区科技局联合经信局等单位在浙江大学华家池校区举办企业管理和科技创新高级培训班。来自洞头区高新技术企业、科技型企业、高成长型企业等50多家企业经理人参加培训。培训内容涉及中共二十大之后宏观经济形势与当前经济热点分析、科技创新能力建设、中小企业成长突破、企业转型发展等。

（全文阳）

知识产权

【概况】2023年，洞头区（不含灵昆街道、昆鹏街道）授权专利280件，其中发明12件、实用新型215件，外观设计53件。新增高价值发明专利18件，有效高价值发明专利拥有量达到76件。全区共7家银行、16家企业参与知识产权质押融资业务，总计完成5.9亿元知识产权质押，较上年增长50.1%。率先定制知识产权高质量发展扶持培育项目，与知识产权代理机构合作，为企业免费代理专利商标申请，全年全区企业完成知识产权质押融资5.9亿元，同比增长超50%。

【首家企业通过知识产权贯标认证】2023年，区市场监管局贯彻《企业知识产权管理规范》（GB/T 29490—2013）即为企业建立知识产权工作规范体系，有利于企业进一步强化知识产权创造、运用、管理和保护，增强自主创新能力。2月，浙江迪特高强度螺栓有限公司通过认证机构验收，成为全区首家取得知识产权管理体系认证的企业，标志着该企业已形成一套完整、科学、标准化的知识产权管理体系。

【全市首例知识产权刑事案件涉案企业合规工作】2023年3月，洞头区开展全市首例知识产权刑事案件涉案企业合规第三方监督评估，

表47　2023年洞头区申请专利获得授权基本情况一览表

序号	专利号	专利名称	专利权人	专利类型
1	2021113535993	金属钢管逐支在线固熔工艺	浙江华田特种材料有限公司	发明
2	2021104011096	一种无网声波牧场及其养殖方法	黄鱼岛海洋渔业集团有限公司	发明
3	2021104010426	一种无网声波捕鱼装置	黄鱼岛海洋渔业集团有限公司	发明
4	2022105230964	一种方便进行情绪疏导用的心理咨询装置	温州医科大学仁济学院	发明
5	2021111092581	应用羊栖菜加工的杂质去除装置及方法	温州佳海食品有限公司	发明
6	2021108230590	一种磕头计数方法及装置	温州亿通自动化设备有限公司	发明
7	2017106663543	一种新型生物质燃料颗粒成型机	庄德恩	发明
8	2021111124582	一种利用液化天然气进行带碳捕集发电的集成系统	浙江浙能温州液化天然气有限公司中国石油工程建设有限公司西南分公司成都理工大学	发明
9	2023103004465	一种液体海藻肥料中多种植物激素的LC-MS检测方法	浙江石原金牛生物科技有限公司	发明
10	2022104409159	一种心理咨询智能交互设备	温州医科大学仁济学院	发明
11	2022110041981	一种加固垃圾填埋场飞灰堆体边坡的方法	温州市环境发展有限公司	发明
12	2018115296251	一种双调隙带驻车机构制动钳	温州市东启汽车零部件制造有限公司	发明

（区市场监管局提供）

对洞头区某汽配企业开展为期4个月的合规工作。合规工作组现场实地考察企业的生产、行政、后勤等企业全景，审阅企业提交的《合规计划书》，提出合规整改意见，每月审查反馈当月合规工作执行情况，最终形成合规报告，通过听证会审议，为企业减轻处罚争取有利依据。

（陈　捷）

气象科技

【概况】2023年，温州市洞头区气象局深化升级岛际交通气象服务，完善离岛群众紧急救治转运气象保障服务机制。围绕渔业产业数字化建设、全国气象防灾减灾示范区建设，加强气象科普和文化建设，持续推进气象科普进农村活动。推进气象灾害风险转移机制，推广适应“两菜一鱼”生产需求的气象灾害风险指数保险等气象重点工作。成立汛期气象服务工作小组，开展汛期前自查整改。打造洞头海洋生态气象综合监测基地，完成激光测风雷达、微波辐射计建设和风廓线雷达升级。

【气象服务保障】2023年，区气象局成立2023年汛期气象服务工作小组，强化重要天气过程会商联防、严密监测、提前预报、精细服务，对接涉海部门，制作发布重要气象报和内参等决策服务材料46期、岛际交通及休闲游航线专报955期、保障重大活动和节日等专题139期、预警信号200期，发送短信百万余条；开展乡村振兴气象保障服务，“一县一品”持续深化紫菜全生命周期服务，对接农合联，常态化更新新型农业经营主体，制作农业气象灾害风险预警专题3期，联合发布农业气象灾害蓝色预警一次。全年共发布为渔农气象专题服务190期，其中羊栖菜83期、紫菜82期、大黄鱼专题13期、惠民村农作物养殖气象保障服务专题12期；新增鹿西—乌岛等3条航线气象服务，并列入温州市气象局《2023年气象为民服务八件实事清单》；为浙能LNG项目、S1、S2轻轨项目提供专业气象服务，制作并发布专业气象服务225期。

【气象站升级改造】2023年，区气象局推进洞头海洋生态气象综合

2023年11月20日，洞头海洋生态气象综合监测基地完成建设（区气象局提供）

监测基地建设，强化海上大风大雾监测能力。完成激光测风雷达、微波辐射计建设和风廓线雷达升级，建设1部激光气溶胶雷达和1套六要素区域自动气象站，结合已经在基地投入使用的激光测风雷达、微波辐射计和毫米波测云雷达，提升海上大风预测预警能力。

【气候影响评价】2023年，洞头本岛极端最高温度34.4℃，全年未出现高温天气。全年本站大风0天，大雾28天，台风个数与常年偏多，未造成较大灾害，总体全年气候温暖宜人，适宜旅游。全年本站出现8级及以上大风2天，较常年偏少；大雾29天，较常年（34.8天）偏少。岛际交通受大风影响出现间歇性停航3天。

（刘雄杰）

渔业科技

【概况】2023年，洞头区组织“一对一”上门渔农民培训22次，举办渔农民技术提升培训班4期，参加培训养殖企业和养殖户150人次。走访渔农民60户，组织科技下乡4次，服务渔农民500多人次，发放宣传资料400多份。组织实施生态健康养殖模式推广行动和水产养殖用药减量推广行动；帮助企业申报并通过省级低碳生态农场和土壤健康基地。

【深远海养殖开发】2023年，洞头区致力于模式创新，破解原有养殖效益和生态效益冲突的难题，黄鱼岛海洋渔业集团实现传统的海水人工养殖到智能生态养殖的迭代升级，通过科学投饵、实时监控、“无网声波”等手段，控制低污染的同时实现年新增养成生态大黄鱼30万尾，新增年销售额2400万元。推动武汉科技大学吴开明院士与温州霖宝沣水产有限公司合作框架协议正式签约，双方将成立深远海养殖公司，进行单只10万立方米水体的经济实用型船型钢制网箱的设计、建造、安装调试和养殖示范应用，为以后成立深远海装备新材料研究院打下基础。

【生态健康养殖模式推广】2023年，洞头区组织实施生态健康养殖模式推广行动，遴选发布2023年度主推品种6个，主推技术7个，主推渔业农机4种，推广新型养殖品种2个，主推技术到位率100%，实施水产养殖用药减量推广行动，对全区4家省级用药减量示范基地进行用药指导。

【海洋科技成果】2023年，洞头区海洋科技成果突显效果，《洞头浅海鱼贝藻参多层级生态健康养殖技术示范》入选温州市2023年第一批市级新动能审查遴选类项目，获补助资金20万元，该项目进行鱼贝藻混养轮养试验。《27椎大黄鱼养殖试验与示范应用》获评2024—2025年度浙江省水产产业技术团队项目。联合省内科研院所，进行技术研究和攻关，引进4个海水鱼类养殖新品种在洞头海区进行养殖试验，岱衢族大黄鱼进行野化驯养；引进玉米三个新品种布点种植试验。编写《洞头区水库增殖放流模式研究》方案，对接全国水产推广总站，利用其开发的“放鱼吧”App，开展社会公众公益性增殖放流工作，持续推进该项工作前期的流程研究和制度建设。

（周庆澔）

防灾减灾

【概况】2023年，洞头区围绕“汛前、汛中、汛后”开展灾害风险隐患排查治理，做好台风、寒潮等极端灾害性天气防御工作。温州市洞头区气象局联合区防指办、海经区防汛办更新印发《极端灾害性天气预警叫应规则》，推动《温州市气候资源保护和利用条例》和《温州市洞头区人民政府办公室关于印发〈温州市洞头区极端灾害性天气防范应对工作规则（试行）〉的通知》纳入全区周一夜学学习，扩大气象法规条例、防灾宣传科普覆盖面。

【极端灾害性天气应对】2023年，洞头区完成区级防汛防台预案修编，运行“八张风险清单”分类分层分级研判管控、“1833”联合指挥体系高等级预警叫应等工作机制，强化风险提示单、预警响应单、管控指令单“三单战法”运用，全区防汛防台责任人881人进岗履职。出台《“区领导包乡”包保责任人督查重点任务清单》《避灾安置场所管理服务机制》《鹿西“岛自为战”能力提升工作方案》《防台防汛散装汽柴油使用管理制度》等21项机制。以“一评估五保障”强化避灾安置场所管理服务，完成23个避灾安置场所房屋安全检测，完成避灾安置点规范化建设6个，全区87个避灾安置场所已完成规范化提升69个。建立自然灾害公众责任险和巨灾保险机制，在台风等极端天气自然灾害期间，获赔28.6万元。

【森林防灭火工作】2023年，洞头区深入开展森林防火野外火源专项行动，落实山火应急处置指挥中心专班实体化运行机制，有序推动森林防灭火“五个一体化”建设，即“组织机构一体化、巡防处置一体化、要素保障一体化、审批监管一体化、平战结合一体化”，守牢全区93144亩林地防线，森林防火经验被《浙江林业》推介。出台《温州市洞头区森林防灭火工作规范化建设工作方案》《温州市洞头区全面加强新形势下森林防灭火工作任务清单》，建立414个取水点位“1+3”责任包保机制，完善街道（乡镇）森林防灭火形势图，提升基层森林防灭火队伍能力水平，大门镇森林防火规范化建设通过全市试点验收。全年，累计处置森林火情4起。

（叶卓然）

【健全气象防灾减灾机制】2023年，区气象局拓展气象预警发布渠道至18种，畅通天气预报信息传播渠道，拓宽公众气象服务覆盖，完成2023年民生实事项目。与洞头区防指办、海经区防汛办联合更新印发《极端灾害性天气预警叫应规则》，贯彻落实“两直一白”等叫应制度。全年，启动“两个直达”共3次，直达家庭个人42.63万人次，直达基层责任人4462人次；通过应急广播向影响乡镇发布提醒18次，覆盖15万人次；电话叫应叫醒基层责任人478人次。

【强化防雷安全监管责任】2023年，区气象局对全区22家易燃易爆场所进行防雷安全排查，推进防雷重点单位建立防雷台账；开展“防雷安全进景区”公益活动，罗列问题，督促整改，提升景区防雷避雷能力；联合区应急管理局，大门管委会、统计局对防雷重点单位其中6家进行联合执法检查，通过跨部门联合执法检查，进一步落实防雷安全监管职能和企业主体责任，强化防雷安全事中、事后监管。

（刘雄杰）

表48　2023年洞头区避灾安置场所一览表

序号	级别	场所名称	场所地址
1	区级	洞头区避灾安置中心（区人民剧院）	北岙街道新城大道273号
2	区级	洞头区避灾安置中心（洞头区实验小学）	北岙街道海虹路2号
3	乡镇级	北岙街道避灾安置中心（北岙街道办事处）	北岙街道霞晖大道335号
4	乡镇级	大门镇避灾安置中心（洞头区第二中学）	大门镇振兴西路1号
5	乡镇级	灵昆街道避灾安置中心（灵南小学）	灵昆街道上岩头村
6	乡镇级	东屏街道避灾安置中心（洞头区实验中学）	东屏街道育才路61号
7	乡镇级	元觉街道避灾安置中心（活水潭村村部）	元觉街道活水潭村村部
8	乡镇级	元觉街道避灾安置中心（元觉义务教育学校）	元觉街道活水潭村状元南片
9	乡镇级	霓屿街道避灾安置中心（霓屿义务教育学校）	霓屿街道布袋岙新区

续表48

序号	级别	场所名称	场所地址
10	乡镇级	鹿西乡避灾安置中心（乡政府办公楼）	鹿西乡新办公楼
11	村级	北岙街道区市民文体活动中心避灾安置点	洞头区市民文体活动中心
12	村级	北岙街道区财政局避灾安置点	北岙街道腾飞路79号
13	村级	北岙街道区第一中学避灾安置点	洞头区第一中学
14	村级	北岙街道区城关小学避灾安置点	洞头区城关小学（顶寮路42号）
15	村级	北岙街道海霞学院避灾安置点	原职教中心
16	村级	北岙街道城南社区避灾安置点	北岙街道中心街380号
17	村级	北岙街道小长坑村避灾安置点	北岙街道小长坑村村部
18	村级	北岙街道东郊村避灾安置点	北岙街道人民西路65号
19	村级	北岙街道九厅社区避灾安置点	北岙街道燕山路458号
20	村级	北岙街道柴岙村避灾安置点	北岙街道城北路1095弄7号
21	村级	北岙街道鸽尾礁村避灾安置点	北岙街道原鸽尾礁小学
22	村级	北岙街道大王殿村避灾安置点	北岙街道兴港东路158号
23	村级	北岙街道三盘社区大岙避灾安置点	北岙街道大岙村村部
24	村级	北岙街道银海社区避灾安置点	北岙街道银海社区办公楼
25	村级	北岙街道海霞村避灾安置点	北岙街道海霞村村部
26	村级	北岙街道大长坑村避灾安置点	北岙街道长坑中路52号
27	村级	北岙街道上新社区避灾安置点	北岙街道水产巷8号
28	村级	北岙街道打水鞍社区避灾安置点	北岙街道打水鞍路3号1幢
29	村级	北岙街道双垅村避灾安置点	北岙街道双垅路169号
30	村级	北岙街道小三盘村避灾安置点	北岙街道人民路130
31	村级	灵昆街道灵昆一小避灾安置点	灵昆街道叶先村
32	村级	灵昆街道双昆村避灾安置点	灵昆街道双昆村老年活动中心
33	村级	灵昆街道上岩头村避灾安置点	灵昆街道上岩头村村部
34	村级	大门镇中心敬老院避灾安置点	大门镇沙岩后巷40号
35	村级	大门镇沙枫港村1避灾安置点	大门镇枫树路4号
36	村级	大门镇东浪村避灾安置点	大门镇东浪路50号

续表48

序号	级别	场所名称	场所地址
37	村级	大门镇西浪村避灾安置点	大门镇西浪路22号
38	村级	大门镇岙面村避灾安置点	大门镇岙面村居家养老服务照料中心
39	村级	大门镇岙底村避灾安置点	大门镇岙底村村部
40	村级	大门镇乌仙头村避灾安置点	大门镇乌仙头村村部
41	村级	大门镇黄岙社区避灾安置点	大门镇甲山致富路2号
42	村级	大门镇大溪居避灾安置点	大门镇城门路6号
43	村级	大门镇长沙社区避灾安置点	大门镇振兴西路93号
44	村级	大门镇豆岩村避灾安置点	大门镇盛裕路1号
45	村级	大门镇仁前途村避灾安置点	大门镇前途路40弄1号
46	村级	大门镇小门村避灾安置点	大门镇常青路16弄4号
47	村级	大门镇大荆村避灾安置点	大门镇大荆村居家养老服务照料中心
48	村级	大门镇营盘基村避灾安置点	大门镇金明巷6号
49	村级	大门镇小荆村避灾安置点	大门镇小荆村小荆路28号
50	村级	大门镇朝阳居避灾安置点	大门镇朝阳街10弄18号
51	村级	大门镇观音礁村避灾安置点	大门镇振兴东路1012号
52	村级	大门镇潭头村避灾安置点	大门镇潭头村服务中心三楼
53	村级	大门镇兰湖洞居避灾安置点	大门镇振兴路169号
54	村级	大门镇沙枫港村2避灾安置点	大门镇沙岙村村部
55	村级	东屏街道社管中心避灾安置点	东屏街道府前路8号
56	村级	东屏街道岙仔村避灾安置点	东屏街道临海路1号
57	村级	东屏街道寮顶村避灾安置点	东屏街道城东路149号
58	村级	东屏街道东岙顶村避灾安置点	东屏街道仙岩路397号
59	村级	东屏街道后坑村避灾安置点	东屏街道中龙路61号
60	村级	东屏街道后寮村避灾安置点	东屏街道城东路68号
61	村级	东屏街道中仑村避灾安置点	东屏街道中仑巷18号
62	村级	东屏街道蓝港社区避灾安置点	东屏街道蓝港花苑D区1幢101室
63	村级	东屏街道东港社区避灾安置点	东屏街道仙岩路127弄36号

续表48

序号	级别	场所名称	场所地址
64	村级	东屏街道东岙村避灾安置点	东屏街道东岙路140—144号
65	村级	东屏街道半屏社区避灾安置点	半屏社区南屏路5号
66	村级	东屏街道外埕头片区避灾安置点	东屏街道金埕路95号
67	村级	元觉街道文化大礼堂避灾安置点	元觉街道文化礼堂
68	村级	元觉街道深门村避灾安置点	元觉街道状元西路102号
69	村级	元觉街道小北岙村避灾安置点	元觉街道小北岙村委
70	村级	元觉街道状元村避灾安置点	元觉街道状元街168号
71	村级	元觉街道沙角村避灾安置点	元觉街道沙角新街20弄
72	村级	元觉街道沙岗村避灾安置点	元觉街道兴岙路20号
73	村级	霓屿街道正岙村避灾安置点	霓屿街道霓兴路21号
74	村级	霓屿街道郎等村避灾安置点	霓屿街道景山路58号
75	村级	霓屿街道上社村避灾安置点	霓屿街道龙川路33号
76	村级	霓屿街道下社村避灾安置点	霓屿街道龙兴路 1 号
77	村级	霓屿街道桐岙村避灾安置点	霓屿街道上虹路18号
78	村级	霓屿街道石子岙村避灾安置点	霓屿街道霓东路37号
79	村级	霓屿街道长坑垅村避灾安置点	霓屿街道长宁路288弄100号
80	村级	霓屿街道下郎村避灾安置点	霓屿街道上郎路1号
81	村级	霓屿街道布袋岙村避灾安置点	霓屿街道滨海北路2号
82	村级	鹿西乡东臼村避灾安置点	鹿西乡兴明路88号
83	村级	鹿西乡扎不断村避灾安置点	鹿西乡东红路73弄71号
84	村级	鹿西乡山坪村避灾安置点	鹿西乡山坪路123号
85	村级	鹿西乡昌鱼礁村避灾安置点	鹿西乡兴华路53号
86	村级	鹿西乡口筐村避灾安置点	鹿西乡富兴街1号
87	村级	鹿西乡鹿西村避灾安置点	鹿西乡鹿西村村委会

（区应急管理局提供）

文化

公共文化

【概况】2023年，洞头区新建城市书房1个、乡村博物馆1个，15分钟品质文化生活圈建设11个，新增省级项目1个（脚擂鼓），省级非遗工坊1个（“贝雕”非遗工坊），市级瓯越百家坊1个、市级体验基地1个，市级非遗工作站1个，区级非遗项目2个，非遗工坊2个，代表性传承人9人。全区建成投用城市书房7家，百姓书屋8家，文化驿站13家，乡村博物馆4家，15分钟品质文化生活圈61个。全年借助文化驿站、城市书房、文化礼堂、非遗工坊等公共文化空间，举办阅读、演出、戏曲、讲座、展览、手作、培训等文化体验活动1000多场，服务60万余人次。拥有非遗项目名录90个（其中国家级2个，省级13个），省级非遗生产性保护基地1个、省级传统节日基地2个、省级非遗工坊1个，市级非遗传承基地12个、体验基地3个、非遗工作站1个、瓯越百家坊3个，区级传承基地21个、体验基地8个、非遗工坊13个、非遗展馆1个、非遗教学基地2个。

【洞头区市民活动中心】2023年，洞头区市民活动中心接待量近5万人，其中“红色印迹馆”接待人数近9000人。教育场馆多功能厅提供免费外借服务，全年配合区委办、区府办、区委组织部、区委宣传部等部门开展现场活动近百场次。全年常规培训开设61个班，计562人，夏令营2期，计110人，创收119.35万元。举办小小讲解员、“走进螺钿艺术 传承闽瓯文化”非遗体验公开课、“童心迎亚运，携手向未来”“六一”儿童观影等活动，参加140多人。开展4期“重温红色电影 厚植爱国情怀”观影活动，共200多对亲子参加。升级场馆宣传册，通过“听一段讲解”“温一段历史”主题课程及红色研学手册，打造爱国主义红色研学活动基地。洞头区红色印迹馆入选2023年“最受群众喜爱的市级社科普及基地”。

（李小艳）

【洞头剧院】2023年8月9日，洞头影剧院整体维修和提升工程竣工。投入资金260万元，包括室内修缮工程、特种设备采购、舞台灯光设备采购等3个项目，主要内容为房顶补漏、天花板改造修复、舞台机械和灯光设备维护。项目建设单位福建若雨建设工程有限公司、北京星光创艺科技有限公司、浙江鼎越电子有限公司，设计单位为北京森磊源建筑规划设计有限公司，监理单位为浙江万基工程管理有限公司。全年洞头区剧院承接洞头区三级干部大会、两会等会议10场。强台风“杜苏芮”“卡奴”期间，安置民工300多人。

（陈卫民）

【洞头文化馆】2023年，区文化馆开展文化下乡及各类文艺赛事活动400多场。组织承办浙江省“新时代风采”群文人物事迹稿件征集评比活动（省级赛事）、温州市乡村舞蹈大赛（市级赛事）、第十二届中国·洞头妈祖平安节、洞头区非遗和文化自然遗产日文艺演出、洞头区第二届表演艺术类培训机构公益大联盟展演、“好学温青·送剧惠童”庆“六一”主题活动、洞头区第四届“民星秀”等大型品牌活动。举办2023洞头区兰小草春季公益培训班、夏季公益培训班、青年舞蹈培训班、原生态脚擂鼓培训班、原生态民歌班、手机摄影技巧培训班、渔民画研讨班等培训班

43个，服务群众5000多人次。到机关单位、社区（村居）、文化礼堂、学校、部队等单位开展网格化点单文化服务50多次。组织举办洞头区渔民画二十年精品展（在省馆展出）、中国（洞头）渔民画文创设计大赛优秀作品展（在温州大学展出）、“诗画东瓯 幸福筑梦”温州市群文视觉艺术干部写生书画展、洞头区首届手机摄影展、洞头区第四届视觉艺术展等展览30场。打造数字文化馆，创新公共文化服务模式，通过手机端、PC端等设备提供数字文化服务。推进15分钟品质文化圈建设，全年公众平台关注人数约1.5万人，推出云精品、云展览、云课堂、云演出等活动，通过线上照片直播等形式，服务45万余人次。引导全区13家文化驿站开展活动290期，服务8000多人次，开展音乐、舞蹈、戏曲等各类分享体验活动。引导全区40家校外艺术类培训机构纳入全国监管平台，采取不定期检查培训机构消防安全隐患。全年区文化馆获各级群文活动大奖88项，精品创作68项，其中国家级奖项15项（银4个，铜2个），省级奖项29项（金4个，银2个，铜1个），市级奖项24项（金3个，银5个，铜5个）。其他市级以上荣誉20项。渔民画的《大海的韵律》《丰收》《潮汛到》《朝朝满载》4幅作品获“百业兴旺·中国农民画大展”银奖。原创广场舞《寻着浪花来》在全国广场舞大赛获优秀团队奖，并获省级排舞类金奖。原创广场舞《红圆红》获2023浙江省群众广场舞大赛金奖。原创音乐《遥远的春天有点香甜》获浙江省第二十二届群众音乐大赛声乐组银奖。摄影《石厝的变迁》获浙江省第八届群星视觉艺术综合大展银奖。区文化馆荣获温州市第九届戏剧小品大赛优秀组织奖。

（金如龙）

【洞头图书馆】 2023年，洞头区图书馆馆藏图书总量486620册，新增馆藏22605册，订购纸质报刊125种，接收赠送图书121种245册，地方文献年新入藏149种204册，新增电子图书1356册。区图书馆接待读者296120人次，文献外借173697册次，文献外借24025人次。新增图书流通点7个，送书下乡14181册，超额完成文化惠民任务。完成温州网借一体化平台建设，成为温州首批试点馆。全年，区图书馆网借一体化平台——书香门“递”新增读者86位，共派送图书424册。5月，改造完成儿童阅读空间正式对外开放，共5个区域，约700平方米，分别为低幼绘本区、亲子互动阅读区、自习区、青少年休闲阅读区、表演区。10月，区图书馆启动“七彩梦空间”儿童友好城市建设项目，改造一楼市民活动中心城市书房、二楼电子阅览室和四楼讲座室。

【城市书房】 2023年，洞头区完成省民生实事项目工程——垅头城市书房建设。垅头城市书房于10月12日对外试开放，书房位于温州市洞头区东屏街道龙头路32弄16号，面积160平方米，藏书8226册。截至年底，洞头区共有

表49　2023年洞头区城市书房一览表

名称	地址	建成（开放）时间	藏书量（册）
东屏城市书房	东屏街道中仑村中仑巷76弄	2019年11月26日	7410
同心公园城市书房	同心公园管理房	2018年10月29日	6608
新灵景园城市书房	灵昆街道新灵锦园A2幢一楼	2019年7月10日	11752
花园里城市书房	北岙街道县前路（区府大院右侧临街地块）	2020年10月22日	12453
市民活动中心城市书房	洞头区北岙街道新城区海润路387号（区图书馆一楼）	2016年7月2日	13090
垅头城市书房	洞头区东屏街道龙头路32弄16号	2023年10月11日	8226
瓯江口城市书房	瓯江口城市书房位于瓯江口发展大厦1号楼一层东北角	2022年1月26日	11097
合计	—	—	70636

（区图书馆提供）

表50　2023年洞头区百姓书屋一览表

单位：册

名称	地址	建成（开放）时间	藏书量
元觉百姓书屋	元觉街道海洋体育公园	2018年10月29日	4910
石子岙百姓书屋	霓屿街道石子岙文化礼堂	2019年1月14日	2515
岭背百姓书屋	北岙街道岭背社区岭背路34号	2019年3月19日	2683
东沙渔港百姓书屋	洞头区渔政渔港监督管理站办公楼一楼	2018年5月10日	2863
鹿西百姓书屋	鹿西乡鹿西村村部1楼鹿西乡海景街12号	2019年10月24日	4946
大门百姓书屋	大门镇交运所一楼	2019年12月19日	4533
南炮台山百姓书屋	南炮台山森林公园	2019年12月19日	2382
叶先村百姓书屋	灵昆街道叶先村文化礼堂	2021年8月1日	6607
合计	—	—	31439

（区图书馆提供）

东屏城市书房、同心公园城市书房、新灵景园城市书房、花园里城市书房、市民活动中心城市书房、垅头城市书房、瓯江口城市书房7家城市书房，共有藏书70636册。

【百姓书屋】截至2023年底，洞头区共有百姓书屋8家，分别是元觉百姓书屋，石子岙百姓书屋，岭背百姓书屋，东沙渔港百姓书屋，鹿西百姓书屋，大门百姓书屋，南炮台山百姓书屋，叶先村百姓书屋，共有藏书31439册。

（叶晶晶）

【洞头区新华书店】2023年，洞头区新华书店共发行图书（片）516427册（张），比上年下降7.2%。其中，发行哲学社会科学类图书5430册，比上年增加10.5%；文化教育类261332册，比上年增加0.53%；文学艺术类202册，比上年减少87.56%；自然科学技术类89册，比上年减少71.38%；少儿读物类341册，比上年减少78.64%；学生课本226968册，比上年减少13.99%；其他出版物21157册，比上年增长3.09%。总销售额474.79万元，比上年减少27.57%；人均从区新华书店购书30.99元。全年征订《温州日报》1670份，金额699545元；《温州都市报》征订445份，金额123725元。

（朱海帆　刘淑凤）

【文化礼堂】2023年，洞头区"量身定制"文化礼堂建设方案，打造一批集村史民俗、非遗文化、理论宣讲于一体的综合文化阵地，累计建成文化礼堂77家，实现全区500人以上村居全覆盖。根据村实际情况"量身定制"建设文化礼堂方案，打造一批集村史民俗、非遗文化、理论宣讲于一体的综合文化阵地。推出文化礼堂政府购买服务、合作提供服务等方式，交由社会力量运营并提供公共文化服务，实现礼堂运营管理的专业化。全年推出"四点半学堂"、"善行银行"、课余德育课堂、星期天善行日、"鹿曦周末公益课堂活动"、"新青年下乡"、重大理论宣讲等活动载体，开展配套文化惠民活动，举办民俗礼仪、文化（送戏）下乡等活动。在大长坑村文化礼堂和朝阳社区文化礼堂打造"小剧场式"特色文化礼堂，通过每月开展一次剧场演出，推动文化礼堂"提档升级"。指导文化礼堂开展理论学习、传统节日、非遗文化、体育运动、文艺演出等各类活动1200多场。仁前途村文化礼堂、东港社区文化礼堂2家创成省级五星级文化礼堂，九仙村文化礼堂、半屏社区文化礼堂2家创成市级四星级文化礼堂，大门镇获市级文化礼堂建设示范乡镇（街道），赖碎燕获评市级"最美文化礼堂人"。

（颜梦姞）

群众文化活动

【概况】2023年，洞头区通过文化驿站、城市书房、文化礼堂、非遗工坊等公共文化空间，举办阅读、演出、戏曲、讲座、展览、手作、培训等文化体验活动1000多场，服务60万余人次，开展文化下乡及各类文艺赛事活动400多场。组织举办2023洞头区各类公益培训班43个，服务群众5000多人次。以“我们的中国梦 文化进万家”为主题，推出“新春巧手坊”“墨迎新春写赠对联”“寻味中国年”“新春文化集市”“新年贺卡作品征集活动”“新春典籍文化展”“潮闹元宵 喜乐灯谜”等线下线上活动12项。区文化馆张杨杨荣获浙江省全民艺术普及四星级文化使者称号。

2023年9月3日，洞头区第二届表演艺术类培训机构公益大联盟展演举行
（金如龙 摄）

【原创广场舞《红圆红》获省群众广场舞大赛金奖】 2023年11月15日，2023浙江省群众广场舞大赛决赛在义乌市文化广场下沉广场举行。洞头区文化馆选送的原创广场舞《红圆红》作为温州市唯一一个作品参加此次省级决赛。12月17日，省文旅厅公布省级示范性公共文化活动获奖名单，洞头区原创广场舞《红圆红》荣获2023浙江省群众广场舞大赛金奖。该作品以洞头非物质文化遗产八大巧之一的“红圆”为舞，通过演员队形的变换、舞蹈高低层次的变化，凸显出渔家女挑着担、送红圆的热闹场景，展现了海岛人民红红火火的美好生活。

【洞头区第四届“民星秀”】 2023年11月28日晚，以“国际生态旅游岛”为主题的洞头区第四届“民星秀”活动在打水鞍文化礼堂举行。全区9支乡村艺术团选送的10个精品节目参赛，涵盖歌曲、舞蹈、戏曲等多项艺术门类。副区长贾约拿等领导出席活动并致辞，活动同步直播线上点击量33万余人次。活动评出一等奖2个、二等奖3个、三等奖5个，其中北岙街道海之韵乡村艺术团选送的节目《骁》和北岙街道金秋乡村艺术团选送的节目《歌舞升平 国泰民安》获一等奖。活动由洞头区委宣传部、洞头区文化和广电旅游体育局主办，洞头区文化馆承办，各街道（乡镇）乡村艺术团协办。

2023年11月28日，洞头区举办第四届“民星秀”活动。图为获得一等奖的节目《骁》
（区融媒体中心提供）

【洞头区第二届表演艺术类培训机构公益大联盟展演】 2023年9月3日，由中共温州市洞头区委宣传部、温州市洞头区文化和广电旅游体育局主办的“文艺赋美 喜迎亚运”2023年洞头区第二届表演艺术类培训机构公益大联盟展演在洞头剧院举行，线上同步照片直播观看18万余人次。公益大联盟是由区文化馆和社会表演艺术类培训机构等单位共同组成，号召社会力量参与到公共文化服务中，通过培训联做、平台联建、品牌联创，形成资源共享、优势互补、区域联动的机制，让艺术爱好者在家门口就能享受到优质、快捷的文化服务。

（叶冰洁）

【全民读书活动】 2023年，“书香洞头”全民阅读节围绕“阅享新时代”主题开展系列活动，分为推广宣传、书香满城、趣味科普、阅读风采、便民惠民五大板块，开展活动265场，参加36110人次。系列活动包括2023年“书香洞头”全民阅读节启动仪式、以“宋韵书香 风雅游园”为主题的图书馆之夜、魔方比赛、儿童友好主题绘画比赛、洞头姆讲故事比赛等。洞头区图书馆联合洞头区教育幼儿园、教育第二幼儿园、太阳岛幼儿园、教育第三幼儿园、温州医科大学仁济学院举办绘本讲堂、亲子乐读、最绘阳光宝贝、玩美课堂、趣味读书会、乐驹学堂等活动，让未成年人在玩中学、学中玩，激发其阅读兴趣。

【浙里文化圈点单】2023年，洞头区图书馆共开展浙里文化圈点单进社区活动26场。3—5月，走进城南文化礼堂、岭背社区、大长坑文化礼堂等地演出洞头童谣《洞头好地方》5场；走进新城社区、岙仔文化礼堂、柴岙文化礼堂等地开设绘本课《柿柿如意》《兔子的故事》，举办读书会《红军长征》等15场；7月，走进鹿西小学、朝阳社区、惠民村、沙角村等地开设家风家训主题亲子绘本课6场。

【暑期乐翻天系列活动】2023年，为丰富少年儿童暑假文化生活，发挥图书馆文化阵地作用，区图书馆携手区教育第三幼儿园、区职教中心推出2023年“暑期乐翻天系列活动”。活动开展时间为7—8月，共包括7个项目87场活动。活动涵盖多领域，如绘本阅读、科学制作、电脑培训、英语启蒙等。洞头区图书馆还面向中小学生招募义务小馆员，缓解暑假期间图书馆的人手压力。

【2023年“阅读马拉松”挑战赛】2023年4月15日，洞头区花园里城市书房、市民活动中心城市书房、同心公园城市书房联合举办2023年“阅读马拉松”挑战赛，全区16所中小学的96名青少年参加活动。比赛选用国际知名古生物学家、著名科普作家苗德岁教授撰写的科普作品《地球史诗——46亿年有多远》，向读者展现地球演进场面。最终吕梓萱、张芮、柯涵轩、陈钰、张昊、高诗涵、陈奕豪、郑梓欣8人获一等奖，有16人获二等奖、24人获三等奖。活动由区委宣传部、区教育局、区文化和广电旅游体育局主办，区图书馆承办，是2023年“书香洞头”全民阅读节暨爱阅读项目的一项子活动。

（叶晶晶）

【文化驿站活动】2023年，洞头区市民活动中心文化驿站持续举办书画、舞蹈、科技、声乐、手工、花艺、读书会、非遗民俗艺术等活动，融合温州市文化驿站点单服务，鼓励和支持社会力量开展创新专题专场活动，通过微信、公众号、15分钟文化圈等平台发布活动信息，提高群众知晓率及参与率。全年累计举办各项活动和分享会40多场，参与活动1万多人。

（李小艳）

表51　2023年洞头区文化活动（展演）获奖情况一览表

序号	作品名称	作品类别	创作（表演）人员	参加活动名称	获得奖项
1	《遥远的春天有点香甜》	音乐	马婵娟 华 明 张海军	浙江省第二十二届群众音乐大赛声乐组	银奖
2	《一汪湛蓝》	音乐	马婵娟 张海军 安建华	浙江省2023年度十佳优秀歌曲	十佳
3	《遥远的春天有点香甜》	音乐	马婵娟 华 明 张海军	温州市第十一届音乐新作演唱（演奏）大赛	表演金奖、创作银奖
4	《Besame Mucho》	音乐	叶少铖	温州市第十九届群众声乐大赛	流行组金奖
5	唢呐独奏《敦煌魂》	器乐	王熠原	温州市第五届器乐大赛	民乐组银奖
6	《老鼠嫁女》	音乐	黄珂尔	温州市第十九届群众声乐大赛	民族组铜奖
7	《假如你要认识我》	音乐	陈玉萍	温州市第二届乡村好声音大赛	优秀奖
8	《稻香》	音乐	张 晨		优秀奖
9	《梨花又开放》	音乐	吕 伟		优秀奖
10	《寻着浪花来》	舞蹈	洪星星 张杨杨 苏 晨 李 杰	全国广场舞大赛	优秀奖
11	《红圆红》	舞蹈	洪星星 张杨杨 苏 晨	浙江省广场舞大赛	金奖

续表51

序号	作品名称	作品类别	创作（表演）人员	参加活动名称	获得奖项
12	《寻着浪花来》	舞蹈	洪星星 张杨杨 苏晨 李杰	浙江省首届农村文化礼堂“我们的村舞”暨第二届浙江乡村文化艺术节乡村舞蹈大赛	金奖
13	《树》	舞蹈	朱芬 陈璐 凌思佳 洪星星 张杨杨	“浙艺少年”首届浙江省青少年艺术普及系列活动舞蹈专场初高中组	金奖
14	《送红圆》	舞蹈	洪星星 张杨杨 李佳星	温州市群众舞蹈大赛	表演银奖、创作银奖
15	《上岸》	小品	王子震	温州市第九届戏剧小品大赛	表演铜奖、创作铜奖
16	《朝朝满载》	美术	陈钦煅	百业兴旺·中国农民画大展	二等奖
17	《潮汛到》	美术	陈海贞		二等奖
18	《丰收》	美术	林美君		二等奖
19	《大海的韵律》	美术	张孚千		二等奖
20	《敲鲇引鱼》	美术	陈海英		三等奖
21	《端午粽子香》	美术	林满慧		三等奖
22	《休渔时节》	美术	陈建辉		优秀奖
23	《休渔时节》	美术	吴秀云		优秀奖
24	《渔货大又鲜》	美术	罗纯香		优秀奖
25	《紫菜丰收》	美术	庄蓉蓉		优秀奖
26	《渔家喜事》	美术	叶爱珠		优秀奖
27	《渔丰早市渔妇忙》	美术	詹海萍		优秀奖
28	《网网花儿开》	美术	许爱花		优秀奖
29	《闹鱼灯》	美术	王洁灵		优秀奖
30	《海岛日记——风中的鱼》	美术	黄昭勇	温州市第十届群文视觉艺术优秀作品大展	金奖
31	《和美乡村幸福梦》	美术	吴秀云		铜奖
32	《海鲜日记——火红的日子》	美术	黄昭勇	浙江省第十七届水彩粉画展	入选作品
33	《生态公园一角》	美术	詹海萍	“诗画浙江 共同富裕”浙江省群文美术文旅融合写生创作系列活动——海宁农民画写生展	入选作品
34	《九头浜绿草地》	美术	林彬		入选作品
35	《红木小桥》	美术	林彬		入选作品
36	《双丰农家后院》	美术	张孚千		入选作品
37	《双丰小景》	美术	黄昭勇		入选作品
38	《梨园春色》	美术	黄昭勇		入选作品

续表51

序号	作品名称	作品类别	创作（表演）人员	参加活动名称	获得奖项
39	《红色旋律》	美术	张孚千	新生活·新风尚·新年画——2023我们的小康生活美术作品征集展示活动“赏年画·过大年”浙江分展区美术作品展	入选作品
40	《欢聚一堂庆丰年》	美术	万安春		入选作品
41	《闹元宵》	美术	陈钦煅		入选作品
42	《人欢鱼跃庆丰年》	美术	叶爱珠		入选作品
43	《渔业大丰收》	美术	罗纯香		入选作品
44	《鱼乡双丰收》	美术	许爱花		入选作品
45	《彩网张开幸福花》	美术	陈海英		入选作品
46	《紫菜圆舞曲》	美术	林美君		入选作品
47	《海上花园众鱼盛装迎新春》	美术	吴秀云		入选作品
48	《鱼跃人欢迎新春》	美术	詹海萍		入选作品
49	《海鲜日记10—10》	美术	黄昭勇	浙江省第三届水彩、粉画写生展学术奖	学术提名奖
50	《林坑古村一》《林坑古村二》《林坑古村三》	美术	黄昭勇	温州市视觉艺术干部写生作品展	入选作品
51	《孙过庭书谱》	书法	陈海友	温州市第十届群文视觉艺术优秀作品大展	金奖
52	《墨宝堂记》	书法	庄克栋		银奖
53	《石厝的变迁》	摄影	罗小安	浙江省第八届群星视觉艺术综合大展	银奖
54	《金山银山》	摄影	郭海群	温州市第十届群文视觉艺术优秀作品大展	银奖
55	《石厝的变迁》	摄影	罗小安		铜奖
56	《泰美》	摄影	金如龙	百名摄影家聚泰顺摄影大赛	优秀奖
57	《湘湖春色》	摄影	金如龙	钱塘潮涌迎亚运 金萧映像新时代摄影大赛	优秀奖
58	《手机与生活》	摄影	金如龙	百名摄影家聚焦松阳摄影大赛	优秀奖
59	《绑》《挂面》《美丽乡村》《踏春》《晒》	摄影	金如龙	温州市视觉艺术干部写生作品展	入展
60	《夜空中最亮的星》	摄像	金如龙	2023“和美乡村 幸福畅享”美丽乡村我来拍小视频大赛	金奖
61	《洞头开渔节》	摄像	叶婷婷		银奖
62	《三盘滨海牧歌》	摄像	潘　慧		铜奖
63	《贝雕》	摄像	潘　慧		铜奖
64	《无所畏惧的海岛群文人》	理论	洪星星	浙江省“新时代风采”群文人物事迹稿件征集评比	金奖
65	《文化共富视角下全民艺术普及发展方向的思考》	理论	金如龙	浙江省全民艺术普及征文大赛	三等奖

（区文广旅体局提供）

文化交流

【概况】2023年，洞头区组织举办渔民画二十年精品展（在省馆展出）、中国（洞头）渔民画文创设计大赛优秀作品展（在温大展出）、“诗画东瓯 幸福筑梦”温州市群文视觉艺术干部写生书画展、洞头区首届手机摄影展、洞头区第四届视觉艺术展等30场展览。承办浙江省“新时代风采”群文人物事迹稿件征集评比活动（省级赛事）、温州市乡村舞蹈大赛（市级赛事）、第十二届中国·洞头妈祖平安节、洞头区非遗和文化自然遗产日文艺演出、洞头区第二届表演艺术类培训机构公益大联盟展演、“好学温青·送剧惠童”庆“六一”主题活动、洞头区第四届“民星秀”等大型品牌活动。开展“风从东海来”洞头·温岭文化走亲文艺演出、“光影照初心 共富向未来”泰顺—洞头文化走亲摄影作品展、洞头·平阳文化走亲暨洞头优秀摄影作品展等各类文化走亲9场。组织洞头区图书馆参加评估定级。

（金如龙）

【洞头区图书馆获评一级图书馆】2023年11月1日，文化和旅游部公示《关于第七次全国县级以上公共图书馆评估定级上等级馆名单》，共评出一级图书馆1301个、二级图书馆680个、三级图书馆741个。其中，洞头区图书馆获评一级图书馆。洞头区图书馆以国家公共文化服务体系示范区创新发展为牵引，围绕“读者第一、服务至上”的宗旨，创新服务理念，拓展服务范围，挖掘和利用各类资源，开展各种图书服务活动。联合社会各界举办各类公益性讲座、展览、阅读推广活动，形成“望海楼讲坛”“绘本讲堂”“亲子乐读”“暑期乐翻天”“书香洞头”全民阅读节等活动品牌。

【全省博物馆文创大赛评选】2023年10月8日，浙江省文物局和浙江省博物馆学会公布2023年全省博物馆文创大赛评选结果，其中洞头区东海贝雕艺术博物馆宋韵系列——贝嵌花梨木宋福宋钱茶杯垫套装获得银奖，贝嵌花梨木宝相花纹手串盒获得铜奖，洞头区海陶美术馆的海陶茶具·满载而归获得乡村博物馆十佳文创产品。

（叶冰洁）

【洞头·温岭文化走亲文艺演出】2023年4月10日，“风从东海来”洞头·温岭文化走亲文艺演出在温岭市泽国镇双峰文化礼堂举行，为温岭市民送去一台精彩的文化大餐。演出共有12个节目，包含舞蹈、声乐、川剧等。活动由洞头区文化和广电旅游体育局、温岭市文化和广电旅游体育局主办，洞头区文化馆、温岭市文化馆承办。

【泰顺·洞头文化走亲摄影作品展】2023年8月2日，“光影照初心 共富向未来”泰顺—洞头文化走亲摄影作品展在洞头区文化馆展出，共展出摄影作品50幅。展览作品以泰顺自然景观和地域文化特色等相关内容为主，展示泰顺自然风光、人文风情、历史文化底蕴。活动由泰顺县文化和广电旅游体育局、洞头区文化和广电旅游体育局主办，泰顺县文化馆、洞头区文化馆承办。

【洞头·平阳文化走亲暨洞头优秀摄影作品展】2023年10月25日，2023年洞头·平阳文化走亲暨洞头优秀摄影作品展在平阳县文化馆展出。共展出洞头优秀摄影作品30幅，作品内容主要为洞头秀丽风光，摄影家们用镜头记录下洞头美丽的礁石、晚霞、海浪等。活动由洞头区文化和广电旅游体育局、平阳县文化和广电旅游体育局主办，洞头区文化馆、平阳县文化馆承办。

【“同心共富 光影随行”平阳·洞头文化走亲摄影作品展】2023年11月6日，“同心共富 光影随行”平阳·洞头文化走亲摄影作品展在洞头区文化馆展出，共展出摄影作品30幅。展览作品以平阳自然景观和民俗文化等内容为主，展示平阳自然风光和民俗特色。活动由平阳县文化和广电旅游体育局、洞头区文化和广电旅游体育局主办，平阳县文化馆、洞头区文化馆承办。

【洞头·瑞安文化走亲暨洞头渔民画展】2023年11月21日，2023年洞头·瑞安文化走亲暨洞头渔民画展在瑞安市图书馆展出，共展出30幅洞头优秀渔民画作品。这些作品都是近年来优秀新作，主要反映洞头渔业生产、渔民生活、渔村风光等内容，展示洞头深厚的文化底蕴，助推洞头海上花园建设。活动由洞头区文化和广电旅游体育局、瑞安市文化和广电旅游体育局主办，洞头区文化馆、瑞安市文化馆承办。

【洞头区·西湖区文化走亲洞头海洋文化文献推广】2023年11月20日至21日，为促进洞头区与西湖区、萧山区文化交流，充分宣传、展示、推荐洞头海岛地域文化特色，洞头区图书馆赴杭州西湖区图书馆、萧山区图书馆开展“洞头海洋文化文献推广”文化走亲活动。赠送《洞头海洋动物故事绘本》《蓝土地文库》《洞头谱牒文献集成》等洞头地方文献30多种。活动由洞头区文化和广电旅游体育局、西湖区文化和广电旅游体育局、萧山区文化和广电旅游体育局主办，洞头区图书馆、西湖区图书馆、萧山区图书馆承办。

（金如龙）

文物保护

【概况】2023 年，洞头区文保所组织签订区对街道(乡镇)、街道(乡镇)对村居及村居对个人三级文物安全责任书。开展各级不可移动文物及文博场馆巡查 351 家次。联合消防部门开展消防培训演练进文保单位、进传统民居集聚村，共开展消防培训演练活动 9 场。建成乡村博物馆 1 家。撰写完成和收集与洞头文物有关研究文章 10 篇。完成文物库房警报系统信号 110 收不到警报信息问题故障整修及恒温恒湿设备检修工作。洞头区东海贝雕艺术博物馆入选 2022 年度温州市“优秀民办博物馆”名单。

【文物设施修复】2023 年，洞头区完成省级文物保护单位东沙妈祖宫监控摄像故障的修复，完成区级文物保护单位洞头叶永源宅的电路漏电整改，完成区级文保单位三盘炮台、后垅石拱桥、温山底古桥增设围栏工作或张贴警示牌工作。

【“5·18”国际博物馆日活动】2023 年 5 月 18 日，主题为“博物馆、可持续性与美好生活”的国际博物馆日，洞头区文物保护所联合区内东海贝雕艺术博物馆和洞头区海陶艺术馆、洞头区中仑村史馆、洞头区朝阳民俗馆 3 家乡村博物馆举办“5·18 国际博物馆日”活动，参观者 3000 多人次。

（杜传省）

【乡村博物馆通过省级验收】2023 年 8 月 12 日，浙江省文物局公布省第二批乡村博物馆名单，洞头区霓屿紫菜馆上榜。温州市洞头区霓屿紫菜艺术馆是一家以展示紫菜种性、特质、功用及其育苗培育、海上养殖、成品加工工艺为主要内涵，以洞头紫菜食用品种及紫菜养殖发展概况为进取历程，以养民生产生活场景及劳作渔具为主要场景，以紫菜产业“生态园”发展培育及文旅融合发展为文化特色展位的非营利性社会组织。由“海天之子向潮而生”“耕海牧菜踏浪而歌”“霓屿紫菜百年传承”“海上新田园”“多彩霓屿文化荟萃”等板块构成。展示霓屿紫菜的种性、特质、功用，及紫菜的养殖、育苗、海上养殖、成品加工等工艺。

【海陶美术馆获评全省首批星级乡村博物馆】2023 年 11 月 15 日，浙江省文物局和浙江省博物馆学会经各地推荐、形式审查、专家评审、集体研究审议等程序，评选出浙江省首批五星级乡村博物馆 5 家、四星级乡村博物馆 15 家、三星级乡村博物馆 30 家。其中，洞头区海陶美术馆荣获省三星级乡村博物馆称号。海陶美术馆坐落于北岙街道双垄村，馆内设有艺术展厅、体验教室、交流会客厅等，是一家集海陶制作、文化传承、艺术品展示和文化交流等文化服务活动于一体的场馆。

（叶冰洁）

文化遗产保护

【概况】2023 年，洞头区新建霓屿紫菜馆，共计建成乡村博物馆 4 家。贝雕传承人陈灿渊等入选中国非遗人物百强，被授予“中泰交流艺术大使”、市级优秀传承人等称号；陈灿渊、郑根霖、杨松苗、王安义、柯位火等传承人入选省级、市级乡村工匠。贝雕《宋意螺钿挂画松风草堂》获 2023“浙派好礼”文创产品评选金奖；《喜迎亚运之“好运连连”系列》荣获 2023 第十届温州国际时尚文化产业博览会文化创意金奖。整改修复省级文物保护单位东沙妈祖宫监控摄像头；完成区级文物保护单位洞头叶永源宅的东南墙面生活用电电路漏电整改；完成区级文保单位三盘炮台、后垅石拱桥、温山底古桥增设围栏工作或张贴警示牌工作。截至年底，全区拥有国家级非遗项目 2 个，省级非遗项目 13 个，市级非遗项目 53 个，区级非遗项目 90 个；国家级非遗代表性传承人 2 人，省级非遗代表性传承人 9 人，市级非遗代表性传承人 32 人，传承集体 1 个（洞头区民间文艺家协会）；区级非遗

2023年，洞头区海陶美术馆艺术展厅　　（区文广旅体局提供）

2023年2月7日，洞头东海贝雕艺术博物馆“贝雕”展示厅

（区文广旅体局提供）

省级非遗工坊名单，经创建单位自评、设区市文化和旅游主管部门审核、省文化和旅游厅复核等评估程序，洞头区“贝雕”非遗工坊入选第一批省级非遗工坊。贝雕非遗工坊依托省级非遗代表性项目——贝雕，由浙江阚螺文化有限公司牵头建设、运营。借助东海贝雕艺术博物馆，与各大中高校合作办学，创办贝雕工艺工作室及实践基地，革新贝雕技艺，研发各类贝雕文创产品，引入特色工艺参观，探索线上线下相结合销售方式，带动渔农民转产转业和渔嫂们就业，推动海岛乡村共同富裕。

代表性传承人63人；省级非遗生产性保护基地1个，市级非遗传承基地12个，市级体验基地3个，区级传承基地21个，区级体验基地8个，区级非遗展馆1个，非遗教学基地2个，亚洲螺钿艺术博物馆（东海贝雕艺术主题公园）1个。

【洞头区被列为浙江省“非遗助力共同富裕”试点地区】 2023年2月3日，洞头区被列为浙江省“非遗助力共同富裕”试点地区。洞头区依托海岛丰富独特的非遗资源，出台《关于促进文化体育旅游产业融合发展的若干政策意见（试行）》，连续举办11届妈祖平安节、14届七夕民俗风情节、8届放生节等海洋民俗文化品牌活动；常态化开展非莱夼民俗演艺活动，展示海岛民俗文化；开发贝雕、贝壳画、海陶、渔民画等一批文创产品，多次获国家省市奖项，促进海岛乡村共富；被授予“中国七夕文化之乡”“中国渔民画之乡”“浙江省民间文化艺术之乡”称号。

【洞头贝雕获评文旅部非遗工坊典型案例】 2023年2月3日，文化和旅游部、人力资源社会保障部、国家乡村振兴局共同组织开展“非遗工坊典型案例”推荐工作，评定66个2022年“非遗工坊典型案例”。由洞头区文广旅体局申报，浙江省文旅厅、温州市文旅局推荐的《贝雕：传统工艺连接现代生活》案例榜上有名，为温州市唯一入选案例。洞头贝雕是在继承传统螺钿镶嵌和贝贴工艺的基础上，选用有色贝壳，巧用其天然色泽和纹理形状，经剪取、车磨、抛光、堆砌、粘贴等工序精心雕琢成平贴、半浮雕、镶嵌、立体等多种形式和规格的工艺品。

【“贝雕”非遗工坊入选首批省级非遗工坊】 2023年4月23日，浙江省文化和旅游厅关于公布第一批

【洞头脚擂鼓入选第六批省级非遗代表性项目名录】 2023年1月16日，浙江省人民政府公布第六批省级非物质文化遗产代表性项目名录，洞头脚擂鼓上榜。洞头脚擂鼓起源于100多年前，近年来，洞头区通过设立传承基地，组建洞头脚擂鼓文艺表演队，开展进景区、进校园、进社区等传习传承活动，展示洞头民间艺术，推动文旅融合。以脚擂鼓为素材的舞蹈《擂鼓声声迎归帆》配以闽南原生态歌曲《乞鸟歌》，用鼓声传递对出海家人的深切思念和对满载而归的美好期待。作品荣获全国第十九届群星奖，

2023年1月16日，洞头区脚擂鼓上榜第六批省级非物质文化遗产代表性项目名录

（区文广旅体局提供）

入选国家艺术基金项目，并在央视三套《我要上春晚》等节目展演。

【非物质文化遗产基地、工坊、工作站创建】2023年，洞头区新增省级项目1个，省级非遗工坊1个，省级体验基地1个，市级瓯越百家坊1个、市级体验基地1个，市级非遗工作站1个，区级非遗项目2个，非遗工坊2个，代表性传承人9人。“传承百年非遗技艺振兴乡村文化经济——‘贝雕’非遗工坊典型案例”入选全国非遗工坊典型案例，“贝雕”非遗工坊入选文旅部共同富裕示范区建设第一批典型经验，“洞头东海贝雕艺术博物馆”入选省级首批非遗体验基地、第三批省中小学教育研学实践基地、市“瓯越非遗百家坊”；“芯墨民宿”入选2023年度浙江省文化主题（非遗）民宿培育名单；海陶美术馆被评定为市中小学研学实践基（营）地、市最美公共文化空间、省三星级博物馆、市级体验基地；水族贝壳工作室获评市特色文旅消费示范点；“瓯韵染绣”入选省级传统工艺工作站创建单位、市级典型案例。

【东海贝雕艺术博物馆入选2023温州市最美公共文化空间荣誉榜】2023年12月22日，温州市文化广电旅游局公布2023温州市最美公共文化空间名单，洞头区东海贝雕艺术博物馆入选基层文化空间荣誉榜。东海贝雕艺术博物馆是目前国内首家以螺钿漆器为主题的艺术博物馆，内设展示厅、体验培训区、大师工作室、文创开发设计室等，免费对外开放，先后接待参观者几十万人次，是一家集文物展厅、产品展示等于一体的民办博物馆。

【非物质文化遗产荣誉】2023年，洞头区获得国家省市各类非遗奖项和荣誉23个。其中，洞头贝雕《宋意螺钿挂画松风草堂》获2023“浙派好礼”文创产品评选金奖，宋韵系列——贝嵌花梨木宋福宋钱茶杯垫套装和贝嵌花梨木宝相花纹手串盒荣获全省博物馆文创产品大赛银奖、铜奖；《喜迎亚运之“好运连连”系列》荣获2023第十届温州国际时尚文化产业博览会文化创意金奖；海陶作品获评“2023年温州特色产品伴手礼”、“海陶茶具·满载而归”全省博物馆文创产品大赛“十佳”文创产品；贝雕、木雕、海陶等7件联合作品获2023浙江“非遗茶生活”传统工艺联创大赛银奖、铜奖，贝雕产品入选“茶和天下、共享非遗”第二批浙江展示产品联盟单位名单；渔民画特色文创产品参展17届中国义乌文化和旅游产品交易博览会，10多幅渔民画作品入选“我们的小康生活”浙江展区美术作品展。贝雕螺钿产品在第31届广州国际旅游展览会中国进出口商品交易会展出；《贝嵌瓷器梅兰竹菊纹五件套》（餐具）入选“锦绣华章”2022长三角民间艺术文创大展，《东海贝雕》入选“中国非遗工坊品牌展”展示展演。洞头贝雕团队参与中亚峰会国宴国礼制作系列作品之一（函盒）亮相国宴现场；5件贝雕展品亮相第十九届中国（深圳）国际文博会。“传承百年非遗技艺振兴乡村文化经济——‘贝雕’非遗工坊典型案例”入选文化和旅游部典型案例。

【非物质文化遗产保护队伍建设】2023年，洞头区出台新一轮非遗传承基地、体验基地及代表性传承人考核办法和评估细则。在全区29个传承（体验）基地、48名代表性传承人中，评出合格、优秀等不同档次传承（体验）基地15个，合格、优秀代表性传承人37名。通过文化和旅游部对国家级非遗代表性传承人年度评估和绩效考核1人、国家级非物质文化遗产代表性项目保护单位考核评估验收2个。洞头区非物质文化遗产保护中心荣获“2023年度温州市非遗保护成果出版工作先进单位”称号。开展区级代表性传承人申报评选工作，组织非遗队伍参加省市非遗助力培训，非遗工坊、非遗基地、数据平台提升培训；开展鱼灯舞、脚擂鼓、洞头海岛歌谣等民俗表演团队及全区非遗传承人、非遗基地等队伍培训20多期。传承人陈灿渊等入选中国非遗人物百强，被授予“中泰交流艺术大使”称号、文旅部乡村文化和旅游支持项目带头人、市级优秀传承人等；郑根霖、杨松苗、王安义、柯位火等传承人入选省级、市级乡村工匠；2名海洋动物故事演讲选手获省级二等奖；卓桂枝荣获“2023年度温州市非遗传播推广优秀个人奖”，陈献英荣获“2023年度温州市非遗保护成果出版工作先进个人”称号；完成传承人社会认养评估工作1个，传承人工作室创建2个，开展非遗项目名录和代表性传承人档案等库数据填报工作；组织传承人新春慰问，走访看望国家、省级非遗代表性传承人。

【洞头区文化和自然遗产日系列活动】2023年6月3日，“闽风瓯韵赏非遗、多彩洞头迎亚运”——2023年温州洞头区“文化和自然遗产日”系列活动在新城广场举行。启动仪式上，表彰浙江省博物馆文创产品大赛金奖、温州市优秀非遗传承基地、省级非遗工坊等，颁发奖牌和证书。现场表演民俗《擂鼓迎灯庆丰收》、演唱《孤公孤母》、闽南童谣《地名谣》、舞蹈《擂鼓声声迎归帆》等节目。开展第十二届中国·洞头妈祖平安节系列活动、洞头区“非遗助力共同富裕”试点

2023年6月3日，洞头区“文化和自然遗产日”系列活动在新城广场举行
（金如龙 摄）

工作会议暨2023年非遗队伍系列培训、洞头区文化和自然遗产日系列活动启动仪式、“非遗一台戏”演出、非遗集市活动暨非遗购物节、传统拓印体验活动、读书节·“洞头嫫讲洞头海洋动物故事”比赛暨浙江省“少年非遗说”洞头赛区比赛、洞头区第十六届七夕民俗风情节系列活动、洞头区百场“非遗在社区”等系列活动9个，历时5个多月。

【温州螺钿漆器展示暨文化交流活动】2023年3月24日，由中国文物学会漆器珐琅器专业委员会、温州市文化广电旅游局、洞头区人民政府主办，中共温州市洞头区委宣传部、温州市洞头区文化和广电旅游体育局承办的2023年“东亚文化之都”温州螺钿漆器展示暨文化交流活动在东海贝雕艺术博物馆开幕。活动为期3天，包括开幕式、“千年商港 瑰宝贝雕”2023年“东亚文化之都”温州螺钿漆器文化研讨会、中国文物学会漆器珐琅器专业委员会理事会、亚洲螺钿漆器展及学术交流、文物观摩、现场考察等环节，来自中国文物学会漆器珐琅器专委会专家，故宫博物院、清华美院等近40家文博机构、高等院校和企业的80多位专家学者参加活动。通过本次研讨会和展示活动，旨在传承弘扬中国螺钿漆器文化，促进东亚文化交流，加强温州东亚文化之都建设，打造洞头文化标识。

【非遗物质文化遗产展示宣传】2023年，洞头区开展“非遗在社区”系列活动，组织贝雕、海陶、蟹壳画、渔灯、舞龙等新春文化下乡系列体验展示40多场，乡村民俗踩街活动10场，文化进万家系列活动暨“文艺星火赋美”演出系列10场；发布非遗过大年新闻媒体视频号、公众号、网站、自媒体等35个，《洞头哭嫁歌》等多首闽南语歌谣视频号发布。专辑片《走遍中国——浙江非遗》东海贝雕篇录制和央视播出；推选“交换年味”4个项目，非遗过大年7个项目等；在“品读闽瓯”微信公众号、视频号推出非遗成果展示，非遗专家队伍参与闽南文化研究和非遗项目调查，发表传统美食、传统音乐、民俗等非遗宣传文章10多篇。

（叶冰洁 陈献英 叶帅廷）

表52 2023年洞头区历史建筑一览表

序号	名称	类别	类型	年代	复查/新发现	地址及位置
1	九斤水桶擂码头	近现代、重要史迹及代表性建筑	交通道路设施	1964年	复查	洞头区北岙街道九斤村燕子山西北角山脚
2	大长坑水库	近现代、重要史迹及代表性建筑	水利设施及附属物	20世纪60年代	复查	洞头区北岙街道长坑村大长坑自然村
3	小文岙水井	古建筑	池塘井泉	清	复查	洞头区北岙街道九仙村小文岙自然村海口神庙后山脚
4	小文岙拱桥	古建筑	桥涵码头	清	复查	洞头区北岙街道九仙村小文岙自然村海口神庙后山脚
5	仙岩西路水井	近现代、重要史迹及代表性建筑	水利设施及附属物	民国	复查	洞头区东屏街道东岙村姚宅屋后
6	南山坪水井	近现代、重要史迹及代表性建筑	水利设施及附属物	20世纪60年代	复查	洞头区大门镇沙岙村南山坪自然村王家件宅东北角

续表52

序号	名 称	类别	类 型	年代	复查/新发现	地址及位置
7	活水潭水井	古建筑	池塘井泉	清	复查	洞头区元觉街道活水潭村半岭自然村
8	山坪水井	近现代、重要史迹及代表性建筑	水利设施及附属物	1953年	复查	洞头区鹿西乡山坪村

（区文广旅体局提供）

表53　洞头区非物质文化遗产传承基地一览表

序号	申报地	项目名称	传承基地名称	批次	基地负责人
1	洞头区	七夕成人节	洞头区东屏街道东岙村	市级第二批	洪求伟
2	洞头区	贝雕、鱼灯	洞头区东屏小学	市级第二批	郭海生
3	洞头区	妈祖祭典	洞头区北岙街道东沙村	市级第二批	陈华良
4	洞头区	鱼灯舞	洞头区北岙街道大岙村	市级第三批	南少奇
5	洞头区	鱼灯舞	洞头区东屏街道垅头村	市级第三批	陈钦滨
6	洞头区	陈十四娘娘信俗	洞头区霓屿街道布袋岙村	市级第三批	林孝宝
7	洞头区	妈祖祭典	洞头区元觉街道沙角村	市级第三批	叶宋顺
8	洞头区	中仑舞龙	洞头区东屏街道中仑村	市级第三批	叶明稳
9	洞头区	小朴马灯	洞头区北岙街道小朴村	市级第三批	林小德
10	洞头区	鸟灯舞	洞头区鹿西乡鹿西小学	市级第四批	刘玉飞
11	东屏街道	迎头鬃	中仑村村史馆	市级第五批	陈后省
12	北岙街道	海洋动物故事	洞头区教育幼儿园	市级第六批	侯仙琴
13	洞头区	海洋动物故事	洞头区实验小学	区级第一批	朱杨华
14	洞头区	妈祖信俗	洞头区大门镇岙底村	区级第二批	陈碎才
15	洞头区	海洋动物故事	洞头区图书馆	区级第三批	汪海虹
16	洞头区	贝壳舞	洞头区文化馆	区级第三批	洪星星
17	洞头区	吹打乐—龙头龙尾	洞头区文化馆	区级第三批	洪星星
18	北岙街道	道教音乐	北岙太阴宫	区级第三批	郭良建
19	大门镇	番薯烧酿制技艺	番薯烧酿制基地	区级第三批	王银存
20	北岙街道	贝 雕	洞头东海贝雕工艺品有限公司	区级第四批	陈灿渊
21	洞头区	洞头海岛歌谣	洞头区实验小学	区级第四批	朱杨华

（区文广旅体局提供）

表54　洞头区非物质文化遗产体验基地一览表

序号	申报地	项目名称	体验基地名称	批次	基地负责人
1	洞头区	贝雕	洞头区东海贝雕艺术博物馆	市级第一批	陈灿渊
2	洞头区	贝壳画、船模	洞头区东屏水族贝壳工作室	市级第四批	陈琴瑶
3	洞头区	海陶	温州至朴海陶文化有限公司	市级第五批	方国防
4	洞头区	船模	洞头区元觉街道乡愁馆	区级第一批	陈成乔
5	洞头区	鱼灯制作	洞头区市民活动中心	区级第一批	赖朝伟
6	洞头区	海鲜药膳	洞头区溢香国际大酒店	区级第一批	杨森权
7	洞头区	木雕	洞头区杨艺木雕有限公司	区级第一批	杨松苗
8	洞头区	七夕成人节	洞头区东岙村	区级第一批	洪求伟

（区文广旅体局提供）

表55　洞头区非物质文化遗产项目代表性传承人一览表

序号	姓名	性别	项目名称	申报地区或单位	类别	批次	级别
1	许根才	男	海洋动物故事	洞头区	民间文学	第五批	国家级
2	吴　江	男	妈祖祭典	洞头区	民俗	第五批	国家级
3	叶永福	男	贝雕	洞头区	传统美术	第一批	省级
4	许楚义	男	海洋动物故事	洞头区	民间文学	第三批	省级
5	陈春龙	男	贝雕	洞头区	传统美术	第一批	省级
6	黄振励	男	七夕成人节	洞头区	民俗	第三批	省级
7	许江北	男	道教音乐（洞头海岛道教音乐）	洞头区	传统音乐	第三批	省级
8	施书宝	男	吹打（洞头龙头龙尾）	洞头区	传统音乐	第一批	省级
9	洪求伟	男	七夕成人节	洞头区	民俗	第六批	省级
10	郑大志	男	贝雕	洞头区	传统手工技艺	第二批	市级
11	叶园华	女	贝壳舞	洞头区	传统舞蹈	第一批	市级
12	郭温林	男	妈祖信俗	洞头区	民俗	第一批	市级
13	林洪存	男	洞头海岛道教音乐	洞头区	传统音乐	第一批	市级

续表55

序号	姓名	性别	项目名称	申报地区或单位	类别	批次	级别
14	柯位福	男	东岙普度节	洞头区	民俗	第一批	市级
15	邱爱绒	女	洞头海岛歌谣	洞头区	民间文学	第一批	市级
16	颜怡旦	男	小朴马灯舞	洞头区	传统舞蹈	第三批	市级
17	洪娟妹	女	迎火鼎	洞头区	民俗	第三批	市级
18	洪娟妹	女	妈祖祭典	洞头区	民俗	第五批	市级
19	叶素英	女	菜油姜	洞头区	传统手工技艺	第三批	市级
20	陈增卷	男	鱼灯	洞头区	传统手工技艺	第三批	市级
21	林孝宝	男	陈十四娘娘信俗	洞头区	民俗	第三批	市级
22	叶宋顺	男	妈祖祭典	洞头区	民俗	第三批	市级
23	叶元拢	男	船模	洞头区	传统手工技艺	第三批	市级
24	张星文	男	马灯舞（小朴马灯舞）	洞头区	传统舞蹈	第四批	市级
25	王卫东	男	贝雕	洞头区	传统美术	第四批	市级
26	吕诸彬	男	木渔船制造技艺	洞头区	传统技艺	第四批	市级
27	黄冬央	女	番薯类小吃制作技艺	洞头区	传统技艺	第四批	市级
28	张高取	男	泥艋制作技艺	洞头区	传统技艺	第四批	市级
29	陈钦琪	男	中仑舞龙习俗	洞头区	民俗	第四批	市级
30	陈素贞	女	冬至鸡母狗馃习俗	洞头区	民俗	第四批	市级
31	郑根霖	男	鱼灯舞（洞头鱼灯）	北岙街道	传统技艺	第五批	市级
32	侯仙琴	女	洞头海洋动物故事	洞头区教育幼儿园	民间文学	第五批	市级
33	林丽丽	女	脚擂鼓	洞头区	传统音乐	第一批	区级
34	张　强	男	木雕	洞头区	传统美术	第一批	区级
35	陈学平	男	鹿西鸟灯	洞头区	传统技艺	第一批	区级
36	黄朝暖	男	鸡母狗馃制作	洞头区	传统技艺	第一批	区级
37	王银存	男	番薯烧酿制技艺	洞头区	传统技艺	第一批	区级

续表55

序号	姓名	性别	项目名称	申报地区或单位	类别	批次	级别
38	柯育萍	男	铜人药典	洞头区	传统医药	第一批	区级
39	金祥才	男	迎头鬃	洞头区	民俗	第一批	区级
40	叶元丰	男	贝雕	北岙街道	传统美术	第二批	区级
41	方国防	男	海陶	北岙街道	传统美术	第二批	区级
42	陈钦煅	男	渔民画	北岙街道	传统美术	第二批	区级
43	曾英娟	女	番薯粉食品加工技艺	东屏街道	传统技艺	第二批	区级
44	杨松苗	男	木雕	霓屿街道	传统技艺	第二批	区级
45	叶明稳	男	中仑黄龙	东屏街道	民俗	第二批	区级
46	刘金钗	女	马灯（跑马灯）	大门镇大荆村	传统舞蹈	第三批	区级
47	陈海环	女	鱼灯舞	东屏街道垅头村	传统舞蹈	第三批	区级
48	陈　静	女	海蜇舞	元觉街道	传统舞蹈	第三批	区级
49	颜厥志	男	脚擂鼓	北岙街道	传统音乐	第三批	区级
50	柯育萍	男	海鲜药膳	洞头区	传统医药	第三批	区级
51	洪求新	男	东岙普渡节	东屏街道	民俗	第三批	区级
52	童孝辉	男	陈十四娘娘信俗	霓屿街道	民俗	第三批	区级
53	陈灿渊	男	贝雕/温州螺钿	洞头贝雕博物馆	传统美术	第三批/第四批	区级
54	王　帆	男	贝雕/温州螺钿	东海贝雕工艺品有限公司	传统美术	第三批/第四批	区级
55	叶晶晶	女	贝雕/温州螺钿	北岙街道	传统美术	第三批/第四批	区级
56	陈琴瑶	女	贝壳画创作技艺	洞头东屏水族贝壳工作室	传统美术	第三批	区级
57	陈定生	男	海蜇加工技艺	北岙街道	传统技艺	第三批	区级
58	陈祥林	男	妈祖祭典	霓屿街道	民俗	第三批	区级
59	王安义	男	木雕	鹿西乡	传统技艺	第四批	区级
60	柯位火	男	泥艋制作技艺	霓屿街道	传统技艺	第四批	区级
61	许素金	男	温州螺钿	北岙街道	传统技艺	第四批	区级
62	陈碎财	男	陈十四信俗	大门镇	民俗	第四批	区级
63	张玉芳	女	冬至鸡母狗粿习俗	北岙街道	民俗	第四批	区级

（区文广旅体局提供）

表56 洞头区非物质文化遗产项目一览表（市级以上）

序号	项目名称	类别	申报地区或单位	入选时间	批次
1	海洋动物故事	民间文学	浙江省洞头区	2011年5月23日	国家级第三批
2	妈祖祭典（洞头妈祖祭典）	民俗	浙江省洞头区	2011年5月23日	国家级第三批（扩展项目）
3	吹打（洞头龙头龙尾）	民间音乐	洞头区	2007年6月14日	省级第二批
4	贝壳舞	民间舞蹈	洞头区	2007年6月14日	省级第二批
5	贝雕	民间美术	洞头区	2007年6月14日	省级第二批
6	海洋动物故事	民间文学	洞头区	2009年6月25日	省级第三批
7	道教音乐（洞头海岛道教音乐）	传统音乐	洞头区	2009年6月25日	省级第三批
8	七夕成人节	民俗	洞头区	2009年6月25日	省级第三批
9	东岙普渡节	民俗	洞头区	2009年6月25日	省级第三批
10	陈十四信俗	民俗	洞头区	2009年6月25日	省级第三批
11	妈祖信俗	民俗	洞头区	2009年6月25日	省级第三批
12	洞头海岛气象谚语	民间文学	洞头区	2012年7月5日	省级第四批
13	鱼灯舞（洞头鱼灯）	传统舞蹈	洞头区	2012年7月5日	省级第四批
14	迎头鬃	民俗	洞头区	2012年7月5日	省级第四批
15	洞头脚擂鼓	传统音乐	洞头区	2023年1月16日	省级第六批
16	龙头龙尾	民间音乐	洞头区	2007年1月9日	市级第一批
17	贝壳舞	民间舞蹈	洞头区	2007年1月9日	市级第一批
18	贝雕	民间美术	洞头区	2007年1月9日	市级第一批
19	洞头海洋动物故事	民间文学	洞头区	2008年12月12日	市级第二批
20	洞头海岛歌谣	民间文学	洞头区	2008年12月12日	市级第二批
21	洞头海岛气象谚语	民间文学	洞头区	2008年12月12日	市级第二批
22	洞头脚擂鼓	传统音乐	洞头区	2008年12月12日	市级第二批
23	温州道教音乐（洞头海岛道教音乐）	传统音乐	洞头区	2008年12月12日	市级第二批
24	鱼灯舞	传统舞蹈	洞头区	2008年12月12日	市级第二批
25	鱼生腌制技艺	传统技艺	洞头区	2008年12月12日	市级第二批
26	海鲜药膳	传统医药	洞头区	2008年12月12日	市级第二批

续表56

序号	项目名称	类别	申报地区或单位	入选时间	批次
27	迎头鬃	民俗	洞头区	2008年12月12日	市级第二批
28	东岙普度节	民俗	洞头区	2008年12月12日	市级第二批
29	洞头七夕成人节	民俗	洞头区	2008年12月12日	市级第二批
30	正月初九拜天公	民俗	洞头区	2008年12月12日	市级第二批
31	陈十四信俗	民俗	洞头区	2008年12月12日	市级第二批
32	妈祖信俗	民俗	洞头区	2008年12月12日	市级第二批
33	鹿西鸟灯舞	传统舞蹈	洞头区	2009年6月11日	市级第三批
34	陈元光信俗	民俗	洞头区	2009年6月11日	市级第三批
35	马灯舞（小朴马灯舞）	传统舞蹈	洞头区	2009年6月11日	市级第三批（扩展项目）
36	温州小吃（墨鱼饼）	传统技艺	洞头区	2009年6月11日	市级第三批（扩展项目）
37	冬至鸡母狗馃习俗	民俗	洞头区	2010年6月12日	市级第四批
38	做祭	民俗	洞头区	2010年6月12日	市级第四批
39	船模工艺（洞头船模工艺）	传统美术	洞头区	2009年4月29日	市级第四批（扩展项目）
40	菜油姜传统加工技艺	传统技艺	洞头区	2011年12月31日	市级第五批
41	网具编制技艺	传统技艺	洞头区	2011年12月31日	市级第五批
42	杨府爷信俗	民俗	洞头区	2011年12月31日	市级第五批
43	海岛做红圆红龟习俗	民俗	洞头区	2011年12月31日	市级第五批
44	温州（洞头）婚嫁习俗	民俗	洞头区	2012年12月17日	市级第六批
45	温州（洞头）生养习俗	民俗	洞头区	2012年12月17日	市级第六批
46	中仑舞龙习俗	民俗	洞头区	2012年12月17日	市级第六批
47	洞头俚语	民间文学	洞头区	2014年1月7日	市级第七批
48	洞头传统钓业	传统技艺	洞头区	2014年1月7日	市级第七批
49	鱼卤油酿制技艺	传统技艺	洞头区	2014年1月7日	市级第七批
50	张网打桩技艺	传统技艺	洞头区	2014年1月7日	市级第七批
51	迎火鼎	民俗	洞头区	2014年1月7日	市级第七批
52	番薯类小吃制作技艺	传统技艺	洞头区	2014年11月6日	市级第八批
53	海蜇加工技艺	传统技艺	洞头区	2014年11月6日	市级第八批
54	木渔船制造技艺	传统技艺	洞头区	2014年11月6日	市级第八批

续表56

序号	项目名称	类别	申报地区或单位	入选时间	批次
55	泥艋制作技艺	传统技艺	洞头区	2014年11月6日	市级第八批
56	三盘虾皮生产技艺	传统技艺	洞头区	2014年11月6日	市级第八批
57	船眼睛习俗	民俗	洞头区	2014年11月6日	市级第八批
58	上梁习俗	民俗	洞头区	2014年11月6日	市级第八批
59	迎阁	民俗	洞头区	2014年11月6日	市级第八批
60	海蜇舞	传统舞蹈	洞头区	2015年12月11日	市级第九批
61	海岛过年习俗	民俗	洞头区	2015年12月11日	市级第九批
62	海岛丧葬习俗	民俗	洞头区	2015年12月11日	市级第九批
63	海岛水灯习俗	民俗	洞头区	2015年12月11日	市级第九批
64	作敬	民俗	洞头区	2015年12月11日	市级第九批
65	请谱	民俗	洞头区	2016年11月25日	市级第十批
66	六月六习俗	民俗	洞头区	2016年11月25日	市级第十批
67	海岛祝寿礼俗	民俗	洞头区	2016年11月25日	市级第十批
68	洞头海岛端午节习俗	民俗	洞头区	2020年8月12日	市级第十一批

（区文广旅体局提供）

新闻出版管理和电影工作

【概况】2023年，洞头区制定出台农家书屋管理长效机制，助推全国版权示范城市创建工作，完成全区国企和党政机关软件正版化安装8871件。加强对农家书屋等公共文化服务场所的督导巡查，采用定期巡查和不定时督导方式，重点针对书屋是否存在各类涉黄涉非等有害出版物。联动文化执法、消防等部门，开展生产经营场所安全大排查、大整治行动。举办由中宣部电影数字节目管理中心、省委宣传部主办的“学思想　建新功”全国（浙江）公益电影放映活动启动仪式，推进全区农村数字电影放映工作。完成海霞之家、海霞电影馆项目建设推动洞头红色旅游IP发展。

【全国版权示范城市创建工作】2023年，洞头区完成国企和党政机关软件正版化安装8871件，结合“4·26”世界知识产权日活动，开展“版权宣传周”和“绿书签行动”系列宣传活动。加强以企业为主体的版权体系建设，实施“版权兴企”，发动贝雕、海陶、渔民画等一批具有洞头特色的文创企业登记版权作品，完成年度登记任务。

【印刷行业监管】2023年4月6日，洞头区组织召开印刷企业法律法规暨专业知识培训会，完成辖区内出版物发行单位年度核验工作，督促企业做好印刷五项制度台账及时上传，并做好台账抽查和辅导。联动文化执法、消防等部门，开展生产经营场所安全大排查、大整治行动，对个别印刷企业存在五项制度落实不到位等问题要求立即整改。

【电影工作】2023年6月15日，由中宣部电影数字节目管理中心、省委宣传部主办的“学思想　建新功”全国（浙江）公益电影放映活动启动仪式在洞头区举办，活动获中宣部、省委宣传部领导高度肯定。推进全区农村数字电影放映工作，开展农村数字电影进农村、进社区（住宅小区）、进学校、进企业、进工地、进文化礼堂等“六进”活动，全年放映电影1224次。推进新海霞电影《背水一战》对接和督促力度，完成海霞之家、海霞电影馆项目建设，推进海霞连环画创作。

（颜梦姑）

广播电视

【概况】2023年，温州市洞头区广播电视台关注“农村、农业、渔农民”，服务渔农民生产和生活。创新启用5G智慧电台暨AI广播，实现AI虚拟主播实时生成本地化新闻、快讯的完整节目。完成高清制播系统改造，实现制作、媒资、播出一体化生产，加快本地媒体深度融合发展步伐。全年，广播、电视《洞头新闻》播出365天累计390档，广播专题节目285期，时长143小时，公益广告100多条。创新启用5G智慧电台暨AI广播，采用“自制内容＋共创内容”生产模式，实现AI虚拟主播实时生成本地化新闻、快讯的完整节目。

【专题宣传】2023年，区广播电视台电视栏目《蓝色风》《蓝海岸》《蓝土地》深入渔村一线，策划采制推出《探贝雕螺钿奥秘 看传统工艺出海》《“水中大熊猫”中华鲟“家”在洞头岛》《渔村来了共富“新伙伴”——南美白对虾》《港兴城旺 共绘海上花园新蓝图》等156期电视专题节目。广播栏目《蓝色港湾》播出节目144期，该栏目为对农栏目，设有《天天气象》《最是海霞红 同行共富路》《新闻麻辣烫》《渔村那些事儿》《有事我帮您》等板块，立足渔字，深入关注渔农民“共富”全过程。

【媒体融合发展】2023年，区广播电视台引进15档全新节目，启用AI主播播报新闻、歌曲串词、天气预报、歌曲预告、路况信息等，通过人工智能编播系统和全天候节目集成，为群众提供及时的权威资讯。根据国家广电总局关于加快推进高标清电视同播总体要求，优化高清制播系统改造方案、启动项目建设、严格过程监管，于11月完成建设、通过验收，对接国家、省市广电部门做好试播报批。12月20日零时，洞头新闻综合高清频道正式开播，标志着洞头电视节目播出进入高清化时代。

【品牌栏目策划】2023年，区广播电视台品牌栏目《百姓茶坊》结合当下时事热点，策划推出《学思践悟二十大，我们有话说》《两会青年说》《海岛共富路上的乡贤力量》《聆听“海上花园·最美劳动者”的故事》等系列节目，全年共推出50期。广播旅游类栏目《出发吧去旅行》策划《春运，带美味一起回家》《文旅融合唱响“诗和远方”》《一起“村”游吧》《走进海岛特色民宿，打卡家门口的“诗和远方”》《“八八战略”在身边 海岛村庄新变化》等系列节目，全年共推出52期。通过对海岛乡村文化符号提取和媒介化呈现，让观众虚拟体验海岛乡村之美，助推海岛乡村旅游。

（郭雅楠）

新闻传媒

【概况】2023年，区融媒体中心策划推出《“八八战略”为引领“海上花园”再出发》等专栏百余个，《花开海上 春色满园》等作品被中央及海外媒体采用，累计播放量约5000万次，《代代接力！东海之滨一座岛，盛产“花木兰”》获评中新社“2023年度最具传播力作品”。全年“百岛洞头”客户端发稿1.1万余篇，总点击量900万次；“洞头发布”微信公众号发稿1400条，阅读量400万人次；洞头新闻网发稿1.4万篇，总访问量6270万人次；发布精品短视频突破600条，累计播放量5000万次，突出“洞头融媒”视频号鲜活度，媒体融合指数排名进入全省第二方阵。

【主题宣传】2023年，区融媒体中心聚焦学习贯彻党的二十大精神、习近平新时代中国特色社会主义思想主题教育、“八八战略”二十周年、迎亚运·提品质、重大项目建设、幸福要事等重大主题宣传，全媒矩阵刊发《“八八战略”为引领 “海上花园”再出发》《和美乡村看洞头》《民生实事“加速跑”》专栏专版百余个，推出《海岛变花园 看洞头城市建设书写蝶变新篇章》《洞头全力构建民生共建共享幸福图景》《海岛共富路上的乡贤力量》系列报道，发布《奋勇前行 迈步海上花园新征程》《蝶变回眸二十年 接续奋斗再出发》多篇融媒时评。通过“二十大精神进基层 记者宣讲到一线”主题采访等活动，进村居、田间、船头开展记者宣讲。

【媒体监督】2023年，区融媒体中心围绕民生实事和社会热点，推出“在洞头看见海上花园”《电视问政》2期，曝光涵盖渔具乱堆放、中心街提升改造进度滞后、部分公园管理缺失等问题，以问促改，追踪相关问题得到明显改善；做深做实《督查聚焦》《融媒内参》《民生回复》，推出《关于洞头农贸市场外流动摊贩占道经营问题的调查》《建设用地岂是私家养殖场 新城区二期一地块遭人为破坏》一批调查报道，5篇稿件获区委主要领导表扬、批示；会同人大、政协，做优做强《代表面对面》《委员有话说》等品牌节目11期，助力民生实事跑出“加速度”。

【外地媒体看洞头】2023年，区融媒体中心发布稿件4.3万篇，外宣1549篇。其中，国家级媒体平台178篇，省级339篇，市级1032篇。与央视采编团队联合采制的《文化十分》东海贝雕艺术博物馆专题在央视3套综艺频道播出。《“一把手”说·开新局丨洞头区委书记郭云强：实干争先大比武“海上花园”再出发》《暖冬·围炉共赴浪漫冬日之约》《封面故事：美丽的生物圈洞头渔村护鸟队：守护鸟类天堂》《2023年中国·温州长距离铁人三项国际公开赛在温州开赛》等涵盖时政、文体、“三农”的专题视频，以及《代代接力！东海之滨一座岛，盛产“花木兰”》《探索“邮轮+海岛”旅游新模式》《百名海钓精英齐聚洞头　凭海临风挥竿竞技》等专稿被中央广播电视总台、中国新闻网、新华社、“学习强国”等国家级平台播发。《“水中活化石”中华鲟实现海水驯化》《花开海上　春色满园》《万鸟翱翔　尽显生态之美》一批“百万+”作品被数十家中央及海外媒体采用，累计播放量约5000万次。

（郭雅楠）

表57　2023年部分外地媒体重要报道洞头新闻篇目一览表

序号	标题	作者	刊播媒体
1	冬日浙江温州洞头鱼鲞飘香	庄　缘　王从华 苏友凡　郑益群	中新网
2	浙江温州洞头区：2万名海岛老人享受意外伤害险	郑益群　洪建栋 王从华	“学习强国”学习平台
3	温州洞头：新年海采	苏煜晗　王从华 陈经宝　潘道阳 郭婷娴　金向春	中国之声
4	温州洞头：半屏山“留愿亭”落成 盼海峡两岸半屏合璧	胡程远　王从华 郭婷娴　金向春	中央广播电视总台
5	温州洞头：守望相助 服务小分队纾困解难在一线	郑益群　黄　勉　郑　树	“学习强国”学习平台
6	温州洞头：儿童友好广场“微改造”携手童心扮靓美丽家园	郑益群 王丛文 王从华	“学习强国”学习平台
7	温州洞头：螃蟹住上“单身公寓”　身价大涨	洪建栋	“学习强国”学习平台
8	温州洞头：儿童友好广场“微改造”携手童心扮靓美丽家园	郑益群 王丛文 王从华	“学习强国”学习平台
9	洞头开通便民服务专线 提供24小时抗疫救治咨询	郑益群 赵梦瑶 王丛文	“学习强国”学习平台
10	温州洞头：政府“买单”　海岛2万名老人免费享受意外伤害保险	郑益群 洪建栋 王从华	“学习强国”学习平台
11	浙江温州：鱼鲞飘香 冬日里的海岛味道	庄　缘　王从华 苏友凡　郑益群	新华社
12	浙江温州：鱼鲞飘香 冬日里的海岛味道	庄　缘　王从华 苏友凡　郑益群	凤凰网
13	冬日浙江温州洞头鱼鲞飘香	庄　缘　王从华 苏友凡　郑益群	中国侨网
14	温州洞头：“一键呼叫”免费安装 全方位守护独居老人生命健康	郑益群 庄　缘 陈经宝	“学习强国”学习平台
15	温州洞头：北风送爽 海岛飘起鱼鲞香	郑益群　庄　缘 王从华　苏友凡	“学习强国”学习平台
16	温州洞头：“海上福地 金色下尾”的幸福故事	郑益群　庄海文 刘　畅　苏友凡	“学习强国”学习平台
17	温州洞头为60岁以上老年人免费发放“健康防疫包”	郑益群　潘　杉 王从华	“学习强国”学习平台
18	“水中活化石”中华鲟实现海水驯化	赵梦瑶　陈超凡	新华社

续表57

序号	标题	作者	刊播媒体
19	温州洞头：冬日晒鱼鲞 海岛年味浓	庄 缘 王从华 苏友凡	央视新闻
20	温州洞头：鱼鲞飘香 冬日里的海岛味道	庄 缘 王从华 苏友凡 郑益群	"学习强国"学习平台
21	《文化十分》栏目（探访洞头贝雕）	刘 畅 赵梦瑶	中央电视台综艺频道（CCTV-3）
22	温州洞头：张灯结彩迎新春 岛城处处年味浓	王静霞 王丛文 郑益群	"学习强国"学习平台
23	海岛洞头鱼灯舞	胡程远 郑益群	新华社
24	新春新愿：努力打拼 皆得所愿	新闻采访部	中央电视台新闻频道（CCTV-13）
25	温州洞头：德育涵养心灵 文明点亮校园	郑益群 洪建栋 王从华	"学习强国"学习平台
26	温州洞头：新春早开工 S211安吉至洞头公路洞头霓屿至北岙段工程"加速跑"	郑益群 洪建栋 潘道阳	"学习强国"学习平台
27	温州洞头：紧抓"渔旅"文章 "小工坊"撑起海岛共富大舞台	庄海文 刘 畅 洪建栋	"学习强国"学习平台
28	浙江温州：龙灯飞舞齐欢腾 渔村庙会闹新春	胡程远 陈经宝 郑益群	中新网
29	温州洞头：春节假期结束 海岛旅游热度不减	庄 缘 黄 勉 郑益群 李宇轩	"学习强国"学习平台
30	浙江洞头贝雕入选全国"非遗工坊典型案例"	王静霞 刘 畅 王容容 郑益群	中新网
31	温州洞头：新学期添置新装备 "开学经济"逐渐升温	黄 勉 王从华	"学习强国"学习平台
32	温州洞头："火焰蓝"进校园 上好消防安全"第一课"	潘 杉 陈经宝 郑益群 夏晶莹	"学习强国"学习平台
33	温州洞头首批12家智慧健康站上线运行 海岛群众看病不离岛	黄 勉 王丛文 郑益群 夏晶莹	"学习强国"学习平台
34	温州洞头：村庄变景区 海岛再添2个"省3A级景区村庄"	胡程远 王容容 夏晶莹 郑益群	"学习强国"学习平台
35	跨越千里山与海 洞头教师援疆支教即将启程	苏煜晗 王从华	"学习强国"学习平台
36	陈盼盼：跨越千里山与海 援疆支教践初心	苏煜晗 王从华	"学习强国"学习平台
37	温州洞头："我为海上花园添光彩"思想大讨论掀起热潮	潘 杉 苏友凡	"学习强国"学习平台
38	温州洞头：党建引领助力"和美乡村"建设	潘 杉 郑建军	"学习强国"学习平台
39	温台一家共创双赢 温州台协会员之家落户洞头	苏煜晗 陈超凡 郭婷娴 金向春	中央广播电视台台海之声
40	文明温州丨三轮车失控侧翻 交警"秒速"赶到救出被困人员	陈 鑫	"学习强国"学习平台
41	温州洞头：海霞公交专线正式投用	苏煜晗 洪建栋 郑益群 李宇轩	"学习强国"学习平台
42	海霞妈妈志愿服务队：学习雷锋精神 关爱独居老人	邵康妍 洪建栋 王从华	中新网
43	代代接力！东海之滨一座岛，盛产"花木兰"	王静霞 洪建栋 苏煜晗 陈超凡	中新社
44	东海前哨"海霞精神"代代传 巾帼力量守海岛促发展	新闻采访部	中新网

续表57

序号	标题	作者	刊播媒体
45	两会退役军人代表风采：退役女兵成女子民兵连第七任连长，让“海霞精神”代代传承！	新闻采访部	中国退役军人
46	靠海吃海 洞头有了新“吃”法 高端储能装备制造项目预计9月投产	庄 缘 陈超凡	“学习强国”学习平台
47	温州首座“一桥四通”跨海大桥！洞头大门大桥一期工程通过竣工验收	新闻采访部	“学习强国”学习平台
48	吴茜静：新时代电力“海霞”为海岛带来温暖与光明	洪建栋 陈超凡	“学习强国”学习平台
49	县级融媒丨温州洞头：携“从戎之剑” 启军旅征途	陈 鑫	“学习强国”学习平台
50	浙江温州：花开海上 春色满园	刘 畅 王静霞 郑益群	新华社
51	2023“璀璨星河·醉美洞头”海岛烟花节，陪你过一个最难忘的年	陈 鑫	“学习强国”学习平台
52	乡村振兴丨温州洞头：村企“联姻” 建起海岛“共富工坊”	庄海文 刘 畅	“学习强国”学习平台
53	温州洞头：农资下乡 助力春耕生产	苏煜晗 陈经宝 陈 鑫	“学习强国”学习平台
54	探寻洞头红色印迹馆 重温红色记忆	苏友凡	“学习强国”学习平台
55	温州市洞头区被评为全国村庄清洁行动先进县	洪高岑	人民网
56	国家通报表扬！洞头获评全国村庄清洁行动先进县	陈彩妮	中新网
57	海霞精神永流传——追忆全国民兵英雄、洞头先锋女子民兵连首任连长汪月霞	邵康妍 吕潇榆	中新网
58	温州洞头：田边谈心收集民意 激发和美乡村活力	苏煜晗 陈经宝	“学习强国”学习平台
59	梅の花が満開、春の気配が濃厚に 中国浙江省温州市	王静霞 刘 畅 郑益群	新华社
60	洞头区召开打造高质量发展建设共同富裕示范区海岛样板领导小组会议	余佩遥 潘道阳	中新网
61	匠心传承贝雕技艺 海岛非遗焕发新机	郑益群 潘 杉 王从华 刘 畅	新华社
62	这项工程又有新进展！海中湖段海上铺管作业全面启动	网络新媒体部	中新网
63	1亿元！温州洞头获省级绿色转化财政专项激励资金	翁蓓蕾	人民网
64	以旅游之名 邂逅春日海岛美景丨“海上花园·百岛洞头”旅游直通车开通	网络新媒体部	中新网
65	浙江温州：让集卡司机有个温暖的“落脚点”	洪建栋 潘道阳	新华社
66	朱扬华：坚守海岛教育27载 用爱与责任诠释教育初心	庄 缘 王从华	“学习强国”学习平台
67	全国文化名家齐聚洞头 品阅逦迤海岛风光	网络新媒体部	中新网
68	温州市洞头区渔港经济区入选国家级试点名单	翁蓓蕾	人民网
69	温州洞头：送“技”下乡，夯实乡村振兴致富路	庄 缘 王从华	“学习强国”学习平台
70	洞头举行首届“乘风破浪 环岛健走”城市邀请赛	黄 勉 王从华 潘道阳	中新网
71	洞头举行首届“乘风破浪 环岛健走”城市邀请赛	黄 勉 王从华 潘道阳	人民网

续表57

序号	标题	作者	刊播媒体
72	浙江排舞健将汇聚温州洞头 激活赛事经济新动能	王静霞 王从华	“学习强国”学习平台
73	“十二大行动”助推优化营商环境“一号改革工程”	网络新媒体部	中新网
74	温州市洞头区3村入选2022年度“浙江省善治示范村”名单	陈莉莉	人民网
75	温州洞头：释放环境“红利” 海岛渔村点亮“民宿经济”	黄 勉 陈超凡 郑益群 夏晶莹	“学习强国”学习平台
76	黄鱼岛大黄鱼上榜“味美浙江”城市地标美食榜单	网络新媒体部	中新网
77	洞头洋畔的民宿“明星村”	庄海文 苏友凡 李宇轩 郭婷娴 郭爱森	中国网
78	温州洞头海霞村：擦亮“海霞红” 迈向“共富路”	洪建栋 王从华 郑益群 金天霜	“学习强国”学习平台
79	总投资32亿元 洞头2个重大项目集中签约	网络新媒体部	中新网
80	浙江温州：多部门联动 查获走私香烟4万余条	新闻采访部	中央电视台财经频道（CCTV-2）
81	“五一”黄金周临近 温州景区生意红火缺导游	郭婷娴 庄海文	中国之声
82	释放环境“红利” 海岛渔村点亮“民宿经济”	黄 勉 陈超凡	新华社
83	“海上花园”请你来打卡洞头胜利岙	苏友凡 李宇轩	“学习强国”学习平台
84	温州洞头东岙顶村：以文兴产 以景兴旅 集体迈步共富路	庄海文 苏友凡 王静霞	“学习强国”学习平台
85	温州洞头东沙村：村靠“港”而兴，埠因“旅”而旺	黄 勉 陈经宝	“学习强国”学习平台
86	“五一”盘点：接待游客近10万人次 洞头海岛旅游人气爆棚	庄海文 郭婷娴	中国网
87	温州洞头：“海鲜共富集市”展新颜 激活发展新引擎	黄 勉 潘道阳	“学习强国”学习平台
88	全国首例海洋生态修复类EOD项目落地洞头	庄海文 郭婷娴	中国网
89	温州最长跨海高速有新进展 洞头对外交通将添第二通道	庄海文 郭婷娴	中国网
90	温州状元岙港迎来国内首艘中国籍邮轮首泊	韩 栋 洪建栋 王从华 潘道阳 苏友凡 郭婷娴 刘芬芳	中国之声
91	“全国防灾减灾日”海洋防灾减灾宣传主场活动在洞头举行	韩 栋 余佩遥 陈超凡 潘道阳 郭婷娴	中国之声
92	第十二届中国·洞头妈祖平安节开幕	洪建栋 王从华 郭婷娴	中央广播电视台台海之声
93	浙江温州：探索“邮轮+海岛”旅游新模式	洪建栋 王从华 潘道阳 苏友凡 郑益群	新华社
94	预警系统上新啦！我国海洋预报实现“全球监测、全球预报、全球服务”	余佩遥 陈超凡 潘道阳	央视新闻
95	“全国防灾减灾日”海洋防灾减灾宣传主场活动在温州举行	余佩遥 陈超凡 潘道阳	新华社
96	全球风暴潮海啸监测预警系统正式投入业务化运行 海洋预报“全球监测 全球预报 全球服务”	余佩遥 陈超凡 潘道阳	中央电视台新闻频道（CCTV-13）
97	构建荣誉体系 打造崇军拥军“闪亮名片” 一面“墙”：打造“军人荣誉墙” 致敬最可爱的人	郑益群	中央电视台国防军事频道（CCTV-7）

续表57

序号	标题	作者	刊播媒体
98	生态好不好 鸟儿最知道！珍稀鸟类组团在这里安家	郑益群 范贺然 苏友凡 刘　畅 陈超凡 余佩遥 王静霞	央视新闻
99	“小集市”汇聚“大能量” 点亮海岛洞头“星光经济”	庄海文 陈经宝 金友谊 郭婷娴 金向春	中国网
100	何燕：挖掘海岛特色文化 绽放文创“她”力量	赵梦瑶 苏友凡 刘　畅	“学习强国”学习平台
101	温州洞头：“一米菜园”大变身 助力和美乡村建设	庄　缘 王从华	“学习强国”学习平台
102	浙江温州：万鸟翱翔 尽显生态之美	郑益群 范贺然 苏友凡 刘　畅 陈超凡 余佩遥 王静霞	新华社
103	海岛洞头首家零工市场正式挂牌成立	苏煜晗 黄　勉 郭婷娴 刘芬芳	中国网
104	全国职业院校产教融合与课程改革研讨活动在洞头举行	黄　勉 陈经宝 郭婷娴	中国网
105	全域绿化彩化美化 海上花园颜值up up up！	网络新媒体部	中新网
106	温州市洞头区首家零工市场正式挂牌成立	苏煜晗 黄　勉	人民网
107	闽风瓯韵赏非遗 多彩洞头迎亚运	胡程远 洪建栋 郭婷娴 郭爱森	中国网
108	温州洞头渔民变身“彩绘师” “靓丽”渔船成海岸风景线	苏煜晗 陈超凡	“学习强国”学习平台
109	温州洞头：高考加油季 梦想正当燃	苏友凡 陈　鑫	“学习强国”学习平台
110	温州洞头岛荣获“和美海岛”国家级称号	翁蓓蕾	人民网
111	年产5万吨碳酸锂材料基地项目落户洞头 可创造年产值100亿元以上	余佩遥 潘道阳 郭婷娴	中国网
112	抡竿海钓有多嗨？快来洞头这场全国邀请赛感受一下	范贺然 刘　畅 郑　树 洪建栋 陈超凡 苏友凡 陈　鑫 叶文飞	“学习强国”学习平台
113	洞头渔村好热闹 500名“厨娘”同台大比拼	余佩遥 王丛文 陈　鑫 郭婷娴 金向春	中国网
114	全国（浙江）公益电影放映活动在温州洞头启动	苏友凡 陈　鑫 叶文飞 吕潇榆	新华社
115	全国（浙江）公益电影放映活动在温州洞头启动	苏友凡 陈　鑫 叶文飞 吕潇榆	凤凰新闻
116	为劳动者办实事 温州洞头盘活闲置资产建蓝领公寓	王静霞 王从华	“学习强国”学习平台
117	“八八战略”在海岛：聚力关键“小事” 传递“幸福”温度	苏煜晗 王从华 郭婷娴 刘芬芳	中国网
118	浙江温州：多部门联合查获走私冻品200余吨 案值近千万	黄　勉 陈经宝	中央电视台财经频道（CCTV-2）
119	2023绿水青山中国休闲运动挑战赛结束	苏煜晗 潘道阳	中央电视台体育频道（CCTV-5）
120	半屏山隔海相望 两岸青年相聚洞头共话融合发展	王丛文 苏煜晗	央视新闻客户端
121	全国台企联青委会青年精英特训营走进温州洞头 领略百岛风情 深化两岸交流	丛　文 苏煜晗 罗丽丽 郭婷娴 刘芬芳	中央电视台
122	全国台企联青委会青年精英特训营走进温州洞头 领略百岛风情 深化两岸交流	丛　文 苏煜晗 罗丽丽 郭婷娴 刘芬芳	中央广播电视台台海之声

续表57

序号	标题	作者	刊播媒体
123	全国台企联青委会青年精英特训营走进温州洞头 领略百岛风情 深化两岸交流	丛 文 苏煜晗 罗丽丽 郭婷娴 刘芬芳	中国网
124	浙江温州 弘扬拥军爱国情 军歌唱响庆“八一”	苏煜晗 潘道阳	中央电视台国防军事频道（CCTV-7）
125	“杜苏芮”逐渐靠近 洞头487艘海上作业渔船全部回港避风	韩 栋 庄 缘 陈超凡 李宇轩 郭婷娴 金向春	中国之声
126	应对“杜苏芮” 浙江温州2230艘渔船归港避风	庄 缘 陈超凡	央视新闻
127	浙江温州：“杜苏芮”靠近 487艘海上作业渔船回港避风	庄 缘 陈超凡	新华社
128	浙江温州：“杜苏芮”靠近 487艘海上作业渔船回港避风	庄 缘 陈超凡	中央广播电视总台
129	浙江温州洞头区：登南炮台山 听惊涛拍岸	苏友凡 陈 鑫 吕潇榆 叶文飞	“学习强国”学习平台
130	温州洞头：技术输送助推成果转化 科技特派员赋能渔农产业振兴	胡程远 陈经宝	“学习强国”学习平台
131	温州洞头：东岙渔村尽风情	苏友凡 陈 鑫 吕潇榆 叶文飞	“学习强国”学习平台
132	我的美丽家乡·温州洞头：东海胜景仙叠岩	苏友凡 陈 鑫 吕潇榆 叶文飞	“学习强国”学习平台
133	浙江洞头：受台风“卡努”影响 涉海临崖景区全部关闭	郑益群 苏友凡 刘 畅 陈 鑫 王从华	新华社
134	浙江洞头：受台风“卡努”影响 涉海临崖景区全部关闭	郑益群 苏友凡 刘 畅 陈 鑫 王从华	凤凰新闻
135	我的美丽家乡·温州洞头：海上第一屏	苏友凡 陈 鑫 吕潇榆 叶文飞	“学习强国”学习平台
136	关注台风“卡努” “卡努”逼近东部沿海 或将“急转弯”	郑益群 陈超凡 王静霞 郑 树	中央电视台财经频道（CCTV-2）
137	受台风“卡努”影响 浙江温州洞头区涉海临崖景区全部关闭	庄 缘 王从华 刘 畅 陈 鑫 苏友凡 郑益群	中新网
138	浙江温州：海水倒灌沙滩受损 相关部门积极抢修	郑益群 陈超凡 王静霞 郑 树	中央电视台财经频道（CCTV-2）
139	温州洞头全力构建“一站式”未成年人关爱保护新格局	苏煜晗 陈经宝	“学习强国”学习平台
140	浙江温州：滩涂竞赛 感受海岛旅游新乐趣	余佩遥 潘道阳 洪建栋 陈超凡 郑益群	新华社
141	浙江温州：“小开渔”迎来“大丰收” 大批海鲜“游”上民众餐桌	苏煜晗 王丛文 郑益群	中国新闻网
142	“我为NI狂”2023洞头第三届滩涂赶海节上演	余佩遥 洪建栋 郭婷娴 刘芬芳	中国网
143	美丽中国新画卷 晒晒身边的绿水青山	新闻采访部	中央电视台新闻频道（CCTV-13）
144	从“浪尖”到“舌尖” 温州洞头“最海鲜”集散中心正式启用	郭芬芬 王从华 林锐	人民网
145	洞头率全国之先实现新能源汽车充电设施“村村通”	韩 栋 苏煜晗 陈超凡 陈经宝 郭婷娴 金向春	中国之声

续表57

序号	标题	作者	刊播媒体
146	温州洞头：科技特派员赋能渔农产业振兴	胡程远　陈经宝	新华社
147	美厨家·家乡好味道丨舌尖上的洞头：百岛十二鲜	郑益群　苏友凡　陈　鑫	“学习强国”学习平台
148	乡村振兴丨温州洞头霓屿街道：万亩紫菜苗下水 养民祈盼迎丰收	柯　瑜　潘道阳	“学习强国”学习平台
149	渔开天下 独占鳌头！第六届中国农民丰收节·洞头开渔节举行	余佩遥　陈超凡　陈　鑫　潘道阳　洪建栋　王丛文　刘　畅　苏友凡　李宇轩　范贺然　王容容	中国小康网
150	第六届中国农民丰收节·洞头开渔节举行	余佩遥　陈超凡　陈　鑫　潘道阳　洪建栋　王丛文　刘　畅　苏友凡　李宇轩　范贺然　王容容	中央广电总台国际在线
151	温州洞头：数字赋能智慧养老服务 绘就温暖民生底色	庄　缘　王从华	“学习强国”学习平台
152	家乡味道·洞头百岛十二鲜：龙须石乳羹	苏友凡　陈　鑫	“学习强国”学习平台
153	收藏！十月份温州洞头最值得打卡的沙滩	苏友凡	“学习强国”学习平台
154	温州洞头打造共富联盟游客驿站 助力乡村“农文旅”融合发展	庄　缘　王从华	“学习强国”学习平台
155	洞头百岛十二鲜：龙须石乳羹	苏友凡	“学习强国”学习平台
156	温州洞头：赓续海霞精神 海霞之家、海霞电影馆正式启用	陈经宝　林　锐	“学习强国”学习平台
157	温州洞头：漫步金岙 畅享原生态古意农家	苏煜晗　陈超凡　苏友凡	“学习强国”学习平台
158	温州洞头：解决青少年“成长的烦恼” 从“心”开始	庄　缘　王从华	“学习强国”学习平台
159	2023年中国·温州长距离铁人三项国际公开赛在温州开赛	郑益群　王静霞　苏友凡　王容容　范贺然　陈超凡　王从华　陈经宝　苏煜晗　郑　树	新华社
160	中国—温州长距离铁人三项国际公开赛开赛	王静霞　苏友凡　王容容　范贺然　陈超凡　王从华　陈经宝　苏煜晗　郑　树　柯　瑜	中央电视台体育频道（CCTV-5）
161	温州“铁人三项”开赛：376名选手在洞头追风逐浪	庄海文　王从华　陈经宝　郭婷娴　金向春	中国之声
162	温州“铁人三项”开赛：376名选手在洞头追风逐浪	庄海文　王从华　陈经宝　郭婷娴　金向春	中国网
163	温州市全民国防教育“宣传季”启动仪式在洞头举行	洪建栋　王从华　苏友凡　郭婷娴	中国网
164	浙江温州：“头水”紫菜迎秋收 品尝嫩味正当时	林　锐　陈经宝　苏友凡　王从华	凤凰新闻
165	浙江温州：“头水”紫菜迎秋收 品尝嫩味正当时	林　锐　陈经宝　苏友凡　王从华	搜狐网
166	浙江洞头：乡间道路修到家门口 打通出行“最后一公里”	王　艺　苏煜晗	中新网

续表57

序号	标题	作者	刊播媒体
167	党建亮招·温州洞头：党建引领“共富工坊” 走好乡村振兴之路	林 锐 王从华	“学习强国”学习平台
168	第七个“兰小草”爱心宣传日活动在温州洞头举行	余佩遥 洪建栋	“学习强国”学习平台
169	洞头陆域引调水第二通道正式通水 温州市区唯一一个离岛乡正式告别“靠天吃水”历史	韩 栋 余佩遥 王丛文 刘 畅 郭婷娴 刘芬芳	中国之声
170	洞头陆域引调水第二通道正式通水 温州市区唯一一个离岛乡正式告别“靠天吃水”历史	韩 栋 余佩遥 王丛文 刘 畅 郭婷娴 刘芬芳	中国网
171	助力“绿色港口”建设 温州首套低压变频岸电系统成功投用	韩 栋 庄 缘 王丛文 郭婷娴 刘芬芳	中国之声
172	温州洞头：渔民晒丰收 鱼鲞香满城	王静霞 王从华	“学习强国”学习平台

（区融媒体中心提供）

表58 2023年洞头区融媒体中心获奖作品一览表

序号	作品	作者	奖项名称	获奖情况	授奖单位
1	《蜕变二十载——深入实施“八八战略” 齐心共建“海上花园”》	陈宣锟	2023年浙江省县市新闻奖	一等奖	浙江省新闻工作者协会
2	《蜕变二十载——深入实施“八八战略” 齐心共建“海上花园”》系列报道	陈宣锟 陈滨献 翁蓓蕾 洪高岑 方莹莹	2023年浙江省县市新闻奖	一等奖	浙江省新闻工作者协会
3	《二百余吨 案值千万 | 温州海关与洞头渔政联合查获一起涉嫌走私冻品案》	苏友凡 叶文飞	2023年浙江省县市新闻奖	一等奖	浙江省新闻工作者协会
4	《船厂工人撑6米长杆写船号一气呵成！网友：我觉得他真有两把刷子》	翁蓓蕾 洪高岑 夏晶莹	2023年浙江省县市新闻奖	二等奖	浙江省新闻工作者协会
5	《烈日下的坚守 | 这个夏天“暑”你最美》	翁蓓蕾 黄 勉 潘道阳 庄 缘 王从华 郭懿頔	2023年浙江省县市新闻奖	三等奖	浙江省新闻工作者协会
6	《洞头新闻》城事版面	集体	2023年浙江省县市新闻奖	三等奖	浙江省新闻工作者协会
7	《蜕变二十载——深入实施“八八战略” 齐心共建“海上花园”》系列报道	陈宣锟 陈滨献 翁蓓蕾 洪高岑 方莹莹	2023年温州新闻奖	一等奖	温州市新闻工作者协会
8	《2万亩，“种”出养民致富增收好势头！》	方莹莹 潘道阳 柯 瑜	2023年温州新闻奖	二等奖	温州市新闻工作者协会
9	《海岛迎来家门口的智慧“诊疗室”》	庄海文 黄 勉 王丛文 金向春	2023年温州新闻奖	三等奖	温州市新闻工作者协会

续表58

序号	作品	作者	奖项名称	获奖情况	授奖单位
10	《全域65个行政村全覆盖：洞头率全国之先 实现新能源汽车充电设施“村村通”》	苏煜晗　陈超凡　王静霞　陈经宝	2023年温州新闻奖	三等奖	温州市新闻工作者协会
11	《二十年蝶变——“八八战略”为引领 “海上花园”再出发》	王静霞　王从华　苏煜晗　庄　缘　王丛文　陈宣锟　王容容	2023年温州新闻奖	三等奖	温州市新闻工作者协会
12	《叶金顺：追寻海岛印记 做船模工艺的“守艺人”》	柯　瑜　刘　畅　陈心森　王静霞　王容容	2023年温州新闻奖	三等奖	温州市新闻工作者协会
13	《全域65个行政村全覆盖：洞头率全国之先实现新能源汽车充电设施“村村通”》	苏煜晗　陈超凡　王静霞　陈经宝	2023年温州广播电视节目政府奖	三等奖	温州市文化广电旅游局
14	《叶金顺：追寻海岛印记 做船模工艺的“守艺人”》	柯　瑜　刘　畅　陈心森　王静霞　王容容	2023年温州广播电视节目政府奖	三等奖	温州市文化广电旅游局
15	《二十年蝶变——“八八战略”为引领 “海上花园”再出发》	王静霞　王从华　苏煜晗　庄　缘　王丛文　陈宣锟　王容容	2023年温州广播电视节目政府奖	三等奖	温州市文化广电旅游局
16	《海岛迎来家门口的智慧“诊疗室”》	庄海文　黄　勉　王丛文　金向春	2023年温州广播电视节目政府奖	三等奖	温州市文化广电旅游局
17	《船厂工人撑6米长杆写船号一气呵成！网友：我觉得他真有两把刷子》	翁蓓蕾　邵康妍　洪高岑　夏晶莹	2023年温州广播电视节目政府奖	三等奖	温州市文化广电旅游局
18	《洞见未来 桥》	郑益群　苏友凡　刘　畅　王容容	2023年温州广播电视节目政府奖	三等奖	温州市文化广电旅游局

（区融媒体中心提供）

海霞文化发展工作

【概况】 2023年，温州市洞头区海霞培训中心更名为温州市洞头区海霞文化发展中心。围绕区委、区政府关于海霞片区建设重点工作，完成海霞电影馆、海霞之家、海霞书屋、国防武器装备体验园等文化新地标建设。开展海霞精神“六进”活动60多场，开办“海霞光影 海上生辉”主题摄影大赛，开放海霞文创展厅，与喜康食品、禹悦文旅、信嘉和生物初步达成合作意向。承办“山海民兵情 共守边防线”洞头先锋女子民兵连老虎台乡民兵骑

2023年12月15日至31日，“海霞光影 海上生辉”主题摄影大赛举办。图为获一等奖作品——《守卫海岸线》（杨小雷 摄）

兵连结对共建仪式、“学思想 建新功”全国（浙江）公益电影放映活动启动仪式、2023年温州市全民国防教育“宣传季”启动仪式等省、市级大型活动。《百岛洞头，巾帼战旗别样红》《“女排精神”遇到“海霞精神”》等多篇宣传报道被《中国民兵》《光明日报》及“学习强国”学习平台等媒体刊物采用。优化“海霞”文化品牌IP形象设计，投入5.2万元对海霞IP人物形象进行提升打造，完成“爱岛”“尚武”“励志”“奉献”4款主体形象设计，利用海霞主体形象IP衍生杯子、笔、冰箱贴等文创品种。全年女子民兵连纪念馆接待游客12万余人次、讲解1000多批次。洞头区海霞文化入选首批“浙江文化标识”培育项目，并通过省级文化标识建设验收工作。海霞文化发展中心获浙江省青少年研学营地、浙江省产业工人思想政治教育基地、浙江省第三批民营经济人士理想信念教育基地、清华大学乡村振兴教学实践基地实践点等省市荣誉称号，挂牌浙江省团校洞头分校、温州市红领巾学院军事学院、区“中国诗歌之岛”研学中心等。

【机构更名】2023年9月12日，根据《中共温州市委机构编制委员会办公室关于同意温州市洞头区海霞培训中心更名的函》文件，同意温州市洞头区海霞培训中心更名为温州市洞头区海霞文化发展中心。9月27日，根据《中共温州市洞头区委关于建立中共温州市洞头区海霞文化发展中心党组的通知》文件，建立中共温州市洞头区海霞文化发展中心党组，撤销中共温州市洞头区海霞培训中心党组。

【产业拓展】2023年，区海霞文化发展中心将住宿、餐饮、会务等服务项目上线政采云，开通携程、美团等OTA（在线旅行社，即在线酒店旅游票务等预订系统平台的统称）平台，推出会场租赁优惠、旅游参观特惠等活动，承接温州市农行篮球赛、温州市纪委篮球赛、洞头首届“赛点体育杯”乒乓球联赛等赛事活动，拓展红色旅游、企业团建、会议经济等市场业务，并纳入2023—2024年温州市党政机关会议定点场所首批名单。举办“海霞军营开放日”活动8期，承接温州市内7所学校军训任务，参与学生3820人次，举办海霞讲解员培训班，纪念馆接待游客12万余人次，讲解1000多批次。全年承接新疆拜城组织部、金华人大、丽水烟草、青田妇联等培训班和活动243期，实现营收1100万元。协助村集体开设共富餐馆、共享货栈、海霞旅拍等项目，租赁村集体土地建设国防武器装备体验园，推动海霞村集体增收10万余元。

【研学品牌建设】2023年，区海霞文化发展中心开发海霞女子营、海岛历险记、海霞红歌会、海霞军事射击、搭建野战帐篷、埋锅造饭等近10项新研学课程，形成海霞“将帅少年军”“清北学霸营”海霞红色研学精品线路，海上花园调研之路被纳入浙江省循迹溯源主题教育示范点，研学宣传片在温州电视台《教育面对面》《童我出发吧》栏目循环播放，承办温医大眼视光学院、市第十五中、永强中学等学校各类研学活动20多期，接待青少年研学8000多人次。推介海霞特色课程，利用视频号、抖音号等新媒体发布40多个海霞视频，点击率近15万次。

【乡村振兴教学实践基地揭牌】2023年7月12日，洞头区与清华大学新闻与传播学院签订共建乡村振兴教学实践基地框架协议并揭牌，开启校地双方在深化产教融合、人才资源共享、学术成果转化等领域战略合作。区委书记郭云强参加揭牌仪式。在仪式上，区委书记郭云强和清华大学新闻与传播学院教授张小琴共同为“乡村振兴教学实践基地”揭牌；清华大学新闻与传播学院教授雷建军与区委常委、组织部部长赵爽就共建“乡村振兴教学实践基地”签署框架协议；雷建军介绍学院实践育人机制和基地建设方向。洞头区发挥乡村产业发展作用，组织安排学生实习实践，为乡村振兴提供合作平台，助力乡村人

2023年7月12日，洞头区与清华大学新闻与传播学院共建乡村振兴教学实践基地揭牌
（余佩遥 摄）

才培养。清华大学新闻与传播学院发挥学院优质师资、优秀学生优势，开展相关实践教学和课题研究，推动双方在培养高素质乡村人才、提升乡村发展研究水平、促进传统民俗文化传承等方面持续深入合作。

【“合作化”发展模式打造】2023年，区海霞文化发展中心成立党总支，积极实践组织联建、阵地联创、活动联办、服务联做、宣传联动的“五联融合”共建模式。依托海霞党群服务中心阵地，与海霞村联合开展主题党日活动，提供党课教育、政策宣讲、红色讲堂、电影展播等服务。走访对接海霞村需求清单，完善“资源共享、产业共促、富裕共同”一体化发展机制，鼓励在外青年返乡创业，协助村集体开设共富餐馆、共享货栈、海霞旅拍等项目，租赁村集体土地建设国防武器装备体验园，推动海霞村集体增收10万余元。

（陈雨盟）

洞头区社会科学界联合会

【概况】2023年，洞头区完成社会科学界联合会第二次代表大会换届，做好理论研究、资政服务、闽瓯文化研究、社科普及、阵地队伍建设等社科相关工作。落实议事常态化机制，召开常务理事会，学习相关会议精神并讨论下步社科重点工作。实施“培根育智”工程，为广大社科工作者遴选文史社科书籍，提升社科人才理论素养与专业水平。开展“海霞传人添助力 海上花园再出发”主题教育活动，强化社科人才红色文化理论学习，汲取精神力量。排摸全区社科人才，吸纳市高校社科专家资源，打造洞头社科智库。

【洞头区社会科学界联合会第二次代表大会召开】2023年11月2日，洞头区社会科学界联合会第二次代表大会召开。大会听取并审议通过洞头区社会科学界联合会第一届理事会工作报告；会议宣读聘请6名洞头籍在外社科专家为名誉顾问；表彰洞头区哲学社会科学优秀成果获奖者和洞头区社科联第一届社科工作突出贡献代表；选举产生洞头区社会科学界联合会第二届理事会主席、副主席、秘书长、常务理事及理事，许环当选新一届社科联主席。市社科联党组书记、主席潘晓勇代表市社科联对大会召开表示祝贺，并对洞头社科联工作提出要求。洞头区委书记郭云强出席开幕式并讲话。

【社科理论研究】2023年，洞头区深化校地合作，与温州商学院、浙江工贸职业学院建立结对关系，社科赋能洞头海洋经济、打造闽瓯文化高地等地域特色研究。推动洞头“地瓜经济”理论阐释研究，《撬动口岸资质土壤 滋养“地瓜经济”枝繁叶茂》编入《浙江省地瓜经济县域高质量发展报告》。征集法治洞头建设调研理论文章、社科论文，做深做实理论研究。完成第一批闽瓯文化研究课题评审，并借力省市社科平台向全省发布课题征集公告，汇聚省市社科专家力量推动洞头理论研究，新立项课题12项。形成社科专题要报两期，供区委区政府决策参考，《洞头地域文化整体化运营策略建议》获区委主要领导批示。

【社科普及周系列活动】2023年，洞头区社科联推介洞头脚擂鼓表演“擂鼓庆丰收”、渔民画非遗展示参与市社科普及周开幕式。参与“3·5”学雷锋日启动仪式，现场普及社科知识。开展“走进博物馆”活动，组织社科工作者打卡大门朝阳民俗馆、中仑村史馆等。联合举办“深入实施‘八八战略’奋力推进‘两个先行’”海上花园图片展。开展“走进螺钿艺术”非遗体验公开课，普及非遗文化。结合禁毒日活动，举办社科普及法治篇之禁毒知识讲座，普及禁毒法律法规。

【社科基地建设】2023年，洞头区举办社科普及基地讲解比赛，指导各基地夯实基础设施，开展社科普及活动。海陶美术馆获评市级社科基地，区档案馆被评为第一批市

2023年11月2日，温州市洞头区社会科学界联合会第二次代表大会召开

（区社科联提供）

级社科之家。洞头红色印迹馆上榜2023年“最受群众喜爱的市级社科普及基地”。拍摄市级社科基地宣传视频，洞头红色印迹馆、寮顶回族村军垦文化园、“兰小草”道德馆、东海贝雕博物馆登上市社科基地“云上看”展播。开展线下社科基地图片展览活动，展示洞头社科基地风采。联动6家数字人民币试点银行走进各社科基地，举办数字金融知识讲座，发挥阵地科普教育功能。

【闽瓯文化研究工程】2023年，洞头区持续运营“品读闽瓯”公众号，发布洞头文史文章51篇，阅读量过万，童谣《天黑黑》《烤船谣》《乞鸟歌》及《温州洞头：农历六月六，晒物煎麦饐》《记忆中的洞头渔鼓》等文章登上“学习强国”学习平台“文化温州”栏目。举办宋韵文化——海窑之“前世今生”研讨沙龙，探寻宋韵中闽瓯文化踪迹，凝聚深挖宋韵文化、闽瓯文化共识。举办“诵玩海岛童谣传承闽瓯文化”全区幼儿闽南童谣剧展演，剪辑制作闽南童谣MV全网推送。组织撰写《千年商港今何在 银钗银锭现银光》脚本，拍摄《文化浙江大讲堂：寻迹宋韵 通瓯达闽在洞头》专题片，在浙江新闻综合频道播出，面向全省展现洞头宋韵遗迹。编印《东海撷珠——闽瓯文化研究资料汇编之三》，形成闽瓯文史系列资料。启动《洞头历史名人故事》（第一辑）绘本项目，组建编委会完成文稿撰写，推进画稿制作。

（钊筱晗）

2023年5月15日，“诵玩海岛童谣 传承闽瓯文化”洞头区幼儿园海+课程之闽南童谣剧展演举办

（区社科联提供）

数字电视

【概况】2023年，温州市洞头华数广电网络有限公司设有综合办、财务管理部、大众市场部、集客市场部、技术工程部，以及北岙、大门、鹿西、元觉、霓屿5个营业网点。年内，重点推进区融媒体中心高清制播媒资系统项目等3个智慧广电ICT［信息通信技术，是信息技术（IT）和通信技术（CT）的融合体］项目，项目资金合计925万元，全年经营收入2010.66万元。

【广电设施建设】2023年，洞头区华数公司完成霓屿布袋岙新区联建房FTTH（光纤到户）建设，中心机房至北沙片区城域网扩容；完成管道建设5.5千米；完成零星工单354单，配合乡村建设拆房移线140处，安全隐患排查及配合电力杆线路迁改67处。完成干线巡检12次，总计巡线737.92千米，完成OTN（光传送网）、SDH（同步数字体系）环网维护工作12次。完成海航路、海虹路管道项目建设，在建项目大门大桥—小门大桥等管道工程。全年项目立项18个，总金额572万元。

【安全播出】2023年，洞头区华数公司围绕亚运会、全国两会等重要保障任务，落实全年重保期安全播出保障工作17个。开展各项自查和隐患整改工作，完成安全播出交叉互查2次，网络安全攻防演练6次，整改隐患12处，亚运会期间累计投入保障364人次，全年未出现安全播出责任事故。

【服务保障】2023年，洞头区华数公司城镇居民用户维修时限平均在6小时内，用户满意度进一步提升。年度服务质量考核成绩全省排名第15名，温州地区排名第1名。获2023年度全省有线广播电视运营服务省级优秀单位、华数集团亚（残）运建设及保障工作先进集体称号。

（陈秀兴）

卫生健康

综述

【机构改革】2023年，洞头区建立公卫机构、医院和基层机构“三位一体”体系，健全疫情监测体系。启动疾控体系改革，成立温州市洞头区疾病预防控制局，整合区疾控中心和区卫生健康行政执法队职能和人员，试点疾控监督员制度工作，提升传染病防治、疾病监测预警、突发应急事件处置能力。10月12日，洞头区委机构编制委员会发文，区卫生健康局内设机构医政医管与基层卫生科更名为医政医管与体制改革科（挂行政审批科牌子），疾病防控与健康管理科（挂卫生应急办公室牌子）更名为疾病预防控制与综合监督科（挂卫生应急办公室、健康促进与评价科牌子）；撤销内设机构政策法规与宣传科；内设机构办公室增挂政策法规科牌子；增设内设机构基层卫生与妇幼健康科、规划信息与财务审计科。整合温州市洞头区疾病预防控制中心、温州市洞头区卫生健康行政执法队机构与职责，设立温州市洞头区疾病预防控制中心（挂温州市洞头区卫生监督所牌子），为区卫生健康局管理的公益一类事业单位，机构规格相当于正股级。重新核定温州市洞头区疾病预防控制中心事业编制人数。

【卫生基础设施建设】2023年，洞头区人民医院改扩建工程暨区公共卫生服务中心项目一期（区公共卫生中心）完成建设，12月底区疾控中心（卫生执法大队）、区妇计中心搬迁入驻；二期（区人民医院新院区）完成主体建设，推进外立面施工，进行内部装修等工作。全年投资额1.59亿元。项目获评省“优秀红色工地”“千年商港 幸福温州”立功竞赛重点建设市级示范项目。筹办洞头托育综合服务中心工程可行性研究及设计招投标、控规、初步设计联审、施工图设计、供地手续办理和地质勘察等项目立项前期工作。

（苏丽华）

【医政审批】2023年，洞头区医政审批事项68项，总办件量为868件。其中，公共场所卫生许可证357件；医疗卫生机构设置执业许可143件；医护人员执业许可235件；放射诊疗许可11件；放射诊疗建设项目卫生审查1件；职业病危害项目申报117件；医疗机构使用麻醉药品、第一类精神药品许可1件；母婴保健专项技术服务许可1件；职业健康检查机构备案1件；病媒生物预防控制服务单位备案1件。其中，完成口腔种植技术专项整治机构13家及诊所备案机构20家。

（彭哲婷）

【分级诊疗能力提升】2023年，洞头区在新冠疫情转段时期，医疗救治工作以“保健康、防重症”为重点，提升医疗救治能力、备足医疗救治资源，全面提升分级诊疗能力。区人民医院把同一区域的普通诊室改造成发热门诊，搭建棚架扩容发热诊室，发热诊室最多同时开放12个，实现医疗资源有效扩容；各街道（乡镇）社区卫生服务中心（卫生院）及村卫生室服务站按规范开设发热门诊（诊室），足量配置布洛芬等解热镇痛药品和抗病毒小分子药物及血氧监测仪，改造吸氧区提供氧疗服务，实现发热病人有效分流，疫情平稳过峰。对采购固定资产进行全面梳理，把原有的15个检测小屋改造为方便门诊、志愿服务驿站，把9辆闲置负压车改成“医疗巡诊车”，为偏远村居打造“流动医院”，部分闲置电脑、打印机、手机上报区级公物仓统筹使用。

【无偿献血】2023年，洞头区完成区域无偿献血总计1429人次，完成区域无偿献血总量412.5升，完成率104.70%。洞头区档案馆曾国团获2020—2021年度全国无偿献血奉献奖终身荣誉奖。

（徐齐恩）

【电子健康证综合管理平台入选市“赛马”比拼项目库】2023年10月31日，市卫健委开展信息化系统“赛马”项目评审活动，洞头区“电子健康证综合管理平台”入选温州市“赛马”比拼项目库。电子健康证综合管理平台打通从业人员体检线上申报流程，体检申请、健康查询、健康证领取等均可通过手机端操作，从办证多次跑转为最多跑一次。同时能够为商家、服务对象和执法人员三类不同人群发送相关体检信息和健康状况，实现“事前监管、事中提醒、事后闭环”等服务执法新模式，助力洞头区优化营商环境。

（黄成铭）

【人才培育】2023年，洞头区做好人才招引、强化。通过向社会公开招聘、赴大专院校专场招聘、紧缺学科绿色通道招聘引进卫技人才，实施农村卫生人才定向培养工程，累计举办招聘会7场次，招录专技人员32人。签约定向委培生2名，为基层医疗机构储备留得住、用得上、干得好的专业人才。建立交叉学习机制，打通上挂锻炼渠道，选拔人民医院和基层医疗机构学科骨干，分批次赴三甲医院和区人民医院进修培训，跟岗挂职，标签化打造本地医疗专家，全年评选“医坛新秀”“洞头名医”“洞头名中医”18名，推荐省医疗卫生青年人才1名，省医坛新秀1名，市卫生领军人才1名，突出贡献类人才1名，推荐市医坛新秀7名。制定《基层医疗卫生机构人员流动调配办法》，全年实现医务人员流动7人次。

（朱莉君）

卫生改革

【概况】2023年，洞头区完成改扩建村卫生室2家，在全市率先完成规范化运行智慧健康站12家，新建智慧健康站6家。建成并运行离岛120院前急救站。大门镇中心

表59 2023年洞头区卫生医疗机构（单位）情况一览表

序号	卫生机构	床位数（张）	编制内人数（人）	编制外人数（人）	执业医师人数（人）	助理医师人数（人）	门诊数（人次）	占地面积（平方米）	建筑面积（平方米）
1	洞头区人民医院	280	380	51	132	1	380195	6720	27020
2	洞头区疾控中心	0	44	8	13	0	0	1224	1757
3	洞头区妇计中心	0	22	2	10	2	10647	492.31	1678.16
4	北岙街道社区卫生服务中心	0	32	18	12	7	85074	270	1506
5	灵昆街道社区卫生服务中心	0	43	17	19	0	77646	1203.2	2067
6	洞头区大门镇中心卫生院	56	65	12	26	5	180096	5727.7	7115.72
7	东屏街道社区卫生服务中心	0	24	5	7	2	11272	440.76	1051.17
8	元觉街道社区卫生服务中心	0	16	3	5	3	41026	1143	1021
9	霓屿街道社区卫生服务中心	18	22	7	5	3	13237	2666.68	3088
10	洞头区鹿西乡卫生院	14	22	5	8	4	63346	2034.5	2939.37

（区卫生健康局提供）

卫生院开设常见病、安宁疗护、康复诊疗等病区，住院床位从零扩增至常态开放20张，累计住院服务量达360人次；6月，大门镇中心卫生院获国家卫生健康委办公厅、国家中医药管理局综合司联合发布《关于对2022年度“优质服务基层行”活动表现突出、服务优质的机构予以通报表扬的通知》通报表扬。元觉街道社区卫生服务中心两慢病一体化门诊和灵昆街道社区卫生服务中心中医科获评温州市基层特色专科。东屏街道社区卫生服务中心完成两慢病一体化门诊改造。鹿西卫生院《聚焦离岛医疗“小切口” 破解“看病难” 做实“大服务”》获评市级改善就医感受提升患者体验主题活动第一轮“十佳”典型案例。元觉街道社区卫生服务中心两慢病获评市级基层特色科室。

【“山海”提升工程】2023年，洞头区人民医院呼吸内科申报成为省级县域龙头学科，落实专项经费190万元。新增ICU床位5张，并完成相应医务人员的培训和储备；心脑血管早期介入治疗（DSA）项目顺利运行，累计开展手术240例。独立完成首例内镜下黏膜剥离术（ESD），累计开展新技术新项目14项。全年实施三四级手术1484例，CMI（病例组合指数）值达0.8974，分别同比提升0.54%和9.52%。

【“两慢病”改革】2023年，洞头区持续深化医共体模式下高血压、糖尿病“两慢病”全周期健康管理和基层首诊改革，4月完成该改革试点项目结题。基层医疗机构“两慢病”药品从“11+7”（11种高血压药品和7种糖尿病药品）调整扩增至“12+7”（12种高血压药品和7种糖尿病药品）；免费药品累计使用25.39万盒（瓶），使用金额180.72万元，使用人数约8500人。“两慢病”患者收费签约10581人，“两慢病”患者基层就诊118032人次，“两慢病”患者基层就诊率80.03%。受邀到河南郑州参加由中国卫生经济学会主办的基层能力培训班，分享洞头两慢病改革工作与成效。两慢病改革工作入选2022年度浙江省健康县区建设优秀案例名单。

【家庭医生签约】2023年，洞头区家庭医生付费签约量17466人，签约服务时间达182220月，核拨经费142.93万元，三个数据均创历史新高。鹿西乡卫生院孙小茴获评省级优秀家庭医生，东屏街道社区卫生服务中心陈志文团队获评省级家医党员先锋团队，霓屿街道社区卫生服务中心庄双凤获评省级优秀社区护士。

（徐齐恩）

健康洞头建设

【概况】2023年，洞头区出台《进一步推进健康洞头行动组织实施方案（2023—2025年）》及28个专项行动新三年实施方案，两个行动案例被评选为2023年健康温州行动优秀案例。举办第二届健康洞头行动健康达人评选，选出“健康达人”5名，“职业健康达人”3名，其中获温州市“健康达人”称号1名。下发《2023年健康洞头建设工作要点》《2023年健康洞头行动重点工作任务》，细化健康洞头建设任务清单、指标体系。启动健康影响评价，完成一个重点项目和两个政策性文件的评价，其中一个评价案例获评2023年度温州市健康影响评价县级优秀案例。多部门协同推进健康环境、健康服务、健康保障、健康素养、健康产业等健康洞头建设。实施生活垃圾分类管理，生活垃圾分类处理率85.57%；开展健康素养进文化礼堂、健康宣教进社区进学校进机关活动，居民健康素养水平从2021年的35.4%提升至2023年41.8%。建成婴幼儿照护服务机构20个，每千人拥有托位4.61个。全年完成城乡居民免费健康体检31968人，推动慢性病早筛早诊早治，十类重点人群家庭医生签约率91.57%；全区人均预期寿命80.18岁。社区（村）获评全国示范性老年友好型社区。洞头区人民医院高标准完成二甲医院等级评审和“山海提升”项目考核。省、市三甲医院每月下沉12名专家，累计下沉天数2692天，服务门诊量21178人次，下沉专家开展手术244台。完成冠脉造影等180多例，独立完成首例内镜下黏膜剥离术，推行冠脉介入手术等10多项新技术、新项目。建立“区、乡、村”三级中医药健康服务体系，建成旗舰中医馆1家，中医阁3家。健康浙江考核连续四年获优秀等级，获省第二批累计三年健康浙江考核优秀单位。截至年底，全区共有医疗卫生机构95家，区级医疗卫生机构有区人民医院、区疾病预防控制中心、区妇幼保健计划生育服务中心3家；街道（乡镇）医疗卫生机构有社区卫生服务中心5家，中心镇卫生院1家，乡级卫生院1家；村级医疗卫生机构有社区卫生服务站15家、村卫生室27家，门诊部4家，诊所23家，医务室9家。全区有医疗卫生床位437张，卫生人员1073人，其中卫生技术人员935人，包括执业（助理）医师413人，注册护士342人。

【第二届健康洞头行动“健康达人”评选活动】2023年6月16日，由区健康洞头建设领导小组主办，区卫生健康局、区疾病预防控制中心承办的洞头区第二届健康洞头行动“健康达人”暨“职业健康达人”评选活动落幕。活动前期经牵头部门和各街道（乡镇）选拔推荐和专家评审，选出12位候选人。经过健康体质监测、应急救护技能比武、风采展示、健康知识问答等4个环节，最终产生“健康达人”5位、“职业健康达人”3位。

（苏丽华）

【爱国卫生工作】 2023年，洞头区爱卫会根据市人民政府关于高质量深入推进爱国卫生运动的实施意见，深入推进城乡环境提标提质、城乡美丽卫生创建大行动，高质量提升国家卫生城市水平。开展国家卫生县城复审工作，高分通过省级综合评估。开展省卫生村创建评审，新认定省卫生村2个，复审确认省卫生村12个。截至年底，全区有6街道（乡镇）64个村达到省级卫生村标准，霓屿街道下社村入选省级卫生村样板。全区形成以综合整治与集中整治相结合，重点整治与全面整治相结合，实际行动与广泛宣传相结合，机关干部带头与群众积极参与相结合，群众运动与专业队伍相结合的“五结合”长效工作机制。持续组织开展第35个爱国卫生月、“我为海上花园洗把脸”等爱国卫生运动。以老旧小区、城乡接合部、背街小巷等为重点，组织开展环境卫生集中整治活动。全年累计出动党员干部、志愿者3万多人次，清除积存垃圾4300多吨。启用“最海鲜”集散中心，解决北岙农贸市场周边经营乱象，常态化开展五小行业、市容市貌管理、病媒生物防制等工作督查。全市国卫城市季度考核3次，2次排名第一位，1次第二位。完善病媒生物防制设施，梳理老旧小区、垃圾中转站、农贸市场、小餐饮店等易滋生病媒生物场所环境卫生管理的薄弱环节，更换、补充灭鼠毒饵站5000多个、捕蝇笼1500个，整治“四害”滋生地1200多处，督促相关行业单位完善病媒设施设备6600多处（件）。结合公筷公勺活动，联合相关部门对餐饮行业开展病媒生物防制设施专项督查工作。在车站码头、市场、学校、社区、单位等重点场所，科普宣传文明健康生活方式。发放烟头不落地倡议书8000份，组织全区85个村居主职干部和餐饮行业协会30多人举办病媒生物防制专场讲座。

（范国良）

疾病预防控制

【概况】 2023年，洞头区疾病预防控制中心推进洞头区北岙街道“无结核社区”建设点工作，成立无结核社区试点建设项目领导小组，督促和落实工作任务，制定《洞头区无结核社区建设实施方案》，实现结核病人住院费用政府兜底。开展终结结核各项宣传及督导、培训活动3次，健康宣传教育5次。完成学校学生结核病筛查共6858人次。开展基线调查，发放问卷414份，核心信息知晓率为76.81%，知晓率位于全市前列。组建传染病应急处置小分队，提高中心处置突发公共卫生事件能力。区疾病预防控制中心获全市近视防控职业技能竞赛团队一等奖，科普职业技能竞赛和营养案例分享三等奖，在个人赛中获健康素养模块一等奖、近视防控二等奖。

【免疫工作】 2023年，洞头区免疫规划疫苗接种率，以乡镇为单位，均达到国家接种率90%以上任务要求；脊灰麻疹均在95%以上。以团队指导和飞行检查模式为主，对各接种门诊的疫苗管理与接种工作进行四轮排查。参与浙江省预防接种示教基地申报，11月通过浙江省疾控中心评估。完成浙江省民生项目70岁及以上老年人流感疫苗接种，共计接种3316剂次，接种人数占全区70岁及以上老年人口数的23.44%。全区所有预防接种门诊（包括犬伤和产科门诊）均实行扫码接种，实现疫苗电子全程追溯。全年AEFI（疑似预防接种异常反应）被动监测到40例，其中反应分类为一般反应的34例，异常反应的6例，总报告监测率为9.09/1万。

【传染病管理】 2023年，洞头区报告甲乙丙类传染病7421例，总发病率为4880.28/10万，发病数较上年上升915.186%，发生病种共15种，其中甲乙类传染病1803例，发病率为1185.71/10万，共有病种11种；丙类传染病5618例，发病率为3694.57/10万，共有病种4种，发病数最多的为流行性感冒，发病数为5173例，占发病总数的69.71%，主要分布在北岙街道，共报告病例3962例，占发病总数的53.39%。新发HIV感染者6例，随访管理病例85例，其中在治病人78例，治疗覆盖率91.76%。艾滋病病毒载量监测应检测70人，实际检测68人，检测比例97.14%，病毒抑制人数67人，病毒抑制比例98.53%。配偶检测比率达到100%。全年为在治患者提供治疗费用约4万元。结核发病率38.80/10万，登记管理肺结核患者39人（在治），其中26例病原学阳性。开展学校新生结核病筛查各项工作，症状问询筛查6858人，结核菌素皮试筛查3191人。筛查出强阳性61人，强阳性率1.9%。全年“自由呼吸——贫困肺结核病人经济补助项目”补助10名患者，共4.4万元。处置一起输入性恶性疟疾病例疫情。

【输入性恶性疟疾病例疫情管控】2023年，洞头区处置一起输入性恶性疟疾病例疫情（属地管控），患者男性，年龄34岁，职业教师，从业3年多，国籍为巴基斯坦。8月曾旅居巴基斯坦，8月15日在泰国被诊断为恶性疟，症状缓解后返回中国。瓯海疾控9月12日对其复核后，确定为一起输入性恶性疟疾疫情。洞头疾控中心对该患者单位内1000多名师生，采用症状监测方式进行调查，结果均未发现疑似症状者。另对疫点开展蚊媒监测，采用诱蚊灯法，布设12个点位，从9月13日起连续监测3天，均未发现疟疾传播媒介中华按蚊。

【聚集性传染病疫情处理】2023年，洞头区先后发生诺如、流感、支原体肺炎等聚集性疫情，报告未分级突发公共卫生事件3起。报告诺如病毒聚集性疫情3起，均为诺如病毒2型；报告流感聚集性疫情55起，先后停课89个班级；支原体聚集性疫情7起，涉及学校、幼儿园18所。

【地方病监测】2023年，洞头区共调查210名8~10岁儿童及106名孕妇的家庭盐碘及尿碘情况。采集并检测盐样316份，全区合格碘盐覆盖率为92.40%，合格碘盐食用率为91.77%；儿童尿碘中位数为143.45微克/升（标准≥100微克/升）；孕妇尿碘中位数为151.65微克/升（标准≥150微克/升）。对210名8~10岁学生进行甲状腺B超检查，甲状腺肿大数为2人，儿童甲状腺肿大率为0.95%（标准<5%）。

【慢性病防控工作】2023年，洞头区开展重点慢性病患者管理，高血压登记数13074人，管理数12001人，规范管理数8628人，规范管理率71.89%，控制数8378人，控制率69.81%。糖尿病登记数5743人，管理数4630人，规范管理数3325人，规范管理率71.81%，控制数3119人，控制率67.37%。高血压高危人群管理3774人，管理率3.09%，糖尿病高危人群登记3101人，管理率3.01%。六大类严重精神障碍患者742例，管理741例，管理率99.87%，规范管理741人，规范管理率99.87%，面访742人，面访率100%，服药741人，服药率99.87%，规律服药738人，规律服药率99.46%。开展居民慢性病及危险因素监测，完成三个监测点724人。开展结直肠癌筛查，共筛查7123人，筛查阳性人数957人，完成结直肠癌镜检查361例，检出结直肠癌0例，癌前病变9例。开展人群慢性阻塞性肺疾病筛查，肺功能检查780例，检出高危555例，疑似32例，确诊30例。开展血脂异常人群健康管理试点工作，开展社区慢性病综合防治与试点创建，积极组建高血压患者自我管理小组，通过患者自我管理小组活动，增强了慢性病社区综合防治工作。开展健康体重专项和健康生活指导员培训，倡导“三减三健”健康理念，推动全民健康生活方式行动深入开展。

【社会心理体系建设】2023年，洞头区全域建设1+N“温心细胞”，依托市七医团队技术帮扶，入驻各街道及区矛调中心开展下沉服务，建成霓屿社区心理咨询室。加强严重精神障碍患者管理，建立出入院“吹哨预警”和监护人AB岗制度，试点开展“一键呼叫”服务。开展重点人群心理健康筛查3051例，推进心理健康培训和讲座进机关、进社区，居民心理健康素养水平提高30%以上。

【健康教育】2023年，洞头区开展结核病防治、肿瘤防治、预防接种、艾滋病、精神卫生、高血压糖尿病等各类各项重点疾病防控健康知识传播大中型现场活动16场次，受益人数1860多人。制作健康宣讲标准化课件7个，开展健康知识宣传教育235场次，惠及群众7255人；通过“洞头疾控”公众号推送健康科普文章91篇、视频号10条、科普视频5个；在省级《健康博览》期刊发表健康科普文章1篇；向洞头融媒体发送健康活动通讯稿10篇。开展戒烟门诊推广，完成首转诊戒烟对象50例、外环境评估1份；完成控烟巡讲3场、控烟巡展4场、控烟活动2场，公共场所控烟指导工作50多次；举办洞头区青少年控烟绘画和征文作品比赛，收集优秀作品74份；制作控烟宣传海报、各种禁烟标识1200多份。

开展居民健康素养水平监测及烟草使用监测调查640人，全年全区15~69周岁居民具备健康素养的总体水平为41.80%(95%CI:29.67%~66.35%)、吸烟率18.09%。开展居民营养知识健康监测342人；教师学生营养知识知晓率问卷调查共计600人；指导创建国家级“营养与健康示范学校”1所。建成健康公园内便民服务“健康驿站”2个；培育健康促进学校2所。

【食品安全风险监测】2023年，洞头区开展食品安全风险监测，共采集样品171份，其中省级监测59份，自主监测112份，完成全年任务的100%。自主监测结果反馈项目737条。自主监测中，动物性淡水鱼检出汤普逊沙门氏菌1份，副溶血性弧菌阳性6份；动物性海水鱼检出副溶血性弧菌阳性15份；预包装食品检出单核细胞增生李斯特氏菌阳性1份。

【生活饮用水监测】2023年，洞头区设置水质监测点40个，监测点覆盖辖区所有乡镇街道，采集水样类型包括出厂水、二次供水和末梢水，其中末梢水设点兼顾学校。在枯水期和丰水期各采样监测一次。全年监测采集82份水样，累计检测项目3000多项，合格率100%。

【职业病危害监测】2023年，洞头区新报告疑似职业病11例，其中疑似噪声聋患者6例，疑似矽肺患者5例。全年无新报告职业病，无职业性尘肺病报告。开展企业职业病健康检查262家，共报告体检3630人，其中岗前检查552人，在岗检查3050人，离岗体检28人，检出职业禁忌证61人，其中粉尘禁忌证12人，噪声禁忌证41人，高温禁忌证8人，未检出疑似职业病。完成40家用人单位的工作场所职业病危害因素监测，27家企业存在超标情况。其中，噪声超标19家，粉尘超标4家，4家企业同时存在噪声和粉尘超标。

【学校卫生监测】2023年，洞头区对9所监测点学校开展学校卫生工作基本情况调查及学生近视、肥胖、脊柱弯曲异常、常见病监测等工作，全区共筛查出近视学生1366名，近视率为49.07%。各阶段抽样近视率分别为，幼儿园儿童6.83%，小学生32.87%，初中生72.95%，高中生61.64%（普通高中学生60.07%，职业高中学生64.54%）。

【食源性疾病监测】2023年，洞头区共上报食源性疾病病例246例，采样237例，检测出1例副溶阳性病例，阳性率为0.42%，未报告食源性聚集性疫情。

【实验室生物安全工作】2023年，洞头区未发生生物安全事故，未发生职业暴露事件；参加省市疾控部门举办的盲样考核18次31个检测项目，考核结果优秀3项，室间比对合格率100%。

（纪华丽）

表60　2023年洞头区疾病预防控制主要指标完成情况一览表

内　容	计划指标数	完成情况
高血压规范管理率	70%	71.89%
血压控制率	60%	69.81%
糖尿病规范管理率	70%	71.81%
血糖控制率	60%	67.37%
严重精神障碍报告患病率	5‰	5‰
严重精神障碍规范管理率	90%	99.87%
严重精神障碍规律服药率	80%	99.46%
报告死亡率	5.5‰	7.37‰
死因不明比例	<5%	2.49%
重点行业职业健康风险评估	6家	6家
重点行业职业危害因素监测	40家	40家
食源性疾病监测	120份	237份

续表60

内　容	计划指标数	完成情况
居民健康素养水平	39%	41.8%
15岁以上居民现在吸烟率	20%	18.09%
健康素养进农村文化礼堂活动	100%	100%
中小学校中达到省健康促进学校标准的学校比例	1%	1%
二级以上医院中达到省健康促进医院标准的医院比例	100%	100%
日常风险评估每月1次，开展专题风险评估	日常风险评估每月1次，至少开展1次专题风险评估	日常风险评估每月1次，开展13次专题风险评估
开展应急演练或拉练	1次	1次
完成“三热”病人血检	0.5‰	0.54‰
儿童建卡（证）率	100%	100%
首剂乙肝疫苗及时接种率	90%	98.92%
肺结核报告发病率	＜37.41/10万（2020—2022年发病率平均值）	38.80/10万
肺结核病人社区督导服药管理	95%	100%
学生、教师肺结核患者密切接触者筛查结果信息反馈完整率、及时率	90%	100%
在HIV/ADIS患者中结核病的筛查率	100%	100%
艾滋病患者配偶检测率	90%	100%
艾滋病病毒感染者梅毒筛查比例	95%	100%
现存活艾滋病病例抗病毒治疗比例	90%	88.10%
各重点人群艾滋病抗体血清检测任务完成率	20%	20.42%
艾滋病病例报告数据质量核查覆盖率	100%	100%（目前覆盖所有机构及病例）
性病漏报率和重报率	0	0
开展8~10周岁儿童盐碘、尿碘含量监测	各210份	各210份
孕妇的盐碘、尿碘含量监测	各106份	各106份
完成8~10周岁非住校学生甲状腺触诊检查	各210份	各210份

（区疾病预防控制中心提供）

妇幼保健

【概况】2023年，温州市洞头区妇幼保健计划生育服务中心聚焦新时期妇幼需求和人口发展形势，在保障妇女儿童重点人群平等享有基本公共卫生服务的基础上，全面推动全区妇幼健康工作高质量发展。围绕妇幼健康工作重点，以控制孕产妇死亡率、婴幼儿死亡率和出生缺陷发生率为抓手，全方位全周期保障全区妇女儿童的健康。

【孕产妇健康管理】2023年，洞头区根据《关于开展全市孕产妇妊娠风险评估和管理工作的通知》要求，加强对社区督导与培训，及早发现早孕人员，督促建册等措施，提高早孕建册率，建立符合本地实际、运转协调的孕产妇分级管理体系。全年全区活产数564人，其中早孕建册522人，早孕建册率93.38%；产后访视552人，访视率97.87%；系统管理521人，系统管理率92.38%。全年抢救危重孕产妇11例，其中流动孕产妇4例，抢救成功10例，流动孕产妇死亡1例。

【儿童保健管理】2023年，洞头区活产数为564人，新生儿访视人数557人，访视率97.76%；5岁以下儿童死亡2人，死亡率为3.55‰，婴儿死亡0人、新生儿死亡0人；3岁以下儿童1836人，系统管理1780人，3岁以下儿童系统管理率为96.95%；7岁以下儿童5948人，保健管理5863人，7岁以下儿童健康管理率为98.57%；6个月内婴儿纯母乳喂养率73.40%。全年参加健康体检的托幼机构工作人员672人，合格人数672人，合格数100%。全区托幼机构在园儿童体检数4208人，实体检4208人，体检率100%。其中，中度生长发育迟缓22人，占0.52%；龋齿人数1088人，患病率25.85%；视力检查3300人，视力不良人数199人，视力不良率6.03%；贫血人数36人，患病率0.86%，低体重24人，超重282人，其中肥胖118人。新生儿遗传代谢疾病筛查数200人，筛查率为100.36%；不合格血片2例，退片率0.71%；可疑患儿26例，召回复查25例，召回率96.15%，确诊1例。听力实际筛查199人，筛查率为99.5%；

【妇女保健服务】2023年，洞头区组织开展城乡妇女“两癌”检查项目。完成城乡“两癌”宫颈癌检查人数2587例，乳腺癌检查人数2540例，确诊宫颈癌0例，乳腺癌1例，患者均已接受治疗。住院分娩产妇孕期接受艾梅乙检测200人，检测率100%，其中早期检测人数184人，艾梅乙早期检测率92%，发现1例梅毒阳性病例孕产妇，未发现HIV感染孕产妇。乙肝表面抗原阳性产妇所生活产数13例，给婴儿注射乙肝免疫球蛋白，注射率100%。艾梅乙初筛补助126元，人数313人。全年共补助在全区医疗保健机构内分娩的乙肝感染孕产妇及所生的婴儿11例，补助金额1120元，补助艾梅乙筛查313人，补助金额39387元。全年为育龄妇女提供门诊咨询404人次。推广应用“互联网+免费避孕药具”发放服务项目，累计发放避孕套47975只，发放服务3429人次，其中发放机共21台，领取1769人次，发放避孕套17690只，指尖药具微平台注册会员717人，发放避孕套602盒。全区共设置免费叶酸发放点8个，农村适龄妇女新增叶酸服用人数991人。

【出生缺陷综合防治项目】2023年，洞头区以促进优生优育，提高出生人口素质为抓手，实施产前筛查和诊断技术、艾滋病、梅毒和乙肝母婴传播阻断、新生儿疾病筛查等三级预防措施，对35周岁以上高龄孕妇开展无创DNA检测给予补助，免费开展新生儿先天性心脏病超声确诊检查、新生儿先天性髋关节脱位筛查，遗传代谢病免费筛查从4种增加到29种。全年婚检人数203人，婚检率93.98%，婚检检出疾病51人，其中指定传染病人数2人；免费婚前医学检查和免费孕前优生健康检查人数533人，覆盖率85.69%。

【婴幼儿照护服务】2023年，洞头区坚持妇幼民生普惠，遵循儿童优先发展理念，加强托育机构专业指导，组织3岁以下婴幼儿“育共体”签约活动，共签约医育联盟3家、医育签约3家，共育驿站3家，全年婴幼儿实训基地开设养育照护活动课10期，指导社区儿童健康驿站开展养育照护活动4场，累计受益家庭60组，辖区开展养育照护活动23场。完成全区窝沟封闭工作，实际封闭学生816位共2591颗牙，封闭率84.98%。

【健康教育培训】2023年，洞头区选派业务骨干参加省市各项专业培训、学习30多人次。举办基层妇幼人员妇幼保健业务培训会及单位内部学术讲座等20多场。实施“产后避孕”项目，开展孕产妇心理筛查共567人次。举办“三月春健康行”关爱女性健康、母乳喂养日、母乳喂养周、爱牙日、出生缺陷防控、世界避孕日、世界更年期关怀日、早产儿日及艾滋病日等宣传活动12场、讲座10场。健康知识普及人群达2万多人次，分发宣传资料1万多份，宣传品3000多份。制作各类科普小视频20多部，利用区级融媒体平台、微信公众号等开展妇幼保健宣传教育。组织参加“温州市第三届妇幼健康技能选拔赛”，获得集体“三等奖”“优秀组织奖”，推出“暑期档妇幼特色公益门诊”“金秋送爽、优雅更年”等活动，打造妇幼健康温馨、优质、专业品牌。

（郭丽君）

表61　2023年洞头区妇幼卫生主要指标完成情况一览表

内　容	计划指标数	完成情况
孕产妇死亡率	<10/10万	165.01/10万
婴儿死亡率	<6.5‰	0
5岁以下儿童死亡率	<8.5‰	3.3‰
孕产妇系统管理率	≥90%	92.38%
产前筛查率	≥85%	95.89%
产妇住院分娩率	≥99%	100%
妇女剖宫产率	≤36%	45.39%
0~6岁儿童系管率	≥95%	97.66%
新生儿遗传代谢病筛查率	≥99%	100%
新生儿听力筛查率	≥99%	99%
5岁以下儿童Hb检测率	≥90%	90.37%
6个月内婴儿纯母乳喂养率	65%	67.8%
孕产妇艾滋病、梅毒和乙肝检测率	>90%	100%
农村妇女增补叶酸服用率	100%	100%
母子健康手册注册	≥90%	98.12%
ASQ筛查	85%	92.2%
城乡“两癌”筛查	任务2534例	100%
婚前医学检查率	≥90%	93.98%
国免优生检测覆盖率	≥80%	85.69%

（区妇计中心提供）

卫生执法监督

【概况】2023年，洞头区卫生健康行政执法队聚焦卫生健康行政执法效能、优化营商环境等重点工作，累计检查各类场所654家次，其中双随机检查326家次，国家随机监督抽查查处率29.3%，省级双随机占比44.12%，掌上执法率100%，事项覆盖率100%，综治事件处置率100%，风险事件处置率100%，应用信用规则100%，跨部门联合双随机监管率50%，投诉举报查处率100%。全年共查处各类违法案件242件，罚没款29.88万元。

【医疗卫生监管】2023年，区卫生健康行政执法队开展新冠病毒感染疫情信息报告专项监督检查、妇产科涉未成年诊疗专项检查、麻精药品专项检查、口腔种植技术专项整治、医疗乱象整治专项执法检查、非法行医（非法医疗美容）专项行动、冬春季重点传染病专项监督检查及放射诊疗机构专项检查等8个专项行动，共检查医疗机构102家次，督促医疗机构完成自查自律报告100%，警告3家，立案查处44家，其中涉及非法行医、非法医疗美容3家。

【环境卫生监管】2023年，区卫生健康行政执法队落实重大节假日、学校开学季、全区重大活动等节点卫生监督指导。持续做好新办证单位指导，累计指导91家。制作分发美容美发民宿新办证须知折页，开展辖区内“四小行业”监督检查，助力国卫和文明县城复评。统筹做好托幼机构检查、游泳场所专项检查、涉水产品卫生安全百日攻坚专项行动、饮用水采样检测和餐饮具集中消毒企业监督检查，警告托幼机构5家，涉水产品线下巡查22家，游泳场所水质检测3家，管网末梢水监测点和出厂水水质采样13份，二次供水单位水质监测9家。

【职业卫生监管】2023年，区卫生健康行政执法队开展洞头区用人单位“职业健康在线”系统分类工作，分类自查率100%，风险化解率90%。结合双随机开展职业卫生日常监督检查，查处案件27起，不予处罚25起，罚没款10.5万元。加强用人单位培训指导，做好职业病防治周宣传工作，举办两期用人单位职业卫生培训，200多家企业负责人或管理人员参加。开展职业健康在线平台线上培训4期，全区177家企业256名负责人或职业卫生管理员完成培训。

【“数智卫监”建设】2023年，区卫生健康行政执法队强化上下联动，打通省建县用数字化平台，完成放心住、畅心游、职业健康在线等平台贯通，推进医疗机构重点环节风险智控试点工作，充分运用智能监管平台，精准处理风险线索，累计办理非现场执法案件15个。

（唐欢非）

【卫生应急】2023年，洞头区在实现疫情平稳转段后，贯彻落实新冠病毒乙类乙管政策和强化医疗救治，同步做好各类传染病疫情防控，重点抓好卫生应急机制建设完善、建立健全卫生应急队伍、修编完善各类应急预案、开展预案演练和人员培训等各项卫生应急工作。根据《洞头区突发公共卫生事件应急预案》《洞头区突发公共事件医疗卫生救援应急预案》《洞头区突发呼吸道传染病疫情应急预案》《洞头区重大传染病疫情防控应急预案》等专项预案，组织开展传染病防治、群体伤事件紧急救援等各类应急培训和演练10多次，参加人员达500多人次。完善33人应急处置队伍和12人紧急医疗救援队伍，按要求落实24小时应急值班制度，第一时间处置应急联动平台报警信息，全年累计处置500多条报警信息。

（郑海冬）

中医药事业

【概况】2023年6月8日，洞头区印发《温州市洞头区中医药服务能力提升三年行动(2023—2025)》，通过健全完善中医药服务体系等五大行动，健全“区、乡、村”三级中医药健康服务体系。北岙街道三盘社区卫生服务站、大门镇甲山村朝阳卫生室和西浪社区服务站等3家村卫生室创成中医阁；大门镇中心卫生院与温州市中医院顺利启动“百科帮扶”项目，推进中医“两专科一中心”建设。开展中医活动宣传月系列活动，通过适宜技术竞赛、评选洞头名中医、录制中医科普视频等活动，营造中医药氛围。以“让中医守护你我，让健康流行起来”为主题，开展中医适宜技术培训进机关、校园、企业、村社活动，累计开展培训50多场次，培训人数超1000人。录制中医科普视频4个，评选区级名中医6名；区人民医院戴海东获评浙江省基层名中医。

【中医药综合改革】2023年，洞头区印发《中医药服务能力提升三年行动（2023—2025）》。该行动计划通过健全完善中医药服务体系、夯实中医药人才队伍、提升中医药服务能力、弘扬传统中医药文化及促进中西医协同发展等五大行动，基本形成以区人民医院为龙头、区中医院为骨干、社区卫生服务中心为基础、村卫生室（站）为网底的“区、乡、村”三级中医药健康服务体系。

【大门镇中心卫生院建成旗舰中医馆】2023年6月14日，洞头区大门镇中心卫生院旗舰中医馆建成并投用。中医馆面积超300平方米，馆内新增中医辅助治疗设备20多万元，内置中医内科、骨伤科、脾胃病科、康复科四大重点专科，并有序拓展中医妇科、针灸推拿等强化专科，以需求为导向促进中医优质资源精准下沉，进一步健全基层中医药服务体系。通过“4+N”（4个重点帮扶专科+若干个帮扶项目或科室）专科创新建设，提高中西医结合服务水平，逐步实现特色优势专科的同质化诊疗。

【中医药诊治水平提升】2023年，区人民医院融合中医骨伤、中医康复，开设以中医诊疗为主的病房，积极打造中医特色科室，逐步实现中医科室品牌化、人员标签化，中医科全年累计派出骨干医务人员赴上级医院进修3人，康复科全年出院340人次，门诊量达11466人次，分别同比增长32.81%和67.02%。

【推进基层中医化】2023年，洞头区开展旗舰中医馆中医阁建设，打造基层中医药服务阵地，建设经费50多万元；以“百科帮扶”项目为契机，深入推进中医“两专科一中心”建设，重点帮扶中医康复科等四大专科，建立联合康复病房，提供中医特色服务。每周下沉18人次专家，累计住院360人次，中医药服务占比80%以上。利用医共体和市中医医院师资力量，结合基层医疗机构能力和当地群众切身需求，顺利开展培训8期，培训适宜技术 30 多项，累计培训 300 多人次。大门镇中心卫生院中医内科顺利创成温州市第三轮中医药重点专科（扶持）建设项目，灵昆街道社区卫生服务中心中医内科顺利通过市级基层特色科室验收。

（徐齐恩）

医疗服务

【概况】2023 年，洞头区人民医院围绕洞头百姓就医需求，从医疗体系构建、专科建设突破、服务体验改善、内涵建设提升等方面不断提高服务群众的能力。顺利通过浙江省卫生厅二甲医院评审，完善多学科联合诊疗体系，设立医院两慢病中心及各院区慢病管理分中心，开展优质服务提升月活动、推进服务群众十件事等举措。洞头区人民医院开放床位 280 张，总诊疗 380195 人次。全年完成各类手术 1486 例，其中三、四类手术 304 例。6 家成员单位院区门诊 745093 人次。全年招聘专业技术人员 15 名，晋升副高 5 人，晋升正高 4 人。洞头区人民医院通过浙江省健康促进医院复评工作，大门院区、霓屿院区创成五星清廉医院（区级）。

2023年4月18—21日，洞头区人民医院完成浙江省第四周期二级甲等综合医院等级评审工作（区人民医院提供）

【通过省二级甲等综合医院评审】2023 年 12 月 20 日，温州市卫生健康委员会公布第四周期第二批综合医院及专科医院等级评审结论的通知，洞头区人民医院确定为二级甲等综合医院。洞头区人民医院自 2020 年 3 月启动省二级甲等综合医院评审申报，历时 3 年。全面梳理和完善质量、安全、服务、管理构架，通过强化基础、补齐短板、发挥优势，坚持以评促建、以评促改、评建并举、重在内涵，推进医疗质量和安全指标管理，医院内涵建设得到有力强化，医院综合管理及服务能力跃上全新台阶。

【完善多学科联合诊疗体系】2023 年，区人民医院借助温医大附二院“山海提升”工程，完善多学科联合诊疗体系，突出胸痛、卒中、创伤中心三大急救中心建设，建立危急重症“120 院前急救—急诊—附二”联动机制，不断拓展和突破 DSA（数字减影血管造影）应用技术，全年开展心血管介入、下股静脉造影及治疗、脑血管介入、神经介入治疗等 200 例。通过康复、中医融合，实施各项康复医疗技术，如卒中后康复、骨科康复以及中医康复适宜技术（按摩、推拿、针灸、温胃贴、三伏贴等系列），设立医院两慢病中心及各院区慢病管理分中心，规范各层面常见病诊疗规范，提升慢病管理成效。

【绩效改革项目】2023 年 5 月，洞头区以多劳多得、优绩优酬为原则推行新绩效改革方案，通过推行业务科室运营及服务能力提升目标化考核，全面调动科室及医务人员的积极性、主动性和创造性，推动医院从高速发展阶段过渡到高质量发展阶段，管理模式上由粗放的行政化管理转向全方位的绩效管理。截至年底，一系列指标均向好转变，学科得到发展，医院住院率提高 25%，三、四级手术增加 18%，平台运行成本由原来 15.2% 减到 13.3%，医院满意度 98%，各科室业务拓展主动性和服务效能明显提升。

【就医服务提升】2023 年，区人民医院立足群众就医需求，通过就医环境提升、服务项目一站式集成化管理（全院一张床、门诊综合服务中心、入院一站式服务）、优质服务提升月活动载体，推出服务群众十件事，在居民住宅小区设立“健康小屋”，“浙里护理”平台上线开启居家护理服务线上预约模式、开通院后转运服务、设立下乡服务“流动诊间”等举措，提升群众就医体验。各街道（乡镇）每月固定开展巡诊活动，全年巡诊开展 500 多次，服务 1.1 万余人次。

【离岛医疗服务能力提升】2023 年，洞头区鹿西急救站初步建成，完善快速转运对接机制，完成急救 5G 远程会诊机制和流程，形成院前急救接送、院中全力抢救、院后急救转运“一条龙”急救快通道，全年急诊急救 115 人次，快速转运 12 人次。通过开设远程专家门诊、远程急救会诊、放射诊断、远程心电、大型设备预约、住院办理等“互联网+”服务提升离岛医疗效率。建立专家“离岛坐诊日”“离岛巡诊日”，区医共体专家每周下沉，“山海提升”专家每月下沉，每月组织省市县专家大型巡诊，远程会诊专家每日“常态坐诊”。建立远程检查开单预约流程，实现离岛检查检验“就地满足”，完善大门住院部建设，开放床位32张，收住362人次，鹿西开设常见病留观住院和终末期病人家庭病房，开放床位5张，收住25人次。

（陈丽丽）

医药医改管理

【概况】2023年，医保洞头分局深入推进医保支付方式改革，推进住院DRGs支付方式改革，逐步推进15日再住院、床日病组分组、特病单议等病例审核。开展“两慢病”试点结合基层门诊人头付费改革，实施基层“两慢病”患者药品全额保障，助力分级诊疗格局形成。持续推广各批次集采中选药品，落实各批次集采药品和耗材在洞头区采购使用，降低群众医疗用药成本。

【药械带量采购改革】2023年，医保洞头分局深化药械采购改革。持续推广各批次集采中选药品落地，落实国家、省组织的药品、高值医用耗材集中带量采购任务。加强监督管理，做好科学测算报量和医疗机构购销协议签订，确保按期完成药品、医用耗材集中带量采购任务年度约定采购量完成率100%，全区约定采购率、结算率都能达标。全年药品带量采购1097.45万元，药品非带量采购4739.14万元；耗材带量采购40.3万元，耗材非带量采购2331.71万元。

【支付方式改革】2023年，医保洞头分局根据省、市医保支付方式改革要求，按市DRGs项目组统一部署，开展各步骤环节事项，做好DRGs年度预算决算，开展15日再住院、床日病组分组、特病单议等病例审核，开展绩效评价，申报2023年预算总额和增长率。做好2022年度人头付费清算及2023年度标准测算。2022年DRGs住院统筹基金年度清算拨付结果为：支付给区医共体医保基金共计181.68万元（含考虑区人民医院住院新开展因素），其中城乡医保基金181.68万元，职工医保基金30.6元。基层医疗机构门诊按人头付费清算拨付结果为：支付给区医共体城乡医保基金共计272.23万元（基层医疗机构垫付两慢病药品和管理支出201.48万元，实际结余额70.75万元）。

【基金绩效评价】2023年7月，医保洞头分局根据《浙江省医疗保障局关于开展2022年度基本医疗保险基金绩效评价的通知》文件精神，对全区2022年度职工和城乡居民基本医疗保险基金开展基金绩效自评工作。经过报表数据整理，根据计算规则计算评分并求和，绩效自评总分为90分，职工和城乡居民基本医保基金绩效评价自评结果分别为74.52分和67.52分。

【公共服务水平提供】2023年，医保洞头分局做好日常经办、节假日服务，医保经办系统共受理办结报销业务6600多笔，备案登记业务2800多笔，完成机关事业内跑一件事、新生儿一件事、身后一件事等事项联办共计1800多笔。推进企业职工基本养老保险全国统筹制度，统一社会保险费征收模式（以下简称统模式）上线，做好统模式上线后的参保征缴业务，处理数据异常50多笔；建立和人社、税务对接机制，快速、有效解决征缴中的问题，共计解决问题60多个；完成统模式上线前的转移接续业务30多笔，退休等征缴业务60多笔。做好经办政务服务事项清单迭代升级，根据省市要求，完成全部24项权力事项清单的梳理、认领及内容更新完善，所有事项的认领及备案工作。完成年度处理后个人账户调整工作。于6月和9月分别上线市域通办和省域通办事项。

【医保信息化标准化建设】2023年，医保洞头分局督导18家定点药店做好医保网络安全，做到专网专用。联合区市监局和一正药店推进鹿西智慧药房建设，及时变更备案自助药柜运营3台，通过数据共享、信息互通等方式，实现医疗服务与药品服务的一体化。截至年底，全区26家两定机构完成医保信息化标准化建设。

（叶建宝　林炜　王知浩）

群众体育

【概况】 2023年是温州举办亚运赛事、建设运动之城、提升都市能级的重要窗口期，洞头举办2023中国温州长距离铁人三项国际公开赛、2023年“绿水青山”中国休闲运动挑战赛（温州洞头站）、第十三届中国·洞头全国海钓邀请赛、2022年全国运动训练竞赛联盟操舞联赛（浙江站）暨温州市洞头区第二届体育舞蹈（国标舞）城市邀请赛、2022年浙江省农村文化礼堂运动会健身排舞总决赛等群众性体育赛事活动，全年举办体育赛事活动34场，引流10多万人次。其中绿水青山挑战赛洞头站是省内落户的首个赛站，铁人三项赛实现央视等国家媒体与地方主流媒体全覆盖，网络直播观看量近1400万人次。指导协会开展轮滑、乒乓球、篮球等活动，全年新增社会体育指导员近百名。实现人均体育场地面积突破3.4平方米，经常参加体育锻炼的人数比例为45.2%。

【全民健身】 2023年，洞头区以“喜迎亚运、全民健身”为主题，秉持“体育让生活更美好”理念，做好“社会力量办体育”。投入660万元，承办省级以上高规格体育赛事活动5场，经济收益超千万元。发动各协会开展健身走、慢跑、广场舞、武术、乒乓球、篮球、门球等群众性体育活动，全区各单位组织举办各类群众体育赛事活动近80多场，参与超2万人次。在百姓健身房和全民健身点开展公益培训和科学指导，社会体育指导员总数375名，每千人拥有社会体育指导员2.3人以上。每年按要求组织开展国民体质监测，国民体质总体合格率94.2%以上。

【2023中国·温州长距离铁人三项国际公开赛】 2023年10月22日，2023年中国·温州长距离铁人三项国际公开赛在温州市洞头区东岙沙滩举行。全国15个省（自治区、直辖市）和法国、德国、英国等14个国家（地区）的运动员共376人（其中外籍运动员28名）参加比赛，年龄跨度为8岁至66岁。赛事设置长距离、半程、水陆两项

2023年10月22日，2023年中国·温州长距离铁人三项国际公开赛在温州市洞头区东岙沙滩开赛
（区文广旅体局提供）

三大项目。长距离赛程包含2千米游泳、80千米骑车、20千米跑步；半程赛程包含0.75千米游泳、20千米骑车、5千米跑步；水陆两项赛程包含0.3千米游泳、3千米跑步。比赛设置19个奖项。其中，长距离男子精英组冠、亚、季军获得者分别为自由个人会员的Wolkowicz Peter、上海再装载铁人三项运动俱乐部李琦晟、东莞市铁人三项运动协会的刘德斌，长距离女子精英组别中获得冠军的是北京龙缘铁人三项俱乐部的李欣，亚、季军分别是苏州市星苏铁人三项运动俱乐部的陈文娟和自由个人会员的Thierry ALexia。比赛由中国铁人三项运动协会主办，温州市体育局、温州市洞头区人民政府承办，温州市洞头区文化和广电旅游体育局、温州市铁人三项运动协会协办。

【2023年绿水青山中国休闲运动挑战赛（温州洞头站）】 2023年6月29日，2023年绿水青山中国休闲运动挑战赛（温州洞头站）开赛。来自全国各地500多名运动员参加。经过角逐，最终产生金牌11枚。叶朝阳获单人两项赛男子公开组冠军，林娟获女子公开组冠军；张秀聪、秦著华分获大师组男子、女子冠军。陈澄灏、陈丽锦分获Mini单人两项赛男子、女子组冠军。张红年、吴爱先分获两项混合接力赛冠军。叶贵桐、张洪分获桨板单项赛男子、女子组冠军。雷敢勇、章小兰分获路跑单项赛男子、女子组冠军。绿水青山中国休闲运动挑战赛首次落户浙江。比赛由国家体育总局水上运动管理中心、温州市体育局和洞头区人民政府联合主办，浙江省水上运动管理中心协办，洞头区文化和广电旅游体育局、洞头区东屏街道办事处承办，浙江魄力睿拓体育文化策划有限公司执行。

【第十三届中国·洞头全国海钓邀请赛】 2023年6月9日至11日，第十三届中国·洞头全国海钓邀请赛在洞头举行，来自全国52支俱乐部、100位运动员参赛。洞头已举办12届全国海钓邀请赛。中国·洞头全国海钓邀请赛曾入选《浙江省重点扶持培育品牌体育赛事名录库》，获评浙江省体育品牌赛事。经角逐，罗源湾猎海海钓俱乐部获得团体总重成绩第一名；叶晨锋获个人对象鱼（鲷类）冠军；冯锦欢获综合鱼重量第一名。江志军夺得对象鱼（鲷类）个人单尾重量第一名。本活动是温州洞头区全民健身迎亚运的重点赛事之一。活动由中国钓鱼俱乐部联盟、温州市体育局、温州市洞头区人民政府主办，温州市洞头区文化和广电旅游体育局、温州市洞头区农业农村局承办，由温州市钓鱼协会策划实施。

【2022年全国运动训练竞赛联盟操舞联赛（浙江站）】 2023年5月13至14日，2022全国运动训练竞赛联盟操舞联赛（浙江站）暨ASHE青少年体育舞蹈运动技能等级通级赛暨2023温州市洞头区第二届体育舞蹈（国标舞）城市邀请赛在区文体中心举行，来自全省各地40支代表队700多名运动员参赛。赛事分为青少年精英组拉丁舞决赛、青少年全明星精英新星组决赛、青少年全明星精英组决赛等，共设187个组别奖项。活动还设置了最佳贡献奖、优秀组织奖、支持单位奖。大赛邀请国内众多顶尖评审团队担纲执裁。活动由全国运动训练竞赛联盟主办，全国运动训练竞赛联盟操舞分委会、全国青少年体育舞蹈技能等级标准推广办，洞头区文化和广电旅游体育局、洞头区教育局、洞头区北岙街道办事处承办。

【2022年浙江省农村文化礼堂运动会健身排舞总决赛】 2023年4月13至14日，2022年浙江省农村文化礼堂运动会健身排舞总决赛在洞头区举行，来自全省各地10支队伍近200名选手参赛。最终，金华市代表队获规定项目金牌，洞头区海之韵乡村艺术团获自选项目金牌和全能项目金牌，洞头区海之韵乡村艺术团获优秀组织奖。浙江省体育局党组成员、副局长胡国平，温州市体育局党组成员、二级调研员张文伟，洞头区人民政府副区长贾约拿等出席活动。活动以“全民健身迎亚运 信心满怀奔共富”为主题，旨在深入贯彻全民健身国家战略，加强杭州亚运会宣传氛围营造。活动由中共浙江省委宣传部、浙江省体育局、浙江省农业农村厅主办，中共温州市委宣传部、温州市体育局、温州市农业农村局承办，中共洞头区委宣传部、洞头区文化和广电旅游体育局、洞头区农业农村局、洞头区元觉街道办事处协办。

【洞头区首届环岛健走城市邀请赛】 2023年4月16日，洞头区首届“乘风破浪·环岛健走”城市邀请赛在洞头国际放生台举行。来自全省各地500名健身群众参加。比赛分设挑战组和休闲组，其中挑战组200人，休闲组300人。挑战组赛程路线总长25千米，从洞头区国际放生台出发，途经东岙沙滩，栈道（左舍）、仙叠岩景区等22个地点。休闲组线路总长10千米，路线设置以洞头区各大小景点为主。挑战组参赛线路设置更具挑战性，休闲组路线以突出洞头区旅游景点特色为主。活动由洞头区人民政府主办，洞头区文化和广电旅游体育局、洞头区北岙街道办事处、洞头区东屏街道办事处承办，指导单位为温州市体育局、温州市体育总会。

【洞头区第十届职工杯篮球赛】 2023年7月9日晚，由洞头区总工会、洞头区文化和广电旅游体育局联合主办的第十届“职工杯”篮球赛在区文体中心篮球馆闭幕。全区各机关、企事业单位的13支球队100多名运动员参赛。赛事历时7天，通过36场比赛进行角逐。最终，教育系统代表队、公安系统代表队和交通运输系统代表队分获冠军、亚军和季军。本届“职工杯”篮球赛是洞头区一月一主题“迎亚运”系列活动子项目之一。

【洞头区全民健身日系列活动】 2023年，是国家设立“全民健身日”的第15年，也是全省深入实施“八八战略”20周年，8月8日(所在周)是全国第一个“体育宣传周”。为深入实施全民健身国家战略，以“全民健身迎亚运，信心满怀奔共富”为主题的洞头区2023年“全民健身日”系列活动启动仪式在同心公园举行，来自全区150多名体育协会代表参加活动。活动现场为获得2022年度体育单项协会突出贡献奖和优秀组织奖单位颁发荣誉证书。活动内容还包含洞头区武术科学健身指导公益教学成果展示、“我为NI狂”2023洞头第三届滩涂赶海节、“运动促进健康”科学健身大讲堂活动、洞头区国民体质监测活动等系列全民健身赛事活动。

【洞头区第三十八届海疆杯篮球赛】 2023年12月24至31日，洞头区第三十八届“海疆杯”篮球赛在洞头区文体中心举行。共有10支队伍参赛，先分两组进行循环赛，前四名出线后再通过抽签进行淘汰赛。31日晚，大门镇代表队和教育永旭代表队进行最后决赛。最终大门镇代表队夺得冠军、教育永旭代表队获亚军。“海疆杯”篮球赛作为洞头区最传统悠久的赛事，举办以来深受广大职工群众喜爱，已成为洞头区参与度最高、覆盖面最广、专业性最强的民间篮球赛事。

（苏思远）

表62　2023年洞头区体育（健身设施）建设项目一览表

序号	项目名称	具体建设地址	受赠单位
1	新增或更新健身苑点	北岙街道九厅社区	北岙街道九厅社区
2	新增或更新健身苑点	北岙街道杨文工业区	北岙街道九厅社区
3	新增或更新健身苑点	北岙街道老干部中心广场	北岙街道新城社区
4	新增或更新健身苑点	北岙街道城南文化广场	北岙街道城南社区
5	新增或更新健身苑点	北岙街道城南社区卫生防疫站后面	北岙街道城南社区
6	新增或更新健身苑点	北岙街道风门村南塘花苑	北岙街道风门村
7	新增或更新健身苑点	北岙街道东沙村	北岙街道东沙村
8	新增或更新健身苑点	北岙街道岭背社区	北岙街道岭背社区
9	新增或更新健身苑点	东屏街道蓝港社区残疾人康复中心	东屏街道蓝港社区
10	新增或更新健身苑点	霓屿街道桐岙村	霓屿街道桐岙村
11	新增或更新健身苑点	霓屿街道同兴村	霓屿街道同兴村
12	新增或更新健身苑点	灵昆街道双昆村	灵昆街道双昆村
13	新增或更新健身苑点	灵昆街道沙塘村	灵昆街道沙塘村
14	新增或更新健身苑点	大门镇长沙社区	大门镇长沙社区
15	新增或更新健身苑点	大门镇朝阳社区	大门镇朝阳社区

续表62

序号	项目名称	具体建设地址	受赠单位
16	新增或更新健身苑点	大门镇寨楼村	大门镇寨楼村
17	新增或更新健身苑点	元觉街道小北岙残疾人之家	元觉街道办事处
18	省城市（市一类）百姓健身房	灵昆街道上岩头村文化中心	灵昆街道上岩头村
19	省农村百姓健身房	北岙街道小长坑村	北岙街道小长坑村
20	省农村百姓健身房	霓屿街道正岙村新村部	霓屿街道正岙村
21	省农村百姓健身房	大门镇大荆村振兴西路231号	大门镇大荆村
22	体育设施进公园	北岙街道南塘湾儿童公园	区文广旅体局
23	门球场	霓屿街道正岙村	霓屿街道正岙村
24	登山健身步道	北岙街道燕子山公园	北岙街道办事处

（区文广旅体局提供）

竞技体育

【概况】2023年，洞头区新注册运动员306人，累计在册运动员共计2173人（不含待审核人数），市级转正2名。洞头区籍运动员参加上级比赛，获国家级赛事奖牌17枚（金牌7枚、银牌5枚、铜牌5枚），省级22枚（金牌7枚、银牌5枚、铜牌10枚），市级金牌18枚。举办洞头区中小学生体育节足球、羽毛球、游泳、田径、乒乓球、篮球、排球、“阳光体育”等比赛。

【洞头区幼儿园、小学生篮球赛】2023年3月30日至4月1日，由区文广旅体局和区教育局主办的区中小学生体育节小学生篮球比赛暨幼儿园篮球技能展示活动在元觉义校举行。比赛设幼儿、U8、U10三个组别，来自全区18所幼儿园，11所小学500多名运动员参赛。最终教育幼儿园、快乐幼儿园、城关中心幼儿园获得幼儿组一等奖，小学U8组灵南小学和实验小学分获男女组冠军，U10组元觉义校和鹿西小学分获男女组冠军。

2023年3月30日至4月1日，2023年洞头区中小学生体育节小学生篮球比赛暨幼儿园篮球技能展示活动举行（区文广旅体局提供）

【2023年全国少年空手道锦标赛】2023年7月12日至14日，“奔跑吧·少年”2023年全国青少年空手道U系列赛在江西鹰潭举办，洞头籍运动员代表温州市以洞头区海鱼儿队名义组队获4金3银2铜。12月2至4日，参加湖北宜昌举办2023年全国少年空手道锦标赛获2金1银3铜。

【洞头区中小学生体育节篮球比赛】2023年10月12日至14日，洞头区中小学生体育节中学生篮球比赛暨第二十五届“希望杯”篮球赛在元觉义校举行，来自全区10个代表队，140多名运动员参加比赛。经比拼，最终海霞中学包揽初中组男、女冠军，霓屿义校和乐成寄宿中学分别获男子组亚军和季军，元觉义校和大门新城实验中学获女子组亚军和季军。活动由洞头区文化和广电旅游体育局，洞头区教育局主办，洞头区定向运动协会承办。

【洞头区中小学生体育节排球比赛】 2023年10月20日至21日，洞头区中小学生体育节排球比赛在元觉义校举行，来自全区11个代表队，150多名运动员参加比赛。这是洞头区首次举行学生排球比赛。经比拼，最终灵昆中学、霓屿义校、实验中学获男子组前三名，实验中学、元觉义校、大门新城实验中学获女子组前三名。活动由洞头区文化和广电旅游体育局，洞头区教育局主办，洞头区定向运动协会承办。

【洞头区中小学生体育节游泳比赛】 2023年9月16日，由洞头区文化和广电旅游体育局、洞头区教育局主办，洞头区海晨体育文化有限公司承办的2023年洞头区中小学生体育节游泳比赛举行。比赛共分3个年龄组、6个单项、22个组次，来自全区各中小学的百余名青少年游泳选手参加此次角逐。最终实验小学和实验中学分别获得小学组和初中组团体第一名。

（汪秀旭）

表63　2023年洞头区籍运动员参加体育竞赛成绩一览表（部分）

序号	级别	姓名	竞赛名称	参赛项目	名次
1	国家级	林生凌	2023年全国少年空手道锦标赛	男子团体组手	第一名
2	国家级	胡航鸣	2023年全国少年空手道锦标赛	男子团体型	第一名
3	国家级	吴承函	2023年全国少年空手道锦标赛	女子团体型	第二名
4	国家级	吴承洋	2023年全国少年空手道锦标赛	男子团体型	第三名
5	国家级	胡航鸣	2023年全国少年空手道锦标赛	男子个人型	第三名
6	国家级	林生凌	2023年全国少年空手道锦标赛	男子-52公斤	第三名
7	国家级	胡航鸣	第十届东亚空手道锦标赛	男子团体型	第一名
8	国家级	胡航鸣	“奔跑吧·少年”2023年全国青少年空手道U系列赛	U15男子个人型	第一名
9	国家级	胡航鸣	“奔跑吧·少年”2023年全国青少年空手道U系列赛	U15男子团体型	第一名
10	国家级	林生凌	“奔跑吧·少年”2023年全国青少年空手道U系列赛	U15男子个人组手-52公斤	第一名
11	国家级	陈炜杰	“奔跑吧·少年”2023年全国青少年空手道U系列赛	U15男子个人组手-47公斤	第一名
12	国家级	吴承函	“奔跑吧·少年”2023年全国青少年空手道U系列赛	U15女子团体型	第二名
13	国家级	林生凌 陈炜杰 洪　杨	“奔跑吧·少年”2023年全国青少年空手道U系列赛	U15男子团体组手	第二名

续表63

序号	级别	姓名	竞赛名称	参赛项目	名次
14	国家级	刘之冰	“奔跑吧·少年”2023年全国青少年空手道U系列赛	U15女子个人组手−54公斤	第二名
15	国家级	叶柏桥 吴承洋 林生凌	“奔跑吧·少年”2023年全国青少年空手道U系列赛	U15男子团体型	第三名
16	国家级	洪杨	“奔跑吧·少年”2023年全国青少年空手道U系列赛	U15男子个人组手−63公斤	第三名
17	国家级	吴承函	“奔跑吧·少年”2023年全国青少年空手道U系列赛	U15女子个人型	第七名
18	国家级	叶柏桥	“奔跑吧·少年”2023年全国青少年空手道U系列赛	U15男子个人型	第七名
19	国家级	苏品泽	“奔跑吧·少年”2023年全国青少年空手道U系列赛	U12男子个人型	第七名
20	国家级	叶轩成	全国帆船锦标赛	混合诺卡拉17级U24长距离赛	第六名
21	国家级	叶轩成	全国帆船锦标赛	混合诺卡拉17级U24场地赛	第七名
22	国家级	鲍俊楠	中华人民共和国第一届学生（青年）运动会	水翼帆板男子场地赛	第七名
23	国家级	郑蔺鸣	中华人民共和国第一届学生（青年）运动会	排球女子16岁以下组	第二名
24	省级	池钦妮 刘之冰	2023年浙江省青少年空手道锦标赛	乙组女子团体组手	第一名
25	省级	胡航鸣	2023年浙江省青少年空手道锦标赛	乙组男子团体型	第一名
26	省级	林生凌	2023年浙江省青少年空手道锦标赛	丙组男子团体组手	第一名
27	省级	胡航鸣	2023年浙江省青少年空手道锦标赛	乙组男子个人型	第一名
28	省级	陈博远	2023年浙江省青少年空手道锦标赛	丙组男子−50公斤	第一名
29	省级	池钦妮	2023年浙江省青少年空手道锦标赛	乙组女子个人型	第二名
30	省级	郑瑜增 吴承函 庄渝涵	2023年浙江省青少年空手道锦标赛	丙组女子团体型	第二名
31	省级	叶柏桥 陈炜杰 吴承洋	2023年浙江省青少年空手道锦标赛	丙组男子团体型	第三名
32	省级	林生凌	2023年浙江省青少年空手道锦标赛	丙组男子−50公斤	第三名

续表63

序号	级别	姓名	竞赛名称	参赛项目	名次
33	省级	刘张宇	2023年浙江省青少年空手道锦标赛	丙组男子−61公斤	第三名
34	省级	陈炜杰	2023年浙江省青少年空手道锦标赛	丙组男子−45公斤	第三名
35	省级	蒋涵熵	2023年浙江省青少年空手道锦标赛	丙组男子+55公斤	第三名
36	省级	温含毅	2023年浙江省青少年空手道锦标赛	甲组男子−68公斤	第三名
37	省级	温含毅 刘张宇	2023年浙江省青少年空手道锦标赛	甲组男子团体组手	第五名
38	省级	洪 杨	2023年浙江省青少年空手道锦标赛	丙组男子−55公斤	第五名
39	省级	陈炜杰 洪 洋 蒋涵熵 陈博远	2023年浙江省青少年空手道锦标赛	丙组男子团体组手	第五名
40	省级	叶柏桥	2023年浙江省青少年空手道锦标赛	丙组男子个人型	第七名
41	省级	蒋涵熵	2023年浙江省青少年武术散打锦标赛	男子丙组56公斤级	第三名
42	省级	杨邦仪	2023年浙江省青少年武术散打锦标赛	男子乙组75公斤级	第五名
43	省级	吴瑞浩	2023年浙江省青少年武术散打锦标赛	男子甲组48公斤级	第五名
44	省级	胡员诚	2023年浙江省青少年武术散打锦标赛	男子丙组48公斤级	第五名
45	省级	周艺飞	2023年浙江省青少年武术散打冠军赛	男子甲组60公斤	第五名
46	省级	肖 涛	2023年浙江省青少年武术散打冠军赛	男子甲组85公斤	第三名
47	省级	夏江林	2023年浙江省青少年武术散打冠军赛	男子甲组90公斤	第二名
48	省级	汪秀棚	2023年浙江省青少年国际式摔跤冠军赛	男子乙组63公斤	第一名
49	省级	汪秀棚	2023年浙江省青少年国际式摔跤锦标赛	男子乙组58公斤	第一名
50	省级	董佳乐	2022年浙江省青少年摔跤锦标赛	男子60公斤	第三名
51	省级	汤梓涵	2023年浙江省青少年射击锦标赛	男子丙组50米枪卧射60发团体	第二名

续表63

序号	级别	姓名	竞赛名称	参赛项目	名次
52	省级	汤梓涵	2023年浙江省青少年射击锦标赛	男子丙组50米枪卧射60发个人	第八名
53	省级	黄昱翔	2023年浙江省青少年田径锦标赛	18岁男子100米	第三名
54	省级	刘张宇	2023年浙江省青少年跆拳道锦标赛	男子甲组63公斤	第五名
55	省级	方芝颖	2022年浙江省青少年跆拳道锦标赛	女子甲组49公斤	第二名
56	省级	黄昱翔	2023年浙江省青少年田径锦标赛	18岁男子200米	第五名
57	省级	郑蔺鸣	2023年浙江省青少年女子排球锦标赛	女子甲组	第三名
58	市级	刘张宇	2023年温州市“中兢大汽杯”青少年（儿童）跆拳道锦标赛	男子甲组64公斤	第三名
59	市级	温含毅	2023年温州市“中兢大汽杯”青少年（儿童）跆拳道锦标赛	男子甲组70公斤	第二名
60	市级	杨俊宇	2023年温州市“中兢大汽杯”青少年（儿童）跆拳道锦标赛	男子乙组52公斤	第一名
61	市级	吴登国	2023年温州市“中兢大汽杯”青少年（儿童）跆拳道锦标赛	男子乙组56公斤	第一名
62	市级	胡员诚	2023年温州市“中兢大汽杯”青少年（儿童）跆拳道锦标赛	男子丙组48公斤	第三名
63	市级	张梓彦	2023年温州市“中兢大汽杯”青少年（儿童）跆拳道锦标赛	男子丙组52公斤	第二名
64	市级	陈博远	2023年温州市“中兢大汽杯”青少年（儿童）跆拳道锦标赛	男子丙组52公斤	第三名
65	市级	杨子龙	2023年温州市“中兢大汽杯”青少年（儿童）跆拳道锦标赛	男子丁组30公斤	第一名
66	市级	陈淑琪	2023年温州市“中兢大汽杯”青少年（儿童）跆拳道锦标赛	女子甲组51公斤	第二名
67	市级	吴紫菱	2023年温州市“中兢大汽杯”青少年（儿童）跆拳道锦标赛	女子乙组44公斤	第三名
68	市级	庄渝涵	2023年温州市“中兢大汽杯”青少年（儿童）跆拳道锦标赛	女子乙组52公斤	第三名
69	市级	叶　楠	2023年温州市“中兢大汽杯”青少年（儿童）跆拳道锦标赛	女子乙组56公斤	第三名

续表63

序号	级别	姓名	竞赛名称	参赛项目	名次
70	市级	刘冰钦	2023年温州市“中兢大汽杯”青少年（儿童）跆拳道锦标赛	女子乙组56公斤+	第三名
71	市级	郑瑜增	2023年温州市“中兢大汽杯”青少年（儿童）跆拳道锦标赛	女子丙组39公斤	第三名
72	市级	郑佳亦	2023年温州市“中兢大汽杯”青少年（儿童）跆拳道锦标赛	女子丙组48公斤	第一名
73	市级	郑雅文	2023年温州市“中兢大汽杯”青少年（儿童）跆拳道锦标赛	女子丁组33公斤	第三名
74	市级	吴瑞浩	2023年温州市青少年（儿童）武术散打锦标赛	男子甲组48公斤	第二名
75	市级	潘炜明	2023年温州市青少年（儿童）武术散打锦标赛	男子甲组56公斤	第三名
76	市级	邹国富	2023年温州市青少年（儿童）武术散打锦标赛	男子甲组60公斤	第三名
77	市级	周艺飞	2023年温州市青少年（儿童）武术散打锦标赛	男子甲组65公斤	第三名
78	市级	夏江林	2023年温州市青少年（儿童）武术散打锦标赛	男子甲组80公斤	第三名
79	市级	肖　涛	2023年温州市青少年（儿童）武术散打锦标赛	男子甲组85公斤	第二名
80	市级	林乃博	2023年温州市青少年（儿童）武术散打锦标赛	男子乙组75公斤+	第三名
81	市级	朱安东	2023年温州市青少年（儿童）武术散打锦标赛	男子丙组48公斤	第三名
82	市级	陈亦俊	2023年温州市青少年（儿童）武术散打锦标赛	男子丙组52公斤	第三名
83	市级	胡员诚	2023年温州市青少年（儿童）武术散打锦标赛	男子丙组52公斤	第三名
84	市级	蒋涵嬬	2023年温州市青少年（儿童）武术散打锦标赛	男子丙组56公斤+	第一名
85	市级	姚代芬	2023年温州市青少年（儿童）武术散打锦标赛	女子乙组42公斤	第二名
86	市级	许筱漫	2023年温州市青少年（儿童）乒乓球单项锦标赛	女子A组	第一名
87	市级	胡航鸣	2023年温州市青少年（儿童）空手道锦标赛	男乙组个人型	第一名
88	市级	吴承函	2023年温州市青少年（儿童）空手道锦标赛	女乙组个人型	第三名
89	市级	吴紫菱	2023年温州市青少年（儿童）空手道锦标赛	女乙组个人组手46公斤	第三名

续表63

序号	级别	姓名	竞赛名称	参赛项目	名次
90	市级	陈炜杰	2023年温州市青少年（儿童）空手道锦标赛	男乙组个人组手46公斤	第三名
91	市级	刘之冰	2023年温州市青少年（儿童）空手道锦标赛	女乙组个人组手50公斤	第二名
92	市级	林生凌	2023年温州市青少年（儿童）空手道锦标赛	男乙组个人组手55公斤	第二名
93	市级	庄渝涵	2023年温州市青少年（儿童）空手道锦标赛	女乙组个人组手56公斤	第一名
94	市级	吴承函	2023年温州市青少年（儿童）空手道锦标赛	女乙组个人组手56公斤+	第二名
95	市级	洪　杨	2023年温州市青少年（儿童）空手道锦标赛	男乙组个人组手60公斤	第三名
96	市级	胡航鸣 吴承洋 陈衍杞	2023年温州市青少年（儿童）空手道锦标赛	男乙组团体型	第二名
97	市级	吴紫菱 吴承函 庄渝涵	2023年温州市青少年（儿童）空手道锦标赛	女乙组团体型	第二名
98	市级	陈炜杰 林生凌 洪　杨	2023年温州市青少年（儿童）空手道锦标赛	男乙组团体组手	第三名
99	市级	吴紫菱 刘之冰 吴承函 庄渝涵	2023年温州市青少年（儿童）空手道锦标赛	女乙组团体组手	第三名
100	市级	叶柏桥	2023年温州市青少年（儿童）空手道锦标赛	男丙组个人型	第二名
101	市级	郑瑜增	2023年温州市青少年（儿童）空手道锦标赛	女丙组个人组手42公斤	第二名
102	市级	陈博远	2023年温州市青少年（儿童）空手道锦标赛	男丙组个人组手50公斤	第一名
103	市级	蒋涵熵	2023年温州市青少年（儿童）空手道锦标赛	男丙组个人组手50公斤+	第三名
104	市级	叶柏桥 苏品泽 林烜宇	2023年温州市青少年（儿童）空手道锦标赛	男丙组团体型	第三名
105	市级	陈博远 叶柏桥 蒋涵熵	2023年温州市青少年（儿童）空手道锦标赛	男丙组团体组手	第三名
106	市级	张奕洋	2023年温州市青少年（儿童）拳击锦标赛	男子丁组32公斤	第二名
107	市级	叶天盛	2023年温州市青少年（儿童）拳击锦标赛	男子丁组38公斤	第一名

续表63

序号	级别	姓名	竞赛名称	参赛项目	名次
108	市级	项子豪	2023年温州市青少年（儿童）拳击锦标赛	男子丁组42公斤	第一名
109	市级	肖星如	2023年温州市青少年（儿童）拳击锦标赛	女子丁组28公斤	第三名
110	市级	张涵	2023年温州市青少年（儿童）拳击锦标赛	女子丁组32公斤	第三名
111	市级	汪秀棚	2023年温州市青少年（儿童）摔跤锦标赛	自由式男子甲组60公斤	第一名
112	市级	潘俊宇	2023年温州市青少年（儿童）摔跤锦标赛	自由式男子甲组70公斤	第二名
113	市级	董佳乐	2023年温州市青少年（儿童）摔跤锦标赛	自由式男子乙组58公斤	第一名
114	市级	胡员诚	2023年温州市青少年（儿童）摔跤锦标赛	自由式男子丙组46公斤	第一名
115	市级	吴承函	2023年温州市青少年（儿童）摔跤锦标赛	自由式女子乙组46+公斤	第三名
116	市级	叶轩成	2023年温州市青少年（儿童）帆船帆板锦标赛	帆板T293级男子甲组场地赛	第三名
117	市级	叶轩成	2023年温州市青少年（儿童）帆船帆板锦标赛	帆板T293级男子甲组长距离赛	第三名
118	市级	江宏臻	2023年温州市青少年（儿童）帆船帆板锦标赛	帆板T293级男子乙组场地赛	第一名
119	市级	江宏臻	2023年温州市青少年（儿童）帆船帆板锦标赛	帆板T293级男子乙组长距离赛	第一名
120	市级	杨可可	2023年温州市青少年（儿童）帆船帆板锦标赛	帆板T293级女子丙组场地赛	第三名
121	市级	杨可可	2023年温州市青少年（儿童）帆船帆板锦标赛	帆板T293级女子丙组长距离赛	第一名
122	市级	叶闻浩	2023年温州市青少年（儿童）帆船帆板锦标赛	帆船OP男子丙组场地赛	第二名
123	市级	叶闻浩	2023年温州市青少年（儿童）帆船帆板锦标赛	帆船OP男子丙组长距离赛	第二名
124	市级	黄昱翔	2023年温州市青少年（儿童）田径锦标赛	18岁组男子100米决赛	第二名
125	市级	陈雅彤	2023年温州市青少年（儿童）田径锦标赛	18岁组女子800米决赛	第二名
126	市级	陈雅彤	2023年温州市青少年（儿童）田径锦标赛	18岁组女子1500米决赛	第二名
127	市级	胡轩扬	2023年温州市青少年（儿童）田径锦标赛	16-17岁组男子铁饼	第三名

续表63

序号	级别	姓名	竞赛名称	参赛项目	名次
128	市级	杨　丹	2023年温州市青少年（儿童）田径锦标赛	13岁组女子三项全能	第三名
129	市级	张荞轩	2023年温州市青少年（儿童）田径锦标赛	11岁组女子三项全能	第三名
130	市级	纪晨晰	2023年温州市青少年（儿童）田径锦标赛	10岁组女子三项全能	第三名
131	市级	付国熙	2023年温州市青少年（儿童）田径锦标赛	10岁组男子三项全能	第一名
132	市级	陈彦江	2023年温州市青少年（儿童）田径锦标赛	10岁组男子三项全能	第二名

（区文广旅体局提供）

体育场所建设与管理

【概况】2023年，洞头区完成省、市基层体育设施建设任务7项，包括省城市（市一类）百姓健身房1个、省农村百姓健身房3个、体育设施进公园1处、门球场1块、登山健身步道1条。南塘湾儿童友好公园增添5个智能健身器械，场地面积约50平方米，总投资约7万元。

【百姓健身房建设】2023年10月，洞头区建成百姓健身房4个。其中，洞头区灵昆街道上岩头村省城市（一类）百姓健身房位于灵昆街道上岩头村文化中心，场地面积约200平方米，总投资约30万元，内有运动设施有氧器械12台、力量器械7台、辅助器材3件等；北岙街道小长坑村省农村百姓健身房位于北岙街道小长坑村村部一楼，面积约80平方米，投资约8万元，有运动设施有氧器械3件、力量器械1件、辅助器材2件、棋盘棋牌4副等；霓屿街道正岙村省农村百姓健身房位于霓屿街道正岙村新村部，面积约80平方米，投资约8万元，有运动设施有氧器械3件、力量器械1件、辅助器材2件、棋盘棋牌4副等；大门镇大荆村省农村百姓健身房位于大门镇大荆村振兴西路231号，面积约80平方米，投资约8万元，有运动设施有氧器械3件、力量器械1件、辅助器材2件、棋盘棋牌4副等。

表64　2023年洞头区省、市民生实事体育项目建设一览表

序号	项目名称	具体建设地址	建设单位
1	省城市（市一类）百姓健身房	灵昆街道上岩头村文化中心	灵昆街道上岩头村村
2	省农村百姓健身房	北岙街道小长坑村	北岙街道小长坑村
3	省农村百姓健身房	霓屿街道正岙村新村部	霓屿街道正岙村
4	省农村百姓健身房	大门镇大荆村振兴西路231号	大门镇大荆村
5	体育设施进公园	北岙街道南塘湾儿童公园	区文广旅体局
6	门球场	霓屿街道正岙村	霓屿街道正岙村
7	登山健身步道	北岙街道燕子山公园	北岙街道办事处

（区文广旅体局提供）

【门球场建设】2023年10月，洞头区霓屿街道石子岙村门球场工程完工投用。拥有场地面积约300平方米，采用人工草坪覆盖并配有灯光照明设施，总投资约20万元。建设单位为石子岙村委会。

【登山健身步道建设】2023年12月，洞头区北岙街道燕子山登山步道提升工程完工投用。该步道由北岙街道办事处建设，步道长约6千米，总投资约500万元，内建栈道、砾石道、间隔石道、台阶等。

（颜孙琼）

社会生活

人力资源管理

【概况】2023年，洞头区完成新招引大学生2065人，其中硕士57人，博士2人。全年完成职业技能培训2071人次，新增技能人才1351人，其中高技能人才530人，分别完成省政府民生实事目标任务的115%、150%、106%。面向社会公开招考事业单位人员共107名，招引中高层次“百岛菁英”人才9人。开展机关事业单位编外用工招考15期，招聘166人。城镇新增就业1487人，发放创业担保贷款856万元，常态化征集并发布就业岗位5000多个，助企招工1000多人，帮助就业困难人员实现再就业100人。温州市洞头区人力资源和社会保障局获评温州市推进共同富裕（扩中提低）先进集体。

（张 庆）

【人才人事管理】2023年，洞头区事业单位共聘用工作人员107人，其中开展全区事业单位统一面向社会公开招聘事业人员42人；通过“单招单考”及赴高校招聘教育卫生部门教师17名、医卫人员26名；开展中高层次人才招聘，面向全国招才9人；开展面向三支一扶人员招聘事业人员1名；聘用医学定向委培生5人；聘用教育定向委培生5人；配合退役军人事务局安置转业士官2人。审批事业单位岗位设置变动102件次，涉及人员岗位变动301人次；完成事业单位人员流动审批132人，其中调离本区12人，区外调入2人。

【“510+计划”大学生招引行动】2023年，洞头区首次组织中燃华电、华港LNG两家企业赴浙江海洋大学召开名企宣讲会，现场吸引200多名大学生参加。首次组团跨省开展技能型人才招引活动，组织20多家企业赴湖南株洲职教园开展专场招聘会、人才合作交流会、校地合作揭牌等政校企人才对接活动。深化政校企三方合作，搭建在温州高校洞头籍人才交流平台，携手区重点企业赴在温州高校开展“送政策、送岗位、送服务”活动。全年新招引大学生2065人、硕士（研究生）57人、博士2人，累计与浙江海洋大学、温州职业技术学院、湖南工业大学等10所高校合作建立高校人才联络站。

【洞头籍人才回归就业创业】2023年，洞头区发布“归巢吧，海燕！”系列宣传片14期，选取洞头籍大学生、在外创业者等回归洞头就业创业的代表，视频累计点击量超10万次，营造洞头籍人才返乡就业创业氛围。持续开展“家燕归巢”洞头籍大学生暑期社会实践活动，吸引220名大学生返乡参加实践，免费提供“点单式”职业技能培训服务，开展人像摄影、短视频制作、行政办公软件技能等培训8期。引导大学生走出家门、适应职场氛围，帮助洞头籍大学生逐梦青春、就业圆梦。

（王 丹）

【专业技术人员培养】2023年，洞头区推进人才选拔培养工作。推荐参与省市中、高级职称评审128人，完成初级专业技术职业资格评审及确认179人。教育系统一级教师参评30人，通过23人。协助完成教育系统中、高级教师自主评聘，副高级聘用1人，中级聘用18人；

表65　2023年洞头区各类专业技术人员一览表

单位：人

序号	类别	合计	高级	中级	初级
1	工程技术人员	620	78	213	329
2	农业技术人员	54	2	14	38
3	科学技术人员	2	0	2	0
4	卫生技术人员	644	119	183	342
5	教育人员	1318	283	574	461
6	经济人员	172	20	104	48
7	会计人员	91	4	21	66
8	统计人员	18	1	8	9
9	律师公证人员	7	0	0	7
10	播音人员	15	0	1	14
11	艺术人员	20	2	5	13
12	图书档案、文博人员	33	4	8	21
13	新闻、出版人员	56	4	15	37
14	体育人员	7	0	5	2
15	其他人员（政工）	24	0	14	10
	总计	3081	517	1167	1397

（区人力社保局提供）

协助区医共体完成卫生高级专业技术职务任职资格自主评聘，正高级聘用4人，副高级聘用9人。截至年底，全区共有专业技术人员3081人，其中，高级职称517人，中级职称1167人，初级职称1397人。专业技术人员中，教育人员1318人，占42.78%；卫生技术人员644人，占20.9%；工程技术人员620人，占20.12%；经济人员172人，占5.58%；会计人员91人，占2.92%；新闻、出版人员56人，占1.82%；其他各类专业180人，占5.84%。

【职员等级晋升管理】2023年，洞头区根据上级文件精神，洞头区按照比选择优原则，开展事业单位管理岗位职员等级晋升工作。年内，全区共完成事业管理岗位人员晋升职员等级76人，其中七级职员32人，八级职员43人，九级职员1人。截至年底，全区事业管理岗位人员累计晋升职员等级187人，其中七级职员83人，八级职员103人，九级职员1人。

（林生毅）

【机关事业单位编外人员管理】2023年，洞头区组织开展机关事业单位编外用工招考15期（其中公安6期，交警3期，社工1期），发布岗位447个，招聘166人。全年区人才发展有限公司举办全区编外人员线下培训1场，培训118人；组织线上安规考试2期，线上培训623人。

【人力资源服务机构指导服务】2023年，洞头区人力资源和社会保障局指导人力资源服务机构建设供需对接平台，新增经营性人力资源服务机构12家，截至年底共计21家，同比增长133%。组织洞头人才发展有限公司、东升货运等机构开展对接、推介、路演、洽谈、服务等活动6场。洞头人才发展有限公司荣获“浙江省人力资源服务机构测评10强”（全市仅1家），成功培育1家人力资源服务机构规上企业。

（陈子海）

【专业人才奖励】2023年，洞头区推进优惠政策助力人才“引育留”。全年累计发放各类中高层次人才补贴605.4万元、惠及1723人次[其中，政府工作津贴287.52万元、惠及1604人次，安家（购房）补助222万元、惠及79人，中高层次人才引育奖励95.88万元、惠及38人和2家企业]，博士后工作站综合补助6万元，惠及1家科研院所。

表66　2023年洞头区部分人才优惠待遇专项补助一览表

单位：元

序号	姓名	性别	单位	类别	补助期限	补助金额
1	周星中	男	浙江立鹏建设有限公司	企业人才生活（就业）补贴	2022年3月至2024年2月	10000
2	周锋	男	浙江瓯越交建科技股份有限公司	企业人才生活（就业）补贴	2022年7月至2024年6月	9000
3	吴李亨	男	温州大小门岛投资开发有限公司	企业人才生活（就业）补贴	2022年7月至2024年6月	4800
4	管琳潇	女	浙江瓯越交建科技股份有限公司	企业人才生活（就业）补贴	2021年10月至2023年9月	9600
5	黄元利	男	温州大小门岛投资开发有限公司	企业人才生活（就业）补贴	2021年7月至2023年6月	9600

（区人力社保局提供）

就业创业

【概况】2023年，洞头区城镇新增就业1487人，城镇调查失业率4.6%，就业困难人员再就业100人。新增3家零工市场，其中城市岛屿人力资源市场（零工市场）于2023年底前投用。新增创业担保贷款856万元，扶持创业人数135人，带动就业人数380人。常态化征集并发布岗位5000多个，助企招工1000多人。搭建“线上＋线下”供需平台，借助“洞头人社”公众号常态化发布岗位信息37期，组织赴外精准招聘，累计开展本地线下招聘活动9场，外出招聘5场。全年兑现稳岗返还资金、社保补贴、一次性扩岗补助等助企纾困政策补助853.7万元，惠及企业679家次。全年发放失业金、高校毕业生就业、创业等补贴795.72万元，惠及3233人次。举办“全市返乡入乡合作创业”现场会，并在会上作经验交流。东岙村获评“全省推进农民工返乡创业成绩突出单位”。

【就业岗位扩大】2023年，洞头区完成省级民生实事，建成零工市场3家。打造常态化“线上＋线下”就业招聘平台，通过“洞头人社”公众号发布招聘岗位37期，其中发布大学生岗位3000多个；创新求职招聘载体，推出“洞企有约·职等你来”求职招聘短视频，为企业与求职者搭建生动直观的求职渠道，全年累计为30家企业拍摄招聘宣传片并在抖音、视频号等平台进行投放。组织“春风行动”、乡村巡回微招聘等线下招聘活动9场，提供就业岗位5000多个，达成初步就业意向500多人次。

【重点群体岗位援助】2023年，洞头区推进“春风行动”重点群体就业援助活动，联合民政、残联等部门开展低保、低边、残疾人、失业人员等重点群体信息收集，挖掘并发布不限技能、不限学历的爱心岗位922个，重点群体帮扶率达100%。结合“省级七张清单”的整改要求，优化公益性岗位开发、人员安置、补贴发放全流程管理，创新推出委托第三方开发公益性岗位的模式，扩大安置单位范围，新增4大类16种岗位，落实异地安置，双向提升安置单位开发与被安置人员上岗积极性，全年新开发公益性岗位87个，同比增长50%，其中针对残疾人开发公益性岗位35个，促进帮扶对象人均年收入增加约2.4万元。全年发放就业援助资金121.92万元。

【金融助力创业】2023年，洞头区充分发挥创业担保贷款的金融支撑作用，助力创业实体健康发展，新增农商银行等3家创业担保贷款经办银行，累计发放创业担保贷款856万元，同比增长43%，发放贴息11.94万元，扶持创业135人，带动就业380人。举办2023年洞头区首届返乡入乡合作创业大赛暨奇思妙想创业大赛，吸引区内外70个创新创业项目参赛，12个项目参加决赛，激发全区创业创新活力。

（王　丹）

【技能人才培养】2023年，洞头区围绕省政府民生实事、"七优享"工程等要求，推进职业技能培训领域突出问题专项治理，采用"培补分离"方式梳理重塑职业技能培训全过程，全面提升技能培训质效，以全区产业发展与群众就业需求为导向，有针对性地开展企业安全技能、民宿管家等技能培训38场，组织中式烹调师、劳动关系协调员、养老护理员等技能大赛5场，全年完成职业技能培训数2071人，新增职业技能人才1351人，新增高技能530人。

【技能创富特色品牌打造】2023年，洞头区创新"送技下乡大篷车"培训载体。线下精选实用型技能培训送到群众家门口、工作单位，线上推出"强哥带你下厨房"等系列培训视频，帮助群众随时随地获取培训资源，提高群众参训积极性、便利性，全年开展美食烹饪、民宿管家等各类"大篷车"培训活动25期，服务群众3000多人次。"送技下乡大篷车"活动获时任市委书记刘小涛批示肯定，参选"温州市打造高质量发展建设共同富裕示范区市域样板第二批最佳实践案例"。打造"渔家厨娘"劳务就业金品牌。构建"日常"+"竞赛"+"精品提升"的递进式人才培养模式，通过举办烹饪类培训班11期、技能比武4场、精品提升班2期，全年培训600多名厨娘，200多名厨娘取得中式烹调师三级技能等级证书。

（叶登舟）

【城市岛屿正式启用】2023年12月28日，洞头区人力社保局打造的2023年洞头区政府民生实事项目——城市岛屿正式建成投用并举办揭牌仪式。城市岛屿集人力资源市场、创业空间、公共生活休闲空间等功能于一体，面向全区群众提供求职招聘、技能培训、政策咨询等多元化公益性服务，同步联动大门、鹿西、霓屿、元觉4个零工市场（零工驿站），形成"1+4+N"[1个区级人力资源市场（零工市场）、4个乡镇（街道）零工市场、N个零工驿站或就业服务站点]公共就业服务体系，为务工人员打造"高效、便捷、温馨"的综合管理服务平台。

（张　庆）

劳动者权益维护

【概况】2023年，温州市洞头区劳动保障管理中心联合相关部门、街道（乡镇），组织开展"除险保安·三查一用"专项行动、"治欠打非百日清零"暨"根治欠薪"冬季专项行动、清理整顿人力资源市场秩序专项行动、工时和休息休假权益维护专项检查和"安护航迎亚运"等专项检查，重点做好根治欠薪工作，巩固并提升"无欠薪"示范区创建工作。推进劳动监察入驻瓯江口洞头区公共事务延伸管理服务中心，保障各行业劳动者合法薪酬权益。全年检查用人单位1989家，向企业下发《劳动保障监察询问通知书》87份、《劳动保障监察限期改正指令书》50份，受理处理投诉举报件690件，"110"社会应急联动指令135件，部级欠薪线索95件，"12345"热线转办件295件，处置率达100%。全年共立案查处56起，作出行政处罚13起，移交公安1起，共为1436名工人追回工资2128.16万元。全年未发生重特大恶性欠薪事件。

【劳动仲裁效能提升】2023年，洞头区劳动人事争议仲裁院深化劳动纠纷化解绿色通道改革，推进工资、工伤争议速裁机制，推进"信访+监察+仲裁"有效联动，积极发挥劳动仲裁法律援助工作站作用。大力推进数字仲裁庭建设，开设巡回仲裁庭，保障调解仲裁就地解决劳动纠纷，实现本地区60%以上的劳动争议案件首先在基层一线得到化解。"海霞妈妈"劳动人事争议调解工作室入选"全省工作突出基层劳动人事争议调解组织"名单。

【劳动争议案处理】2023年，区仲裁院共处理劳动人事争议案件478件，其中案前调解及网络调解379件，不予受理3件，立案处理劳动争议案件96件，结案金额435.3万元。全年劳动人事争议案件调解成功率87.64%，仲裁结案率96.91%，网络办案率72.65%。

（陈　珑）

【治欠打非百日清零行动】 2023年，洞头区成立“涉薪纠纷领域风险隐患排查”等5个工作专班，组织开展欠薪投诉集中接访3次，多部门联合检查12次，出动256人次，共检查用人单位400多家，在建项目检查全覆盖，涉及劳动者6000多人。组织开展“治欠打非百日清零”暨“根治欠薪”冬季专项行动。期间，未发生极端讨薪事件，未发现用人单位恶意拖欠农民工工资违法行为，政府投资项目、国企项目、交通、水利等工程建设项目未发生“一票否决”事项。

【“安薪护航迎亚运”专项行动】 2023年，洞头区对重大投资建设项目、重点企业开展专项检查，出动检查人员150人次，检查各类用人单位205家，其中在建工程项目46个，涉及劳动者1541人；共发放询问通知58份，限期改正责令27份；协调处理欠薪事件18起，立案查处14起，其中行政处罚1起，为197人追回工资204.35万元，行动期间案件全部“清零”，未发生群体性、突发性事件。

（陈情琨）

【洞头劳动保障服务大厅正式启用】 2023年12月19日，为进一步提升劳动保障维权服务质效，让广大劳动者获得更便捷、更高效的劳动保障服务，洞头区人力社保局整合打造的新劳动保障服务大厅正式向社会开放。新劳动保障服务大厅位于洞头区人力社保局一楼，区域面积约200平方米，分为“一台两室一区”（首问服务台、受理登记室、案件调解室、群众候访区）。劳动保障服务大厅不仅综合受理劳动保障监察投诉举报和劳动人事争议调解仲裁案件，同时扩展延伸至心理咨询、法律咨询、法律援助及矛盾调解等服务，推进劳动争议化解“最多跑一地”。

【“海霞妈妈”劳动人事争议调解工作室入选全省名单】 2023年11月20日，“海霞妈妈”劳动人事争议调解工作室入选“全省工作突出基层劳动人事争议调解组织”名单。洞头区“海霞妈妈”平安志愿者服务队曾获省级最佳志愿服务组织、全国优秀巾帼志愿服务队、全国文明实践巾帼志愿阳光站等，打响了温州首个省级区域调解品牌——“海霞解忧”。“海霞妈妈”劳动人事争议调解工作室秉持“海霞妈妈”平安志愿者服务队“热心、善心、耐心、爱心、真心”服务宗旨，组织开展劳动人事争议调解工作，促进劳动关系和谐稳定。坚持把非诉讼纠纷解决机制挺在前面，在引导和疏导端发力。实现社区调解工作站全覆盖，主动走访排查，及时了解劳动人事争议情况。落实调解回访制度，消除争议隐患。调解工作室着力构建全覆盖、全领域、全过程的调解组织网络，形成横向到边、纵向到底的调解工作格局。对接部门，主动纳入“1+X”劳动争议化解机制。全力开展劳动法律普法宣传。推动数字化建设，提升调解工作质效。始终把保障劳动者合法权益，努力营造良好营商环境作为工作标准，高标准建设劳动维权之家。建强调解员队伍，提升调解“硬实力”；塑造调解服务品牌，示范引领“好标杆”；用心用情服务，赢得当事人“金口碑”。

（张庆）

社会保障

【概况】 2023年底，洞头区各项社会保险基金（包括养老、工伤、失业）收入110771万元，与上年同比，增加6122万元，增长5.85%；支出150574万元，与上年同比，增加支出46212万元，增长44.28%；当年结余赤字39803万元，滚存结余13854万元。其中养老保险总收入108358元，支出144294万元，当年结余赤字35935万元，累计滚存结余13135万元；工伤保险基金总收入1102万元，支出2673万元，当年结余赤字1570万元，累计结余155万元；失业保险基金总收入1310万元，支出3607万元，当年结余赤字2297万元，累计结余561万元。

全年机关事业养老保险参保5867人，其中退休1563人；企业养老保险参保43016人，其中退休12845人；城乡居民养老保险参保37457人，其中领取待遇18849人；被征地（退渔）渔农民基本生活保障覆盖至6个街道（乡镇）86个村，参保人数6644人，其中领取待遇4924人。工伤保险参保32265人，其中建筑施工企业16315人。失业保险参保17992人。

洞头区推进跨省住院费用直接结算和跨省门诊特慢病种结算开通工作，全年直接结算率83.94%，区内7家定点医疗机构100%开通。组织开展党员结对帮扶主题实践活动，落实高额医疗费用困难人员月联系季走访制度，为离岛群众、伤残患者等特殊群体提供个性化医保服务，累计服务585人次。截至年底，洞头区户籍人口医疗参保人数（不含灵昆街道）110019人，参保率99.51%；完成年度长护险参保人数110307人，完成率119.9%。医保基金收入35742万元，同比下降4.8%；基金支出28504万元，增长1.6%，基金累计结余62830万元，增长13%。全区有医保定点医疗机构7个（不含灵昆街道），其中，区人民医院1个，乡镇卫生服务中心6个。医保定点药店19家。新增医保自助服务机6台。全区益康保总参保人数79281人，参保率71.43%，把全区户籍80岁以上老人参加“温州益康保”纳入区级民生实事。区医疗保障局获评全省医保系统成绩突出集体；区医保服务中心获评2023年度全市、全区万人评机关中层处室和基层站所活动满意处室（站所），工作经验在《中国医疗保险》刊登。

【**社会保障卡管理**】2023年，洞头区持续推进“居民服务一卡通”。推进“一卡通”的金融、交通、文旅、体育等领域的应用场景，协同区退役军人局、区交运公司、区文广旅体局等部门，推进实现全区退役军人扫码免费乘坐温州市区城市公共交通、百姓健身房门禁等应用场景落地。持续推进社会保障卡申领工作，完善社会保障卡申领问题处理机制，派专人督促合作银行收件和制卡。新增2个线上线下制卡网点，截至年底全区共有制卡网点22家，均实现线上线下受理，并提供上门服务。主城区形成10分钟快速办卡服务圈。累计新制卡、补换卡1.08万人次，其中线上申领634人次，进一步推动跑零次办卡。提高养老待遇入卡率，新增养老待遇和存量待遇分别达到95%和60%以上。

【**机关企事业城乡退休人员待遇调整**】2023年，洞头区根据省人力资源和社会保障厅、省财政厅《关于2023年调整退休人员基本养老金的通知》要求，上调全区退休人员工资，连续第八次同步调整机关事业单位和企业退休人员基本养老金，其中企业退休人员为连续第十九次上调。本次调资惠及全区14192名退休人员，机关事业单位人均月增资224.02元，企业人均月增资105.26元，自2023年1月1日起执行。城乡居民退休人员基础养老金由每人每月315元调整为每人每月330元，惠及全区1.85万名城乡居民退休人员。

【**社会保障服务**】2023年，区人力社保局聚焦“优服务”，不断提升社保服务水平。做实窗口“引导员确认办件情形、窗口统一收件、后台分类审核”的梯队化服务模式，持续提升“红色帮代办”服务能力，为800多人次提供错时服务、节假日预约办理等暖心便民服务。通过微信公众号推送“人社微课堂”7期，按企业职工养老保险、城乡居民养老保险等专题，以海报形式在线宣传社保政策。新开设霓屿、元觉社银网点社保收件专窗，下沉高频人社事项至街道（乡镇）政务服务中心，实现社保服务十分钟办事圈，进一步推进离岛偏远乡镇群众“业务办理不出岛”，社银网点累计办理社保业务2645件。“一网通办”率99.37%，全市排名第二位，线下大厅“一网通办”率97.28%，逐步实现“群众办事不出门”。人力社保综合窗口每月均获评区政务服务中心红旗窗口，并获评区满意窗口单位。

（陈嘉慧）

【**工伤保险**】2023年，洞头区加大工伤预防力度，进一步深化《关于在建工程项目工伤预防实行“三色”管理实施方案》，全年工伤发生率0.31%，支缴率81%，工伤发生率和支缴率考核均排名全市第一。完善规范工伤认定流程，把工伤认定工作流程全程纳入省系统平台管理，工伤认定申请材料、受理文书、调查核实录入及认定决定书均在信息系统中录入产生。依法依规作出工伤认定决定，截至12月底，完成工伤认定120件，给予伤残津贴606.07万元。做好劳动能力鉴定受理工作。从5月起，全面承接受理全区劳动能力鉴定申请工作，通过智慧大厅、浙江数字人社、工伤e鉴通等信息平台，共受理劳动能力初次鉴定49件。

【**社保基金风险防控与监管**】2023年，洞头区根据省厅、市局开展社保基金管理巩固提升年行动要求，结合洞头区实际研究制定行动方案，切实维护好基金安全。通过组织社保条线工作人员学习文件精神、开展警示教育、岗位练兵等方式提高工作人员守法意识。组织检查小组开展失业、工伤认定、伪造退役军人身份违规参保问题等专项检查自查工作，对发现的问题及时整改到位。年内，做好社保基金在线3批次、人社部稽核系统下发4批次、稽核风控平台7批次。开展社保基金第三方审计评估，委托会计师事务所对2022年机关事业单位养老保险基金管理使用情况及社保经办内控执行情况专项审计，按照“即知即改”做好举一反三，逐个整改到位。

（方均宽）

【**医保基金监管**】2023年，洞头区开通辖区两定医药机构处方流转正式库配置，对7家医疗机构和19家定点零售药店提供普通门诊外配处方等功能。增设18台定点药店音频监控，筑牢监管屏障。实施全区两定机构年检、“人死卡活”专项检查、定点药店日常稽核等行动，曝光定点药店违规违约案例2件，依规对1家定点药店作出双停处置，累计拒付、追回医保基金125万元，查处一起“人死卡活”案件并移交公安机关。开展基金监管主体线上有奖竞答、诚信接力等，自导自演拍摄医保基金监管宣传短视频。举办首届由辖区两定机构人员参与的“争做医保基金守护者”主题演讲比赛。完善举报投诉奖惩机制，调动全民参与监管的积极性。

【医保便民利民服务】2023年，区医保局开展飞药3.0服务提质工作，探索开通飞药商城线上购药移动支付，已明确一家连锁药店作为运营机构。新增医保自助服务机6台，在鹿西岛投放全省首台开通医保线上结算的自助智能药柜。率全市之先在人民医院设立“医保红管家”窗口，专人驻点经办服务2300多人次。推行医保业务预约“上门服务”“帮办代办”“邮寄办”等服务，惠及1200多人次。推进跨省住院费用直接结算和跨省门诊特慢病种结算开通工作，截至年底，直接结算率83.94%，区内7家定点医疗机构100%开通。公共服务“七优享”满意度测评全市第一位，满意度100%，累计采纳“一地创新，全省共享”工单4件。推进医保支付方式改革，完成“乙类乙管”后新型冠状病毒感染患者治疗费用医疗保障工作，全年已申报本地就医结算新冠患者150人，累计支出费用160.67万元。

【医保助企】2023年，区医保局落实医保助企举措，建立规上企业医保联络人制度，提供点对点服务，共解决企业问题36个。做好市域和省域通办工作，实现省内转移千元以下免审即转。推进医保“零次跑”服务，累计办结报销业务6600多笔，备案登记业务2800多笔，机关事业内跑一件事、新生儿一件事、身后一件事等事项联办1800多笔，全年精神残疾人员用药费用报销324笔。受理长护险集中评估申请115名。推进“一地创新、全省共享”机制落地落实，“生育津贴支付”等3件工单被省局采纳。在各社区卫生服务中心等处启用一批医保自助服务机。

【医保智能药柜】2023年12月31日，区医保局在鹿西社区卫生服务中心投放全省首台开通医保线上结算功能的24小时自助智能药柜。该项目由医保洞头分局牵头区市监、卫健等部门，对接洞头一正药店，在鹿西乡卫生院打造，集“线下问诊、线上审方、医保支付、自动售药”于一体的“智慧药房”，有效弥补离岛基层医疗机构备药不足短板。该项目以当地群众用药需求为导向，提供24小时自助购药服务，有力拓宽鹿西离岛群众的购药渠道，降低群众的购药负担。其中，风油精、多维元素片等36种常用药品的价格为全市最低。

【益康保参保扩面】2023年，洞头区将全区户籍80岁以上老人参加“温州益康保”纳入区级民生实事，由区财政出资为3605名80岁以上老年人投保。发挥村级力量和两地双评议党员先锋模范带头作用，网格化推进全区参保工作。全区益康保（普惠版）参保率50.22%，连续三年全市第一位，温州益康保总参保人数79281人，参保率71.43%。

（倪文超　叶晨浩）

【生育保险】2023年6月，医疗保障局洞头区分局督促区人民医院完成接口改造，上线生育门诊和生育住院的结算类别。11月上线生育津贴“免申即享”事项，实现产妇在医院完成生育费用结算后，大数据共享生育登记信息，无需申请即可完成生育津贴报销和拨付。全年，完成生育津贴“免申即享”办理28人次，拨付生育津贴96万余元。完成生育津贴办理261人次，计划生育津贴办理419人次，共拨付生育津贴678.67万余元。

【大病保险】2023年，洞头区城乡、职工大病保险的筹资标准为90元/年。大病保险起付标准为25700元，最高补偿限额暂按起付标准的15倍设定，政策内合规医疗费用支付比例为70%。合规医疗费用是指在一个结算年度内，参保人员发生的住院和规定（特殊）病种门诊费用中按规定需由个人支付的自理、自付费用，以及使用浙江省大病保险特殊药品的费用。全年，城乡居民医保大病保险基金支付1324.86万余元，职工医保大病保险基金支付101.21万余元。

（林　炜）

民政事务管理

【概况】2023年，洞头区聚焦民生“七优享”、基层治理现代化等重点任务。进一步降低群众办丧费用，促进惠民殡葬氛围形成，本岛片区集中办丧比例100%，群众好评率100%，累计减免各类费用合计101.9万元。推出“殡仪服务全流程代跑”服务。加大“丧事简办”监管力度，实施“殡葬服务全流程监管”。全面提升婚姻登记场所，增设中式和西式颁证大厅，打造海岛婚俗展示馆。深化“互联网+政务服务”和婚姻登记数字化改革，开展下乡巡回补领结婚证，累计为724名当事人办理婚姻登记服务。壮大慈善助共富力量，累计募集653万元，同比增长50%以上。完成首单海霞慈善信托150万元，成立海霞慈善基金、首家社区发展基金会。依法开展街路巷命名审批和标准地名使用管理。开展平安边界建设，完成洞龙乐三交会点和洞龙行政区划界线联合实地检查。老年食堂做法入选全国社会治理创新案例，获评“浙里康养”“一地创新，全省推广”优秀案例，并在全市老年食堂建设现场会上作典型发言；社会救助全流程绩效管理获评省社会救助十佳创新实践案例；助联体品牌运维项目纳入《浙江省民政领域改革试点“一本账”（2023 年版）》。区民政局获评全省社会救助工作成绩突出集体、温州市推进低收入家庭共同富裕“扩中提低”先进集体。霓屿街道社会组织党群服务中心获评全省第四批社会组织党群服务中心示范点。老年食堂、社会救助、未成年人保护、社区治理等相关做法获省级以上媒体宣传 20 多篇。

【殡仪服务全流程代跑】 2023 年 8 月，洞头区推出“殡仪服务全流程代跑”服务。实行一对一暖心代办制度，组建 12 人的“一对一殡仪服务员专员”队伍，从接到街道、村居信息开始至出殡为止，指定一名殡仪服务专员为逝者家属提供全方位引导服务，包括政策解答、业务咨询、服务流程等，专人服务一户，一户包办到底，解决家属因不熟悉流程出现的反复咨询、多头对接、临时有事找不到人问询等问题。对接温州市殡仪馆，优化办理流程，提前 18 小时预约火化时间，改变从遗体火化当日赴温州殡仪馆缴费后预约模式，转变为报丧当天安排专员入户收取身份证明、死亡证明等相关材料，建立一户一档，送至温州殡仪馆预约火化时间，代办缴费手续，并把发票送到丧户手中，实现手把手全流程代跑。截至年底，全流程代跑服务 617 人次。

【霓屿生态公墓开工建设】 2023 年 9 月，霓屿正岙南祥生态公墓、霓屿下社虹泰生态公墓开工建设。正岙南祥生态公墓概算金额 440 万元，下社虹泰生态公墓概算资金 727 万元。项目业主分别是霓屿街道正岙村股份经济合作社和下社村股份经济合作社，霓屿街道农发公司分别入股正岙村、下社村投资建设。建成以后由霓屿街道农发公司统一管理，并按照公投公管模式运营。公墓建设严格按照浙江省公墓管理办法规定，限制墓穴规格，规定绿化率，体现公墓园林化、规范化导向。两处公墓总占地面积 7421.32 平方米，设计墓穴 2517 对，其中壁葬穴 757 对。

【创成省 AAAA 级婚姻登记机关】 2023 年，洞头区婚姻登记中心通过全省婚姻登记机关标准化建设评估验收，创成省 AAAA 级婚姻登记机关。婚姻登记场所占地面积约 650 平方米，增设中式、西式颁证大厅以及婚姻文化馆，满足群众多样化婚姻登记新需求。将免费颁证仪式引入结婚登记流程，常态化开展结婚颁证服务。婚姻文化馆通过国家非物质文化遗产特色渔民画、贝雕作品《洞头婚嫁》展现婚嫁的喜庆、热烈、率真，营造婚姻氛围。结合洞头传统婚俗的民俗婚嫁品、20 世纪 50 年代以来的真实婚书等多形式载体，重现优秀传统婚姻礼俗和风俗习惯，营造深度文化体验，弘扬创新时代良好家风，助力“文明婚俗”品牌打造。

2023年12月，洞头区婚姻登记中心创成省AAAA级婚姻登记机关

（区民政局提供）

【婚姻登记】 2023 年，洞头区办理结婚登记 402 对，离婚登记 190 对，补领婚姻登记证 112 对，登记合格率 100%，无一例违反婚姻登记条例。全年共为 306 对新人提供婚前辅导，为 327 对面临离婚的夫妻进行离婚调解，调解成功率达 42%。深入全区所有街道（乡镇）开展集中补领结婚证工作巡回服务，为“爱”送证到“家”，全年共为 112 对符合条件的夫妻办理补领（补办）结婚证工作。

【区划地名管理】 2023 年，洞头区依法开展街路巷命名审批和标准地名使用管理，出具地名证明 1008 份，开展上门地址核实服务 51 次，编制门牌号 472 个，更换路牌 8 个，新命名道路 2 条。整治存量不规范地名，完成 8000 多条地名通地址数据的校核。开展平安边界建设，完成洞龙乐三交会点和洞龙行政区划界线联合实地检查。

【社会组织登记管理】 2023 年，洞头区新增社会组织 16 家，注销 12 家，截至年底，全区登记社会组织 309 家。开展社会组织等级评估工作，新增区 AAAAA 等级社会组织 2 家，区 AAAA 等级社会组织 6 家。开展“我为海上花园添光彩”等活动，投入 65 万元培育 21 个公益创投项目，组织动员各社会组织围绕平安建设、文明城市创建、迎亚运系列活动等累计开展活动 165 场，志愿服务惠及近万人。持续推进清廉社会组织建设，实现 27 家行业协会商会专项整治、13 家“僵尸型”社会组织处置、30 家社会组织双随机检查等社会组织监管事项全覆盖。

（蔡丽诗）

社会救助

【概况】2023 年，洞头区新增低保户 145 户 289 人、新增特困人员 8 人，取消低保户 99 户 176 人。截至年底，全区共有低保对象 965 户 1389 人，低保边缘对象 264 户 644 人，特困供养救助对象 124 户 124 人，城乡低保认定标准为 1110 元 / 月，城乡低保边缘认定标准为 2220 元 / 月，每月发放低保金约 119 万元，全年发放低保金和水价气价补贴 15 万元，特困供养生活补助金 222 万元，临时救助资金 396 万元。坚持困难群众定期探访，实现每季度探访率、幸福清单送达率 100%。实施低收入家庭综合帮扶集成改革，归集各类救助帮扶政策 80 项。

【孤困儿童救助】2023 年，洞头区有留守儿童 107 人、孤儿 5 人、困境儿童 83 人。孤困儿童基本生活费标准从 2090 元 / 人 · 月提高到 2260 元 / 人 · 月，增幅 13.59%，累计发放孤困儿童生活补助 148 万元。实施“添翼计划”，为 3 名困难儿童提供免费康复服务。开展福彩助学公益活动，共资助 15 名困难大学新生，累计发放福彩金 12 万元。实施孤儿助学和事实无人抚养儿童助学工程，5 名符合条件的孤儿和事实无人抚养儿童享受每学年 1 万元助学金。东屏街道未保站和霓屿街道未保站荣获全省未成年人保护工作站百佳案例。

【特困人员供养】2023 年，洞头区有特困供养救助对象 125 户 125 人，其中集中供养 22 人，分散供养 103 人。全年累计发放特困供养生活补助金 288 万元，其中，分散供养生活补助 222 万元，集中供养生活补助 66 万元。开展特困人员集中供养服务专项治理，推动区中心敬老院建成投用，实现特困人员集中供养一区一院。

【残疾人两补】2023 年，洞头区享受困难残疾人生活补贴 995 人，重度残疾人护理补贴 2154 人。年内，启动残疾人两补全量复核，清查残疾对象 4421 人，新增残疾人两补对象 378 人，注销 278 人。全年，发放残疾人生活补贴共 262.75 万元，护理补贴共 416.02 万元。

【区级助联体建成投用】2023 年 7 月 1 日，洞头区首家区级社会救助服务联合体正式揭牌并投入使用。助联体位于新城社区，总面积近 500 平方米，按照“两厅一馆一坊一中心”功能布局，融合建设。有接待大厅、“兰小草”慈善展厅、“一老一少”体验馆、共富工坊和社会组织孵化中心等功能场景，由专业社工机构“黑眼睛”进驻运营，实行职能部门轮驻帮扶，打造“物质 + 服务”的区域一站式救助帮扶示范窗口。为困难群众提供代办服务、政策咨询、岗位介绍、爱心捐赠、宣传培训、心理咨询、法律咨询、辅具租赁等救助服务，整合各方资源，为辖区低收入家庭特别是困难群众提供多元化救助帮扶服务。

【低收入家庭综合帮扶集成改革】2023 年，洞头区民政局制定《洞头区低收入家庭共富服务包（试行）》，形成八大模块共计 80 条帮扶举措。联合区农商行发布“爱接力 · 共享积分”项目，探索“慈善 + 救助 + 金融”新型帮扶模式，收到捐赠积分 5000 多个；发布“爱接力 · 兰小草助困”项目，累计收到爱心捐款 12 万元；联合社会组织链接爱心物资，募集各类爱心物资折价超 15 万元。重点围绕低收入家庭特别是困难群众的就业、医疗、教育等民生问题，联动相关部门重点实施就业产业帮扶、医保纾困、善居工程、教育助学等。全年归集各类就业岗位 1117 个，帮助就业 219 人次，发布产业项目 19 个，带动人均增收 1100 多元 / 月，资助困难家庭儿童 130 人次，为困难家庭改善居住条件 37 户。通过公益创投吸引 8 家社会组织参与社会救助领域公益服务，推出“海螺计划”“助残共富”“励志助学”等帮扶项目，助联体上线 35 个，累计开展各类帮扶活动 298 场次，服务群众 6230 多人次。联系市福利彩票中心链接福彩资金 34 万元用于资助困难儿童、困难大学新生、困难老人以及其他困难群众。

（蔡丽诗）

【医疗救助】2023 年，洞头区困难群众城乡医保资助参保 4567 人，残疾人、困难群众益康保资助参保 5007 人，全市创新免费为 3605 名 80 岁以上老年人投保“温州益康保”。化解高额医疗费用人员 12 名，化解资金 164.06 万元。累计住院和门诊救助 2210 人，救助金额 634 万元。做好低保、精神残疾等特殊对象资助参保、医疗救助工作，截至年底，医疗救助28492人次，累计支出救助金额1011.18万元。实现困难群众资助参保、救助政策落实、高额医疗费用化解三个100%。

（倪文超　叶晨浩）

社会福利

【概况】2023年，洞头区落实养老服务“个十百千万”行动，投用敬老院2家，完成1个镇5个村社老年友好试点建设，新（改）建居家养老服务照料中心和老年食堂各10家，适老化改造、一键呼叫设备安装各80多户，培训护理员、家庭照护者160人，享受居家上门服务对象1000人以上，老年食堂就餐人数日均1500人以上，3万名以上老人健康数据实现共享。截至年底，全区有养老机构9家，养老服务中心7家，居家养老服务照料中心70家。区民政局出台《温州市洞头区老年食堂（邻里食堂）规范化管理办法》。通过迭代升级“e”养食堂场景，优化资金补助流程，推行星级评定办法，引导社会力量参与。贯通三级助联体，开展一站多元综合帮扶活动共300多场次，兑现个性需求4153人次。孤困儿童基本生活补助标准提升至2260元/（人·月），新增困境儿童17人；实施“添翼计划”，为3名困难儿童提供免费康复服务；强化残疾人两补复核，清查残疾对象，发放生活补贴262.75万元，护理补贴416.02万元。

表67　2023年洞头区养老机构一览表

序号	养老机构名称	地址
1	温州市洞头区爱之家社会福利院	洞头区北岙街道打水鞍社区办公楼旁
2	温州市洞头区金色黄昏颐养院	洞头区北岙街道城北路1088-9号
3	温州市洞头区北岙街道北沙社区如家托老所	洞头区北岙街道兴港中路30弄18-20号
4	温州市洞头区小九斤养老院	洞头区北岙街道燕山路119弄13-15号
5	温州市洞头区东屏街道叶雪英养老院	洞头区东屏街道育才东路2号
6	温州市洞头区东屏街道东港社区方荣东托老所	洞头区东屏街道惠民巷52弄40号
7	洞头亦家养老服务有限公司（亦家康养）	洞头区霓屿街道霓中路158-1号
8	温州市福利养老院（温州市养老服务指导中心）	洞头区霓屿街道霓福路6号
9	温州市洞头区中心敬老院	洞头区北岙街道迎宾路9号

（区民政局提供）

表68　2023年洞头区街道（乡镇）养老服务中心一览表

序号	乡镇（街道）	养老服务中心名称	地址
1	北岙街道	北岙街道养老服务中心	北岙街道城南社区繁荣街11弄
2	大门镇	大门镇养老服务中心	大门镇沙岩后巷40号
3	东屏街道	东屏街道养老服务中心	东屏街道惠民村村部
4	霓屿街道	霓屿街道养老服务中心	霓屿街道正岙村村部附近（原小学）
5	元觉街道	元觉街道养老服务中心	元觉街道活水潭村和港家园1楼

续表68

序号	乡镇（街道）	养老服务中心名称	地址
6	鹿西乡	鹿西乡养老服务中心	鹿西乡口筐村原华华小学
7	灵昆街道	灵昆街道养老服务中心	灵昆街道新灵景园A幢1楼

（区民政局提供）

表69　2023年洞头区居家养老服务照料中心一览表

序号	乡镇（街道）	居家养老服务照料中心名称	建成时间
1	北岙街道	北岙街道上新社区居家养老照料中心	2012年
2	北岙街道	北岙街道银海社区居家养老照料中心	2012年
3	北岙街道	北岙街道岭背社区居家养老照料中心	2012年
4	北岙街道	北岙街道城中社区居家养老照料中心	2012年
5	北岙街道	北岙街道风门社区居家养老照料中心	2012年
6	北岙街道	北岙街道新城社区居家养老照料中心	2013年
7	北岙街道	北岙街道小三盘村居家养老服务照料中心	2016年
8	北岙街道	北岙街道九仙村居家养老服务照料中心	2016年
9	北岙街道	北岙街道隔头村居家养老服务照料中心	2015年
10	北岙街道	北岙街道三盘社区居家养老服务照料中心	2017年
11	北岙街道	北岙街道东沙村居家养老服务照料中心	2016年
12	北岙街道	北岙街道鸽尾礁村居家养老服务照料中心	2018年
13	北岙街道	北岙街道东郊村居家养老服务照料中心	2018年
14	北岙街道	北岙街道小朴社区居家养老服务照料中心	2015年
15	北岙街道	北岙街道小长坑村居家养老服务照料中心	2018年
16	北岙街道	北岙街道大长坑村居家养老服务照料中心	2016年
17	北岙街道	北岙街道打水鞍社区居家养老照料中心	2012年
18	北岙街道	北岙街道城南社区居家养老服务照料中心	2016年
19	北岙街道	北岙街道大王殿村居家养老服务照料中心	2018年
20	灵昆街道	灵昆街道北段村居家养老服务照料中心	2018年
21	灵昆街道	灵昆街道双昆村居家养老服务照料中心	2014年
22	灵昆街道	灵昆街道沙塘村居家养老服务照料中心	2014年

续表69

序号	乡镇（街道）	居家养老服务照料中心名称	建成时间
23	灵昆街道	灵昆街道九村村居家养老服务照料中心	2014年
24	灵昆街道	灵昆街道海思村居家养老服务照料中心	2016年
25	灵昆街道	灵昆街道周宅村居家养老服务照料中心	2022年
26	大门镇	大门镇观音礁村居家养老服务照料中心	2013年
27	大门镇	大门镇小门村居家养老照料中心	2013年
28	大门镇	大门镇寨楼村居家养老服务照料中心	2017年
29	大门镇	大门镇小荆村居家养老服务照料中心	2016年
30	大门镇	大门镇乌仙头村居家养老服务照料中心	2017年
31	大门镇	大门镇潭头村居家养老服务照料中心	2015年
32	大门镇	大门镇仁前途村居家养老服务照料中心	2017年
33	大门镇	大门镇甲山社区居家养老服务照料中心	2017年
34	大门镇	大门镇大溪居居家养老服务照料中心	2017年
35	大门镇	大门镇大荆村居家养老服务照料中心	2016年
36	大门镇	大门镇朝阳社区居家养老服务照料中心	2016年
37	大门镇	大门镇岙面村居家养老服务照料中心	2017年
38	大门镇	大门镇岙底村居家养老服务照料中心	2015年
39	大门镇	大门镇东屿村居家养老服务照料中心	2023年
40	大门镇	大门镇豆岩村居家养老服务中心	2023年
41	大门镇	大门镇兰湖洞居居家养老服务中心	2023年
42	东屏街道	东屏街道蓝港社区居家养老服务照料中心	2015年
43	东屏街道	东屏街道中仓村居家养老服务照料中心	2017年
44	东屏街道	东屏街道后坑村居家养老服务照料中心	2017年
45	东屏街道	东屏街道半屏社区居家养老服务照料中心	2016年
46	东屏街道	东屏街道垅头村居家养老服务照料中心	2018年
47	东屏街道	东屏街道寮顶村居家养老服务照料中心	2016年
48	东屏街道	东屏街道岙仔村居家养老服务照料中心	2016年
49	东屏街道	东屏街道东岙顶村居家养老服务照料中心	2012年
50	霓屿街道	霓屿街道布袋岙居家养老服务照料中心	2012年

续表69

序号	乡镇（街道）	居家养老服务照料中心名称	建成时间
51	霓屿街道	霓屿街道长坑垄居家养老服务照料中心	2016年
52	霓屿街道	霓屿街道上社居家养老服务照料中心	2016年
53	霓屿街道	霓屿街道下社居家养老服务照料中心	2016年
54	霓屿街道	霓屿街道石子岙居家养老服务照料中心	2016年
55	霓屿街道	霓屿街道下郎居家养老服务照料中心	2017年
56	霓屿街道	霓屿街道郎等居家养老服务照料中心	2016年
57	霓屿街道	霓屿街道正岙居家养老服务照料中心	2015年
58	霓屿街道	霓屿街道同兴居家养老服务照料中心	2016年
59	元觉街道	元觉街道小北岙村居家养老服务照料中心	2016年
60	元觉街道	元觉街道活水潭村居家养老服务照料中心	2016年
61	元觉街道	元觉街道花岗村居家养老服务照料中心	2017年
62	元觉街道	元觉街道沙岗村居家养老服务照料中心	2016年
63	元觉街道	元觉街道沙角村居家养老服务照料中心	2016年
64	元觉街道	元觉街道深门村居家养老照料服务中心	2020年
65	元觉街道	元觉街道状元村居家养老照料服务中心	2022年重建
66	鹿西乡	鹿西乡鹿西村居家养老服务照料中心	2016年
67	鹿西乡	鹿西乡口筐村居家养老服务照料中心	2018年
68	鹿西乡	鹿西乡东臼村居家养老服务照料中心	2017年
69	鹿西乡	鹿西乡扎不断村居家养老服务照料中心	2015年
70	鹿西乡	鹿西乡山坪村居家养老服务照料中心	2015年

（区民政局提供）

【洞头区居家养老服务设施（2023—2025年）三年行动计划】2023年7月3日，洞头区人民政府经区政府第20次常务会议研究通过，印发《洞头区居家养老服务设施（2023—2025年）三年行动计划》，以满足老年人居家养老服务需求为核心，推进村（社区）居家养老服务设施建设，形成15分钟居家养老服务圈，切实增强老年人的获得感、幸福感、安全感，让老年人享有普及普惠的“家门口幸福养老”场景。通过新建或改造提升，优化村（社区）居家养老服务设施布局，力争到2025年，实现村（社区）居家养老服务全覆盖。2023年新建或改造提升居家养老服务照料中心10家，新增单独具有老年助餐服务功能的老年食堂4家。加快推进洞头区基本养老服务优质均衡发展，助力海上花园共同富裕示范区建设。

2023年12月，霓屿街道长坑垄村老年食堂开业　　（霓屿街道提供）

【老年友好城市建设】2023年，洞头区创成全市老年友好样板乡镇1个、全市老年友好样板村社2个。推行“中央厨房＋村社食堂＋助餐点”等多元助餐模式，新改建村社居家养老服务照料中心10家，新增老年食堂或助餐点10家，累计建成老年食堂38家、助餐点42个，老年助餐村社覆盖率达到95%以上，日均服务老年人约1500人次。为80周岁以上户籍老人发放高龄津贴，实现全覆盖，全年累计发放高龄津贴430多万元。全区养老机构8家，2家内设医务室，6家与社区卫生服务中心签约合作。开设村级5G云诊疗服务，流动巡诊车下村，实现村居老年人健康管理全覆盖。开展老年人“光明”“口福”等五大行动，完成老年糖尿病患者眼底筛查226人，为2676名老年人建立口腔档案、2677名老年人建立营养监测档案、2722名老年人开展认知功能评定、2695名老年人开展情感状态评估，痴呆综合防控54人。联合区市场监管局，新建民生药事服务站，为老人提供送药上门、代客寻药、血压计免费送检等10多项药事服务。深化“红色星期天”行动，联动部门、社会组织、养老服务团队等，推进“我为老人理银发”“红色外卖员”“零元洗衣”等幸福要事。实施海岛支老行动，链接市级养老服务资源，通过专业服务人员进岛、适老服务设施进岛、优质服务活动进岛、智慧服务模式进岛等四大行动，让离岛老人共享优质养老服务成果，全年累计开展各类支老活动52次，服务老人4000多人次。引导爱心企业和个人以冠名捐赠形式支持老年食堂运营，洞头农商银行连续三年冠名捐赠30万元，浙江迪特公司为元觉街道状元村老年食堂捐赠50万元。

【洞头区中心敬老院竣工】2023年9月22日，洞头区中心敬老院竣工。项目位于北岙街道迎宾路9号（原洞头县政府招待所），于2020年12月31日开工建设。项目用地面积2827平方米，总建筑面积4910.64平方米，其中1#楼为5层建筑，建筑面积3097平方米，2#楼为整体5层局部2层建筑，建筑面积1800.4平方米，总投资2262.89万元，设置床位106张。施工单位为浙江搏鸿建设有限公司，监理单位为浙江南正项目管理咨询有限公司。

【未成年人关爱保护服务】2023年，洞头区实施“护苗成长”行动，深化预防和惩治未成年人违法犯罪专项工作，联合公安、市监、文广、人社、综合执法等部门成立联合执法检查组，每月不定期开展重点场所专项治理，全年累计检查网吧、KTV、酒吧、酒店（民宿）等场所140次。扩大密切接触未成年人入职查询覆盖面，在查询教职工、培训机构人员的基础上，对各类儿童主任、妇联主席、托育机构工作人员等开展全面排查，累计查询637人次。按季度对全区留守儿童开展动态排查，并指导各村社儿童主任帮助做好留守儿童委托监护协议签订，确保留守儿童有人监护。借助福彩“亮点梦想”困境儿童资助项目，资助困境儿童30人共计3万元。向全区160多名学前和小学阶段困难儿童发放慰问品及慰问金合人民币6万余元。发动5家社会组织开展“情暖童心与爱同行”“拥抱夏天‘稚’绘童心”等系列活动，吸引170多名儿童及其亲属参与。开通“海霞护苗”求助热线，24小时为未成年人提供求助、咨询和情感服务，全年接听涉及未成年法律咨询15件，为4名学生开展心理危机干预。

（蔡丽诗）

基层社会治理

【概况】2023年，洞头区推进现代社区建设，蓝港社区创成省级首批现代社区，下社村等4个村社获温州市优秀村规民约。招聘及转任专职社区工作者15名，完成每万城镇常住人口拥有18名专职社区工作者配备要求，专职社区工作者持证比例达41%。全区25个村社创成三星及以上“清廉村居”，启用“智慧公章”系统83个村社，用印事项纳入乡镇街道监管134个村社。落实区AAA级以上社会组织评估奖励，新增区AAAAA等级社会组织2家，AAAA等级社会组织6家。开展“我为海上花园添光彩”等活动，扶持公益项目21个，资助金额65万元。实现行业协会商会专项整治、僵尸型社会组织处置、社会组织双随机检查等社会组织监管事项全覆盖。全年新增国家级持证社工140人，截至年底，全区共有持证社工578人，其中国家级社会工作师90人、国家级助理社会工作师488人。社工人才建设奖励被纳入《加快人才发展集聚助推建设共同富裕海上花园的16条意见》并落实专项经费。

【基层区划组织】2023年，洞头区行政区划代码为330305，共辖街道6个、镇1个、乡1个，含城市社区17个，未改制居2个，行政村74个。注重发挥社区典型示范作用，创成省级引领型农村社区1个、市级完善型农村社区1个。牵头开展“清廉村居”创建，重新修订清廉指数，推进全区25个村居开展三、四、五星“清廉村居”创建，共创成五星级“清廉村居”4个、四星级8个、三星级4个。

【温州市首家民办非企业法律调解中心成立】2023年12月6日，温州市洞头区瓯律先锋调解中心正式登记成立。该中心是温州市首家由专业律师发起成立的民办非企业法律调解中心。中心共吸纳4家律所团队、12名专职律师调解员进行市场化解纷工作，通过专业调解的优势，促进纠纷前端化解，旨在破解商事纠纷量大面广、司法资源匮乏、专业力量不足等问题。

【4个村规民约入选市级优秀榜单】2023年5月16日，洞头区4个村（社）村规民约（居民公约）入选市级优秀榜单，下社村村规民约获市级一等奖，东岙顶村获二等奖，三盘社区获三等奖，半屏社区获优秀奖。洞头区以村规民约为抓手，强化规范引导，注重依法民主，突出务实管用，充分激发群众自我管理的主体意识，将村规民约的修订实施转变为权益表达、凝聚共识的纽带，有效促进基层治理，推动和美乡村建设。

（蔡丽诗）

民族宗教工作

【概况】2023年，洞头区（除灵昆街道、昆鹏街道外）共有宗教场所84处，其中佛教场所11处，道教场所57处，基督教场所16处，民间信仰活动场所109处，登记备案教职人员104人。全区少数民族总人口3967人，其中回族3248人，占比82%。全年共督查场所3800多次，完成场所附近地质灾害点整治1

表70　2023年洞头区行政区划一览表

街道（乡镇）	所辖村居
北岙街道	岭背社区、上新社区、城中社区、新城社区、银海社区、打水鞍社区、城南社区、三盘社区、凤门社区、九厅社区、小朴社区、大长坑村、小长坑村、柴岙村、海霞村、鸽尾礁村、大王殿村、东沙村、双垅村、小三盘村、大朴村、东郊村、九仙村、隔头村、白迭村
灵昆街道	王相村、叶先村、海思村、沙塘村、双昆村、上岩头村、周宅村、北段村、九村村
大门镇	朝阳社区、甲山社区、长沙社区、美岙村、寨楼村、豆岩村、杨梅田村、仁前途村、营盘基村、小门村、东屿村、乌仙头村、大荆村、小荆村、岙底村、岙面村、潭头村、西浪村、东浪村、石浦村、沙枫港村、观音礁村、大溪居、兰湖洞居
东屏街道	蓝港社区、半屏社区、中仑村、后坑村、东岙村、东岙顶村、垅头村、惠民村、后寮村、寮顶村、岙仔村
元觉街道	花岗村、沙角村、活水潭村、沙岗村、深门村、状元村、小北岙村
霓屿街道	布袋岙村、石子岙村、同兴村、桐岙村、上社村、下社村、下郎村、郎等村、正岙村、长坑垄村
鹿西乡	鹿西村、口筐村、东臼村、昌鱼礁村、山坪村、扎不断村
昆鹏街道	雁鸿社区

（区民政局提供）

处，获评省市级平安宗教活动场所4处。

【民族团结进步工作】2023年，洞头区聚焦民族村共同富裕，建设农业观光园三期项目，进一步完善农业观光园设施；依托军事文化园开展红色研学活动，全年接待500多人次，村集体经济超50万元。推进“之江同心·石榴红”品牌创建，全新打造铸牢中华民族共同体意识公园、教育试点、体验馆，石榴红家园、共富基地等阵地，其中城关二小被评为第六批省级民族团结进步创建重点培育单位，市民活动中心被评为温州市第二批民族团结进步教育基地培育单位。举办“童心共赏千秋月”“花开海上石榴红”“石榴籽一家亲”等一系列促“三交”活动10场，覆盖1500多人。慰问走访少数民族困难群众25名。

【宗教场所管理】2023年，洞头区持续规范提升基层宗教工作，完成全区宗教（民间信仰）活动场所建筑建档工作，实现全区宗教（民间信仰）活动场所消防栓等全覆盖，不间断开展场所地质灾害、建筑安全、宣传品及出版物等专项排查，全年共督查场所3800多次，完成场所附近地质灾害点整治1处，获评省市级平安宗教活动场所4处。完成区基督教两会换届，引入省神学院师资开展传道员函授，完成佛教、道教、基督教教职人员培训全覆盖，组织宗教界人士开展主题学习47场次，指导4处场所创成省级普法示范点及法治宣传教育基地，培育5处省市级宗教中国化场所，举办“民间民俗多彩浙江”第十二届妈祖平安节，指导中普陀寺承办“三坛大戒”、全市佛教教职人员培训等活动。

【全市宗教领域执法业务培训班开班】2023年4月12日至14日，为强化民宗和综合行政执法部门沟通合作，提升全市宗教行政执法水平，市民宗局和市综合行政执法局联合举办的为期3天的全市民宗联合执法业务培训班在洞头区海霞培训中心开班，市民宗局副局长马建新，市综合行政执法局副局长陈海帆，区委常委、统战部部长戴冕出席开班仪式，全市市县两级民宗与综合行政执法部门近80人参加培训。邀请省、市、县民宗，法院，行政执法等单位专家学者，分别就行政处罚相关原则、互联网宗教信息管理、宗教工作方法、民宗案件保密及办理等内容进行授课，在培训中安排案例分享和宗教场所管理实地考察环节，增强基层执法人员的业务素质，强化参训人员的法治思维。

（周佳佳）

老龄工作

【概况】2023年，洞头区共有60周岁以上老年人3.51万人，占户籍总人口22.91%。全年为65周岁以上老年人提供免费体检，并建立健康档案。实施“老年健康专项行动”，为老年人开展“光明”“口福”“营养改善”“失智老人关爱”和健康服务“智慧助老”五大行动。为60周岁以上洞头户籍老人购买老年人意外伤害保险。开展“老年健康宣传周”“敬老月”等活动。截至年底，洞头区100周岁以上老年人9人，其中北岙街道1人、灵昆街道3个、大门镇2人、霓屿街道3人。配合温州医科大学附属第一医院老年医学中心开展百岁老人健康关爱行动，梳理百岁老人名单，并进行意愿调查，为全区百岁以上老人免费上门一对一体检。

【老龄服务】2023年，洞头区调整老年意外伤害保险经费，保险金额从30万元提高至40万元，把低保户保额提高至每人每年140元。为户籍60周岁以上老年人及420位低保人员（含特困人员）购买意外伤害保险，累计赔付327人37.49万元。贯彻落实应对人口老龄化国家战略，全面推进老年健康促进行动，宣传普及老年健康科学知识，提高老年人健康素养和健康水平，利用“老年健康宣传周”“敬老月”等活动，共举办老年人健康知识讲座50多场，发放宣传资料5000多份，走访慰问百岁老人、困难老人等，投入经费4.18万余元。开展老年健康与医养结合服务项目，服务老年人9953人，服务率50.42%。

【老年健康专项行动】2023年，洞头区通过实施针对老年人自理能力、认知功能、视力功能、口腔健康、营养状况、心理健康等的早期筛查干预措施，开展老年人“光明”“口福”“营养改善”“失智老人关爱”和健康服务“智慧助老”五大行动。完成老年糖尿病患者眼底筛查226人，为2676名老年人建立口腔档案、2677名老年人建立营养监测档案、2722名老年人开展认知功能评定、2695名老年人开展情感状态评估。

【洞头区第37届老年人运动会】2023年10月17日，洞头区第37届老年人运动会暨2023年“敬老月”活动启动仪式在洞头区老干部活动中心广场举行。活动包含运球接力、弓箭投壶、门球、一杆进洞、

表71　2023年洞头区100周岁以上老人一览表

序号	姓名	性别	年龄	居住地	出生年月
1	李珠香	女	100岁	温州市洞头区大门镇杨梅田村	1923年3月
2	陈阿叶	女	101岁	温州市洞头区大门镇营盘基村	1922年8月
3	林专	女	101岁	温州市洞头区北岙街道大长坑村	1922年5月
4	陈菊花	女	100岁	温州市洞头区霓屿街道正岙村	1923年3月
5	叶明	女	102岁	温州市洞头区霓屿街道郎等村	1921年11月
6	黄碎钩	女	100岁	温州市洞头区霓屿街道正岙村	1923年1月
7	王彩弟	女	101岁	温州市洞头区灵昆街道上岩头村	1922年9月
8	林岩龙	男	100岁	温州市洞头区灵昆街道北段村	1923年1月
9	黄根花	女	101岁	温州市洞头区灵昆街道上岩头村	1922年12月

（区卫生健康局提供）

健康兜球等体育竞赛项目。是区敬老月系列活动之一，旨在满足中老年人强身健体、愉悦心情、沟通交流的需求，体现“老有所为、老有所乐”的时代风貌。

（林春芬）

关心下一代工作

【概况】2023年，洞头区关心下一代工作委员会制定出台《洞头区关工委常务工作制度》，推动关工委工作规范化、制度化。联动区文明办、区海霞文化发展中心、区教育局、区民政局、区文广旅体局、区科协及区工青妇等单位，常态化召开联席会议，初步形成共同谋划、各自履责、协同高效的“大关工”工作格局。洞头先锋女子民兵连纪念馆获“全国关心下一代党史国史教育基地”称号，系温州地区首个国字号关工委教育基地。

【“海霞少年”品牌】2023年，区关工委充分发挥洞头特色，组织“老少携手重走习近平总书记调研海上花园路”“海霞少年与老模范面对面”等教育实践活动，按照“一月一主题”，老少互动，引导青少年“童心向党”。全年，共策划举办“五老”青少年思想教育活动12期。部门联动，组织“科技点燃梦想夏令营”“诗歌之岛文研四季”“瓯洞两地好少年海洋文化行”等系列研学活动18期，获“学习强国”学习平台、中国火炬网、新星网等媒体刊发。海霞少年艺术团参加“迎亚运·云上拉歌会”，通过浙江卫视向全省展现新时代海岛少年风采。

【“五老”队伍拓展】2023年，区关工委强化“五老”志愿服务队建设，依照“调整充实、优化结构、就近就便、主动作为”原则，吸纳更多有热情、有特长的年轻“五老”加入队伍。成立“洞头区关心下一代教育讲师团”，持续为教育讲师团备课，推荐讲师团成员参加市区组织的各类培训80人次，更新“精品课单”，丰富“假日公益学校”课程。重点推进青少年心理健康咨询服务工作，按照专业化、社会化要求，在老干部活动中心建成海霞少年“阳光驿站”，委托专业社会组织开展特色主题团体辅导和个案辅导，邀请专业心理导师为“五老”授业解惑，鼓励“五老”参与青少年心理健康公益帮扶服务。金源化工有限公司关工委获评市级“五好”关工委，关爱帮扶志愿队党支部书记林玉杯获温州“最美五老”荣誉称号。

（张　玮）

慈善工作

【概况】2023年，温州市洞头区慈善总会共募集善款653.36万元，各类救助支出612.2万元，直接受助群众达15398人次。开展“自由呼吸——贫困肺结核病人补助项目”，共提供救助资金4.4万元。全年“慈善一日捐”募集善款金额为117.18万元。创立“洞头海霞慈善基金”，募集善款231.68万元；其他基金及捐赠等非限定收入共411.36万元。截至年底，慈善义工分会有义工队伍5支，人数达1062人。

【区慈善总会第二次会员大会】2023年8月30日，洞头区慈善总会召开第二次会员大会，选举产生新一届区慈善总会理事会、监事会及领导班子，叶永辉连任第二届理事会会长。市慈善总会会长仇杨均、区委书记郭云强、区长何莉平等领导颁发突出贡献个人和单位荣誉，会上还举行海霞慈善基金揭牌和捐赠仪式，共募集资金231.68万元。

【基层慈善网络健全】2023年，洞头区成立区慈善总会霓屿分会，现场募捐善款100万元，至此全区6个街道(乡镇)全部成立慈善分会;在全区范围宣传和推进各村（社）建立慈善工作站和设立村级慈善帮扶基金，共建立慈善工作站44个，全区覆盖率53%。12月22日，大门镇福竹海洋产业投资有限公司成立洞头区首家“造血型慈善帮扶基地”，为农村贫困户、低收入农户创造就业岗位。

【慈善救助工作】2023年，区慈善总会临时救助困难家庭163户，共支出50.45万元。开展春节期间“慈善大礼包”活动，共支出5.8万元，为280户困难家庭送去年货礼包；开展春节重症助医慰问，慰问尿毒症、白血病、癌症患者等70户家庭，支出14万元。开展“医保纾困·携手共富”活动，为患病困难群众提供高额医疗费用化解补助，全年支出3万元。成立洞头区海霞慈善信托，总金额达150万元，用于慈善帮扶事业。开展慈善大学生助学、“四个一万工程”万向助学等活动，全年助学支出共26.88万元。“六一”儿童节，完成200名小朋友的小小心愿，发放礼物价值4万元。开展重阳节慰问活动，共慰问特困老人88人次，支出7.04万元。在打水鞍爱之家福利院，为16名五保老人送去中秋节慰问。八一建军节期间，走访慰问24户现役、退役军人家属，为每户送上1000元慰问金。

【慈善专项宣传】2023年9月5日，为庆祝《中华人民共和国慈善法》实施七周年暨第八个“中华慈善日”，推动慈善文化“六进”活动，区慈善总会联合区民政局，在区助联体举行第八个“中华慈善日”宣传活动，举办慈善法宣传讲座，举行书籍捐赠仪式，爱心人士向困难群众捐赠书籍。区慈善总会现场慰问北岙街道辖区十位困难老人，并送上爱心礼包。活动现场设置便民服务摊位，志愿者们为居民提供“爱心绿豆汤”“爱心理发”“测量血压”“爱心超市”等志愿服务，并为群众分发《中华人民共和国慈善法》手册及折页，共分发200册。在区残联娘家人食坊，为残疾人和空巢老人举办“亲情陪护”生日活动。9月2日，区慈善总会义工分会、微动力志愿服务队参加市慈善嘉年华活动，现场发放慈善工作宣传折页，提供理发、量血压、测血糖等爱心服务，并送上洞头特色美食，参与583人。

【造血型慈善帮扶基地成立】2023年12月22日，大门镇福竹海洋产业投资有限公司成立洞头区首家“造血型慈善帮扶基地”，区慈善总会会长叶永辉参加揭牌仪式。基地从事水产养殖行业，在养殖建设、生产过程中，创造大量工作岗位，为贫困群众解决就业问题，助推乡村振兴、促进共同富裕。

（卓 越）

【海霞慈善基金成立】2023年8月30日，洞头区海霞慈善基金揭牌成立，以进一步弘扬“爱岛尚武，励志奉献”的海霞精神为宗旨，打造海霞系列慈善品牌，助力共同富裕示范区海岛样板建设，推动全区慈善事业高质量发展。截至年底，海霞慈善基金共募得善款228万元。海霞慈善基金主要用于全区困难现（退）役军人、民兵家庭和其他困难群众的救助帮扶，改善困难群体的生产生活条件。

（蔡丽诗）

生育服务

【概况】2023年，洞头区共出生749人（包括往年出生113人），出生率4.88‰，自然增长率-2.13‰，当年户籍出生人口性别比109.90，国统出生人口性别比106.83，全员人口信息准确率为98.16%，免费孕前优生健康检查覆盖率达85.69%。出台《关于加快建设育儿友好城市促进人口长期均衡发展的实施方案》，发放一次性生育补贴419人，合计60.9万元。

【人口生育优质服务】2023年，洞头区落实国家免费孕前优生健康检查、产前筛查（诊断）、生育登记等服务项目。全年共免费孕前优生健康检测533人、报销手术并发症对象37人次，生育登记632人，产前筛查补助160人，产前诊断补助33人。新增五星级公共场所母婴设施1家。强化计划生育特殊家庭服务，实现落实联系人制度、落实家庭医生签约服务、设立特殊家庭就医“绿色通道”均100%。

【生育利导政策兑现】2023年，洞头区按照“老人老办法、新人新办法”的原则，落实奖扶、特扶、城乡保、城镇保、公益金、生育特殊家庭慰问等生育利导政策。全年共兑现资金2756.71万元、惠及10065人。其中，奖扶补助384.372万元，特扶补助123.12万元，城乡保补助77.32万元，城镇保补助2146.4513万元，计生公益金补助15.7万元。

（林春芬）

城乡居民生活

【概况】2023年，洞头城乡居民收入稳步增长。全年城镇常住居民人均可支配收入63785元，较上年增长5.8%，人均收入水平居全市第九位；人均生活消费支出41866元，同比增长8.3%。全年农村常住居民人均可支配收入41881元，较上年增长7.1%，人均收入水平居全市第七位；人均生活消费支出33358元，同比增长13.5%。

【城镇常住居民生活】2023年，洞头区城镇常住居民人均可支配收入增长，主要是机关事业单位以及企业员工薪酬稳步增长，各行业工资收入水平提高，全年城镇居民家庭人均工资性收入36374元，占总收入的57%，同比增长5%。经营净收入7156元，增长较快，同比增长8%，主要是洞头乡村旅游持续火爆，洞头游客量大增，住宿、餐饮、旅游相关产业等经营效益可观，旅游性收入增长较快，带动其他经营性收入较快增长。财产净收入和转移净收入增速平稳，同比分别增长9%和4.6%，财产净收入增速较往年偏快，主要是城镇居民收入结构不断优化，财产性收入基数较小、增长空间大。全区城镇居民人均生活消费支出41866元，同比增长8.3%。八大类消费支出呈现全面增长的态势。教育文化娱乐类增长最快，人均4498元，增长13%。其余消费增长类别按增速大小分别为居住类人均11496元，增长12%；交通通信类人均4025元，增长10%；其他用品和服务类（首饰手表、旅住费、美容美发等）人均851元，增长8.3%。衣着类人均2970元，增长8%。生活用品及服务类（家具、耐用品、个人护理用品等）人均3869元，增长8%。食品烟酒类人均11722元，增长3.9%。医疗保健类人均2435元，增长3%。按消费结构看，食品消费支出仍然占据最大份额。物价相对比较稳定，人均食品消费支出占总消费支出的28%，恩格尔系数趋势平稳，全区城镇居民生活质量总体较好，消费呈多样性发展，衣着、居住、交通通信等消费支出均有增加。

【农村常住居民生活】2023年，洞头区农村常住居民人均可支配收入主要特点：经营净收入较快增长，是农村居民收入的主要来源。农村居民人均经营净收入18614元，占总收入的44.4%，较上年净增加1185元，增长6.8%。经营性收入稳步增长主要得益于全区渔业增收，特别是紫菜、羊栖菜增产增收和洞头乡村旅游持续火爆，洞头游客量大增，民宿、渔家乐等经营效益可观，旅游性收入同比增长较快，收入增长明显。工资性收入保持平稳增长态势。全年农村居民家庭人均工资性收入13531元，占总收入的33.9%，同比增长5%，主要得益于企业薪酬和民工工资逐年增长。转移净收入增长较快，财产净收入平稳增收。全区农村居民人均非经营净收入21662元，占总收入的55.6%，较上年净增1605元，增长7.4%。转移净收入增长，主要是全区贯彻落实中央收入分配制度，普遍提高农村养老金标准。财产性收入主要依赖于利息收入和房屋出租。

从各类支出的增速来看，八大类消费支出呈现“八增零降”态势。居住类增长最快，人均8772元，增长22%。其余消费增长类别按增速大小分别为其他用品和服务类（首饰手表、旅住费、美容美发等）人均592元，增长19.5%。衣着类人均2174元，增长19%。教育文化娱乐类人均4402元，增长19%。生活用品及服务类（家具、耐用品、个人护理用品等）人均1779元，增长19%。交通通信类人均2598元，增长15%。医疗保健类人均2908元，增长7%。食品烟酒类人均10133元，增长4.5%。而从支出构成来看，食品消费支出仍然占据最大份额，主要是因为食品类消费支出为刚性支出，占总消费支出的30.4%。居住、文教娱乐、医疗保健等发展性和享受性消费支出有所增加，所占比重稳步提高，全区农村居民消费支出逐步向服务性消费支出分流。

截至年末，城镇居民人均居住面积61.7平方米，农村居民人均居住面积66.7平方米。每百户城镇居民家庭家用汽车拥有量43辆，每百户农村居民家庭家用汽车拥有量32辆。

（郑海仙）

【新居民管理服务】2023年，洞头区公安分局加强流动人口管理，以“温州安居”应用为载体，警网联动推进全区出租房、流动人口申报，深化“扫楼行动”，逐层逐户进行排查，实现全量化登记，维护辖区治安稳定。截至年底，洞头区在册流动人口25080人，其中男性16312人，女性8768人，新登记53813人，注销49045人；在册出租房3981间，全年累计新登记

1545间；全年居住证申领数215张。

（杨宗威）

志愿服务

【概况】2023年底，洞头区注册志愿者23195人（其中，党政机关企事业单位注册志愿者5502人），志愿者队伍206支。全年参加志愿服务者13739人（其中，党政机关企事业单位4703人），服务时长191008.52小时。年内，举行“3·5”学雷锋志愿服务启动仪式，并组织大型志愿服务月活动。组织海霞妈妈等志愿队，持续开展国测点位主要交通路口“礼让斑马线”劝导活动，参与志愿者4500多人次、服务时长近1万小时。常态开展“万朵鲜花送雷锋”大型公益活动，向全区十佳优秀志愿服务队、各行各业好人典型等186名身边“活雷锋”送上鲜花。

【志愿服务中心工作】2023年，洞头区印发迎亚运志愿服务专项行动宣传资料，宣传迎亚运、文明旅游、文明观赛、文明用餐等文明好习惯养成。“百家信”等四个项目入围全省浙江有礼“四个一百”项目。温州有礼上架洞头礼遇礼品，受到广大志愿者欢迎。建立区直机关、街道乡镇、非公企业等三张清单，狠抓志愿者活跃率，全力冲刺13%目标。截至年底，全区各志愿服务分队、社会志愿队组织开展各类志愿服务活动34112场，累计出动志愿者81029人次、总时长338211.35小时，志愿者活跃率为13.3%。

（高凡舒）

【“海霞妈妈”平安志愿者服务】2023年，“海霞妈妈”平安志愿者服务协会北岙主城区有注册队员680名，平均年龄52岁，有分队14个，项目服务小队12个，大门、东屏、元觉等街道（乡镇）设立分部。“海霞妈妈”借助网格服务，通过平安巡防、走街串巷、联网进格入户等形式参与家事调解、邻里联系、乡风文化引导，努力把矛盾纠纷化解在基层、消除在萌芽状态。参与开展治安巡逻、法治宣传、矛盾调处、消防监督、文明创建等工作。实施积分管理等系列管理办法，在防范网络诈骗、平安巡防、关爱帮扶、纠纷调解等工作中发挥重要作用。年内，仅北岙街道分队就组织开展平安三率宣传、环境卫生督导等志愿服务活动1000多次。通过“以老带新”的传帮带形式，定期开展调解技能培训，组织开展“调解小课堂”“妇女儿童权益普法”等活动8场，累计超过400名海霞妈妈调解员参与，提升“海霞妈妈”调解员队伍的实战能力。全年新增优秀调解员10名，海霞妈妈民事纠纷调解成功249起，成功率98.8%，调解协议涉及金额2316万元。全年在社区举办“海霞妈妈来普法”讲座6次。“海霞妈妈”做法被写入《浙江省人民代表大会常务委员会关于坚持和发展新时代“枫桥经验”的决定》，“海霞妈妈”品牌调解工作法被纳入全省新时代“枫桥式工作法”；洞头区“海霞妈妈”劳动人事争议调解工作室入选全省工作突出基层劳动人事争议调解组织名单。

（祝烨）

【海霞女民兵志愿服务】2023年，洞头先锋女子民兵连联合温七医开展义诊活动，携手火箭军开展“迎佳节”系列活动。联合新疆老虎台乡民兵骑兵连开展“山海民兵情·共守边防线”结对共建，在共促组织建设、共建互访平台、共育队伍骨干、共享红色资源、共解服务难题、共树先进典型等方面建立良好的互动交流机制。开展新春送福活动，为海霞村老人张贴春联，联动区税务局、温州金属行业协会党组织，慰问海霞村困难老党员、困难老人。常态化联动海霞村开展环境卫生大整治、大清理活动，累计出动40人次。组织开展“春节我在岗，平安守护你”行动，联动公安部门以“车巡+步巡”的方式，在全区范围内开展巡逻，累计参与道路交通管理120人次。

（陈乐婷）

【微动力志愿服务】2023年，洞头区微动力社工服务中心围绕洞头海上花园建设，依托“五社联动”服务平台，建立“1+5+N+X”（1代表社区居民，5指社会救助、社区服务、心理疏导、文化教育、就业指导5个服务领域，N指个性化服务，X指创新和拓展）服务模式，链接外部社会公益资源，围绕“一老一小一特”的服务群体，借助“幸福志愿站”“各村（社）文化礼堂”“社会组织示范园”等服务阵地，为全区群众、困难家庭老年人以及青少年在养老服务、居家改造、关爱陪伴、非遗文化传承、政策宣传、医疗陪护、一站代购、文明实践等多个领域，推出“海螺计划”“共富乡村行”“山区夕阳红”等多个叫得响的公益创投项目，通过杭州市亚运会重要时间节点开展“亚运V站”志愿服务，展现青春志愿风采。全年累计开展节假日慰问活动75场，主题活动132场，参与志愿服务163人次。获区慈善优秀义工组织奖、2022—2023年度洞头区优秀社会志愿服务组织称号、洞头区AAAAA级社会组织称号、洞头区慈善总会义工分会慈善先进集体奖。

（陈素芳）

先进模范人物

【林黎明】女，1939年11月出生，籍贯温州洞头，退休干部。是洞头区百岛先锋之一，曾获浙江省“首届孝贤”、第二届省侨联“十佳家长”“浙江百名新乡贤”“全国为侨奉献勋章”“全国孝亲敬老之星”等荣誉，其家庭也曾被授予洞头“文明示范户”称号。林黎明一直热心侨联、关工委、乡村文化建设促进会、关爱帮扶志愿队等工作。身为洞头“红色讲师团”成员，她发挥自身优势，讲好红色故事，传承红色基因，近年来先后为侨眷、侨界留守儿童、部队、学校和机关讲课数十场，并将自己的讲课费存交于关工委，作为帮助贫困学子或党支部活动经费不足之资助。她热爱子弟兵，积极参加拥军爱军活动，自1995年退休至今，每年的八一建军节及迎接新战士、欢送退伍老战士活动会上总能看见她的身影。2001年，CCTV-7就她的拥军事迹作专门报道。林黎明一家传承中华民族传统美德，崇孝道、重忠义，于平凡中见真实，于细微处显品质。2023年8月，林黎明被授予“全国归侨侨眷先进个人”称号。

【郭央雪】女，1957年1月出生，籍贯温州洞头，中共党员。她自2018年成为人民调解员后，凭着对人民调解工作的无限热爱和对党的一片忠诚之心，以饱满的热情，兢兢业业的工作态度主动去发现和掌握村里的各种矛盾纠纷“苗头”，化解包括海事纠纷、邻里纠纷、婚姻家庭纠纷等大大小小的案件200多起，在调解过程中用方言俚语拉近与当事人的距离，把矛盾纠纷解决在基层，消灭在萌芽状态，在调解岗位上书写着平凡而有价值的人生。2023年10月8日，司法部在全国调解工作会议上表彰299个全国模范人民调解委员会和999名全国模范人民调解员，其中，洞头区北岙街道大王殿村人民调解委员会专职人民调解员郭央雪入选全国模范人民调解员。

【区城发公司工程管理一部获评浙江省工人先锋号】2023年3月31日，温州市洞头城市发展有限公司工程管理一部获评浙江省工人先锋号。温州市洞头城市发展有限公司工程管理一部遇事主动请缨，逆行而上，抢时增速，在温州市洞头区创新书写建设共同富裕海上花园新征程中发挥主力军作用。积极主动与审批部门沟通，加强对方案设计、可行性研究等环节跟踪把关，化解审批瓶颈，确保洞头区人民医院改扩建工程、人才公寓、元觉安置房等21个新建重点项目按期开工，完成总投资额19.1588亿元。坚持“一切围绕项目转”，成立专班，倒排工期，插旗攻坚，建成投用海霞中学迁建工程、大门中医院、霓屿义校等16个重点项目；有序推进中心敬老院、大门幼儿园等5个重点项目，一般性工程项目42个。始终践行高标准、严要求，精益求精工作理念，人民医院改扩建工程一期荣获2022年浙江省房屋建筑和市政基础设施工程“优秀平安工地”“温州市优质结构工程”和“优秀红色工地”称号；元觉义校获2022年“瓯江杯”荣誉；温州市洞头区中医院工程获2020年“瓯江杯”荣誉；健康驿站建设速度得到《浙江日报》报道；洞头区鹿西乡卫生院等6个项目获2022年度“无废细胞”称号。

【朱扬华】女，1978年5月出生，籍贯温州洞头，中共党员，洞头区实验小学党支部书记、校长。她坚守海岛教育27年，把爱镶嵌在教育教学的每一个细节中，她不漠视任何一个孩子，创造了后进生破茧成蝶的奇迹；她不忽略任何一处细节，书写了没妈的孩子因为有了老师也能像一块宝的传奇；她不怠慢任何一次起飞，护送着一批批孩子走向更高远的未来。2010年走上校长岗位的她先后在4所学校任职，她让三亩地的校园实施“三书文化”得到原浙江省教育厅厅长的高度赞扬和肯定；她让一所外来务工子女占50%以上的学校践行“朴文化”，受到《中国教育报》的关注和赞誉；她用不停歇的三年，让一所百年老校实现多方位转型；她为了让一所新建的窗口学校可持续优质发展，在通向未来教育的路上不断寻求教育创新的新方式。曾荣获省“巾帼建功”标兵、温州市三八红旗手、温州市五一巾帼标兵等称号。2023年3月，朱扬华获浙江省五一劳动奖章。

【**苏丽丽**】女，1982年11月出生，温州洞头人，中共党员。2001年毕业后，在台州市中心医院ICU工作，到2014年12月调回洞头区人民医院急诊科工作，担任科室总带教，协助护士长做好科室的管理。2016年12月洞头人民医院开始组建ICU，她担任ICU护士长，承担ICU护理管理及ICU成立前各项准备工作。2017年1月12日ICU正式投入使用。2021年2月调到感染管理科，她的工作从原来单一护理变成医院感染管理的各项院感防控工作，甚至整个洞头区卫健相关系统的院感防控措施落实的监管、督促、提升。她不但要求医院感染管理科的管理工作要更加仔细、认真、负责，同时要掌握新知识、新理论，杜绝各种院感风险，防止院内感染的发生。她积极地查阅各种文献，学习医院感染管理的各项相关专业知识，掌握医院感染管理的各项法律法规，建立健全医院感染管理的各项规章制度；定期组织医院感染管理相关知识及技能培训；修订院内各项新冠疫情防控制度。积极参加温州市、洞头区等各级各类新冠疫情防控巡查、督查，为洞头区医共体成员单位以及个体医生等提供医院感染相关方面培训、考核40多场。先后获评洞头区“优秀护士”、温州市“护理先进工作者”、温州市“最美温州人·最美护士”、区“海霞式”最美女性、区“最美护士”“最美大白”、区第八届“最美洞头人”等。2023年1月，苏丽丽获评“最美温州人·巾帼建功标兵”。

【**郑祥东**】男，1948年6月出生，温州市洞头区大门镇小门村人，洞头区慈善总会大门分会会长，浙江盛龙船务有限公司总经理。2019年，得知大门镇要成立慈善分会，他第一个站出来支持，“这是利民的好事！我们小门有很多乡贤在外经商，我和你们一起去筹集资金！”郑祥东积极主动协助大门镇相关领导前往上海筹集善款，短短几日便筹得慈善资金302.5万元。不少人为他的出钱又出力点赞时，他只是谦虚地说“不是我一个人做慈善，我只是和大家一样，做了力所能及的事”。2020年初新冠疫情发生，从春节开始，他的身影便出现在小门村的各个角落，哪里人手不足需要他，他就在哪里适时出现，完全没有意识到自己已经上了年纪，每天都跟着村里的志愿者一同忙碌奔波，没有片刻停歇，同时还积极捐款捐物。从花园村庄建设到助学留守儿童，从关心困难群体到帮扶四川南部，涓涓暖流克时艰，最是乡贤润桑梓，虽然很早就被癌症缠身，前前后后经历大小手术十几次，但他依旧乐观面对生活，积极回馈家乡，造福桑梓，既化身慈善家，热心公益事业，又善当村居和事佬，调解邻里纠纷。据不完全统计，十几年来，他为全镇各项公益事业捐出善款300多万元。他最常挂在嘴边的一句话就是：“有空我们都要当志愿者，有能力我们都要做公益，尽自己的所能帮助所有人。”近年来，他先后荣获中国好人、温州市慈善总会“先进个人”、第六届洞头区道德模范等称号。2023年10月19日，郑祥东获评温州市道德模范（助人为乐类）。

最美洞头人

【**林爱英**】女，1957年5月出生，中共党员，籍贯温州洞头。2012年8月，林爱英从学校退休后，发挥余热，主动加入洞头区大门镇人民调解委员会，成为一名专职调解员。工作中，她充分发挥“人熟、地熟、情况熟”的优势，坚持“真心真情为民，合理合法调解”的工作理念，围绕大门镇党委、政府中心工作，将劳资纠纷、损害赔偿、山林土地、道路交通、非正常死亡等诸多纠纷化解在基层，有效维护大门镇的社会稳定，受到群众广泛好评，获司法部坚持发展“枫桥经验”实现矛盾纠纷不上交试点工作表现突出个人等荣誉。2013年参加调解工作以来直接参与调解的纠纷300多件，调解成功率达95%以上。获评2023年第一季度温州好人（敬业奉献）。2023年11月，林爱英获评洞头区第九届“最美洞头人”。

【**苏爱金**】女，1975年9月出生，福建省宁德市霞浦县人，现居洞头区东屏街道。2019年7月6日，从事铝合窗安装工作的丈夫王振钢，不慎从工地二楼摔下。在医院治疗了一年多，依然没有苏醒的征兆，医生最终宣布丈夫成为植物人。从此，她开始漫长又艰辛的照料护理之路，每天起早贪黑照顾丈夫，早晚两次为丈夫按摩，为丈夫制作特制餐食。由于长期卧床呼吸道不畅，苏爱金需要每隔20分钟到1小时用负压吸引器给丈夫吸一次痰。每天为丈夫擦拭身体，清理大小便，她就像一颗永不停歇的陀螺一样默默无声地转。作为结发妻子，她无怨无悔，不抛弃、不放弃，义无反顾地承担着照顾植物人丈夫的重任，同时还要照顾家里的长辈。获评2023年第一季度温州好人（孝老爱亲）。

【钱志刚】男，1979年12月出生，籍贯江苏灌云，中共党员，国网温州市洞头区供电公司四级职员。在基层工作期间，他精心整理专业理论笔记近30本，跋山涉水跑遍洞头大小岛屿，先后负责全区多条线路改造并取得很好的经济和社会效益。2021年，他以驻村第一书记兼农村工作指导员的身份来到东臼村，拆了村口的“封建地标”，建立起东明精神这座“精神地标”。他积极争取到洞头区财政拨款200多万元对进村道路进行拓宽改造，向公司争取到价值15万元的太阳能路灯，让作业晚归的渔民看到真正的“光明”。为服务好老人，他多方沟通筹得60万元对爱心食堂进行改造，成为洞头唯一盈余的爱心食堂。多年来，由于工作表现突出，钱志刚先后荣获洞头区首届“金牌职工”、国网温州供电公司农电工作“先进生产（工作）者”等多项荣誉。获评2023年第一季度温州好人（敬业奉献）。2023年11月，钱志刚获评洞头区第九届“最美洞头人”。

【陈灿渊】男，1980年9月出生，籍贯温州洞头，中国民革党员，中国文物学会漆器专委业理事，温州市洞头区东海贝雕艺术博物馆馆长。他20年坚守海岛，挖掘千年螺钿技艺，将推广发扬中国螺钿事业作为终身目标，获得200多项国家设计专利，研发与创新能力国内领先，产品成为亚洲重大赛事与国家重大活动的奖牌和礼品，使洞头贝雕从没落重新走向繁荣。他的相关研究成果填补了国际空白，被破格聘为故宫博物院研究员，他带领团队筹建亚洲螺钿文化研究基地和古代螺钿修复中心，成立国内唯一的螺钿博物馆，免费开放，接待国内外宾客达数十万人，向世界展现中国螺钿之美。他先后入选“2022中国非遗年度人物”候选名单，荣获“中泰文化交流大使”称号，《传统工艺连接现代生活》案例入选全国“非遗工坊”典型案例及温州市“四个一批人才”“名师名家”“首席技师”“特支计划传统工艺领军人才”“高水平创新团队领头人”等称号。获评2023年第三季度温州好人（敬业奉献）。2023年11月，获评洞头区第九届“最美洞头人”。

【朱程敏】男，1987年1月出生，籍贯温州洞头，中共党员，大门镇公共安全管理中心副主任。从事服务保障工作的朱程敏用心用情为群众办实事、解难事，从不计较个人得失，是老百姓眼中的热心好干部。他退伍换装不褪色，扎根一线守初心，用实际行动诠释着一名退役军人、一名党员、更是一名基层干部“使命至上”的忠诚担当。2023年11月，朱程敏获评洞头区第九届“最美洞头人”。

【余秀兰】女，1962年7月出生，籍贯温州洞头，中共党员，元觉街道普心姐妹志愿者服务队队长。2020年在她的发起下注册元觉街道第一个志愿组织——元觉街道普心姐妹志愿者服务队。这支队伍已经由最初的20人发展到128人，普心姐妹的口号是“做善事，人到、心到，献爱心、不图回报”，也是她们的初心。2023年8月，余秀兰被温州市洞头区慈善总会评为慈善优秀义工，普心姐妹志愿者服务队被温州市委宣传部、温州市民政局评为“最美温州人·孝亲敬老楷模”。2023年11月，余秀兰获评洞头区第九届“最美洞头人”。

【陈春媚】女，1976年3月出生，籍贯温州洞头，中共党员，洞头区实验中学语文老师。2019年9月，怀揣着“报效祖国梦·书写华教情”的憧憬，陈春媚老师来到艺术之都佛罗伦萨，开启国侨办外派教师漂洋过海的华文支教历程。面对华人孩子，她总想将更多的爱国情怀传递给他们，让他们牢记洋装穿在身，我心依然是中国心，她以勇敢、担当写下海岛“铿锵玫瑰”的励志故事。2023年11月，陈春媚获评洞头区第九届“最美洞头人”。

【陈钦琪】男，1934年8月出生，籍贯温州洞头，中共党员，北岙街道岭背社区党员。老陈伯退休后毅然扮演起了社区工作里的多个角色：社区党总支委员、社区老年协会会长、社区关工委副主任、社区治保委员会成员等，并把每个角色演绎得有声有色。二十多年来，他默默无闻为社区居民做了许多事情，踏踏实实地陪着社区党员群众、老年朋友开展各种健康向上的活动。不求一分报酬的他，早已把社区当成了自己的家，把社区里的居民当成自己的家人，为社区、为群众奉献着自己的力量。2023年11月，陈钦琪获评洞头区第九届“最美洞头人”。

【陈爱萍】女，1968年9月出生，籍贯温州洞头，东屏街道岙仔村村民。陈爱萍，她二十余年如一日，无微不至地照顾瘫痪在床生活不能自理的丈夫，用行动诠释人间真爱。在家里，她是个好妻子、好儿媳、好妈妈，悉心照料家庭；在外面，她乐于助人，勇于奉献，热心参与公益活动，对人温柔，讲道理，不计小节。她用这份热情诠释了一个农村妇女的善良与质朴，2021 年被评为“温州好人”。2023 年 11 月，陈爱萍获评洞头区第九届“最美洞头人”。

【黄志平】男，1973 年 5 月出生，中共党员，籍贯温州洞头，洞头区人民医院心血管内科主任医师、医院内一科主任，曾被评为洞头区“最美医师”，获医共体医疗技术先锋奖等。28 年来，为了海岛人民的健康事业，他默默奉献在临床一线。2023 年洞头区 DSA 正式投入使用以来，黄志平团队已申请了 4 项 DSA 新技术项目，完成手术突破 100 例，挽救了十余例心梗患者的生命，为洞头区心脑血管患者开辟了一条全新的生命快速通道，创造一个又一个奇迹。2023 年 11 月，黄志平获评洞头区第九届“最美洞头人”。

【颜厥栋】男，1982 年 7 月出生，籍贯温州洞头，洞头区公安分局交警大队辅警（铁骑队长）。2001 年 12 月参军，于武警青海省总队西宁市支队二中队服役，2003 年上等兵军衔退伍，连续 8 年被区公安分局评为优秀辅警，2016 年 10 月被浙江省公安厅评为 G20 杭州峰会保安积极分子，2019 年 12 月被浙江省公安厅评为“最美辅警”，2021 年 9 月被温州市公安局授予三星荣誉奖章。2023 年 11 月，颜厥栋获评洞头区第九届“最美洞头人”。

2023年11月17日，洞头区举行温州市第七个“兰小草”爱心宣传日暨第九届“最美洞头人·感动洞头十大人物”（第七届道德模范）颁奖仪式（郭为民 摄）

表72　2023年度洞头区市级以上先进集体一览表（部分）

获奖单位	奖项名称	获奖时间	授奖单位
洞头区	和美海岛	2023年6月	自然资源部
洞头区	全国村庄清洁行动先进县	2023年3月	农业农村部 国家乡村振兴局
洞头区	全国平安渔业示范县	2023年12月	农业农村部
区委台办	对台宣传工作先进单位	2023年9月	国台办宣传局
洞头区	平安区	2023年3月	省委、省政府

续表72

获奖单位	奖项名称	获奖时间	授奖单位
洞头区	平安二星金鼎	2023年3月	省委、省政府
洞头区	浙江省2022年度浙江省“无违建”县（市、区）	2023年9月	省委、省政府
元觉街道状元村	浙江省美丽宜居示范村	2023年12月	省建设厅、省美丽宜居办
元觉街道	浙江省第三批未来乡村创建村	2023年12月	省农业农村厅、省财政厅、省风貌办
洞头区市场监督管理局	全省清廉市场监管单元建设成绩突出单位	2023年10月	省市场监管局
元觉街道食安办	浙江省四星级食安办	2023年12月	省食品药品安全委员会办公室
霓屿街道食安办			
鹿西乡食安办			
洞头区海霞文化发展中心	浙江省中小学生研学实践教育基地	2023年1月	省教育厅办公室、省文化和旅游厅办公室
市医疗保障局洞头分局	全省医保系统成绩突出集体	2023年10月	省医疗保障局
市医疗保障局洞头分局	2022年度先进单位	2023年2月	省医疗保障局
洞头区税务局大门税务所	2023年新时代“枫桥式”税务所	2023年12月	国家税务总局浙江省税务局办公室
洞头区海霞文化发展中心	浙江省产业工人思想政治教育基地	2023年10月	省总工会
区供电公司海霞电力女子服务队	浙江省三八红旗集体	2023年6月	省妇女联合会
洞头先锋女子民兵连纪念馆	第三批浙江省民营经济人士理想信念教育基地	2023年8月	省工商业联合会
北岙街道	浙江省亲清政商关系先行建设乡镇（街道）	2023年8月	省工商业联合会
洞头猎豹应急救援服务中心	2022年浙江省海上搜救成绩突出集体	2023年11月	省海上搜救中心
区委组织部	温州市推进共同富裕（扩中提低）先进集体	2023年6月	市委、市政府
区发改局			
区民政局			
区人力社保局			
区卫生健康局			
区妇联			
东屏街道东岙村			
昆鹏街道			

续表72

获奖单位	奖项名称	获奖时间	授奖单位
区委政法委	以数字化改革为引领改革突破成绩突出集体	2023年8月	市委、市政府
区发改局			
区委宣传部	“三为”工作成绩突出集体	2023年7月	市委、市政府
区发改局			
区妇联			
区北岙街道			
国网温州市洞头区供电公司			
区委政法委	疫情防控、除险安保维稳工作成绩突出集体	2023年7月	市委、市政府
区信访局			
市公安局洞头分局治安大队			
区卫生健康局			
区应急管理局			
区人民医院			
北岙街道			
东屏街道			
灵昆街道			
昆鹏街道			
区委办	文化温州建设成绩突出集体	2023年5月	市委、市政府
区委宣传部			
区海霞文化发展中心			
区财政局			
区霓屿街道			
区旅发公司			

续表72

获奖单位	奖项名称	获奖时间	授奖单位
区发展和改革局	温州市重大项目招引和重大产业建设先进集体	2023年8月	市委、市政府
区经信局	温州市重大项目招引和重大产业建设先进集体	2023年8月	市委、市政府
区财政局	温州市重大项目招引和重大产业建设先进集体	2023年8月	市委、市政府
区交通运输局	温州市重大项目招引和重大产业建设先进集体	2023年8月	市委、市政府
区农业农村局	温州市重大项目招引和重大产业建设先进集体	2023年8月	市委、市政府
市生态环境局洞头分局	温州市重大项目招引和重大产业建设先进集体	2023年8月	市委、市政府
区投资促进服务中心	温州市重大项目招引和重大产业建设先进集体	2023年8月	市委、市政府
区城市发展有限公司	温州市重大项目招引和重大产业建设先进集体	2023年8月	市委、市政府
区北岙街道	温州市重大项目招引和重大产业建设先进集体	2023年8月	市委、市政府
区霓屿街道	温州市重大项目招引和重大产业建设先进集体	2023年8月	市委、市政府
区税务局	温州市第二批“引领型”清廉建设单位	2023年10月	清廉温州建设领导小组办公室
区市场监督管理局	温州市第二批“引领型”清廉建设单位	2023年10月	清廉温州建设领导小组办公室
北岙街道三盘社区	温州市第二批“引领型”清廉建设单位	2023年10月	清廉温州建设领导小组办公室
灵昆街道上岩头村	温州市第二批“引领型”清廉建设单位	2023年10月	清廉温州建设领导小组办公室
浙江诚意药业股份有限公司	温州市第二批“引领型”清廉建设单位	2023年10月	清廉温州建设领导小组办公室
洞头农商银行	2023年度市级“平安单位”暨“智安单位”	2023年12月	市委政法委员会、市公安局
洞头旅发公司	2023年度“最美温州人最美国企人”提名	2023年7月	市委宣传部、市国资委委员会
温州市洞头区海霞文化发展中心	温州市未成年人思想道德建设优秀阵地	2023年8月	市文明中心

续表72

获奖单位	奖项名称	获奖时间	授奖单位
区北岙街道	第五批和美乡村“示范引领、全域整洁”行动事迹突出集体	2023年4月	市委农村工作领导小组办公室
区卫生健康局	温州市新冠病毒感染疫情防控工作集体三等功	2023年2月	市政府
大门镇	温州市新冠病毒感染疫情防控工作集体嘉奖	2023年2月	市政府
市公安局洞头分局			
区委政法委	2022年温州市平安护航党的二十大集体嘉奖	2023年2月	市政府
东屏街道			
洞头农商银行	温州慈善奖·机构捐赠奖	2023年12月	市政府
鹿西乡	温州市五星级基层武装部	2023年12月	温州军分区
区委组织部	2023年度“省级规范化数字档案室”	2023年12月	市档案局
区台办			
区信访局			
区退役军人事务局			
区统计局			
区投促中心			
团区委			
区妇联			
区工商联			
区红十字会			
区医疗保险服务中心	2022年度温州市青年文明号集体单位	2023年7月	市“青年文明号、青年岗位能手”活动指导委员会

表73　2023年度洞头区市级以上先进个人一览表（部分）

获奖个人	奖项名称	获奖时间	授奖单位
郭央雪	全国模范人民调解员	2023年10月	司法部
谭洁	2023年全国退役军人宣传工作先进个人	2023年9月	退役军人事务部办公厅
曾国团	2020—2021年度全国无偿献血奉献终身荣誉奖	2023年2月	国家卫生健康委员会
田子平	2020—2021年度全国无偿献血奉献奖铜奖	2023年2月	国家卫生健康委员会
卓桂贞	全省指导人民调解工作先进个人	2023年12月	省委、省政府
李昌达	浙江省科学技术进步奖三等奖	2023年11月	省政府
林立东			
南琴慧	省平安护航党的二十大成绩突出个人	2023年1月	省平安领导小组
林立东	2022 年度浙江省农业丰收奖三等奖	2023年9月	省农业农村厅
陈凤燕	2023年全省打击治理电信网络新型违法犯罪工作成绩突出个人	2023年2月	省打击治理电诈办公室
王光碧	“浙江省市场监督管理卫士”先进个人	2023年1月	省市场监督管理局、省人力资源和社会保障厅
龚琪丽	2023年度全省药品安全创新治理成绩突出个人	2023年12月	省药品监督管理局
刘文赟	疫情防控工作嘉奖	2023年6月	国家税务总局浙江省税务局
蔡后营	浙江省自然灾害综合风险普查工作成绩突出个人	2023年12月	省第一次自然灾害综合风险普查领导小组办公室、省应急管理厅
王曼	浙江省妇联系统先进工作者	2023年6月	省妇女联合会
曾秀红	浙江省三八红旗手	2023年6月	省妇女联合会
李炳昌	2023年纳税服务工作个人三等功	2023年6月	国家税务总局浙江省税务局
杨丰荣	2023年度全省货物和劳务税工作突出贡献个人	2023年12月	国家税务总局浙江省税务局货物和劳务税处
高金健	学习宣传贯彻党的二十大精神“四百佳”标兵	2023年12月	国家税务总局浙江省税务局委员会办公室
蔡菲菲			
柯鹏程			
刘良伟	2020—2022年浙江省农函大工作优秀工作者	2023年1月	省农村致富技术函授大学、浙江农民大学农函大校区

续表73

获奖个人	奖项名称	获奖时间	授奖单位
黄成翔	文化温州建设成绩突出个人	2023年5月	市委、市政府
何加义			
欧阳红杏			
范国良			
洪高岑			
詹育代			
林颖颖			
叶艳芳			
温正局			
郑晓燕			
林学星	温州市重大项目招引和重大产业建设先进个人	2023年8月	市委、市政府
颜泓粟			
黄智华			
纪建波			
张孚专			
陈杨			
陶世成			
洪正全			
谢铭			
陈友华			
沈永伟			
苏友山			
郑长昊	以数字化改革为引领改革突破成绩突出个人	2023年8月	市委、市政府
林罗义			
叶郑洁			

续表73

获奖个人	奖项名称	获奖时间	授奖单位
叶成	温州市推进共同富裕（扩中提低）先进个人	2023年6月	市委、市政府
陈坤杯			
刘东升			
张于胜			
陈子海			
王政			
林春芬			
杨琼			
陈轶群			
陈丽芳			
朱曾奎			
柯受志			
杨秀娟			
石耀光			
张扬熙			
翁家勇			
褚志攀	疫情防控、除险安保维稳工作成绩突出个人	2023年7月	市委、市政府
林国辉			
柯繁荣			
戴婉贞			
张宇翔			
叶民民			
郑小平			
叶礼健			
许建伟			
林凌			
曾婵婵			

续表73

获奖个人	奖项名称	获奖时间	授奖单位
顾建军	“三为”工作成绩突出个人	2023年7月	市委、市政府
张菁宸			
王俊			
王静静			
张茂海			
林芬赟			
张爱淑			
叶锦丽	温州市新冠病毒感染疫情防控工作个人三等功	2023年2月	市政府
曾华军	温州市新冠病毒感染疫情防控工作个人嘉奖	2023年2月	市政府
张茂海			
吕胜利			
林敏			
褚志攀			
叶礼健			
童海光			
郑六一	2022年温州市平安护航党的二十大个人三等功	2023年2月	市政府
陈勇旭			
陈俊华	2022年温州市平安护航党的二十大个人嘉奖	2023年2月	市政府
戴王政			
黄耀			
彭盛杰			
陈贤尧			
乔军辉			

洞头区组织机构及负责人名录

■中共洞头区第二届委员会

书　记　郭云强
副书记　何莉平（女）
　　　　林　铁
常　委　郭云强
　　　　何莉平（女）
　　　　林　铁
　　　　戴　冕
　　　　陈细团（9月免）
　　　　郑锋利
　　　　赵　爽（女）
　　　　林上达
　　　　吴肃锋
　　　　王迎锋（9月任）

■洞头区第十五届人大常委会

主　任　刘素婷（女）
副主任　侯合海
　　　　李　毅
　　　　蔡国华
　　　　陈后春
　　　　甘海选（女）
党组书记　刘素婷（女）
党组副书记　侯合海
党组成员　李　毅
　　　　　蔡国华
　　　　　甘海选（女）
　　　　　陈春飞

■洞头区人民政府

区　长　何莉平（女）
常务副区长　郑锋利
副区长　黄　伟
　　　　张方任（1月免）
　　　　张　攀
　　　　贾约拿
　　　　肖晓锵（9月免）
　　　　陈佳劲（挂职，3月免）
　　　　苏剑群（1月任）
　　　　李正军（挂职，1月任）
　　　　张　伟（挂职，7月任）
党组书记　何莉平（女）
党组副书记　郑锋利
党组成员　黄　伟
　　　　　张方任（1月免）
　　　　　张　攀
　　　　　郭显玉（7月免）
　　　　　贾约拿
　　　　　肖晓锵（9月免）
　　　　　陈佳劲（挂职，3月免）
　　　　　苏剑群（1月任）
　　　　　柯受志（7月任）
　　　　　张　伟（挂职，7月任）

■政协第九届洞头区委员会

主　席　汪慧平
副主席　叶锦丽（女）
　　　　赵海山
　　　　郑雪园（女）
秘书长　曹其忠
党组书记　汪慧平
党组副书记　戴　冕
党组成员　曹其忠
　　　　　赵海山

■中共洞头区纪律检查委员会

书　记　吴肃锋
常务副书记　叶先锋
副书记　郭陆军
常　委　黄鹏林
　　　　汪传标（挂职，4月任）
　　　　陈冬梅（女）

■洞头区监察委员会

主　任　吴肃锋
副主任　叶先锋
　　　　郭陆军
委　员　陈冬梅（女）
　　　　王祖杰

区纪委区监委机关

办公室主任　庄建洲
干部室主任　郭仕堆（7月免）
宣传教育室主任　苏志毅
信访室（申诉复查室）主任
　　　　陈阳熹
党风政风监督室主任
　　　　叶海婵（女）
案件审理室主任　陈荣海
案件监督管理室主任
　　　　蔡宏伟（4月任）
第一纪检监察室主任
　　　　蔡宏伟（4月免）
　　　　徐志向（4月任）
第二纪检监察室主任
　　　　王光珊
第三纪检监察室主任
　　　　林学星（4月免）
　　　　张亮亮（4月任）

区委巡察办

主　任　黄鹏林
副主任　郑振华
区委第一巡察组
组　长　蔡鹏程（女）
副组长　陈后品
副科长级巡察专员
　　　　郑　华
区委第二巡察组
组　长　唐建业
副组长　黄胜贤（1月免）
　　　　陈群挺（4月任）
副科长级巡察专员
　　　　郭海视（7月任）
区委第三巡察组
组　长　苏　盛
副组长　汪秀琪
副科长级巡察专员
　　　　李明设

区纪委区监委派驻机构

派驻第一纪检监察组
组　长　高浩程（12月免）
　　　　陈后银（12月任）
副组长　周志勇（7月免）
　　　　陈晓莉（女）
　　　　林加群（7月任）
派驻第二纪检监察组
组　长　陈声为
副组长　陈立曼（4月免）
　　　　张艳玉（女）
　　　　林学星（4月任）

派驻第三纪检监察组
组　长　张忠强
副组长　黄海碧（4月免）
　　　　叶　成
　　　　顾建军（4月任）
派驻第四纪检监察组
组　长　朱小才
副组长　张剑辉（7月免）
　　　　胡晓克（7月任）
派驻第五纪检监察组
组　长　陈后银（12月免）
　　　　高浩程（12月任）
副组长　陈松飞
　　　　唐海滨
驻区人民法院纪检监察组
组　长　宋　浩（7月免）
　　　　郭仕堆（7月任）
驻区人民检察院纪检监察组
组　长　周秋艳（女，7月免）
　　　　宋　浩（7月任）
驻公安洞头分局纪检监察组
组　长　曾文虎

■区委工作部门

区委办公室［挂区档案局、区委机要局（区密码管理局）、区保密委员会办公室（区国家保密局）牌子、区委政研室牌子］

主　任　方均坦
副主任　吴励光
　　　　林忠星（兼，4月免）
　　　　许生浩（7月免）
　　　　林罗义（12月免）
　　　　方秀菊（女，兼）
　　　　陈坤杯（4月任）
　　　　苏　建（4月任）
　　　　彭德金（兼，4月任）
　　　　吴亦鹏（7月任，试用期一年）
　　　　陈炜炫（12月任）
室务会议成员　童王平
　　　　　　　高浩程（12月免）
　　　　　　　吴亦鹏（7月免）
保密委专职副主任　吴励光
保密办主任、国家保密局局长
　　　　林罗义（兼，5月任，12月免）
区委机要局（区密码管理局）局长
　　　　林罗义（兼，5月任，12月免）
区委政研室主任
　　　　陈坤杯（4月任）
档案局局长　童王平（兼）
室务成员、派驻第一纪检监察组组长
　　　　高浩程（12月免）
　　　　陈后银（12月任）

区委组织部（挂区公务员局牌子；挂区委直属机关工作委员会牌子；保留区委老干部局牌子；挂区委新经济与新社会组织工作委员会牌子）

部　长　赵　爽（女）
常务副部长　詹景伟（7月免）
　　　　　　季晓瀚（女，12月任）
副部长　詹景伟（7月免）
　　　　曾华鸿
　　　　甘寒冬（兼，7月免）
　　　　郑元永（兼）
　　　　郭显玉（兼，7月任）
部务成员、派驻第三纪检监察组组长
　　　　张忠强
部务成员　陈来霞（女）
　　　　　周方前
　　　　　纪建波
　　　　　吴励光（7月任）
区委新经济与新社会组织工作委员会书记　曾华鸿
副书记　林一鹏（兼，1月任）
　　　　沈加亮（兼，1月—12月）
　　　　李孚权（兼，1月—12月）
　　　　许生然（兼，1月任）
委　员　施国强（兼）
　　　　金岳燕（女）
人才办专职副主任
　　　　纪建波
区委直属机关工作委员会书记
　　　　赵　爽（女，兼）
专职副书记　陈来霞（女）
区委老干部局局长
　　　　詹景伟（兼，7月免）
　　　　季晓瀚（女，兼，12月任）
区关心下一代工作委员会主任
　　　　叶国胜（聘任）
常务副主任　周方前
专职副主任　林一鹏
区党建服务中心主任
　　　　叶丽丽（女）

区委宣传部（挂区新闻出版局、区精神文明建设指导中心、区政府新闻办公室、区互联网信息办公室牌子）

部　长　林上达
常务副部长　苏友山（12月任）
副部长　高海龙（12月免）
　　　　王静静（女）
　　　　虞献兵（12月任）
区委网信办主任
　　　　王静静（女，12月任）
区政府新闻办主任
　　　　高海龙（12月免）
　　　　王静静（女，12月任）
部务成员、派驻第四纪检监察组组长　朱小才
区社科联主席　许　环（女）
副主席　林　磊
区精神文明建设指导中心主任
　　　　陈坤能
副主任　朱明炬
　　　　陈成乔

区委统战部（挂区民族宗教事务局、区政府侨务办公室牌子）

部　长　戴　冕
常务副部长　邱亚顿
副部长　彭德金（4月免）
　　　　张奇峰
　　　　许生然（兼）
　　　　金霞霞（女，4月任）
民宗局局长　邱亚顿（兼）
部务成员、派驻第五纪检监察组组长　陈后银（12月免）
　　　　高浩程（12月任）
部务成员　欧阳红杏（女）
侨联主席　林忠星（4月任）

区委政法委员会
书　记　林　铁
副书记　郑锋利
　　　　黄　伟
　　　　刘东升
　　　　王昌海
　　　　陈凤燕（女）
委　员　邱新楚
　　　　王恭顺
　　　　梁祥赞
　　　　林　岌
政治处主任　林　岌
委务成员　南琴慧（女）

区社会治理中心（挂区城市运行中心和区综合信息指挥中心牌子）
党组第一书记　方均坦（兼）
党组书记、主任
　　　　方秀菊（女）
副主任　戴婉贞（女）
　　　　李军民（兼）
　　　　陈凤燕（兼，女）
　　　　陈斌斌（兼）
　　　　杨空军（兼，12月免）
　　　　陈一诚（兼）
　　　　叶　根
　　　　彭胜强（兼，9月任）

区委全面深化改革办（挂区最多跑一次改革办公室）
主　任　林　铁（兼）
第一副主任　郑锋利（兼）
常务副主任　陈宣陆
副主任　朱岳奇
室务会议成员　陈盈盈（女）

区公共资源交易管理办
主　任　陈盈盈（兼，女）

区委机构编制委员会办公室
主　任　甘寒冬（7月免）
　　　　郭显玉（7月任）
副主任　曾健康
　　　　曾国耿
室务成员　黄海辉

区委台湾工作办公室（挂区政府台湾事务办公室牌子，区台商台胞服务中心）
主　任　许小萍（女）
副主任　林焕勇
室务成员、区台商台胞服务中心
主　任　杨志平

区委区府信访局
局　长　林忠星（4月免）
　　　　彭德金（4月任）
副局长　李明营
　　　　李军民
信访督查专员　许荣华（4月免）

区档案馆（区委党史研究室）（合署办公，挂区地方志研究室牌子）
馆　长（主任）　童王平
副馆长　陈兵宽
副主任　曾焕定
副馆长　杨　静（女）

区融媒体中心（区广播电视台）
党组书记、主任（台长）　南建东
党组成员、副主任（副台长）
　　　　郑巨峰
　　　　郭建春
　　　　王　艺
党组成员、新闻采访部主任
　　　　郑益群
党组成员、总编室主任　张海河

区海霞培训中心（9月，机构更名为区海霞文化发展中心）
党组书记、主任　陈松涛
党组成员、副主任
　　　　林建华（7月免）
　　　　钱飞琴（女）
　　　　陈色伍（7月任）
副主任　郑德江

■区人大常委会工作部门

区第十五届人民代表大会监察和法制司法委员会
主任委员　侯合海
副主任委员　黄根忠
　　　　陈后安（2月任）

区第十五届人民代表大会财政经济委员会
主任委员　李　毅
副主任委员　吴兹敏
　　　　张海山
　　　　陈青委

区第十五届人民代表大会社会建设委员会
主任委员　侯合海
副主任委员　柯位宪
　　　　张立志（2月任）

区人大常委会机关党组
书　记　陈春飞
副书记　金威华
党组成员　黄根忠
　　　　陈青委
　　　　柯位宪
办公室主任　陈春飞
副主任　郑育丹（女）
　　　　姜　宇
监察和法制司法工作委员会主任
　　　　黄根忠
副主任　韩辉辉
财政经济工作委员会主任
　　　　张海山
教科文卫体工作委员会主任
　　　　纪玉华（女）
代表与选举任免工作委员会主任
　　　　金威华
城建环保工作委员会主任
　　　　颜厥炎
农资工作委员会主任　柯友疆
预算工作委员会主任　陈青委
社会建设工作委员会主任
　　　　柯位宪

■区政府工作部门

区政府办公室（挂区政府外事办公室、区大数据发展管理局牌子）
党组书记、主任

郭显玉（7月免）
柯受志（7月任）
党组成员、副主任
苏友曦（4月任）
林声俊（4月免）
南　海
庄海东（7月任）
郭温胜（7月免）
林小敏
副主任　方智森
黄智华
党组成员、派驻第二纪检监察组组长　陈声为
党组成员　何掌霞（女）

区政府外事办公室

主　任　郭显玉（兼，7月免）
柯受志（兼，7月任）
副主任　林声俊（兼，4月免）
方智森（兼，4月任）

区大数据发展管理局

局　长　郭显玉（兼，7月免）
柯受志（兼，7月任）
区大数据管理中心主任
何掌霞（女）
副主任　陈一诚
章　豪（挂职）
叶　晓

区发展和改革局（挂区粮食和物资储备局，1月增挂区国防动员办公室、区人防办公室牌子，与中共温州市洞头区委社会建设委员会合署办公）

党组书记、局长　庄峥嵘
党组副书记　陈坤杯（4月免）
党组成员、副局长
张孚专
苏友曦（4月免）
副局长　陈文锲（4月任）
陈清勤（12月任）
党组成员、区重点项目建设服务中心主任　林忠荣
党组成员、区委社建委专职副主任
郑　冰（女）
区粮食和物资储备局局长
庄峥嵘（兼）
区国防动员办（区人防办）主任
庄峥嵘（兼，1月任）
专职副主任　苏友曦（兼，1月任，4月免）
陈文锲（兼，4月任）
区重点项目建设服务中心
主　任　林忠荣
副主任　叶文海
沈永伟
叶信用（2月免）
王　勋（4月任）

区经济商务和信息化局（保留区政府金融工作办公室牌子，挂区民营经济健康发展促进局牌子）

党组书记、局长　张茂海
党组副书记　陆益辉
党组成员、副局长
张冰绚（女）
宋文彬
副局长　林　立
区政府金融工作办公室主任
张茂海
区金融工作服务中心主任
陆益辉
副主任　周建顺
邱　珮
区民营经济健康发展促进局局长
张茂海（兼）

区科学技术局

党组书记、局长　郑祥飞
党组副书记　陈青翮
党组成员、副局长　陈志锋
詹育代
党组成员、区海洋经济科技服务中心主任　王仁属

区委教育工作委员会

书　记　林　铁（兼）
副书记　詹景伟（兼，7月免）
郭海辉（兼）
季晓瀚(女，兼，12月任）
苏友山（兼，12月任）
委员、专职副书记　叶海燕（女）

区教育局

党委书记、局长　郭海辉
党委副书记　叶海燕（女，7月任）
党委委员、副局长
郭建忠
叶元暖（7月免）
沈　杨（女，4月任）
林建华（7月任）
党委委员　颜丽函（女，9月免）

市公安局洞头分局

党委书记、局长　黄　伟
党委副书记、政委
夏肇平（2月任）
党委副书记、常务副局长
杨思腾
党委委员、副局长　张志勤
党委委员、派驻纪检监察组组长
曾文虎
党委委员、副局长
郭剑锋
郑　群（7月任）
党委委员、政治处主任
季舒钰
机关党委专职副书记
陈海轮（11月免）
党委委员、交警大队大队长
郑　群（7月免）
曹荣超（7月任）
党委委员　杨志群
法制预审大队（信访科）大队长
杨志群（6月免）
警务保障室主任
陈伟前（6月免）
林维敏（6月任）
指挥中心（情报信息大队、反恐怖大队）主任　王志毅（6月免）
国内安全保卫大队大队长　徐克金
海防大队大队长
陈建军（6月任）
海防大队政治教导员　凌　毅

治安大队大队长
周文渊（6月任）
网络安全保卫大队政治教导员
林维敏（6月免）
北岙派出所所长
杨建华（6月免）
杨志群（6月任）
大门派出所所长
曹荣超（6月免）
曾华军（6月任）
东屏派出所所长　叶小川
元觉派出所所长　甘泽民
霓屿派出所所长　吕海坎
鹿西派出所所长
周文渊（6月免）
王志毅（6月任）

区民政局
党组书记、局长
彭增炜
党组成员、副局长
沈加亮（12月免）
林　浙
王　瑜（12月任）
党组成员、区殡仪服务中心主任
柯友兵

区司法局（保留区行政复议局牌子）
党组书记、局长　梁祥赞
党组成员、副局长　叶明铁
施国强
副局长　陈斌斌
区行政复议局局长
梁祥赞（兼）
副局长　叶明铁（兼）

区财政局（挂区政府国有资产监督管理办公室牌子）
党组书记、局长　黄建敏
党组副书记、副局长
许晓斐（女）
党组成员、副局长
朱海斌
邱蔡芬芬（女，4月免）
副局长　陈声进（4月任）
党组成员、总会计师
林菲菲（女）
党组成员　周必利（12月任）
区国资办主任　黄建敏
副主任　邱蔡芬芬（兼，女，4月免）
朱海斌（兼，4月任）

区人力资源和社会保障局
党组书记　郑元永
局　长　郑元永（1月任）
陈后安（1月免）
党组成员、副局长
曾国军
庄海东（7月免）
童艳艳（女）
党组成员　沈加亮（12月任）

区住房和城乡规划建设局［1月区人民防空办公室（区民防局）划至区发改局］
党组书记　杨小军
局　长　郑元永（1月免）
杨小军（1月任）
党组副书记、副局长　朱文杰
党组成员、副局长
洪正金
孙振亚（挂职，11月免）
副局长　陈清勤（12月免）
郭国建（12月任）
党组成员　童思鹏（2月免）
陈仁敏（女，12月任）
区人防办（民防局）主任（局长）
杨小军（兼，1月免）

区交通运输局
党组书记、局长　褚志攀
党组副书记　谢　铭（4月任）
党组成员、副局长　谢　铭
邵进宝
党组成员、区交通运输行政执法队队长　李光林
党组成员、区公路与运输管理中心主任　王建财
党组成员、区港航管理中心主任
张丹丹（女）
洞头邮政管理局局长　褚志攀
副局长　王建财

区农业农村局（挂区渔业局、区水利局牌子、区乡村振兴局牌子）
党组书记、局长
张　杰
党组副书记、副局长
方雅靓（女）
党组成员、副局长
王　政
张立宁（2月任，挂职，4月免副局长）
吕焕伟（9月任党组成员）
党组成员　颜厥果（9月免）
陈国伟（9月免）
郑元富（9月任）
庄瑞思（9月任）
区海洋与渔业行政执法队大队长
郑元富
区渔船管理服务中心主任　庄瑞思
区渔业局局长　张　杰（兼）
副局长　吕焕伟（兼，9月任）
区水利局局长　张　杰（兼）
副局长　王　政（兼，9月任）
区乡村振兴局局长　张　杰（兼）
副局长　方雅靓（兼，女，9月任）

洞头区文化和广电旅游体育局（挂区文物局牌子）
党组书记、局长　陈永胜
党组副书记、副局长　倪瑞瑜
副局长　叶艳芳（女）
党组成员　金均民
张謦余（女）
区文化市场行政执法队队长
郑冰峰
区旅游发展中心主任　金均民
副主任　庄瑞兴
侯文琼（女）
区文物局局长
陈永胜（兼，4月任）
副局长　叶艳芳（兼，女，4月任）

区卫生健康局

党委书记　季晓瀚（女，12月免）
局　长　梁友谊
副书记（专职）
　　郭建国（12月免）
副书记、副局长
　　郭建国（12月任）
党委委员、副局长　周国伟
副局长　易先宏（挂职，6月免）
　　叶稳稳
党委委员　郭海祝（7月免）
　　洪　震（7月免）
　　林国辉（7月免）
　　童海光
　　朱顺义（7月任）
　　张孚庆（7月任）
　　李素勤（女，12月任）
区疾控局局长
　　郭建国（12月任）
区人民医院党委书记
　　童海光
区计生协会常务副会长
　　梁友谊
专职副会长　郭海祝（7月免）
　　张孚庆（7月任）

区退役军人事务局

党组书记、局长　陈声伟
党组成员、副局长　柯立军
党组成员　侯文慧（女）

区应急管理局

党委书记、局长　柯繁荣
党委成员、副局长　李成丰
　　林高环
　　彭胜强
党委委员　郑荣党
　　黄　耀（12月任）
党委成员、总工程师
　　陈海雄（12月免）

区审计局

党组书记、局长　吕建伟
党组成员、副局长
　　洪剑胜
　　吴爱芬（女，5月任）
副局长　陈声进（5月免）
党组成员、总审计师
　　吴爱芬（女，5月免）
总审计师　倪蓓蓓（女，5月任）

区市场监督管理局（挂区知识产权局牌子）

党组书记、局长　林　敏（女）
党组副书记、副局长
　　李孚权（12月免）
党组成员、副局长
　　江　济（12月免）
　　温正局（12月任）
　　郑元聪（12月任）
副局长　张亚勤（女）
党组成员、综合行政执法队队长
　　郑元聪（12月免）
　　甘欢欢（女，12月任）
党组成员、总工程师
　　甘欢欢（女，12月免）
区知识产权局局长
　　林　敏（女，兼）
副局长　江　济（兼，12月免）

区统计局

党组书记、局长　许生星
党组成员、副局长　陈友华
　　柯建喜
党组成员　林进静

区综合行政执法局（挂区城市管理局、区综合行政执法指导办、区综合行政执法队牌子）

党组书记、局长　林海志
党组副书记、党组成员、副局长
　　黄相华
党组成员、副局长
　　陈礼遵（7月免）
　　杨空军（12月免）
柯朝旭（7月任）
　　林芬赟（女，12月任）
党组成员　虞礼光（12月任）
区城市管理局党组书记、局长
　　林海志
副局长　杨空军（兼，12月免）
区综合行政执法指导办主任
　　林海志
区综合行政执法队队长
　　林海志（兼）

市自然资源和规划局洞头分局（挂区海洋局牌子）

党委书记、局长　林观海
党委副书记、副局长
　　蔡　钦（9月免）
　　李　坪（9月任）
党委委员、副局长
　　张海环
　　李　坪（9月免）
党委委员　郭献卫
党委委员、不动产登记服务中心主任　祁　莲（女）
总工程师　陶世成

市生态环境局洞头分局

党组书记、局长　陈旭阳
副书记、副局长　邱东平
党组成员、副局长　王祖妙
　　林加锋
区生态环境行政执法队队长
　　李立清

市医疗保障局洞头分局

党组书记、局长　洪宁群
党组成员、副局长
　　张熔熔（女）
　　金　宝（4月任）

区机关事务管理中心

党组书记、主任　朱红波（女）
党组成员、副主任　朱晶晶（女）
副主任　周必杰
党组成员　陈　鹏

区投资促进服务中心

党组书记、主任
　　王克静（12月任）
党组成员、副主任
　　王克静（主持工作，12

月免）
江晓燕（女）
林高鹤
党组成员　陈超才（7月任）

区政务服务中心

党组书记、主任
陈盈盈（女）
党组成员、副主任
林国辉（7月任）
副主任　陈色伍（7月免）
苏央央（女，1月任）
党组成员　马丽丽（女）

区供销合作社

党组书记、主任
林声俊（4月任）
党组副书记、副主任
林永志
党组成员、副主任
邓伦斌（12月免）
杨空军（12月任）

区城市发展有限公司

党委书记、董事长　彭进贵
副董事长、总经理
吴为立（2月免）
副董事长兼副总经理　吴鹏展
总工程师　陈裕越（2月免）
张　遥（2月任）
副总经理　潘　奇
陈裕越（2月任）
叶杰君（7月任）

区旅游文化发展有限公司

董事长　林　坚（10月免）
总经理　林　坚（2月免）
副董事长、总经理
叶信用（2月任）
副董事长、副总经理　金惠杰
总工程师　陈东东
副总经理　童思鹏（2月任）

区国有资源开发建设有限公司

董事长、总经理
吴为立（2月任）
副总经理　朱建宇（2月任）
叶　龙（2月任）
总工程师　叶林林（7月任）

■政协洞头区委工作部门

办公室主任　蔡志文
副主任　武晓峰
提案委员会主任　王振宇
经济委员会主任　林海轮
农业和农村委员会主任　颜厥苗
城乡建设和资源环境委员会主任
林建斌（8月免）
甘寒冬（8月任）
科技教育卫生体育和文化文史学习委员会主任　苏　娅（女）
社会法制民族宗教和港澳台侨外事委员会主任　王　锡（8月免）
洪　震（8月任）
委员工作委员会主任　陈继海
区政协委员会机关党组书记
曹其忠
副书记　蔡志文
党组成员　林建斌（7月免）
陈继海
颜厥苗（12月免）
王　锡（7月免）
林海轮（7月任）
甘寒冬（7月任）

■区人民法院

院长、党组书记　邱新楚
常务副院长、党组副书记　刘建国
副院长　林　涛　蔡志海
党组成员、政治部主任
朱　江（5月免）
刘友山（5月任）
党组成员　宋　浩（5月免）
郭仕堆（5月任）
审委会专职委员
刘荣胜
郭灵燕（女，5月任）
执行局局长　倪海平
大门法庭庭长
郭灵燕（女，5月免）
许　轶（女，7月任）
灵昆法庭庭长　董文锐（7月任）
驻区法院纪检监察组组长
宋　浩（7月免）
郭仕堆（7月任）

■区人民检察院

检察长、党组书记　王恭顺
常务副检察长、副书记　应建国
副检察长、党组成员
周雯雯（女）
党组成员　周秋艳（女，5月免）
宋　浩（5月任）
副检察长　张辉星
检委会专职委员、党组成员
池进峰
政治部主任、党组成员
刘友山（5月免）
朱　江（5月任）
检委会专职委员　陈松听
大门检察室主任　郭　杰
驻区检察院纪检监察组组长
周秋艳（女，7月免）
宋　浩（7月任）

■垂直机构

区税务局

党组书记、局长　叶东晴
党委委员、副局长
唐东敏
方玉燕（女，6月任）
孙翔游（3月任）
纪检组组长　徐建斌（3月免）
徐蓓蓓（女，3月任）

市住房公积金管理中心洞头分中心

主　任　庄明贵（4月任）
副主任　庄明贵（主持工作，4月免）
林进国（1月免）

洞头海事处

处　长　郑若艇
副处长　苏　靖　朱　林

温州市盐业公司洞头分公司
经　理　徐宝存

国网温州市洞头区供电公司
总经理、党委副书记
　　吴伟银（6月免）
　　郑思源（6月任）
党委书记、副总经理　伍伊凡
副总经理、党委委员
　　林加阳（6月免）
　　周　扬（6月免）
　　苏云波（6月任）
　　孟　健（12月任）
党委委员、纪委书记、工会主席
　　王　雪（女）

区气象局
局长、党组书记
　　章立浩
副局长　邢文理

区烟草专卖局（分公司）
党组书记、局长（经理）
　　邢加圣（5月免）
　　马　燕（女，5月任）
副局长、纪检组组长　潘突突

中国电信洞头分公司
党委副书记、副总经理
　　涂建成（主持工作）
党委委员、副总经理　曾焕华
党委委员、纪委书记、副总经理
　　沈劲松（4月任）
党委委员、纪委书记、总经理助理
　　沈劲松（4月免）
党委委员　庄瑞勇（1月任）

中国邮政集团公司温州市洞头区分公司
副总经理　王　静（女，8月免）
　　林道洁（女，8月任）

中国移动洞头分公司
总经理　林　超

中国联通洞头区分公司
总经理　曾善光（10月免）
　　王　智（10月任）

洞头华数公司
总经理　倪　颖

中国人民银行洞头支行
行长、党组书记
　　周文凯
副行长　黄招勇
　　包建锋（3月免）
纪检组组长　黄招勇

中国农业银行洞头支行
行长　丁利挺
副行长　柯受总
　　唐　静（11月任）
纪委书记　陈志强

中国建设银行洞头支行
行　长　张来敬（11月免）
　　余　喆（11月任）
副行长　林温鑫（12月免）
　　薛晓清（女，12月任）

中国工商银行洞头支行
行　长　徐振铃（10月免）
　　梁　峰（10月任）
副行长　邵康辉
行长助理　郑　蔚（11月任）

中国银行股份有限公司洞头支行
行　长　王挺杰（7月免）
　　黄小央（7月任）
副行长　潘广铭

洞头农村商业银行
董事长　许宪国
行　长　朱建松
副行长　杨晓洁（女，7月免）
　　王曙辉
　　陈全知（7月任）
监事长　曾华越

中国邮政储蓄银行洞头支行
行　长　江一舸（9月免）
副行长　柯任迪（主持工作，9月任）

洞头富民村镇银行
董事长　屠善勇
行　长　柯受国
副行长　徐　策

温州银行洞头支行
行　长　王　义（3月免）
　　王　烈（3月任）
副行长　池进水（3月免）

中国人民财产保险股份有限公司洞头支公司
总经理　杨　林（3月任）
副总经理　杨　林（主持工作，3月免）
副总经理　吴　昊（10月免）
　　曾晨明（10月任）

中国人寿保险股份有限公司洞头支公司
总经理　朱定文

中国人寿财产保险有限公司洞头支公司
经　理　颜素贞（女）

中国太平洋财产保险公司洞头支公司
总经理　张孚俊（3月任）
副总经理　张孚俊（3月免）
总经理助理
　　郑　宾（3月—12月）
副总经理　王曙亮（12月任）

中华联合财产保险股份有限公司洞头支公司
经　理　陈海燕（女）

■社会团体

区总工会
主　席　甘海选（兼）
党组书记、常务副主席　朱显妙

党组成员、副主席　陈秋菊（女）
党组成员　庄鹏远
副主席　方静静（女，挂职）

共青团洞头区委员会
书　记　方雅靓（女，7月免）
　　　　许生浩（7月任）
副书记　朱玲爱（女，12月免）
　　　　陈乐婷（女）
　　　　叶梦露（女，挂职）
　　　　甘泽森（12月任）
　　　　林建华（兼，12月任）

区妇女联合会
主　席、党组书记　吕海棠（女）
副主席、党组成员
　　　　金岳燕（女）
　　　　陈铁群（女，挂职）

区科学技术协会
主　席　陈青翩
副主席　张孚庆（7月免）
　　　　周志勇（7月任）

区侨联
主　席　林忠星（4月任）
副主席　陈其钦
　　　　苏玲燕（女，挂职）

区文学艺术界联合会
主　席　林慷慨
副主席　曹高宇

区残疾人联合会
党组书记、理事长、副主席
　　　　陈丽芬（女）
党组成员、副理事长
　　　　郑忠霆（4月免）
副理事长　曾国建（4月任）
党组成员　陈时秒

区工商业联合会（总商会）
党组书记　许生然
常务副主席、副会长
　　　　许生然（4月任）
专职副主席　陈爱花（女）

区红十字会
会　长　贾约拿（兼）
常务副会长　洪　震（7月免）
　　　　朱顺义（7月任）

区慈善总会
会　长　叶永辉
专职副会长　王　锡（8月任）

■街道 乡镇

北岙街道
党工委书记　苏剑群（7月免）
　　　　詹景伟（7月任）
副书记　彭世伟（12月免）
　　　　倪小龙
　　　　曾中扬
委　员　林加群（7月免）
　　　　吴志文
　　　　温正局（12月免）
　　　　杨燕辉（女）
　　　　陈坤明（7月任）
　　　　蔡一帆（援疆）
　　　　陈　佳（女）
　　　　朱曾奎（12月任）
　　　　杨建华（7月免）
　　　　杨志群（7月任）
　　　　郑　程（7月任）
　　　　汪浩瀚（7月任）
　　　　陈　春（挂职）
　　　　杨森权（兼）
纪工委书记、派出监察办主任
　　　　吴志文
人大工委主任　林振权
副主任　曾国建（5月免）
　　　　郑忠霆（5月任）
　　　　应　钧
办事处主任　彭世伟（12月免）
　　　　倪小龙（12月任）
常务副主任　蔡一帆（7月免）
　　　　陈坤明（7月任）
副主任　陈坤明
　　　　朱曾奎（12月免）
　　　　郭婷婷（女）
　　　　赵军军（7月任）

灵昆街道
党工委书记　戴显强（2月免）
　　　　曹一帆（2月任）
副书记　林宣志
委　员　曹朝晖
　　　　王光强
　　　　石耀辉
　　　　王爵锷（9月任）
　　　　庄勇标
　　　　沈海琴（女）
　　　　翁彩敏（女，3月免）
纪工委书记、派出监察办主任
　　　　庄勇标
人大工委主任　刘君可
人大工委副主任
　　　　王爵锷（11月免）
办事处主任　林宣志（3月任）
副主任　石耀辉
　　　　黄建海
　　　　陈运林
　　　　翁彩敏（女，3月免）

大门镇
党委书记　苏友山（12月免）
　　　　彭世伟（12月任）
副书记　柯受志（7月免）
　　　　林　凌（7月任）
　　　　陈　义
纪委书记、派出监察办主任
　　　　陈伟明
党委委员　唐奎蛟（7月免）
　　　　叶方胜
　　　　林芬赟（女，12月免）
　　　　陈伟明
　　　　林万敏
　　　　曹荣超（7月免）
　　　　童攀攀
　　　　黄　亚
　　　　柯友贤（7月任）
　　　　王伟丰（4月任）
　　　　曾华军（7月任）
　　　　朱玲爱（女，12月任）
人大主席　朱顺义（7月免）

唐奎蛟（7月任）
人大副主席　王海峰
镇　长　柯受志（7月免）
林　凌（7月任）
常务副镇长　唐奎蛟（7月免）
副镇长　郭国建（12月免）
黄月华（7月免）
王　豪
刘　强（7月任）
陈海雄（12月任）

东屏街道

党工委书记　南海滨
副书记　王青青（女）
叶礼健（12月免）
林罗义（12月任）
委　员　叶礼健（12月免）
柯朝旭（7月免）
金霞霞（女，4月免）
陈　雅（女）
叶小川
谢炳希
林川川
陈　峰（挂职）
潘正凯
许荣华（4月任）
颜孙空（7月任）
纪工委书记、派出监察办主任
谢炳希
人大工委主任
周必东（12月免）
李孚权（12月任）
人大工委副主任　陈后勤
办事处主任　王青青（女）
常务副主任　陈　雅（女）
副主任　陈群挺（4月免）
王　瑜（12月免）
张小兵
何雨田（女，挂职，6月免）
颜　弘（4月任）
叶　昶（12月任）

元觉街道

党工委书记　石耀光
副书记　杨祝琦（女）
虞献兵（12月免）
委　员　吕　靖（4月免）
杨建国
蔡文斌
周正茂
陈昆仑
甘泽民
王正瑛（女）
沈　境（4月任）
纪工委书记、派出监察办主任
吕　靖（4月免）
沈　境（4月任）
纪委副书记、派出监察办副主任
陈蓉蓉（女，2月任）
人大工委主任　叶生杰
人大工委副主任
张　鸣（5月任）
办事处主任　杨祝琦（女）
常务副主任　杨建国
副主任　叶艳明（女，7月免）
陈振东
朱重阳
张思敏（女，挂职，4月免）
吴星钻（7月任）

霓屿街道

党工委书记　王友谊
副书记　林　凌（7月免）
庄瑞鹏　陆千帆（挂职）
郭温胜（7月任）
委　员　张　光
翁玲玲（女）
林玉明
苏　建（4月免）
季舒钰
吕海坎
郭加兵
吕　靖（4月任）
曾婵婵（女，4月任）
纪工委书记、派出监察办主任
苏　建（4月免）
吕　靖（4月任）
人大工委主任　郭坤碟
副主任　王志敏
办事处主任　庄瑞鹏
常务副主任
翁玲玲（女，8月免）
副主任　郭志涛
胡晓克（7月免）
曾婵婵（女，4月免）
徐节速（挂职，9月免）
张思敏（女，4月任）
柯志恒（7月任）

昆鹏街道

党工委书记　曹一帆（2月免）
朱　博（2月任）
副书记　温从跃
委　员　张爱淑（女）
人大工委主任　许声维
办事处副主任　张爱淑（女）
杨恒昶

鹿西乡

党委书记　陈志华
副书记　王大标　林阿华
委　员　颜孙空（7月免）
许宸毓
孔繁隆
周文渊（兼，7月免）
柯友贤（7月免)
金许阳
钱志刚（兼）
甘　泽（1月免）
叶艳明（女，7月任）
黄月华（7月任）
王志毅（兼，7月任）
项文忠（7月任）
纪委书记、派出监察办主任
柯友贤（7月免）
叶艳明（女，7月任）
纪委副书记、派出监察办副主任
彭盛杰（12月免）
陈蓓蓓（女，12月任）
人大主席　颜贤权
乡　长　王大标
常务副乡长
许宸毓
副乡长　吕韵姿（女）
叶　灿

（洞头年鉴编辑部）

北岙街道

【概况】北岙街道为洞头区中心城区，是全区政治、经济、文化中心，位于洞头区本岛西北部（包括三盘岛），东临东海，西与霓屿街道隔海相望，南与东屏街道接壤，西北部经洞头峡大桥、洞头大桥与元觉街道相连，距温州市区约68千米。全街道陆域面积26.76平方千米，其中城区面积7.5平方千米。辖11个社区、14个行政村，户籍数17865户，户籍人口48431人，常住人口5.59万人。全年北岙街道城乡居民人均可支配收入分别增长7.8%和12.5%，实现规上工业产值16.11亿元、规上工业企业研发经费4.86亿元，高新技术产业投资3823万元，固定资产投资15.37亿元、建筑业省内产值9.9亿元。街道获评浙江省亲清政商关系示范乡镇街道，北岙商会获评省四好商会。

全年招引落地亿元项目2个，升规上限企业13家，协助解决小岛厂房验收、宏泰经营许可证延续等25个涉企问题，兑现惠企奖励资金202万元。完成环岛西、东沙不夜港二期等重点项目政策处理任务38项。启动高层住宅小区二次供水项目建设，完成望海山庄等老旧小区改造，修复擂网岙等沙滩5个，提升小朴村道等农村道路3条，建成环东沙港“渔港风情街”、双垅美食一条街等品质示范街区。推进全国文明城市创建和和美乡村建设，3次获全市文明城市测评“最优街镇”流动红旗，辖区5个全市首批和美乡村落后村社高分通过整治验收。北岙街道获省级和美乡村示范乡镇称号，海霞村入选国家乡村治理示范村和省级生态文明建设实践体验地，东沙村获评浙江省AAA级景区村。

街道打造三盘滨海牧歌、东沙游客中心等潮流地标，举办第十二届中国妈祖平安节、东沙不夜港集市、青春市集等大型活动5场，吸引游客10万余人次。打造15分钟品质文化圈18个，组建社区文艺队伍10支，全年开展文艺活动100多场。新增非遗传承人5人、非遗项目2个，获评省级非遗工坊1家、区级非遗工坊2家，东海“贝雕”非遗工坊入选文旅部共同富裕示范区建设第一批典型经验。

街道先行先试困难对象劳动能力调查评估、公益性岗位集中开发管理等低收入家庭综合帮扶集成改革新举措，全省首创“助残就业+为老助餐”模式，中央厨房+助送餐实现村社全覆盖。推进打水鞍老年友好社区建设，新建居家养老服务照料中心4个、社区级“残疾人之家”1个。小三盘村居家养老照料服务中心增设“微型残疾人之家”功能，试行“一老一残”家庭日间照料帮扶。聚焦“一老一少一特一新”重点人群需求，办好充电桩加装雨棚、适老化改造等民生微实事267件。

组织开展学习贯彻习近平新时代中国特色社会主义思想主题教育，建立街道、村两级共学平台，打造海霞、东沙“海上花园循迹溯源”教学点，形成主题特色课目30项。强化街村、政企党组织联动，新建业委会、物管会13个，溢香党支部获评省级党建联建示范点。全年创成“共享社·幸福里”五星级点位2个，星级工坊9个，打造渔家厨娘共富工坊总部，吸纳130多人组建厨娘共富游击队。海悦城未来社区创成省级“引领型”未来社区，海霞村创成省级红色根脉强基示范村，银海社区、大长坑村获评省级示范党群服务中心。严肃查处街村党员干部违规违纪问题，全年受理问题线索17件、立案15件，党纪政务处分14人，诫勉谈话2人，警示谈话24人。

【街道基层社会治理】2023年，北岙街道推进安全生产百日攻坚，实行全员值守、夜巡打更、秸秆巡防等机制，开展安全隐患大排查和多轮专项排查整治，安全生产“百日攻坚”考核连续位居全市前列。实行重大安保会商研判，通过“开门接访”“周二下访”主动回应群众诉求，化解较大信访历史积案10起，省级以上信访积案全部清零，完成护航亚运等重大安保任务。街道级共享法庭成功调解诉前纠纷44起，“海霞妈妈”调解工作法被纳入全省新时代“枫桥式工作法”，一名金牌调解员获全国模范调解员称号。

【和美乡村建设】2023年12月29日，浙江省“千村示范、万村整治”工作协调小组办公室公布2023年度全省深化新时代“千万工程”建设宜居宜业和美乡村（农村人居环境提升）工作优胜县名单，北岙街道获评2023年度浙江省和美乡村示范乡镇。北岙街道围绕和美乡村建设，推出“和美乡村·文明城市村社擂台”“党建+网格+群众”“考核奖惩”等机制，各村社开展人居环境整治。全年整治卫生点位13856个，清理垃圾5628吨，绿化美化边角地1650平方米，清理河塘沟渠7290米，群众参与整治行动超1万人次，乡贤捐资捐物75.5万元。4月7日，北岙街道获评市级和美乡村“示范引领、全域整洁”行动事迹突出集体。4月28日，辖区5个全市首批和美乡村落后村社通过整治验收，大朴村获评市级和美乡村“示范引领、全域整洁”行动整治优胜村，授红旗表扬并奖励5万元。

【亚运安保工作】2023年5月，杭州亚运维稳安保工作启动，北岙街道根据不同阶段工作要求，做好各项维稳工作。紧盯重点领域，常态化开展平安护航亚运“大巡防”行动，全力消除各类风险隐患。实行日研判、开门接访等工作机制。先后开展“0809亚运安保二级响应演练”“0909亚运安保一级响应演练”等系列安保演练12次，组建25支普法宣传队，开展“法治护航·平安护航”普法宣传。

【海悦城未来社区创建】2023年12月4日，浙江省第四批未来社区名单正式公布，海悦城未来社区获评省级“引领型”未来社区。洞头区海悦城位于新城二期地块，实施单元面积30.4万平方米，2016年建成，是洞头最年轻的小区之一。2022年5月，海悦城入选浙江省第五批未来社区创建名单，北岙街道联动区住建局、团区委、区妇联等单位，以“海霞新辉·悦享未来”为定位启动创建。统筹闲置配套用房，建设老人社区、儿童中心、邻里中心、青年之家，改造儿童天地和“邻里庭院”。制订“Hai生活”社区营造行动计划，组建社群组织12个，培育“社区合伙人”36人，定期举办邻里节等活动，10月至12月，社区组织开展活动28场。为社区居民提供社区少年宫、轰Dong夜市、中央厨房送餐等综合集成服务。

【创成五星级乡镇（街道）食安办】2023年12月，北岙街道创成浙江省五星级乡镇（街道）食安办。北岙街道于2020年和2021年先后创成浙江省三星级、四星级乡镇（街道）食安办。年内，北岙辖区内有各类食杂店、餐饮店1380家，各类食堂74家，生产企业18家，小作坊11家。街道联动北岙市监所，组建食安巡查一支队，强化暑期档、夜间档等时段以及双垅美食一条街等重点经营场所监管，确保重点环节、重点区域、重点时段“三重点”食品质量安全。建立健全基层食品安全工作网络，划分食品安全中网格25个、食品安全小网格49个，

2023年10月23日，海悦城未来社区举办“轰Dong青年社区邻里节”活动
（北岙街道提供）

建成食品安全科普站9个。

【海霞村入选第三批全国乡村治理示范村】2023年11月2日，农业农村部、中央宣传部、司法部联合印发通知，公布第三批全国乡村治理示范村镇名单，洞头区北岙街道海霞村入选第三批全国乡村治理示范村。海霞村依托红色资源，以洞头先锋女子民兵连为基础，打造集红色文旅与滨海休闲于一体的海岛旅居新地标，成为洞头建设“国际生态旅游岛”的核心组成部分。发挥古村落生态环境优势，打造独具海洋文化底蕴、洞头石厝风韵旅游文化街区，建设露营基地和婚纱摄影基地，引入海霞青年营等项目。通过“村企合作”模式实现功能植入，海霞村整合各类资源，推动餐饮、民宿等全村旅游产业多样化发展。常态化开展兼具“时尚感”和“烟火气”的“创梦海霞·共富集市”，人流量最高达5000人次/日。生态红色游产业帮助村民新增转产就业岗位300多个，带动村集体年收入增加50多万元。

（陈悦）

灵昆街道

【概况】灵昆街道位于温州湾口中部瓯江口内。东接昆鹏街道，西与鹿城区七都街道一水相依，北经北口大桥与乐清黄华街道相接，南经灵昆大桥与瑶溪街道相连、经南口大桥与温州龙湾国际机场相接，系瓯江径流和海流动力共同塑造的产物，形成岛域约有一千年历史，自古以来为温州海口之门户、交通之咽喉、军事之要塞。随着温州城市拥江面海发展战略的推进，乐瓯洞一体化发展格局的加深，灵昆成为乐瓯洞开发建设桥头堡、前沿阵地。全街道总面积22平方千米，下辖9个行政村。辖区户籍数5994户，户籍人口23382人，外来流动人口1.05万人，常住人口2.13万人。全年实现规上工业企业总产值11.9亿元，限上批发销售总额87.3亿元，限上批零住餐销售总额87.7亿元；完成固定资产投资9889万元，超年初目标任务量。

推进文明城市创建各项任务，围绕S1线、S2线、G330、G228沿线，聚焦城中村改造范围等重点区域开展集中整治，打击违规堆场23处，累计查处违停1252件、占道经营973个、拆除各类违章建筑151处、5.1万平方米。实施轻轨灵昆站站前美丽田园提升工程。针对全域34条河道，开展涉河四乱问题大排查，整治黑臭河2条，处理各类河道问题1307件，试点断头河湿地循环治水方案。抓路基改善，实施北单千路等6条村级道路“白改黑”，摊铺沥青面积2.6万平方米，修补破损路面90多处，智慧城管平台处理问题2665件。抓秸秆焚烧整治，通过高处瞭望点“人防”、智能预警系统“技防”，实现24平方千米监测全覆盖、快处置，有效减少空气环境污染。

聚焦党建引领，指导831名党员制订个人学习计划。围绕“六看六评”，对9个村的村两委成员，逐人逐村过筛研判，评定优秀村2个，优秀村干部12名，不合格村干部1名，整改反馈薄弱问题22个。开展“我为群众解忧”活动，上报历史遗留问题9件，解决群众问题109件，收集群众意见38条，完成主要道路安全隐患、老人就餐不便、文体设施待提升等民生项目44项。打造系统集成、贯通联动的“1+9”（1个街道级党群服务中心+9个村级党群服务中心）街道、村两级党群服务中心体系，累计开展党课宣讲369场、特色文体活动1037场。

【城中村改造行动】2023年，灵昆街道推进城中村改造行动，叶先村、王相村、九村村三个先行村累计签约1137户、腾空1021户、拆除916户。其中，王相村整村腾空率达95%，叶先村红线范围内腾空率达93%；九村村红线内共431户，已腾空232户，拆除168户。土地征收加速推进，按照片区开发实施计划和征地组件报批节点要求，完成灵昆产业园7号地块、王相中路、王相东路七、D-03、D-14、B-23地块等16个项目的政策处理，累计征地198亩。紧扣“美丽乡村”“未来社区”建设，加快片区开发项目落地，瓯江口二乙医院完成主体结构建设，昆东路、昆北路、昆九路完成建设，轨道交通S2线开通运营。

【街道社会事业发展】2023年，灵昆街道精准扶贫低保低边225人，发放救助资金243万元。开展为老服务，为独居老人免费安装“一键呼叫器”555户，开展高龄老人慰问264人次，为老人以及弱势群体免费投保“益康保”1287份。开展寒潮大风天气防范应对和暖心服务，向困难群体发放防寒物资510份。开展“慈善一日捐”，收到个人和企业捐款48.97万元，用于老人关心关爱、大病救助等项目支出。沙塘村“口袋公园”、周宅爱心食堂等服务阵地建成投用，5家百姓健身房、1家城市书房和1家农村书屋投入运营。依托文明实践所、各村实践站，开展“‘八八战略’在身边”“喜迎亚运”“共享社·幸福里”“我们的节日”等文化和志愿服务活动371场、惠及群众9476人次。完成城乡医保参保15250人，落实辖区35周岁至60周岁女性免费投保“安康保险”5240人。协调解决28户拆迁户适龄儿童在瓯江口就学问题。完成幸福小区、医保纾困等7件街道级民生实事。启动校园周边交通环境整治提升工程，实施灵南小学、灵昆一小校园周边道路和停车场建设。王相村被评为“浙江省无障碍社区”，新灵景园城市书房被评为“市四星级城市书房”，周宅文化礼堂被评为“市四星级文化礼堂”。

【街道基层社会治理】2023年，灵昆街道推进“平安灵昆”建设。开展护航亚运平安大巡防行动，坚持每日会商研判、日常巡防+专项巡防，组织街道、派出所、消防队、村志愿者等对厂中厂、消防、交通、城镇燃气等重点领域进行平安巡查。推进欠薪问题妥善化解，全年成功调解案件46起，涉及金额49.5万元；设立欠薪应急周转金50万元，用于协调解决劳资纠纷等突发事件。调解行政诉讼案件10起，全年累计处置信访件568件、调处纠纷86件，处置率均达100%，实现“民转刑”案件零发生。联合部门到非洲解救劝返人质，到新疆开展电信诈骗劝返工作。落实“3030”（30天内排查整治30个问题的安全生产事故隐患）闭环机制，制定各领域专项方案4个、应急预案21个，建立隐患、措施和责任“三清单”。坚持“一日多巡”街道班子带队落实常态化夜查夜巡机制，各专安委（专业安全生产委员会）结合各自领域职责落实检查，各村成立夜间打更夜巡队伍，累计检查安全生产攻坚七大领域场所1420处，发现安全隐患861条，整改率100%。街道出租房、合用场所在消防安全抽查考核中排名全市前茅，基层治理综合考评在全市“六比竞赛”中排名市区街道第一位。

【街道村级集体经济发展】2023年，灵昆街道村级集体经济总收入3176万元，同比增长10.5%；村集体经济经营性收入2042万元，同比增长9.1%，所有村均实现总收入150万元、经营性收入超100万元目标。海思村康体中心项目正式投用，年增收230多万元，沙塘村农贸市场出租年增收280多万元。投资2300万元高标准建设“千亩方”“百亩方”等农业项目，完成农田整治约146.67公顷（2200亩）。完成土地流转约220.67公顷（约3310亩）。开展乱占耕地整治，落实34处拆除复耕。清理互花米草46.6公顷（699亩）、加拿大一枝黄花约3.33公顷（50多亩）。完成第三届农合联换届选举，带动发展一批“新农人”。完成油菜籽、蔬菜瓜果播种840公顷（1.26万亩），产量2万余吨，提前超额完成任务量。按时发放中央耕地地力保护等各类补贴约237万元，发挥惠农政策扶持作用。

【街道农产品培育】2023年，灵昆街道开展特色甜瓜产品培育工作。规划建设“千亩方”“百亩方”等农业项目，投资2300万元，开展土地平整、地力培肥、用地复垦、耕地恢复，完成农田整治约146.67公顷（2200亩）。宣传土地流转政策，鼓励农户根据依法自愿有偿原则，相互规范流转协议，以转包、出租等方式盘活村民手中土地。通过农村资产招投标等方式，引导村集体土地等农地有序流转给专业大户、农民专业合作社等新型种植主体，实现“小田变大田”。组织人员开展大棚种植惠农补贴政策宣传，推广大棚种植技术，引导农户在田间搭建大棚种植甜瓜，全年新增大棚种植户8个，发放惠农补助130多万元；灵昆大棚种植甜瓜累计110户左右，种植面积约153.33公顷（2300多亩）。

【首家智慧“百姓健身房”开业】2023年2月27日，灵昆街道第一家3.0智慧版“百姓健身房”揭牌。灵昆智慧“百姓健身房”位于灵昆街道新灵景园小区C11栋一楼，室内场地使用面积285平方米，设健身器材区（分为有氧区、力量区）和休息区，配置高端智能化有氧商用跑步机、商用椭圆机、健身车、划船器、力量扩胸训练器、小飞鸟训练器、史密斯机、蹬腿训练器、引体向上助力器等专业健身器材，通过大数据平台实时反馈锻炼人群健身数据、实时指

2023年2月27日，灵昆街道第一家3.0智慧版“百姓健身房”揭牌（灵昆街道提供）

导科学健身。

【海思康体中心租赁签约仪式】 2023年10月31日，为进一步发展壮大村集体经济，鼓励引导村校合作共建，灵昆街道海思村与温州市里仁科技职业学校举行租赁签约仪式。海思康体中心位于灵昆南路与官河港交叉口东南侧，总投资约5000万元，项目用地约16亩，总建筑面积1万多平方米，项目建成投用后，与里仁科技职业学校签订长期合同租用15年，实现村集体年增长200万元，首年经营性收入翻倍式递增，提升村集体经营性收入。场地设在里仁科技职业学校灵昆校区，结合灵昆产业特色，以培养全日制高技能人才教育为主，开展多形式、多层次办学，实行学历教育、岗位培训相结合。设立里仁海思综合文化服务中心，开展各类文体活动，进一步丰富海思村民生活。

【温州轨道交通S2线正式通车】 2023年8月26日，温州轨道交通S2线载客运营。线路起于乐清清东路站，途经乐清、海经区、龙湾区、温州湾新区、瑞安等5个行政区和产业集聚区，终于瑞安市东山站，线路全长63.63千米，设站20座，其中高架站19座，地下站1座。与运营的S1线在机场站、灵昆站实现换乘，与在建的S3线在东山站实现换乘。旨在通过S2线南北向公共交通走廊，加快推动温州瑞安、温州乐清一体化。

【双昆村获评全省首批"红色根脉"强基示范村】 2023年6月30日，省委学习贯彻习近平新时代中国特色社会主义思想主题教育专题党课暨激励干部担当作为表彰大会召开，灵昆街道双昆村获评全省首批"红色根脉"强基示范村。双昆村坚持以筑牢党建根基为中心，实现治理模式迭代更新、强村富民集成壮大、党群关系和谐统一。推动群众全过程参与前端议事+后端监督流程，组建全街道第一家乡贤馆，邀请退休老干部、劳模等14名乡贤参与乡村治理，聘任村级人民监督员，公开亮晒村级重大事项。党总支对接引进码头企业，通过码头租赁每年为村集体增收100多万元；联合码头企业、龙湾农商行、瓯江口给排水公司等单位组建村企党建联盟，打通村企就业渠道，输送120多名村民至村企合作单位就业，助困纾困群众20多名。壮大灵昆甜瓜等特色农产品经济，成立"红色田园"共富工坊，引领12人组团到乐清租地300多亩种植甜瓜农产品，解决村内44名剩余劳动力就业问题，实现助农惠农。村两委干部牵头发挥先锋模范作用，带头入网入格、日访夜谈，化解历年遗留疑难杂症纠纷7件，办理改造提升文化礼堂老人视听室、修补机耕路等民生实事17件。

（阙思思）

东屏街道

【概况】 东屏街道位于洞头村本岛东南部，面朝东海，紧邻城区。由4个住人岛、88个无居民岛组成，陆地面积14.47平方千米。辖9个行政村及2个社区（蓝港社区和半屏社区）。辖区户籍数7848户，户籍人口20796人，常住人口1.29万人。全年农村常住居民人均可支配收入8.84万元，同比增长19%。

街道提升打造"一湾三市五巷"，开工建设"东岙·七夕明月湾"未来乡村，包含人居环境改善提升、"宿+"数字共享空间等产业、环境、民生、文旅类项目10个，总投资2750万元。共富联盟游客驿站、东岙街景及民宿视觉形象提升工程、七彩网红巷提升、东岙村停车场改扩建及道路提升等未来乡村备案的21个建设项目均已竣工，作为温州市区（县）代表迎接全国四好农村示范区（县）通过考核验收。推进后寮村果蔬公社、惠民村亲子采摘园农旅融合项目建设。培育乡村旅游品牌，承办绿水青山中国休闲运动挑战赛、铁人三项国际公开赛等赛事21场，开展七夕民俗风情节、灯塔集市、沙滩音乐节等文旅活动25场，完成村集体经济总收入3823.99万元、经营性收入2660.73万元。

街道推进城乡人居环境整治，落实新时代美丽乡村绿化美化，结合环宾线整治，种植三角梅、凤仙花等20多个品种时令花卉，共计2.5万余株，绿化美化面积1万余平方米，成功打造"东岙花海"等系列品牌。结合闽瓯海洋文化，落实80艘木质渔船刷漆彩绘。实施和美乡村道路两侧"海岛田园"专项行动，设置围栏、篱笆等景观化阻隔设施1800米，开展美丽田园整治25亩，东屏街道5个村均通过全市风貌落后村整治验收。半屏社区东海石厝跻身省风貌办浙派民居类推荐榜单。深化农贸市场管理，完成"最海鲜"集散中心"迁新疏旧"工作。开展农村公益基础设施项目建设，拟定岙仔码头35个集装箱式渔具房设计方案，实现蓝港社区30个双层渔具房及配套设施落地。全面推开第三次全国土壤普查和撂荒地调查，实施加固整治、改造提升、美化环境、数字化管理等美丽山塘建设工程，促进惠头寮山塘库区清淤和水质提升，街道获评全省"五水共治"工作优秀乡镇(街道)。

街道构建"五学联动"体系，实现农村党员集中培训全覆盖，全年开设培训班次15个，培训农村党员1580人次。推动辖区31家“四上一农”企业全覆盖建立党组织，完成18家两新党组织换届选举工作。深入打造“厝边议事”品牌，以东岙村为试点开展“厝边议事”，探索民生实事新举措。围绕“渔悦·东屏”民宿联盟品牌，破解新时期民宿行业管理难题，新增“侨家乐·海宿”品牌民宿四星级2家、三星级3家。建立“一点一品牌，一村一主题”特色清廉示范体系，打造东岙、东岙顶“廉”味“食”光十大洞头名小吃等标志性场景。深化村集体资金竞争性存放、智慧公章和海霞说事等载体，相关做法获省、市纪委领导调研肯定，并被“学习强国”学习平台、省纪委网站等媒体报道。开展正风肃纪检查49起，受理信访件3件，立案10起，党纪处分7人。蓝港社区党总支书记叶建成获评省级“担当作为好支书”，东岙村、蓝港社区获评浙江省首批红色根脉强基示范村社，东屏街道获评省级红色根脉强基示范街镇。

【街道海水养殖业发展】2023年，东屏街道深入实施“千船引领、万船整治”工程，完成17艘引领示范渔船验收，淘汰低效高龄风险钢制渔船4艘，引导渔船减船转产5艘。推进渔船精密智控建设，完成171艘渔船“插卡式”AIS（为船舶自动识别系统）终端配备。采用开放自选、组合一站式办保模式，开展涉海类作业“共富保险超市”试点，其中羊栖菜养殖保险试点面积约93.33公顷（1400亩）。进一步扩大大瞿、南策大黄鱼生态养殖招商引资养殖项目，养殖面积约6.67公顷（100多亩），打造藻类、贝壳类等多品种养殖区域月33.33多公顷（500多亩），新增海上养殖20公顷（300亩），海上养殖总量1.5万吨、产值2.36亿元。

【街道民生事业发展】2023年，东屏街道救助低保低边户等困难群体451人，探访关爱、幸福清单送达活动1860场次。完成医疗保险应参保人数99.3%。推进低收入家庭综合帮扶改革，开发公益性岗位22个。建成渔民画、厝边厨娘等特色“共富工坊”8家，吸纳低收入人群100多人就业。构建老年友好型社区，投入近80万元新建近500平方米的蓝港社区居家养老照料服务中心，街道级养老服务中心（惠民点）入选2023年温州市优质康养学基地名单。新增半屏社区、东岙村、东岙顶村、后坑村等4个村级慈善工作站。开展“文化进万家”、送戏下乡等文化惠民活动120场。新增垅头村、寮顶村两个15分钟品质文化生活圈，半屏山被列入国家级海峡两岸交流基地培育名单。

【街道基层社会治理】2023年，东屏街道深化“县乡一体、条抓块统”改革，迭代升级“基层治理四平台”，将辖区细分为312个微网格，发动87名“四个平台”工作人员和205名村社党员志愿者充实微网格员队伍。调处矛盾纠纷108起，死亡纠纷案件5起，涉及金额共计997万元。培训渔民400多人次，整改渔船安全隐患342个。蓝港社区上榜首批200个浙江省现代社区。发生电信网络诈骗案件12起，同比下降33.3%。联合综合执法、市场监管梳理平安隐患排查“一张清单”，开展出租房、合用场所、民宿、餐饮等消防安全排查处置工作，整治各类消防隐患1365处。推进“三改一拆”工作，围绕自建房巡查“四到场”监管责任，发现违建10起，处置违法建筑面积900多平方米。

【渔岙渔港休闲服务平台工程开工】2023年9月1日，渔岙渔港休闲服务平台工程开工建设。工程位于洞头渔岙中心渔港内，新建一座综合性休闲服务平台，平台前沿线平面呈波浪形布置，平台长407.5米，宽15~20米，面积约7551平方米，计划于2024年7月建成。工程总概算6564万元。工程责任单位是洞头区农业农村局，设计单位是宁波中交水运设计研究有限公司，施工单位是中国铁建港航局集团有限公司，监理单位是浙江港湾工程项目管理有限公司。

【洞头区旧城社区配套提升项目（一期）开工】2023年4月，洞头区旧城社区配套提升项目（一期）开工建设，项目道路总长约2.695千米，其中海滨路1.007千米、化工路0.803千米、府前路0.767千米、海滨七弄0.118千米；洞头村蓝港小区外立面改造面积约3500平方米，中仑片区外立面改造面积约4500千米，建设内容包括道路、交通附属设施、给排水、照明、综合管线、立面改造等。工程总概算3489.01万元。工程责任单位是东屏街道办事处，设计单位是华信咨询设计研究院有限公司，施工单位是新世纪发展建设有限公司、浙江山口建筑工程有限公司和山西四建集团有限公司，监理单位是浙江铭洋项目管理有限公司。

【农业精品项目（果蔬公社项目）开工】2023年8月26日，洞头区农业精品项目（果蔬公社项目）开工。项目位于洞头区东屏街道后寮村，实施范围0.45平方千米，新建智能玻璃温室1344平方米、薄膜联栋温室9140平方米、圆管单体拱棚6700平方米、田间厨校级研学用房改造525平方米、农技培训中心162平方米、外立面改造5

东屏街道后寮村农业精品项目（果蔬公社项目） （东屏街道提供）

栋、引水灌溉沟渠及设施、生态田园建设。主要内容包括农业温室大棚、装修工程、农田基础设施、农业景观等。工程总概算1069.97万元，计划2024年7月完工。工程责任单位是东屏街道办事处，设计单位是浙江新创规划建筑设计有限公司，施工单位是浙江域峰建设有限公司，监理单位是方阵工程咨询有限公司。

【东屏街道创成省级红色根脉强基示范街道】 2023年6月，中共浙江省委授牌东屏街道为“省级红色根脉强基示范街道”。东屏街道聚焦基层治理、文旅共富等要素保障，建立落实“厝边红”全域党建品牌矩阵，推动“厝边议事”“民宿党建”等党建品牌迭代升级。全年街道召开“厝边议事”解题圆桌会1场，化解村社、企业等“疤点”发展难题13个，办结岙仔、蓝港渔业配套空间不足等“幸福要事”59件，创成“一米菜园”示范带2条，环岛沿线垅头段获省委主要领导调研肯定。开通“渔家厨娘”客运专列，率先建成厨娘鱼干生产线，渔家厨娘小包团拉动民宿产值超1500万元，渔嫂月收入最高超2万元。创成市级儿童友好试点街道、村社2个，开展党群活动228场，社区获评省级示范党群服务中心2个，蓝港社区上榜首批浙江省现代社区。

【东岙村获评全省推进农民工返乡创业成绩突出单位】 2023年11月7日，浙江省农民工工作领导小组印发《关于表扬浙江省农民工服务保障工作成绩突出单位的通报》，通报表扬50家推进农民工市民化成绩突出单位和50家推进农民工返乡创业成绩突出单位，洞头区东屏街道东岙村获评省推进农民工返乡创业成绩突出单位。东岙村通过依托生态优势，积极探索景区复合开发模式；充分挖掘七夕民俗文化内涵，开发文化旅游产品，打造“中国七夕文化”第一村，打响东岙旅游品牌；整合产业资源，打造产业链党建联盟，形成海岛渔村特有的旅游产业格局，为乡村振兴走出一条共同富裕的康庄大道。东岙村从过去的封闭的小渔村“洗脚上岸”，“点沙成金”展现焕然一新的面貌。东岙村2023年度全村经济总产值1.6亿元。东岙村以蓝色海湾整治项目工程为重点，大力实施村庄改造和产业升级，由村委会牵头，带领村民成立旅游发展有限公司，发展渔家餐饮15家，特色民宿105家。截至2023年底，东岙村80%以上的劳动力从事乡村旅游业，渔家乐、民宿从原来的16家猛增至108家，直接带动村民就业人数900多人，户均年收入达20万元，实现老百姓“家门口”就业致富。

（江慧盈）

元觉街道

【概况】 元觉街道地处洞头列岛中部，离洞头主城区8千米，距温州市区40多千米，南凭元觉大桥、洞头峡大桥与北岙新城区相连，西跨深门大桥与霓屿相接，北隔黄大峡航道与大门岛隔海相望。全街道由状元岛、花岗岛和青山岛三个主要岛屿组成，辖7个行政村，户籍数3627户，户籍人口10715人，常住人口4592人。全年街道实现工业总产值56838.57万元，建筑业总产值4.559亿元，完成固定资产投资9.48亿元，招商引资到位资金3.18亿元。

全年完成土地征用3个村，推进状元岙南北通道和疏港道路建设，华港LNG项目基本建成。建成并投用首批EOD项目，推进美丽宜居示范村建设。谋划C、D区开发，加快推进330国道延伸线疏港公路建设，谋划助推状元岙南北通道项目建设，大力扩容集卡停保场，有序调度集卡千辆以上。助推华港LNG项目建设，确保竣工启用，争取LNG冷能利用项目签约落地，助推温州参与调配大宗商品，打造全省重要大宗商品调配基地。做好项目前期和政策处理保障工作，开工建设风电零碳产业园和海工装备基地矿地利用项目，打造辐射浙南闽北的海工装备制造产业基地。

街道挖掘元觉“湾滩、礁石、山海、石厝”旅游资源禀赋，以国际生态旅游岛为窗口标识，加速青山欢乐岛、相思海湾、“中屿等到你”、国际邮轮港、植物迷乐园、海西湖等六大核心旅游潜力项目。持续提升中屿引流效应，推动野奢基地、海上骑行漫道等旅游共富项目建成投用。深挖“爱情文化”“妈祖文化”“渔农文化”“状元文化”元素，推出观光游艇、星空露营、户外婚礼、泥艋体验等旅游产品，引进帆船、游艇和动力伞体验等高端体育运动项目，打造集吃住行游购娱于一体的闭环式商业链条。

常态化开展和美乡村“示范引领 全域整治”行动，开展“一米菜园”“最美庭院”“和美花墙”等创建活动，推进一批疤点整治项目。启动330国道延伸线疏港公路工程建设、建成状元后山道路、活水潭老营房至沙角游步道公路完成施工图设计，完成沙岗隧道、活水潭隧道护栏建设。完成辖区所有行政村汽车充电桩全覆盖，完成港区扬尘治理方案设计。创成省级全域未来乡村、省级文明村，获评文明城市建设优胜街道和全区唯一的市“污水零直排区”建设标杆街道。村集体经济收入和经营性收入双创新高，沙角、小北岙两个村实现全民收益分红。沙岗村被评为全省第二批低（零）碳村。建设共富工坊，带动就业创业200多人，村集体增收170多万元，沙角村、小北岙村连续三年为群众发放“年终奖”。助推200万元“一老一小”爱心基金和50万元恒博教育基金落地，筹集1000多万元建设养老服务中心和残疾人之家。

【街道基层社会治理】 2023年，元觉街道落实每日会商研判工作制度，持续推进矛盾纠纷化解法治化试点工作，完成平安护航杭州亚运会、亚残运会工作任务。累计完成信访件答复187件、矛盾调解173件，信访答复满意率、矛盾调解成功率为100%和98.2%。采用每日值班巡查和各村平安夜巡相结合的工作模式，紧抓隐患闭环整改。累计检查各类场所800多家，下达整改通知书77份，完成一般隐患闭环整改296处，区级重大隐患整改3处，拘留3人，停产停业10件，行政处罚54件。打造禁毒宣传主阵地、反邪文化长廊，开展“防首热线”“消防宣传月”等活动，推进平安建设条例、禁毒、反诈、反邪、防溺水等宣传教育活动，累计入户宣传500多家，受众3000多人次。

【“一老一小”爱心基金会成立】 2023年4月4日，元觉街道乡贤韩峰捐资200万元，注册成立洞头首家“一老一小”爱心基金会——枫叶“一老一小”社区基金会。元觉街道联合乡贤实行助餐纾困，捐资助力“邻里食堂”建设运营，免费为200多名80岁以上老人提供用餐，并为行动不便老人提供送餐服务。实行健康纾困，购置电视机、体重秤、血压计、象棋等物品，组织老人开展节庆活动，满足老人物质文化生活需求，方便老人自我健康监测。实行医保纾困，为状元村515名60岁以上老人投保温州益康保。实行教育纾困，为20多名困难儿童解决学杂费。

【2023中国·洞头第二届婚旅节】 2023年5月20日，“潮在洞头 爱在中屿”2023中国·洞头第二届婚旅节暨洞头区首个户外颁证基地启动仪式在洞头中屿景区开幕。来自温州市各县市区10对新人参加。现场为温州技师学院“中屿等到你”学生外景实践基地、“中屿等到你”旅拍基地授牌，并赠送合作邀请函。现场还设置国风游园会、青年交友“青亲会”等活动。游客可以体验沙滩戏水、水上碰碰船、海上快艇等娱乐项目。中屿景区位于洞头区元觉街道，面积约0.68平方千米，是以婚纱婚庆为主、附加网红打卡地概念的主题公园。活动由洞头区人民政府主办，洞头区民政局、洞头区文化广体局、元觉街道党工委、元觉街道办事处承办，温州市为爱专一文化产业有限公司单位等协办。

2023年5月20日，2023年中国·洞头第二届婚旅节开幕式举行　（区民政局提供）

【中屿片区基础设施配套提升工程开工】2023年7月25日，洞头诸湾（EOD）中屿片区基础设施配套提升工程开工建设。项目总投资约9643万元，工程包含环状元南片骑行漫道项目、共富样板综合整治提升工程、环花岗栈道项目、花岗沙角相思澳岸线修复工程、中屿AAAA级景区建设等子项。环状元南片骑行漫道项目，在状元南片现有的5千米堤坝上浇筑透水混凝土和彩绘，打造驿站、亲水平台、堤坝打卡点等节点设施，以海上小火车、双人自行车等形式串联中屿、青山游艇码头等。共富样板综合整治提升工程，包含花岗村弱电线路入地、环境整治、村内节点打造；沙角美食一条街共47个条间店招、外立面以及周边村庄环境整治提升。环花岗栈道项目，包括沿海栈道整体修复及部分扩建连接；礁石增加保护措施；登山步道整体提升及部分增设；沿途景观平台增设；露营基地平台扩建及周边景观提升。花岗沙角相思澳岸线修复工程，包含花岗、相思澳鹅卵石滩、相思海岸山体、岸线修复等。中屿景区按照国家AAAA级景区建设相关标准完善旅游导览系统、景区配套设施建设等。

【深水港配套服务设施建设工程开工】2023年7月30日，状元岙港区临港产业园基础设施项目——深水港配套服务设施建设工程开工建设。项目为洞头区专项债项目，总投资约6300万元，工程包含综合服务中心项目、小北岙停车场项目和环境整治提升及其配套工程3个子项目。综合服务中心项目，位于邮轮港停车场位置（港区正门斜对面），用地面积9584平方米，地上总建筑面积约9600平方米，主要功能为邮轮旅客接待大厅及联合办公空间。小北岙停车场项目，位于小北岙村入村口，占地9732平方米，设置机动车停车位180个，充电桩10个，设置儿童游乐设施，绿化面积为1500平方米。环境整治提升及其配套工程，位于活水潭隧道口至小北岙村，改建占地1000平方米的单层城市驿站，提升总长约2千米的道路两侧景观带、景观亮化、活水潭隧道等。

【浙江省未来乡村创建】2023年12月，省农业农村厅、省财政厅和省风貌办联合公布2023年浙江省未来乡村创建成效评价结果，洞头区元觉街道港岛之恋浪漫港湾片区入选合格名单。“港岛之恋·浪漫港湾”未来乡村囊括元觉街道辖区7个村，陆域面积约13平方千米。乡村围绕“北部青山岛、中部邮轮港、南部商贸城、东部相思湾”规划布局，加快建设未来乡村九大场景，着力打造“一港两片三岛七村”，融入状元岙深水港发展格局，通过将更多港口资源、功能与辖区对接、置换、融合，承载产业空间和发展产业经济，实现港城联动、共同繁荣。区域范围内建成精品花园村庄4个，创成国家AAA级旅游景区、温州市AAA级旅游景区村2个、美丽浙江魅力示范点各1个。“港岛之恋·浪漫港湾”未来乡村已落地省未来乡村应用场景，并入驻浙里办“浙里未来乡村”，根据群众邻里、教育、健康、服务、治理、养老等实际需求，接入“百家信”“个人数据宝”“智慧村社”“尊优待”等数字化应用。

（颜 炘）

霓屿街道

【概况】霓屿街道位于温州瓯江口外，洞头区西侧，东至深门大桥与元觉街道接壤，南濒大海，西至灵霓海堤与灵昆相连，北隔瓯江口水道，陆岛连通。1952年10月，南北两屿分别建政为东岙乡、霓屿乡，1956年初，东岙乡和霓屿乡合并为霓屿公社，1986年10月，经浙江省民政厅批准从霓屿公社析出霓北、霓南两乡。2001年11月，经浙江省民政厅批准，霓北、霓南两乡合并为霓屿乡，2011年5月经浙江省民政厅批准撤乡改设街道，改称霓屿街道。具有丰富的滩涂资源和海水资源，地形多山，山尖为全区第二高峰，海拔332米。全街道辖区包括附近7个无人岛和23个礁，陆域面积约11.5平方千米，街道所在地距离县城约15千米，街道办事处所在地为布袋岙村。1998年，被浙江省人民政府命名为“浙江省紫菜之乡”，2021年被评为中国紫菜之乡，紫菜获批国家地理标志证明商标。全街道辖10个行政村32个自然村。2023年，街道户籍数4814户，户籍人口数14387人，常住人口数约1.2万人。街道辖党支部20个，党员442名。

全年街道完成固定资产投资8.6亿元，新增规上企业4家，税收3008万元，同比增长7%，规上工业产值突破2.5亿元，同比增长78%，限上批发5.5亿元。深化驻企代办服务，推动运达储能项目实现“三个当年”（当年签约、当年拿地、当年动工），5兆瓦时液冷智慧储能系统上新下线，西屋港能项目开工，8万平方米厂房全部结顶。首创海耕研学品牌，建成浙南首个滩涂乐园。霓屿厨娘、霓家农场等9家霓字号共富工坊日渐成熟，带动就业337名。村集体收入2634.01万元、经营性收入1271.21万元，同比分别增长9.6%、14.6%。多方联动助力科学育苗，紫菜连续两年丰收，户均收入超25万元，招引海天成渔业等5家企业，投产海洋食品产业园企业30家，产值突破3亿元，创成省农业科技园区。

霓屿西海湾控制性规划启动编制，完成霓屿供水管网建设方案、农村污水改造提升方案。完成内外东郎整村搬迁110户签约，对接瓯飞经投、瓯江口港城公司，实现新区一期安置房44套房产证过户、办理，获市委、区委领导点赞。修复东海湾护坡，重现网寮鼻绿荫，提升330国道背景林。打造微菜园、南山井，投用立体渔具棚、毛竹粉碎厂、海鲜集市点。推进海塘安澜、交通中心、35千伏变电站建设，安置房物业实现入驻，投用停车、供水、污水、燃气等民生项目。

全面落实“第一议题”制度，制定出台村社运行规范化清单，推动基层组织建设。下社获评首批省级“红色根脉”强基示范村，创成全区首个农村五星级“共享社·幸福里”创建单元，创建省级示范党群服务中心。发挥周一夜学、基层党校作用，开展党员模块化培训14期。打造下社村省级教学示范点，持续开展“循迹溯源学思想促践行”。定期召开党风廉政建设专题会议，全年开展督查21次，立案3起、党内警告2人，开展谈话提醒活动150多次。

【街道基层社会治理】 2023年，霓屿街道建立健全全领域3030闭环管理机制，排查消防、工矿、在建工地等隐患680个，整改清零重大隐患22个，整治提升两类场所否决项18个。针对屡教不改，且存在较大安全隐患的单位，联动部门执法，责令停产停业8家，罚款5家，全年未发生安全生产亡人事故。制定养殖船舶纳管暂行办法，推进打非治违工作，累计拆除“三无”船舶32艘，纳管80多艘，驱离外来船只34船次。全年排查街道自建房3425间，完成西岙、宁海禅寺地质灾害点整治。排查“五失人员”42人，为辖区精神失常人员家庭提供免费用药指导、健康知识咨询、心理健康宣传等服务。利用船老大调解室等社会调解力量，召开专项纠纷调解会3场，化解纠纷68起，化解率98.3%，累计回访4次。完成甬莞高速先行段政策处理，谋划全线段坟墓建设方案审查、招标、开工建设，启动全线段涉及3000米的三线迁改方案制定。完成布袋岙村、下郎村排洪沟整治，紧盯布袋岙中心街流动摊贩、海鲜点优化，拆除违章违建6处。上社村创建省级文明村，石子岙村、下郎村、长坑垄村创成市级文明村，实现市级文明村全覆盖。

【街道民生事业发展】 2023年，街道精准服务辖区残困群体，累计为54户困难群众申请救助金16.25万元，为困难学生申请福彩公益助学金4万元，临时救助11户、发放资金6.6万元，有效解决微心愿123人次。投入资金260万元，完成居家养老服务照料中心改造升级2处、新建1处，新增助餐点3处，实现为老人爱心餐全覆盖。牵头成立霓屿慈善分会，完成6个村级慈善工作站建设，认捐金额超100万元。全年累计救助特殊儿童、重疾家庭154人，拨付资金22.865万元。开发就业帮扶岗位29个，完成善居工程项目建设2处。街道社工站获评区公益创投项目一等奖，作为全区首个代表参评省首批五星社工站和省未保站创建，并通过验收。市社会福利院顺利开业，省级民生实事项目“零工市场”揭牌，街道残疾人之家成功提星。争取省“诗路文化带”资金30万元，改造提升霓屿紫菜馆，入选省乡村博物馆创建名单，并成功通过验收。创成儿童友好五星试点单元，常态开展0元洗衣、共享理发等项目23个。

【创新推进街道共同富裕】 2023年，霓屿街道推广“四会五议、四员五事、四讲五爱”等“四五”治村机制，推行村干部“7点行动”，早7点走村看环境，晚7点入户听民声。推出协商“三环五步”法、积分管理制、监督流程图等，“0元洗衣”等68件幸福要事如期完成，内东郎和外东郎自然村380名群众搬入安置房。创成首批老年友好型街道（乡镇），“遇见霓”党群服务中心入选全市十大好矩阵。10个村抱团成立强村公司，签约乡村职业经理人13名，霓屿厨娘、霓家农场等5家霓字号共富工坊上线紫菜研学、滩涂赶海等渔旅体验新业态，形成“摘紫菜玩泥巴、住石厝观海景、看日出赏晚霞”观光线路。

【西屋港能项目开工】 2023年6月30日，为深入贯彻落实“双碳”发展战略目标，构建新型电力系统，霓屿街道西屋港能项目开工。该项目由西屋港能控股有限公司投资建设，总用地面积3.23公顷（48.45亩），总建筑面积近8万平方米，项目总投资2.2亿元，配有生产车间、办公楼、研发楼、配套用房及公用工程设施。其中购置高端数控冲床及自动产线、高端复合机及自动产线、折弯数控中心及自动化线、数控液压折弯单机、智能料库、海康AVG机器人、CMS集合智能控制系统、检验检测设备等50多台（套），项目建成后，预计可形成年产10万台（套）新能源储能及智能电气装备系列产品的生产能力，具有很强的行业带动性。

【浙南首个滩涂乐园营业】 2023年8月10日，浙南首个滩涂乐园——童梦之境·滩涂乐园正式营

2023年8月10日，浙南首个滩涂乐园——童梦之境·滩涂乐园正式营业
（霓屿街道提供）

业，是温州市首家赶海主题乐园，坐落于洞头区霓屿街道正岙村，投入资金1000万元，滩涂内汇聚着鱼、虾、蟹等各类海洋生物。乐园拥有30亩滩涂赶海游乐区，同步建有游客中心、研学体验中心、淋浴室等配套设施。游客可体验泥玩泥浴、滑泥运动、赶海拾贝等项目。

【首家零工市场挂牌成立】2023年5月24日，洞头区街道（乡镇）首家零工市场在霓屿街道挂牌成立。市场依托霓屿街道党群服务中心建设，实行物理空间共享，设有零工综合服务区、求职用工信息发布区、劳务交易洽谈区等多个功能区。重点围绕海洋食品产业以及家政保洁、养老护理、餐饮服务等领域，为辖区求职人员和企业等用工主体提供求职、招聘登记服务，定期整理并发布求职、招聘信息，主动帮助适配的求职者和用工主体进行供需对接，提供一站式就业服务。

（谢宾祥）

2023年5月24日，洞头区街道（乡镇）首家零工市场在霓屿街道挂牌成立
（霓屿街道提供）

昆鹏街道

【概况】昆鹏街道位于海经区东南部，西与灵昆街道接壤，东经330国道连通霓屿街道，北经北口大桥连通乐清，南经南口大桥连通龙湾。距龙湾机场约10千米，距温州南站约40千米，经高速可直达苍南，轨道交通S1、S2线通达鹿城、龙湾、瓯海、乐清、瑞安等地，交通条件便利，区位优势明显。区域总面积44.06平方千米，其中一期24.8平方千米、二期19.26平方千米，下辖1个社区。辖区户籍数611户，户籍人口1361人，常住人口5万余人，其中，登记在册流动人口约3.2万人，院校学生约1.9万余人。截至2023年底，辖区共有规上工业企业75家，全年产值70亿元，其中，年产值上亿元企业共14家（总产值45.4亿元），占规上工业企业总产值的64.86%。限上商贸服务业企业31家，全年限上批零住餐销售总额80.91亿元，规上营利性服务业企业11家，全年营业收入9亿元。

昆鹏街道深入开展学习贯彻习近平新时代中国特色社会主义思想主题教育，街道班子带头到基层开展主题宣讲，辖区46个党支部开展学习184次，全体党员完成指定书目学习，参加“循迹溯源学思想促践行”实地研学活动。全年新建“两新”企业党支部13个，“四上一农”党组织覆盖率大幅上升，50人以上有党员企业党组织覆盖率100%，完成省、市党建考核“双覆盖”年度任务目标。完成33名专职社工转任和招录工作，实体运行基层网格18个，高效流转处置网格事件626件。

街道以“十大整治”专项行动为载体，持续深化文明城市创建和志愿服务建设，全年开展志愿服务活动26场，发动党员干部职工400多人次，全域排查整改公益广告76处，清理“小广告”800多处，设置花草牌和文明标语400多处，修复受损绿地2200多平方米。联合部门开展流动摊贩综合整治60多次，管理占道经营商户120多家，劝离流动摊贩8800多人次，处置顽固点位摊贩105个。

街道挂牌成立并实体化运行企业服务中心，帮助协调解决企业和职工各类急难愁盼问题216件，举办专场招聘会，开展线上、线下专题培训10场，“金蓝领”职业技能提升培训350人次，精准服务企业需求。紧盯安全应急产业园、机器人产业园、台商产业园入园进度，抓牢规模以上企业上规工作，排摸走访上规培育企业17家、待迁转企业26家，提前指导做好“小升规”工作。以第五次全国经济普查工作为契机，进一步摸清街道经济社会家底，通过上级数据质量验收。

【街道基层社会治理】 2023年，昆鹏街道持续推进生态和人居环境协同提升，牵头拆除河边乱搭建6处，整治小区违建25户，违章信访量同比下降78.6%。加速推进瓯江入海口水系生态修复项目建设，整体工程完成70%。加强辖区内435亩农田秸秆焚烧等基本管理，现场劝阻秸秆焚烧行为3起。开展涉海涉渔安全整治，完成“三无”船只纳规24艘、拆解6艘，纳管码头3处。联合部门开展燃气安全等城市运行领域专项整治23次，发现并整改隐患问题40多处。开展辖区房屋安全排查整治，完成大跨度房屋、学校、公交场站等建筑排查269处。完成367位60周岁以上老人信息采集及上传，实现老年人交通安全信息全覆盖。全年办结信访案件953件、线索移送案件90件，结案率100%，调解案件324件，获评市疫情防控、除险安保维稳工作成绩突出集体。推进“厂中厂”、电气焊、有限空间作业等整治及消防日巡夜查行动，排查并整改安全生产、消防安全隐患3967项，完成省、市级督办隐患整改339项。多方联动开展食品安全隐患排查整改，创成省级四星级食安办。推进街道基层防汛防台体系标准化建设，顺利通过省、市、区三级验收。

【街道社会事业发展】 2023年，昆鹏街道选址新月公园南区东侧（A-08b2地块）建设昆鹏体育公园，内设篮球场3个，使用面积约2000平方米，完善全民健身空间。完成聆涛苑、瓯锦苑小区二次供水设施改造工程，加强生活用水安全保障，创成瓯锦苑、锦珑苑、人才公寓等3个省级节水型小区，创成省级高标准生活垃圾分类示范片区。优化政务服务，优化办事大厅工作流程，提升“最多跑一次”工作速度，受理线上、线下工作事项334件。加大公共投入力度，在公共场所配备智能急救柜7台，举办应急救护员培训班，组建群众应急救护志愿者队伍，提升辖区应急救护能力和水平。依托党群综合体、工人夜市等阵地，整合辖区社会资源，持续开展邻里文化节等活动，开展活动63场，受众15000人次。

【新时代文明实践所标准化建设】 2023年11月27日，昆鹏街道创成温州市高水平新时代文明实践所。整合便民服务、党群活动、教育培训等功能，设置“一日一主题”服务室、党史学习区、儿童玩乐区（妇女儿童驿站）、老年活动中心、健身房、新就业群体服务窗口（城市驿站）、城市书房、红色影院八大模块，同时囊括党员活动室、人大联络站、新时代文明实践站、综合培训室、社会组织孵化基地、社工站、退役军人服务站、邻里帮扶中心等区域。全年，举办惠民便民活动90多场，惠及居民8900多人次，把党群服务中心和新时代文明实践所打造成昆鹏群众幸福生活的“红色地标”。

【基层党建示范点建设】 2023年，昆鹏街道持续开展基层党建示范点创建工作，在浙江曼瑞德舒适系统有限公司打造企业版“共享社·幸福里”党建示范阵地。通过升级候鸟楼、职工健身中心等场所，为员工打造“友好生活圈”和“综合服务圈”，为环卫工人等新就业群体打造“清凉驿站”，发动员工参与志愿服务、兴趣小组，开展各类技能培训。以党建为统领，提升职工获得感、党员责任感、社会归属感、企业认同感和人才成就感，赋能企业高质量发展。

【星级“共富工坊”建设】 2023年，昆鹏街道推进助企惠民工作，选树“两新”企业典型，建成“共富工坊”5家，重点吸收周边低收入农户、残疾人等特殊群体及富余劳动力，带动200多人实现人均创收6万元/年。其中，“智造助手”恒亚共富工坊创成温州市三星级瓯江红“共富工坊”，“天骄”共富工坊、“金马”共富工坊创成海经区一星级瓯江红“共富工坊”。

【“共享社·幸福里”建设】 2023年，昆鹏街道围绕“共享社·幸福里”共建共享理念，在瓯澜苑小区原有配套设施基础上，完善党群服务阵地、休闲会客场所、健康诊疗驿站、物品共享平台、儿童游乐设施、长者服务设施、就业致富场景、文体活动区域等八大场景打造，推动小区配套向“全龄服务”迭代。创新构建党支部、业委会、物业、网格、志愿者五方协调联动管理体系，举办“邻里乒乓赛”“亲子共学·守护生命”等主题活动13场。

【昆鹏街道获评省“五水共治”考核优秀】 2023年6月7日，浙江省治水办公布2022年度全省“五水共治”工作考核优秀乡镇（街道），昆鹏街道名列其中。昆鹏街道有河道14条，其中区级河道2条，乡镇级河道12条，河道总长约37820米，主要功能为水量调蓄、行洪排涝。河长7名，其中区级河长2名，乡镇级河长5名，乡镇级督查长14名。街道把“五水共治”工作列入重要议事日程，在瓯江流域瓯江口入海口水系（一期）生态修复项目、“污水零直排区”建设等重点项目上持续发力，依托“河长在线”App，常态化开展水质净化、河道保洁等工作。不定期开展“五水共治”相关宣传活动，发动党员群众积极参与。投入资金2281万元，推进污水零直排工程建设，创成“污水零直排”镇街，建立常态长效监管机制，涉水污染源实现纳管或达标排放，入河排污口整治到位，标示标牌设置规范。

（周濛濛）

大门镇

【概况】 大门镇是洞头区陆域面积最大的建制镇，位于区域西北，乐清湾南端，隔海与台州、玉环、龙湾相望。全镇陆域面积36.26平方千米，下辖19个行政村，2个居民区，3个社区。辖区内户籍数9778户，户籍人口26370人，常住人口25915人。辖区海水资源丰富，建有滩涂养殖、围塘立体混养养殖和深水网箱养殖基地；岛内平原广阔，山地资源丰富，以大荆、小荆、枫树坑、石浦为主的四大经济林建设初具规模；花岗岩储量达21亿立方米，可开采3.18亿立方米。港口资源丰富，海岸线长42.2千米，可建万吨级以上泊位15个；旅游资源丰富，景点总面积约4.5平方千米，是洞头区省级风景区的主要组成部分。大门镇作为洞头北片中心，拥有得天独厚的区位优势、港口优势、旅游资源优势、花岗岩资源优势和丰富的山海资源优势，是浙江省首批五个“蓝色海洋经济开发示范园区”之一，全国羊栖菜和深水网箱养殖基地，曾获评全国重点镇、全国环境优美乡镇、浙江省AAA级景区镇、浙江省卫生镇、浙江省生态示范镇、浙江省教育强镇、浙江省文化礼堂示范乡镇、浙江省第二批美丽城镇省级样板等称号。2023年，获评省级县域风貌样板区、省级垃圾分类示范街镇、省级示范便民服务中心等。两个未来乡村创建方案入选省第三批未来乡村创建名单。大小门临港石化产业区入选省级较低安全风险等级化工园区。创成市级老年友好乡镇。大门共富乡村试点项目获省财政奖补2000万元。

2023年，大门镇税收收入3.4亿元，其中地方税收收入为8518万元，较上年增收1.3亿元。完成规上工业产值57.69亿元，同比增长3.68%，排名全区第二位；完成规下工业产值1.60亿元，同比增长31.16%，排名全区第三位；完成限上零售2868.3万元，同比增长57.69%，排名全区第一位；完成限上餐饮1456.6万元，同比增长20.73%，排名全区第一位；完成固定资产投资14.93亿元，完成率100%，排名全区第一位；完成建筑业省内产值14.73亿元，同比增长123.35%，排名全区第二位；完成限上批发61.56亿元，总量领跑全区；完成海运运输货运周转量增速排名全区第二位。

大门镇贯彻“千万工程”战略，临港星光、蓝色乡愁两个未来乡村创建方案成功入选省第三批未来乡村创建名单。全面推进以人为核心的新型城镇化，黄岙新区五大项目全面启动，中心幼儿园完成主体建设，黄岙新区市政配套加快路基及桥梁施工，派出所业务技术用房主体结顶，长沙商务综合体开展基础施工，大门市民中心正式开工。沙岙综合交通码头正式投用，小门岛防洪排涝工程、市政路网等设施项目完成主体建设，大门马观线道路白改黑、石浦高云头农村公路改造提升工程正式启动，325省道延伸线完成工程招标。

全年完成畜牧业疫苗接种工作，确保禽畜疫病防疫密度达99%以上。完成农业补助发放和保险参保工作，补贴耕地面积为5558.59亩（约370.57公顷），发放金额43.4303万元。开展低收入农户帮扶走访3152人次，人均帮扶金额6433.4元，实现低收入农户人均可支配收入15515元以上，农村人均可支配收入增速达7.5%。制定《大门镇强村公司监督管理办法》，实施一村一策，谋划推进岙面稻虾养殖、乌仙头星光灯塔、黄鱼育苗基地、农业观光园、共富乡村等多个村集体经济共富项目。全年完成村集体总收入4903.18万元，经营性收入2139.95万元，完成年度目标任务，全区排名前列。全年共激活农房51幢，激活面积达4275平方米，解决70多名农户就业问题，全区排名第一位。成立大门镇农合联，会员规模超100人。发放渔船油补60多万元，完成

10多艘渔船电线、夹板整改，完成浙洞渔船彩绘62艘。召开生产安全会议教育8次，召开座谈式生产安全教育会24次，培训325人次。

大门镇持续开展城乡危旧房隐患再排查整治工作，召开全镇域危旧房治理工作会议3场次，开展业务知识培训1场次。联动平安网格实现排查工作智能化，完成全域营业性用房排查232户次、全域出租房110户次，并按规定每月订立计划对全镇常规房屋9583户开展覆盖性巡查。

【大门旅游业发展】2023年，大门镇累计接待游客66.04万人次，同比增长13%，实现旅游收入1948.1万元，同比增长13.5%。举办"大门花开 逐梦未来"第十五届大门油菜花节暨"美厨娘"大赛，推出油菜花海mini跑、"十大碗"评选等活动。新增民宿7家，累计58家。新增床位48张，累计517张。创成区四星级"侨家乐·海宿"1家，三星级1家。观音礁景区实现部分旅游经营项目整体打包对外出租；对接资源引进数字化停车收费系统，规范停车费收取标准，统一管理人员服装。排查临水临崖点位安全警示牌缺失或损坏情况，累计增设及更换损坏安全警示牌15处、42块。组织开展民宿安全生产培训2次。每月对镇内民宿进行安全检查，全年累计排查风险点位342处，发现并全部整改安全隐患73处。

【大门民生事业发展】2023年，大门镇开展困难群众排查工作，对在册低保低边人员进行入户走访年审。完成低收入家庭"善居工程"帮扶项目2户，困难老年人居家适老化改造项目10户。建成镇级"助联体"1家，24个村级"助联体"服务点实现全覆盖。推进老年友好乡镇街道及村社建设工作，11月份完成验收。新增持证养老护理员5人，每月对新增老年人进行户籍流转及信息核查。举办劳动技能培训3期、劳动技能大赛1期，参加培训226人次，全部通过考核，发放技能证书226份；参加技能大赛57人，30人荣获"渔家厨娘"称号。大门慈善分会和洞头区慈善文化建设基地联合开展每月一主题活动，发放慰问金额16.9万元，惠及54人；开展"慈善一日捐"活动募集善款1.745万元。全年益康保参保9350人，完成率51.91%，完成年度目标。完成大门镇"枫桥式"退役军人服务站创建工作；开展春节、八一、中秋等节日慰问，送去慰问物资价值近7万元。完成大门镇便民服务大厅全域通办2.0系统升级和使用，完成全区首个省级示范便民服务中心创建。

【党建品牌建设】2023年，大门镇开展"循迹溯源学思想促践行"主题活动，举办专题研讨会、"浙青年·爱学习"青年干部思享汇等活动。围绕"现任、后备、驻联村"三类干部队伍，搭建"选育管用"平台，开展"书记说给书记听""交流历练"等比拼活动10多场，出台《大门镇联片领导和驻村干部管理十条措施》，推行驻村干部抓农村党建"一岗双责"。开展干部值班纪律等情况督查50多次，发现问题22个均已整改。常态运用谈心谈话派单，共谈话派单15人。召开警示教育会议、以案说纪等廉政警示教育活动，强化干部廉政意识。关注"一老一小一特"等群体，化解急难愁盼问题38个。发挥省级枫桥式调解室、省级枫桥派出所等载体，系统内矛盾纠纷满意办结230件，矛盾调解成功率94.3%，矛盾纠纷调解满意率100%，矛盾纠纷稳控率100%。

【浙能温州液化天然气试运营】2023年8月7日，装载15.4万立方液化天然气（LNG）的马耳他籍船舶"雅锐"轮（YARILNG）停靠浙能温州液化天然气码头，8日上午10时30分成功进液，标志着浙南地区最大的LNG接收站进入试运行阶段。浙能温州LNG接收站位于大门镇小门岛，项目总投资约90亿元，是浙江省属国企首座自主可控的接收站项目。占地面积约40公顷，项目（一期）设计年接收能力300万吨，包括4座20万方LNG储罐、1座可靠泊8万~26.6万立方米LNG运输船的专用码头，约26千米外输管线及相应配套设施。液化天然气试运营有力满足浙南地区的用气需求，促进地方产业结构优化调整。2023年9月22日，项目正式移交生产。

【大门沙岙综合交通码头工程交工验收】2023年9月27日，洞头区大门沙岙综合交通码头工程完成交工验收。工程位于大门岛东北部沿岸，与鹿西岛综合交通码头隔海相望，相距约2.1海里。码头布置500总吨级滚装泊位1个，300总吨级客运泊位2个。候船设施用地面积约7743.74平方米，其中候船室896.84平方米，候船室分船员休息室、候船厅、售票处等。工程建设业主是浙江京瓯建设管理有限公司，实施业主是温州市洞头区交通运输局（温州市洞头区交通发展股份有限公司），施工单位是台州市椒江交通建设工程有限公司，监理单位是浙江港湾工程项目管理有限公司。

【入选省级示范便民服务中心】2023年11月17日，大门镇便民服务中心入选2023年度浙江省示范政务服务中心（便民服务中心）。大门镇便民服务中心地处辖区中心位置，院内设置免费停车位近百个，占地150平方米，内设8个窗口，民政、社保、医保、综合、水务、电力及助企服务特色窗口。设置窗口服务区、政务公开栏、舒适等待区、咨询服务台等。窗口各部门配备评价器、便捷式打印机等设施。服务大厅窗口工作人员实行中午错峰用餐、轮流值班等方式开展“午间不打烊”服务，确保窗口工作人员午间在岗，解决群众“上班没空办”“下班没处办”问题。

（蔡安妮）

鹿西乡

【概况】鹿西乡由鹿西岛和南北爿山、四屿、白龙屿、猫山等12个无人岛和26个礁组成，以岛建乡，以岛为名。鹿西岛地处洞头列岛北部，距离洞头本岛16.4千米，东、南临东海，西南隔黄大峡水道与大门岛的观音礁相对，北与台州地区的玉环市隔海相望，地处温州、台州交界海域的核心位置和交通要塞。全岛东西长6.7千米，南北宽1.3千米，岸线长32.75千米，海域面积102平方千米，陆地面积为10.06平方千米，地形以丘陵为主。辖鹿西村、口筐村、东臼村、山坪村、扎不断村、昌鱼礁村6个行政村。全乡户籍数2338户，户籍人口7748人，常住人口2692人。全年，村集体总收入992.41万元，同比增长9.62%；经营性收入368.14万元，同比增长19.83%。

鹿西乡推进民生实事项目建设，建成投用大陆引水主管、鹿昌集镇供水管网和鹿西渔港疏浚工程，解决鹿西建岛以来“靠天吃水”民生大事。试航海上花园号，新建公交候车点1座，投用红砂地块临时停车场。成立鹿栖教育协会，举办首届宏文奖颁奖典礼，修整校园设施、教室宿舍，开发“好客鹿西”“呦呦鹿鸣”校本课程。举办首届医师节，建立“5G网络日问诊”“医院下沉周坐诊”“山海专家月巡诊”等帮扶机制，完善“陆上”“海上”“云上”急救转诊一张网。建成投用4个村级日间照料点，构建“中央厨房+车轮送餐”模式，实现全乡暖心送餐服务全覆盖。提升改造共享公园、菜地、水井、室内公交站等“共享+”阵地100多处，建成黄鱼岛、东一、虾蟹满仓等3个共富工坊，形成“资源联动、村企共赢”共富联结，为村集体增收30万元以上，带动就业90多人。

鹿西乡迭代升级渔家慧基层治理数据集成平台，深化“无隐患岛”建设，优化提升鹿西司法调解力量和“共享法庭”融合，抓好红帆示范船、先锋救援队、船老大调解站、渔小二服务队等“一岛一品”治理载体。常态化执行“1121”机制（每日1研判，每日1报告，每周2排查，每周1总结），安全生产八大专班组累计集中开展专项平安巡查工作35次，排查整治隐患问题165处。全覆盖检查渔船安全，排查整治隐患156处。开展社会矛盾纠纷排查化解大起底大整治大提升百日攻坚行动，联合执法40多次，行政警告处罚13家，停产整改5家，立案刑拘1人。抓实舆情信息，调解化解潜在风险隐患2个。创成省级四星食安办，全乡消防火灾、刑事治安事件、安全生产事故等均零发生。

鹿西乡坚持“乡村合力、群众参与”，驻联村干部走村入户发动群众2000多人次，清理沙滩漂浮物500多吨，整治乱堆乱搭乱建点位648处，清运垃圾1000多吨。建成渔港彩色慢道、渔人码头、游客驿站等“微改精提”项目20多个，打造示范性“一米菜园”31个。建立“每日一小时执法”队伍，制定海景街区“八严禁”制度，沿街商住户自律承诺100%。累计种植三角梅3500多株、8000米平方米，打造海景花街、鹿东花道、山坪花海“三花浪漫鹿西”。创建省级风貌样板区，建成鹿西村美丽宜居示范村。三季度人居环境排名全区第一位，获全市最干净乡镇擂台比赛第三名。累计获评区级红旗村12次，东臼村获评市级后进村整治优胜村。

组织开展学习贯彻习近平新时代中国特色社会主义思想主题教育，获省督导组检查肯定。推进“我为海上花园添光彩”思想大讨论，形成8项干事清单30个具体措施。开展村级届中体检，推出“一鹿幸福”工作载体，办好33件乡村两级“幸福要事”。开展“干部队伍系统重塑”暨“鹿西铁军”淬炼活动，以十项举措提升离岛铁军战斗力。全年，对新入职及村主职干部等人员开展谈话58次，导师结对帮带13对，常态化开展纪律督查50次、通报17期、批评27人次。

【鹿西乡渔业发展】2023年，鹿西乡深入实施营商环境“一号改革工程”，主动服务企业，做强本地大黄鱼品牌。东一公司“白龙屿大黄鱼”品牌获评2022年度“品字标浙江农产”，与黄鱼岛大黄鱼联袂入选亚运会供销商。东珍大黄鱼企业围网项目桩基合拢，黄鱼岛首创建设全国最大920米周长子母网箱系统，实现洞头大黄鱼从种苗到成品鱼的全链条本土化突破。全年大黄鱼养殖产量1650吨，产值18150万元，带动群众就业200人以上；拓展羊栖菜育苗、养殖和南美白对虾养殖项目，羊栖菜、南美白对虾产量、产值实现逐年增长。

持续稳固限上批发、渔业捕捞、生态旅游等特色产业优势，限上批发业产值突破20亿元，创下历史最高，建筑业产值1.07亿元，率先并超额完成年度下达任务。

【鹿西乡旅游业发展】2023年，鹿西乡开工建设鹿西交通码头综合体、渔港至白龙屿沿线道路改造、景区村等工程。开通鸟岛海上游航线，相关信息在央视4套、中国新闻网、人民网、中国文旅网等国字号媒体平台宣传报道。举办第二届东海黄鱼节、越野环岛挑战赛等节庆活动，吸引游客3万余人。推出黄鱼预制菜、虾干、鱼干、青蟹等特色伴手礼。建成投用马蹄山露营基地、渔港码头夜市等配套设施。引导成立本地旅游接待公司，提档升级民宿4家，新增省级银宿1家、星级渔宿2家，累计接待游客14.11万人，实现经营收入4032.6万元。

【省级蓝湾鹿西片区项目开工】2023年11月2日，洞头区省级“蓝色海湾”生态建设项目——鹿西片区项目举行开工仪式，项目包括妩人岙砾石滩及东臼岙岸线两项修复工程。东臼岙岸线工程包含修复沙滩岸线约266米，增补沙子约6.3万立方米；沙滩前沿设置一条长约215米的海漂垃圾拦截装置，清理和复绿沙滩后方。项目总投资约2000万元，洞头国有资源开发建设有限公司为业主单位，鹿西乡人民政府为代建单位。

【鹿西交通码头综合体开工】2023年10月17日，鹿西现代渔业产业园区——交通码头综合体项目开工仪式举行。鹿西现代渔业产业园——交通码头综合体项目建筑面积约2350平方米，建筑高度约22米，共4层。建设内容包括客渡、车渡、公交首末站、停车、旅游集散、文化休闲、配套商业等功能，总投资约4875万元。项目建设单位是洞头区鹿西乡人民政府，监理单位是温州市百岛工程项目管理有限公司，施工单位是浙江永洋建设有限公司。

【鹿西鸟岛海上游项目开通】2023年6月21日，洞头海上游（跳岛游）暨鹿西鸟岛游开游仪式在鹿西乡码头举行。区相关部门（单位）负责人、鹿西乡干部、民宿，各地旅行社代表、媒体代表等100多人参加活动。鸟岛又名南北爿山，位于鹿西岛东北部，因自然条件优越，海洋生物资源丰富，长年有群鸟繁衍生息，2011年，浙江省设立南北爿山省级海洋特别保护区。项目运营时间为6月中旬到9月上旬，视候鸟迁徙情况启动和结束运营。

2023年11月2日，省级蓝湾鹿西片区项目开工。图为项目效果图　（鹿西乡提供）

【首届“鹿栖宏文奖”颁奖】2023年8月22日，由鹿栖教育协会主办的首届“鹿栖宏文奖”颁奖典礼举行，为23名鹿西学子发放荣誉证书与奖学金。分别为2023年小升初成绩获全区前50名、中考成绩获全区前50名、被重点中学录取、考入双一流大学、考取硕士研究生、获博士学位等六档入围标准，最多可授予5000元奖学金。鹿栖教育协会于2023年4月成立，是由一批热衷于教育、养老等公益事业的鹿西乡贤、企业家等自愿联合结成的非营利性社会团体。

【获评新时代富春山居图样板区】2023年12月18日，浙江省2023年度第二批“新时代富春山居图样板区”名单公布，洞头大门—鹿西“离岛慢城”县域风貌样板区获评“新时代富春山居图样板区”。大门—鹿西“离岛慢城”县域风貌样板区以“产业聚变、城市蝶变、幸福跃变”为指引，按照“保持底色、擦亮本色、彰显特色”的宗旨，通过大岛带小岛，联合打造“一核、两带、四环”，匠心描绘“离岛慢城、五海共富”海外桃源新画卷。累计投资2.2亿元，深入谋划12个“补短板”重点项目，建成沙岙综合码头有、鹿西港海域航道、海鲜夜市、白龙屿产业示范基地、灯塔星光集市等精品项目。

（陈铫曦）

中共温州市洞头区委全会报告（摘要）

深入学习贯彻习近平总书记考察浙江重要讲话精神
在勇当先行者谱写新篇章中加快建设名副其实的海上花园

——在中共温州市洞头区委二届五次全体（扩大）会议上的报告

中共温州市洞头区委书记 郭云强

（2023年12月27日）

这次区委全会的主要任务是，坚持以习近平新时代中国特色社会主义思想为指导，深入学习贯彻中共中央总书记习近平考察浙江重要讲话精神，按照省委十五届四次全会和市委十三届五次全会的部署要求，审议通过《中共温州市洞头区委关于深入学习贯彻中共中央总书记习近平考察浙江重要讲话精神 在勇当先行者谱写新篇章中加快建设名副其实的海上花园的决定》，进一步动员全区上下牢记嘱托、感恩奋进、矢志奋斗，持续推动“八八战略”走深走实，加快建设名副其实的海上花园，奋力谱写中国式现代化洞头新篇章。

下面，我代表区委常委会向全会报告四个方面。

一、关于区委二届三次全会以来的工作

今年是全面贯彻落实中共二十大精神的开局之年，是“八八战略”指引下海上花园建设20周年。一年来，区委常委会坚持以中共二十大精神为指引，认真贯彻落实中共中央总书记习近平考察浙江重要讲话精神，深入实施三个“一号工程”和“十项重大工程”，纵深推进产业聚变、城市蝶变、幸福跃变，加快建设名副其实的海上花园，经济社会发展呈现回稳向好态势。预计全年实现地区生产总值（不含海经区）118亿元，同比增长6%，财政总收入17.61亿元，同比增长10.5%，其中一般公共预算收入11.21亿元，同比增长5.6%。前三季度，城乡居民人均可支配收入分别为52723元、34419元，同比增长7.4%、8.9%。

回顾一年工作，区委常委会重点抓了“七个引领”：

（一）强化政治引领，全面贯彻落实中共二十大精神和主题教育部署。开展学习中共二十大精神系列活动，学深悟透中共中央总书记习近平考察浙江重要讲话精神以及“八八战略”实施20周年、“千万工程”“科技特派员”等系列重要指示精神，召开理论学习中心组会议专题学习讨论总书记对洞头的殷殷嘱托，反复领悟省市主要领导关于海上花园建设的阐释，迭代形成“1315”海上花园建设工作体系。开展“我为海上花园添光彩”大讨论活动，全区各级各部门对标找短板、树立年度干事清单并对账销号。高标准开展学习贯彻习近平新时代中国特色社会主义思想主题教育，深化“循迹溯源学思想促践行”，打造海上花园“循迹溯源”省级示范点，全区万名党员干部参与现场学习；深入开展“大走访大调研大服务大解题”等系列行动，集中解决了一批群众和企业急难愁盼问题，获省委第三巡回督导组调研肯定。

（二）强化动能引领，创新深化改革攻坚开放提升一体推进。聚力创新深化求突破，成立浙江海洋大学—洞头海洋开发研究院，投用海洋生物科技示范孵化基地，新增孵化面积1.6万平方米，入孵企业20家；新增国家高新技术企业3家、国家级专精特新“小巨人”企业1家、省科技型企业14家，建成博士创新站3家；发布人才新政16条，举办首届高层次人才创新创业大赛、青年人才集体婚礼等系列活动，创新开展“博士之家”“硕博村社”评选，新增技能人才1351人、引育大学生2065人。聚力改革攻坚促发展，5项经验做法被国家部委推介，5项改革举措得到省领导批示肯定，成功获批全省首批海岛县“一县一策”。实体化运作资源开发公司。政务服务增值化改革“五个一”建设加快推进，推出营商环境提升举措36条，工程档案全过程归集服务全省推广，“综合查一次”改革实质性推进，“海上一支队伍管执法”获评全市十佳标志性成果。聚力开放提升拓空间，状元岙港新开通4条近洋航线、外贸航线增至15条，新增进口水果、肉类及危化品三大外贸资质，拓展二手车、锂电池等出口新业态；举办“双屏论坛”，半屏山列入国家级海峡两岸交流基地培育名单。

（三）强化路径引领，“三变战略”部署加速落地生根。产业聚变方面，新能源新材料两大项目取得重大突破，落地新能源电池材料产业园项目，其中投资26亿元的青山碳酸锂项目已摘地；投资10亿元的运达海上风电总装基地一期项目开工纳统，运达首个高端储能装备制造项目试生产，洞头2号海上风电场项目获批核准。浙能LNG项目建成15万吨浙南最大吨位码头并顺利投运，华港LNG项目罐体落成。签约洛阳轴承、运氢储能等亿元产业项目11个、开工5个，实际利用外资420万美元、创历年之最。新增省“152”工程2个、“千项万亿”项目5个，开工西屋港能等57个重点项目，建成诚意鱼油等20个重点项目。城市蝶变方面，坚持规划优先，海域海岛发展战略规划、海上花园城市设计完成中间成果，发布国际生态旅游岛规划，获王浩省长调研、批示肯定。开工新城核心商圈、大门长沙商务综合体，中心街焕新开街，建成30公里迎宾主线、50公里环岛绿道、15个口袋公园，城乡环境获各方好评。入选全省首批城市更新试点、共富基本单元试点，连续两年获评全省新时代富春山居图风貌样板区，创成省级引领型未来社区。幸福跃变方面，下大力气改善海岛基础设施，甬莞高速洞头支线核准前置7大组件全部获批、创下省内高速前期工作最快纪录，S211跨海大桥白迭侧实现全桥贯通，入选“四好农村路”全国示范县；陆域引调水工程主管通至鹿西、彻底解决离岛群众“靠天吃水”问题；220千伏常青变35千伏线路送出工程正式投运，常青至深水110千伏第二回路已获核准批复；状元岙港5—6#泊位完成桩基施工；基本实现5G网络和千兆光宽带全覆盖。持续优化公共服务，揭牌投用大门新城实验学校，全区中高考成绩连续三年提升；区人民医院通过二甲等级评审，健康浙江考核夺取“四连优”；投用市福利养老院、区中心敬老院、区助联体；免费为80岁以上老人参保益康保。

（四）强化发展引领，推动经济稳中提质稳中蓄势。加快现代渔业高效发展，入选国家级沿海渔港经济区试点、获上级补助2.6亿元。深入推进渔农业“双强”行动，建成省级大黄鱼原种场，东一大黄鱼数字渔场入选全省数字农业工厂，黄鱼岛入选全省未来渔场。海洋食品产业园投产企业30家，产值突破3亿元。创新“浪尖到舌尖”消费体验，“最海鲜”集散中心开市启用。加快制造业高质量发展，深入开展制造业“腾笼换鸟、凤凰涅槃”攻坚行动，腾出低效工业用地102亩，增资扩产项目开竣工7个。加快旅游业融合发展，海霞营地全面提升，东沙不夜港一期建成投用，三盘文旅街区、霓屿滩涂乐园、元觉露营基地等对外营业。状元岙港恢复邮轮业务，开通鹿西鸟岛跳岛游、“大巴游洞头”旅游直通车，举办铁三国际公开赛等33场高规格体育赛事，入选浙江文旅融合十佳县。加快民营经济高质量发展，全面落实省“8+4”政策体系，兑现资金2.44亿元，新设市场主体2216家，新增规上企业8家、限上企业12家。

（五）强化共富引领，群众可触可感民生成果不断增加。筑牢生态安全屏障，落地全国首例海洋环境综合治理类EOD项目，承办省级现场会，经验做法获生态环境部肯定推广。开工省级蓝湾项目，完成省级山水林田湖草生态修复试点。入选国家级“和美海岛”，相关做法被《人民日报》专题刊发。捧回省级“无废城市”清源杯。全力建设和美乡村，全域推进“一米菜园”“共享田园”“和美庭院”建设，打造海霞、东沙、东岙等共富片区。获评全国村庄清洁行动先进区，入选全省县域承载能力提升和深化“千万工程”试点。创新开展“在洞头看见海上花园”电视问政，推动渔具乱堆放等老大难问题销号。扎实推进“扩中提低”，“渔家厨娘”“技能大篷车”等共富实招获上级领导批示推广，建成星级共富工坊29家，投用“城市岛屿”零工市场。扎实办成745件“幸福要事”，“幸福要事”做法获市委组织部发文推广。构建全龄友好社会，“青春市集”等活动释放“青创共富街区”活力，高标准建成市级儿童友好试点单元12个，“老年食堂”做法入选全国社会治理创新案例，共富“四感”评价居全省山区海岛县第一。文化赋能共富建设，开展螺钿漆器展示等国际性文化交流活动，入选省级非遗助力共同富裕试点，贝雕文创产品亮相国宴、获评国家级非遗工坊典型案例，海陶文创产品获省级金奖，《脚擂鼓》入选省非遗代表性项目名录，原创广场舞、排舞节目在全省大赛中荣获金奖。

（六）强化治理引领，统筹安全与发展走深走实。夯实平安稳定根基，扎实做好平安护航亚运工作，高标准开展平安基层基础提升年等行动，重点解决出租房、“厂中厂”消防隐患、涉海施工等问题，有效警情同比下降23.48%，实现省级平安区十八连创，捧回全省首批“二星平安金鼎”，创成全国平安渔业示范县。提升社会治理效能，开展社会矛盾纠纷百日攻坚等行动，深入实施“强基提能”八大工程，完善事故“三同步”处置机制，社会治理工作两次获中央政法委调研肯定。入选省级矛盾纠纷多元化解法治化工作试点，“海翼”智控平台获评省委政法委改革引领创新项目，“海霞妈妈”纳入省人大《关于坚持和发展新时代“枫桥经验”的决定》、成为全市首个省级区域性调解品牌，创新海区治理模式入选全省共同富裕最佳实践。推进法治洞头建设，深化全过程人民民主实践，市人大通过《关于促进和保障洞头海上花园建设的决定》、成为温州首部法规性决定，“三下沉”助力海岛基层治理政协模式获省政协领导批示肯定；“刑财查控一件事”改革做法被最高院刊发，打造无讼海岛做法纳入全省百个“枫桥经验”案例。

（七）强化党建引领，全面从严治党向纵深发展。坚持把抓好党建作为最大政绩，牢固树立和践行正确政绩观。牢牢掌握意识形态主动权，外宣工作“出圈”“出彩”，海上花园建设做法获《浙江日报》头版刊发。完善大统战工作格局，高质量推进对台交流、侨务、新乡贤、民宗等领域工作。省团校洞头分校正式揭牌。深化“以事找人、人事贯通”导向，创新构建综合考核体系，选派112名干部投身十大专班实践历练，通过岗位交流、青年思享汇等平台一线发现干部。年轻干部“雏鹰计划”练兵做法在中组部专项会议上作交流发言，社会救助尽职免责做法获中组部刊发。做深村社组织“届中体检”，完成“共享社·幸福里”31个星级单元建设。深化“8+5+N”清廉洞头建设体系，健全“纪巡审”贯通协同机制，统筹推进区委第三、第四轮巡察，巡察版“海霞说事”、对村巡察“360”工作法等被中巡办、省巡办推广。率全市之先推出“亲清一点通”“智慧公章”等数智应用。出台尽职免责办法、村社干部管理监督举措，建立“暖心咨询”机制，常态推进“暖心回访”“政治家访”，稳妥开展澄清正名工作，营造勤廉并重、干净干事的浓厚氛围。

今年以来取得的成绩来之不易，这是党中央和省委、市委坚强领导、多维支持的结果，是全区广大党员干部群众极限拼搏、专业作战、务实苦干的结果。在此，向全区广大党员干部，向各民主党派、工商联、无党派人士，向驻洞部队、武警官兵、公安干警、消防救援队伍指战员和民兵预备役人员，向内外洞头人、新老洞头人，向老领导、老同志和社会各界人士表示衷心的感谢并致以崇高的敬意！

在肯定成绩的同时，我们也要清醒看到发展短板和不足：经济回升向好基础尚不稳固，创新和人才对高质量发展的支撑还不够有力；重大项目招引建设仍需加快，一产、三产重大项目招引还未实现突破，二产延链补链强链工作还需久久为功；进岛路、水、电等第二通道和天然气管网还在推进中，教育、医疗、养老等公共服务供给不够优质；信访维稳、安全生产等领域隐患风险仍然存在，本质安全水平还需巩固提升；干部队伍执行力创造力还需进一步迸发，全面从严治党仍需纵深推进。对此，我们要高度重视、认真研究，切实加以解决。

二、深刻领悟中共中央总书记习近平考察浙江重要讲话精神，在“勇当先行者、谱写新篇章”中坚定扛起洞头使命担当

9月19日至24日，中共中

央总书记习近平到浙江考察并发表重要讲话、作出重要指示，赋予浙江“中国式现代化的先行者”新定位、“奋力谱写中国式现代化浙江新篇章”新使命。省委向全省上下发出了“勇当先行者、谱写新篇章”的动员号令，市委号召在勇当先行者谱写新篇章中续写温州创新史。我们要深刻领悟总书记重要讲话的精髓要义、丰富内涵、实践要求，把加快建设名副其实的海上花园作为落实浙江新定位新使命在区域层面最有力的承接，坚定以“1315”工作体系推进海上花园“名副其实”，努力让海上花园成为中国式现代化海岛实践重要窗口。一要深切感悟总书记对浙江发展的政治指引，锚定“海上花园”奋斗目标不动摇，坚决扛起拥护“两个确立”、做到“两个维护”的政治担当。中共十八大以来，总书记6次亲临浙江考察指导，这些年来浙江的每一步发展、每一处变化、每一点进步都离不开总书记的指引。对标新定位新使命，我们要始终把坚定拥护“两个确立”、坚决做到“两个维护”作为最高政治原则和根本政治规矩，以建设名副其实的海上花园作为牢记嘱托、感恩奋进最有力的实际行动，更加自觉地紧跟总书记、奋进新征程、建功新时代。二要深切感悟总书记对浙江发展的战略指引，锚定“三变”战略重点不动摇，坚决扛起推动“八八战略”走深走实的使命担当。总书记深刻指出，浙江之所以有成效，就是以“八八战略”为统领，一张蓝图绘到底、一以贯之二十年。对标新定位新使命，我们要始终以“八八战略”为指引，把蕴含其中的“优势论”，转化运用到纵深推进产业聚变、城市蝶变、幸福跃变阶段性战略重点中，不断深化“八八战略”在洞头的生动实践。三要深切感悟总书记对浙江发展的定位指引，锚定“国际生态旅游岛”窗口标识不动摇，坚决扛起为“重要窗口”增光添彩的贡献担当。总书记深刻阐明了党中央赋予浙江打造“重要窗口”、高质量发展建设共同富裕示范区的主要考虑和深远考量。对标新定位新使命，我们要以一域之光为全局添彩，努力把国际生态旅游岛打造成为具有洞头辨识度、标杆引领性、国际影响力的窗口标识，为浙江打造“重要窗口”、温州“续写创新史”增添洞头新胜景。四要深切感悟总书记对浙江发展的行动指引，锚定“五港共富”内涵支撑不动摇，坚决扛起在高质量发展和加快发展中闯关突围的发展担当。总书记深刻分析了新起点上浙江新的“成长的烦恼”，精准指明了破解难题的根本出路。对标新定位新使命，我们要牢牢把握高质量发展首要任务和加快发展重要主题，坚持创新破难、改革破题、开放破局，把推进“五港共富”作为推动高质量发展、海岛共同富裕的“船”和“桥”，以跨越赶超的发展成效为全国全省全市大局多作贡献。五要深切感悟总书记对浙江发展的精神指引，锚定实干争先不动摇，坚决扛起干在实处、走在前列、勇立潮头的干事担当。总书记强调要加强党的领导和党的建设，从精神和文化上深刻揭示“何以是浙江、何以浙江能”的基因密码。对标新定位新使命，我们要牢固树立和践行正确政绩观，不断提振极限拼搏、专业作战、务实苦干精气神，不躺平、不蛮干、科学精准抓紧干，让“敢为敢闯敢干敢首创”蔚然成风，在新起点上勇敢立潮头、永远立潮头。

奋进新征程，我们要坚持以习近平新时代中国特色社会主义思想为指导，深入学习贯彻中共中央总书记习近平考察浙江重要讲话精神，围绕全省“勇当先行者、谱写新篇章”，持续推动“八八战略”走深走实，坚定扛起“续写温州创新史”使命担当，以“1315”工作体系推进海上花园“名副其实”，奋力谱写中国式现代化洞头新篇章。区委《决定》稿明确了洞头区学习贯彻中共中央总书记习近平考察浙江重要讲话精神的总体要求、主要目标、重点任务。

（一）激发创新改革开放活力，全力培育海上花园跨越新动能。对标中共中央总书记习近平“在以科技创新塑造发展新优势上走在前列”“在深化改革、扩大开放上续写新篇”的重要要求，全力拓宽创新深化、改革攻坚、开放提升基本路径，深入实施三个“一号工程”，激发高质量跨越式发展的强大动能。要在创新深化中找准新赛道。大力实施科技创新“六大抓手”，加快推进海洋科创平台建设，谋划打造风电、新能源新材料等领域重点实验室体系，推进大孵化集群建设，培育科技领军企业，以“一产三产以才促产、二产以产引才”思路强化人才支撑，围绕人才服务、价值增值等做好人才引育“后半篇文章”，推动R&D等9大重点科技创新指标实现新突破。要在改革攻坚中形成新经验。抓住政务服务增值化改革的“牛鼻子”，创新一批助企惠企举措，打造海岛特色的“一类事”服务场景，高效闭环解决涉企问题；强力推进重大改革攻坚，积极打造渔港经济区发展模式、海区治理综合集成改革、美丽海湾——生态资源价值转化机制等标志性改革成果。要在开放提升中构建新模式。深度融入金丽温开放大通道，加快构建外快内畅交通体系，推动状元岙港打造浙南近洋航运中心，成为温州千年商港、对外经贸前沿阵地。坚持“引进来”“走出去”并重，在服务本地企业做大做强的基础上，依托洞商大会等载体，吸引洞商回归、华侨回归，让“地瓜经济”藤茂根壮。

（二）科学统筹城乡融合发展，全力探索海上花园共富新路径。对标中共中央总书记习近平“在推进共同富裕中先行示范”的重要要求，把缩小“三大差距”作为主攻方向，健全城乡融合发展体制机制，奋力打造共同富裕示范区海岛样板。要建设现代化海上花园城市，以落实市委“强城行动”为引领，深入推进城市蝶变，着力推动空间重构、产业创新、循环畅通、品质提升、功能优化、文化赋能，提升城市绿化、美化、序化、亮化、文化、智慧化、低碳化、国际化“八化”水平，打造主客共享、近悦远来、人海和谐、鱼鸥翔集的温州“海上会客厅”。要打造精致化全域和美乡村，以深化“千万工程”海岛实践为引领，突出“三基三主”理念，深入实施和美乡村“示范引领、全域整洁”行动，开展村级集体经济“百亿强村”计划，全域打造宜居宜业宜游和美乡村。要构建优质化公共服务体系，以实施公共服务“七优享”工程为引领，树立跨岛统筹理念，持续加强教育、医疗、养老等优质资源供给，推动“一老一小”、特殊群体等服务拓面提质，深化“幸福要事”为民服务实践，加快健全共富型大社保体系，让“人的一生、人的一天”幸福可感。要创新特色化“扩中提低”实践，以建设“共富工坊”为引领，健全高质量就业创业体系，迭代升级共富实招，深化低收入家庭综合帮扶集成改革，打造多元救助帮扶服务联合体，让更多群众迈上共富路。要形成一体化共建共治格局，以打造“海霞故里·海上枫桥”治理品牌为引领，完善风险闭环管控大平安机制，深化矛盾纠纷化解法治化整体联动，建设更高水平的平安洞头、法治洞头，打造新时代全国“枫桥式”海岛社会治理现代化样板。

（三）纵深推进海洋经济发展，全力塑造海上花园发展新优势。对标中共中央总书记习近平关于新型工业化的重要指示、重要论述，发挥比较优势，坚持向海洋要空间，用好码头岸线这一独特资源，形成以海洋特色优势产业为基础支撑、以海洋战略性新兴产业为核心引领的现代海洋产业体系，不断提升区域发展竞争力。要推动主导产业提质倍增，加快培育滨海旅游和现代渔业、现代物流、大宗商品贸易、新能源新材料、海工装备制造“1+5”主导产业，创建国家级旅游品牌，培育形成具备创新能力和市场竞争力的特色新能源产业集群，打造绿色新材料产业基地，加快形成新质生产力。完善全员招商、以商招商、乡贤招商等机制，招引“高大上、链群配”项目，提升主导产业集聚度。要推动传统产业转型升级，深化制造业“腾笼换鸟、凤凰涅槃”攻坚，以“换出来”的产业空间开展招大引强，承接周边外溢优质企业，引导中油沥青、中燃华电等企业扩量提质，推进节能降碳增效、绿色低碳循环。要推动市场主体做大做强，全面落实民营经济“中央31条”“浙江32条”“温州195条”“洞头181条”等惠企政策，完善“两个健康”直通车等举措，健全中小企业梯度培育体系，推动上市企业、专精特新、高新技术企业等数量实现新突破。

（四）促进海岛文化繁荣兴盛，全力打造海上花园文化新高地。对标中共中央总书记习近平关于“在建设中华民族现代文明上积极探索”的重要要求，全力推进文化洞头建设，打造具有海岛特色和蓬勃活力的文化强区。要打造“海霞精神”金名片，放大海霞精神纳入浙江精神谱系优势，通过片区建设、理论研究、文化转化、军旅体验、特色研学等提升“一馆一中心一营一路一园”，打造具有全国影响力的海霞文化品牌。要打造“海洋文化”金名片，持续开展洞头文脉探源，深化闽瓯文化研究，编撰洞头历史大纲；深入挖掘九亩丘文化遗产，扶持贝雕、海陶、渔民画、脚擂鼓等非遗文化创新性发展，打造七夕民俗、妈祖平安、两岸同心等海岛文化品牌，提升“中国诗歌之岛、中国渔民画之乡、中国摄影岛”影响力，彰显海岛独特文化魅力。要打造“文明城市”金名片，培育和践行社会主义核心价值观，深化“浙江有礼·兰草馨香”文明实践，实施文明创建、文明实践、文明培育三大行动，打造全域化高水平文明城市。要打造“海岛文旅”金名片，以建设国际生态旅游岛为目标，深化文旅体融合发展，高标准打造赛事运动岛、休闲度假岛、海鲜美食岛，丰富文旅新业态新场景新IP，展现国际范、海洋味、年轻态的海岛文旅新形象。

三、扎实做好明年工作，在“勇当先行者、谱写新篇章”新征程上开好局、起好步

明年是新中国成立75周年、“十四五”规划攻坚之年。我们要坚持稳中求进、以进促稳、先立后破，紧扣全省“勇当先行者、谱写新篇章”新定位新使命，聚焦省委三个“一号工程”，聚力市委“四大振兴”，纵深推进海上花园“1315”工作体系，突出重点、集中攻坚，夺取一批硬核发展战果。

（一）坚定不移推动“产业聚变”迈向更高质量

一要强力推进创新改革开放。坚持创新提能。做优海洋科创中心、海洋开发研究院等科创平台，推动金风海上风电实验中心建设，壮大海洋生物科技示范孵化基地，培育一批专精特新“小巨人”“单项冠军”“隐形冠军”潜力企业，吸引高精尖人才、高校毕业生“才聚百岛、智汇洞头”。坚持改革提效。深化政务服务增值化改革，涉企服务事项全面进驻企业综合服务中心，推动民宿发展、海洋食品产业等特色“一类事”落地见效，以“用户思维”打造“政策计算器”应用，通过惠企政策精准推送，推动从“人找政策”向“政策找人”转变；深化国资国企改革，提升资源资产运营能力，加速市场化转型；深化海洋版“两山合作社”“三位一体”等特色改革，稳慎推进农村宅基地“三权分置”改革取得实效，出台石头房收储保护政策。坚持开放提势。全面提升产业链供应链“一带一路”参与度，持续开展“百企出海抢订单”行动，建设跨境电商产业园区。深化对台开放，持续盯引台商食品产业园，加快创建国家级海峡两岸交流基地。

二要深耕海洋主导产业体系。用好“一县一策”支持，逐条深化推进，推动主导产业高质量发展。大力发展滨海旅游业。深入推进国际生态旅游岛“造月、繁星、神笔、旺客、引流”五大计划，大力招引重磅旅游项目，统筹推进省级旅游度假区等平台创建，争创全国“避暑旅游目的地”标识品牌；完善海上游、跳岛游、运动游等旅游产品体系，加快文旅项目对外营业，提速大沙岙等核心景区改造提升，全面建成开放东沙片区，积极推动状元岙国际邮轮港建设始发港；培育发展“蓝色康养”，谋划打造中国南方康复中心；持续开展有热度、有流量的文旅节庆活动，打响国际铁三等海岛赛事品牌；加大与世界知名旅游海岛合作交流力度，通过精准营销打造旅游“新爆点”。大力发展现代渔业。以建设国家级沿海渔港经济区为龙头，养殖业要加快向深远海、集约化升级，提升“两菜一鱼”产品附加值，打响“百岛洞头”区域公用品牌；捕捞业要争取芒种虾皮、海蜇等捕捞特许；海洋食品产业要抢占海洋预制菜新风口，实质性推进冷链物流中心等建设；海洋生物医药产业要加速从医药向食品、保健品拓展，深耕鱼油等市场。大力发展现代物流业。开辟更多“一带一路”航线，提升港口通关便利化水平，推动状元岙港优质消费品、重要设备、关键零部件进口，增加外贸“新三样”出口份额。大力发展大宗商品贸易业。发挥浙能、华港、中燃等项目作用，下力气推进中油沥青转型发展，持续拓展LNG、LPG、燃料油等业务，培育大宗商品储运、加工、贸易、服务等产业功能。大力发展新材料产业。持续培育新能源电池配套产业链，落地碳酸锂、电解液等产业链项目，加快形成温州新能源电池新材料基地。大力发展海工装备制造产业。发挥洞头2号深远海风电场资源优势，推动状元岙港区“千亩做地”，招引海洋储能装备、海上风电大容量风机和深远海海工装备制造的上下游配套企业，加快形成海工装备制造运维基地。

三要推动实体经济高质量发展。全力推进招商引资。招引落地亿元产业项目8个以上，招引超10亿元单体制造业项目1个。努力推动建筑业、贸易业、海运业总部经济回归，支持培育建筑业细分行业。全力推进项目建设。密切关注上级政策动态和资金投向，抓紧谋划储备一批项目，快马加鞭推进超100个重点项目，新建项目抓开工、续建项目抓投资、竣工项目抓投用。全力服务增资扩产。高质量完成“五经普”工作，全面准确摸清发展“家底”。关心关爱本地企业发展，支持金源等企业增资扩产，加快西屋、康铭、冠乔等重点项目建设。完善“数据得地”“亩均论英雄”机制，让好项目不缺土地、好企业不缺空间。大力支持本土传统行业，推动电子电器等行业提质增效，加快杨文、南塘工业园区配套升级。全力提升消费能级。加快新城核心商圈建设，丰富中心街多层次消费新场景，大力发展有海岛特色的“首店经济”“夜间经济”，集聚人气商气烟火气。深耕海鲜餐饮特色发展，推动“明码标价”“明秤经营”全域覆盖，争创浙江省放心消费示范区。

（二）坚定不移推动“城市蝶变”迈向更高品质

一要提速基础设施配套补短。建好水网。全面建成陆域引调水第二通道项目，开工状元南片污水处理厂，持续推进全域管网改造提升。建畅路网。开工甬莞高速洞头支线，开工环岛旅游公路关键段环岛西路，推进S325岙底至长沙段等续建工程，建成疏港道路工程等一批项目，深化对外关键性交通工程规划研究，全力优化公交线网、交通组织和停车场布局，力争开通洞头—温州快速公交班线。建强电网。开工建设常青至深水110千伏第二回路，争取相关海上风电廊道纳入省级海底路由规划。建优气网。以浙能、华港LNG项目为依托，深入谋划全域管输气工程，启动南北两片管输气项目建设。建大港区。推进状元岙、大小门港规划调整，加快状元岙港5—6#泊位建设，积极谋划1—4#泊位及后方开发。

二要扎实推进城乡协调发展。强化规划管控引领。完成海域海岛发展战略规划、海上花园城市设计，用好国际生态旅游岛规划成果。强化专项规划支撑和重点片区控规详规，制定风貌管控导则，加强城市色彩、公共空间、建筑风貌、夜景灯光、“第五立面”等整体塑造，建设多功能的城市规划馆，固化城市风貌沙盘，形成“规划—建设—管理”传导体系。强化城市有机更新。制定城市更新方案，探索海岛特色城中村改造模式，推进北岙后街、大门朝阳、霓屿正岙等区块更新。加快打造县域风貌样板区，争创省级美丽城镇样板。强化城市运营，用好低效用地开发试点政策，最大限度盘活城市有形无形资产，引入品牌城市运营商，推动城市资源配置最优化和效益最大化。统筹市政工程施工安排，避免旅游旺季施工和道路重复开挖，减少对群众、游客出行影响。强化和美乡村建设。严守耕地保护红线和粮食安全底线。深化“三基三主”十大工程，滚动推进“一县一带一片”建设，打造“一村一游”精品游线。加强农房风貌管控，探索海岛农房建设管理模式。

三要持续扮靓生态环境颜值。加强环境污染防治。打好蓝天、碧水、净土、清废保卫战，做好第三轮中央生态环保督察迎检，强化海滨河、埭口河综合整治，完善“海上环卫”机制，争创国家生态文明建设示范区、全省美丽海湾先行区、全省四星级全域“无废城市”。筑牢绿色生态本底。坚持把“保护好这一方山水”作为重要政绩，完成全域生物多样性调查和评估，加强鸟岛、无人岛、岛礁、岸线、石厝等资源保护，提升生物多样性，加快建设省级生态文明实践体验地。高质量编制发布全国首个县级海岸带规划，全力争取国家海岸带生态修复试点。梯次推进EOD项目，加快实施山体生态治理、省级蓝湾项目。提升花园形象品质。启动海岛林相十年改造，提升绿化美化品质，展现一城山花烂漫景象。适度提升重要节点、沿线道路、标志性建筑等亮化水平，烘托最美夜景。整合城乡环卫、公路、河道及湾滩等保洁，实现城乡一体、陆海覆盖，打造“席地而坐”城市环境。常态开展“在洞头看见海上花园”电视问政，通过“四季看变化”，巩固文明创建成果。

（三）坚定不移推动“幸福跃变”迈向更高水平

一要强化公共服务优质供给。办好群众满意的教育。扎实优化校网布局，推进教育二幼、三幼等校舍建设；巩固深化“扬帆行动”，推进“一校一策”“一学科一方案”，对标区外优质学校培优提质，加快职业教育高质量发展，力争全区中高考成绩再上新台阶，创成全国学前教育普及普惠区、全国义务教育优质均衡发展区。办好群众放心的医疗。深化“山海”提升工程，推进优质医疗资源“进村入户、离岛诊疗”，建成人民医院新院区，推动区人民医院向更高水平县级强院迈进。办好群众舒心的养老。发挥区中心敬老院兜底保障作用，谋划建设普惠型养老机构，完善老城居家养老服务网络，促进民办养老机构服务质量提升。建好全民共享的全龄友好城市。聚焦青年需求，放大省团校洞头分校阵地优势，深化“亲青恋之岛”建设，推动“家燕归巢”“新燕筑巢”，推进青年公寓、保障性租赁住房等住房保障体系建设；深化儿童友好试点单元建设，精致打造“七彩梦空间”等儿童友好场景，加快推进托育综合服务中心建设；扩面提质创建老年友好示范镇街、村社。

二要深化“扩中提低”实践探索。在保障就业上做到稳中求进。全力稳定和扩大大学生、农民工和失业人员等重点群体就业，发挥“城市岛屿”零工市场用工匹配作用，深化“渔家厨娘”“技能大篷车”等实践，大力实施培训赋能计划，培育海岛特色新职业、群众就业新技能。在弱有众扶上突出暖心利民。推出“兰草”护苗爱老等系列帮扶项目，争创省级首批五星级助联体，擦亮“真爱到家·洞有兰草”救助帮扶品牌。在文化富民上拓展多元路径。实体化运作海霞营地，打造以海霞文化IP为引领的国防教育基地和文旅融合体验基地，争创全民国防教育基地。深入推进中国摄影岛等品牌建设，加强海岛非遗文化活态保护利用，编纂出版《浙江文史记忆丛书》（洞头卷）。整合提升城市书房、文化驿站等文化阵地，常态化开展村歌大赛、全民健身等活动，丰富群众精神文化生活。

三要完善基层社会治理体系。推动平安建设再深化。用好事故隐患“3030”闭环管控机制、平安隐患分类销号法，深化涉海涉渔、消防安全、道路交通、建筑施工、危化品等重点领域综合整治，完善防灾减灾救灾、基层应急消防治理体系，提升本质安全水平。深化扫黑除恶斗争，严厉打击电信网络诈骗、非法集资、海上走私等犯罪活动，持续深化“五失”人员和重精患者排查帮扶，防范“民转刑”案事件发生，实现省平安区“十九连创”。推动法治建设再深化。坚持以法治护航营商环境、项目建设、生态保护，深化行政争议预防化解，发挥“法治人才十条”激励作用，推进法治建设争先创优。推动社会治理再深化。深化海区治理综合集成改革，巩固提升“海上一支队伍管执法”“镇街一支队伍管执法”“综合查一次”等改革成果。持续开展“十大领域”信访突出问题集中治理，做强“海霞妈妈”等基层调解品牌，争创全国信访工作示范区、“海上枫桥”基层治理综合标准化全国试点。

围绕新一年的发展目标和总体思路，我们要聚焦六大重点工作再攻坚，以点带面推动全局性工作整体跃升。

（一）攻坚海上花园强城行动。坚持把“老城疏、新城聚”作为实施海上花园强城行动的基本方向，通过实施最美入城口、环岛旅游公路、滨海绿道、滨海城市阳台、海洋文化中心、城市规划馆、城市综合体、城市公园、省级城乡风貌样板区、半屏山海洋旅游度假区、国家国民水上休闲运动中心等一批项目，形成特色的绿化美化、有辨识度的景观小品、标志性的建筑物、和谐的城乡风貌、精致的城市家具、精细的城市管理、贴心暖心的旅游服务、高品质的人文环境。

（二）攻坚“千万工程”点亮繁星计划。要把“千万工程”作为推动乡村振兴的主题主线，把国家级沿海渔港经济区、EOD项目、海岸带生态修复、蓝湾工程作为共富突破性抓手，打造共富示范片区。制定“一村一方案”，实施“配套提升、风貌引导、业态植入、文化振兴”四大工程，通过区领导挂钩领衔、街镇赛马比拼，力争每年打造5个示范村，以点带面、梯次推进，打造一批在省域市域有引领示范效应的样板。

（三）攻坚重大文旅项目招商。坚持把招引重大文旅项目作为国际生态旅游岛起势领跑的重中之重，全力破解海岛标志性、引领性旅游重大项目不足等问题，实行区领导领衔挂帅招商，紧盯梦幻海湾、相思岙、同心广场、状元南片等地块，紧密对接华中、亿联、博纳等头部企业，争取落地5亿元左右重磅文旅项目1个以上；紧盯红石滩、鸽尾礁等点位，主动出击、精准招商，争取落地亿元滨海旅游度假项目2个，用一批精品项目筑成国际生态旅游岛的坚强基石。

（四）攻坚新能源新材料百亿项目。坚持把新能源新材料两大新兴产业作为海洋经济跨越式发展的主抓手，力争运达海上风电总装基地一期项目2024年主体工程建成，释放运达高端储能装备制造项目产能，全力推进大门西海上光伏及洞头2号风电场等项目，争取新落地5亿元左右海风装备制造项目1个；加快青山碳酸锂项目进度，主动服务企业提升审批效率，力争一季度开工；持续盯引青山、新宙邦等企业，招引1个以上新能源电池材料项目，为温州打造全国新能源产能中心和应用示范城市提供有力支撑。

（五）攻坚重大交通项目组网。坚持把交通一体化作为融入温州都市、推动高质量发展的“关键一招”，举全区之力保障甬莞高速洞头支线尽快核准、开工；开工建设环岛西路，加大城乡道路综合整治力度，争取用两年时间建成42公里最美环岛路；提速S211洞头段，开工建设S211白迭延伸线，加快构建综合立体交通网。

（六）攻坚重大资源要素保障。牢固树立“要素跟着项目走”的理念，一手抓做地，统筹做好土地储备、政策处理、历史围填海问题处置、配套建设、指标补缺等项目前期各项保障工作，攻坚“腾笼换鸟、凤凰涅槃”，为产业集聚发展提供空间支撑；一手抓争资，加强前瞻性统筹，建立刚性类、柔性类和机动类“三张争资清单”，资金争取情况纳入综合考核。

四、坚持党的全面领导、提高党的建设质量，为谱写中国式现代化洞头新篇章提供坚强保证

深入学习贯彻中共中央总书记习近平关于党的建设的重要思想，推动政治建设走深走实，为洞头现代化建设提供坚强政治保证。

（一）坚定不移加强党的全面领导。始终把党的政治建设摆在首位，健全完善贯彻中共中央总书记习近平重要指示批示闭环落实机制，深化落实“第一议题”等制度，坚定拥护“两个确立”，坚决做到“两个维护”。坚持把实的要求贯穿主题教育全过程，不断强化思想铸魂实效。全面落实意识形态工作责任制，筑牢网络安全防线。依法加强宗教事务管理。全力支持人大、政府、政协和监委、法院、检察院依法依章履行职能，更加重视做好新形势下统一战线、群团和老干部工作，汇聚各方智慧力量。加强党管武装工作，大力推动国防动员和后备力量建设，完善退役军人服务保障体系。启动筹备女子民兵连建连65周年活动，加快打造新时代民兵建设重要窗口展示成果。

（二）牢固树立和践行正确政绩观。深化"持正确政绩观、建为民新业绩"专项行动，持续开展政绩观"五重五轻"整治，强化政治素质正反双向考察，引导领导干部树立正确政绩观。要扎实走好群众路线，做到组织要求与群众需要相结合，上级一般号召与本地具体实际相结合，努力干出为民服务新业绩。涵养"功成不必在我、功成必定有我"境界，引导广大党员干部做务实派、实干家。注重科学决策、民主决策、依法决策，坚持把"组织怎么看、群众怎么盼、怎么科学干"作为出发点，大兴调查研究之风，坚持极限拼搏、专业作战、务实苦干，力戒推诿扯皮、消极应付，创造经得起历史检验、人民考验的真业绩。

（三）全面锻造担当作为干部铁军。认真落实中央"四个注重选拔、四个坚决不用"要求，对照省委"四个坚持、八个不"选贤任能导向，大力选拔敢闯敢干、善谋会干、真抓实干的干部，锻造堪当重任的铁军队伍。稳步推进新一轮机构改革。深化"以事找人、人事贯通"考评用人机制，健全完善综合考核体系，统筹开展干部制度性交流，用好青年思享汇、共享课堂、项目谋划赛比会等赋能平台，以擂台比武、干事清单晾晒激励争先创优。坚持严管厚爱结合、激励约束并重，健全完善容错纠错、澄清正名、能上能下等机制，深化尽职免责、"不影响使用"机制运用，扎实做好谈心谈话、干部家访等工作，推动"两个担当"良性互动。

（四）扎实筑牢基层坚强战斗堡垒。深入实施"红色根脉强基"工程，开展"基层党建争先攀高行动"，全面增强基层党组织政治功能和组织功能。深化"共享社·幸福里"建设，抓好村社融合"后半篇"文章，滚动推进"问题村居"专项整治，扎实推动村社"一肩挑"队伍建设。推动"幸福要事"拓面提质，形成一套组合拳、一批示范项目，变"幸福要事"为"幸福钥匙"。加强新业态新就业群体党建工作，深入推进红色领航"双建争先"等工程，持续提升机关、国企、医院等领域党建水平，打造特点鲜明、亮点突出的党建示范矩阵。

（五）大力涵养风清气正政治生态。压紧压实全面从严治党主体责任，加强"一把手""一肩挑"干部、年轻干部等关键少数监督，深化公权力大数据监督等载体探索和实践。严格贯彻执行民主集中制、重大事项请示报告以及"三重一大"议事规则等制度，不断提高政治"三力"。锲而不舍落实中央八项规定精神，驰而不息纠"四风"树新风，力戒形式主义、官僚主义，切实为基层减负松绑。一体推进"三不腐"，深化"纪巡审"贯通协同机制，高标准开展二届区委第五、第六轮巡察工作，加强重大项目建设、重大政策落实等审计监督，深化工程招投标、涉企执法等重点领域问题整治，释放监督叠加效应。深化构建亲清统一的新型政商关系，落实政商亲清交往"三张清单"，做到既亲近又清爽。深入推进清廉洞头建设，完善清廉单元建设体系，形成全域清廉的良好氛围。

2023年12月27日，中共温州市洞头区委二届五次全体（扩大）会议召开 （区融媒体中心提供）

温州市洞头区人民政府工作报告（摘要）

在温州市洞头区第十五届人民代表大会第三次会议上的报告

温州市洞头区人民政府区长 何莉平

（2024年2月4日）

一、2023年工作回顾

2023年是全面贯彻中共二十大精神开局之年，是实施“八八战略”、建设“海上花园”20周年。我们坚持以习近平新时代中国特色社会主义思想为指导，深入学习贯彻中共中央总书记习近平考察浙江重要讲话精神，在市委市政府和区委正确领导下，在区人大、区政协监督支持下，忠实践行“八八战略”，一体推进产业聚变、城市蝶变、幸福跃变，凝心聚力、真抓实干，较好完成了区十五届人大二次会议确定的各项目标任务。全区实现地区生产总值150.04亿元（不含海经区124.16亿元）同比增长5.5%，其中洞头（不含海经区）增长6.7%；财政总收入17.61亿元，增长10.5%，其中一般公共预算收入11.21亿元，增长5.6%；城乡居民人均可支配收入为63785元和41881元，分别增长5.8%和7.1%。

我们全力以赴抓项目，招大引强取得新突破。紧盯青山、运达、金风等领军企业，签约打造总投资80亿元的温州新能源电池材料产业园，其中投资26亿元的青山控股碳酸锂材料基地项目成功落地；总投资50.3亿元的运达风电零碳产业园总装基地开工建设，智慧储能生产基地项目正式投产，西屋港能项目当年签约、当年结顶；海经区总投资162亿元的金风温州深远海海上风电零碳总部基地建成一期，成功下线全省首台（套）16.5兆瓦海上风力发电机组，在“追风逐电”的赛道上跑出了“洞头速度”。

我们坚定不移优环境，花园海岛展示新形象。以迎亚运为契机，开展“城市品质、城市文明、城市治理”三大提升行动，建成30公里迎宾主线、50公里环岛绿道，生态修复废弃矿山和裸露边坡40万平方米，栽种各类苗木7.2万株，打造“最海鲜”集散中心，创成省级文明示范城区，全市唯一获评全国村庄清洁行动先进县，入选全国“和美海岛”。落户全国首个海洋环境综合治理类EOD项目，承办全省EOD模式现场会，相关做法得到生态环境部肯定，在“生态创造价值”的实践中展示了“洞头风采”。

我们极尽所能争支持，发展保障得到新加强。成功向省政府争取到了支持洞头高质量发展的“一县一策”红利，省市人大专门为洞头区立法，量身定制《关于促进和保障洞头海上花园建设的决定》，为更好建设海上花园保驾护航。尤其令人振奋的是，省委省政府主要领导先后莅临洞头区调研，带来交通、教育等方面的政策支持，为洞头未来发展指引方向，在新起点上“从此开始、迈向更高、不断攀升”的寄语里赋予了“洞头使命”。

回顾一年来的工作，面对复杂严峻的外部环境和困难挑战，我们迎难而上、勇往直前，具体抓了五方面工作：

（一）多措并举抓经济复苏，产业动能更加强劲

坚持招商引资与增资扩产两手抓，以大走访大调研推动大服务大解题，通过政企恳谈会等形式解决企业问题116个，助力实体经济降本减负、健康发展，开发“惠企智配器”应用，“惠企政策直通车”兑现2.44亿元，新设市场经营主体2216家。开展重点项目提速攻坚行动，浙能LNG投用15万吨级码头并获评省“红旗”项目，华港LNG罐体落成，洞头2号海上风电场获批核准。推进工业园区改造提升，开竣工增资扩产项目7个，激活低效工业用地200亩，盘活闲置厂房1.1万平方米，新增规上企业8家、限上企业13家、专精特新企业3家、省级“云上企业”1家，东启汽配入选国家级专精特新“小巨人”企业。提升渔业现代化水平，获批建设国家级沿海渔港经济区试点，鹿西大黄鱼被评为浙江地标美食，“东一”“黄鱼岛”分别入选省数字渔场、省未来渔场。海洋食品产业园累计入驻企业33家，产值超3亿元。加快建设国际生态旅游岛，投用东沙不夜港一期、蓝海湾度假中心、三盘文旅街区、元觉星空营地等一批新项目，海霞营地全面提升，“招商伊敦号”豪华邮轮靠泊洞头。东屏街道创成省5A级景区镇，东岙获评全国乡村旅游重点村。开通鸟岛观光游、“大巴游洞头”直通车，举办铁人三项国际公开赛等33场赛事活动，荣获省文旅消费品牌创建优秀单位，入选浙江文旅融合十佳县（市、区），创成全省唯一的“全国避暑旅游目的地”气候品牌。

（二）统筹联动抓改革创新，区域发展更具活力

营商环境不断优化，开发“亲清一点通”应用，推进“综合查一

次”改革，启用企业综合服务中心，推出“预验即投产”“交地即交证”等36条举措，企业开办一日办结，全流程网办率达98%。大综合一体化改革持续深化，“海上一支队伍管执法”获评全市十佳标志性成果。实体化运作区资源开发公司，国有资产资源有效管理和市场化运营走出新路。科技创新稳步推进，投用海洋生物科技示范孵化基地，新增孵化面积1.6万平方米，入孵企业20家，特色藻类农业科技园列入省级创建名单。创成国家高新技术企业3家、省科技型企业14家，2项科研成果获省科技进步三等奖，迪特螺栓入选省首届“浙江标准”名单，超惠玩微商城入选省数字经济创新提质“一号发展工程”优秀案例。发布人才新政16条，开展“博士之家”评选，建成博士创新站3家，引育大学生2065人，新增技能人才1351人。对外开放持续扩大，状元岙港外贸航线增至15条，获批启用肉类、水果等外贸资质，集装箱吞吐量达到66.9万标箱。出口贸易额增长77.2%，增速全市第一，中燃华电进口供应链平台获评省级重点平台。高规格举办2023“双屏论坛”，半屏山列入海峡两岸交流基地培育名单。

（三）融合贯通抓城乡建设，海岛风貌更显特色

顶层设计形成体系，在编制国土空间总体规划的基础上，精心做好海域海岛发展战略规划、国际生态旅游岛规划和海上花园城市设计，进一步明晰“一岛一功能”布局和城乡风貌提升路径。交通建设成效明显，211省道跨海大桥白迭侧实现全桥贯通，市域铁路S2线灵昆换乘站正式开通，建成浙南水运中心码头，投用沙岙码头及“海上花园”号滚装客船，创成“四好农村路”全国示范县。以钉钉子精神破解甬莞高速洞头支线项目审批难题，即日可获核准，创下省内高速前期工作最快纪录。市政配套日趋完善，新城二期市政道路全面建成，大门常青变35千伏送出工程正式投运，常青至深水110千伏第二回路获得核准，荣获全市首个充电基础设施示范样板区，基本实现5G网络和千兆光宽带全覆盖。陆域引调水工程取得标志性成果，离岛鹿西彻底告别“靠天吃水”历史。启动全域地下管网改造，完成海滨河、埭口河清淤，荣膺省“无废城市”清源杯，元觉街道获评“污水零直排”全市标杆街镇。城市更新入选省级试点，海悦城创成省级引领型未来社区，北岙中心步行街焕新开街，连续两年获评全省新时代富春山居图风貌样板区。入选全省县域承载能力提升和深化“千万工程”试点，建成3个省级未来乡村、28个省级和美乡村。完成省级山水林田湖草生态修复试点，洞头诸湾入选全省首批美丽海湾。

（四）聚焦需求抓共同富裕，民生福祉更有质感

坚决落实中共中央总书记习近平“让老百姓过上更好的日子”的要求，全年民生支出28.26亿元，占一般公共预算支出的76.4%。高质量完成113项省市区民生实事项目，办好745件幸福要事，浙江日报头版点赞。打造“渔家厨娘”“技能大篷车”等共富载体，建成“共享社·幸福里”星级单元31个、星级共富工坊29家，非遗助力共富成为省级试点，海区治理模式入选全省共富最佳实践，群众“四感”评价居全省山区海岛县第一。潜心抓教育质量，高考水平连续三年提升，市区优质普高对洞头招生名额由57人增加到82人，开工建设教育二幼新园，揭牌成立大门新城实验学校，省教育现代化监测水平连续两年A等，创成全国学前教育普及普惠区。健康浙江考核实现“四连优”，投用区公共卫生中心，区人民医院通过二甲等级评审，大门、鹿西卫生院新增住院服务。文化洞头建设成效显著，贝雕入选国家级“非遗工坊典型案例”，《脚擂鼓》入选省非遗代表性项目，海陶获省级文创产品金奖，新生代作家不断涌现，文学创作精品迭出。创成省级双拥模范区，女子民兵连纪念馆获评温州首个“全国关心下一代党史国史教育基地”，民兵工作在军委国防动员部研讨会上作经验交流。关爱“一老一小”，开工建设托育综合服务中心，建成市级儿童友好试点单元12个，投用市福利养老院和区中心敬老院，改造提升居家养老服务照料中心10家，老年食堂相关做法入选全国社会治理创新案例。新增城镇就业1487人，投用“城市岛屿”零工市场，打造就业新空间。投用区级助联体，实现三级服务网络全覆盖。健全安全生产排查整治长效机制，规范化提升避灾点69个，创成综合减灾示范社区16个，获评全国平安渔业示范县。圆满完成护航杭州亚运会等各项任务。矛盾纠纷化解法治化纳入全省试点，海霞村上榜全国乡村治理示范村，实现省级平安区十八连创，捧回首批二星平安金鼎。

（五）唯实惟先抓自身建设，尽责履职更为严实

高标准开展学习贯彻习近平新时代中国特色社会主义思想主题教育，认真做好“循迹溯源学思想促践行”，打造海上花园“循迹溯源”省级示范点，牢固树立正确政绩观，以学铸魂、以学增智、以学正风、以学促干取得实效。法治政府建设扎实推进，落实“八五”普法规划，成立区合法性审查中心促进规范行政，街道（乡镇）法治建设议事协调机构全覆盖。自觉接受人大、政协和社会各界监督，累

计办复人大代表建议165件、政协委员提案119件。工作作风持续改进，以“五加二”“白加黑”的奋斗姿态提升工作执行力。持续开展“圈句号”行动，妥善化解了浙能LNG用地、青山岛配套、三盘产权式酒店、岙仔地块等一批历史遗留问题。加强项目全生命周期管理，健全政府投资项目管理、小额工程项目交易等机制，强化项目立项跟踪、招投标管理、标后管理等规定。落实政府“过紧日子”要求，压减非刚性、非重点项目预算2.94亿元，工程审价共计核减4973万元。贯彻落实全面从严治党主体责任，“四风”问题得到有效遏制。

此外，民宗、人防、统计、侨务、机关事务、供销社、工商联、社科联、科协、公积金等工作取得新成绩，工会、共青团、妇女儿童、红十字、慈善、老龄等事业加快发展。

在肯定成绩的同时，我们也清醒地看到，经济社会发展中仍然存在不少困难和问题：一是海洋资源的开发利用不够，产业基础较为薄弱，高能级科创平台、高新技术人才支撑不足；二是旅游业重大项目招商还未实现有效突破，缺乏引爆性的旅游大项目，特别是冬季旅游仍存在短板；三是城市能级不够高，教育、医疗、养老等公共服务优质资源依然较为欠缺，与群众期待还有差距；四是政府系统抓发展的视野、能力、效率还需加强，极少数干部盯紧看牢、一抓到底的韧劲和拼劲需要进一步提高。对此，我们将直面问题，采取有力措施，逐步加以解决。

二、2024年主要目标任务和重点工作

今年是中华人民共和国成立75周年，是深入实施“十四五”规划的关键一年，也是我们以更大力度建设“名副其实的海上花园”的攻坚之年。当前的洞头，战略机遇叠加，天时地利人和，发展态势持续向好。我们要抢抓海洋经济发展风口，绘好海上花园建设蓝图，坚定信心、积蓄动能、借梯登高、乘势而上，以更加昂扬的姿态走好赶考路、奋进新征程。

今年政府工作的总体要求是：坚持以习近平新时代中国特色社会主义思想为指导，深入学习贯彻中共中央总书记习近平考察浙江重要讲话精神，围绕全省“勇当先行者、谱写新篇章”，持续推动“八八战略”走深走实，坚定扛起“续写温州创新史”使命担当，以“1315”工作体系推进海上花园“名副其实”，奋力谱写中国式现代化洞头新篇章。

综合考虑各方面因素，今年全区经济社会发展主要预期目标是：地区生产总值增长6%以上，一般公共预算收入增长10%，城乡居民人均可支配收入分别增长6%和6.7%，固定资产投资增长7%以上，研发投入强度达到2.6%。

为实现以上目标，必须牢牢把责任扛在肩上，紧扣全省“勇当先行者、谱写新篇章”新定位新使命，聚焦省委三个“一号工程”和省政府“十项重大工程”，聚力温州“四大振兴”“强城行动”，切实增强“慢不得、等不起、坐不住”的使命感和紧迫感，做到闻风而动、闻令而行，确保中心工作、重点任务一贯到底、高效落地；必须牢牢把发展抓在手上，以高质量发展为首要任务和硬道理，深度融入国家和省市重大战略，聚精会神谋发展，全力以赴拼经济，进一步营造宽松便捷的营商环境，加快培育滨海旅游和现代渔业、新能源新材料、海工装备制造等“1+5”主导产业，推动传统产业转型升级，支持市场经营主体做大做强，以洞头的“稳”“进”“立”为发展大局多作贡献；必须牢牢把人民记在心上，多听听群众的“掏心话”，多算算百姓的“生活账”，谋好共富实招，办好民生实事、幸福要事，把为民造福作为一切工作的出发点和落脚点，以我们的“干”回应群众的“盼”。重点做好七方面工作：

（一）以“稳进提质”为目标，全力巩固经济向好势头

全面承接省“8+4”经济政策体系，紧盯关键指标背后的源头性工作，加强经济运行调度，更好统筹经济质的有效提升和量的合理增长。

打好扩投资攻坚战。提高项目谋划水平，干着今年、备着明年、想着后年，做深做细35个项目前期。紧锣密鼓推进118个实施类重点建设项目，确保新开工49个、建成38个，完成固定资产投资54亿元以上。提高招商引资质效，深化产业链招商、专业招商和乡贤招商等机制，开好洞商大会，凝聚乡贤力量，全年招引落地亿元产业项目8个以上，其中超10亿元单体制造业项目1个，实现到位内资30亿元以上。积极推动建筑业企业内育外引、提档升级。加大资金筹措力度，建立“三张争资清单”，用好适度加力的积极财政政策，争取上级补助资金15亿元以上、政府债券资金10亿元以上。用好低效用地再开发试点政策，启动千亩做地攻坚行动，今年完成500亩以上，全力保障重大项目用地、用林等要素需求。推动项目政策处理动态清零，全力护航项目建设。

提升制造业竞争力。鼓励企业增资扩产，开工金源高性能材料项目，推进信立达、弘博等改扩建项目投产达效。全面释放运达智慧储能生产基地项目产能，建成投产西屋港能项目，完善霓屿西海湾周边

配套设施。引导中油沥青等企业转型发展，推进节能降碳增效、绿色低碳循环。持续深化“腾笼换鸟、凤凰涅槃”攻坚行动，完善“数据得地”“亩均论英雄”机制，加快低效工业土地整治，建成固友金属、冠乔气体等项目，处置空置厂房2万平方米以上。加快杨文、南塘工业园区配套升级，支持电子电器等传统产业提质增效。强化企业培育，新增专精特新企业2家，新上规企业6家，规上工业增加值增长10%，工业产值努力突破百亿大关。

实施促消费组合拳。打造烟火气与时尚并存、场景体验与生活美学有机统一的生活圈，提升新城广场、中心街等核心区域商圈氛围，大力发展有海岛特色的“首店经济”“夜间经济”，集聚商气人气。东沙不夜港全新开街，打造“浪尖到舌尖”最鲜环球渔市，推出“千年商港、千年渔港”海上实景演绎秀，创新开展全球海岛海洋故事大会，让海岛的消费更潮更有吸引力。全年筹办各类促消费活动30场，新增限上商贸企业8家，开发文旅伴手礼产品10款以上。加快建设跨境电商服务平台、区电商公共服务中心，力争实现网络零售额超15亿元。推动“明码标价”“明秤经营”全域覆盖，争创省放心消费示范区。

（二）以“一号工程”为引擎，全力增强跨越发展动能

深入实施三个“一号工程”，不断拓宽创新深化、改革攻坚、开放提升基本路径，激发高质量跨越式发展强大动能。

向创新要动力。深入实施数字经济创新提质“一号发展工程”，力争数字经济核心产业增加值增长10%以上。全场景推进数字融合应用，规上工业企业数字化改造覆盖率75%以上，培育更多两化融合示范试点。实施科技创新“六大抓手”，加快推进特色藻类农业科技园建设，海洋生物科技示范孵化基地入孵企业超40家，创成省级众创空间。推动金风海上风电实验中心建设，谋划成立深远海装备材料研究院。深化科技企业“双倍增”计划，新增高新技术企业3家、省科技型企业12家。开展科研项目“揭榜挂帅”，试行科研风险项目保险制度，推行领军人才任企业“科技副总”。全年新招引大学生1800人以上，新增技能人才1200名以上，其中高技能人才500名以上，着力建设崇尚技术、崇敬工匠的技能型社会。

向改革要活力。深入实施营商环境优化提升“一号改革工程”，提升服务“两个健康”能力。落实促进民营经济发展壮大政策清单，用好“惠企政策直通车”，实现政策精准投放、资金直达快享。加强政银企对接，普惠小微企业、个体工商户贷款增速高于各项贷款平均。深化政务服务增值化改革，线上线下融合运行企业综合服务中心，打造更多“一类事”服务场景，常驻服务专员，努力让企业“进一扇门、上一次线，办所有事”。深入推进“综合查一次”改革，更加及时高效解决企业难题，让“无事不扰、有呼必应”成为常态，打造包容有温度的人文环境，让洞头企业的发展更有信心。加快构建现代化统计调查体系，高质量完成“五经普”工作。全面完成新一轮机构改革，实体化运作区乡两级行政执法指挥中心，打造“海上一支队伍”2.0版，深化海区治理综合集成改革。注重海洋版“两山合作社”实践，持续推进矿山、滩涂、石厝等资源盘活，探索财政补助“折股量化”模式和国有授权经营体制，进一步做强国有企业实力。

向开放要潜力。深入实施地瓜经济提能升级“一号开放工程”，主动承接温州综合保税区、跨境电商综试区等“三综一联”平台辐射效应，提升产业链供应链“一带一路”参与度。积极融入金丽温开放大通道建设，建成状元岙港海关查验区域改造工程，提升通关便利化水平，推动优质消费品、重要设备、关键零件进口，加大外贸“新三样”出口份额，新增近洋航线3条，集装箱吞吐量争取达80万标箱。发挥浙能、华港、中燃等项目支撑作用，拓展大宗商品储运贸易功能，培育创建省级进口贸易促进创新示范区。持续开展“百企出海抢订单”行动。大力发展总部经济，贸易回归总额力争超30亿元。加强对台交流，办好“双屏论坛”，持续盯引台商食品产业园，加快创建海峡两岸交流基地。

（三）以“扬长补短”为重点，全力做强优势特色产业

立足洞头资源特色，努力发挥现有优势、发掘潜在优势，积极构建海洋经济现代产业体系。

夯实港区产业基础。结合产业发展方向，积极助推港区规划修订工作，因地制宜发挥港口更大效益。完善状元岙港区基础配套，上半年建成330国道延伸线疏港公路，加快建设集卡之家等配套服务设施、新能源专用隧道、风电装备转运码头，建成5—6#泊位码头，谋划1—4#泊位建设。全面提速小门岛产业基地建设，实施航道疏浚工程，开工110千伏专线、能源大道，加快建设LNG专用通道，提标改造小门环岛路，建成小门西污水处理厂，为项目落地奠定坚实基础。

培育壮大新兴产业。大力发展新能源产业，建成运达海风总装基地主体工程，开工洞头2号海上风电场。编制新能源产业链招商手册，持续对接招引弗兰德齿轮箱、阳光电源、运瓴独立储能等项目，争取

再落地5亿元左右风电装备制造项目，推进新能源产业补链延链强链。大力发展新材料产业，开工青山控股碳酸锂材料基地项目，完成新宙邦电解液基地项目摘地，努力打造绿色新材料产业基地。大力发展海工装备制造产业，加快矿地利用审批和政策处理，积极招引海上风电大容量风机和深远海海工装备制造上下游配套项目。培育生命健康产业，拓展海洋生物医药领域，引进健康管理项目，谋划打造南方康复中心。

提质发展滨海旅游。实施“造月、繁星、神笔、旺客、引流”五大计划，扎实推进国际生态旅游岛建设。做强旅游项目支撑，青山岛项目争取投入运营，梦幻海湾、相思岙等重点区块招商取得突破，落地5亿元左右重磅文旅项目1个、亿元滨海旅游度假项目2个。丰富旅游产品供给，开工建设仙叠岩旅游集散中心，望海楼完成主楼及室外景观改造，马岙潭、大沙岙项目完成主体工程，珑头湾项目投用一期酒店，努力激活白鹭湾项目，拓展运营海上游（跳岛游）线路，推动建设国际邮轮港始发港。加快大门、鹿西旅游一体化发展，推进灵昆、元觉中屿等片区旅游配套设施提升，建成“微改造、精提升”省级示范点12个，打造1—2条夜游精品线路，实现A级景区城镇全覆盖。优化旅游服务质量，加快传统民宿迭代升级，深入开展百县千碗“六进工程”，打造海鲜美食岛。加大旅游市场营销力度，持续培育海岛烟花节、妈祖平安节、七夕民俗风情节、开渔节等节庆活动，举办铁人三项世界杯、全国海钓邀请赛等高规格赛事，打造赛事运动岛。

加快发展现代渔农业。推进国家渔港经济区建设，开工渔岙渔港整治维护、东沙渔港升级改造等项目，促进一二三产融合发展。稳定远洋渔业生产，争取海蜇、芒种虾皮等近海作业专项捕捞许可。提升养殖质效，招引亿元级养殖项目落地，构建“鱼虾蟹藻贝”多元养殖格局。聚焦“两菜一鱼”发展，打造紫菜和羊栖菜“三位一体”服务平台，建成白龙屿牧场配套设施，发展鹿西大黄鱼产业集群。抢占海洋预制菜新风口，争取省级冷库新技术试点，开工冷链物流中心项目。深化“农业双强”行动，探索黄岙二期盐碱地试种海水稻。加强“百岛洞头”区域公共品牌宣传，打造实体形象店。投用区级农播电商基地，实现年销售额3000万元以上。

（四）以“强城行动”为契机，全力提升城市功能品质

实施海上花园“强城行动”三年计划，建设富有海岛味、都市韵的滨海花园城市，打造主客共享、近悦远来、人海和谐的温州“海上会客厅”。

让城市脉动更有力。完善交通设施，全力推动甬莞高速洞头支线尽快开工，提速211省道洞头段建设，开工白迭延伸线和环岛西路，逐步打通梅花礁支线等梗阻路，加快打造42公里最美环岛路。投用大门长沙客运站、霓屿交通场站，优化提速洞头至海经区公交班线，大门公交班线延伸至沙岙码头。完善供水设施，建成陆域引调水第二通道一期、开工二期，完成鹿西供水管网改造，启动霓屿供水管网改造，实现偏远村居供水“最后一公里”全覆盖。完善供电设施，开工常青至深水110千伏第二回路、霓屿35千伏输变电工程，争取相关海上风电廊道纳入省级海底路由规划。完善供气设施，深入谋划全域管输气工程，启动南北两片管输气项目建设，改造小三盘安置房等5个小区管道燃气。完善环卫设施，持续推进全域地下管网改造提升，开工杨文垃圾综合处置中心，建成霓屿污水处理厂二期。

让城市形象更有范。以海上花园城市设计为引领，编制风貌管控导则，突出天际线、山脊线、海岸线有机统一，注重色彩和谐性、风貌融合性和环境协调性，加强城市色彩、公共空间、夜景灯光、“第五立面”等整体塑造。抓住省领导领衔、省建设部门蹲点指导的契机，聚力打造“百里滨海风情画卷”，推进S211入岛门户、中心渔港、半屏岛等重点区域改造提升，凸显岛城特色。加快打造“海西湖”城市封面，开工“玩海者”中心，启动城市阳台等项目建设，推动环岛西片整体开发，建设国民水上休闲运动中心，扮靓城市之窗。探索海岛特色城中村改造模式，协同海经区加快做地工作，推进北岙后街、大门朝阳、霓屿正岙等区块更新，完成中心街原瑶琳宾馆和电影院地块改造主体工程，改造5个老旧小区，创成2个省级未来社区。推进布袋岙新区配套设施建设，加快建设大门市民中心、长沙商务综合体等项目。力争城乡风貌整治提升工作获得省政府督查激励，东屏创成现代化美丽城镇省级样板。

让城市管理更有序。树立“一盘棋”意识，以绣花功夫推进城市管理。管好城市的“天”，持续推进街区强弱电线路整治，建立广告、标牌等管理机制，适度提升重要道路、节点景观亮化，推进噪声污染专项治理。管好城市的“地”，启动环卫保洁一体化项目，实现市政设施“一管到底”。推进住宅小区、商业街区垃圾定时定点投放清运全覆盖，实施城镇非居民生活垃圾收费制度，做精做细垃圾分类工作。落实道路开挖管理机制，统筹市政工程施工安排，避免道路重复开挖。成立城市管家、城市快修服务队，开展交通服务、公共休闲等“城市家具”改造提升。管好城市秩序，

统筹部门、街镇职责，加大路面巡查与监控预警力度，推进旅游停车乱象整治，出台工程车辆和夜间施工管理机制，提升城市精细智管水平。深化“浙江有礼·兰草馨香”文明实践，常态开展“在洞头看见海上花园”电视问政，巩固文明创建成果。

让城市文化更有感。推进文化洞头建设，谋划城市文旅多功能场馆项目，开工尚承艺术中心，打造15分钟品质文化生活圈。做强“海霞”IP，深度开发海霞文化、海洋文化等研学产品，做好军旅体验资源活化利用文章。利用第四次全国文物普查契机，深入挖掘九亩丘文化遗产，开展洞头文脉探源，编撰洞头历史大纲，出版浙江文史记忆丛书（洞头卷），加强贝雕、海陶、脚擂鼓等非遗文化创新性发展。新增百姓健身房5家，提升城市书房、文化驿站、街角健身广场等阵地，办好“海疆杯”等群众喜闻乐见的文体活动，擦亮“中国摄影岛”“中国诗歌之岛”“中国渔民画之乡”金名片。

（五）以“千万工程”为引领，全力打造生态共富样板

深入推进“千万工程”海岛实践，坚持生态优先和绿色发展，拓展“两山”转化通道，展现“村美、人和、共富”美丽画卷。

精心呵护生态环境。做好全国“两山”实践创新基地评估和省级生态文明建设示范区复核，争创国家级生态文明建设示范区。加强无人岛、礁石、岸线等资源保护，完成全域生物多样性调查和评估。梯次推进EOD项目，完成省级蓝湾项目主体工程，全力争取国家海洋生态保护修复工程试点。持续打好蓝天、碧水和净土保卫战，强化海滨河、埭口河综合整治，建成海上垃圾漂浮物处理中心，完善海上环卫机制。针对群众反映的港区扬尘、渣土非法倾倒等问题，采取有力措施予以解决。做好第三轮中央生态环保督察迎检，建设10个省级低（零）碳镇村，争创省四星级全域“无废城市”。启动海岛林相改造十年计划，争创省级林业示范点，谋划打造三角梅苗圃基地，提升绿化美化品质。

持续深耕和美乡村。推进乡村振兴“三基三主”建设，实施“千万工程”点亮繁星计划，制定一村一方案，选聘“兴村顾问”，推行“乡才联村”，实施配套提升、风貌引导、业态植入、文化振兴四大工程，打造5个和美乡村示范村、25个提标村，整治20个落后村，建成3个省级未来乡村，创成省级和美乡村示范区。深化农村生活垃圾、污水、厕所“三大革命”，建成5个高标准生活垃圾分类村，改造18处农污处理设施，提升15个星级花园厕所。推进村庄规划修订，加强农房风貌管控，出台海岛农房建设全生命周期管理办法。推动和美庭院“五个一”创建，建成1个市级特色村，培育创建户500户。深化“共享社·幸福里”建设，打造13个重点创建单位，省级善治示范村覆盖率持续保持全市第一。

稳步推进增收共富。用好省市支持海岛共同富裕政策，持续推进“扩中提低”行动，争取省级共富试点。强化困难群体兜底保障，深化低收入家庭综合帮扶集成改革，推出特色帮扶项目10个以上，低收入农户收入增长15%以上，打造“真爱到家·洞有兰草”帮扶品牌。迭代升级强村富民等共富实招，探索区级“乡村职业经理人”试点，引进培养一批“乡村CEO”和“领头雁”，新打造海岛“共富工坊”15个，激活闲置农房180幢以上，力争村集体经营性收入超1.2亿元，收入超50万元行政村47个以上。

（六）以“民生优享”为追求，全力完善公共服务体系

坚持在发展中保障和改善民生，提高公共服务优质共享水平，不断满足人民对美好生活的向往。

提升教育教学质量。调整优化校网布局，加快建设教育二幼新园，投用大门幼儿园，完成海霞中学搬迁，创成全国义务教育优质均衡发展区。以“一校一策”“一学科一方案”为抓手，实施中小学强效提质行动，推进基础教育高质量发展。积极争取省教育厅支持，与杭州等地名校开展合作办学，共享优质教育资源。推动产教融合，探索现代职业教育发展新模式。

深化健康洞头建设。建成区人民医院新院区，推行“小综合、大专科”康复特色发展模式。深化“山海”提升工程，对照三乙标准，提升区人民医院服务水平。立足“一院一品”建设，推进中医药特色专科“百科帮扶”，筹建昆鹏街道社区卫生服务中心，做强“急诊敢接、慢病善管”离岛医疗服务。以温州创建全国医防融合试点城市为契机，率先开展相对低收入家庭重特大疾病专项保障市级试点。夯实生育保障，免费为洞头籍新生儿参保城乡居民医疗保险。深化老年健康促进行动，探索开展家庭病床服务，争创健康浙江考核“五连优”。

建设全龄友好城市。围绕“人的一天、人的一生”幸福可感，以青年发展型城市为引领，持续深化儿童友好城市、老年友好城市建设。尽快建成托育综合服务中心，打造市级儿童友好试点单元4个，建设“七彩梦空间”等儿童友好场景，增强儿童幸福指数。用好浙江省团校洞头分校载体，办好人才集体婚礼、青年夜校等活动，筹集租赁用房80套以上，优先保障青年人才安居，推动青年与洞头共成长。运

营好区中心敬老院，改造提升居家养老服务照料中心6家以上，加大适老化改造力度，新增老年食堂（助餐点）5个，在实现老年助餐服务全域覆盖的基础上进一步提质升级，拓宽养老、慈善等资金筹措渠道，鼓励乡贤等社会力量参与，打造“老有康养”海岛样板。实施区内公交65周岁以上老年人刷脸乘车，免费为60周岁以上老人接种流感疫苗、80周岁以上老人投保“温州益康保”。

完善社会保障体系。扎实推进重点群体就业帮扶行动，全年新增城镇就业1300人以上，城镇调查失业率控制在5%以内。加强劳动维权服务，确保欠薪动态化解率达到省定标准以上。推动重点群体人员社保参保，实现基本养老参保率98%以上、医保参保率99%以上。加强残疾人等群体关爱服务，新建1个省级无障碍社区，争创省级首批五星助联体。出台“我在海边有间房”实施方案，保障住房合理供给和品质安居。

各位代表，千头万绪的事，说到底就是千家万户的事。前期经广泛征集、精心遴选，区政府梳理形成了“美好颐养”“舒心就学”等12件民生实事候选项目，提请本次大会票决。我们将压实责任、强化督导，一定把实事办实、好事办好。

（七）以“平安稳定”为底线，全力提高社会治理能力

推进社会治理体系和治理能力现代化，全力以赴防风险、除隐患、保平安，实现高质量发展和高水平安全良性互动。

坚决守牢安全底线。下力气全面提升本质安全水平，用好“3030”安全隐患闭环管控机制，把握“人机料法环”五大安全生产因素，常态化开展涉海涉渔、道路交通、危化品、自建房等重点领域综合整治，加快基层应急消防体系建设，强化群租房消防安全管理，坚决有力遏制较大以上事故发生。完善防汛防台抗旱应急工作机制，有序推进状元南、北岙后、布袋岙等海塘安澜工程，提高防灾减灾能力。严格落实耕地保护和粮食安全责任，完成粮食储备中心库主体工程，不断提高应急物资保障能力。加强食品药品全链条闭环监管，打造3条高质量“阳光餐饮”街区，助力温州创建国家食品安全示范市。

强化基层高效治理。深化“海霞故里·海上枫桥”品牌创建，加强网格数字规范化建设，完善“人防＋技防”联动机制，做强“海霞妈妈”“船老大”等基层调解品牌，争创全国信访工作示范区。全面落实意识形态工作责任制，切实抓好思想政治、文化阵地和网络安全建设，依法加强宗教事务管理。扎实做好重大活动期间维稳安保工作。深化平安洞头建设，严厉打击电信网络诈骗、非法集资、海上走私等违法犯罪活动，加强民间呈会风险管控，持续深化“五失”人员和重精患者排查帮扶，防范“民转刑”案事件发生，确保省平安区“十九连创”。

推动军民融合发展。大力弘扬海霞精神，争创全民国防教育基地。持续抓好新时代“枫桥式”退役军人服务站创建工作，建成洞头烈士事迹陈列馆，积极推动“荣军”服务提质。加强国防动员和后备力量建设，实施海警工作站项目，用好“海翼”智控平台，扎实做好征兵、人防、海防、双拥等工作，谋划筹备先锋女子民兵连建连65周年系列活动。

三、全面加强政府自身建设

勇当先行者、谱写新篇章，对政府自身建设提出了新的更高要求。我们将始终保持赶考心态、奋进姿态、答卷状态，切实担负起推动洞头高质量跨越式发展的使命职责，努力建设人民满意的政府。

把“绝对忠诚、绝对可靠”作为首位要求。始终心怀“国之大者”，坚持用习近平新时代中国特色社会主义思想凝心铸魂，深入学习贯彻中共二十大精神和中共中央总书记习近平考察浙江重要讲话精神，自觉把洞头的工作放到全市、全省、全国的发展大局中去审视、谋划，不断提高政治判断力、政治领悟力、政治执行力，坚决做到“中央有号

2024年2月4日，温州市洞头区第十五届人民代表大会第三次会议开幕
（区融媒体中心提供）

召、省市有部署、洞头见行动”。

把“依法行政、依法履职”作为第一准则。坚持以法治护航营商环境、项目建设、生态保护，深化行政争议预防化解，推进严格规范公正文明执法。依法接受人大监督，支持政协开展协商议政和民主监督，主动接受法律监督、监察监督、社会监督、舆论监督，加强审计监督，全面推进政务公开，让权力在阳光下运行。

把“善作善成、务实落实”作为鲜明特质。始终把抓落实作为政府工作的主旋律，全面构建压责任、盯节点、督效能的闭环工作机制，认真抓好“七张问题清单”整改，收官上一轮“圈句号”行动，推动政府系统全员冲在经济发展最前沿、拼在项目建设主战场，打造一支极限拼搏、专业作战、务实苦干的洞头铁军。不断提升“八项本领”“七种能力”，解放思想、轻装上阵，激励干部敢为，带动企业敢干，示范群众敢首创。

把“风清气正、廉洁公正”作为政治本色。严格落实全面从严治党各项要求，锲而不舍落实中央八项规定及其实施细则精神，驰而不息纠治“四风”。加大对基层干部关心关爱力度，持续精简文件、报表、App，纵深推进基层减负。健全重点领域、关键环节廉政风险防控机制，一体推进“三不腐”，以优良政风带动社风民风，建设更高水平清廉洞头。深化节约型机关建设，习惯政府“过紧日子”，严格控制和压减一般性支出，杜绝浪费，让财政每一笔钱都用在“刀刃上”。

2023年洞头区国民经济和社会发展统计公报

2023 年是全面贯彻党的二十大精神开局之年，是实施“八八战略”、建设“海上花园”20 周年。洞头区忠实践行“八八战略”，全面落实省市重要决策部署，一体推进产业聚变、城市蝶变、幸福跃变，统筹推进社会经济高质量发展和高水平安全，加快建设海上花园，经济社会各项事业发展取得新的进步。

一、综合

初步核算，2023 年全区实现地区生产总值（GDP）150.04 亿元（不含海经区地区生产总值 124.16 亿元，下同），比上年增长 6.7%（5.5%）。分产业看，第一产业增加值 8.65 亿元，增长 7.0%；第二产业增加值 51.35 亿元，下降 0.2%，其中工业增加值 29.97 亿元，增长 0.6%；第三产业增加值 90.04 亿元，增长 9.4%。按户籍人口计算，全区人均地区生产总值 97787 元（96209 元）[按年平均汇率折算为 13877 美元（13653 美元）]，比上年增长 5.8%（7.5%）。国民经济三次产业结构为 5.8∶34.2∶60.0。

二、渔农业

全年实现农林牧渔业总产值 185118 万元，增长 15.8%。其中，农业产值 3174 万元，增长 0.6%；林业产值 331 万元，增长 30.3%；牧业产值 1763 万元，增长 27.3%；渔业产值 179851 万元，增长 16.0%。农作物播种面积 1286 公顷，增长 1.1%，其中粮食作物播种面积 792 公顷，增长 1.4%；粮食作物中谷物播种面积 57 公顷，增长 21.2%，番薯播种面积 604 公顷，增长 56.5%，马铃薯播种面积 214 公顷，增长 7.5%。

全年渔业总产量 22 万吨，增长 8.1%，其中捕捞产量 14.4 万吨，与上年持平，养殖产量 7.6 万吨，增长 27.5%。获批建设国家级沿海渔港经济区试点，鹿西大黄鱼被评为浙江地标美食，“东一”“黄鱼岛”分别入选省数字渔场、省未来渔场。

三、工业和建筑业

全年实现规模以上工业增加值 30.52 亿元，下降 7.3%，其中装备制造业增加值 11.62 亿元，下降 21.1%，战略性新兴增加值 7.46 亿元，下降 33.2%；数字经济核心产业增加值 4.47 亿元，增长 9.8%，高端装备制造业增加值 9.61 亿元，增长 9.2%。

实现规模以上工业总产值 164.63 亿元，下降 0.5%；销售产值 163.59 亿元，下降 0.2%，其中出口交货值 11.86 亿元，下降 12.6%。工业用电量 1.84 亿千瓦时，增长 8.8%，其中制造业用电 1.51 亿千瓦时，增长 6.9%。

全年实现建筑业总产值 84.8 亿元，比上年增长 24%，其中，省内建筑业产值 75.25 亿元，同比增长 28.6%。

四、固定资产投资和房地产业

全年限额以上固定资产投资下降 30.0%，其中民间项目投资下降 33.0%，交通投资下降 43.8%，高新技术产业投资下降 37.7%，制造业投资下降 43.3%，工业投资下降

表 1　主要行业产值

行业	产值（万元）	同比增长（%）	占总产值的（%）
五大行业小计	575264	8.4	62.7
其中，机械汽配	82703	−4.0	9.0
电子电器	21128	3.9	2.3
医药化工	368519	30.2	40.1
水产品加工	8889	5.3	1.0
建材工业	94025	−29.1	10.2
临港工业	298436	38.8	32.5

注：五大行业产值沿用原口径不含海经区。

36.7%，年度计划投资五千万以上重点项目完成投资 34.27 亿元，为年度计划的 87.9%。

全年房地产开发投资10亿元，下降 10.5%；房屋施工面积 75.71 万平方米，下降 22.2%；受房地产市场宏观调控政策等因素影响，商品房现（期）房销售面积 5.8 万平方米，下降 18.1%。

五、内外贸易和旅游

全年社会消费品零售总额 73.26 亿元，比上年增长 19.4%；网络零售额 22.7 亿元。全年外贸进出口总额 26.62 亿元，比上年增长 12.1%，其中出口额 13.96 亿元，增长 77.2%。按企业类型分，外贸流通企业出口额 10.7 亿元，增长 154.8%；生产企业出口额 3.26 亿元，下降 6.5%。

加快建设国际生态旅游岛，投用东沙不夜港一期、蓝海湾度假中心、三盘文旅街区、元觉星空营地等一批新项目，海霞营地全面提升，“招商伊敦号”豪华邮轮靠泊洞头。东屏街道创成省 5A 级景区镇，东岙获评全国乡村旅游重点村。开通鸟岛观光游、“大巴游洞头”直通车，荣获省文旅消费品牌创建优秀单位称号，入选浙江文旅融合十佳县（市、区），创成全省唯一的“全国避暑旅游目的地”气候品牌。

年末共创成星级“海宿”60 家，省级银宿 14 家，市示范性民宿集聚村 7 个，拥有民宿床位 6694 张；创成金鼎级特色文化主题饭店 2 家、银鼎特色文化主题饭店 1 家、四星级饭店 1 家、三星级饭店 1 家；创成省 4A 级景区城 1 个、4A 级景区镇 1 个、5A 级景区镇 1 个、国家 4A 级景区 1 个、3A 级景区 2 个、3A 级景区村 17 个、金 3A 级景区村 1 个。

六、交通、邮电和电力

共有海运企业 19 家，总运力规模 116.52 万载重吨，拥有万吨级以上船舶 27 艘（其中 5 万吨级以上 3 艘）。全年完成全社会货运量 454 万吨，增长 11.6%；货物周转量 446.82 亿吨·公里，增长 21.9%；港口货物吞吐量 1129 万吨，增长 12.9%；全社会客运量 737 万·人次，下降 7.5%，客运周转量 15324 万人·公里，增长 6.4%。拥有外贸航线 15 条，完成集装箱吞吐量 67 万标箱。

全年固定电话用户 12131 户，比上年增加 467 户；移动电话用户 150133 户，比上年增加 6406 户；互联网用户 214893 户，比上年增加 55312 户，其中宽带用户 76047

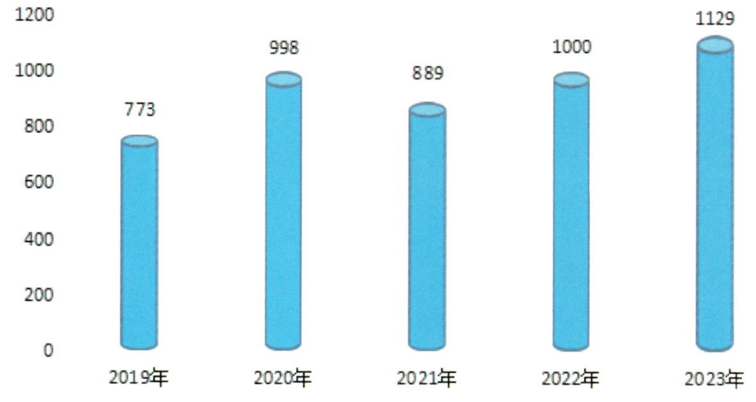

图1 2019—2023年港口吞吐量(万吨)

户，比上年增加 9940 户。

全年全社会用电量 51547 万千瓦时，增长 8.8%，其中第一产业用电量 272 万千瓦时，增长 14.5%；第二产业用电量 20372 万千瓦时，增长 9.4%；第三产业用电量 15390 万千瓦时，增长 12.4%；居民生活用电量 15512 万千瓦时，增长 4.8%。

七、财政和金融

全年实现财政总收入 26.01 亿元，下降 4.5%，其中一般公共预算收入 16.42 亿元，下降 5.2%。一般公共预算支出 47.65 亿元，下降 1.2%。

年末金融机构人民币存款余额 213.20 亿元，比上年年末增长 14.6%，其中住户存款余额 116.55 亿元，增长 23.2%；金融机构人民币贷款余额 279.65 亿元，增长 27.2%，其中短期贷款 82.17 亿元，增长 14.4%；中长期贷款余额 189.19 亿元，增长 32.4%。

八、教育和科学技术

年末全区共有小学 9 所，招生 1070 人，在校生 5897 人，小学学龄儿童入学率达 100%；初中 4 所，招生 1208 人，在校生 3972 人，初中入学率达 100%；九年一贯制学校 4 所，招生 622 人，在校生 2296 人；完全中学 1 所，招生 341 人，在校生 1354 人，毕业生 762 人；中等职业教育学校（含技工学校）2 所，招生 443 人，在校生 1209 人，毕业生 281 人。义务教育中小学专任教师 793 人，中等职业教育学校（含技工学校）专任教师 82 人。全区共有幼儿园 21 所，其中省一级幼儿园 5 所，省二级幼儿园 5 所，省三级幼儿园 1 所；在园幼儿 3540 人，幼儿园专任教师 307 人。

2023 年专利申请授权量 448 件，其中发明专利授权 48 件。新增国家级高新技术企业 9 家，累计 66 家；新增省级科技型企业 26 家，累计 168 家。

九、文化、体育和卫生

年末全区共有文化馆 1 个，乡镇文化站 7 个，图书馆 1 个，总藏书 48.7 万册；艺术表演 320 场，艺术表演观众 50 万人次；拥有文化设施建筑面积 6.61 万平方米；国家级非物质文化遗产 2 个，省级非物质文化遗产 13 个，市级非物质文化遗产 53 个；省级文物保护单位 3 处，区级文物保护单位 33 处；拥有文化信息资源共享基层支中心 1 个，省文化强镇 2 个，市级文化强镇 1 个，省级文化示范村（社区）18 个，市级文化示范村（社区）28 个，区级文化示范村（社区）46 个。举办“东亚文化之都”温州螺钿漆器展示及文化交流等活动，贝雕文创产品亮相国宴，获评国家级非遗工坊典型案例，海陶产品获省博物馆文创产品金奖、海陶美术馆创成省“三星”乡村博物馆，《脚擂鼓》入选第六批省非遗代表性项目名录，原创广场舞、排舞节目斩获全省金奖。

年末全区共有体育场馆 1 个，体育场地设施面积 53.65 万平方米；现有篮球场 40 个，门球场 14 个，健身苑点 214 个，登山健步道 8 条。全年参加体育运动会人数 2000 人次，获国家级以上比赛金牌 7 枚，获国家级以上比赛银牌 5 枚，获国家级以上比赛铜牌 5 枚；获省级体育比赛金牌 7 枚、获省级体育比赛银牌 5 枚、获省级体育比赛铜牌 10 枚；获市级体育比赛金牌 18 枚。举办铁人三项世界杯、全国海钓邀请赛等 33 场赛事活动。

年末全区共有医疗卫生机构 95 个，其中医院 4 家，卫生院（社区卫生服务中心）7 家，社区服务站 15 家，村卫生室 27 家，个体诊所医务室 32 家。卫生技术人员 935 人，其中执业（助理）医师 413 人，平均每千人拥有医生 2.66 人；注册护士 342 人。医疗机构年诊疗 117.54 万人次；医疗卫生机构床位数 437 张，平均每千人拥有床位 2.82 张。产妇住院分娩比例达 100%。5 岁以下儿童死亡率 3.55‰，婴儿死亡率 0‰。

十、人口、人民生活

年末户籍总户数 5.29 万户，户籍总人口 15.32 万人，其中城镇人口 6.84 万人，乡村人口 8.48 万人。按性别分，男性人口 7.80 万人，女性人口 7.52 万人，分别占总人口的 51% 和 49%。据卫健部门统计，全年出生人口 749 人，出生率 4.88‰；死亡人口 1076 人，死亡率 7.01‰；全年人口自然减少 327 人，自然增长率为 –2.13‰。

全年城镇常住居民人均可支

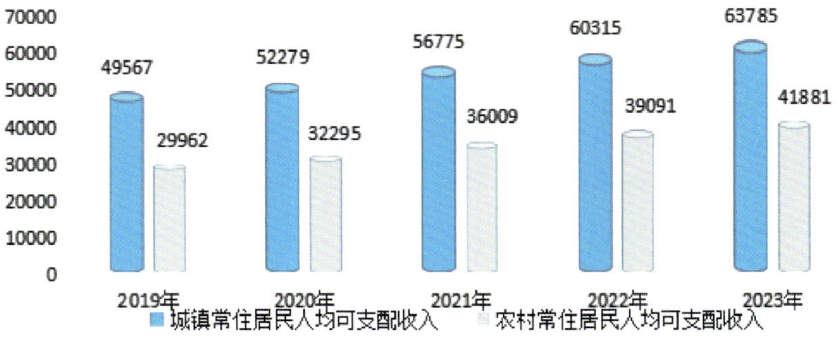

图2 2019—2023年常住居民人均可支配收入(元)

配收入63785元，增长5.8%；农村常住居民人均可支配收入41881元，增长7.1%。城乡居民收入比由上年的1.54缩小为1.52。

全年城镇居民人均消费支出41866元，农村居民人均消费支出33358元，分别增长8.3%、13.5%。城镇居民恩格尔系数为28%，农村居民恩格尔系数为30.4%，分别比上年降低1.2和2.6个百分点。年末城镇居民人均居住面积61.70平方米，农村居民人均居住面积66.7平方米。年末每百户城镇居民家用汽车拥有量43辆，每百户农村居民家用汽车拥有量32辆。

十一、劳动就业与社会保障

全年城镇新增就业1487人，下岗失业人员实现再就业232人。年末城镇登记失业人员635人。举办大型专场招聘会10场，其中赴外招聘1场，共提供就业岗位5451个，达成就业意向534人，开发公益性岗位87个，安置就业困难人员上岗87人。

全年参加城镇职工基本养老保险49267人，参加城乡居民基本养老保险37457人，参加失业保险17992人，参加工伤保险32265人。

年末城镇最低生活保障人数39人，发放最低生活保障金49万元；年末农村最低生活保障人数1389人，发放最低生活保障金1463.6万元。低保补助标准每人每月1110元。共有居家养老服务照料中心92家；民办养老机构7家，养老机构床位数597张。全年办理结婚登记402对，离婚登记190对。

十二、环境保护和其他社会事业

累计建成国家级生态街道（乡镇）5个，省级生态街道（乡镇）1个，市级生态村65个，生态村覆盖率95%；国家级绿色学校1家，省级绿色学校10家，市级绿色学校8家；省级绿色社区3个，市级绿色社区5个。

全年空气质量有效监测天数344天，其中空气质量达优良的天数344天，环境空气质量优良率97.2%，$PM_{2.5}$年均浓度为18微克/立方米。

发生生产安全事故1起，死亡1人，未发生较大以上或有较大社会影响的生产安全事故。

说明：

1. 本公报中数据均为初步统计数，部分数据因四舍五入的原因，存在总计与分项合计不等的情况。

2. 地区生产总值、三次产业及相关行业增加值和人均生产总值绝对数按现行价格计算，增长速度按不变价格计算，国民经济行业分类按2017年GB/T 4754-2017标准执行。

3. 受调查项目限制，以上的渔农业、建筑业、固定资产投资、房地产业、外贸、交通、电力、金融、专利、劳动就业、保险及环境保护数据不包含瓯江口区域。

4. 部门数据采用市县社会经济基本情况表，为部门上报汇总数据。

表2　2019—2023年城镇居民消费性支出情况

名称	2023年（元）	2019年（元）	五年递增（%）
消费性支出小计	41866	31459	8.3
食品烟酒	11722	10908	3.8
衣　着	2970	2152	9.1
居　住	11496	7890	10
生活用品及服务	3869	2060	15.9
交通通信	4025	3029	8.3
教育文化娱乐	4498	3225	10.1
医疗保健	2435	1552	11.7
其他用品及服务	851	643	7.6

索　引

说　明

一、本类目设数字索引、主题索引和表格索引。

二、数字开头的标目按首位数字大小顺序排列。主题索引中文标目按汉语拼音字母（同音字按声调）顺序排列，同音同调按第二字母的音序排列，依次类推。

三、标目后的阿拉伯数字表示内容所在页码。

四、表格索引按序号排列，仅标注所在页码，不标注分栏。

数字索引

主题索引

A

B

C

D

H

J

K

L

M

N

O

P

Q

R

S

X

Y

Z

表格索引